研究叢書25

ケルト復興

中央大学人文科学研究所 編

中央大学出版部

緒　言

本研究会は、「ケルト復興」(Celtic Revival ないし Celtic Renaissance) を共同研究のテーマに掲げて、一九九六年に発足した。以来、一九世紀後半から二〇世紀初頭にかけてのアイルランドを主な対象として選び、文学史的方面と社会史的方面の両面から研究を積み重ねてきた。当初の計画としては、当該時期を中心としてケルト文化研究そのものの発展・深化を跡づけるという課題も掲げていたのであるが、単独のテーマとしてこれを追究することはなかなか難しく、結果的には、研究会メンバー各々の研究発表（月例研究会での研究報告という形であれ、本学人文科学研究所の『紀要』への投稿という形であれ）においてせいぜいこれに意を用いるという以上のことはできなかった。もっともそれを言うのであれば、上記の両方面からの研究とて、月日の経過と共に、対象として拾い上げていない領域なりテーマなりの広大さのほうが目立ってきたということ一つをとっても、けっして満足すべきものとは言えないのである。しかし、事志と違ったにせよ、ともかくも四年の歳月をかけた共同研究の成果をここに集約し、叢書の一冊として公刊する以上、その序言にふさわしいのは、私たちが当初何をしようとしたかとか、何ができなかったかとかよりも、できあがったものが何であるかということについて述べることであろう。以下、本書の内容と性格についてあらかじめ二、三の点にふれ、読者諸賢の注意を喚起させていただきたいと思う。

先ず、当然の一事、なぜ「ケルト復興」かという問題である。これについては、私たちの研究会が組織されることになった最も基本的な、しかしきわめて素朴な疑問にふれることで、その説明に代えたいと思う。

「ケルト」という語が人々の口の端に掛けられるとき、その意味を尋ねてみたところで、どのみちはっきりしたことなど何一つわからないだろうという予断でも働いているのか、しばしば、ある種の雰囲気を感じ合うことで互いに分かり合ったような気持になっているらしく思える。確かにこの語にはそうした受け止め方を許容するところがある。靄に譬えるなら、ケルトとは靄を〝醸し出している〟何かであり、もしかしたら、靄の中に存在しているかもしれない何かである、というようなことになる。しかし、こんなふうにばかり思いなしていると、ある場合には、全くの見当違いになるかもしれないとも思えてくる。つまり、ケルトとはむしろ靄そのものなのではないか、というわけであるが、勿論、こう考えてみたからといって、何かが明確になるわけでもない。依然として、靄であるところのケルトをどう理解するかという問題と、靄ではないケルトはあり得ないということにはならないが、ではその、靄などに係わっていては見えてこないケルトとは何であるかという問題があるからである。ただ、それでも、靄なら靄と割り切って、それなりの扱い方を私たちが心掛ければよいとか、靄とは無縁の、つまりは文献や史料等によって辿れる限りのケルトにだけ注目すればよいというような、一種の態度決定を促す効果はありそうに思える。そこで、〝靄をかきわける〟ような探求は無用の努力であると見なすほうが適当であるかもしれない「ある場合」とはなにか、ということであるが、それこそが「ケルト復興」という現象ではないだろうか。換言すれば、ケルト復興研究とは、ケルトがケルト復興を醸し出す発生源であるとか、ケルト復興をかきわけていくとケルトに到達するとかという想定をきっぱりと捨ててかかるのがよい、ということである。

これは見掛け以上に難しい作業である。早い話、「火のないところに煙は立たない」という諺の通り、何かしら発生源なり原因なりがあってこそのケルト復興であり、そのおおもとにある何かが結果や現象と縁もゆかりもないものであるはずはない、と誰しも考えるだろう。その上、前段に述べた「雰囲気」のような、摑み所のない、そして日常瑣末なしろものとケルト復興を結び付けることには、誰しも抵抗感を覚えるに違いない。私たちは靄の研究などしたくはない、しているつもりもない、と思われるだろう。しかし、靄は空無とは違う。また、ちなみに物理的意味での靄を考えてみると、たとえば靄は水蒸気であるからといって、それなら結局水ではないかという議論をする者はいないだろう。更に、ある時ある場所に発生した靄は、そのように水蒸気を浮遊させている諸条件からある程度説明はできるであろうが、諸条件は連鎖をなしており、この遡及は理屈の上ではどこまでも続く。しかも、条件は条件であって靄ではない。人間的文脈に引き直して言えば、物理的な靄でさえ、ある時ある場所に発生したということ自体が、そういう現象そのものが意味を持っているのである。比喩としての靄に戻ってみるとこうなる。ケルト復興は、ある時ある場所に現象したことそれ自体に意味があって、これを性急に〝要素〟に還元したり、〝原因〟を求めたりすると、いつの間にか何か別のものを研究していることになってしまうだろう。諸要素を総合しさえすれば元のケルト復興が復元される、あるいは原因が突き止められればケルト復興の説明になるなどという考え方は虚妄であろう。ケルト復興のような大規模な人間的事象においては、靄を靄として見ることが必要であり、適切ではないかと思われる。

靄そのものの研究は文学畑の人に向いている。ある時ある場所の研究は、史学畑の人に任せるといい。文学者は時空を越えて私たちの事柄としてのケルト復興を語り、歴史学者はその時空的環境を語るだろう。無論、この区別が絶対的であるなどと思うまい。ただ、文学者が私たちとのつながりを重視してケルト復興を語るとき、歴史学者は不平を言ってはならない。逆に、歴史学者が環境を語ってケルト復興を語らないとき、文学者はこれを不満としてはならない。そして、おそらくは、それぞれが、多少の〝勇み足〟はあるにせよ、極力自分を守りながら〝同居〟するとき、かつそのときにのみ、全体としての成果が期待できるのである。具体的に言おう。ケルト復興を靄として受け止めるというのは、たとえばある作家の作品なり書簡なりにケルト復興と言える価値観、イデオロギー、志向性、思い入れなどを看て取ることであり、際立たせることである。それらは、そのように研究し、語る者の内面でもある。つまり、上記の「つながり」がそれでつけられているのである。そのように看取し際立たせなかったら、ケルト復興は現前しないのだ。ある意味において、この現前は、あたかも一つの事物であるかのごとくに、それだけで完結している。他方、ケルト復興の時空的環境を叙述するというのは、たとえばその作家なり作品なりを、もっぱら過去に起こった事としてのみ扱うということに尽きる。この叙述は原理上けっして完結しない。こちらの研究者は、対象を自己の内面に取り込むことができないからであり、それというのも過去の事象は限りなく広がっているからである。先の現前には説得力の問題がつきまとうように、こちらの叙述には切面と始末のよしあしという問題があるが、要はこれらが互いに独立した研究であり、語りであるということである。

さて、私たちの研究会は、そのメンバーの半数以上が、かつて二期一〇年に亙って研究会活動を行い、二冊の叢書（『ケルト 伝統と民俗の想像力』『ケルト 生と死の変容』）を上梓した「ケルト文化研究」グループに属していた。この「ケルト文化研究」の最終段階で、あるメンバーから、なぜ私たちは「ケルト」について「知って」いるのか、この知の出自は何なのか、私たちがその知に対してとっているスタンス、あるいはその知と共にとっている対「ケルト」スタンスを対象化し、ヨーロッパの文脈に引き戻して考察する必要があるのではないか、という疑問が出された。試みにこれらの問いに引かれて「ケルト文化研究」の歴史をひとわたり眺めてみるならば、そうした知もスタンスもヨーロッパ近現代の歴史の産物（の受容）であることは明白であった。特に、ある時期に至って「ケルト」がいわば「再発見」されるや、一部でこれに対する鬱勃たる関心が注がれ、「ケルト」意識が大いに昂揚することになったその結果としての知であり、スタンスであるのではないか、というふうに思われてきた。そこで、アイルランド文学史などでは夙に言われていた「ケルト復興」を、改めて総合的に解明してみようではないか、ということになったのである。そのさい、従来の私たちの関心が概してそうであったような、人文学的方面、わけても文学ないし文学史中心の研究では実は不十分で、社会史的な解明をも併せ行わなければとうてい全体像には迫れないであろうということも指摘された。尤も、「全体像」と言うは易いことながら、本叢書を上梓することになった今でさえ「ケルト復興」の総合的解明には程遠いのであるから、本研究会の発足に向かっていた当時の「ケルト復興」イメージは推して知るべしである。が、ともあれ、こうした動機からしてケルト復興研究会が組織されることになった。右の靄の譬えは研究会発足当時の様子を伝えるものである。

そこで次に、本書で言うところの「ケルト復興」に言及したい。その最も狭い意味においては、おそらくアイルランド文芸復興期の、それも主として作家たちが実際に用い、また後世の研究者が同じくアイルランド文芸復興を念頭に置いて用いているものであろう。これは私たちの研究の前提でもあった。しかし、これをそのまま認めて研究を開始したわけではない。もしそうしたならば、私たちの研究は事実上アイルランド文芸復興の一様相に焦点を合わせたにとどまったであろう。「ケルト復興」という表現には、これをもう少し広い意味に解する余地がありそうに思う。つまり、一九世紀、特にその中葉から二〇世紀の初頭にかけて、ケルト系言語を母語とする人々ないしはその歴史的アイデンティティの重要な基盤に「ケルト文化」があると見られている人々の圏域（ヨーロッパ西端のいわゆる「ケルト的周縁」）において、現われ方の差はあるが、広く「ケルト的」なるものの再生を見ることができるという立場、同時に、ヨーロッパのさらに広い範囲に「ケルト的」なるものへの関心の高まりを見ることができるという立場である。私たちはこれを認めて、「ケルト復興」という表現をこのやや広い意味に解することにした。のみならず、この広義の「ケルト復興」を、さしあたり、一群の歴史的事象をそのように解釈することができる、ないしは解釈するのが適当である、という（暗黙の）要求として受け取ることにした。それが本書に言う「ケルト復興」である。すると直ちに、その要求の様々な意味における、また様々な次元における文脈が問題となる。たとえば、大雑把な話だが、選び取られた歴史的事象との関連で、その要求が広く承認されればされるほど、それはあたかも記述的な名辞であるかのごとく見えてくるであろうし、その逆であればあるほど、その要求の拠って立つ価値観やイデオロギーの面などが剝き出しになるであろう。要するに私たちとしては、最初から、しかじかの時期に、しかじかの地域でケルト復興が〝起こった〟というふうに決めつけ、研究するべきはその〝歴史的事象〟の様態である、などと考えることは避けて、あくまでも何らかの文脈における要求として検証の対象にしたいのである。特に、「ケルト」の名を冠している物事には慎重でありたいと思う。多少緩やかなスタンスをとって、何かしら歴史的アイデンティティを求める運動あるいは復古的な運動と括り出せるような出来事が〝起こった〟ことは承認されるとしても、それらについて「ケルト的」との限定を付すとなると話は別である。私たちはアイルランドにおけるケルト復興も、そのような意味での検証の対象の一つとして扱うことにした。

以上に付言しておきたいのは、ジェームズ・マクファースンの『オシアン』が火をつけ、一八世紀最後の四半世紀あたりから一九世紀前半にかけて起こっている一種のケルトブームは、私たちの研究対象にはなっていないということである。これはこれでひじょうに興味深いテーマであり、文学史方面では既に多くの研究が重ねられている。また、この時期に広くヨーロッパの文学愛好家たちを席巻したケルト熱と、ヨーロッパの「古代」に対する関心の変容とが、私たちの検証対象たる「ケルト復興」にどのような形で影響を与えているかという問題もある。しかし私たちはそこまで手を広げることはできなかった。他日を期したい。

更に、右で述べた「文脈」に関して一言しておく。私たちはこれを大きく二つに分けている。それが社会史と文学史である。ただし、各回の研究会は、これら二つのうちのいずれかと銘打って行われたわけではない。その都度の研究報告者の報告テーマを中心にして、全参加者による自由な論議を重ねてきただけである。言い換えれば、叢書の形で集約する段階ではいずれかの方面に身を置いて執筆することになる、ということを各々が念頭に置いていればよいということにして、各回の研究会は一貫して唯一つの共同研究として行われたのである。そもそも「社会史」「文学史」という分け方自体かなり便宜的なものであるから、研究の過程では両方面の往来を極力自由にしておかなければ、「ケルトの復興」のようなファジーなテーマを適切に扱うことはできない。よって、「社会史」「文学史」の別（本書の第一部、第二部の別にほぼ対応する）は、それぞれに収められている論考の多くがそうなっているごとく、相対的な力点の置き方の相違でしかない。その上で、敢えて言い添えておきたいことは、文学史的研究には「ケルト復興」をアプリオリに実体的あるいは構成的に捉える傾向があり、社会史的研究のほうはこれを一貫して非実体的ないし非構成的に扱おうとする傾向があるけれども、本書に見られる限り、そうした傾向は結局払拭し難いものとして残ったようである。私たちは、これらを一つに〝まとめる〟ことはしなかった。むしろ、そのまま一冊の叢書の中に併存させるほうが、全体として私たちなりの「ケルト復興」像の輪郭を打ち出すことになるであろうと思うからである。

共同研究の成果としての叢書ではあるが、各々の論考は単独の論文としての性格を喪っているわけではない。これをしもまた、ご覧の通り、主題的に「ケルト復興」そのものを取り上げている論考は収録されていない。それはひとえ「ケルト復興」研究と称し、叢書の一冊に加えさせていただくに値する内容があるとするならば、それはひとえに月例研究会をベースとした共同研究の賜物であり、その共同研究の場を物心両面において提供して下さった中央大学人文科学研究所と、特に索引作成に際してご尽力いただいた出版部の平山勝基氏のお蔭である。

二〇〇一年三月

共同研究チーム《ケルト復興研究》

文責・小　菅　奎　申

目次

第二部

第一部

第一章　ブルターニュにおけるケルト的なるものの生成

原　聖

ブルターニュのブレイス語[1]という言語はケルト系の言語であり、ウェールズのカムリー語、コーンウォールのケルノウ語と近い関係にあるが、それはブリテン島のケルト人という共有する祖先に由来する。ブルターニュの言語的な独自性を生むきっかけとなったのは、四世紀から八世紀にかけての、ブリトン人のブリテン島からの渡来だった。有名なアーサー王伝説もこの三地域の共有する起源伝説だ。ブルターニュという地名はBritanniaというラテン語に由来する。Britanniaとはブリトン人の土地という意味で、これがまさにブリテン島だったわけだが、意味が拡張されて、ブリトン人が移住した今のフランスの半島（ローマ時代は「アレモリカ」という地名だった）にもそれが使われることになった。イギリスをGreat Britain、フランス語でGrande Bretagne、つまり大ブルターニュといい、ブルターニュの方をPetite Bretagneということがあるが、ブリタニア、ブルターニュという表現はしばらく共通に使われたのだった。

九世紀には強力な武将が現れてブルターニュ王を名乗り、一〇世紀にはブルターニュ公が出現する。こうしたことはナシオンとしてのブルターニュの物語として、民族主義の源泉として知っておくべき事柄だ。ブレイス語は九世紀ころはブルターニュ全域を覆うほどの勢力を占めていたが、一二世紀に急激に後退し、一三―一四世紀には今日バス・ブルターニュ地方と呼ばれるブレイス語圏に定着する。フランス語方言圏であるオート・ブルターニュ地方との言語的な二分体制はこのころ以来二〇世紀に至るまで続くことになる。ちなみにブレイス語を日常語とした最後の領主は一二世紀はじめのコルヌアイユ家（フィニステール県南部）の領主といわれ、貴族階層のフランス語化は、すでにこの時代にはじまっていた。

ブルターニュ公国がフランス王国に統合されるのが一五三二年。以降、ブルターニュはフランスの一地域としてその独自性を薄められ、ケルト的なるものは、ローマ的ラテン的なフランスのなかに埋没していく運命にあった。

しかしこの一方で、それがたんに純粋な学問的情熱であっても、ヨーロッパの起源におけるケルト人の重要性を説く人々があった。一七―一八世紀のヨーロッパ、とりわけフランスで「ケルトマニア」Celtomania（フランス語では「セルトマンヌ」Celtomaneだが、英語圏での言い方に統一しておく）と呼ばれた人々である。「マニア」とは「熱愛」「偏執狂」であり、ケルトマニアとは、ケルトにまさに狂人のごとく固執する人々という軽蔑のニュアンスを込めて用いられた、一八三〇年代以降の用語である（歴史家ミシュレが最初に用いたともいわれる）。

一　ケルトマニアとブルターニュ

1　起源神話としてのケルトの成立(2)

一六世紀、それはあらたなるはじまりの時代である。一四―一五世紀の百年戦争とサラセン・アラブとの戦いで疲弊したヨーロッパが政治的に落ちつきと自信を回復し、それとともにいわゆる近代国家の領土的枠組みを、各国の王家が権力を集中して確立する時代である。すでに指摘したブルターニュのフランス王家への併合（一五三二年）や、ウェールズのイギリス王国への統合（一五三六年）は、ケルト的世界の自立の時代の終焉を示すのであり、英仏両国の国家的枠組みの達成を象徴する事項でもある。

この時代は、キリスト教的普遍主義（カトリシテ）がその普遍性を失う時代でもあった。改革派すなわちプロテスタントの誕生である。改革派は聖書中心主義を掲げることによって、国家をこえる機構的枠組みをなすローマ教会に反旗を翻し、国家的枠組みのなかで自らの信仰の自由を獲得しようと努力していく。聖書を自分たちの言語に翻訳することでこれを容易にしようと考えたかれらの行為は、ときの活版印刷術の勃興の時代にあって、印刷によって広範な流布が可能となるような言語・綴り字法の標準化をうながし、各国の国語の成立につながった。とりわけフランスのように政治的な統一化を成し遂げられなかったドイツでは、ドイツ標準語の成立がたいへん重要な意味をもった。

政治的・宗教的に各国の自立的傾向の強まりはじめるのがこの時代なのであり、各国の国語・標準語の成立がこれをなによりも象徴的に表現している。フランスのフランソワ一世（在位一五一五―一五四七年）のだした王令「ヴィレール・コトレ法」（一五三九年）は、フランス語を王国の文書で独占的に使用しようとするものであり、ヨーロッパにおけるキリスト教的普遍主義、その象徴であるラテン語の使用を廃止することによって、フランスの国家的自立性、民族的一体性を宣言するものであった。ブレイス語圏のブルターニュなどマイノリティーの抑圧の時代の開始をも告げている。

そしてここに、伝統を強調することによる各国王家の権威づけの必要が生まれるのであり、起源神話がそのもっとも重要な題材として語られはじめることになる。ウンベルト・エーコは『完全言語の探求』のなかで、起源神話に関する「国民主義的諸仮説」と題する一節を設け、こうした流れを完全言語の探求の歴史的ひとこまとして論じた（ただし各国でそうした試みがあいつぐのは一七世紀になる）。

時代背景として注意しておきたいのは、この世紀のはじめはまだ、キリスト教的普遍主義の伝統にのっとるといっていい人文主義（ユマニスム）が生きており、ラテン語を話しことばとしても自由に使い、国境を容易に飛び越えて行動する、エラムスム（一四六五―一五三六）やトーマス・モア（一四七八―一五三五）などに代表される学者たちが存在したことである。初期の起源神話の語り手もこうした学者層から生まれた。もうひとついえば、この世紀の後半は宗教戦争の時代であり、政治的にはけっして平坦とはいえない時代が続く。もちろんその争いが国内政治の枠組みで展開されることが多くはなっていく。起源神話はカトリックとプロテスタントの双方で主張されながら、違った意味をもつこともあったのだ。

ドミニコ会の神学者であり、人文主義者・オリエント学者であるジョヴァンニ・ナンニ・アンニウス（Giovanni Nanni, alias Annius de Viterbe, 1432-1502）（イタリアのヴィテルボの出身であり、ヴィテルボのアンニウスと通称される）は、一四九七年、古代のバビロニアの祭司ベーローソスの文書を発見し、大洪水の真相があきらかになったと主張した（ベーローソス以外の多数の古代歴史家の文書をも含む）(3)。のちにこれはまったくの贋作だったことがあきらかになるが、これは一八世紀後半のスコットランドの『オシアンの歌』、一九世紀はじめのウェールズの『ダヴィズ・アプ・グウィリムの詩歌』に匹敵するような（ホブズボームほか『創られた伝統』（紀伊国屋書店）参照）、贋作による伝統の創出といってもいいだろう。版によってタイトルはいろいろ変わるが、略称で『古代史』*De Antiquitatibus* と呼ばれるこの書物は、一四九八年、ローマとヴェニスで出版され、一六世紀はじめにはこの書物に対して疑念を表明する学者も現れるが、それをものともせずにヨーロッパ各地に広まることになった。

この時代においては、そして一九世紀にいたっても民衆的世界においては、聖書が歴史的現実だったことはおさえておく必要がある。そのうえで、ローマ建国の遠祖トロイア王族のアイネイアスがヨーロッパの起源として考えられていたことも知っておいた方がいいだろう。いずれにしても、ヨーロッパの起源はギリシア英雄伝説時代のトロイア戦争にまでさかのぼるのが通例だった。

『古代史』では「ノアの洪水」以来の系図が示されるのだが、ここにケルト人が入っていた。系図にたいする関心は古くからの伝統として存在し、歴史文書そのものが古い時代には王様の系図でしかない場合が多い。一二世紀のジェフリー・オヴ・モンマスの『ブリタニア列王史』*Historia Regum Britanniae*は、ブリタニアの王の系図をローマのブルータスにまでさかのぼらせ（トロイア王族のアイネイアスの曾孫ということになっている）、ローマという古典世界による権威づけをおこない、さらにアーサー王を歴史上実在の人物としてそのなかに登場させ、王家にもうひとつのはくをつけた。この歴史観は一六—一七世紀でも、民衆的世界では広く共有されるものだった。しかしその系図を聖書の世界にまでさかのぼらせることはなかった。『古代史』においてはじめて、それが試みられたのだった。こうしてヨーロッパの起源は、『ブリタニア列王史』の場合のようにローマからせいぜい小アジアに行き着くのではなく、聖書の創世記の舞台、中東にまで広がった。言語的にも、古典古代のギリシア語ラテン語を絶対視する立場はゆらぎはじめ、ヘブライ語が起源語として重要な位置を占めることになる。ヨーロッパ的普遍主義、すなわちカトリックと人文主義者にとっては、ラテン語こそその普遍性を象徴する言語であり、この絶対性がぐらつくことはまさにその普遍性の崩壊を意味することになった。

その問題の系図についていうと、「創世記」の「洪水」の節以下に登場するノアの子孫たちに、ヨーロッパの諸民族が比定される。ノアがヤヌス（ことのはじまりとおわりを司るローマの神）ないしはオーギュゲース（大洪水の起きたときのアッティカないしはボエオティアの王）であり、その息子ヤフェト（ヤペテ）の子どもに、コメルス、メドゥス、マゴグス、サモテス・ディスが比定される（聖書におけるそれぞれ、ゴメル、メディア、マゴグ、ティラスである）。通称名ディスのサモテスの子からガリアの諸王に続く系図が始まるのであり、マグス、サロ、その子のドルイデス、バルドゥス、ロンゴ、若王バルドゥスと続いていく。こうした名前は聖書からそのままとられる場合もあるが、それと似た音の地名、まったく無関係の地名も登場する。もちろんこの系図が無批判にその後も継承されるのではなく、著者がかわるたびにそこに修正が加えられていった。

フランスではルメール・ド・ベルジュ（Jean Lemaire de Belges, 1473-c.1525）が、一五〇九年、リヨンで『ガリアの顕揚とトロイアの特殊性』*Les illustrations de Gaule et singularitez de Troye*という書物を著し、「聖書起源説」を発表した。アンニウスの書がフランスで出版されるのは一五一一年だから、フランスではアンニウスに先んじてこのルメールがこの説を唱えたことになる。

ルメールによれば、ノアの子の段階ですでにガリアの諸王につながる系列と、トロイアにつながる系列とに分かれる。ガリアの系列はアンニウスとほとんど同じであり、ヤフェトの子、サモテスから数えて九代目にケルテ（ケルト人！）が現れ、その娘ガラテーが、トロイアの系列につながるリビアのヘルクレスの妻となり、その子ガラテスがガリアの呼称のもとになる。いっぽうトロイアの側では、ヘルクレスから六代目がトロイアの初代の王ダルダヌスとなり、さらにそこから七代目の王がトロイア戦争で戦死を遂げた最後の王ヘクトルであり、その子のひとりフランクスがガリアにいたり、この地第二五代の王となる……と続いていく。

ジャン・ピカール・ド・トゥートゥリ（Jean Picard de Toutry 生没年不明）による『デ・プリスカ・ケルトパエディア』*De Prisca Celtopaedia*（「古代ケルト学について」）（一五五六年）は、ケルトが題名に登場する最初の重要文献といってもいい。ただしこの時代とくにフランスで使われる場合の「ケルト」は、ガリアと同一か、ないしはこれにゲルマンをも含むやや広い意味で用いられ、ガリアはフランスの古代と同一視されるので、今日的意味とはかなりかけ離れていたことを頭に入れておく必要がある。この用法が一九世紀にいたるまで存続したことも、ケルトマニアを考えるうえでは重要だ。この書は、一九世紀末以降の公教育のなかでさかんに用いられた表現「すべての人は二つの祖国をもっている、みずからの祖国とフランスという祖国を」という祖国愛の考え方をはじめて示した書として名が通っている。ここでいうフランスとは、当時のヨーロッパ全体（それは世界全体をも意味するが）に広がる普遍的文明を創始し、それを広めたガリアを意味している。たとえばガリアの初代の王サモテスから数えて四代目のドルイウス（アンニウスでは「ドルイデス」）の時代には、ガリア人はギリシア語を話しており、この当時はまったくの野蛮の状態にあったギリシアにこの言語を広め、文明化したのはガリア人だった。ギリシア文明がもたらされたのはガリア人のおかげだったのだ。

ギヨーム・ポステル（Guillaume Postel, 1510-81）による『ガリアの弁明』*Apologie de la Gaule*（一五五二年）などのガリアに関する書物は、この時代のケルト起源についてはもっともまとまった著作群と評価される。さらにかれにおいては、起源神話がその同時代のフランスを政治的に優位に導く道具として位置づけられており、この点でもそれ以前の著作からさらに一歩踏み出したものとみることができる。ただ現実にはかれはフランスの宮廷から厚遇されるようなことにはならなかった。

ポステルはみずからの方法を「エミトロジー」émithologie と呼ぶ。「エミト」Emith はユダヤ教から受け継いだ神秘主義である「カバラの思想」で「真実」を表す。「カバラ」ではことばが真実を表現するのではなく、ことば自体が真実なのだから、これはまさに真実の学である。もちろん現代の目からみれば、これは一種の「象徴を解釈する語源学」である。語源学は一九世紀後半以降、音韻法則を精緻化し、それを金科玉条とすることによって比較言語学に成長していくが、それ以前は音の類似性だけが全てであり、この徹底化はしばしば戯画的状況をもたらす。ケルトマニアがまさにそうだったのだが、ポステルにおいてすでにその兆しをみることができる。いくつか例をあげておこう。カオスの状態から宇宙が生まれるその最初のきっかけは、水と地の分離であり、これをヘブライ語（最初の言語）では、「ガルヤー」Galuyah という。これこそ「ガリア」の語源である。これは「ガリム」Gallim が、「水からすくいあげられた」人間を意味することからも確認できる。すなわちノアの洪水の後、まっさきに生まれたのはガリア人なのだ。そしてノアの子、ヤフェトの長子にはゴメル（ゴメルス）の名が与えられる。ゴメルの長子はアスケナーズであり、この一族はキンブレを経て、ゲルマン人を形成する。すなわちガリアは、ゲルマンをもその一族としている。さらに「ウンブリア人」（イタリア中部の古代人）ももとは「ゴンブリー」であり、ゴメルの一分派である。ポルト「ガル」も「ガリ」シアも、「ガラ」テア（小アジア）もガリアに関係し、もちろんその子孫である。さらに東のスキタイ（もとはシンカンブレでキンブレにつながる）や、アルメニアにもゴメル人は広がっていた。ゴメルの名は一八世紀末のケルトマニアにしばしば登場する。キンブレ、ゲルマン、スキタイとの系統関係も、ここからその影響が発するのだ。

2　ケルトマニアの胚胎期(4)

一六世紀がヨーロッパにおける起源神話の新しい形としてのケルト神話の成立期とすれば、一七世紀は、一八世紀初頭にケルトマニアが出現するための、橋わたし、準備期間としての意味をもった。一六世紀の議論をひきずりながら、そこに新たな要素を加え、ケルトマニアの理論的根拠となっていく人々が登場する。

イタリアの古典学者で、イギリスなどで勉強しプロテスタントとなったヨゼフ・ユストゥス・スカリゲル（Joseph Justus Scaliger, 1540–1609）の『遺稿集』*Opuscula varia*（一六一〇年、パリ）のなかに、「ヨーロッパの諸言語について」Diatriba de Europaeorum linguis という論文（一五九九年執筆）があり、このなかでかれは、エイレ（アイルランド）語とアルバ（スコットランド・ゲール）語、カムリー語とブレイス語（それぞれブリタニア語とガリア語と表現される）を結びつけて記した。島のケルト系言語を二派に分けて記述したのはかれがはじめてだった（厳密にその起源を考えれば、一二世紀のウェールズの司祭ジラルドゥス・カンブレンシス Giraldus Cambrensis 1146–1220? の書物にその一端をみることができる）(5)。ただ、両派をケルト語という大きな枠組みに統合する発想はかれにはなかった。これは一七世紀の論者に共通する。

オランダの学者マルクス・ズエリウス・ボクスホルニウス（Marcus Zuerius Boxhornius, 1602–53）の死後出版の書『ガリアの起源についての書』*Originum gallicarum liber*（一六五四年、アムステルダム）は、ガリアをギリシアとゲルマンの共通起源に結びつけ、これをスキタイにもっていった。ヨーロッパ・スキタイ起源説の最初の提唱者である。すでに一六世紀のところで述べたように、これは聖書起源説のスキタイとの関連を指摘する議論が下敷きになっている。かれはさらに、ウェールズの学者ジョン・デイヴィス（John Davies, 1570–1644）による『ブリテンの古語』*Antiquae linguae britannicae*（一六二一年）を読んでおり、ガリア語とカムリー語との類似性についても語っている。ちなみにこの書は、ウェールズにおけるカムリー語の最初の文法書だった。ヘブライ語を意識しており、その意味では時代性の強い書物だ。

ブルターニュでは、オート・ブルターニュ地方出身で、この時代にブレイス語圏にはいった宣教師のなかではもっとも精力的に活動した人物として有名な、ジュリアン・モノワール（Julien Maunoir, 1607–83）をあげておかなければならない。宣教に讃美歌や聖史劇を取り入れるなど、イエズス会士として教育方法をいろいろ工夫したことでもよく知られている。その一環としてブレイス語を学び、ほかの宣教師たちにも学習をすすめるために書いたのが、『イエズスの聖学校』*Sacré Collège de Jésus*（一六五九年）だった。まさに入門書だったが、ブレイス語最初の文法書になった。この書の意義は、話しことばからかけ離れつつあったそれまでの文章語綴字法をおもいきって話しことばに近づけた点にある。この点で、ブレイス語史では近代ブレイス語の誕生を告げる書という評価を受けている。ただし規範化のレベルではラテン語の影響は強大で、関係詞や冠詞・代名詞の格変化という、ブレイス語には本来不必要な概念を持ち込んだ。ラテン語の権威から自由になるには一九世紀を待たなければならない。

3　最初のケルトマニア

最初のケルトマニアと目されるのが、ポール・ペズロン（Paul Pezron, 1639-1706）である。かれはブルターニュ中南部のヴァンヌ地方エヌボン出身のシトー会修士で司祭。歴史家・学者としてはすでに一六八〇年代から名が通っていたが、一七〇三年に発表した『ケルト人の民族と言語の古き時代』*Antiquité de la nation et de la langue des Celtes* が、まさにケルトマニアの宣言の書になった。ケルト人の起源を聖書起源のヤフェトの子ゴメルにさかのぼり、これからスキタイ人（かれはサーケス人と表現する）、キンブレ人、ガラテア人（パルチア人という言い方を用いる）に分かれるのは、一六世紀のポステルなどをそのまま引き継ぐものであり、とくに目新しい点はない。ガリア人の分派として、オスク人（イタリア）やダキア人（ルーマニア）ばかりでなく、チュートン人（ドイツ）やペルシャ人までも含めるのは、目新しいといえるかもしれないが、かれの新しさはこうした古代における民族的な親縁性の拡張にあるのではなく、現代に続く系統関係を根本的に変えた点にある。すなわちガリアを引き継ぐのはもはやフランスではなく、ブルターニュでありウェールズなのだ。ヤフェトの子ゴメルの言語は、ヘブライ語を直接引き継ぐケルト語だが、このヨーロッパの「原民族」の生き残り、その「純粋な」子孫がブレイス語であり、カムリー語なのだった。ケルトこそヨーロッパの起源（それは聖書起源で説かれるように、人類全体の起源でもある）であり、これを引き継ぐのが現在のケルト諸民族であるという、いわゆるケルトマニアの主張はここに生まれたのである。

この点を説明していく際に、彼の母語であるブレイス語とカムリー語の知識が多いに活用される。「五」はケルト語では pemp であり、エオリアのギリシア語では pempe である。「四」は pedwar（カムリー語）、petoar（彼の母語であるブレイス語ヴァンヌ方言）であり、エオリア語では petores である。このようにしてかれは、ギリシア語については八〇〇語、ラテン語についてはー、二〇〇語のケルト語を出自とする単語をあげることができると主張する。その関係は一方通行であるにすぎないが、ここには一九世紀後半になって学問として確立する、比較言語学の手法の片鱗をうかがうことが可能なのだ。ペズロンのケルト語を、比較言語学の「原インド・ヨーロッパ語」に置き換えて考えると、まさにその考え方を先取りしているといえないこともない。しかしそこから強引に導き出される結論は、比較言語学の手法の危うさを逆に表現しているようにも思える。

この書は三年後（一七〇六年）には英訳が出され（その再版は一八一二年にいたるまで数版におよぶ）、さらにカムリー語の歴史概説書『主要なる時代を映す鏡』*Drych y Prif Oesoedd*（一七一六年、四〇年再版）でも主要部が紹介され、フランスばかりでなく、イギリスとりわけウェールズで彼の主張が大いに支持された。ただしペズロンにとっての現代のケルト語は、ブレイス語とカムリー語（それとわずかにケルノウ語）であり、現代の用語でいえば、ケルト語のブリトニック語派にすぎない。エイレ（アイルランド）語の知識はまったくなく、この点は一七世紀の学識者たちの考え方をひきずっていたといっていいだろう。

エイレ語を含めてケルト語諸言語の全体をはじめて把握したのは、ウェールズの学者エドワード・ルイド（シュイド）（Edward Lhuyd, 1660-1709）だろう。ペズロンの同時代人であり、ルイドの方はペズロンを著名なケルト学者として知っていたが、直接の面識はなかったようだ。ルイドは一六九〇年代にボクスホルニウスを読んでから、ケルトに興味をもちはじめ、アイルランド出身でこの当時長老派教会神学者だったジョン・トウランド（John Toland, 1670-1722）を通じて、エイレ語とカムリー語・ブレイス語との親近性を教えられたようだ。トウランドは一七一九年になって『ドルイドの歴史』*History of the Druids* を発表し、ここでブレイス語とエイレ語の親縁性を述べるが、ルイドはその前にアイルランドやブルターニュにわたって直接いろいろな文献を収集し、その主要な辞書をまとめて『ブリタニアの考古学』*Archaeologia Britannica*「第一巻言語地誌学」（一七〇七年）として発表した。このなかでは自分から比較考察をおこなっているわけではないが、その理路整然とした収集の位置づけにより、学問としてのケルト学の先駆者として、ケルト学史ではそのはじめに必ず指摘を受ける人物である。ただ当時においては、ルイドはオックスフォードの一介の図書館司書にすぎず、ペズロンの方がはるかに知名度があった。少なくとも一八世紀中はペズロンの影響力の方がはるかに強かったようだ。

ちなみにトウランドの方は、古代ケルトのドルイド的精神を復興することにより傾倒した。『ドルイドの歴史』を出版する二年前の一七一七年九月、ロンドンのパブで、「古代ドルイド団」The Ancient Druid Order を結成する。これにはイングランド、アイルランド、ブルターニュの代表を招いており、「ネオ・ドルイディズム」つまりドルイド復興運動の開始を告げるものだった。かれは北アイルランドのデリー出身のカトリックだったが、教育はスコットランド、ついでヨーク、オックスフォードで受け、そこで当時のドルイド研究家で実践者のジョン・オーブリー（John Aubrey, 1626–97）に出会うことで、古代ケルトに心酔することになった。宗教的にはカトリックからプロテスタント自由主義派、さらには英国教会派、汎神論者、自然宗教派を経て、ケルトにたどり着いたのだった。

とはいえ復興されたドルイドは、古代のそれとはおそらくまったく別物といっていい。「ネオ・ドルイディズム」は、その運動において、フリーメーソンと緊密にリンクしており、西欧の教養階層による、宗教的喧騒をこえる人的結合体の試みのひとつとして解釈すべきものだろう。じっさいにトウランドは、「古代ドルイド団」結成の約二カ月前（一七一七年六月）、ロンドンのパブ（同一ではないがすぐ近く）で、フリーメーソン・イングランド支部大ロッジを結成している。しかもこれが、近代の純理論的フリーメーソンの誕生とされるのである。「古代ドルイド団」二代目団長、ウィリアム・スタケリー（William Stukeley, 1687–1765）もまた、フリーメーソンの会員だった。(6)

4　一八世紀のケルトマニア的理論

言語的類似性を重視して、起源語としてのケルト語と、現在のケルト語すなわちブリトニック諸語との系統関係を論じるのがケルトマニアの立場であり、これに対して宗教や歴史的事件を重要視して、ケルト・聖書起源説と現在のフランスとのつながりを主張するのが一六世紀における議論の展開だったが、ペズロン以降も両方の流れは併存し、両方を取り入れて論を展開する著作家もフランスでは稀ではなかった。

ジャック・マルタン（Jacques Martin, 1684-1751）は、南フランスの神学者で古代宗教学者である。『ガリア人の宗教』*La religion des Gaulois*（一七二七年）などで有名であり、この書の序論では、「アルモリカの言語」（ブレイス語）が「我が祖先の言語のもっとも純粋で貴重な生き残り」と指摘している。これは明らかにペズロンに負うものである。

シモン・ペルーティエ（Simon Pelloutier, 1694-1757）は、ナントの勅令の廃止（一六八五年）によりドイツに亡命した両親のもとで、ライプチッヒに生まれ、ベルリンで死んだプロテスタントの牧師・歴史家である。『ケルト人の歴史』*Histoire des Celtes*（ハーグ、一七四〇―一七五〇年、二巻本）で有名になり、一七四二年、パリの「名文碑文アカデミー」は、その課題「ガラテアの名で小アジアに住み着いたガリア人はいかなる民であったか」にたいするかれの発表に賞を与えた。かれの死後、草稿を大幅に追加して出版された第二版（一七七〇年に一二折版で八巻本、翌一七七一年に四つ折版で二巻本、パリで出版）がその後のケルトマニアに大きな影響を与えることになる。ドイツ語がケルト人の言語を受け継ぐとするゲルマン人とガリア人の同一起源説が唱えられただけでなく、ブレイス語そしてカムリー語に「昔のケルト人の言語に基づく語彙が守られている」と述べられた。

ベネディクト会のルイ・ルペルティエ（Louis Le Pelletier, 1663-1733）の手になる『ブレイス語語源辞典』*Dictionnaire étymologique de la langue bretonne*（一七二五年ころ執筆されたが、死後出版で一七五二年刊）は一八世紀ではもっとも大部で確固たるものだが、一七世紀のモノワールの文法を土台にしており、ブレイス語とカムリー語の共通性を強く意識している。いっぽう、ほぼ同時期に辞書と文法書を執筆したカプチン会士グレゴワール・ド・ロストルネン（Gregoire de Rostrenen, c.1672-1750）（『フランス語ケルト・ブレイス語辞典』*Dictionnaire françois-celtique ou françois-breton* 1732；『フランス語ケルト・ブレイス語文法』*Grammaire françoise-celtique ou françoise-bretonne...* 1738.）は、一七世紀のデイヴィスによるカムリー語の文法書（上述参照）を基にして書いており、ブレイス語とカムリー語の一体性をさらに強調している。こうした書物は一九世紀になってから、ブレイス語の言語純化運動のなかで高く評価されることになる。

ジャン・バティスト・ビュレ（Jean-Baptiste Bullet, 1699-1775）は、ブザンソンの神学者であり、『ケルト語についての覚書』*Mémoire sur la langue celtique*（一七五四―一七六〇年、三巻本）において、ブレイス語が起源語であることを「ヘブライ語、シリア語、カルデア語［バビロニア］、アラブ語、ペルシャ語、タタール語、マレー語、マラバル語［インド南西部］、シャム語、ペグー語［ビルマ］、ジャワ語、ベトナム語、シナ語、日本語と比較する」ことによって論証した。『百科全書』で文法に関する項目を担当したニコラ・ボーゼ（Nicolas Beauzée, 1717-89）がビュレのこの書を支持し、『百科全書』（「言語」の項目、一七六五年）でもこれを好意的にとりあげたため、この書は少なくとも一八世紀末にいたるまで、フランス言語学の基本文献のひとつに数えられた。

クール・ド・ジェブラン（Antoine Court de Gêbelin, 1728-84）は、南仏ニーム生まれのプロテスタントの神学者、歴史家であり、『原始の世界、近代世界との比較分析』（一七七五―八九年、全九巻）において、「普遍文法、祖語の再発見、言語活動の生物学的ならびに社会的な起源の証明を一挙に」おこなおうとした（エーコ『完全言語の探求』前掲書）。ケルトに関しては、「ケルト語はヨーロッパの最初の住人たちが話していた言語であり、その起源においてはオリエント人の言語と同じものであった。そして、このケルト語からギリシア語、ラテン語、エトルリア語、トラキア語、ドイツ語、古代スペイン人のカンタブリア語、北方諸国のルーン語が派生したという」（同上）。そしてこの現代における貴重な生き残りがカムリー語であり、ケルノウ語であり、ブレイス語なのだった。さらにかれは、ケルト語がなぜ祖語といえるかをつぎのように理論づける。「こうした言語にはおどろくほどの単音節語があり、それが語幹としてほかの単語のもとになっている。したがって、かれらの話しているのは未開の素朴なる言語なのである。というのも、始源の言語、祖型の言語はまずはこうしたものだからである」。単音節語＝素朴＝未開＝原始とつながる発想は、まさに素朴でわかりやすい。盛期のケルトマニアの理論武装においては、これが大いに活用されることになる。

5　盛期のケルトマニア

マルタンからクール・ド・ジェブランにいたるまで、ケルトマニアの元祖ペズロンに続く人たちはその主張を多かれ少なかれ取り入れた論攷を発表したとはいえ、ケルトばかりにこだわっていたわけではなく、ケルトマニアと呼ぶには多少とも抵抗のある人たちばかりである。かれらのケルトへの関心は学問的であり、そこにとどまる。第一にかれらの出身がケルト語圏ではない。ケルトマニアと呼ぶには、ケルト語の問題を自分自身の問題として捉えるような、いわば言語ナショナリズムの視点が必要だ。ペズロンにはこれをかいまみることができたのだが、こうした視点にたつ、本格的なケルトマニアは一七七〇年代以降になって姿を現すようになる。その代表がつぎのふたりである。

(1)　ジャック・ルブリガン（Jacques Le Brigant, 1720-1804）。ブルターニュ中北部ポントリユー出身の弁護士だったが、人生なかばで法学を捨て去り、歴史・言語の研究に没頭する。『原始語の発見』*Découverte de la langue primitive*（一七五八年）、『ケルト・ゴメル人すなわちブレイス人の言語の基礎』*Elémens de la langue des*

Celtes Gomérites ou Bretons（一七七九年）などにより、ケルトマニアの主張はここで頂点をきわめることになった。原始語とはすなわちブレイス語であり、ブレイス語を起源語と考えるのはビュレにもみることができるが、おそらくビュレの考え方は同時代のルブリガンを受け継いだものだろう。かれはこの点を大胆にも、最初の人間アダムとイヴの話した言語がすでにブレイス語だったという表現にまでおしすすめた。したがってヘブライ語もギリシア語もラテン語もすべてブレイス語に発するのは、かれによれば当然の事実ということになる。世界中の言語すべてをブレイス語で解釈することで、語源学的にブレイス語に特権を与え、そのことでこの言語の始源性を主張する。解釈の手法は単純明快である。対象となる単語をまず音節ごとに分解し、これを単音節のブレイス語の単語の組み合わせで解釈するのである。ここではまさに、クール・ド・ジェブランの単音節語＝始源語理論が大いに役立つ。ブレイス語は自分の母語であるからことは簡単だ。たとえば「ヨーロッパ」は「エ・ヴロ・ペン」E Vro Penn に分解され、ブレイス語でこれを「その・地方・端」と解釈できる。すなわち「大陸の一方の端にある地方」なのである。「ヨーロッパ」はまさしく始源語ブレイス語がもとになっているのだ。

(2)　ラトゥール・ドーヴェルニュ（La Tour d'Auvergne テオフィル・マロ・コレ Théophile-Malo Corret, 1743-1800）。ブルターニュ中西部カレ出身の軍人。二〇余年にわたる兵役を終えたのち、三人の息子を戦死させていた心の師ルブリガンの末子に代わり、五三歳にしてフランス共和国軍の一兵卒として、フランス革命期の対独戦に参加し戦死を遂げた。当時第一執政だったナポレオンはこれに深く感銘を受け、かれに「共和国軍第一の精鋭兵」の称号を贈り、歴史上の重要人物の眠るパリのパンテオンに葬らせた。かれは軍人としてばかりでなく、故事研究家としてもルブリガンの協力者であり、一七九二年に『ブレイス人の言語と起源と古代についての新たな研究』*Nouvelles recherches sur la langue, l'origine et l'antiquité des Bretons* を発表する。軍人としてはフランス全土に名をとどろかす人物となるので、かれの死後の影響力は絶大のものとなる。かれの起源に関する記述はルブリガンに比べると控えめである。聖書までさかのぼる表現はみられず（聖書の人名をブレイス語で解釈する記述はある）、ヨーロッパの起源としてまず登場するのがスキタイである。スキタイ神話が知的階層で大まじめで語られる最後の場面といっていいかもしれない。スキタイの直系がケルトであり、その純粋なる生き残りがブレイス人である。その一方でケルトからガリア人が発し、フランス人へと続いていく。さらに東方のスキタイの後裔がタタール人だという指摘もある。そのうえでさらにケルト語と、ヘブライ語をはじめ、ギリシア語、ラテン語との系統関係を、ブレイス語を材料にして論じていく。

かれの場合も、論証にはブレイス語のほかにカムリー語が登場するので、「ブルトン」という表現は、現代的用法からいえば、ブレイス語、カムリー語を包括する「ブリトニック」（ないしブリテン、ブリトン）と置き換えた方がいいかもしれない。これはこの時代の「ケルト」概念を理解するうえでも重要な点だ。つまりこれまでとりあげてきたケルトマニアに続く人々のうち、エドワード・ルイドとジョン・トウランドを除くと、かれらが論証に持ち出す現代のケルト語は「ブリトニック語派」に限られる。これははからずも、ジェフリー・オヴ・モンマスの『ブリタニア列王史』の描き出す世界、さらにはアーサー王物語群の舞台となる世界と重なる。「現代に残る「ケルト」は少なくともフランスを中心とする大陸側での理解では、「ブリトニック」に限られ、アイルランド、スコットランドを含めてケルトを考えるようになるのは、一九世紀にならないと一般化しないといえるようだ。

二　一九世紀ブルターニュにおけるケルト的なるもの

1　ケルト・アカデミー(7)

一八〇五年二月、ケルトマニアのグループとパリの考古学者が協力する形で、「ケルト・アカデミー」

Académie celtique が設立された。会合はルーブル宮の一角で開かれ、年報第一巻(一八〇七年)は皇后陛下に献呈されるなど、パリの権威ある学術団体として発足した。年報第一巻で「フランス帝国は、圧倒的勝利のうちつづいた結果、昔のガリア人の領土をとりもどしたばかりか、それをもこえた」と語られているように、ナポレオンの栄光を古代ガリアに結びつけようとする意図がうかがえる。

会の設立趣旨は、まず第一に「ケルト人の歴史をつまびらかにすること、かれらの遺構を調査し、点検し、検討し、説明すること」、第二には「ブレイス語、カムリー語、アルバ(スコットランド・ゲール)語を援用して、ヨーロッパのすべての言語の語源をあきらかにし、公表すること」である。この会にケルトマニアが影響力を及ぼしていたのは、この設立趣旨をみても明白である。ひとつここで注目しておきたいのは、語源解釈の援用言語として、アルバ語がつけ加わっていることである。ここには明らかに、ロマン主義の高揚の一源泉としてのオシアンの影響がある。ナポレオンがオシアンに陶酔していたことは有名であり、その関連を認めることもできよう。ここにいたってケルトは、すでにブリトニック語派だけでなく、ゲール語派を含めたケルト諸語全体にようやく広がることになった。

アカデミー誕生の大きな動機づけをなしたのは、イギリスの「考古協会」Society of Antiquaries だった。この協会の設立は遠く一五七二年にさかのぼるが、一七世紀はじめにジェームズ一世のもとで解散させられ、一七一七年に再結成されたものの、機関誌の発行が軌道に乗ったのは一八世紀末になってからだった。この革命期に、フランスからの亡命者が一〇人前後出入りしていた。こうした人々を通じた直接間接の影響がアカデミー設立をうながしたのだった。その代表的人物が、ノルマンディーのカーン出身のラリュ神父(Gervais de La Rue, 1751-1835)だったが、かれはアーサー王関連の物語など、いわゆる「ブルターニュもの」Matières de Bretagne の古文書探求に専心した人である。フランス文学史では、「ローランの歌」Chanson de Roland の古文書をオックスフォードで発見した人物として知られている。「ブルターニュもの」について、「アングロ・ノルマン文学」という考え方を提唱したのはかれだった。後でみるように、ブルターニュでの民話探索でも大きな影響力をもつことになる。

アカデミー設立の立役者は、エロワ・ジョアノー（Eloi Johanneau, 1770-1851）、マングーリ（Michel-Ange-Bernard de Mangourit, 1751-1829）、カンブリー（Jacques Cambry, 1749-1807）の三人だった。一八〇四年六月ころ、ジョアノーが、イギリスの考古協会をモデルとする協会の設立をマングーリに、さらにカンブリーにアカデミー設立を打診した。初回の会合はカンブリーの自宅で（一八〇五年二月二二日といわれている）、二回目はその二日後、ルーブル宮の一室でおこなわれた。カンブリーが会長に、ジョアノーが常任書記に、マングーリが非常任書記に決まった。創立大会はその一月後、三月三〇日に開かれた。ジョアノーは、ブロア（ロワール・エ・シェール県）の中学校の教師だったが、パリに出てラトゥール・ドーヴェルニュに出会い、ケルト研究に開眼した。マングーリはレンヌ出身の学者であり、政治家だった。もっとも早い時期に出された革命派の新聞のひとつ『ナシオンの伝令官』*Hérault de la nation*（一七八九年一月）の創刊者として有名であり、またフリーメーソンのもっとも活発な活動家のひとりとしても名を馳せていた。

最重要人物は、もちろん初代会長におさまったカンブリーである。かれはロリアンの造船技師の息子で、家が裕福だったためとくに定職にはつかず、旅行記などを書いて暮らしていたが、革命派となり、一七九一年に英国から郷里に戻ってから、その生活は一変した。このころすでにジロンド派に組しており、この年、郷里ロリアンの検事になる。九四年秋にカンペルレ地区議会議長、九五年一一月にフィニステール県総裁政府総代理、九六年九月に同県中央行政部長になる。その後、オワーズ県（パリ近郊）の知事などを勤めたが、かれはその著作『フィニステール県旅行記』*Voyage dans le Finistère*（一七九九年）でとくに知られている。これは九四年ころの地区議会議長の時代に、県行政部の指示によって、革命の混乱で県内の文化財が散逸していないかどうかを調査するため、村むらを訪ね歩いた報告書がもとになっている。それが当時の民衆の生活を描く第一級の民俗学的史料という評価を後の研究者たちからえることにつながる。

カンブリーが会長のイスにつくことで、ケルト・アカデミーは、考古学の草分け団体であると同時に、民俗学の草創団体ともなった。その大きな理由は、年報第一巻（一八〇七年）で公表した習俗・慣習・迷信・儀礼・伝統行事などについての五一項目にのぼる調査表だった。この表は、一三〇年後の一九三七年刊のヴァン・ジェネップ著『フランス現代民俗学提要』第三巻「質問表の部」冒頭に、その歴史的骨董的価値ではなく、まさにその実用性ゆえに載録されたのだった。

しかしこの会は、ナポレオンの没落と相呼応するように、一八一四年「フランス王立考古協会」Société royale des Antiquaires de France に改組される。「ケルト・アカデミーの主流をなした会員たちは、ケルト人が学問・芸術・文化の粋をきわめるレベルにあったという。かれらはまた、ブレイス語がケルト人の話した言語だなどとも主張したが、これはまったく疑わしいことだ。かれらがこんな途方もない道を誤った考えを堂々とひけらかしたので、わたしたちが異論をさしはさむのも気まずいものだった」（考古協会年報第一巻一八一七年）。そしてケルトが会名からはずされるとともに、ケルトマニア的考え方は少なくとも学者たちの間では相手にされなくなりはじめる。「ラテン的フランス」の逆襲がはじまる。ロマンス語言語学者の先駆者のひとりレヌアールは、「ブレイス語は一五世紀に生まれた『パトワ』［書きことばをもたない劣った言語の意］にすぎない」とまでいいきった。こうしてケルト語・ブレイス語は再び周縁においやられることになった。

2 「われらが祖先ガリア人」(8)

確かにパリの知識人たちのあいだでは、ケルトマニア的な考えは影をひそめてはいくが、大衆的レベルでは逆に、アイデンティティの源泉として広く浸透するようになる。フランス人の祖先としては、正統なるキリスト教すなわちカトリックを体現するローマ人、戦う人たる貴族そして王家の出自であるフランク人が主張されてきた。すでにみてきたように、祖先としてのガリア人はフランスでは一六世紀から書きつがれたが、けっしてメジャーではなかった。この時代とくに一八三〇年代になって、注目の度合いが強まるにはそれなりの理由があった。ローマとフランクがフランスにとって好ましい存在ではなくなりつつあったのだ。大革命以前からはじまってはいたが、ローマ教皇の影響力を排除しようとするガリカニズムがフランス教会全体に広がりつつあり、その一方で、フランク人は強大化しつつあったプロイセンと同一視される傾向にあった。

さらにはフランス史の普及がこれを後押しした。つまりこの時代になってようやく、初等教育が整備されはじめるのだ。一九世紀で最初の本格的な教育改革であるギゾー法は一八三三年だが、ここで町村に小学校を建てることが義務づけられる。まさにこの一八三三年に、ミシュレの『フランス史』第一巻、アンリ・マルタンの『フランス史』が出版され、ガリア人こそフランス人の祖先という意識、そして「われらが祖先ガリア人」nos ancêtres les Gaulois という表現が一般化していく。『ガリア戦記』で描かれるガリア人の最後の戦い「アレシアの戦い」を主導したガリアの武将ウェルキンゲトリクス（ヴェルサンジェトリックス Vercingetorix）は、「最初のフランス人」le premier des Français として神話化され（一八五〇年代）、ジャンヌ・ダルク、ナポレオンと並ぶ英雄に奉りあげられる。一八六〇年代には、ウェルキンゲトリクスが祖国愛を、ジャンヌ・ダルクが信仰を、ナポレオンがフランスの栄光を体現する英雄として「整備され」、愛国主義のなかで占めるガリアの位置は定着することになる。

3　言語・民俗研究とロマン主義(9)

もちろんブルターニュでも、「われらが祖先ガリア人」の意識は、とりわけ歴史家たちのあいだで根強く続く。この場合にはわれわれブルターニュの民こそ、「純粋」なケルト、それゆえに正統なるフランス人という自負意識につながる。

しかしこの一方で、言語的自覚に基づく、反フランスを指向するようなケルト意識が生まれる。これは後には民族主義につながるのだが、ブルターニュでのケルト意識は、このように相反する二つの方向性をもっていたゆえに、反フランス民族主義の伸長も限定的たらざるをえなかったのだ。

最重要の二人について、みておくことにしよう。

(1)　ルゴニデック（Jean François Marie Le Gonidec, 1775–1838）

フィニステール県北部の港町コンケの小貴族の家に生まれ、革命中は反革命王党シューアンへの参加経験をもつ。森林行政の官吏としてパリ、ナンシー、アングレームなどに滞在し、その間、ブレイス語文法辞書を執筆した。一八〇七年に出版された『ケルト・ブレイス語文法』*Grammaire celto-bretonne* は、設立されてまだ日の浅いケルト・アカデミーに献呈されており、その前書きには、古代のケルト語と現在のブレイス語は同一である、という指摘がある（辞書は一八二一年に出版）。ケルトマニア的な心情を共有していたとみることもできるが、文法それ自体では統一規範を作成することに全力が注がれ、むしろ冷静で学術的だった。当時のブレイス語は宗教界では書記言語として用いられていたが、綴字法でも語彙面でもラテン語やフランス語の影響が大きかった。そうしたことばを「司祭のブレイス語」となかば蔑みをもって呼ばれはじめたのがこの時代であり、ルゴニデックがはじめたのはそうしたラテン的要素をブレイス語から極力排除することだった。そのために一七世紀のルペルティエやグレゴワール・ド・ロストルネンの、カムリー語との共有性を意識する辞書文法書が活用されることになった。今日でもブレイス語の綴字法は、このルゴニデックの発案になるものが基盤にあり、「ブレイス語規範作成者」Reizer ar brezhoneg と呼ばれている。

(2) ラヴィルマルケ（Théodore Hersart de La Villemarqué, 1815-59）

フィニステール県南部ニゾン出身。二三歳の若さで執筆した『バルザス・ブレイス』（*Barzaz Breiz*、ブルターニュ詩歌集、一八三九年）が評判を呼び、以後、一九世紀ブルターニュを代表する知識人となる。この詩歌集をまとめるにあたっては、既述のラリュ神父の影響力があったことがあきらかになっている。パリでは、ソルボンヌの教授クロード・フォリエル（Claude Fauriel, 1772-1844）が『近代ギリシアの民謡』（一八二五—二六年）を出版し、弟子たちを北欧、スペイン、アラブなど各地の研究へと駆り立て、民謡の分野でのロマン主義を鼓舞していたころである。『バルザス・ブレイス』は、かのジョルジュ・サンドをして、「ブルターニュをおいてほか、これほどまでにすばらしい詩人たちをもつ、おそろしく詩的な民族の住む地方がほかにあるだろうか」と語らしめ、さらに英語、ドイツ語、ポーランド語などに翻訳されて、ブレイス語の作品としては初の国際的名声を勝ちえた。かれは、ヤーコブ・グリム（Jacob Grimm, 1785-1863）の推薦でベルリン王立アカデミーの通信会員になり（一八五一年）、さらにフランス学士院会員にもなり（一八五八年）、パリ中央に君臨するブルターニュ出身の知識人としての地位を確立する。

言語面ではルゴニデックの後継者を自認しており、かれの辞書（『フランス語ブレイス語』一八七四年、『ブレイス語フランス語』一八五〇年）を再版した。一八四七年出版の辞書には、「ブレイス語史」のまえがきをつけ、その後継者たる立場をあきらかにした。民謡に関する作品はまったくロマン主義的だったが、言語的にはフランス語の影響を排除する純化主義者だったといっていい。

かれは『ブレイス語の将来』*L'avenir de la langue bretonne*（一八四二年）のなかで、自らの敵としてカルヴァン主義とヴォルテール主義をあげた。つまり敵対すべきはプロテスタントと啓蒙主義であり、守るべきはカトリックなのである。これが「ブレイス語と信仰はブルターニュにおける兄弟姉妹である」という、おそらくこの当時できたであろう有名な定式につながっている。この考えは世紀末以降のブレイス語擁護運動のなかで繰り返される定式だが、かれの場合このうえにケルト連帯が重なる。

『バルザス・ブレイス』出版の前年、かれはフランス政府から調査資金をえて、ウェールズに文学調査に赴き、そこでの「アイステズヴォド（Eisteddfod 文化大祭）」に参加した。一八六八年には、ウェールズとコーンウォールの代表を招いて、ブルターニュではじめての「国際ケルト大会」をかれが中心となって開催した。ケルト間の交流はかれの文化的戦略からは重要だったが、ウェールズはプロテスタントがその文化運動の中心を担っていたので、そうたやすく進むわけではなかった。やはりその運動は世紀末以降になる。

いずれにしてもかれのブルターニュにたいするパトリオティックな心情は、その詩歌集に反映されており、初版においては全体の三分の二が「愛国的」詩歌だった。これは四五年の第二版では四分の三にまで高まるが、一八四〇年代ブルターニュの民族的自覚の高まりの反映とみていいだろう。

ブルターニュ協会 Association bretonne という、農業の振興・発展をめざして地元の有力者が作った研究・交流機関があるが（一八四三年設立）、設立と同時に考古学研究部会が設けられ、ロマン主義的知識人たちの溜まり場になる。これがケルト的なものへの傾斜を強め、一八五九年には結社禁止になるが、ラヴィルマルケは一八五五年にこの部会の会長になっている。ここで政治運動がはじまったわけではないので、民族主義の誕生ということはできない。だがこの考古学部会がケルト・アカデミー消滅以降のブルターニュのケルト派的知識人の集まるところとなったので、民族主義の原点はここにあると指摘する研究者もいる。

4　学術研究としての民俗学とケルト学の開始

『バルザス・ブレイス』は、スコットランドのマクファースンによる『オシアンの歌』に匹敵する政治的インパクトをもち、なおかつのちに贋作の嫌疑をかけられる点もよく似ている。ブルターニュでそうした論争が持ち上がるのは一八六〇年代であり、その中心人物がリュゼール（François-Marie Luzel, 1821–95）だった。学校の教師をしながら、また政府から援助金をえて民話・民謡の収集にあたり、『バス・ブルターニュの語り物集』*Gwerziou Breiz-Izel*（一八六八、七四年）、『バス-ブルターニュの民話民謡集』*Soniou Breiz-Izel*（一八九〇、九一年）などを出版した。『語り物集』はブルターニュでは本格的なフィールドワークを経た初の学術的な研究書といえるもので、わずか三〇〇部の自費出版だった。発売後すぐに再版の話が出たラヴィルマルケの書とは段違いの差がある。そのリュゼールが一八七二年に出した「ラヴィルマルケ氏の『バルザス・ブレイス』の詩歌の真正性について」という論文で、ラヴィルマルケの正面を切った批判を開始したのである。それは共和派とカトリックとの対立とも絡み（リュゼールは共和派だった）、たんに学術的とばかりもいえない論争だった。またラヴィルマルケは生涯、これに反論することはなく、いわば当事者の一方を欠いた論争にすぎず、スコットランドの「オシアン論争」ほど盛り上がることは一度もなかったが、その後の評価にとっては影響を与えた。一九六〇年の公刊されたブレイス語学者フランシス・グルヴィル（Francis Gourvil, 1889–1984）の学位論文『ラヴィルマルケとバルザス・ブレイス』もリュゼールに好意的だった。ラヴィルマルケが復権を果たしたのは、民族学者ドナシアン・ロラン（Donatien Laurent, 1936–）によってだった。末裔の館でかれが発見したラヴィルマルケ自筆の一八三〇年代の収集手帳をもとに、その収集がしかるべくしておこなわれ、しかもほかの収集家たちの記録と比べても、その価値は一九世紀のもののうちではもっとも良質なことを明かしたのだった（一九七四年の学位論文で、一九八九年に刊行された『バルザス・ブレイスの源泉』*Aux Sources du Barzaz-Breiz*）。

いずれにしても、リュゼールの批判が現れたのは、ケルト学・民俗学が学問として成立しつつあったという時代背景をもっていたことが非常に大きい。ケルト学の初の学術雑誌『ケルト雑誌』*Revue Celtique* が創刊されたのは、リュゼールの『物語集』の二年後（一八七〇年）であり、それはかれの友人の言語学者ゲドス（Henri Gaidoz, 1842-1932）によってだった。ゲドスはパリ生まれだったが、ウェールズの滞在中にケルト語への興味を覚え、以降みずから研究に乗り出すとともに、ブルターニュの研究者たちとも交友を結ぶ。

この時代すでにいろいろなところで民俗学やケルト学の研究がはじまっていた。パリでは一八六四年に『民族誌学雑誌』*Revue d'Ethnographie*（六年で休刊）が生まれ、一八七二年には『人類学雑誌』*Revue d'Anthropologie* が創刊されるが、国内の民俗学的事象に絞った研究は、ブルターニュ出身のセビヨ（Paul Sébillot, 1843-1918）が設立する民間伝承学会 Société des traditions populaires が最初といっていいだろう（一八八六年）。セビヨはフランス語圏のオート・ブルターニュ出身であり、リュゼールやゲドスとは交流がほとんどなかった。

しかしリュゼールは、おなじトレゴール地方（コート・ダルモール県西部）出身ということで、エルネスト・ルナン（Ernest Renan, 1823-92）と親交があった。その出会いは、ルナンが国立図書館の司書をしているとき、ブレイス語の書物の閲覧を頼んだという偶然の機会に恵まれた事情もあったが、一八五八年のこのとき以来、手紙のやり取りは終生におよんだ。一八六〇年代に物語収集のために政府の資金をえたのもルナンの取り計らいだった。ルナンはブルターニュ出身者のなかで自由主義共和派の元締め的存在であり、そうした知識人はごく一部の少数派にすぎなかったが、ゲドスなどと知り合いになったのもその関係だった。

ルナンは一八七〇年にパリでもっとも権威のある学術センター「コレージュ・ド・フランス」の教授になり、一八七八年には「アカデミー・フランセーズ」会員に推挙される。一八八二年には「ナシオンとは何か」という有名な講演をソルボンヌでおこなう。このころから世紀末にかけて、ルナンはパリでもっともよく話題にされる知識人となる。それでもブルターニュ出身者たちとの交友関係は相変わらず続いた。

一八八二年、コレージュ・ド・フランスにケルト語文学の講座が誕生する。この担当者となったのはゲドスではなく、文学研究者ダルボア・ド・ジュバンヴィル（Marie-Henry d'Arbois de Jubainville, 1827-1910）だった。このときのゲドスの落胆は相当なものだったらしい。一八八五年には『ケルト雑誌』の編集もダルボアの手に委ねてしまう。一八八七年には民間伝承研究誌『メリュジーヌ』*Mélusine* を創刊し、民俗学的研究に重点が移る。リュゼールはこれの常時寄稿者にもなった。

ブルターニュのもっとも権威のあるレンヌ大学では、一八八三年にケルト語の講義がはじまったが、正式に講座が設立されるのは一九〇三年になってからだった。また一八八六年に『ブルターニュ年報』*Annales de Bretagne* が創刊され、以後、ブルターニュ研究の中核的位置を占めることになる。レンヌでのこうした学術発展を一手に引き受けたのが、ジョゼフ・ロート（Joseph Loth, 1847-1934）だった。ロートは一八九一年にはレンヌ大学学長になり、一九一〇年には、ダルボア・ド・ジュバンヴィルの後を継いで、コレージュ・ド・フランスのケルト語文学講座担当教授となる。このとき学問としてのケルト学はその基礎がためを終えていたともいえるだろう。

5　**地域主義とネオ・ドルイディズム**⑽

(1)　地域主義

世紀末はブルターニュの人々にとってまさに転換期だった。中央の文化の流入が本格的にはじまる。鉄道はすでに一八六〇年代にブルターニュにとどいていたが、はじめは物流それから上流階層のためであり、民衆の乗り物として旅行に利用されるようになるのは一八九〇年代以降だろう。鉄道用の観光ポスターにブルターニュがさかんにとりあげられるようになるのも、このころ以降だ。

ブルターニュでの最初の新聞といえるのは、一八六〇年代に誕生する各司教区による宗教的週刊情報紙だった。バス・ブルターニュではブレイス語だけを使う司教区週刊情報紙も存在したが、そのマーケットはまだ伝統的な地方の内部にとどまっていた。

本格的な新聞といえるのは、一八八〇年創刊の日刊紙『クリエ・デュ・フィニステール』が最初だ。けれどもこの場合もフィニステール県を中心とした地方紙で、一八八〇年代ではその紙面でブレイス語とフランス語が共存していた。フランス語への統合は一九〇〇年代になる。フランス西部地方全域をカバーする、現在フランス最大の地方紙『ウェスト・フランス』の前身『ウェスト・エクレール』が創刊されるのが一八九九年で、一九〇〇年代はメディアにおけるフランス統合化の画期とみなすことができる。

祭についてみても、一九世紀のあいだ、ブルターニュでのローカルな祭は活力を保ち続けた。しかし世紀末からフランス全土にわたるネットワークにブルターニュも組み込まれるようになる。典型的なのがルルドへの巡礼だ。一九〇〇年代から鉄道による巡礼ツアーがブルターニュのあちこちで開始される。

ブレイス語圏へのフランス語の流入は中央の文化的侵略を象徴する。一八八〇年代の義務教育化により、その方向性は決定的となるが、効果的に教育がおこなわれるようになるのは一八八九年ころからだった。フランス語によるフランス語教育、いわゆる直接方式の教育が徹底されはじめるのだ。

こうした学校の伸長に危機感をもったのが地元の知識人たち、とりわけカトリックの聖職者たちだった。一八九六年、すでに触れた「ブルターニュ協会」の一部会として「ブレイス語擁護委員会」が新たに設けられる。この部会のメンバーのほとんどが、バス・ブルターニュ地方の聖職者だったが、ブレイス語の擁護とカトリックの防衛がまさに重なっていた。

一八九八年、ブルターニュ地域主義連合が結成される。言語がそのアイデンティティの自覚の大きな要素を構成する地域的な政治運動は、アイルランドでもまたバスクやカタルーニャでも民族主義の形をとる。これは四八年革命以降のヨーロッパの民族主義的潮流の延長上に考えることができるが、ブルターニュの場合には、自らの地域独自の「ナシオン」としてのアイデンティティの自覚はあっても、それが直ちにナショナリズムという政治運動にはつながらない。こうした地域主義がこの時期登場するのは、ブルターニュ以外では南フランスのプロバンス地方くらいだろう。一九〇〇年にパリで結成される「フランス地域主義連盟」は、実質的には南フランスの地域的独自性を主張し、分権を訴える運動だった。

ブルターニュの地域主義者たちも、基本的に反共和主義ゆえの地域伝統擁護派だった。そして伝統擁護の一環としてのブレイス語擁護なのだ。したがってブルターニュ協会のブレイス語擁護委員会に比べると言語にたいする熱意は希薄で、政治経済的な自らの利権を維持しようとする地元の名士層がそのなかで主導権を握る。メンバーのうち、貴族が四分の一、聖職者が三分の一を占め、革命以前の旧体制への回帰もその大きな主張だった。フォークロリックなイメージへの依存度も大きく、年次大会の折りには民族衣装の着用が推奨された。これはアイデンティティの参照枠として地域的伝統が重要な意味をもったということでもある。

ブルターニュのこうした地域主義者、ブレイス語擁護運動家のなかに新しいタイプの知識人が参加していたことも指摘しておくべきだろう。それはケルト的連帯を語る知識人たちだ。つまりケルト的連帯を語るときのもっとも重要な相手先はウェールズであることは、ブルターニュのアイデンティティとの共通項としてブリテン島が存在するという歴史認識があったことからもうなずけるところだが、その場合、宗教的枠組み、すなわちカトリックの防衛からはみ出さざるをえない。ウェールズのカムリー語擁護の中心的勢力は一八世紀以来、メソジストなどプロテスタントだ。したがってプロテスタント派との協力関係を築き上げるには、ブレイス語擁護の切っても切れ離せないはずだったもうひとつの側面、カトリックの擁護と手を切る必要が生じる。一九世紀前半からウェールズとの交流はみられたが、決して継続的にならなかったのは、この面での乗り越えが不可能だった証拠だ。世紀転換期になってはじめてこれを乗り越える知識人層が出現する。宗教より文化的事項の価値が高いという認識が生まれるといってもいいだろう。

この面で中心的役割を担ったのが、ネオ・ドルイディズムである。

(2) ネオ・ドルイディズム

すでに指摘したように、近代ドルイド団はジョン・トウランドなどによって、一八世紀はじめのイングランドで誕生したが、その後、ヘンリー・ハール (Henry Hurle) による互助会的集団「ドルイド古代団」The Ancient Order of Druids (一七八一年結成) や、ウェールズのイヨロ・モルガヌク (Iolo Morganwg, 1747–1826) による哲学的文学的団体「ブリテン島バルド・ゴルセズ」Gorsedd Beirdd Inys Prydain (一七九二年結成) などの分派を生んだ。

モルガヌクによる古代ドルイドの「復元」、ネオ・ドルイドの定式化はその後の運動に大きな影響を与えた。ストーンサークルにおける儀式は、トウランドをはじめ近代ドルイド団に共通するが、サークルの中心に「ゴルセズの石」maen Gorseddという祭壇を設け、そこに剣を供えることで儀礼を聖別する方式は、モルガヌクによるものだ。「ゴルセズ」はカムリー語で「玉座」を意味し、そこからドルイドの「集会」をもさす用語として用いられるようになった。ウェールズではバルドの集会が「アイステズヴォド」と呼ばれ、中世末期に一度復活し(一四五〇年ころ)、近代では一七八九年に本格的に再興される。このアイステズヴォドが一九世紀のあいだにウェールズの詩吟・歌謡のナショナル・フェスティバルに成長していくのだが、そのなかでゴルセズの果たした役割は重要だった。一八一九年以降、この集団によって詩歌の優勝者たちが聖別されるという儀式を経ることで、祭のいわば権威づけがおこなわれるようになったのである。ゴルセズは「ドルイド」（賢者、白衣を身につける）を頂点に、「バルド」（吟者、詩歌に秀でる者、青衣）と「オヴァット」Ovate（知者、薬草など知識に秀でる者、緑衣）に整備され、宗教色を薄めたのもこの系統の特徴である。

一八三八年、アベルガヴェニーで開かれたアイステズヴォドにブルターニュの代表がはじめて参加したが、そのメンバーのなかにラヴィルマルケがいた。そしてただひとりバルドの称号を儀式のなかでえたのだった。一八六七年、このラヴィルマルケを中心として、ブルターニュではじめてのアイステズヴォドが試みられようとしたが、ウェールズの代表などを招いた交流集会に終わった。

こうして世紀転換期になって、地域主義者との交流のなかでネオ・ドルイディズムがブルターニュに本格的にもたらされることになった。一八九八年夏にブルターニュ地域主義連合が設立され、その翌年に代表団がウェールズのアイステズヴォドに招待された。その後相互交流が続くことになるが、一九〇〇年の地域主義連合の大会のおり、ブルターニュにおけるアイステズヴォドの設立が協議され、「ブルターニュ・バルド団ゴルセズ」Gorsedd Barzed gourenez Breiz-Vihan が結成された。初代代表、「大ドルイド」となったのは、ジャン・ルフュステック（Jean Le Fustec, 1853–1910）である。学校教員でパリでは美術評論家としても名を売っていたが、パリのブルターニュ出身者の集まりから地域主義運動に興味をもち、ウェールズとの交流に際しても中心的役割を果たした。ただ大ドルイドだったのは三年間だけで、イヴ・ベルトゥー（Yves Berthou, 1861–1933）にその地位を譲った。ベルトゥーはその後三〇年にわたり、ブルターニュのドルイドの中心だった。詩人であり、さまざまな新聞や雑誌に寄稿していたが、生活は生涯貧しかった。モルガヌクの文書はかれが翻訳した。

ブルターニュの地域主義者として、第一次大戦後は自治主義者として活躍した人物の多くが、この「バルド団

ゴルセズ」のメンバーだった。部分的には以前から知られていたが、その全貌が明らかにされたのはごく最近である。(11)

代表的なのがフランソワ・ジャフレヌウ（François Jaffrennou, 1879-1956）だろう。ウェールズの運動家たちと接触するなかで、カムリー語を率先して学習したひとりだった。一八九八年に地域主義連合が結成されたとき、ブレイス語部会の事務長を引き受けた。二〇歳になるかならないかのときである。一八九九年のウェールズでのアイステズヴォドに参加した代表団の世話役であり、翌年ブルターニュでゴルセズが作られたときには、すでにその主要メンバーだった。レンヌ大学の法学部を卒業し、職業としては公証人として安定した収益をえるなかで、ブレイス語ジャーナリズムを積極的に生み出していった。一九〇四年には、『アル・ヴロ』（*Ar Vro*、くに）というブレイス語による雑誌を創刊し、ブレイス語印刷物のための『アル・ボーブル』（*Ar Boble*、ひとびと）という印刷会社、および同名のバイリンガル週刊誌をはじめた。第一次大戦後、ブルターニュの経済界のまとめる「ブルターニュ企業連合」Consortium Breton（一九二五年）をすすめると同時に、それをバックグラウンドにした文化雑誌『いえ』*An Oaled*（一九二七年、「地域主義とバルド主義の季刊雑誌」）を創刊した。こうしたなかでゴルセズでは実質的にはベルトゥーに代わって中心的役割を担い、一九三三年には大ドルイドとなって、名実ともに主導していく。第二次大戦中のヴィシー政府への協力により、大戦後五年間の投獄と財産の没収を宣せられたが、翌年に出所し、その翌年にゴルセズの活動だけは再開した。今世紀前半のブルターニュにおけるネオ・ドルイディズムの中心人物といっていい。

ジャフレヌウのブレイス語とカムリー語の先生であるフランソワ・ヴァレ（François Vallée, 1860-1949）もゴルセズに関わった。というより、ルフュステック、ジャフレヌウと並び、創設時の中心的人物のひとりだった。しかし病弱だったこととカトリック的心情が強かったこともあり、その後はゴルセズの活動にはあまり積極的にならなかった。ヴァレはブレイス語の入門書（『ブレイス語文法入門』*Leçons élémentaires de grammaire bretonne*、一九〇二年、『ブレイス語四〇課』*Langue bretonne en 40 leçons*、一九〇九年）や規範辞書『フランス語ブレイス語大辞典』（*Grand dictionnaire français-breton*, 1931）などで有名であり、ブレイス語復興に言語学的に寄与した人物として、のちの運動家たちからは「ブレイス語の父」Tad ar brezhoneg と呼ばれている。

ゴルセズの初期のメンバーでその後運動から離れた人には、年配になってから参加した人、それとカトリック信者である場合がほとんどだ。ブルターニュ地域主義連合の二代目代表（一九〇二年以降、第二次大戦まで）レストゥルベイヨン卿（Régis de L'Estourbeillon de la Garnache, 1858–1946）は、ナント出身の地域史研究家であり、この時期はヴァンヌ選出の国会議員だった（「人民自由行動派」という保守派の一員）。一九〇七年にゴルセズのメンバーとなったが、一九一一年には離れた。これにはブルターニュ地域主義連盟という分派集団の結成も絡んでいた。おもに若手の文化運動派がこの行動に出たのだが、ごく一部の若手はさらに進んで、民族としての独立をめざす「ブルターニュ民族主義党」を結成した。その中心的人物ルルウ（Louis-Napoléon Le Roux, 1890–1944）は、一九一〇年にゴルセズのメンバーになっている。かれはむしろ社会主義派であり、それゆえにネオ・ドルイディズムには熱心とはいえなかった。第一次大戦中に英国軍に参加し、その後、英国労働党の活動家になった。

ヴァレと同郷で協力者のルモアル（Yves Le Moal, 1874–1957）は、ゴルセズの創設に参加したが、一九〇七年には離れた。かれはカトリック文化運動のなかのブレイス語運動派「ブラン-ブルック」Bleun-Brug（一九〇五年結成）の中心的メンバーとなり、一九〇七年に「子どもたちのためのブレイス語兄弟会」を結成し、その後は教育運動に専心する。

第一次大戦後、青年層により新しい運動、つまり本格的な民族主義運動がブルターニュにも現れる。一九一九年に創刊される『ブレイズ・アタオ』(*Breiz Atao*、永遠なるブルターニュ)である。それは第一次大戦前の知識人の運動を引き継ぐものだった。一九二七年には「ブルターニュ自治主義党」が生まれ、一九三一年にはこれが「ブルターニュ連邦主義同盟」と「ブルターニュ民族党」に分裂する。

ネオ・ドルイディズムが支持をえるのは、この民族党につながる流れにおいてである。たとえば『ブレイス・アタオ』創刊の中心人物マルシャル(Morvan Marchal, 1900-63)は、レンヌ大学の美術科の教師になった人物であり、今日ブルターニュの旗として知られている「グエン・ア・デュ」Gwenn ha du のデザイナーだが、「クレーデン・ゲルティエック」(Kredenn Geltiek、ケルト信仰)というドルイド・グループの創設者でもあった(一九三六年)。このグループはウェールズのゴルセズの系統とは別の考えをもっている。信仰としてのケルト、つまりはその宗教的性格、反カトリック性を明確にしており、第二次大戦後のブルターニュでは、ドルイド派のなかでゴルセズと並ぶ勢力になる。

けれどもネオ・ドルイディズム自体、さらには民族主義運動の政治的影響力も両大戦間期のあいだずっと、ごくわずかなものにとどまる。おそらくそれは伝統的枠組みであるカトリック勢力がブルターニュでけっして勢力を失わなかったこと、さらには伝統的な社会も決して崩壊するにはいたらなかったことが理由としてあげられる。伝統社会の崩壊がはじまるのは第二次大戦後といっていい。

ブルターニュで今日、ケルトといえば、こうしたネオ・ドルイディズムの運動か、ないしはブルターニュの民族舞踊などの、ケルトというよりはブルターニュに固有の民族文化をさしている。そうしたイメージの起源はそれほど古くはなく、世紀末以降のフォークロア的イメージの観光化・大衆化が大きい。このなかではテオドール・ボトレル(Théodore Botrel, 1868-1925)が中心的役割を担った。一八九五年、ポンラベ(フィニステール県南部)の民族衣装をきてパリの酒場で歌ったのがあたり、とくに「ラ・パンプレーズ」(La Paimplaise、パンプルの女）は大ヒットし、世紀末から今世紀はじめのブルターニュの大衆的イメージができあがった。

もうひとつは「ケルト・サークル」Cercle Celtique という第一次大戦中に誕生した民族舞踊保存運動である。一九一七年、ブルターニュ出身の傷痍軍人や休暇中の兵士にたいして娯楽を提供するために、パリで作られたのがそのはじまりだった。ブルターニュでなくなぜケルトかといえば、それは英国軍のウェールズ人兵士の一団がこれに加わっていたからだった。大戦後もこの組織と名前は残った。パリばかりでなく、ブルターニュのレンヌ、ナントなどの都市部、さらには農村地帯にまで広がる。今日ではブルターニュ各地に二〇〇以上のグループと一万人にのぼる会員を擁している。こうしたケルト・サークルが主役を占める観光客相手の祭も今世紀になって各地ではじまり、これも「ブルターニュ民俗」イコール「ケルト」のイメージの定着化に寄与した。

一九〇五年、ポンタヴェン（フィニステール県南部）ではじまった「金のハリエニシダ祭」Fête des Ajoncs d'Or は、先に紹介した民俗的大衆歌手ボトレルが音頭をとってはじめられた民俗的祭の嚆矢である。一九二三年にはカンペールで「コルヌアイユ女王祭」Fête des Reines de Cornouaille がはじまる。これはコルヌアイユ地方（フィニステール県南西部）一四郡各郡の民族衣装コンクール優勝者たちの「顔見世」を中心とした祭である。第二次大戦後には「コルヌアイユ・フェスティバル」Festival de Cornouaille と名称を改め、ブルターニュでは最大級（観客動員数は三〇万人程度）の民俗的祭として名声を博している。ちなみに現在のブルターニュで最大の祭は、ロリアン（モルビアン県）の「インターケルティック・フェスティバル」Festival interceltique である。これは一九七一年にはじまった新しい祭だが、ケルト文化圏諸地域、すなわちウェールズ、スコットランド、コーンウォール、アイルランド、マン島、それにスペインのガリシアとアストゥリアスが参加する音楽祭である。毎年五、〇〇〇人近くの音楽家が参加し、四〇万人以上の観客を集めるという大祭に成長している。これこそ現在のフランスにおけるケルトのイメージの代表といっていいだろう。

以上みてきたように、ブルターニュにおけるケルト的なるものは、一六世紀以来のフランス国家形成の過程と分かちがたく結びつく形で現れ、一九世紀前半までは「ケルト」イコール「ガリア」が主要なるイメージを形作った。以降、反フランスのケルトとしての、ブルターニュの民族主義と結びつくケルトのイメージが現れる。今世紀になると、そうした言語的ケルト文化圏とブルターニュの民俗がケルト的なるものを代表するようになっていく、要約すればこういうことになるだろう。

（1）私はフランスのブルターニュ地方のケルト系の言語を、日本での慣用にしたがってこれまでブルトン語と表記してきたが、これはフランス語での呼び方をもとにしている。ここ数年来、言語の自称表記が話題になり、私もこの方針をなるべく取り入れるようにしている。ブルターニュのブルトン語での自称はブレイスであり、言語名もそれから派生してブレゾーネックという。ブルターニュ地方は言語的にはフランス語方言地方とこのケルト系の言語から成り立っているので、地域名をブレイスに言い換えるわけにはいかないが、言語名については自称であるブレイス語という表現を取り入れたい。イギリスのウェールズ地方の言語についても、ウェールズ語ではなくカムリー語と表現し、コーンウォール地方の言語をケルノウ語と言い表わすのも同じ理由からだ。こうしたマイノリティーの言語では大言語による呼称が何の疑いもなく当然の言語名と思われている場合が多いのだが、すでにそこにはマイノリティーの側からの情報が伝わらないという厳しい現実が存在することを、こうした問題の専門家として指摘しておきたい。

（2）この項については、おもにつぎの文献に多くを負っている。Asher, R.E., *National Myths in Renaissance France : Francus, Samothes and the Druids*, Edinburgh U.P., 1993. Dubois, Claude-Gilbert, *Celtes et Gaulois au XVI*ᵉ *siècle, le développement littéraire d'un mythe nationaliste*, Paris, 1972.

（3）ベーローソスは、バビロニアの神ベロスに仕える神官であり、前二九〇年ころ『バビロニア誌』を著し、その第一巻で天地創造と大洪水について書いていた。しかしその原典は散逸し、「教会史の祖」エウセビオス（c.263-339）らによって伝えられていたにすぎなかった。

（4）この項については、つぎの文献をおもに参照した。Droixhe, Daniel, *La linguistique et l'appel de l'histoire (1600-1800)*, Genève, 1978. Morgan, P.T.J., "The Abbé Pezron and the Celts," *Transactions of the Honourable Society of Cymrodorion*, 1965. Viallaneix, Paul ; Ehrard, Jean（eds.）, *Nos ancêtres les Gaulois*, Clermont-Ferrand, 1982.

（5）これについては、Bonfante, G. "A Contribution to the History of Celtology," *Celtica*, vol. III（1956）: 17-35 が詳しい。

（6）原聖「ネオ・ドルイディズムとは何か――その予備的考察」ヨーロッパの基層文化研究会報告（東京外国語大学、二〇〇〇年二月二六日）、また同「ネオ・ドルイディズムの諸相」日本民族学会大会報告（一橋大学、二〇〇〇年五月二〇日）。

（7）この項については、原聖「フランス革命期ブルターニュの民俗描写集『ギャルリー・ブルトン』をめぐって」『女子美術大学紀要』第二三号（一九九三年）所収参照。

（8）原聖「一九世紀ブルターニュにおけるケルト意識」『第一一回日本ケルト学者会議報告』（一九九〇年）参照。

（9）この項については、原聖『周縁的文化の変貌』三元社、一九九〇年、また、Raoul, Lucien, *Un siècle de journalisme breton*, Le Guilvinec, 1983. Dias, Nélia, *Le Musée d'ethnographie du Trocadéro (1878-1908)*, Paris, 1991. Morvan, F.（ed.）, *Correspondance Luzel-Renan*, Rennes, 1995. などを参照。

（10）この項については原聖「地域主義とマイノリティー民族主義」『歴史評論』第五九九号（二〇〇〇年三月号）所収、同「国民形成期における地方の独自性」『歴史学研究』第七四二号（二〇〇〇年一〇月増刊号）所収参照。

（11）Le Stum, Philippe, *Le néo-druidisme en Bretagne*, Rennes, Ouest-France, 1998.

第二章　「土地戦争」前後

上野　格

「土地戦争（Land War）は一九世紀［のアイルランド］における最も重要な事件の一つであって、それは政治史上のカトリック解放運動に匹敵するものであった」（W.E. Vaughan）[1]

ヴォーン（Vaughan）のこの言葉は「土地戦争」のアイルランド史上の重要性を伝えるものである。では、この「土地戦争」とはいつ頃、また、どれほどの期間続いた「騒動」と考えれば良いか。ヴォーンは一八七九―八二年の期間を「土地戦争」としているが[2]、今年刊行されたある研究書には、「〃アイルランド土地戦争〃という用語を、この論文では、一八七九年から一八八一年にいたる扇動の第一局面に限定せず、一八七九年―一九〇九年の〃長い〃アイルランド土地戦争について用いる」[3]という記述がある。また、いかなる意味で「土地戦争」は重要なのか。そもそも、何が「土地戦争」を引き起こしたのか、その経過はどのようなものであったのか（どれほどの期間を指して「土地戦争」と呼ぶかによってそれは変わってくるが）、それが「成果」をもたらしたとすればそれは何であったのか、換言すれば、グラッドストーンに始まる一連の土地法その他のアイルランド問題解決策と「土地戦争」とにはどれほどの因果関係があるといえるのか等々、さまざまな問いがこのヴォーンの言葉に触発されて出てくる。これらの問いについて、アイルランドでは勿論のこと、日本でも研究が発表されはじめている[4]。

この小論では、未だあまり紹介されていないアイルランド史学界での研究状況を概観し、またこの時期の農村の経済状況を数量的に示した。なお、研究状況紹介の後に、一九世紀から制定施行された一連の土地法を列挙し主なものの内容と影響を記した。このように、時系列的に全体像を示すと、イギリス政府の土地政策が自由党政権と保守党政権で著しく異なり、そのもたらした結果にも著しい差のあることが明らかに読みとれる。特に保守党が「ホーム・ルール」を実現させぬために行った一連の土地法のもたらした農村の変化は、まさに時代を画するものであった。自作農（小農）が創出され、彼らは保守化していった。建設的ユニオニズム Constructive Unionism の「見事」な、しかし結果的には短命な成功であった。

一　「土地戦争」とは何を指すか——時期区分と対立関係——

一連の土地闘争を「土地戦争」として一括し、それを三局面に分けて記述する例には次のものがある。次の引用はD・J・ヒッキィ（D. J. Hickey）とJ・E・ドハティ（J. E. Doherty）によるものである。

「一八七九年から一九〇三年にかけて戦われた土地戦争は三局面に分けることが出来る。一八七九—八二年には地主と土地同盟（Land League）(5)に指導された借地農の間で激しい闘争がおこなわれ、一八八六—九一年には計画的運動（Plan of Campaign）(6)と呼ばれるかなり穏やかな闘争が主にマンスター地方でおこなわれた。(7)一八九一—一九〇三年は更に妥協的な局面で、借地農への保有地の委譲が Arthur J. Balfour, Gerald Balfour および George Wyndham(8)によって導入された一連の土地法によって実現した。厳密な意味では〝土地戦争〟(9)という用語は先の第一局面について言われる。(10)種々の段階での借地農の指導者たちは Michael Davitt, Charles Stewart Parnell, John Dillon(11)および William O'Brien 議員(12)である。(13)」

これは非常に明快な時期区分である。しかし、このように「土地戦争」で括ると、一八七九年以前は若干あつかいにくくなるかもしれない。後述するように、グラッドストーンの第一次土地法制定は既に一八七〇年であり、更にその前年にはアイルランド国教会法（Church of Ireland Act）により国教会制度の廃止が定められている。一八六一年センサスにより、アイルランドの総人口約五八〇万のうち四五〇万がカトリック、国教徒は七〇万に過ぎないことが判明し、グラッドストーンはアイルランド国教会の特権的地位はもはや維持できないと判断したと言われる。この廃止により様々な変革が行われたが、本章に直接かかわるのは教会所有地の借地農六千人がその保有地の購入を認められたことである。これはその後の一連の土地法制定の先例をなすものであった。このような事情からか、土地をめぐる一連の動きを「土地問題 Land question」と呼んで狭義の「土地戦争」と区別し、その過程を二つの局面に分けて記述することがある。例えばM・ティアニィ（Mark Tierney）は、「土地問題」の第一局面を一八七〇年―一八八二年、第二局面を一八八五年―一九〇九年とする。[14] 第一局面はグラッドストーンないし自由党による土地問題解決策（地主と借地農による土地の二重所有制）の時期、第二局面は主に保守党による解決策（自作農創設）の時期である。一九〇九年はウインダム法 Wyndham Act を改正補強したバーレル法 Birrell Act[15] が施行された年である。この最終年は先の引用にあった「〃長い〃土地戦争」の終わりと同じになっている（後述の一九二三年土地法を参照）。

「戦争」というからには、単に時期区分だけではなく、戦う双方の陣営がどのようなものであったかも問題にしなければならない。それを見事に描いて見せたのがジョゼフ・リー（Joseph Lee）である。

「〃土地戦争〃というのは、十九世紀の土地を求める闘争に用いられるには実際は不適切な名称である。この用語が一般に受け入れられたため、歴史家たちはこれを便利な略称として用いている」[16]

こう述べた後、彼は、互いに重なり合ってもいるが、少なくとも三種の異なった敵対関係があったのに、ただ一つの土地戦争しかなかったかのように思わせてしまうという意味で、この名称は誤解を生んでいるという。ではその三種類とは何か。第一は良く知られている借地農一般対地主一般の対立であって、英雄対悪漢の図式に事欠かず、ナショナリストの舞台に乗りやすい「戦争」である。第二は農業経営者階級内の小農対牧畜業者の争い。特に大牧場の縁にへばりついている西部の小農は大牧場の再配分を切望した。これは自由国成立以後も残る問題であった。第三は農業労働者および零細農民 cottiers 対大農業者の対立であって、これは大飢饉以前すでに生じていた対立である。この第二第三の対立関係はナショナリストの舞台にはあまり馴染まない。しかし、何故「土地戦争」が引き起こされたのかを解き明かす上では重要な問題点である。

二　「土地戦争」または「土地問題」の重要性

「過去二〇年の間にアイルランド土地問題の歴史研究は画期的に変化した。地主はいまやかなり同情的に扱われている」とポール・ビュウ（Paul Bew）は記し、地主の扱い方についてはヴォーンの研究を指摘する。土地同盟内におけるフィニアンの活動の重要性はかなり注目を集めてきている。オグラーダ（Ó Gráda）は「今では一八八〇年代の土地戦争が地主の不正の不可避的産物だなどと信ずる歴史家はいない」とする。P・ビュウ自身も、ヴィクトリア朝中期のアイルランド地主たちはそれほど追い立てをしたわけではなく弱いものいじめでもない、地代は高くなく（Vaughan）、むしろ危険なほどの純配当生活者であった、とする。(17)

このような状況からすると、「土地戦争」そのもの意義、一九世紀アイルランドにおけるその重要性いかん、という問いにも否定的な答えが返ってくることは十分予想できる。事実オグラーダの示すところはそのようなも(18)

のである。ソロウ（Solow）[19]の見解として「一八七九年に始まった長引く闘争は不必要であった」と述べ、また、ヴォーン[20]の評価として「土地戦争の勃発はまぐれでありその結果は借地農の立場から見ても良くて引き分けであった」と紹介し、続けて「地主による搾取では土地戦争の起源は説明できず、また、借地農が一八八〇―二またはー八八七―九〇の戦闘に勝ったと証明できるものはない。一八八〇年代、一八九〇年代の戦いは追い立てを終わらせるどころか、ただそれをふやしただけであったし、地代を意味あるほど引き下げるのにも失敗した。短期的には、少なくとも、タフな地主たちの結束が計画的運動 Plan of Campaign（一八八六―九一）の借地農との闘争を引き分けにもちこんだ」と示してみせる。また、ソロウによれば、「土地戦争は地主の投資を止め、農業者を農業から逸らさせてしまった」とする。「アイルランド人が内輪で戦っている間にデンマーク人やオランダ人が酪農製品や豚肉製品のイギリス市場を大きく占めるようになったのである」。

このように「土地戦争」は不必要であったとするのは、筆者にはいささか極論過ぎるように思われる。ソロウには従来の史観を「修正」するための「強調」があったのであろうが、ヴォーンには「不必要であった」というほどの否定的見解はないように思われる。しかし、かつてダヴィットが描いた地主階級像、つまり、わが国の生き血をむさぼってきた貪欲な吸血鬼種族、という地主階級像や、デヴォイの言葉として知られる、地主制度はイギリスのアイルランドに与えた最大の呪いといった見方、また、「過酷な地代取り立て」と「それに対する農民の抵抗」といった図式は既に一つの神話として否定されているといってよかろう。

では何故「土地戦争」は起こったのか。現在のところ、これは経済的状況（繁栄により生じた「増大する期待」の農業不況による挫折―J. S. Donnelly[21]）と都市住民（店主、ジャーナリスト、パブ経営者等）のパワー―S. Clark[22]―、そしてリーダー（特にダヴィットとパーネル）のすぐれた政治指導力から説明されているようである。

大飢饉以後の約二五年間アイルランドは比較的繁栄していた（六〇年代初めに不況があったが）。農業労働者数は一八八一年までに激減し、一五エーカー以下の保有地を持つ借地農の数も半減した（これは大飢饉の犠牲になり、また、移民した層がこうした貧困層であったことを物語る）。言い換えれば借地農保有地の平均は拡大し、飢饉を生き残った人々の生活水準は向上した（五室以上の部屋を持つ農家は一八四一年に一七％、それが五一年には二七％、一九〇一年には五六％に増加している）[23]。農業生産高は増加したが、地代はその割に増加せず、借地農の収入は保有地増加につれて増加した。地方都市もそうした農業とあいまって繁栄し、商店、銀行、郵便局、鉄道、学校なども多くなり、農民は支出、預金、借入金ともにふやしていった。こうして、商人、金融業者と農民の間の強い経済関係が、将来の一層の収入増加を当てにする気分とともに生まれ強くなってきていた。しかし、農業の基盤は未だ弱く、一八七〇年でも一五エーカー以下の保有地の借地農が全体の五〇％、その四分の三が一年契約であった[24]。

「バブルは一八七七年にはじけた」[25]。この年から三年農産物の収穫は激減し、ジャガイモもエーカー当たり収穫量は七六年の四・七トンから七九年には一・三トンに激減した。特に西部地方は悪天候に襲われた。時を同じくしてイギリスを始め各国に産業恐慌がおこりアイルランドの農産物輸出は大打撃を受けた。ジャガイモの総収穫額は同じ期間に千四百七〇万ポンドから六百七〇万ポンドへと半額以下になった。借地農は地代を払えず、また、商店等への借金返済も出来なくなった。土地からの追い立ては七七年の二千件が八二年には二万七千件へと激増し、農民の暴行も同じ期間に二百件から三千四百件に増加した[26]。

こうして、借地農は地主と商店主・金融業者の間で板ばさみになる。商店主は銀行から借金し、その返済には農民への貸し金の返済分を当てる予定でいた。地主は農民から地代を取り立てる。農民にはどちらに支払う金も入ってこない。「土地戦争」とは、ジャーナリストの支援を得た商店主たちと地主層の間の金銭争奪戦であった、というのがクラークの主張になる（これに対してヴォーンは、六一年の不況時にはこうした都市の中間層は既に殆ど形成されており、七九年だけを特にこのことから説明するのは根拠薄弱と批判するが、これの論議はここでは省略する）。マッカートニー（D. McCartney）は土地同盟の指導者中に占める都市中間層、下層階級出身者、フィニアン・メンバーの数を示すことによりこのクラークの説と同じ理解を打ち出している。その上で、彼は「究極的には二人の人物が不可欠であった。土地同盟を非常に有効な扇動の武器にしたのは、ダヴィットの組織的で鼓舞激励する技量とパーネルの天才的指導力の爆発的結合であった」[27]と結論づけている。

　では「土地戦争」は何を後に残したのか。先に見たような、無駄な騒動という見解には筆者は組し得ない。次節に示す一連の土地法は「土地戦争」及び「土地問題」がなかったとしたら、かなり違ったものになったであろう。どちらかといえば大地主制がイギリスとは違って残る結果になったであろうと筆者は考える。グラッドストーンの「公平」も保守党指導者たちの建設的ユニオニズムもイギリスにとってアイルランドが帝国を脅かすつまずきの石にならぬようにするための施策であった。グラッドストーンには地主制廃止の意図は全くなく、保守党にもなかった。保守党は自作農創設による農民の保守化をねらい、「友好的態度によってホーム・ルールを殺す」建設的ユニオニズムによってそれに成功したのである。自由党にも保守党にも地主制廃止の意図はなかった。それにも拘らず、一九二三年までの半世紀の間に法律によって、あれほど強力と思われていた地主制が一掃された。これには、他にも様々な事情があるにせよ、「土地戦争」「土地問題」が大きな役割を果たしているとかんがえるべきであろう。

三　土地法[28]

土地処分に関する諸法規は以下に見られるごとく非常に多いが、大別すると、それぞれの時代の土地問題が浮き上がって見える。その第一は一八四八年のアイルランド抵当不動産法に始まる一連の法律で、地主が抵当に入れ、大飢饉により請戻し不能になった土地を、購入希望者に取得しやすくするものであった。なお、一八四七年には土地改良法 Landed Improvement Act が制定され、公共事業委員会がアイルランド土地改良資金の貸し出しを行い、貸出資金の多くは排水工事に用いられたという。しかし、借り出されたのは四八年四九年それぞれ三五万ポンドにすぎず、五〇年には二五万ポンドに減少している。

第二のグループは一八六〇年の土地財産（アイルランド）改善法にはじまる地主借地農関係を規定する法律であって、中でも一八七〇年の地主借地人（アイルランド）法から一八八二年の地代滞納（アイルランド）法までがグラッドストーンの土地諸法として知られるものである。彼は三Rと二重所有制の確立を目標としていた。土地戦争はグラッドストーンの第二次土地法の前に起こっている。第三は一八八五年の土地購買（アイルランド）法から一九〇九年のアイルランド土地法までであって、この期間の大部分イギリスでは保守党が政権の座にあり、建設的ユニオニズムを標榜して自作農創設を目的とする法律を制定した。アイルランド自由国政府が制定した一九二三年の土地法はアイルランド自由国において地主制度を根絶した法律として知られている（北アイルランドでは一九二五年）。

ではこの始めの頃の農村経済はどのようなものであったか。一八五一年センサスは大飢饉後最初のセンサスとして知られている。それにより明らかにされた農村の姿をヴォーンは次のように描いている。[29] 総人口六六五万人の八割強が農村に居住し、その半数が借地農五七万世帯で占められ、残りの大部分は土地をもたぬ労働者であった。地主は僅か一万人であったが、土地の大部分を領有していた。一八五一年には農業経済はまだ不況であったが、その後畜産業の急速な好景気が引き金となって農業の繁栄が続く（農耕は次第に低下）。一八五〇年代の農畜産物価格は総額三千五百万ポンド程度で、その二八％約一千万ポンドが地代、農業経営者と農業労働者が残りの七一%二千五百万ポンドを分け合っていた。但し、これは若干修正の必要があるという。何故なら、アイルランドでは地主の多くは館の付近の広大な土地を利用する農業経営者を兼ねており（全土二億エーカーの一五%に達するという）、農業経営者はまた農業労働者を兼ねていたからである。つまり、地主も農業利潤を得、農業経営者も賃金を得ていたことになる。このようにして修正すると、地主は地代と利潤合計約千二百万ポンド、土地をもたぬ農業労働者は九百万ポンドの賃金を得、借地農は利潤と賃金合計一千四百万ポンドを得ていたとヴォーンは算定している。一八五一年当時借地農の保有地は平均四〇エーカー、しかし、その半数以上が一五エーカーに満たなかった。これに対して、地主は通常二千ないし五千エーカー、国土の半分は千に満たない大地主に所有されていたという。このような大地主制が一連の土地法によって半世紀あまりのうちに根絶されたのである。

土地関係諸法

一八四八　Irish Incumbered Estates Act

一八四九　Incumbered Estates (Ireland) Act

抵当に入ったまま請け出されなくなった土地の販売を許可する法律。一八四九年法で販売を取り扱う抵当不動産裁判所 Encumbered Estate Court が設置された。五七年までに三千件五百万エーカー、二千百万ポンドが販売された。

一八五二　Incumbered Estates (Ireland) Act

一八五三　Incumbered Estates (Ireland) Act continuance Act,

一八五五　Incumbered Estates (Ireland) Act Continuance Act

一八五八　Landed Estates Court (Ireland) Act

時限立法に基づき度々期限を延期してきた抵当不動産裁判所を土地不動産裁判所 Landed Estate Court に改組し、常設機関とした。地主の破産が大飢饉後かなり経ってもなくならなかったことを示している。

一八六〇年から一九二三年までの一連の土地法はアイルランドにおける土地保有制度を変えた。一八七〇年には一万三千の地主がおり、その三分の一は国外に居住し、一万エーカー以上を所有する地主は三百を数えた。借地農は五〇万、うち一三万五千は借地権保有者で、借地権証書のない単なる口約束の借地農が四〇万を超えていた。彼らは通告後六ヶ月で追い立てられた。

一八六〇　The Landed Property (Ireland) Improvement Act [Cardwell's Act]

一八六〇　The Landlord and Tenant Law Amendment Act (Ireland) [Deasy's Act]

一八七〇　Landlord and Tenant (Ireland) Act [Gladstone's First Land Act]

グラッドストーンの第一次土地法。アルスター慣行（三R、または借地権）に法的地位を付与しようとするものであったが、借地権の安定は盛り込まれておらず不備が多かった。閣僚の一人ブライトによる修正で借地農が保有地を購買する時は価格の三分の二までを年利五％三五年賦返還で貸与することにしたが、これを利用したのは八七七人の借地農にすぎなかった。しかし、この法律は、それまで地主と借地農の個人的関係だった借地契約が国の関与する法的な関係になったということで地主には大きな衝撃であった。なお、この法律は三一年以上の借地権証書を持つ借地農 leaseholder には適用されなかった、理由はその証書によって既に十分保護されているからというのであった。

一八七二　Landlord and Tenant (Ireland) Act

一八八一　Land Law (Ireland) Act [Gladstone's Second Land Act]

土地戦争最中のグラッドストーン第二次土地法。先の法律がグラッドストーンの一人相撲に近かったのに対して、これにはアイルランドの状況を調査するリッチモンド委員会 Richmond Commission と一八七〇年法の効果を調査するベスバラ委員会 Bessborough Commission の報告を参考にすることが出来た。両委員会ともアルスター慣行の法制化を進言した。この法は地主と借地農の二重所有制、アルスター慣行の全国化、借地改良への補償、土地委員会、土地裁判所の設置などが盛り込まれた。また、土地購入補助の規定も定め、購入代金の四分の三を年利五％三五年賦返還で貸与することとしたが、利用した借地農は七三一人にすぎなかった。この法に基づき、三Rの内の公正地代 Fair Rent を求めて土地裁判所に申し出るものは多く、殆どの場合一五ないし二〇％の引き下げを認められた。ただし、借地権証書保有者と地代滞納者は除外され、二八万人が適用を受けられなかった。

一八八二　Arrears of Rent (Ireland) Act

キルメイナム監獄に捕らえられていたパーネルとグラッドストーンの間で取り決められた協定（キルメイナム「条約」）により生まれた法。土地委員会に三〇ポンド以下の滞納地代を帳消しにする権限を与えた。但し借地農は一八八一年の地代は払わねばならない。このための資金には教会剰余基金があてられ、ある推計によると二百万ポンドが帳消しになった。

一八八五　Purchase of Land (Ireland) Act［Ashbourne Act］

アイルランド大法官になった保守党のアシュボーン卿が導入した法。自由党にかわる保守党政権でアイルランド土地問題の扱いは異なってきた。保守政権は自由党の二重所有制（または地主と借地人の協同制度）推進を否定し、自作農創設を目指した。そのため保有地購入資金を全額貸与し、年利四％四九年賦返還、土地委員会の人員補強による事務の迅速化などをはかる。当初五百万ポンドが用意されたが、八八年法で新たに五百万追加された。

一八八五年から八八年までに二万五千人以上の借地農がその保有地を購買した。その多くはアルスター地方の農民であった。購入された土地は九四万二千六百エーカーといわれる。グラッドストーン法との農民の反響の違いには驚かされる。

一八八七 Land Law (Ireland) Act

A・バルフォアによる最初の土地法。グラッドストーンの第二土地法(一八八一)を修正し、借地権証書保有者に法の適用をひろげたもの。

一八八八 Purchase of Land (Ireland) Amendment Act

一八八九 Land Law (Ireland) Act, 1888, Amendment Act

一八九一 purchase of Land (Ireland) Act [Balfour Act]

バルフォアの主な土地法。三千三百万ポンドの購入資金を借地農の土地購入資金に用意したが、千三百五〇万ポンドしか借りられなかった。稠密地域委員会を創設した。生活条件の厳しい「過疎地帯」の開発に手を貸すのも「友好的態度によってホーム・ルールを殺す」保守党政策の一環である。

一八九三 Congested Districts Board (Ireland) Act

一八九四 Congested Districts Board (Ireland) Act

一八九五 Purchase of Land (Ireland) Amendment Act, Session 2

一八九六 Land Law (Ireland) Act

A・バルフォアの弟G・バルフォアの導入した法。兄の法(一八九一)を修正し、土地裁判所に権限を与えて千五百件の破産した土地不動産を借地農に販売させた。一八九一年から九六年までに四万七千件の保有地購買が行われた。

一八九九　Congested Districts Board (Ireland) Act

一九〇一　Purchase of Land (Ireland) Act

一九〇一　Purchase of Land (Ireland) (No.2) Act

一九〇一　Congested Districts Board (Ireland) Act

一九〇三　Irish Land Act [Wyndham Act]

ウインダム法として知られる自作農創設法。一九〇二年に設立された土地会議の勧告に基づいて立案された。この会議はユニオニスト、地主、借地農それぞれの代表から組織された。借地農代表にはレドモンド、ウイリアム・オブライエン、ハリントン、ラッセルなどアイルランド議会党のリーダーが参加した。政府は七千万ポンドの購買基金を用意し、地主が以前の土地法によるよりも高い価格を手にするよう工夫した。地主が土地を全部売る気になるよう一二%の報奨金を出す。借地農の四分の三が自分の農場を買うことを望み、地主が売ることを望めば、その地所で働く借地農全員が購買しなければならない。購入資金は年利三・二五%、六八年賦で返還。すべての支払いは貨幣でおこない、政府証券などは使わない。このような内容で、一九〇八年までに二千八百万ポンドが貸し出された。

一九〇四　Irish Land Act

一九〇七　Irish Land Act

一九〇七　Evicted Tenants (Ireland) Act

一九〇八　Evicted Tenants (Ireland) Act

一九〇九　Irish Land Act [Birrell Act]

地主の販売条件を前より良くし、また若干強制買収の要素も取り入れた法律。一九〇三年から〇九年までの間に二五万六千件の保有地が八千二百万ポンドで購買された。

アイルランド自由国の法律

一九二三　Land Law (Commission) Act

稠密地域委員会を解散し、その機能、資金および人員を、再建したアイルランド土地委員会に移管した。

一九二三　Land Act

未処理の土地の強制的売買により、二重所有制の残滓を一掃した。一九二〇年以前の未払い地代はすべて免除された。「一九〇三年と一九〇九年の土地法がアイルランドの地主制を終わらせたというのは正しくない。土地委員会による強制的買収を自由国政府が導入した一九二三年法によってアイルランドの多くのビッグハウスに弔鐘が鳴ったのである[30]」

（1）W.E. Vaughan, *Landlords and tenants in Ireland 1848-1904*, Studies in Irish Economic and Social History 2, The Economic and Social History Society of Ireland, revised ed. 1994. p.28.

（2）一八七九年にはメイヨー州アイリッシュタウンで地方借地権協会の呼びかけで農業者と町の店主など一万人近い大集会が開かれ、土地同盟結成の契機を作った。パーネル、ダビット、デヴォイなど間もなく土地同盟の指導者になる人々はこれには出席していなかったが、次いで行われたウエストポートでの集会には臨んだ。「再出発」と呼ばれるフィニアン・土地運動家・議員の共闘態勢がジョン・デヴォイ、ダヴィット、パーネルを中心に出来、「土地戦争」が開始されたのもこの年である。

（3）Fergus Campbell, 'The Hidden History of the Irish Land War : a Guide to Local Sources' in Carla King (ed.),

Famine, Land and Culture in Ireland, University College Dublin Press, 2000, p.151.

（4）高橋純一『アイルランド土地政策史』社会評論社一九九七（九―四五頁）には詳細な研究展望があり、戦前の沢村康「アイルランドの土地政策」（同『小作法と自作農創定法』改造社一九二九所収）から戦後の堀越智、上野格、松尾太郎、本多三郎、石井光次郎、斉藤英里、武井章弘らにいたるアイルランド政治・社会・経済史研究が克明に記述されている。

（5）一八八六年一〇月にジョン・ディロン、ウイリアム・オブライエン、ティモシー・ハリントン（後出の註参照）の三名によって提起された運動。借地農は地主に地代引き下げ（通常四〇パーセントの削減）を要求し、拒まれた場合は引き下げた額の地代を供託し、追放された農民の救済にあてた。この頃借地農追放が激しくなっていたため、その救済活動が非常に必要とされていた。

（6）Arthur James Balfour, 1st Earl Balfour（一八四八―一九三〇）イギリスの保守党政治家。アイルランド担当相（一八八七―九一）として強圧と懐柔の政策を行う。一八八七年九月九日に計画的運動（Plan of Campaign）のコーク州ミッチェルズタウンにおける集会で警官の発砲により死傷者を出したことから、「血みどろのバルフォア」と呼ばれた。一八九一年の土地購入法はバルフォア土地法として知られている。首相（一九〇二―〇五）。世界史上は一九一七年のバルフォア宣言で知られている。

（7）Gerald Balfour, 2nd Earl Balfour（一八五三―一九四五）イギリスの保守党政治家。Arthur の弟。アイルランド担当相（一八九五―一九〇〇）。一八九六年の土地法で兄の土地法の手続きを簡略化した。

（8）George Wyndham（一八六三―一九一三）イギリスの保守党政治家。Arthur Balfour の個人秘書をつとめ、のちにアイルランド担当相（一九〇〇―〇五）。「友好的態度によってホーム・ルールを殺す」という保守党の政策すなわち建設的ユニオズムを踏襲する。一九〇三年の土地法はウインダム法として知られている。

（9）Michael Davitt（一八四六―一九〇六）土地同盟の父、フィニアン、自治運動家、社会・教育改革者、労働運動指導者、先進的ジャーナリスト、選挙権運動家、フェミニスト、社会民主主義者。

（10） Charles Stewart Parnell（一八四六―九一）「無冠の王」、アイルランド議会党議員、同指導者（一八八〇―九一）、土地同盟会長、自治主義者。

（11） John Dillon（一八五一―一九二七）土地同盟指導者、議員（一八八〇―八三）、同僚の議員O'BrienおよびThimothy Charles Harringtonとともに計画的運動Plan of Campaignを指導。後に反パーネル派に組する。

（12） William O'Brien（一八五二―一九二八）土地同盟支持者、ジャーナリスト、議員（一八八三）、パーネルに請われてその機関紙United Irelandの編集者（一八八一―九〇）、Harrington, DillonとともにPlan of Campaignを指導。後に反パーネル派に組する。

（13） D.J. Hickey and J.E. Doherty, *A Dictionary of Irish History Since 1800*, 1980, p.294.

（14） Mark Tierney, *Ireland since 1870*, Dublin, 1988, p.22, p.70.

（15） Augustine Birrell（一八五〇―一九三三）自由党政治家。アイルランド担当相（一九〇七―一六）一九〇九年、ウインダム法をより実効あるものにした土地購買法を制定。一九一六年に休暇をとってダブリンに不在であった間にイースター蜂起が起こり引責辞任。

（16） Joseph Lee, 'The Land War' in Liam De Paor (ed), *Milestones in Irish History*, Colorado, 1986, p.106.

（17） Paul Bew, The National Question, Land, and 'Revisionism' ―some reflections, in D.George Boyce and Alan O'Day (eds.), *The Making of Modern Irish History―revisionism and the revisionist controversy*, London, 1996. p.94. なお、借地農の地代負担は高くなかったとするヴォーンの地代計算は、不変資本無視（農業用建物その他の施設、農機具等と蓄積を計算から除外）という基本的な誤りの上に成り立っており、それらを正当に評価して経費を計算すれば地代負担はかなり高くなる筈だとする本多三郎の批判がある。本多三郎「アイルランド土地問題の研究動向」『エール』第一五号、一九九五。日本アイルランド協会　学術研究部。

（18） Cormac Ó Gráda, *Ireland―a new economic history 1780-1939*, Oxford, 1994, pp.255-256.

（19） B.Solow, *The Land Question and the Irish Economy, 1870-1903*, Cambridge, Mass, 1971.

(20) W.E. Vaughan, 前掲書

(21) J.S. Donnelly, *The Land and People of Nineteenth-Century Cork*, London, 1975.

(22) S. Clark, *Social Origins of the Irish Land War*, Princeton, NJ., 1979.

(23) V.E. Vaughan, 前掲書 p.4.

(24) D.McCartney, 'Parnell, Davitt and the Land Question', in Carla King, *ibid.*, p.72. これらの数値は主にT.W. Moody, Davitt and Irish Revolution, 1846-82, Oxford, 1981. の appendices によっている。

(25) D.McCartney, *ibid.*, p.72.

(26) *Ditto.*, p.72.

(27) *Ditto.*, p.80. なお、パーネルは一八八二年に、自ら求めて、トリニティ・カレッジ・ダブリンの図書館でIRBに加盟する儀式を行ったと言う説が、未だ確証はないものの、ほぼ認められている。J. Lydon, *The Making of Ireland—from ancient times to the present*, London, 1998, p.314.

(28) 以下の記述はPhilip Bull, *Land, Politics and Nationalism—a study of the Irish land question*, Dublin, 1996, Appendix Summary of Irish Land Legislation, 1848-1992. Colin Thomas, Avril Thomas, *Historical Dictionary of Ireland*, European Historical Dictionaries, No.20, London, D.J. Hickey and J.E. Doherty, 前掲書、Mark Tierney, 前掲書などを主に参考にした。なお、一八七〇年法についてはW.E. Vaughan, *Landlords and Tenants in Mid-Victorian Ireland*, Oxford, 1994. に、一九〇三年のウインダム法及び一九〇九年のバーレル法については高橋純一、前掲書に詳しい。

(29) W.E. Vaughan, *Landlords and tenants in Ireland 1848-1904*, pp.3-5.

(30) Carla King (ed.) 前掲書 p.4.

第三章　アイルランドにおけるゲーリック・リヴァイヴァルの諸相

小田順子

「私は繰り返し述べてきた。一八九三年ゲーリック・リーグの設立とともに、アイルランド革命は始まったのだと」[1]。

アイルランド近代史における世紀転換期はゲーリック・リヴァイヴァルの時代であるとされる。ここでいう世期転換期とは一八九一年のパーネル（C.S. Parnell）の死から一九一六年のイースター蜂起までの時期、すなわちパーネルを党首とした国民党によって推進された、議会を通じての自治獲得の運動から、イースター蜂起を契機として始まった、武力による独立運動までの約二〇余年のことである。政治的に特に目立った動きがなかったこの時期に、その政治的空白を埋め、アイルランド・ナショナリズムの衰退を防ぎ、ひいては文化的手段を用いてアイルランド人の中に愛国心を養うことで、ナショナリズムをむしろ発展させたのがゲーリック・リヴァイヴァル運動であったという理解が、冒頭の引用文にはこめられているのである。それは、イースター蜂起の指導者ピアース（P. Pearse）の言葉である[2]。ゲーリック・リーグとは、当時絶滅の危機に瀕していたアイルランド語を、学者の研究対象としてではなく、日常生活で使用する言語として保護、育成することを目的に設立された団体で、当時のゲーリック・リヴァイヴァル運動の中心的存在であった。ゲーリック・リーグは設立当初から非政治性を強く掲げてきていた。しかし、この句は、そのリーグが一九六六年に出版した、自らの歴史を辿る小冊子から引用したものである。この事実は、独立を経て今日にいたるまでのアイルランドの歴史の中で、リーグが自らをどのように位置付けているか、さらにはアイルランド史におけるゲーリック・リーグおよびゲーリック・リヴァイヴァル運動が一般的にどのように理解されているかをよく現していると言えよう。

近年、アイルランド近現代史研究の中で、アイルランド近現代史を「ネイション・ビルディングの物語」として解釈してきたこれまでの研究視点を問い直す動きが目立っている。(3) 実は前述のような世紀転換期の理解も、自治運動から分離独立へという「独立の歴史」を前提とすればこそ成り立つ理解である。なぜなら、政治的空白期という見解は、いわゆるナショナリスト諸勢力がイギリス本国に対し、自治にせよ独立にせよ、何らかの分離主義的な主張を打ち出して積極的に活動したか否かを問うことで、はじめて得られるからである。しかし世紀転換期は、実はこれとは別の方法でアイルランド社会の改革を進めようとする動きが活発にみられた時期でもあった。イギリスとの合同の維持を望むユニオニストの中には、アイルランドの社会改革の必要性を重視する勢力が存在した。彼らの主たる目的は、社会改革により民衆の不満を軽減することで自治運動を封じ込めることにあったとされ、この動きは一般にコンストラクティヴ・ユニオニズムと呼ばれる。しかし自治運動の封じ込めという政治的目的達成の手段としてこうした方法が選ばれたという事実は、世紀転換期におけるネイションというもののあり方が持っていた、今日のネイション・ステイトとは別の、様々な可能性の存在を示唆していると言えないであろうか。

また、ゲーリック・リヴァイヴァル運動と政治的な活動との関連に着目したとき、そこにもある種の矛盾の存在が感じられる。すなわち、この「政治的空白期」にアイルランド・ナショナリズムが議会主義から武力を手段とした分離独立へと転換したのならば、なぜ一九一〇年代にもう一度自治獲得の動きが活発化したのか。また、ゲーリック・リヴァイヴァル運動の推進者が非政治性を掲げていたことを否定する先行研究はないものの、推進者の思惑とは関係なく、独立戦争や独立後のアイルランドのネイション・ビルディングを担った若者の多くがゲーリック・リヴァイヴァルによって愛国心を植え付けられたとする見方は根強い(4)。確かに、リーグにそのような作用があったことは否めないが、例えばイースター蜂起に参加しなかった、あるいは反対した人々の中にもゲーリック・リーガーは存在したのである。

すると、ゲーリック・リヴァイヴァルとは一体何であったのか。この問いに答えるためには、まずゲーリック・リヴァイヴァルという言葉で括られる運動の実態を明らかにする必要があるだろう。アイルランド近代史においてゲーリック・リヴァイヴァルといったとき、多くの場合、前述したゲーリック・リーグや、あるいはイェイツ（W. B. Yeats）などの文学運動が想定され、さらに後のアイルランド社会に及ぼした精神的作用という点で、両者の共通点が強調されている。しかし、両者には共通点も多いが、運動を進める上で決定的な差異も存在していた。そしてその差異は、ゲーリック・リヴァイヴァルという言葉で括られる他の動きを見ることにより、一層明確になるのである。本章では、ゲーリック・リヴァイヴァル運動の担い手として活動した複数の集団を取り上げ、その目的やアイリッシュネス、あるいはアイルランド・ネイションという概念の捉え方に見られる違いを明らかにすることで、運動の多様性を示す。ゲーリック・リヴァイヴァルの多様性を見ることは、アイルランド近代史における世紀転換期の意味を問うことであり、アイリッシュ・アイデンティティの形成におけるその役割を理解する上で重要な足掛りとなるであろう。

一　ゲーリック・リーグ

アイルランドにおけるリヴァイヴァル運動は一九世紀末に始まったわけではない。古典的なアイルランド文芸研究は一八世紀末に始まり、その流れは脈々と続いていた。しかし、それらの動きはあくまで知識人による学術研究にほぼ限定されていたのである。一方、アイルランド民衆の中に受け継がれていた言語をはじめとする伝統文化は一九世紀には衰退の一途を辿っていた。[5]アイルランドほぼ全土にわたって英語が浸透し、それとともに新しい文化が海の向こうから輸入され、人々はそれを生活の糧を得るために必要な手段として、または遅れた文化に取って代わる先進的な文化として受け入れていったのである。

一九世紀後半になると学術研究一辺倒であったリヴァイヴァル運動に変化が生じる。上記のような状況に危機感を持った知識人達が、日常生活におけるアイルランド語の保存の必要性を訴え始めたのである。それと同時に、アイルランドに語り伝えられてきた神話や伝説を基に、新たな文学を生み出そうとする集団も現れた。これらの知識人達はダブリンやロンドン、さらにはヨーロッパ大陸の都市に文化的な小サークルを形成し、相互に深く関わりあいながら活動を展開していたのである。

一八九二年、このような知識人サークルの一つである国民文学協会（National Literary Society）の会合で、アイルランド文学研究者にして詩人のハイド（D. Hyde）が「脱イギリス化アイルランドの必要」（"The Necessity of De-Anglicised Ireland"）と題する公演を行った。ネイションとしてのアイルランドを保持するためにはイギリスとは異なる特有の文化を維持することが何よりも重要であるとし、特有の文化を象徴する言語を日常生活のレヴェルで保存する必要を訴えたこの講演は、[6]同様の考えを持つ数人の知識人の賛同を得た。そして翌九三年七月三一日、ハイドを会長とする会員七名でゲーリック・リーグが発足したのである。

設立時の会員数は七名と言っても、知識人同士の繋がりを利用して知識人階層の会員を増やすことは実はさほど難しいことではなかった。前にも述べたように、同様の知識人サークルは当時ダブリンに多数存在しており、知識人階層の社交の場として機能していたからである。実際、一八九四年三月にまとめられた初年度の年次報告書の巻末に付けられた会員名簿にはダブリンの会員として二二六人が登録されている。(7)しかし、ゲーリック・リーグは単なる知識人の社交の場に収まっているわけにはいかなかった。当時ダブリンを中心とする東部の都市部ではアイルランド語はほとんど使用されておらず、実際に生きたアイルランド語が話されていたのは主に西、南部の田舎であった。そしてそうした地域は、同時に貧困な地域でもあった。「日常生活におけるアイルランド語の保護」という目的を実践するためには、こうしたアイルランド語残存地域を中心に、アイルランド全土で活動を展開していくことが必須の課題であったのである。

これはさすがに容易なことではなく、アイルランド全土に支部が行きわたるには五年の歳月を要した。リーグ指導者達はまず手始めに各地域の主要な都市に支部を設立し、そこから周辺の都市へと徐々に活動を浸透させていった。ダブリン中央の活動が軌道に乗り、資金にある程度のゆとりが出てくると、リーグは専門の「オーガナイザー」を雇い、地域における支部の設立を一任するようになった。オーガナイザーは各地の中心的な支部からつてを辿り、教区司祭や市参事会員、議会議員、地主あるいは教師など地元の有力者に働きかけ、公開集会を催し支部設立へとこぎつけた。(8)支部設立というのはすなわちアイルランド語教室の開講を意味していたが、質の良い教師とテキストの確保の必要という事態に直面したリーグ本部は、まず数人の教師にいくつかの支部を掛け持ちさせる巡回教師制度を導入する一方、教師養成学校にアイルランド語コースを新設させた。(9)このオーガナイザーと巡回教師の採用により、ゲーリック・リーグは、念願のアイルランド残存地域、いわゆるゲールタハトへ徐々にその影響力を及ぼしていくことができたのである。

それでは手ごろなテキストはどうしたのか。リーグは設立当初から『ゲーリック・ジャーナル』(*Gaelic Journal*) という月刊誌を機関紙として発行しており、これにリーグ副会長を務めていたオグロウニィ司祭 (Fr. E. O' Growny) が寄稿していた「やさしいアイルランド語」(“Simple Lessons in Irish”) というシリーズが活動初期からスタンダードとなっていた。それとともに、一八九八年以降リーグは週刊機関紙の発行も始めた。最初に『ファーネ・アン・レイ』(*Fainne an Lae*)という機関紙が創刊されたが、編集権や経営上の問題を巡って印刷業者との折り合いがつかなくなり、さらに問題がリーグ内部の組織的対立にまで発展したため、リーグは同紙をあきらめ、翌九九年三月新たに『クレイヴ・ソリッシュ』(*An Claidheamh Soluis*)を創刊した。[10] 両紙とも、ほぼ三分の一がアイルランド語で構成されており、この部分が各地の支部でテキストとして使用されるようになったのである。

アイルランド語教室の開設は地域におけるリーグの活動の中で主要な地位を占めていた。しかし、リーグが重要視したのは言語だけではない。「脱イギリス化」のために、伝統的文化全般、すなわち歌、器楽、ダンス、民族衣装などの復興も同様に重視していたのである。それは一つには、語学学校がアイルランドの一般民衆を惹きつける求心力の限界を考慮したからかもしれない。いずれにせよ、リーグの支部の集会には、語学の練習のみでなく歌や踊りが付き物であり、中には音楽が主体のコンサートやダンス大会のみを組織する支部もあった。[11] こうしたいわば「お祭り」はフェシュ(Feis)と呼ばれ、これらの集会は地域の人々の新しい社交の場として機能しただけでなく、その土地土地に伝わる独自の文化を見出すという効果も持った。そしてリーグは一八九七年、そうした各地の伝統を一堂に集めてその腕を競う文芸競技会オリヒタス(Oireachtas)を年に一度開催することとし、[12] また翌年からは音楽祭フェシュ・キョール(Feis Ceoil)も不定期に開催するようになった。[13]

オリヒタスでは吟唱、散文、エッセイ、ダンス、音楽、詩など、多数の種目が競われ、大司教や地主貴族、大学などがスポンサーとなって賞金が付与された。オリヒタスは年に一度のお祭りとして各地からの参加が見られただけでなく、ウェールズやスコットランドなどからも同種団体の代表がゲストとして招かれた。[14] オリヒタスが年に一度のアイルランド文化を象徴する大祭であるという認識が定着していくにつれて、オリヒタスで入賞することが正統なアイルランド文化の継承者であるという理解に繋がっていったことは想像に難くない。[15]

民衆の間に運動を行きわたらせる努力を進める一方で、リーグが力を注いだもう一つの活動は、教育制度へのアイルランド語の導入である。設立当初から「活動における政治性の排除」を謳っていたリーグであるが、それはあくまでリーグ内に党派対立を持ち込まない、という意味であり、政治家の個人的な加入は歓迎していた。[16] また、支部が各地に設立され、リーグの認知度が高まると共に、リーグは効果的な院外活動を行う圧力団体としても成長していった。下院議員選挙や一八九八年地方自治体法の制定により実施された各地の地方自治体選挙の際、リーグは機関紙や一般紙を使って、アイルランド語の教育制度への導入を公約に掲げている議員に投票するように呼びかけていった。[17]

折しも時代はコンストラクティヴ・ユニオニズムにより、様々な社会改革が実現されている最中であった。教育制度も例外ではなく、見直しが進められていた中で、リーグはうまくその中に英語とアイルランド語の二言語教育の必要性を滑り込ませたのである。世紀転換期にアイルランドの教育法は数年毎に改訂されていったのであるが、この改訂の度に、アイルランド語は時間外科目から必須科目へと、着実にその地位を固めていった。そして最終的には、一九〇八年に制定された大学法のもとで、新たに設立されたナショナル・ユニヴァーシティの入試必須科目にアイルランド語は採用されたのである。

アイルランド語を大学入試必須科目に組み込むことに成功して以降、ゲーリック・リーグに特に目立った動きは見られない。一般には、リーグがなすべきことはこれでやり尽くしたという見方がなされている。[18] というのも、一九一〇年代に入った頃から、アイルランド・ナショナリズムでは再び政治的な運動が活発化するからである。一九一二年にはついに自治実現の可能性が現実のものとなる一方で、労働運動の活発化や、義勇軍の組織といった現象が見られはじめる。さらに第一次大戦が勃発し、イギリス軍として参戦するか否かが議論される。こうした中でリーグも変容を迫られ、ついに一九一五年、設立時からのポリシーであった「非政治性」が破棄され、ハイドは設立から二〇年以上にわたって務めていた会長職を退くのである。このリーグの変容については、今述べたような「外的要因」との係わりの中でより詳細に検討する必要があるため、改めて別稿を設けたい。

以上、見てきたように、設立から世紀が変わるころまでのリーグは、知識人に限らず、極力社会の様々な階層に活動への参加を呼びかけていった。しかし、参加者が地理的、社会的に多様になるにつれ、集団内部の同質性は弱まっていく。冒頭で述べたように本章の目的はゲーリック・リヴァイヴァルの多様性を見ることであるが、実はゲーリック・リーグ自体も決して均質ではなく、例えば穏健派から急進派といった複数の集団が存在し、時に対立を引き起こした。後に、この中の急進派とも言える集団の動きを取り上げて検討するが、その前に、以下の二つの節ではゲーリック・リーグと共にこの時代のゲーリック・リヴァイヴァルの代表的な担い手であるアングロ・アイリッシュ文学者の動きと、地理的により広がりをもつパン・ケルティック・ムーヴメントについて、リーグとの関係を絡めて考察する。その上で、最後に改めてリーグ内部の急進的勢力について見ることにしたい。

二　アングロ・アイリッシュの文人たち

世紀転換期ダブリン、ロンドン、あるいはヨーロッパ大陸の各都市に存在した知識人サークルを基盤とするゲーリック・リヴァイヴァルにかかわる活動はゲーリック・リーグに限られない。特に注目されるのは、イェイツ、シング（J. M. Synge）、ラッセル（G. Russell; AE）らを代表とする文人たちが展開した運動である。カトリックの子弟が高等教育を受ける権利がようやく認められつつあったこの時代、知識人の多くはプロテスタント、いわゆるアングロ・アイリッシュであったこともあり(19)、また、後に詳しく述べるように、彼らが特に英語という媒体にこだわったことから、ここでは彼らのことをアングロ・アイリッシュの文人たちと呼ぶ。

アングロ・アイリッシュの文人たちは、アイルランドに伝わる神話や伝説、あるいは人々の伝統的な暮らしを題材として、ヨーロッパにおける新しい文学の潮流を生み出すことを目的としていた。[20] 一八九一年、ロンドンにアイルランド文芸協会（Irish Literary Society）が、翌九二年にはダブリンにナショナル文芸協会が設立され、こうした活動の母体となった。ゲーリック・リーグを設立したハイドは実はナショナル文芸協会の会長もつとめており、何よりリーグ設立のきっかけとなった彼の講演も同協会の集会で行われたものであったことは前述したとおりである。このように、ゲーリック・リーグの設立メンバーとアングロ・アイリッシュの文人たちは密接に繋がっており、特に設立時には、こうした知識人のネットワークなしにリーグが生き残ることは不可能だったと言えよう。

一八九〇年代末になると、彼らの活動の重要な要素として演劇が加わった。彼らはアイルランド国民演劇協会（Irish National Theatre Society）を組織し、アイルランド人の俳優を採用し、アイルランドの伝統文化を題材としたアイルランド演劇の確立を目指したのである。この運動は一九〇四年にアビー座（Abbey Theatre）の設立という成果を得たが、彼らアングロ・アイリッシュ文学者たちの活動は、一部のゲーリック・リーガーからはしばしば反発も引き起こした。

アングロ・アイリッシュの文人たちはもちろん彼らの作品がアイルランド的であることにこだわったが、表現媒体、すなわち使用する言語はあくまで英語であった。これは、イギリス文学界、より広くはヨーロッパの文学界に新風を吹き込むという彼らの第一目的を考えると、何ら不思議なことではない。しかし、言語復興こそ民族再生の道と信じて活動していたゲーリック・リーグの少なくとも一部の活動家には、認められることではなかった。

ハイドをはじめとするリーグの穏健な指導者達も、やはり言語の重要性を第一に考えており、アングロ・アイリッシュの文人たちの言語に対する姿勢に賛同してはいなかった。しかし、彼らはとかく劣っているというイメージの強いアイルランド文化を様々な方向から見直す機会が得られるのは好ましいという観点から、アングロ・アイリッシュの文人たちに寛容な姿勢を見せていた。[21] 様々な機会を通じてアイルランド文化を見直すことにより、人々は自らの伝統文化に対してもう一度誇りを持てるようになると、リーグ指導者たちはアングロ・アイリッシュの文人たちの活動に、いうなれば援護射撃的効果を期待していたのである。しかし、リーグの内部にはこのような考えに賛同せず、アングロ・アイリッシュの文人たちの目的に真っ向から反対する意見もあった。以下は、先に紹介したリーグの機関紙『クレイヴ・ソリッシュ』からの引用である。

これまで我々が度々口にしてきたように、我々は、イギリス文学を充実させることをその活動目的に掲げる運動が、どうしてゲーリック、あるいはアイリッシュの運動と呼ばれてしまうのか、見逃してしまっている。[22]

この引用文中にも見られるように、アングロ・アイリッシュの文人たちに批判的な人々が特に問題としたのが、彼らが「アイリッシュ」あるいは「ナショナル」という言葉を掲げているということであった。批判する側にとっては、アングロ・アイリッシュの文人たちが自らの運動を「ナショナル」という言葉で表すことによって、その言葉本来の意味が歪曲され、ひいては自分たちが行っている真のナショナル・ムーヴメントが阻害されるのであった。次はやはり『クレイヴ・ソリッシュ』からの引用である。

私の意見を言わせてもらうならば、「アイリッシュ」文学劇場は、その反ナショナル性が目立たない分トリニティ・カレッジよりも危険である。……中略イエイツに対しては、私は何ら個人的に反対するところはない。彼は単に三流、あるいは四流のイギリス作家であるにすぎない。その点で彼に害はない。しかし、彼が「アイリッシュ」文学劇場を動かそうとするのであれば、そのときは彼は潰されるべきである。(23)

この中でトリニティ・カレッジが「反ナショナル」を代表する存在として挙げられている理由は、当時トリニティ・カレッジの教授の多くがアイルランド語は近代生活にもはや不適切とし、リーグが進める教育制度へのアイルランド語導入の運動に真っ向から対立していたことにある。(24)そのようなはっきりした反対姿勢よりも、一見いわば愛国的であることを装っている、しかし実はイギリス文化以外の何物でもない文化を推進する運動は、アイルランドの民衆に間違った意識を植え付けかねない、というのが彼らの批判である。

自らの運動を「ナショナル」という言葉で位置付けようとするゲーリック・リーグとアングロ・アイリッシュの文人たちの相違としては、言語や伝統文化の復興を通じていわば民族の再生という社会改革を視野に入れた運動を行っていたリーグに対し、アングロ・アイリッシュの文人たちの運動にはそのような要素はほとんど見受けられなかった。アングロ・アイリッシュの文人たちもダブリンのみならず西部のゴールウェイ（Galway）にあったグレゴリー夫人（Lady Gregory）の館に集い、地域に残る伝統文化を実際にその目で確かめることはしている。また、ゴールウェイ沖に浮かぶアラン島はアイルランド語のみが使用されているゲールタハトの中でも特に純粋な伝統文化が残る地域として、ゲーリック・リヴァイヴァリストにとっての聖地とも言える存在であったが、もちろんアングロ・アイリッシュの文人たちもしばしばここを訪れてアイルランド語を学び、実際の伝統的生活を観察している。(25)

しかし、アングロ・アイリッシュの文人たちが観察し、収集した伝統文化は、彼らの作品の題材とはなったが、それは必ずしも、リーグの穏健派が望んだような援護射撃的役割を常に果たすというわけにはいかなかった。アイルランド社会に議論を巻き起こし、「西部に対する侮辱」と評され、果ては暴動までひき起こしたシングの『西の国の伊達男』（*The Playboy of the Western World*）騒動は、観察者と被観察者の間のずれを物語っていると言えよう。(26)

以上アングロ・アイリッシュの文人たちの活動とそれに対する批判を見てきたが、ここには、「ナショナル」という言葉に対する同時代人間の意識の違いが垣間見える。ゲーリック・リーガーにとっては「ナショナル」を冠する運動は社会改革を視野に入れた民族再生の運動であり、その基準からすればアングロ・アイリッシュ文学はあくまでイギリス文学にすぎなかった。一方アングロ・アイリッシュの文人たちは、使用する言語に関係なく自らを「ナショナル」あるいは「アイリッシュ」だと主張する。両者の意識にはずれがあるが、このずれを考える上では、当時の知識人が持っていたヨーロッパのコスモポリタン的な要素を考慮することが有効であろう。イギリスやヨーロッパ大陸の同種の社会階層との、いわば国際的な交流の中に身を置いていた当時の知識人にとって、伝統的なイギリス文学に対抗するという意味で、彼らの文学は「アイリッシュ」であり、アイルランドという一地域に発した「ナショナル」な文学であったと解釈できる。いわば、ゲーリック・リーグの目がアイルランドの中に注がれていたのに対し、アングロ・アイリッシュの文人たちの目は外を向いていたと言えよう。

三　パン・ケルティック・ムーヴメント

一九世紀末に始まるアイルランドのゲーリック・リヴァイヴァル運動には、出発点を共通としながらも、知識人という枠に捕われず社会階層の壁を超えて活動することに一定の成果を収めたゲーリック・リーグと、ヨーロッパの知識人としてあくまで純粋な文学運動を貫いたアングロ・アイリッシュの文人たちの活動という両面が見られたが、一九世紀が終わるころになると、さらに別の特徴をもった運動が加わることになる。ここで加わった運動とは、アイルランド一地域だけでなく、ウェールズ、スコティッシュ・ハイランド、マン島、そしてブルターニュといったいわゆる「ケルティック・フリンジ」[27]で同時進行的に起こっていた復興運動を連合させようという試みであった。

発起人となったのはフルニエ（E. Fournier）なる人物である。フルニエの先祖は、本人の言によるとフランスの貴族であったが、ユグノーであったためナントの勅令廃止により国を逐われ、曽祖父はロシアの公務員、祖父はプロイセンの軍人となり、父はイギリスの臣民であった。フルニエもロンドンに生まれ、科学者としてのキャリアをつんでいたが、この時期ダブリンに在住していた。[28]各地のゲーリック・リヴァイヴァルへの関心は強かったようで、ウェールズの詩人の団体ゴルセズ（Gorsedd）やゲーリック・リーグの会員となっており、リーグが始めた音楽祭フェシュ・キョールの事務も務めていた。[29]

フルニエが協力を要請したのはキャッスルタウン卿（Lord Castletown, B.E.B. Fitzpatrick, 2nd Baron of Upper Ossory）であった。卿はイギリス貴族の称号を持つプロテスタントで帝国軍人であったが、フィッツパトリック家はアイルランドの古代王族の流れを汲む旧家でもあった。この家系のためか、卿はアイルランドの歴史や文化に愛着を持っており、ゲーリック・リヴァイヴァルにも共感を持って接していたようである。ゲーリック・リーグの企画したフェスティヴァルなどでもパトロンとしてしばしばその名が見受けられるほか、イエイツやハイドなどと個人的な交流があった。[30]

フルニエがキャッスルタウンに宛てた一八九八年六月一七日付の手紙によると、ベルファストで開かれたフェシュ・キョールの折にコンファレンスが開かれたが、そこに出席していた各地のリヴァイヴァル運動の代表者間で、一九〇〇年にダブリンでパン・ケルティック・コングレスを開催することが暫定的に決議された。コングレスの準備機関として各地に委員会が設けられることになったが、フルニエはいわば世話役としてアイルランド委員会の会長職をキャッスルタウンに打診している。この提案は快く受け入れられたらしく、以後フルニエは一九〇〇年のコングレス開催を目指して各地で基盤固めに努めることとなる。

世紀転換期には、規模の大小の違いはあっても、上述のケルト地域でリヴァイヴァル運動が行われていた。特にウェールズの運動は他に先駆けて一定の成果を収めており、ゲーリック・リーグの手本となっていた。リーグが組織した文芸競技会オリヒタスもウェールズで行われていた同種の大会アイステズヴォド（Eisteddfod）に倣ったものである。[31] パン・ケルティック・コングレスの目的は、これら別々に実践されている各地のリヴァイヴァル運動を担う団体が一堂に会して、運動をより盛り立てていくために有益な情報を交換する、というものであり、[32] コングレス成功のためには既存の団体の協力が不可欠であった。

キャッスルタウンからアイルランド委員会の会長職快諾を受けたフルニエは、次に各地域の「ナショナル」委員会の組織を始めるが、ここで各委員会の会長候補として挙げられているのは、スコットランドのアバディーン卿、ウェールズのビュート侯爵ら、キャッスルタウンと同じく社会的地位の極めて高い人々である。[33] こうした人々が各地のリヴァイヴァル運動にどれほど積極的に参加していたかは疑問であるが、フルニエが組織していた委員会は、各地の既存団体がコングレスに参加するための窓口であり、その長となれば実践的な役割よりもむしろ組織の顔という意味合いが強い。こうした身分の人々を看板に掲げることが、新興の組織の正統性を示す上で効果的であると、少なくともフルニエには思われたのであろう。

以後一八九八年末までに各ケルト地域に委員会設立を果たし、一一月にはダブリンで第一回アイルランド委員会を開催したキャッスルタウンとフルニエは、年末には中央委員会の設立に着手し、キャッスルタウンが総長に就任した。(34) そして社交上のネットワークを通じて協力者を得ていく一方で、(35) アイルランドのオリヒタスやフェシュ・キョール、あるいは国民文芸協会の催事、またウェールズのアイズテズヴォドやスコティッシュ・ハイランドの同種の祭りモッド（Mod）などの機会を利用して、徐々にパン・ケルティック・コングレスの知名度を上げていった。そして、翌一八九九年七月にはウェールズの協力を得てカーディフでパン・ケルティックの名を冠したアイズテズヴォドが開催され、コングレスの目的などが大々的に宣伝されたのである。

こうしてパン・ケルティック・ムーヴメントの知名度が上がっていくに連れて、ゲーリック・リーグ内部は、その是非を巡って紛糾することとなった。パン・ケルティック勢力にとってゲーリック・リーグは第一に協力を求めるべき相手であり、熱心に大会参加を呼びかけていた。リーグとしては今やアイルランドのリヴァイヴァル運動を代表する団体という自負があり、協調体制をとるにせよ、とらぬにせよ、いずれにしてもこうした運動を野放しにしておくわけにはいかなかった。例のごとくハイドを始めとするダブリン執行部の大多数は基本的には寛容の姿勢を見せていたが、急進的な性格を持っていた当時の『クレイヴ・ソリッシュ』編集部など一部の会員は、かなり辛辣にこの運動を批判し、リーグがこれに協力することに異議を唱えていたのである。(36)

こうした反対の声は決して弱くはなかったが、ゲーリック・リーグはひとまず上記の一八九九年七月のアイステズヴォドに代表を派遣することを決定した。この代表の一人に選ばれたのが、若かりし頃のピアースである。後にイースター蜂起を指導し国民的英雄となるピアースはこの当時はまだ二〇歳そこそこの学生であり、リーグでも新参の部類に属したが、その熱心な活動によりダブリンの執行部に加わるようになっていた。(37) 彼はイェイツらアングロ・アイリッシュの文人たちには非常に批判的であったが、パン・ケルツに対しては好印象を持っていたようである。(38) しかし、このカーディフへの代表派遣が、結果的にリーグを完全にパン・ケルツから手を引かせることになったのである。

パン・ケルティック・アイステズヴォドからまもなく発行された『クレイヴ・ソリッシュ』八月一二日号は、数ページにわたってパン・ケルツを批判している。[39] これは完全に編集部のフライングだったようで、当時たまたま訪れていたアラン島でこの記事を目にしたピアースはダブリン執行部に事の次第を問い合わせる一方で、フルニエに詫び状を送っている。[40] そして翌八月一九日号には、前号の批判記事は執行部の監督不行き届きとの謝罪文が載っているのである。[41]

しかし、このような騒ぎの中、アイステズヴォドの際に催されたパン・ケルティック・コングレス企画者主催の晩餐会で、ヴィクトリア女王の健康を祝って乾杯が行われ、その場に招待されていたピアースもリーグの代表として、この行為を行ったということが発覚した。[42] これを機に反対派は勢いを強め、ついに九月二日『クレイヴ・ソリッシュ』紙上でリーグは公式に大会不参加およびパン・ケルティック・ムーヴメントに協力しない旨を表明した。[43] ただし、この紙上でもリーグ会員が個人的技量で協力することは禁止しておらず、この決定の直後に書かれたピアースからキャッスルタウンに宛てた手紙でも、リーグとしての不参加という決定は覆せないまでも、個人的な参加は少なからず見込めるであろうことが強調されていた。[44]

一九〇〇年八月開催予定のパン・ケルティック・コングレスまで余すところ二カ月と迫った六月一五日、コングレス関係者に次のような案内が送られた。「南アフリカで現在起こっている出来事により、ケルト地域の人々が心穏やかならぬ状況に鑑みて、アイルランド委員会は第一回パン・ケルティック・コングレスの開催を一年延期し、一九〇一年にダブリンにて開催することを提案する」。[45] 南アフリカの出来事、すなわちボーア戦争は一八九九年一〇月に勃発したが、年が明けて一月に軍人であるキャッスルタウンも赴任することが決定した。この時点でキャッスルタウンが八月に帰国できるという保証はなく、フルニエらはやむなくコングレス一年延期という処置をとったのである。[46] 結局キャッスルタウンの南アフリカでの任期が解かれたのが一九〇〇年一〇月、そこから夫妻でゆっくりとイタリア見物をして後の帰国となった。[47]

キャッスルタウン不在の間、フルニエはただ帰国を待っていたわけではなかった。まずはパン・ケルティック・コングレスを開催する母体を恒久的な機関とし、その名をケルティック・アソシエーション（Celtic Association）と改め、また、一九〇一年一月から月刊機関紙『ケルティア』（*Celtia*）を発行することを決定し、その準備を着々と進めていた。[48]

こうして第一回パン・ケルティック・コングレスが実現されたのが一九〇一年八月二〇日。四日間にわたるコングレスではオリヒタスやフェシュ・キョールと同様各地で選ばれた人々による合唱や器楽演奏などのコンサートや文学、フォークロアなどの発表の場、あるいは情報交換のための会議がもたれた。また、スコティッシュ・ハイランドの「剣の舞」やウェールズのドルイド僧による儀式、また、一本の石柱を五分割し、それぞれを各ケルト地域に擬え、以後コングレスが催されるたびに持ち寄ることとするなど、[49]儀式がかった面も強かった。全般に主催者が満足するだけの成功は収めたようで、この模様を伝えた『ケルティア』には、「少なからぬ数のゲーリック・リーガーが個人的に参加していた」と記されている。[50]

この後数回にわたってコングレスは開催されたが、まもなく『ケルティア』は経営不振に陥り、[51]またフルニエの関心が自らの科学者としてのキャリアに移り、相対的に運動に対する情熱が薄れたこともあり、[52]ケルティック・アソシエーションは一〇年も経たないうちに自然消滅をする。設立から消滅までの流れを考えると、パン・ケルティック・ムーヴメントは、国籍が定まらない知識人と故郷に愛着を持つ帝国の支配層に属する人物との情熱により実現した運動といっても過言ではない。彼らも自らの信ずるアイルランド・ネイションを確立すべく活動した。しかし、彼らは何よりもまずイギリス臣民であり、彼らの信ずるアイルランド・ネイションとは、あくまでイギリス帝国を構成する一要素であった。世紀転換期のゲーリック・リヴァイヴァル運動においては、こうしたイギリスとの繋がりが深い人々が、より「ナショナリスティック」な人々と同じ土俵で活動しえたことをここで確認おく必要があるだろう。しかし、それと同時に、こうした毛色の違う運動を糾弾する声が強まったのもこの時代である。次節ではアングロ・アイリッシュの文人たちやパン・ケルティック・ムーヴメントを批判していたゲーリック・リーグ内の急進勢力について見ていきたい。

四　アイリッシュ・アイルランダーズ

一八九三年に設立されたゲーリック・リーグは二〇世紀を迎える頃にはゲーリック・リヴァイヴァル運動の代表的団体と、自他共に認める存在に成長していた。執行部を牛耳るハイドら設立時からの会員の多くは、リーグの目的と必ずしも完全には一致しない他のリヴァイヴァル運動に対しても比較的寛容な姿勢を保っていたが、リーグ内部にはこうした運動に対し極めて強硬な態度をとる者も存在した。リーグの機関紙『クレイヴ・ソリッシュ』は、組織上は執行部の下にあったが、当時編集に携わっていたキーウェル（P.J. Keawell）、ボスウィック（N. Bothwick）、オライリー（M. O' Reilly）の三人がしばしば執行部の意向を無視して強硬姿勢をとったことは、パン・ケルティック・コングレスへの批判に見たとおりである。こうした急進勢力の目指していたものは脱イギリス化によるアイリッシュ・アイルランドという言葉でしばしば表現されたため、ここでは彼らをアイリッシュ・アイルランダーズと呼ぶことにする。

パン・ケルティック・コングレスを批判する『クレイヴ・ソリッシュ』の記事がリーグのダブリン執行部で問題となった後、上記三人は、一八九九年一〇月『クレイヴ・ソリッシュ』を売却して新しい機関紙を創刊することを企てた。表向きの理由は、読者層を増やすために週刊機関紙は英語のみで構成し、アイルランド語はすべて

『ゲーリック・ジャーナル』に移行するということである。言語復興第一をモットーとする急進派の理屈としてはいささか矛盾も感じられるが、彼らの言い分としては、とりあえずアイルランド語を読める読者は限られているので、まずは英語で彼らのプロパガンダを浸透させるのが、財政的にみても運動を推進するにしても順当な手段であるということであった。この計画を打ち明けられた執行部のオヒッキー（Fr. M. O'Hickey）は「フルニエにいわれなき悪感情を持っているキーウェルら」の真の意図は執行部の監督下から抜け出して思う存分パン・ケルト運動への攻撃をすることにあると見ている。(53) 結局この目論見は実現しなかったが、ここから別の成果が得られることになる。ここで重要な役割を果たすのが、新機関紙の所有者および編集者として候補に挙がっていたジャーナリストのモラン（D.P. Moran）である。

モランはアイルランド南部ウォーターフォード出身で一〇年近くロンドンに在住していた。アイルランドの自立という問題には以前から強い関心を持っており、九六年にロンドンにゲーリック・リーグの支部が設立されるとすぐに加入し、二年後にはゲーリック・リヴァイヴァルを通じて如何にアイルランドが自立するか、自らの思想を綴ったシリーズ、「アイリッシュ・アイルランドの哲学」（"Philosophy of the Irish Ireland"）を『ニュー・アイルランド・レヴュー』（*New Ireland Review*）に掲載し始めた。彼の思想の根幹は徹底的な脱イギリス化であり、文化的、経済的自立が政治的な独立よりも重要である、むしろそれらなくしては政治的な独立は意味がないと主張する。(54) 『クレイヴ・ソリッシュ』に代わる新機関紙の創刊は実現しなかったが、九九年にフリーのジャーナリストとして帰国した彼は、南部のマンスター地方出身者で占められているキーティング支部に加入し、一九〇〇年九月に週刊誌『リーダー』（*Leader*）を創刊して、この主張を展開していく。文化的自立に言語の復興が重要なことは言うまでもないが、『リーダー』にはほとんどアイルランド語の記事はない。これは先に述べたとおり、ゲーリック・リーグの、あるいはアイリッシュ・アイルランドの精神を広めることを第一目的としていたためであろう。アイリッシュ・アイルランド実現の基本となる脱イギリス化という概念はゲーリック・リーグ設立の契機となったハイドの演説に表れた言葉であるが、モランはこれを『リーダー』のなかでより具体的に示していくのである。

『リーダー』はアイルランド社会に無意識のうちに潜んでいる「イギリス文化」を暴き、愛国者を語るナショナリストの欺瞞を糾弾した。彼らが繰り返し批判したミュージック・ホールはその好例であろう。当時ダブリンの劇場では、イギリスから巡業してきたミュージック・ホールの出し物がしばしば演じられており[55]、そうした機会は労働者から中流階層に至るまで比較的幅広い社会層の間で娯楽として定着していた[56]。また、そうした巡業はコークなどの比較的大きな地方都市にも出向いていたようである[57]。『リーダー』は折に触れこのミュージック・ホールの出し物を取り上げ、その質の低さを示し、イギリスから輸入された粗悪な文化の典型であるとしたうえで、そのような娯楽を無批判に楽しむ客を「ウェスト・ブリトン」と非難した。さらに、これを褒め称える記事を掲載する新聞が自らを「ナショナル」と位置付けていることを批判したのである[58]。その一方で、ミュージック・ホールの代わりとなるような、安価で手軽な娯楽の必要性を認識していたモランは、フェシュやオリヒタスなど、伝統文化を基に新たな娯楽の場を提供しようとするゲーリック・リーグの努力を高く評価していた[59]。

文化的自立と共にモランが重視したのは経済的自立であった。『リーダー』はとかく粗悪とされるアイルランド製品の見直しを促し、イギリス製というだけの理由で商品を購入する「ウェスト・ブリトン」を非難した。一方、イギリス製品の数倍の値段で粗悪なアイルランド製品を買う義務は消費者にはないとし、例えば高い輸送コストがアイルランド製品の競争力を失わせるとして、鉄道の国有化を訴えた[60]。こうしてモランらは、アイルランド製造業のおかれている状況を改善することにより、これを育成することの必要性を主張した。また、アイルランド製品購入の主張が一部の悪質な小売業者によって悪用される、すなわち値段が不当に釣り上げられるようなことがないように注意を促すことも忘れなかった。[61] 時に攻撃的過ぎる傾向はあったが、モランの主張は概ね「正統なゲーリック・リーグの思想」としてリーグ執行部からも評価されていた。[62] また、リーグは一九〇二年に産業委員会を組織したが、ここにもモランの影響がまったくないとはいえないであろう。もちろんモランもこの産業委員に選ばれていた。[63]

アングロ・アイリッシュの文人たちへの批判やミュージック・ホールの例で見た新聞への批判で明らかなように、アイリッシュ・アイルランダーズは「ナショナル」や「アイリッシュ」という言葉に対して非常なこだわりを持っていた。そして、こうした言葉を誤って用いた運動が、アイリッシュ・アイルランドの実現を損なうことを危惧していた。その典型的な例がパン・ケルティック・ムーヴメントである。

ゲーリック・リーグがパン・ケルティック・ムーヴメントから手を引くことになったきっかけが、女王のための乾杯であったことは前述した。こうしたことから、パン・ケルティック・ムーヴメントが持っていたイギリス的、貴族的要素が反感を招いたとする見方は強い。[64] ボーア戦争の勃発に伴い、アイルランドでは反帝国感情が強まっており、この戦争に帝国軍を率いて参加した軍人を長とするパン・ケルティック・ムーヴメントが、帝国的と批判されるのは当然である。確かに、『リーダー』でも「大英帝国軍の鬼才」とキャッスルタウンを揶揄している。[65] しかし問題は、それだけではなかった。ゲーリック・リーグというネイションを代表する団体を差し置いて、フルニエのような外国人が組織する団体がウェールズやスコットランドなどの同種の団体と直接交渉をするという、いわば越権行為がまず問題となった。[66] また、コングレスで見られた様々な儀式は彼らにとっては茶番でしかなく、アイルランド文化の復興に何ら益するものではなかった。[67] そしてケルトという枠組みそのものが、モランらアイリッシュ・アイルランダーズにとっては危険だったのである。

フルニエはアイルランドの復興運動を活発化するために、ウェールズの詩人の団体ゴルセズの支部をダブリンに設立することを提案した。しかし、これはアイリッシュ・アイルランダーズにしてみれば勘違いも甚だしかった。確かにオリヒタスなどの折りにゲーリック・リーグは各地から同様の団体の代表を招いていたが、それは他の文化を移植するためではない。アイルランドのリヴァイヴァル運動はあくまでアイルランドのナショナル・ムーヴメントであり、イギリスに限らず外国文化を輸入することは問題外であった。例え系譜を同じくしようとも、ウェールズとて例外ではなく、その文化は外国文化である。ましてやそのような外国の運動を移植するまでもなく、アイルランドではすでに独自に運動が展開している、というのが彼らの主張である。(68) ナショナル・ムーヴメントの徹底を求める者にとって、その枠組みをぼやかせるパン・ケルティック・ムーヴメントのような運動は害にこそなれ、益することはなかったのである。

モランを始めとするアイリッシュ・アイルランダーズはこうして彼らの信じる「アイリッシュ」あるいは「ナショナル」であることの意味を、他者を攻撃することで限定していった。言い換えれば、日常生活や他の「ナショナル」とされる運動の中から「イギリス的」あるいは「外国的」な要素を規定し、それらを排除することにより「アイルランドらしさ」を規定していったのである。その際特に問題となったのは、イギリス文化全般というよりもイギリスから輸入された粗悪な、あるいは不道徳な文化であった。この意味で、彼らの定義するアイルランド文化の中には、彼らの道徳的理想が強く反映されていたと言えよう。

これまで見てきたように、世紀転換期アイルランドのゲーリック・リヴァイヴァル運動は決して一枚岩的に語れるものではなく、その中には複数の集団が存在していた。それらの目指すもの、理想とするものは一様ではなく、各集団にとっての「アイルランド」あるいは「ネイション」が意味するものも、それぞれまったく異なっていたのである。ゲーリック・リーグは社会改革を視野に入れたいわば民族の再生を目指し、パン・ケルティック・ムーヴメントを担う人々がリーグの運動と本質的に変わらないつもりで行っていた運動は、より急進的なアイリッシュ・アイルランダーズにとっては勘違いの茶番でしかなかった。また、アングロ・アイリッシュの文人たちにとってのアイルランドはヨーロッパの中の一地域であり、キャッスルタウンにとってのそれは巨大なイギリス帝国の一地域であった。

　こうした様々なアイルランドが存在したのが世紀転換期であったとするならば、この時期に示され、議論され、批判された複数のアイルランド・ネイション像は、今日のアイリッシュ・アイデンティティを形成する上でどのように取捨選択され、加工されていったのであろうか。その道を辿ることが、アイルランド近代史における世紀転換期ゲーリック・リヴァイヴァルの意義を探る一つの道となろう。

（1）Ó Muimhneacháin, *An Claidheamh Solais : Triocha Blian de Chonradh na Gaeilge*, 1966.

（2）この引用文の原典は不明だが、ピアースは一九一三年に同様の趣旨の演説を行っている。Pearse, "The Coming Revolution", 1913, in Crowley, *The Politics of Language in Ireland 1366-1922*, 2000.

（3）勝田、小関、高神、森「アイルランド近現代史におけるナショナリズムと共和主義の『伝統』」『歴史学研究』No.726, 1999.8. 参照。

（4）例えば Lyons, *Cuture and Anarchy in Ireland 1890-1939*, 1979, Garvin, *Nationalist Revolutionaries in Ireland, 1858-1928*, 1987.

（5）Hindley, *The Death of the Irish Language*, 1990.

（6）Hyde, "The Necessity of De-Anglicised Ireland", in Duffy, Sigerson & Hyde, *The Revival of Irish Literature*, 1894.

（7）*Gaelic League Annual Report*（以下 *AR* と略記）, 1894. 巻末会員リスト。

(8) The Organisation Committee of the Coisde Gnotha, *Instructions for the Organisers*, 1903, pp.3-7.
(9) *AR* 1896, pp.18-19, 32-33.
(10) ゲーリックリーグの週間機関紙にまつわる摩擦については拙稿「ゲーリック・リーグの拡大」中央大学人文科学研究所『人文研紀要』第33号、一九九八年参照。
(11) 例えばコーク支部では「アイリッシュ・ナイト」と呼ばれる集会が催されている。*AR* 1894, p.22.
(12) *AR* 1896, pp.6-7.
(13) Ó Muimhneacháin, *op. cit.*
(14) *Programme of the Second Oireachtas*, 1898.
(15) 例えば後述するフルニエは自らのコーラス・グループがオリヒタスで優勝した際「いまやアイルランド」のコーラス」と喜んでいる。National Library of Ireland（以下 NLI と略記）, Letter From Fournier to Lord Castletown, 3 June 1901.
(16) 活動初期から多くの下院議員も運動に参加している。*AR*, 1897, p.2.
(17) 例えば *Fainne an Lae*（以下 *FAL* と略記）, 22 Jan. 1894, p.4.
(18) Devlin "The Gaelic League—A Spent Force?" in Ó Tuama ed., *Gaelic League Idea*, 1993 (1st pub., 1972).
(19) カトリックの高等教育については Paseta, *Before the Revolution*, 1999. を参照。
(20) Lyons, *op. cit.*, p.39.
(21) *Ibid.*, pp.41-42.
(22) *An Claidheamh Soluis*（以下 *ACS* と略記）, 18 Mar. 1899.
(23) *ACS*, 20 May 1899.
(24) 小田前掲論文、一五七頁。
(25) Lyons, *op. cit.*, p.63.

（26）『西の国…』騒動については本書第一〇章参照。
（27）この五地域に加えて、後にコーンウォルの運動参加も検討されることになる。*Celtia*, Sep., Oct., 1901.
（28）NLI, Letter From Fournier to Lord Castletown, 16 Apr. 1908.
（29）パン・ケルティック・コングレスの仕事が多忙になったため、一一月一八日にフェシュ・キョール事務局は辞職している。NLI, Letter from Fournier to Lord Castletown, 18 Nov. 1898.
（30）*Programme of the Second Oireachtas*, 1898, NLI, Letters from Yeats to Castletown, NLI, letters from Hyde to Castletown.
（31）*AR*, 1898, p.1.
（32）NLI, Letter from Fournier to Lord Castletown, 29 Oct. 1898.
（33）NLI, Letter from Fournier to Lord Castletown, 13 July 1898.
（34）第一回中央委員会は一八九九年三月に開かれ、総長の選出は七月に行われた。なお、フルニエは当初からこの企画においてアイルランドが全体の上に立つ立場にあると主張している。NLI, Letters from Fournier to Castletown, 13 July 1898 & 2 Mar. 1899.
（35）招待者候補者リストには同じく穏健なユニオニストとして知られるダンレイヴン卿の名も見られる他、会計職にはプランケット伯が就いている。NLI, Letter from Fournier to Lord Castletown, 26 Nov. 1898.
（36）ACS, 12 Aug. 1899.
（37）Edwards, *Patrick Pearse; The Triumph of Failure*, 1977, pp.19-25.
（38）*Ibid*., pp.33-35. また本章註（23）参照。
（39）ACS, 12 Aug. 1899.
（40）NLI, Letter from Pearse to Fournier, 17 Aug. 1899.
（41）ACS, 19 Aug. 1899.

（42）NLI, MacNeill Papers, MS. 10876, Letter from O'Hickey to MacNeill, 15 Jan. 1900.

（43）*ACS*, 2 Sept. 1899.

（44）NLI, Letter from Pearse to Fournier, 17 Aug. 1899.

（45）NLI, Letter from Fournier to Lord Castletown, 16 June 1900.

（46）NLI, Letter from Fournier to Lord Castletown, 31 Jan. 1900.

（47）Castletown, *Ego : Random Records of Sports, Service, and Travel in Many Lands*, 1923, pp.212-13.

（48）機関紙は以前から念頭にあり、前年四月には経営不振に陥っていた元ゲーリック・リーグ機関紙『ファーネ・アン・レイ』を買い取る話も出ていた。NLI, Letter from Fournier to Lord Castletown, 22 Apr. 1899.『ファーネ・アン・レイ』の当時の状況については小田前掲論文参照。

（49）後にコーンウォルも加わり六になる。Castletown, *op. cit.*, pp.217-18.

（50）*Celtia*, Sept. 1901, p.138.

（51）NLI, Letter from Fournier to Lord Castletown, 9 Mar. 1908.

（52）NLI, Letter from Fournier to Lord Castletown, 27 Dec. 1923.

（53）NLI, MacNeill Papers, Ms.10876, Letter from O'Hickey to MacNeill 16 Oct. 1899.

（54）Moran, *Philosophy of Irish Ireland*, 1905.

（55）イギリスにおけるミュージック・ホールについては井野瀬久美恵『大英帝国はミュージック・ホールから』一九九〇年参照。

（56）*Leader*, 1 Sept. 1900, 6 Oct. 1900; Farmar, *Ordinary Lives*, 1991, pp.59-60.

（57）*Leader*, 4 May 1901. にはケリー州（Co. Kerry）のトラリー（Tralee）のケースが報告されている。

（58）*Leader*, 22 Sept. 1900.

（59）Maum, *D.P., Moran*, 1995, pp.23-24.

(60) *Leader*, 21 Sept. 1901、この号から三週にわたって、『リーダー』の常連であるプラット（E. A. Pratt, 署名はA. P.）による "Nationalisation of Railways" という記事が連載されている。

(61) *Leader*, 23 Mar. 1901.

(62) NLI, MacNeill Papers, Ms. 10876, Letter from O'Hickey to MacNeill 16 Oct. 1899.

(63) この委員会には後にシン・フェインを設立するグリフィス（A. Griffith）も含まれている他、プランケット伯の名も見受けられる。*A.R.* 1903, pp.12-13.

(64) Edwards, *op. cit.*, p.32.

(65) *Leader*, 17 Aug. 1901.

(66) ACS, 12 Aug. 1901; *Celtia*, Aug. 1901.

(67) *Leader*, 31 Aug. 1901.

(68) ACS, 12 Aug. 1899.

第四章　一九世紀アイルランド・カトリシズム

――伝統と刷新――

盛　節子

一九世紀アイルランドはイギリスとの併合（一八〇一年）で幕を開ける。一七九八年、フランス革命の影響を受けて自由と独立のために宗派を超えたアイルランド国民の団結を掲げて各地で決行したユナイテッド・アイリッシュメン（United Irishmen 一七九一年設立）の蜂起は、イギリス正規軍と反カトリック組織オレンジ会によって鎮圧され、一八〇〇年には併合法案可決とアイルランド議会解散という時流に逆行した強行策がとられる。[1]

一八世紀末から一九世紀に展開されるアイルランド・カトリック復興運動はその歴史的文脈において二つの側面から捉えられる。一つは、一七世紀末から一世紀間に亘る刑罰諸法下の宗派弾圧と差別からの段階的解放――「カトリック救済法」（一七七八、一七八二、一七九二、一七九三年）、「カトリック解放令」（一八二九年）、「国教会制廃止」（一八六九年）――に伴うカトリック教会の制度・組織の再建と政治・経済・社会・文化との関わり。もう一つは、教会規律・典礼及び信仰生活における刷新である。その動向は、歴史的位置付けにおいては、アイルランド再生の時代におけるカトリック教会の「復興」運動の側面を持つが、その過程で形成されるカトリシズムの性格においてはアイルランドの宗教的慣行を是正して反宗教改革の規範に順応していく「教会刷新運動」でもある。[2]

カトリック復興運動の背景にあるのは、一六九一年の「リムリック条約」で聖公会をアイルランドで唯一の合法的教会とした「国教会制度」と一六九五年以来の非国教徒に対する「刑罰法」による差別と弾圧である。特に刑罰諸法は、教会と国家一体の植民体制の強化として、宗教活動の禁止を初め、公職・専門職からの追放、教育権・参政権・土地所有権・公民権等の諸権利を剥奪し、中でも多数派カトリック被支配民がその政治・経済・社会的力を生み出さないことを狙いとするものである。その意味で、アイルランドにおいて少数派の国教徒支配階層が享受した特権的地位は、カトリック信徒抑圧の法制度を布石にして築かれたものと言える。(3)

アイルランド・カトリシズムの伝統と刷新については一九七〇年代以降の歴史再考の一環として特に注目されてきた課題であるが、ローマ・カトリック教会及びその信仰に対する立場の違いによって研究者の視点と解釈も多様である。一九世紀アイルランド・カトリック史家E・ラーキン（Emmet Larkin）は、一九世紀アイルランド・カトリシズムの形成とその性格について、カトリック中産層の経済力の増大に裏付けられた教会の権力と社会的影響力を通して、大飢饉以降カトリック農民層に根差した伝統的信心を教会権威によってローマ・カトリックの信仰規範に一新させ、カトリック・アイルランドの新たな文化遺産とアイデンティティーを再構築したとし、それを「信心革命」（Devotional Revolution）(4)と位置付けているが、一九七二年に発表されたこの見解は「新正統派」として研究動向に一石を投じた。しかし、アイルランド・カトリック復興とカトリシズムの形成については、ヨーロッパ・カトリックとの関連と共に、イングランド宗教改革に端を発する教会と国家との法的・制度的関係、それを基盤にした「名誉革命体制」下の植民政策の強化とカトリック弾圧の歴史的背景を無視するわけにはいかない。

その背景に留意しながら、まずアイルランド・カトリック教会復興の動向と課題を、教会制度・組織及び聖堂・諸施設の再建、教皇特使兼アーマー（Armagh, 1849–52）・ダブリン大司教（Dublin, 1852–78）ポール・カレン（Paul Cullen, 1803-78）の改革政策を通して検討し、次いでアイルランド・カトリシズム形成の諸相を伝統的宗教慣行と典礼の刷新、更に学校制度と結婚制度の宗派問題について順次考察を加えてみたい。

一　アイルランド・カトリック教会復興の動向と課題

アイルランド教会は刑罰法施行以前の一六〇〇年から一六九〇年の間に、地方教会会議を六七回開催し、トリエント公会議（一五四五―六三年）の反宗教改革に沿った教会制度・規律・典礼・司牧面の適応と実践を図っている。(5) しかし、トリエント改革路線を歩む試みは刑罰法の厚い壁に阻まれる。一八世紀末の刑罰法の緩和・撤廃を契機とする教会再建は、トリエント公会議決議、通常「トリエント教会改革」に基づく教会制度及び組織機能の確立と司牧・典礼・規律・信仰実践及び教育と結婚制度の全体に亘っている。だが当面の問題は教会制度と組織の再編、聖堂・諸施設の建設とその機能を回復することである。

1　教会制度と組織の再建

一八世紀後半に再開される教区司教会議及び四大司教会議は教会制度と組織再興の起点となる。チュウム（Tuam, 1752）、キャシェル（Cashel, 1775）、アーマー（1779）の教区会議に続いて、一七八八年にはダブリンを加えた四大司教会議が開催され、一連の「カトリック救済法」制定の前哨的役割を果たしている。一七九三年の「カトリック救済法」に至って、教会及び信徒に対する宗教活動、公職、職業選択、選挙権、土地所有と売買等、被選挙権とそれに付随する公職を除いて、宗派差別の殆どの法的規制が撤廃され、カトリック教会再建の扉が開かれる。一七九五年の司教会議では、大陸のアイリッシュ・カレッジの大部分がフランス革命とナポレオン戦争の時期に閉鎖されたのに対応して、カトリック聖職者養成を目的としたメヌース神学校（Maynooth College, Co. Kildare）の設立を初め、教会再建の諸問題が提示される。メヌース神学校は以後アイルランドにおける聖職者養成と学問の中心となるが、カトリック教会の財政難から政府の交付金と評議員の運営を受け入れ、教育制度における教会と国家の問題を抱える出発となる。(6)

一八二〇年以後司教会議は年一度開催され、アイルランド・カトリック教会の最高決議機関として復活する。更に一八二九年の「カトリック解放令」後にダブリンで開催された司教会議では各大司教区内の教会問題を扱う地方教会会議が設置され、全国司教会議の下部機関として制度化される。だが会議の決議は各司教行政に対して法的拘束力を持っていなかった。教皇特使カレンが一八五〇年に改革会議として開催したサールス（Thurles, Co. Tipperary）教会会議に至って、全国司教会議がアイルランド教会会議として会議決議が教皇の認可の下に法制化されるようになる。(7)

また司教選出に関しては、教皇は司教候補の支持者側から送られてくる情報に基づいて司教を指名していたが、一八二九年の司教会議で新たに司教選出制度が提案され教皇の承認を受ける。司教選出は、まず司教区内の小教区司祭と修道会聖堂参事会員が三名の候補者を推薦順に投票用紙に記名し、教区の司教会議に提出する。そこで司教は候補者の削除あるいは推薦順位の変更は可能だが、司教会議が認証した候補者の推薦状に基づいて教皇の司教指名を受ける手順がとられる。同制度は一九一一年迄は投票結果について守秘義務はなかったが、それ以後は秘密投票の形式で一九二五年迄続き、同年四大司教に属司教候補の指名権が与えられるようになり現在に至る。この一八二九年司教選出制度は教区司祭に司教選出の推薦権を与えることによって、司教と司祭との間に相互の権利と責任の連帯意識を強めたことは確かである。(8)

教会組織において司祭の司牧活動の基盤となる小教区制度は一八世紀後半に再建され、一八〇〇年から一八六三年の間に一、〇八五の小教区が数えられる。司祭一人に対する信徒の平均概数は一八〇〇年の二、一〇〇人から一八四〇年には三、〇〇〇人に増加し、大飢饉直後の一八五〇年には信徒人口の減少から一八〇〇年当時の二、〇〇〇人に戻っている。[9] 一八三四年の地方別統計で見ると、アルスター地方のアーマー大司教区が二、八〇五人、レンスター地方のダブリン大司教区が二、四五一人、マンスター地方のキャシェル大司教区が三、一七五人、コナハト地方のチュウム大司教区が三、六七八人と信徒の増加傾向を示している。[10] 司祭の半分以上を送っているメヌース神学校では、一八二六年の神学生は三九二人、一八五三年には五一六人と司祭の増加も期待されるが、[11] 一八四五～六年の大飢饉迄は信徒人口の急激な増加に対して司祭数は不足しており、複数の小教区を兼務する司祭も稀ではない。

　トリエント公会議規定では、典礼・秘跡は教会聖堂で行われること、特に司祭の主日・祝日のミサ施行を一回に限定しており、例外として司牧上二回のミサが必要な場合は司教の許可が必要とされる。アイルランドでも原則としてその規範に準じ、一八一〇年のキャシェル教区会議は同一教会で司祭が二回のミサを行うことを禁止し、一八三一年のダブリン教区会議では教会に関係なく司祭のミサ施行を一回に規定している。[12] その規定を実践する上で信徒数に対応できる司祭の増員を必要としたが、その代替として小教区の司牧を補佐する助任司祭制度が制定される。助任司祭は司教によって指名され、小教区収入の一部を付与されるが、通常修道司祭がその任にあたり、小教区司祭と同様の義務を持つ。しかし当初から助任司祭の指名権を要求していた司祭もまた司教に対抗して一般教会法の下に助任司祭を指名していく。[13]

　一方、アイルランドではイングランド宗教改革以降もフランシスコ会、ドミニコ会等かなりの数の托鉢修道会司祭が活動していた。しかし、一七五一年に、教皇ベネディクトゥス一四世（Benedictus XIV, 1740–58）は全ての修道志願者を大陸の神学校で養成させることを命じると共に、残留する修道司祭は司教の指名の下に小教区に配属させる方針をとる。その決定を転機に修道志願者は減少し、修道司祭は弾圧下において修道規律に従う共同生活の放棄を余儀なくされ、修道者は減少化傾向を辿る。一七七四年に教皇クレメンス一四世（Clemens XIV, 1769-74）によってその決定が撤回された後も修道司祭は減少を続ける。ドミニコ会司祭は一七六七年の一五六人から一八一七年には七七人まで減少している。フランシスコ会司祭の場合は、一八一一年に農村地域の共同体に各一人、ダブリン・コーク・ウエックスフォード・ゴールウェイの都市共同体で三人以上、他に小教区司祭又は助任司祭として活動する修道司祭が数人程度であるが、活動の拠点を農村地域から都会に移す傾向が見られる。[14]またイエズス会は二〇年間にわたる反対派による解散画策の末、一七七三年にフランス・スペイン・パルマ・ナポリの圧力を受けた教皇クレメンス一四世によって解散を命じられ、プロイセンとロシアでのみ存続していく。アイルランドでは在俗司祭として司牧活動を続けるが、一八一四年に教皇ピウス七世（Pius VII, 1800-23）によるイエズス会復活宣言と共に、小教区宣教の活動を再開する。[15]一方アイルランド・シトー修道会は刑罰法時代に解散し、小教区司祭として一七三一年から五二年頃迄残るが、一八三二年にマウント・メルレイ（Mount Melleray, Co. Wexford）に修道院を創設してアイルランドに帰還する。[16]

一九世紀前半には、修道司祭は小教区の司祭不足のために、助任司祭あるいは説教、教理指導者として教区活動を補充していくが、助任司祭制度の導入を契機に、司教は教区内の修道院と修道司祭に対してもその裁治権による統制力を強めていく。特に注目されるのは、一八二九年の「カトリック解放令」は、カトリック信徒の被選挙権と裁判官・軍人将校・政府及び地方官職等の職業選択権を与えているが、それと引き換えに「新たな刑罰法」とも言うべき「イエズス会及び他の修道会の拡張を制限する」条項が付加されていることである。[17]ダニエル・オコンネル（Daniel O'Connell, 1775-1847）はその時点で被選挙権の問題をまず何よりも優先する姿勢をとっており、[18]アイルランドにおける修道会はその規模と活動において一九世紀を通じて停滞していく。一般に、「カトリック解放令」をもって刑罰諸法下の「カトリック問題」解決の最終段階と捉えられているが、その宣誓文における教皇との関係も含めて、基本的にはプロテスタント国家と国教会の権力構造の枠内での「カトリック解放」であったことは確かである。

2　教会建設と財政的背景

司祭の増加と小教区の信徒に対する司牧の充実のために教区神学校及び聖堂を初め、教会の社会的活動の一環としてカトリック信徒のための学校、病院・福祉施設の建設・運営等、教会再建の現実問題としてまず要請されたのは財政的基盤の確立である。その点で、教会再建を経済的・社会的に支えたのは一八世紀末以来経済発展の波に乗ったカトリック新興中流階層である。小教区の構成員である一般信徒は、伝統的に「聖職者と信徒」の職務の二分化概念から司牧対象の受動的存在として位置付けられる傾向にあるが、教会共同体としても、また教会の政治・経済・社会的性格においても極めて積極的な役割を担っている。[19]

フランス革命後の対仏戦争終結に至る期間（一七九三—一八一五年）に、ダブリン、コークの東南沿岸部及びリムリックとゴールウェイの港湾都市の海運業・商業を中心に展開される貨幣経済の発展は、一七九三年の「カトリック救済法」と共に、新たな富を獲得したカトリック商人の都市富裕層を産み出し、一七八二年以来カトリックの土地購入が法的に可能となってくることと合わせて、経済的に切迫しているプロテスタント地主から地所を購入する土地所有者のカトリック中流階層が形成される。これらカトリック新興中流階層は土地を剝奪された旧カトリック地主の子孫であることを強調し、全土の五％を相続所有していたカトリック地主の旧家と同等の社会階層であることを自負する。カトリック教会再建は経済的・社会的側面でこれら富裕なカトリック中流階層に負うところが大きい。彼等は収益の多くを教会施設あるいは慈善事業及び教育機関等に投入し、子女を聖職者・

修道者として送っている。[20]

リムリック司教ジョン・ヤング（John Young）の一八〇二年一一月二九日付ローマ・アイリッシュ・カレッジ学長宛報告書に同教区の状況が詳細に記され、カトリック復興初期の教会状況の一例を示している。教区内の全人口六万人（うちプロテスタント八、〇〇〇人）、司祭五八人（うち修道司祭一〇人）。リムリック市内に小教区司祭四人、助任司祭一四人、五、〇〇〇戸の家族（うちプロテスタント一、〇〇〇戸）を世話する修道者九人。カトリック貧困家庭の子供四〇人を預かる学校三校。大陸のアイリッシュ・カレッジの閉鎖後、敬虔な資産家から教区に神学校設立のための土地・建物が寄贈され一二人の神学生が論理学、比喩学、神学を勉学している。前任司教が創立した慈善団体が活発に活動し、プロテスタントへの改宗者が出ることを防いでいる。更に市外には数個の村落を含む五つの小教区がある。農村地域の小教区には普通二つの礼拝堂があり、教区司祭が主日・祝日のミサを行い、告解を聴き贖宥を授けている。全ての礼拝堂、教会には貴重な装備が施され、司教の食台に最近一人の非信徒から病気快復の感謝の意で一二本枝付きのクリスタル大燭台が贈られた。[21]

リムリックは海運経済の中心都市として、裕福なカトリック商人層から教会再建の経済的支援を最も期待できる教区であり、この報告はその範例として注目される。一方、アイルランドの大部分を占める農村地域では貧困な小作人及び小農の労働と物納主体の経済に依存しており、リムリックのような都市教区とは異なり、貨幣経済の成長と比例して増加する都市部の貧民層と共に、貧困地域の教会再建が困難であることが推測できる。その一例がクロハー教区（Clogher, Co. Sligo）司教ジェームズ・マーフィー（James Murphy）の一八〇四年一一月二三日付ローマ・アイリッシュ・カレッジ学長宛報告に見られる。信徒の一〇分の九は貧困のために識字力はなかったが、二、三年のうちに教理の充分な知識を得る上で驚くべき進歩を示した。これまで礼拝堂の多くは最も劣悪な丸太小屋か、あるいは信徒や司祭、聖餐を被う屋根もない状態であったが、最近スレート屋根の立派な礼拝堂が沢山でき、更に建築中の六つの礼拝堂がまもなく完成する。そしてカトリックの貧困地域では、教会再建を経済的に支援したのはプロテスタントの隣人たちであったことが指摘される。(22)

いずれにしても、教会再建の財源は主として裕福な信徒の経済的支援に依存しているために、地域差に加え、時代の経済状況に左右される。戦時景気が冷めた一八一五年頃にアイルランド経済は大きな打撃を受けるが、一八二五年から三〇年代の終わり迄にほぼ持ちなおし、一八四五〜六年の大飢饉発生迄に上昇傾向が続く。(23)大飢饉直後の一八四七年に、チュウム（Tuam, Co. Galway）の大司教ジョン・マックヘール（John McHale）とアーダー（Ardagh, Co. Longford）の司教ウイリアム・ヒギンス（William Higgins）によって、一八一七年から一八四七年迄の三〇年間に建設・維持のために信徒から寄贈されたカトリック教会全体としての収入概算がローマに報告されている。(24)

それによると、教会に三〇〇万ポンド、小教区司祭館に一〇万ポンド、女子修道院に二四万ポンド、男子修道院に二〇万ポンド、神学校に二〇万ポンド、貧者のための学校に二〇万ポンド、聖職者の生計維持に一、八〇〇万ポンド、総計二、一九四万ポンドが計上されている。この金額は聖職者の生計維持を始めいずれもかなり高く、現実性が疑問視されている。この報告が提出された時期、一八四五年に制定された政府助成金によるクイーンズ・カレッジをカトリック教会として受け入れるか否かで司教間で紛糾していたが、チュウム大司教は強硬な反対派であった。彼は一八三一年制定のナショナル・スクールの教区への受け入れを拒否しており、司教報告の概算には、カトリック信徒のための学校建設にはカトリック教会独自の財政で充分に可能であることを示す意図があったと見られる。その意味で、学校に要する経費を実際の収入に加算して提示したものと推測される。(25)

それに対して、一八六五年にダブリンで出版されたマイルズ・オライリー（Myles O'Reilly）の統計は一八〇〇年から六三年間に建設された教会・修道院・諸施設の建設経費を提示しているが、前記の司教報告に示された教会収入額の信憑性を確認する上でも有益な資料である。但し、全アイルランド・カトリック教会の二八教区と一、〇八五小教区のうち、二五教区内の九四四小教区の平均額である。教会が一、八〇五で三〇六万一、五二七ポンド、修道院二一七で一五〇万八、四一五ポンド、神学校四〇で三〇万八、九一八ポンド、病院・養護施設・孤児院四四で一四万七、一三五ポンド、総計四五七万五、九九五ポンド。記録のない残りの小教区一四一の分を同じ割合として算出すると総計は五二七万四、三六八ポンドに増加。更にカトリック教会管理のナショナル・スクール二、九九〇校に平均一〇〇ポンドとして二九万九、〇〇〇ポンド、それに政府助成金のないクリスチャン・ブラザーズの学校の六万八、〇〇〇ポンドが追加。その他の学校や小教区司祭館等数多くの施設を含めるとかなりの額に膨れ上がる。(26)

この総計はチュウム大司教の概算とはかなり隔たりがあるが、膨大な出費であることは間違いない。その経費の大部分は信徒からの献金に負っており、教会維持費、主日・祝日のミサ及びクリスマス・復活祭の献金、洗礼・結婚・葬儀の礼金、また多額の場合は寄贈・寄付・特別募金あるいは遺贈の形で入り、信徒人口の増加と共に聖職者の収入も増大してくる。(27) その影響について、一八四三年にカーロウ (Carlow, Co. Carlow) の司祭ジェームズ・マハー (James Maher) が当時ローマのアイリッシュ・カレッジ学長であった甥のポール・カレン (在任一八三二—四八年) に手紙を送っている。聖職者が小教区で最も立派な家に住み、奢侈な生活をしている一方で、信徒はますます貧しくなっている。それにも拘わらず司祭が信徒に要求する負担は重くなり、信徒から不満が起こり始めている。コナハト地方のある地域の信徒たちは司祭に納入額を提示し、それを受諾しなければ一切の支払いを拒否する抗議運動を起こした。今のところ騒ぎは静まったが再燃することを恐れると危惧している。(28)

一八四〇年代前半には、信徒人口の増加と共に聖職者の収入は増加するのに対して、教会は信徒増加に対応するための礼拝堂・施設の増築・維持の資金に窮するという状況に直面する。その要因として、教会の再建資金を提供してきたカトリックの中流階層自身に経済的余裕がないことが挙げられる。それはメヌース神学校の新・改築の状況に顕著に示される。メヌース神学校への政府助成金は、一七九五年設立時に管理・運営、教職員給費、学生授業料として八、〇〇〇ポンドが支給され、その後毎年九、〇〇〇ポンドが支給されていたが、教会の要請を受けて一八四五年には年額二万六、〇〇〇ポンドに増額される。更に施設増築のために、一八〇七年の五、〇〇〇ポンドから一八四五年には三万ポンド、また改築のために一八四六年と一八五二年の間に更に七、〇〇〇ポンドが追加支給される。しかし、一七九六年から一八五一年迄のメヌース神学校の新・改築の支出統計によると、一八三七年から一八四四年迄は新築支出はゼロで、一八四〇年から一八四三年の改築支出も小額になっており、連年の不作と農業不況でカトリック中流階層の経済的支援が困難な時期と重なる。メヌース神学校の新・改築資金は政府助成金とは別に主として信徒の寄付金に委ねられたものと思われる。(29)

カトリック中流階層はそれまで余剰資金の大部分を主としてプロテスタント地主に融資し、返済不能の抵当地の購入に投資してきた。一八三五年の夏、アイルランドを旅行したフランス人（Alexis de Tocqueville）の旅行記がその様相を伝えている。キルケニーの裕福なカトリック商人は連日プロテスタント地主に土地を担保に金を貸し付け、返済不能な地主から二万ポンド、三万ポンドでその地所を購入している。またコークの大地主は四〇万ポンドの融資を返済できずその抵当地を手放している。このようにしてアイルランドの随所でプロテスタント地主の地所が次第にカトリック信徒に渡っている。アイルランド人は武力で彼等の土地を追い出されたが、勤勉な労働が再び彼等を祖先の土地に連れ戻したのだ、(30)と。

カトリック中流階層の土地投資に先祖の地所を奪回する意図や意識があったか否かは別にして、教会再建も彼等を取り巻く経済的・社会的状況に左右されたことは確かである。カーロウの司祭マハーは、一八四二年にもローマのカレンに、農村の現状が連年の不作に加え、増大する貧困農民を抱え込んだ組織的暴動が頻発し、地主階層の信徒も年々負担が重くなる教会の要求に応じられるほど余剰資金がない実状を訴えている。[31] 教会はそれまでカトリック中流階層に依存してきた再建資金の調達を銀行又は政府に向けざるを得なくなる。教会財政難の対策として要請していた「慈善目的の遺産贈与法」(Charitable Bequists Act) が一八四四年に議会を通過するが、それによって、信徒及び聖職者の遺産を遺言により慈善目的として教会に遺贈する法的処置がとられ、銀行融資の信用にも役立つことになる。また前述のように一八四五年に、政府はメヌース神学校に対して学生の増加に伴う新・改築のために三万ポンドの助成金と年度交付金を三倍の九、〇〇〇ポンドに引き上げているが、[32] 教会は政府の助成と聖職者・信徒の遺贈及び銀行融資によって経済的窮状に対応していく。ただ、遺贈に関しては教会と法定遺産相続権者あるいは所属教区の教会と諸団体間で配分をめぐる確執も多々見られ、道義的・社会的問題を抱えていくことになる。[33]

教会の経済的窮状が好転に向かう契機となったのは、大飢饉後のカトリック商人及び土地所有者層の経済力の復活である。大飢饉前に借地用に投資してきた地所が大飢饉により「抵当地法廷」で競売に出されるが、彼等はその抵当地を農牧経営の目的で購入し、実質的な土地所有者となる。G・L・ランプソン (G. Locker Lampson) によると、一八四九年一〇月から一八五七年八月迄の土地購入者即ち新土地所有者は七、四八九人に上り、うち七、一八〇人はアイルランド人、残りの三〇九人がイギリス人・スコットランド人、外国人で、土地売却総額二、〇四七万五、九五六ポンドのうちアイルランド人の投資額は一、七六三万九、七三一ポンドである。[34] ただ、アイルランド人のうちカトリック信徒の数と投資額は不明である。それについて、マイルズ・オライリーは、大飢饉は多数の土地所有者を破産させたが、そのために競売された土地の大部分を裕福なカトリック信徒が購入し、一八六一年には土地所有者八、四一二のうち四二%がカトリック信徒であると算定している。[35] そこには土地購入総額については記載されていないが、一八四九年にローマのアイリッシュ・カレッジ学長から教皇特使兼アーマー大司教に赴任したカレンは、一八五一年一〇月一〇日付ローマの布教聖省（Congregatio de Propaganda Fide）宛書簡で、大多数の民衆はなお貧窮状態にあるが、総額三〇〇万ポンドの土地がカトリック信徒によって購入されている、と経済状況の好転を受けてカトリック信徒の窮状の改善に希望的観測を示している。[36]

カレンの改革政策下の一八五〇年代から七〇年代にかけて、各教区内に教会、司祭・司教館、修道院、神学校及び初・中等学校・大学、病院、孤児院・養護施設が増設されていく。[37] 一八六九年には、教会が数年に亘って主張してきたアイルランド聖公会の「国教会制廃止令」の法案が激しい議論の末議会を通過する。それは国教会に徴収されてきた「十分の一税」（一八三三年に教会税、一八三六年の「十分の一税法」Tithe Act によって穀物価格によって決定される率を基準にした金納制、一八三八年に借地代に移行）の経済的負担からの解放と同時に、国家＝教会体制の中で国教会との宗派的差別構造からの解放でもある。[38] アイルランド聖公会は一連のカトリック救済・解放令によって徐々に国教会としての特権を削られ、「国教会制廃止令」によって少なくとも法的には少数派の一宗派教会となる。一方アイルランド人の多数を占めるカトリック教会はそれとは対照的に同じ法令によって復権の動向を示し、「国教会制廃止令」と共にカトリック教会再建のために必要とする施設増大に更に拍車をかける。その財源は各小教区の司祭及び信徒の募金活動、主日・祝日毎の献金、善意の寄進や慈善目的の遺贈等に求められており、時には示威的に思われる豪奢な聖堂建築に資金・労働・時間的に過度な負担が要請される例も見られる。その状況は一八六八年にコーク湾のクイーンズタウン、現在のコブ（Cobh, Co. Cork）に着工されたクローイン司教区（Cloyne）の聖コールマン司教座聖堂の建築に関する報告に具体的に示されている。

着工時のクローイン司教（William Keane）のローマ・アイリッシュ・カレッジ学長（Tobias Kirby）宛書簡では、その財源がミスルトン（Mistleton）小教区四五〇ポンド、クローイン二五〇ポンド、アハダ（Aghada）二三〇ポンド等、各小教区の司祭と信徒たちの募金活動と、過去七、八ヶ月間の百人に及ぶ労働提供によって順調に完成に向かうものと楽観している。しかし、この時期に着工された殆どの建築は八〇年代前半には竣工している中で、クローインの司教座聖堂は財源の問題で一九一九年の完成までに半世紀を要している。着工から一〇年後の司教（John McCarthy）の報告では、既に六万五、〇〇〇ポンドを費やしているが、外壁と屋根が未完成のためミサが施行できるまで更に二万ポンドを必要としたこと、司教区の財源にとって大聖堂はあまりにも豪華で規模が大きすぎること、就任の時には建築もかなり進行していたために計画を中止することは不可能だったと述べている。彼は募金のためにオーストラリアに司祭を派遣して三、〇〇〇ポンドを集めたが、更に募金のために二人の司祭をアメリカに送る。一八七九年に最初のミサが行われるが、内装工事が再開される九五年まで工事は中断される。一九一〇年、後継司教（Robert Browne）の代になると、着工以来総額一五万ポンドを出費し、三、〇〇〇ポンドの負債がある。塔と尖塔が未着工だが、司教区の信徒は経済的に疲弊しており、既に募金のためにアメリカへ二回、オーストラリアへ一回司祭を派遣しているので、それ以上の資金繰りが困難で完成の見通しができないことを訴えている。最終的に一九一九年の竣工までに建築総額は二三万五、〇〇〇ポンドに達する。(39)

聖コールマン司教座聖堂は建築期間の長さと巨額の経費を要した点で例外であるが、一般にカトリック教会復興の証しと捉えられる大飢饉後の教会建築プロジェクトは、一八七〇年代末にアイルランド経済に打撃を与えた農業不況迄にはほぼ終了し、一八八〇年から一九〇〇年頃迄に、教会は、寄贈及び遺贈による収入に加え、政府の抵当物件や鉄道債、抵当地への投資等の積極的な資産運用によってその経済的基盤を強固にしていく。

3　ポール・カレンの改革政策

サールス教会会議体制

教皇特使兼アーマー大司教カレンによって一八五〇年八月二二日に開催されたサールス教会会議はアイルラン

ド・カトリック教会再建の強化と確立への新たな転機となる。教皇特使は伝統的に教会改革を推進する目的で任命されるが、その第一の任務は全司教によるアイルランド教会会議を開催し、教皇政策に基づいてその改革課題を提示することである。サールス教会会議ではアイルランド教会を方向付ける問題として司教会議及び司教の権限、国家と関わる教育問題、財政の合理化、典礼・司牧の改革が討議・決議され、それ迄の教会再建の経過が総括されることになる。(40)

サールス教会会議には、教会法に即して出席を義務付けられた教区司教二四人と司教代理三人、会議によって投票権を付与されたシトー修道院長が出席し、多数決による決議事項は教皇の承認を受けて法的規制を受けることが通達される。教会に関わる政府の法令については、まず司教間で合意をとり、それが出来なかった場合には教皇座に判断を委託し、それまで司教は個人的見解を公言してはならない。教皇首位権と部分教会としての各国教会会議の機能に関するこの原則は会議の最後に司教達に確認されたが、会議の形式と共に、カレンによって提議された課題はいずれもアイルランド・カトリック教会の現状に大きな変革を求めるものであった。

特にクイーンズ・カレッジ問題は超宗派の国立大学に対するカトリック教会の対応を決定する上で一つの布石となる。同カレッジはカトリック信徒にも門戸を開放することを建前にした超宗派の国立高等教育機関として一八四五年にベルファースト・コーク・ゴールウェイに設立される。だが神学教授には政府助成がなく、神学講座は個人の資金で設立すること、更に司教は教授の人事に一切関与出来ないことが条件とされる。それに対して、カトリック教会として同カレッジを受け入れるか否かで司教達の見解を二分していた。賛成派・反対派双方がローマに代表を送り教皇ピウス九世（Pius IX, 1846-78）に決定を委託する。一八四七年と四八年に下された教皇ピウス九世の決定は同カレッジを非として司教の関与を禁じ、新たにカトリック大学の設立を勧告する。教皇の決定については二八人満場一致で採択し、カトリック大学設立案も二四対四で可決する。残る問題は、クイーンズ・カレッジでの司祭の教職と信徒の入学を容認するか否かの二点である。この問題が浮上した時、教皇は一八四八年革命でローマからの逃亡を余儀なくされるが、ローマ布教聖省長官から、この二点については先の教皇の決定に既に否定的見解が含まれているとの書簡を受ける。カレンはその判断に基づいて双方共に容認せず、司祭が教職につくことを聖職停止処分を以って禁ずることを提議する。激論の末会議の採決は一六対一二でカレン提案が小差で可決される。(41)

クイーンズ・カレッジ問題は教皇の決定に沿う形で一応決着するが、その背景には政府の助成と管理・運営におけるカトリック教会の権限の制約又は排除への抵抗と共に、プロテスタントの改宗運動の影響からカトリック信仰を防御する意図がある。同様の観点から一八三一年制定の国民学校（ナショナル・スクール）においてもカトリックの教理教育を堅持するために宗派別教理教育の方針を確認する。一八世紀以来司祭の管理下で発展した小教区学校は、一九世紀初めには人口増加に伴う経済的行き詰まりから、チュウム教区以外はそれに代わる非宗派別国民学校を受け入れていく。宗派別教育の問題はカトリック信徒とプロテスタント信徒の人口分布によって抱える問題の程度も異なっているが、学校教育にトリエント改革に基づいた統一カテキズムを導入する転機となる。(42)

教会規律の一律化と地方教会への適応の問題は、典礼・秘跡及び信仰生活に関する司牧上の規定にも見られる。会議では、刑罰法時代以来家庭や仮設礼拝場（ステーション）で行ってきたミサ・告解・洗礼・結婚・葬儀の慣行を禁止し、典礼・秘跡は全て教会聖堂で行うことを規定する。既にそれはトリエント公会議路線に沿ったアイルランド教会再建の方針として、各教区司教会議でそれぞれの地域的状況に応じて規定されてきたが、サールス教会会議では一八三一年のダブリン教区司教会議の規定を法令化し、全教会に適用する。司牧に関するそのような統一的規則の実効は地域差もあり現実には必ずしも一様ではない。それについては次項で更に検討するが、この規定によって司教はこれまで以上に司祭の増加、聖堂及び神学校の増設、それに要する資金調達の課題を抱えることになる。

このような改革路線の一環として、教会財政の合理化対策が検討課題に上る。まず司祭個人の土地所有を禁止し、司祭の遺産が法定相続人に分散するのを防止するために、これまでの蓄財を教会に委託する。それに伴い教会財産の所有権は司教の管轄下に置かれることが決議される。(43) その背景には、司祭が自己資産を信用にして銀行融資を受ける事例が多く見られたこと、また蓄財のために世俗的利益の追求に奔走する司祭に対して教会の職務に専心させる必要があったことが挙げられる。(44) ただ兄弟・従兄弟の名義で土地を所有する聖職者も多く、教会の規定が必ずしも遵守されたとは言えず、一八七五年のメヌース教会会議で更に強化される。(45) この規定を通して、聖職者の統制と共に、教会の経済基盤の強化を意図していたことは否定できない。それと関連して司教と教区司祭との間に並存していた助任司祭の指名権の問題は法的に司教の権限に付与され、司教は助任司祭を提供する教区内の修道院と修道司祭に対してもその裁治権による統制力を強めていく。(46)

サールス教会会議で注目されるのは、教会再建を協議するこれまでの地区司教会議とは異なり、アイルランド教会が直面する諸問題に対して、ローマ・カトリックの規範に基づいて提議される改革案件の決議が教皇権の承認の下に法的拘束を受けることである。その時点で全ての司教がどの程度会議の決議にその重要性と共同責任を自覚していたかは疑問であるが、そこで布石されたカレンの改革政策は全体としてその後のカトリック教会再建を方向付けていくことになる。特に教会体制の側面では、司教は教会会議で規定された法令の裁治者として教区教会に対する責務と共に強力な権限が与えられるが、同時にその資質も問われる。既に述べたように、司教選出制度は一八二九年以来ローマ布教聖省の規定に基づいて、教区内の小教区司祭の推薦による候補者を地区司教会議の認証の下に教皇が指名する方法をとっている。それは司教と小教区司祭の連帯感を作る上である程度効をなしていたが、一方では司教座をめぐって教区内に派閥と一族支配の問題をもたらす。[47] それに対してカレンは教皇特使の権限の下に司教選挙に直接・間接的に介入していく。

カレンは一八五一年のローマ布教聖省宛書簡で、教区に責務を果たしていない司教六人の名前を挙げているが、一八五三年にはその中の一人アーダー（Ardagh, Co. Longford）司教（William O'Higgins）の死去に際して、アーマー首位司教（Joseph Dixson）がローマ布教聖省に教区状況を報告している。[48] アーダー教区には教育に携わる修道士・修道女もおらず、中等学校もない。司祭は一八年間黙想会を持たず、四年間も聖職者会議を開いていない。司祭の中には社会の反感をかう者やアルコール中毒者も少なくない。特に司祭が説教を軽視する風潮は深刻な問題である。また、一八五六年にゴールウェイ教区に赴任した司教（John McEvilly）によると、教区内には一六年間も司教の巡察がない小教区もあることが報告されている。[49] 更に、反カレン・反改革派陣営の旗頭として知られるチュウム大司教マックヘールは強烈な性格と共に長年の司教在職において教会改革の必要性よりもコナハト地方の利害を保守しようとする時代錯誤的な面が見られる。一八七〇年代の終わりにおいても、チュウム大司教区は殆どの教区で改善されている司教選出がまだ彼の親族で占められ、司祭は司牧の義務、説教、学校の管理に怠慢である等の問題が彼の補佐司教によって指摘されている。[50]

カレンは、教会改革推進の前提として、まず司教選出改革を優先させる。小教区司祭による推薦者以外の候補者名を教皇に送り、ローマ聖省における影響力によって、結果的には司教の多くは彼が推薦する教区外の司祭から選出されるようになり、小教区司祭の司教昇進は稀になる。新司教には学校長、神学校教授、修道会出身の傾向が見られ、司教の資質として、管理や実務能力が重視され、司教区の管轄や複雑な政治・経済的問題にも対応できる人材が選出されるようになる。司教選出においてカレンが在任中に取った手段は確かに超法規的処置であるが、従来の選出制度による派閥と一族郎党主義の弊害を是正する必要を強調し、信仰と学識に加え実務能力に優れた新司教の選出を既成事実として反対派を押さえていく。[51]カレンの強行とも思える改革政策には、教皇特使の在任期間と殆ど時を同じくした教皇ピウス九世の教会政策が大きく影響している。

ピウス九世は、一九世紀中葉に教会を巻き込んだヨーロッパの政治的動向と近代社会の諸問題に対して深い理解を示す「リベラル」な教皇として登位するが、一八四八年革命によるローマからの逃亡を転機に、教会に対する政治的干渉や反キリスト教・反教会的主義思潮の介入を防御する保守的政策に方向転換する。それは基本的にはトリエント公会議の反宗教改革路線を踏襲するものであるが、その政策の根拠に教皇の首位権と教導職の不謬性を掲げて第一ヴァティカン公会議（一八六九―七〇年）を開催し、全教会を統括する中央集権的一体化とその教導職の絶対的権威を主張していく。公会議に先立って一八六四年に回勅『クアンタ・クーラ』（*Quanta cura*）に添えて発表した『誤謬表』（シラブス・エロールム *Syllabus Errorum*）では近代の思想的誤謬説を六一に集約して一網打尽に排斥し、教皇の不謬性と共に近代社会と文化の流れに逆行するものとして教会内外に賛否両論を呼ぶ。しかし一方では、その頑迷な保守性が、カトリック信仰の遺産を外部の弊害から防御する堅固な砦となるという認識を各教会の司教・司祭に植え付けたことも確かである。[52]

ヴァティカン公会議では、トリエント公会議決議で要請された司教裁治権の強化を教皇首位権との関連から定義し、教皇の至上権が多数の反対を押し切って裁可される。「教皇はペトロスの後継者およびキリストの代理者として全教会の頭であり、……全教会を指導する権力を有する」とするフェララ・フィレンツェ合同公会議（一四三八―四三年）の教皇首位権の教説を確認した上で、次のように説明する。「しかしながら、最高の大司祭のこの権力は、司教の裁治権の、通常の直接の権力をいささかも損なうものではない。聖霊によって立てられて使徒たちの地位を継承する司教たちは、この権力によって、彼らに配分された群を、まことの牧者として牧しかつ導くのである。のみならず、かえって、司教のこの権力は、最高にして普遍的な牧者により保護され、強められ、守られる」[53]。

ピウス九世は、地方教会の多様性や自由主義を重んじる先進的な時代精神からは明らかに疎まれそうな、教皇の不謬性や地方教会の司教権に及ぼす首位性を前面に出したが、必らずしもそれをもって国家権力と対峙することを意図したものではない。その本意は、むしろ教会内において、司牧における信仰実践の結集を狙い、民衆の信心と聖職者の霊性を基軸にした現代カトリシズムを打ちたてることにあったと理解されるのである[54]。

カレンは、第一次ヴァティカン公会議に教皇特使兼ダブリン大司教であると同時に最初のアイルランド人枢機卿（1866–78）として出席しており、公会議の決議と教皇首位権の理念は彼が召集した一八七五年のメヌース教会会議で司教達に再確認される。プロテスタント国家権力の下にあるアイルランド・カトリック教会は、ローマ布教聖省の管轄下にあり、ローマ・アイリッシュ・カレッジ学長がその仲介の役割を担っている。カレンはその学生から学長に至るローマ時代（1822–48）を通じて、利害が交錯するヨーロッパの政治動向とカトリック復興運動を目の当たりにし、また学長としてアイルランド教会の状況報告を随時受けている。教皇特使として一八五〇年のサールス教会会議で端緒をきったカレンの改革政策には、教皇政策の実践と共に、ヨーロッパ的視野や教会規範が強く影響していることも確かである[55]。一八四八年革命の動乱の中で、カレンはアイルランドの教皇特使兼アーマー首位司教に任命されてローマを去るが、大飢饉直後のアイルランド教会再建でまず直面したのは、各地方司教の独立性と司教団としての統一的政策の欠如である。その対策として教会の組織的改革のために教区司祭に対する司教の権限を強化し、聖職者に対してトリエント教会改革の規律を徹底させていく。

一九世紀後半のカトリック信徒の経済的発展とカレンの改革政策を背景にしたアイルランド・カトリック教会の復興状況を示す上で、教会諸施設の再建と共に注目されるのは、聖職者の増加である。一八〇〇年にカトリック人口三九〇万人のうち司教二六人を含む司祭一、八五〇人で、司祭一人に信徒二、一〇〇人であった。しかし、一八五〇年にはカトリック人口五〇〇万のうち司祭・修道士・修道女は五、〇〇〇、一八六〇年にはカトリック人口四五〇万に対して司祭三、〇〇〇人、修道女二、六〇〇人で、信徒一、五〇〇人に司祭一人、修道女は一、七〇〇人に一人、一八七〇年には司祭は信徒一、二五〇人に一人。一九〇〇年にはカトリック人口は三三〇万人と更に減少するが、司祭・修道士・修道女が一万四、〇〇〇と増加し、司祭一人に対する信徒数は一八五〇年の一、〇〇〇人から五〇年後には二三五人に一人と四倍強となる。(56)

一九世紀後半における聖職者の増加は、アイルランドに限らず、教皇ピウス九世とレオ一三世（Leo XIII, 1878-1903）の時期に、ヨーロッパのカトリック教会全般に見られた現象である。フランス革命以来教会を取り巻く政治・経済・社会の激動と近代思想及び世俗的文化の発展の中で、聖職者は信仰の遺産を護持する堤防として、トリエント公会議以来の厳格な規律と強い信仰、宗教的献身が求められた。アイルランドにおいても、カレンの改革政策下で、司教は教区司祭及び助任司祭の任免権、教会財産所有権、聖職者の懲罰権を通してその裁治権を強化していく。一方教区司祭には、宗教的専門教育に加え、司牧及び典礼・秘蹟授与の教会的権能によって、一般信徒に対する司牧的責務と生活規範が厳しく要請される。サールス教会会議では、ローマ・カトリック教会の慣例に従って、神学的専門知識及び司牧の実践的問題を討議する聖職者会議を年四回開催すること、また年二回の黙想会に参加することが義務付けられる。

また聖職者に対してローマ教会の現況と諸問題、教会史の動向を提供する上で大きな影響を及ぼしたのは、一八六四年にカレンが発行した『アイルランド教会誌』（*Irish Ecclesiastical Record*）である。アイルランド教会とローマとの密接な提携及び改革を推進する目的で刊行した年刊誌で、ローマ教皇庁文書、アイルランド教会史、宗教論争関係の論文等を中心に掲載し反響を呼ぶ。その編集にはカレンの甥で秘書でもあるパトリック・F・モラン（Patrick F. Moran）の影響が大きい。初刊から「典礼問題」「神学問題」「教会法の問題」が矢継ぎ早に提起され、信仰実践・司牧的問題に対して具体的な答えを提供し、聖職者による幅広い研究と議論が展開されている。ダブリン版は一八七六年で中止されるが、一八七九年にメヌース神学校から復刊され、現在に至っている。メヌース版復刊はダブリン出身の神学教授（一八六七年）で、後に学長（一八八〇年）、ダブリン大司教（一八八五年）となるW・ウォルッシュ（William Walsh）の貢献に負っており、神学・教会史を中心に学問的傾向を強めてくる。

小教区宣教

教会財政に寄与してきた商人及び土地所有者のカトリック中流階層に加え、専門職に携わるカトリック信徒はその社会的進出と安定した経済力によって都市部における教会再建の中核となっていく。一八六一年の国勢調査では、それまでプロテスタントによって支配されていた裁判官・行政官、弁護士、医師、薬剤師、技師、建築家、学問・教育、科学・技術、銀行・代理業等のあらゆる専門職に進出しており、中でも学問・教育と裁判官・行政官の領域ではカトリックがプロテスタント諸派を超えている。[57] だが、総人口に占めるアイルランド聖公会人口が一二％弱という対比から見て、カトリックの社会進出はまだ全体の半分にも及ばない。また「国教会制廃止令」（一八六九年）直後の一九七一年国勢調査でも、総人口五四一万二、〇〇〇のうち一二・三四％のアイルランド聖公会員が、地主七〇％強、軍人八〇％の他、弁護士六〇％、技師・医師・建築家・銀行員五〇％と主要な専門職の大半を占め、聖公会特権階層の社会的地位を維持している。[58] しかし、社会的地位と経済的安定を望むカトリック信徒にとって専門職は教育と能力によって得られる多様な選択肢として一層開かれたものになっていく。一方、教会もまた信徒の実質的な社会的影響力を重視し、国民学校制度の下の初等教育以外に中・高等教育機関に聖堂建設に次ぐ大量の資金を投じてカトリック信徒の教育と社会的進出を推進していく。

他方、カレンは教会改革の一貫として信徒の教化を目的に説教及び告解と霊的指導を中心とする小教区宣教を企画し、イエズス会と宣教修道会、通称ヴィンセンシオ会（Congregation of Vincentians）にその協力を依頼する。その背景には、一八二〇年代以来、福音主義プロテスタントが「第二宗教改革」と称してカトリックに対する改宗活動を農村地域を中心に展開しているが、特に大飢饉の期間にその宣教効果を示していた状況がある。[59]ヴィンセンシオ会は、プロテスタントの対カトリック改宗運動に対抗して、地方宣教を目的に一八三三年にメヌース出身の六人の司祭によって結成され、一八四一年に聖ヴィンセンシオ・デ・パウロの規則を適用して修道会として認可される。カレンはその活動目的と宣教養成において最も信頼を置いていた。この教区宣教活動には更に御受難会（1848, Passionist）、無原罪のマリアのオブレート会（1851, Oblates of Mary Immaculate）、レデンプトール会（1853, Redemptorists）、そして一八六六年に教区宣教を目的にファーンズ（Ferns, Co. Wexford）司教が創設した聖体の宣教会（Missionaries of Blessed Sacrament）が加わり、司教の要望に応じて全国的に活動を展開していく。[60]

ヴィンセンシオ会は一八四六年にディングル（Dingle, Co. Clare）で最初の宣教活動をしているが、人々はその説教や告解のために群をなして集まり、彼等は熱狂の中に歓迎された状況が報告されている。[61]だが一八五二年のオータラード（Oughterard）の宣教は困難な問題に直面した一例である。同教区はプロテスタントによる改宗活動で住民の大多数がカトリックから脱会しているが、宣教後に多数の信徒がカトリックに戻る。しかしその中には物的報酬を期待して再改宗した者もおり、大部分はどちらの教会にも来なくなった。[62]その失敗に対して、翌年の一八五三年にアーダーの司教J・キルダッフ（John Kilduff）がヴィンセンシオ会に依頼したアスローン（Athlone, Co. Westmeath）の宣教は、六人の司祭で一週間続くが、毎日説教が三回、地域の司祭六人（教区司祭三人、フランシスコ会司祭三人）の協力で早朝から夕方遅く迄告解が行われた。宣教師達は信徒の個人的霊性を更に育成するために複数の信心会——スカプラリオ会、ロザリオの会、聖心会、キリスト教教義会、聖ヴィンセンシオ・デ・パウロ会——の会員を残す。その結果教区は完全に再生された、と用意周到な宣教の成果を強調する。[63]教区宣教は、プロテスタントの敵対や不法な暴力、あるいは地元の信徒から追放を受けることもあり、[64]また利益目的の再改宗の例も少なくない。だが司牧や信仰実践が不十分な教区ではむしろ宣教者を受け入れ、その活動の成果をあげている。

海外宣教

刑罰法時代にも、ヨーロッパ大陸やアメリカ・カナダに自由と活路を求めて家族間のネットワークを広げ、教育・資本・社会的コネクションを築いていくアイルランド人も少なくない。カトリック教会もまた刑罰法時代に大陸に多数のアイリッシュ・カレッジを設立し、聖職者の養成と教皇庁及び各国のカトリック諸教会との連携を保持している。[65]特に注目されるのは、一八世紀以来、宗教的弾圧、飢饉と経済不況等によって増加する移民の司牧・教育あるいは宣教目的の海外派遣が組織的に推進され、その要請に応じた司祭・修道者が一九世紀後半を通じて累増していることである。[66]フランス革命の混乱の期間、アイルランドの司教たちは大陸のアイリッシュ・カレッジの閉鎖に対処して神学生のために教区神学校を提供する。カーロウ、キルケニー（Kilkenny）、ウエックスフォード（Wexford）、サールス、ウオータフォード（Waterford）の各神学校出身の司祭が海外の英語圏に赴き、アイルランド人のカトリック共同体を形成するのに寄与している。[67]一八四二年にはヴィンセンシオ会が海外活動を目的にしたオール・ハロウズ・カレッジ（All Hallows College）をダブリンに設立し、創立から一八六四年迄に二二〇〇人の神学生を養成し、四〇〇人の司祭を海外に送っている。[68]またカーロウ神学校では、一八三六年から一九〇八年迄の神学生数を国内と海外の志望別にすると、一八三六年から四三年迄は国内志望三七〇人に対して海外は三七年に唯一人であるが、一八四四年から一九〇八年迄は国内四八九人に対して海外の方が六七七人と増えている。中でも大飢饉の一九四五〜六年は国内がゼロに対して海外が一〇人で、それ以後海外志望が毎年累増し、一八八〇年からは海外志望者が国内志望者を上回り、一八九七年から一九〇七年迄は国内が二七人に対して海外志望者二二四人と大幅に増加している。(69) 一八八〇年以降の海外志望の増加は移民に加えて非キリスト教地域への宣教要請も影響していると考えられる。それに伴って海外志望の神学生を養成する修道会・宣教会も増加し、カルメル会、ドミニコ会、アウグスティヌス会、シトー会、御受難会、レデンプトール会、マリアのオブレート会、聖霊会、アフリカ宣教会出身の修道・宣教司祭が海外に派遣されていく。(70) 一八六九〜七〇年の第一ヴァチカン公会議にはアイルランド司教二一名とアイルランド出身の司教五二名で全出席者の一〇％に当たる七三名、またアイルランド系の司教がその倍の一五〇名が参加している。(71) 大飢饉以降の教会改革下で養成された信徒・聖職者を含むアイルランド系の新たなカトリック共同体が海外にも築かれ、カトリックの規律と信仰を共有していくことになる。

ラーキンは、「四〇〇万人以上に及ぶディアスポラのアイルランド人」を理解する上で、カレンが果たした「信心革命」の重要性を強調する。一八四七年から一八六〇年迄の移民二〇〇万人の大部分は大飢饉以前の世代で、実践的カトリックではないとし、「彼等はイギリス、アメリカ、カナダの町々のゲットーに集団で住み、無知・酔っ払い・悪徳・暴力三昧のアイルランド人のレッテルを貼られる」。この飢饉直後のアイルランド人移民はまさに一八世紀の抑圧の下に強いられたアイルランドの貧困者の文化を表出している。しかしアイルランドでは、この貧困者の文化は大飢饉後、貧民層の死亡と移民流出によって崩壊するが、その新たな環境の中で、英語による国民学校教育によって喪失したアイルランド語の言語文化に代わる「アイデンティティー」をカレンの政策下で導入された「カトリック」に求め、その実践を受け入れる。この新たなアイルランド・カトリック移民がアイルランド人としての文化的・宗教的「アイデンティティー」を移住地にもたらし、現地において旧アイルランド移民がもたらしたアイルランド人への評価を変えていく。一九世紀後半のアイルランド移民の道徳的・社会的向上は、一八五〇年から七五年に展開された「信心革命」に負うところが大きい[72]。

このようなラーキンの「信心革命」論の基調にある「実践的カトリック」は、一八三四年の日曜ミサ参加の統計によって査定した大飢饉以前とカレンの改革以後の信仰実践の変容を文化的背景に求めたものである。だが彼の理論には、一八三四年統計の資料としての再分析と共に、同時代のミサ参加の実態においても再検討を要する問題が残されており、その点については次節で述べる。

二　アイルランド・カトリシズムの形成――伝統と刷新

カトリック復興運動は教会制度と組織、信徒の経済力を背景にした聖堂・諸施設の自立的再建に加えて、司牧と信仰生活の実践においてローマ・カトリックの規範に適応するための抜本的改革が要請される。それは宗教・文化・社会的側面で伝統と刷新の重層性を持つアイルランド・カトリシズム形成の諸相に集約されてくる。そこで注目されるのは、「パターンと巡礼」「通夜」「ステーション」の宗教文化的慣行とカトリック典礼・信仰実践の刷新である。

1　伝統的宗教慣行と典礼

「パターン」と巡礼

W・カールトン（William Carleton）は、著書『アイルランド農民の気質と物語』（*Traits and Stories of the Irish Peasantry*, 1814）の中で、アイルランド農民に慣例となっている宗教的祭祀の様相を次のように描写する。「真夜中のミサに集まった人々の信心に溢れた顔つきには心を打たれた。……しかし、ミサが終わるやいなや、その情景は一変した。……お喋りと甲高い笑い声、パブやテント小屋は人々で埋まる。……聖なる湖や井戸の礼拝場では、若い男女が贖罪の道行きを素肌の膝で信心深く祈り周る姿を見かける。だがここでも、一、二時間後には、同じ人物たちが、テントの中で、バグパイプやフィドルに合わせて恍惚と踊りに夢中になっている」[73]。

このようなアイルランド農民の宗教と生活慣習の二面性はしばしば「アイルランド人的」特性として同時代の著述に強調される。一方教会指導者は典礼や信心業に伴って行われる世俗的祝祭を批判し、禁止の警告を出してくる。一世紀に亘る刑罰諸法による弾圧の時代に、アイルランド教会は、ヨーロッパ諸教会で適応されているトリエント教会改革政策を実践する機会もなかった。しかし一九世紀以降の教会復興期に、農村地域に根強く残っている伝統的信心業慣行の悪弊を廃止し、同時代の教会典礼を適用させるために積極的に対策を講じていく。まずその対象となったのが、通称「パターン」と呼ばれる守護聖人祝日（patrons = patterns）の慣習である。一七九七年に公布されたキャシェル大司教T・ブレイ（Thomas Bray）の司牧書簡にその最初の範例が見られる。「信心の仮面の下に最も恥ずべき蛮行が頻繁に横行している。中でも厭うべき邪悪な悪習は『パターン』と呼ばれる守護聖人祝日の祭りである。特に『聖体の祝日』に行われるドネスケア（Doneskeagh）のパターンは悪名高い。そこでは泥酔、喧嘩を初め忌まわしい悪徳の数々が繰り広げられ、宗教自体が冒瀆、否定、無視、愚弄されている。飲酒や不道徳が奨励され、憎悪の種が撒き散らされているのだ」と告発し、それを行った者は教会から追放することを宣告する[74]。

しかし同様のパターンは依然継続される。W・S・メイソン（William Shaw Mason）は北部のマリン・ヘッド（Malin Head）近くで行われている守護聖人の祝祭について同様の悪弊を指弾している。「この地の守護聖人の祝日は『聖ヨハネの祝日』の前夜と『聖母被昇天祭』に行われるが、井戸の保護者聖モリアラー（Moriallagh）を崇敬する名目の下に泥酔と放蕩の体で祝われる」。そして司祭が暴力沙汰を招く飲酒を禁止しているにも拘わらず、全く耳を貸そうともしないと嘆く。[75] 教会指導者は既に一七八〇年代に、宗教的要素はもはや認められない「パターン」の祝祭への参加を禁じている。一八二九年、H・オサリヴァン（Humphrey O'Sullivan）は『日記』の中で、カラン（Callan, Co. Cork）近くの「聖ヤコブの井戸」でのパターンの異様な様子を記す。「騒動を望んでいる連中は気が狂いそうな強いウイスキーをがぶ飲みし、口論を仕掛けるために嫌がる人々を追い回す。布で囲った仮設テントでは若い男女がバグ・パイプとフィドルの音楽に合わせて歌い踊っている。一方、井戸の周りでは敬虔に祈る人々がいる」。また六月の終わりに開かれる悪名高いミーズの「聖ヨハネの井戸」のパターンは一週間続き、その間「混乱と泥酔、放蕩」に明け暮れる。それを禁止しようとする司祭達の忠告にも反抗する。「パターンの祝日は教会のミサか家庭で祈りの中で祝うように忠告するのだが、一世代遅すぎた」[76]と。だが全てがそのような状況であったわけではない。地元の守護聖人の祝祭が地域の伝統行事として継続されているものも少なくない。[77]

アイルランドの守護聖人崇敬は、七世紀頃から、アイルランド・キリスト教化の基盤となる修道院教会の創設者を聖人とし、各教会はその聖人の霊的・物的遺産を継承する理念に基づいて推進されてきた。[78] だが、刑罰法の弾圧下で実践されてきた「パターン」の多くは土俗的祝祭に重心が移り、もはや初期中世に起源を持つ「守護聖人祝日」の宗教的性格を失っている。一八二九年の「カトリック解放令」直後にダブリンで開催された全司教会議では、社会的にも風紀を乱すパターンや巡礼を全面的に禁止し、祝日ミサと祈禱を教会聖堂で行うことを規定する。

それに代わってドニゴール州の湖ロック・ダーグ（Lough Derg, Co. Donegal）のステーション島（Station Island）が一二世紀以来の巡礼と贖罪典礼の場として推奨され、時代と共に形式を変えながら現在まで存続している。ロック・ダーグは一二世紀のアングロ・ノルマン人によって「煉獄の入口」通称「聖パトリックの煉獄（洞窟）」が罪を浄める場として伝播されて以来、主要な贖罪巡礼地の一つに挙げられるようになる。一七八〇年にフランシスコ修道会が教区聖職者から管理を委託されるが、同年「聖パトリックの煉獄（洞窟）」に集まる巡礼者の増加に対応して最初のバジリカ（大聖堂）が建立され、罪の清める徹夜祈禱の贖罪苦行の場は洞窟から聖堂に移される。同島は一九一七年に地主から教会に寄贈されるが、初期アイルランド・キリスト教の「贖罪巡礼」の伝統的霊性と中世的信心が、現代において典礼的祈りのかたちを通してロック・ダークに収斂されてくる。現在も六月一日から八月一五日迄の三日間を断食と祈り、徹夜祈禱、「ペニテンシァル・ベッド」（Penitential Bed）と呼ばれる石の円環を各留（ステーション）毎に祈りを捧げながら「巡礼の道行き」を辿る教会公認の贖罪苦行が実践され、毎年全世界から延べ三万人の巡礼者がロック・ダークに赴いてくる。[79]一方、教会内外から批判を受けた「パターン」の様相は一八七〇年代頃には年配者の記憶の中に生きて残っているだけになる。

しかし「パターン」の祝祭的衰退は、単に教会の厳しい処置に起因するものではない。もう一つの要因として注目されるのは、屋内外での酒類販売と飲酒に関する政府の法的規制の強化である。[80]それは「パターン」の飲酒や娯楽に対する教会の対応にも強い影響を及ぼしたものと思われる。一七世紀以来、政府は酒類販売の許認可制度の導入により公認の居酒屋「パブリック・ハウス」、通称「パブ」の制度を制定し、飲食・娯楽・歓談等を伴う民衆の集いの場とするが、一方ではアイルランド人の伝統的祝祭・スポーツ等の屋外飲酒及び娯楽的活動を統制していく。特に一八世紀末から一九世紀中葉にはパブと酒類販売の許認可に関する政府の諸規制が公布され、警察・監察官・小教区民生委員による監察制度によって飲酒と娯楽が一段と厳しく取締りの対象となる。

一八一三年に、T・C・クロカー（Thomas Crofton Croker）は「聖ヨハネの祝日」前夜にコーク州のゴウガネ・バルラ（Gougane Barra）で開かれた「パターン」で、仮設テントのパブ出店の様子を紹介している。[81] コートや毛布を被せただけのジプシーのテントのような仮設小屋が湖岸に沿って立ち並び、ウイスキー、黒ビール、パンとサーモンが売られ、何処も飲み・歌い・踊る若い男女で夜中過ぎ迄混み合っている。販売認可を受けたパブは店主の名前が掲げられ、無認可のテントの前には「聖なる井戸の水」を飲むためのジョッキーや瓶を並べてあるが、中には酒類がおいてある印である。

だが一八三〇年代に、無認可の酒類販売店あるいはパブの閉店時間内の飲酒・博打の禁止の他、屋外で行われる祝祭、競馬、スポーツ大会等の酒類出店販売の諸法令が制定され、国家警察による取締りが強化される。特に一八三六年の「酒類許認可法」では、屋外での酒類出店時間は、夏で午後六時から翌朝九時迄、冬は午後三時から翌朝九時迄禁止され、更に日中の飲酒は社会風紀・治安の理由で警察の取締りの対象となり、「パターン」に見られるような飲酒を伴う屋外での祝祭は事実上禁止に追い込まれることになる。[82]

一八六二年以降、パブ経営者は屋外の祭りや競馬で酒類を販売するために判事の特別許可を必要とし、翌年には販売時間は原則として日没後一時間迄になる。[83] このような法制定によってアイルランドの伝統的祝祭に伴う屋外娯楽は衰退の傾向を辿り、それに代わって法的許認可を受けたパブの中での飲酒と娯楽に限定されていく。カトリック教会が「パターン」のミサと祈禱を教会聖堂で行うことによって祝祭娯楽と切り離す方針をとり、パブを飲酒と娯楽の場として黙認した背景には、酒類販売規定と飲酒及び治安法の下に、保護聖人崇敬の宗教的慣行自体が国家的統制を受ける危険を避ける意味もあったことは確かであり、一八五〇年以降のパブの発展と野外での「パターン」祝祭の衰退とは無関係とは言えない。

「通　夜」

「パターン」と同様に、アイルランドの「通夜」(wake)の慣行もまた宗教・社会・文化的側面から多くの著作で取り上げられて関心を呼ぶが、故人の家で行われる「通夜」の慣行に対して教会はトリエント式典礼を適用させる改革を徹底させていく。

ウエックスフォードの小説家パトリック・ケネディ(Patrick Kennedy)は一八六七年の著書『ボロ川の堤』(*The Banks of the Boro*)で少年時代の思い出としてレンスター地方の通夜について記述している。カトリック信徒の最期の願いは、司祭から終油の秘跡を受けて安らかに死を迎え、その後によい通夜をしてもらうことである、とカトリック典礼と土着の風習との結びつきに興味を向ける。通夜に集まる人々は、まず死者のために詩篇(一二九)の「深き淵より」(De Profundis)を唱える。次いで参加者の故人に捧げる歌がしばらく続いた後、「朝まで時間を潰すために」、飲酒と「喜劇じみた通夜の芝居」「馬鹿騒ぎの通夜のゲーム」が夜を徹して繰出される。若者達は通夜で悪遊びを覚え、若い女性は堅気の評判を落さないように兄弟、従兄弟、あるいは婚約者をいつも同伴する。(84)

ケリー出身のショーン・オサリヴァン(Seán Ó Suilleabhain)は、一九二一年、独立戦争の最中でも古くからのしきたりを重んじるメイオ州(Co. Mayo)の農村の通夜に参加して、特に祈りと飲食の後に行われる娯楽に関心を抱き、廃れるつつある「通夜の娯楽」の慣行を伝えるために更に調査を加えてアイルランド語と英語の『アイルランドの通夜――余興』を著している。(85) 飲食の接待と共に、一般的余興として、語り、歌、音楽と踊り、トランプ、謎解き、早口言葉遊び、作詞と詩句反復の朗誦が行われる。更に、力くらべ、敏捷さ、器用さ、正確さ、持続力と我慢、豪快さを競う競技の他に、からかい、中傷、仕掛け爆竹、馬鹿騒ぎ、乱暴な勝負事、殴り合いのゲーム、物真似ゲーム、追い駆け・人探し等、多種多様な娯楽が安置されている遺体の側で、朝まで眠らないように出来るだけ賑やかに行われること。また、通夜や葬儀・埋葬で遺族の深い悲しみを表すために、哀歌を朗誦する詩人や「死者を悼む泣き屋」を雇う古くからの慣習を伝えている。

「通夜」は、中世ヨーロッパで疫病蔓延の記録に稀に見られ、また一七世紀初め頃からはその詳細な様子が記述されるようになるが、そのような通夜の「余興」や「泣き屋」に対する地方司教会議の禁令はヨーロッパ全土に亘っている。(86) アイルランドでは特に農村地域を中心に先祖代々伝えられてきた「しきたり」として故人の家庭で執り行われており、彼等の間では誰も「常軌を逸している」とは思わない。アイルランド教会は一六一四年から一九二七年の間に教会会議の法令あるいは司教書簡で繰返し禁止し、訓戒を与えているが、そこに示唆される同時代の通夜の状況と教会の対応は注目される。(87)

いずれも「飲酒」と「通夜の余興」を厳しく禁止しているが、一七・八世紀にはまだ家庭での通夜を認め、その指導を施している。多数の来訪者への飲食の接待や喪服のために経費がかかり、貧困者は子孫の代まで負担を負うため、接待は質素にし、死者のために敬虔な祈りを捧げるだけにすること（1614, Armagh）。司祭は通夜のために祈りとロザリオを指導すること（1676, Waterford & Lismore）。通夜の目的は死者の霊魂の救いのために祈ること。司祭は死後二四時間以内に埋葬してはならない（1782, Cashel & Emly）。司祭はこれらの禁令と指導を徹底させると共に、飲酒と殴り合いを常習とする埋葬には立ち会わないことが勧告される。一七九九年のキャシェル・エムリイ大司教ブレイの司牧教書では、故人とその家を侮辱するような通夜・葬儀の飲酒と余興を全面的に禁止すると共に、司祭には毎年待降節頃にこの書簡を信徒に読み上げ、また通夜・葬儀の通告と共に教会に掲示することを義務付ける。(88)

一八三一年のダブリン教区会議では更に通夜の余興だけではなく、家庭での通夜そのものを禁止し、通夜・葬儀は全て教会で施行する方向を打ち出す。また近親者でない若者及び未婚者は日没以降は通夜の参加を禁止、埋葬は午前中に行うこと等、小教区司祭に通夜と葬儀に関する指導の徹底を命ずる。(89) 都市部では早いうちに教会の指導に従っていったと思われるが、農村地域では当時都市部から地方に活動を広げている信心会「煉獄の会」が、死者のための祈りを指導し、飲酒と余興の慣行を止めさせる運動を続けていく。ただ一八二一年のキルデア教区会議では信心会会員に通夜の参加を禁じている。一八五〇年のサールス教会会議は「通夜」については触れていないが、一八七五年のメヌース教会会議では小教区司祭に故人とその家庭を侮辱するような飲酒・余興を伴う「非キリスト教的通夜」の慣行を終わらせ、死者への祈りとロザリオ・霊的読書・黙想で死者を弔う「カトリック的通夜」を指導することを改めて勧告している。(90)

通夜・埋葬での「死者を悼む号泣」の禁令は一七九九年のキャシャエル大司教書簡が最後となるが、一七四八年のレフリーン（Leighlin, Co. Carlow）教区会議では禁止の主な理由として、雇われた「泣き屋」の演技的叫びは死者への尊厳と平安、最後の復活の信仰を損ない、どこの国でもそのような慣習はなく、我が国民の恥じであると弾劾する。(91) だが哀歌の朗誦は一九世紀以降も残っていく。「余興を伴う通夜」の慣行は二〇世紀においても地方の一部に残るが、一九世紀後半には社会的価値観の変化も加わり、一般的には非キリスト教的性格は薄れていったと思われる。既に一八五〇年代のダブリン大司教区では通常葬儀ミサのために、遺体は前日中に家から教会聖堂に安置され、近親者は祈り・黙想・霊的読書で通夜を過ごすようになる。その様式は地方にも漸次普及していき、一九一八年に教会典礼の一般的規定となる。

刑罰法時代を通して「パターン」及び「通夜」は閉鎖された地域共同体に希少な娯楽の場を提供し、土俗化した民衆文化の性格を強めるが、一方では司牧的機能の停滞によって宗教的要素は減退していく。一九世紀のカトリック復興期における典礼改革は、「パターン」及び「通夜」から民衆の娯楽的要素を引き離すことになるが、それはアイルランド・カトリックをヨーロッパの規範に順応させることと同時に、プロテスタント国家の酒類販売・飲酒規制の下で、カトリックとしての信仰実践と道徳的価値が問われており、そこに抜本的な改革を必要としていたことも見逃せない。

「ステーション」と教会典礼

トリエント教会改革は、カトリック信徒の信仰生活の中心として、日曜・祝日のミサと、少なくとも復活祭頃の告解及び聖体拝領を義務付けており、実践的カトリックの指標として日曜ミサ出席が重視されるようになる。一八三四年に政府は「各小教区におけるプロテスタントとローマ・カトリックの対比を確認する」ことを目的に、宗教・教育・社会的組織の参加数を宗派別に調査し、翌年その最初の報告書を発表し[92]、更に一八四六年の『アイルランドに関する議会報告書』に再録する[93]。その宗教的側面の一つに、各プロテスタント信徒の日曜礼拝出席とカトリック信徒の日曜ミサ出席の調査結果が報告される。アメリカの歴史学者D・ミラー（David Miller）は、一九六〇年代の大飢饉研究の過程で、一八四六年版政府統計に見られるミサ出席数の地域による相違に注目し、都市と農村を更に経済・言語的要素で分類した地域別ミサ出席率を一九七五年の論文「アイルランド・カトリシズムと大飢饉」で発表する[94]。それによると、日曜ミサ出席率はダブリン・コーク・ベルファースト・リムリックの四大都市で四〇～六〇％、その他の町は八〇～一〇〇％、農村地域の英語圏は三〇～六〇％、アイルランド語圏では二〇～四〇％と提示され、農村地域アイルランド語圏の出席率の低さが特徴付けられる。

その発表に先立って、ラーキンは、子弟ミラーの研究に示唆を受け、一八三四年政府統計に示される日曜ミサ出席状況を大飢饉以前のカトリック農民の総体的性格と捉え、一九七二年の論文において、一八五〇年代から一代で実践的カトリックに変容させたカレンの改革政策を「信心革命」と位置付けて脚光を浴びる[95]。三年後に発表したミラーの論文はラーキンの「信心革命」理論に更に数量的資料としての基盤を与えることになり、大飢饉前のアイルランド貧困層の多くは「実践的カトリック」ではなかったという説が学界においても一般化されてくる。一九七三年に論文「大飢饉とアイルランド・カトリシズム」を発表したE・ハインズ（Eugene Hynes）もまたミラーのミサ出席率を受けて、一九世紀後半に見られるアイルランド人の「実践的カトリック」化の要因を、大飢饉による貧困農民層の海外流出に求めるが、アイルランドに残った経済的にも比較的良好な中間農民層は大飢饉以前から既に「実践的カトリック」であったと指摘して、カレンの改革政策を強調するラーキンの「信心革命」説に反論する。(96)

いずれにしても、その根拠となる政府統計自体にカトリック信徒のミサ出席の実態としては資料的限界がある。第一に、調査単位がアイルランド聖公会の小教区に基づいており、カトリックの小教区とは必ずしも同一区画ではない。第二に、「日曜日」の調査対象が不明である。カトリックの日曜ミサの回数は司祭及び聖堂の数と地域によって異なる。第三に、ミサ出席義務は、信徒人口の六分の一を占める六歳以下の子供とその母親、人口の五分の一に当たる老人・病人に免除されており、(97)また僻地で交通手段のない信徒には教会聖堂での毎日曜日のミサ出席を義務付けられていない。更に、一八三〇年代のカトリック復興初期においては、教会聖堂の不足によって仮礼拝堂又は野外、移動仮設教会「ステーション」のミサ慣行が続行されているが、それらの全ては必ずしも調査対象に含まれていないことも考慮しなければならない。

アイルランド教会史家P・J・コリッシュ（Patrick J. Corish）は、ミラーのミサ出席率に出席義務の免除等を加味して、四大都市は五〇～七五%、その他の町は一〇〇%、農村の英語圏では三七・五～七五%、アイルランド語圏は二五～五〇%と訂正を加えているが、特に農村地域のミサ出席率は、報告されていない聖堂以外でのミサも含むと実態よりはまだ低すぎると考える。(98)ミサ出席状況を捉えるためには、ミサ出席を単に信仰実践の指標として捉えるだけでなく、各教区教会の司牧と信徒を取り巻く現実の状況及びその歴史的背景を多面的に検討する必要がある。ミラーは最近の論文で政府統計分析を地図上に平面化して資料的に再構成し、コリッシュの見解及びラーキンの「信心革命」との関連も含めて、一八三四年のミサ出席状況における多様性と歴史的意義を再考するための資料を提供している。(99)

前節で述べたように、一九世紀前半には信徒人口の増加に比して、教会聖堂と司祭は明らかに不足している。アルスター及びコナハトの貧困地域では岩の祭壇（Mass rocks）を用いた野外ミサがまだ行われており、教会が資金の殆どを注ぎ込んだ聖堂建設も三〇年代にはまだ木造又は泥炭岩の小さなミサ・ハウス（礼拝堂）程度である。一八二五年迄にチュウム大司教区では一〇六の礼拝堂が報告されているが、コナハトでは司祭の一日二回のミサが禁止されていることから、教会礼拝堂以外でのミサがむしろ主流であったと思われる。他方、財政的に裕福なレンスターでは人口増加に対して聖堂も十分供給できており、またマンスターでは必要に応じて同じ教会で司祭に二回のミサ施行を許可して聖堂と司祭の不足を補っている。(100)

一八四九年にカレンがアーマー大司教として赴任した当時、アーマー教区の教会聖堂はいずれも質素で、その多くは藁葺屋根であったと報告している。更にリムリック州のロック・ガー（Lough Gur）の農民が日曜日のミサに使用している「聖パトリックの井戸」の礼拝堂について、「簡素で小さな礼拝堂で、聖歌もなく、香も蠟燭もなく、聖画も十字架の道行きもない」状態に憂慮している。一八五八年にファーンズの新司教（Thomas Furlong）はカレンに送った書簡でその教区の復興状況について、一八一二年当時、農村地域の聖堂はいずれも老朽化して酷く危険なので、聖体は通常司祭館に安置しておき、病人に呼ばれて遠方に出かける時はその聖体も持参していたが、一八二九年の「カトリック解放令」後新しい教会と司祭館が再建され、聖体も蠟燭を絶やさずに礼拝堂に安置しておけるようになったと伝えている。(101)

いずれにしても、聖堂の再建には年月と資金を要し、また教区毎の地域差があったことは確かである。カレンは一八五〇年のサールス教会会議で、典礼・秘蹟を教会聖堂で行うこと、全ての聖堂に洗礼盤を設置して、司祭には家庭又は司祭館での洗礼の慣行を廃止して聖堂で洗礼を授けることを義務付ける。また司祭のミサ回数も必要に応じて司教の許可の下に二回まで認め、全土的な聖堂建設の促進と共に、小教区の教会聖堂を典礼・司牧の中心に据える改革を徹底させていく。それと同時に、クリスマス・復活祭の大祝日に告解と聖体拝領のために、農村地域で続行されている刑罰法時代以来の移動教会「ステーション」の慣行も規制又は廃止が求められる。[102]

クリスマスと復活祭近くになると地域共同体に「ステーション」の日時が掲示され、仮設聖堂が設置される。ステーションでは告解、ミサ、説教と子供の教理指導が行われるが、終了後司祭も招いて祝祭の飲食とリクレーションが始まる。だが教会指導者は「ステーション」の延長として催される祝祭がしばしば泥酔、暴力沙汰、非行等の弊害をもたらすことを批難し、一八三一年のダブリン大司教区会議及び一八五〇年のサールス教会会議で「ステーション」を教会聖堂に移すことを命ずる。[103]

ダブリン大司教区のレンスター地方では一八三一年の教令の成果が挙げられているが、他の地域においては、告解を教会の告解室で行うことを規定したサールス教会会議法令の実施に対して、「ステーション」の廃止を狙ったものとして司祭・司教双方から反発が起こる。その抵抗に対して、一八五四年三月一七日付でローマ布教聖省からカレン宛に、告解を個人の家で行うことは特に女性の場合に問題があり一般的に賛同はしないが、必要な場合には、聴罪司祭と信徒を隔てる告解用の木柵を携帯することを規定する特令が届く。[104]それに対して賛否両論の反応が出るが、アーダー司教は司祭達がその方法を認めないだろうと一蹴し、一方ケリー教区では「ステーション」での告解用木柵の使用に同意する。[105]聖堂建設の促進によって「ステーション」の殆どは一八七〇年代迄に教会聖堂に移され、告解も聖堂に設置された告解室で行われるようになるが、農村地域では司牧の実践的必要から「ステーション」は継続され、一八七五年のメヌース教会会議ではむしろその禁止規定を緩和している。[106]

2　信心業の刷新

既に見たように、アイルランド独自の守護聖人崇敬の伝統的信心は、宗教改革以降は異教的迷信の残存として抑圧と弾圧を受け、更に刑罰法下の半ば隔離された時代を経て、世俗的娯楽と道徳的頽廃を帯びた「パターン」の形態に変容してくる。一九世紀以降の教会再建の過程で教会指導者は宗教性を欠くものとしてその祝祭性を排除するが、アイルランドの伝統的信心は聖パトリックを始めとする守護聖人祝日あるいはロック・ダークの贖罪巡礼の中に形を変えて継続されていく。一方、トリエント教会改革の霊性に基づく新たな信心業が導入され、一般信徒を含む信心会、信心書、小教区宣教を通して全土的に普及・浸透していくが、それらはアイルランド・カトリシズムのもう一つの側面を性格づける重要な要素となる。

信心業の導入

一八二二年にウエックスフォードのラスアンガン（Rathangan）の小教区学校長（Bartholomew Keegan）がローマ・アイリッシュ・カレッジ滞在の同郷のフランシスコ会士M・ドイル（Michael Doyle）に宛てた手紙には、「古きアイルランド」が残る貧しい農村の学校と教会聖歌隊の様子と共に、新たに導入された信心業への適応が読み取れる。「ここでは祝日に素晴らしい行事がある。『キリストの御体の祝日』の聖体行列、『枝の主日』には枝の大行列、八月一五日は我が守護聖人の祝日のために荘厳ミサと蠟燭の行列が行われる。四旬節の毎日曜日には『ステーション』の周りで聖歌を歌い、また他の祝日には『聖体降福式』（ベネディクション）が執り行われる。それらはみな人々の信仰心を奮立たせるのに大いに役立っている。……この古きアイルランドに貴方が戻った時には、貴方が捧げるミサに私の練習した音楽を奏でましょう。……ただ、ここの村の人々は貧しく、子供の教育に充分に支払う余裕もないので、この学校も最高とは言えません」[107]。

一八三〇年代前後のダブリンでは、三月四日の夕方から一二日までの「九日間の祈り」(Novena)、金曜日の正午から三時までの「苦しみの三時間」(Three Hours Agony)、毎月第一日曜日の「至福の死」(Bona Mors)、第一金曜日の「御聖体の顕示」の他、四旬節中の「十字架の道行き」や「五月の聖母」への信心等が実践されている。中でも「九日間の祈り」は「主の御心」「カルメル山の聖母」「無原罪の聖母の御心」「聖母被昇天」「聖なる御名」「パトリック」「ヨセフ」「アシジの聖フランシスコ」「聖テレジア」「聖霊」等に対して恩寵の取り成しを願う信心業で、アイルランドでは最も広く浸透していく。[108] 一八四六年のロックレア(Loughrea, Co. Galway)教会では、毎月第一日曜日の最後のミサ後に「聖体降福式」、日曜日と祝日の夕方にロザリオと説教が行われている。[109] 一八五〇年にカレンはアーマー大司教区に「九日間の祈り」と「聖体降福式」、また一八五一年には聖週間の典礼を初めて導入する。「信徒は初めて見る祭服の色に目を見張って喜んだが、彼等の聖歌も祈りもぎこちない」と新たな典礼様式に出会った信徒の戸惑いの様子を述べているが、[110] ローマ典礼の導入と共にその指導も漸次行われたものと思われる。特にマリア崇敬は八世紀の『ブラスマックの詩』[111] に代表されるように、初期中世アイルランド・キリスト教時代からその霊性の伝統が連綿と続いており、刑罰法時代にはロザリオの信心業を中心にマリア崇敬が信徒の信仰生活の支えとなる。[112] 一九世紀には教皇ピウス九世が一八五四年に「無原罪の御宿り」の教義を定め、[113] 更に一八五八年のルルドのマリア出現に加え、アイルランドでも一八七九年八月二一日にノック教会(Knock, Co. Mayo)でのマリア出現の信心は現代におけるマリア信心の新たな原動力となり、ノックは贖罪巡礼のロック・ダーグと並ぶマリア崇敬の巡礼地となる。[114]

また「主の御心」の信心はアイルランド・カトリシズムの霊性に際立った位置を占めている。この信心はフランス革命後のカトリック復興期に生まれるが、アイルランドには一八世紀末にコークの司教F・モイラン(Francis Moylan)によって初めて紹介され、一九世紀初めにダブリン大司教D・マレイ(Daniel Murray)がダブリン教区に導入する。だがこの信心が一八一四年迄解散を命じられていたイエズス会司祭達によって推進されていることから、一八二五年にメヌース神学校の神学生に対して教育委員会が調査に乗り出すという問題に発展する。[115] しかし、信徒の間では「人間の罪のために心臓を貫かれ、人類に対する愛を示す」「主の御心」の聖画と共に広く普及し、一九世紀後半にはカトリックの間で最も広く購読されている月刊誌『アイリッシュ・メッセンジャー』(*Irish Messenger*)が「イエスへの愛と贖罪」の意識を喚起して信心を盛り立てる役割を果たす。[116]

典礼改革と平行して導入されるこれらの信心は、広義にはトリエント教会改革の霊性と捉えられるが、実践的には、「聖体の会」「主の御心会」「聖なるロザリオの会」「聖母の御心会」「聖ヨセフ会」「煉獄の会」「聖ヴィンセンシオ・デ・パウロ会」等、それぞれの信心の推進と教会・社会の奉仕活動を目的に司教認可の下に組織された一般信徒の信心会によって都会から農村へと各地に伝播・浸透していく。このいわゆる「草の根」的な「信心の刷新運動」は、伝統的な「守護聖人崇敬」の信心に代わって、祈りと霊的読書及び活動を通して日常生活の中に信仰実践の息吹を与えていく。教会指導者もまた信心会を通してミサ・聖体拝領・告解を柱とする典礼と秘跡への理解と実践を促していく。このような一般信徒の使徒的活動は、アイルランド・カトリシズムの形成とその性格を捉える上で見逃すことが出来ない。[117]

カトリック図書の普及

一九世紀に顕著に見られる大陸伝来の信心・霊性の発展は主として祈禱書及び信心書の印刷普及に負うところが大きい。一八世紀後半以降、カトリック書誌出版・販売が都市を中心に展開されてくるが、一八二四年には、キルデア及びレフリーン司教J・ドイル(James Doyle)はカトリック印刷所から日々刊行される「数多くの信心書」を歓迎し、一八二五年の司牧教書では、教会図書館の設置と充実及び信徒の霊的読書の指導を司祭達に義務付け、堅信授与の巡回の折にその状況を視察することを通達する。更に一八二七年にはドイル司教の要請で、学校図書を含むカトリック書籍の出版と安価で頒布することを目的とする「カトリック図書協会」(Catholic Book Society) の設立が司教団から認可され、一〇年間で五〇〇万部を出版し、本の利益は貧しい子供達に施すとしている。[118] 一八三五年に設立された「アイルランド・カトリック協会」(Catholic Society for Ireland) もまた、全教区に図書館の設立を促進し、各種信心会及び「キリスト教教理会」(Confraternity of Christian Doctrine, 1796) の刊行物出版に協力すると共に、必要な場合には無料で出版を支援することを目的にしている。[119]

一九世紀前半のカトリック図書出版と購読の推進は主に在俗信徒の出版・販売代理人に負っている。その先駆をなすW・J・バターズビィ (W. B. Battersby) が一八三〇年に発行した『カトリック・ペニィ・マガジン』(*Catholic Penny Magazine*) は五年で廃刊するが、翌年の一八三六年にカトリック図書協会と提携して刊行した『カトリック年鑑』(*Catholic Directory*) は、一八四五年にはその版権を協会から委譲されて続刊し、カトリックの情報・資料を提供する上で貢献している。彼の後継者J・ダッフィー (James Duffy) は一八四七年の『ダッフィーのアイリッシュ・カトリック・マガジン』(*Duffy's Irish Catholic Magazine*) を皮切りに数多くのカトリック関係の定期刊行誌を手がけ、中でも家庭向けの雑誌『ファイアサイド・マガジン』(*Fireside Magazine*)、『カトリック・ガーディアン』(*Catholic Guardian*)、『クリスチャン・ファミリー・ライブラリー』(*Christian Family Library*) で新風を起こす。一方では一八五六年発刊のJ・H・ニューマン (John Henry Newman, 1801-90) を主筆とする『カトリック大学新聞』(*Catholic University Gazette*) あるいは当代の作家の執筆による文学色の濃い『ハイバーニアン・マガジン』(*Hibernian Magazine*) (July 1860—December 1864) 等、刊行物の性格は多様であるが、その基調となるのは「カトリックとアイルランド人と家族」である。[120]

一八三六年『カトリック年鑑』のカトリック図書購読目録は信心・宗教書に対する信徒の関心を示している。

『霊魂の園』(*Garden of the Soul*)、『天国の鍵』(*Key of Heaven*)、『キリストにならう』(*Imitation of Christ* = *De imitatione Christi*) は霊的読書又は説教・黙想に最も多く使われ、アイルランド人の霊的生活を形成する上で重要な役割を果たしたと思われる。またリグリの聖アルフォンソ (St. Alphonsus de Ligouri) の著作『聖体の訪問』(*Visits to the Blessed Sacrament*) 及び『受難についての黙想』(*Meditations on Passion*) は教会への聖体訪問の際の祈りと「十字架の道行」の黙想に愛読され、サレルノの聖フランシスコの『敬虔なる生活』(*Devout Life*)、アウグスティヌスの『告白』(*Confession*) は個人的信仰・道徳・教義の指針となる。[121]

これらの信心書・祈禱書は都市部の信徒向けの英語版であり、カトリック図書協会もアイルランド語版については特に対処していない。カテキズモのアイルランド語訳を除くと、アイルランド語の一般的信心書は、ドネゴール州のラフォー司教J・ガラハー (James Gallagher, Raphoe) の一七三六年初版の『説教集』と一八三二年のT・G・オサリヴァン (Tadhg Gaehealach Ó Suilliobhain) の『信心集』が版を重ねているだけである。アイルランド語常用の農村地域では霊的図書推進の企画もその効果が及んでいないのが実状であったと考えられる。英語版を中心とするカトリック図書の推進が地方も含めて全体的に効果を表わすのは、一八三一年制定の国民学校制度による英語化が定着する一九世紀中葉以降である。特に前述の信心書はいずれも第二ヴァチカン公会議(1962–65) 以前のカトリック世界において単行書又は祈りとして各国語に翻訳され、信仰生活の一つの指針として広く普及されたものである。アイルランド・カトリック復興期における新しい信心及び信心会の活動と共に信心書の普及・浸透は、ヨーロッパ的霊性と教会文化に対応したアイルランド・カトリシズムの性格を形成する上で重要な役割を果たしている。

三　宗派別制度と宗派共生をめぐって

1　学校制度と教理教育

子供の教理教育は、日曜ミサの前後あるいはステーションで行われていたが、一九世紀前半には人口の増加に加えてプロテスタントの改宗運動に対処するためにも教理教育における学校の役割は一段と重要性を増すようになる。一八世紀後半には小教区学校及び個人又は修道会の私立学校が各地に組織され、特に前者は通常教区司祭がその後援者となっているが、校長・教職員はじめその財政及び運営面で学校を支えているのは主に在俗信徒である。[122] しかし一九世紀初めには、英仏戦争後の不況下において閉鎖する私立学校も増えてくる一方で、人口増と社会の底辺におかれる貧民層の子供の教育を目的に創設される男女修道会の学校が各地に設立されてくる。

一七五四年にコークに学校を開設したナノ・ナグル（Nano Nagle, 1728-1784）創立（一七七七年）のプレゼンテーション修道女会（Presentation Sisters）、ダブリンの愛徳修道女会（Sisters of Charity）、ロレト修道女会（Loreto Sisters）、援助修道女会（Sisters of Mercy）が女子教育に携わる。また男子教育では、一八〇三年にウオータフォード（Mount Sion）、一八一六年コーク（North Monastery）に開校したエドモンド・ライス（Edmond Rice, 1762-1844）創立（一八二〇年）のクリスチャン・ブラザーズ（Christian Brothers）が、更にダブリンのオコンネル・スクール（O'Connell School, 1831）を始め全土的に進出する。[123] いずれにしても、小教区学校か修道会学校かを問わず、カトリック学校の再建にはカトリック資産家の支援が重要な要素となるが、同時に経済的背景によって地域的・階層的に貧富の差が学校の発展状況に反映してくる。一九世紀初め迄にカトリック学校は急増してくるが、農村地域を抱える殆どの教区において学校再建とその運営は財政的に難題であったことが推測される。[124]

一八三一年に制定された国民学校（ナショナル・スクール）制度は、一八世紀末以来の懸案であったが、国家助成金交付と非宗派別、国民学校教育委員会（Board of Commissioners for National Education）の下に運営されることを三本の柱に提示され、その主旨として、異なる宗派の子供達が一体となり、宗派混合の団体からの援助申請に応えることを謳っている。最高権限は議会にあるが、委員会は宗派別にアイルランド聖公会三人、カトリックとプレスビテリアンが各二人と配分され、制度下にある全ての学校を統制する。その実権は、教科書採用、カリキュラム制定、視察官による規則遵守の監察、議会が認可した校舎建築費三分二の助成金と視察官給料及び教師の賞与の交付、教師養成のモデル・スクールの提供と教科書の出版に及ぶ。委員会の下部組織に学校管理の役割を担う後援者として学校所在地域の実力者又はその代理者が指名されるが、通常司教の代理者として小教区司祭が任ぜられる。学校の土地と建築費三分の一の経費及び教師の給与は後援者側の負担となり、その職務は教師の任免権、時間割の調整、校舎・備品の維持等、学校の管理全般に亘る。宗教教育は宗派別を許容しているが、いずれにしても、国家助成は制度の規定を遵守することを前提にしている。(125)

アイルランド聖公会とプレスビテリアンは制度の適用に難色を示し、前者は一八三九年に国教会独自の制度として「教会教育協会」（Church Education Society）を設立、また後者は教会会議に諮り一八四〇年に宗派が要請する規則の変更を認めさせる。一方、就学児童人口の大部分を抱えるカトリック教会では、刑罰法時代の歴史的経験から学校制度による国家権力の支配を懸念しないわけではなかったが、完全な宗派別学校を主張するチュウム大司教の反対を除いて、司教の多くは、国家援助によって教区の学校設立・運営の困難な経済状況を打開し、プロテスタント改宗運動に直面している農村地域の教理教育に効するものと捉え、またキルデア・レフリーン司教ドイルはアイルランドの現実における宗派共生の自由主義的観点から宗派混合教育の必要性を説いて、最終的に初等教育における国民学校制度を受け入れる。(126)

国民学校制度はカトリック信徒の子供に就学の機会と教理教育の場を与えたが、その実施の過程で、現行制度下の宗派別教理教育と全面的宗派別学校をめぐる司教団の見解の相違が世論も引き込んで表面化する。前者は教育委員の一人でもあるダブリン大司教D・マレイ（Daniel Murray）を筆頭とする多数派、後者はチュウム大司教J・マックヘール以下少数派の見解である。当初国民学校に施設と教師を提供した男女修道会のうち、女子修道会は引き続き制度内に留まるが、クリスチャン・ブラザーズは一八三六年に完全な宗派別学校を選択して制度から引き上げ、また一八三九年にはチュウム大司教も教区内での制度適用を撤回し、一八五二年に再度制度の適用を決定するが、コナハト地方における学校教育の後退に問題を残すことになる。司教団の分裂、特にチュウム大司教の制度からの離反について、最終的に教皇グレゴリウス一六世（Gregorius XVI, 1831-1846）に裁断を仰ぐことになる。一八四一年教皇から「この問題について明確な判断を下すのは懸命ではない。この種の教育問題はそれぞれの司教の慎重な裁量に委ねるべきである」とする旨の返事を受ける。[127]

教皇の反応は、教育制度における国家と教会の権限を問う問題として教皇権の介入を避ける意味で慎重を期しているが、国家の姿勢は学校制度の適用如何は各宗派内の選択決定の問題として対応する。カトリック教会は、教育理念としては学校生活全般に亘ってカトリック精神を生かすことを指針とし、特に教理教育における教科書の選択がプロテスタント多数の教育委員会の権限にあることに対して強い懸念を示して宗派別学校制度を主張する。だが国家は、現行制度内に留まるか、あるいは国家の助成金を拒否して私立学校として運営するかの二者択一の選択肢以上は譲歩しない構えを示す。更に一八四四年の議会決議によって教育委員会は法的地位を与えられ、翌一八四五年には今後国家助成を受けた学校は全て教育委員会に直接帰属することを宣告する。[128]

この期間、国民学校の数は一八三三年の七八九校から五〇年には四、五四七校、登録生徒数は一〇万七、〇四二人から五一万一、二三九人に急増し、それに伴い国家助成金も二万五、〇〇〇ポンドから一二万五、〇〇〇ポンドと飛躍的に増加する。学校におけるカトリックとプロテスタントとの生徒数の対比は、一八七〇年迄にカトリック生徒の五〇%がプロテスタント〇%の学校、四五%がプロテスタント七%、残り五%が「宗派混合」の学校に就学しており、九五%のカトリック生徒が実質的にカトリック主体の学校で学んでいることになる。[129]その点で、国民学校制度は大多数のカトリックに教理教育の場を提供し、「プロテスタント改宗運動の危険から救った」と評価する見方が一般的となる。[130]だがカトリックが享受した権利は学校制度に付随したものではなく、学校の大部分がカトリック信徒の子供で占められているという「事実」に依拠するものである。

一八五〇年のサールス教会会議では、事実上大勢になっている初等教育の国民学校制度については宗派別教理教育の徹底を前提にカトリック教会の統一決議として改めて確認する。その決定はチュウム大司教に対する牽制となり、一八五二年に国民学校制度を再び適用することになるが、クリスチャン・ブラザーズと提携する当初の計画も充分に達成できず、コナハト地方にはプロテスタントを後援者とするかなりの数の国民学校が設立されていた。[131]ローマ・カトリック教会は歴史的経験から教育に対する国家の関与に強い警戒を持っており、特に教皇ピウス九世はヨーロッパ社会における世俗化に加え、国家主義及び政教分離を主張する自由主義・社会主義化の傾向に誤謬表の「シラブス」をもって反撃している。しかし一八五〇年代から六〇年代にかけて、国民学校制度に対して宗派別学校を主張するカトリック教会指導者の態度に変化が表れる。カレンは、国民学校制度を選択するか否かではなく、国民の大多数を占めるカトリック信徒の権利として、国家助成による宗派別学校と制度の改革を要求していく。[132]

その過程で、国民学校教員養成学校の宗派混合制と宗教的教材の選定認可をめぐって本格的な対立が起こる。教員養成学校は教育委員会の直接管理の下に、ダブリンの中央教員養成学校に加えて、その前教育のために三六の地域にモデル・スクールを設置する計画に基づいて、一八四九年から順次設立されていく。しかし、一八五〇年にハンマースミス（Hummersmith, Co. Down）にイングランド・カトリックの宗派別教員養成所が設立されたにも拘わらず、翌年ダブリン教区のドロヘダ（Drogheda, Co. Down）に設立されたモデル・スクールには依然として宗派混合制が適用される。(133) 更に一八五三年、国教会ダブリン大主教R・ホエイトリー（Richard Whately）の著書が教員養成学校の教科書として教育委員会によって認可されたことに対して、カレンは教育委員会に強く抗議し、結果的に教科書の認可は撤回され、ホエイトリィーは委員会を辞任する。(134)

カレンは一八五二年にアーマーからダブリン大司教に転任した際に、前任司教マレイが任じていた教育委員の就任を拒否しており、司教団をまとめて委員会外から宗派別学校の適用を積極的に要求する政策を勧める。一八五九年には教育委員二〇人の中カトリックから一〇人が任命されて委員会内の権限を広げるが、一八六三年に司教達はカトリック信徒に対してそれ迄設立されている二八の教員養成学校全ての入学を禁止する強行手段に出る。委員会は三年後、モデル・スクールと同様の規模と水準を要件とする二、三校に限り宗派別養成学校を認めることを提案する。当時その要件を満たしているのは修道会学校だけであり、直ちにその提供を受けるのは無理であったが、一八八三年に至って国家助成の下にモデル・スクールに準じた宗派別教員養成学校が設立されることになる。(135)

政府は一八六八年に王立教育委員会を設置し、国民学校制度の全面的調査と改革懸案の提出を求めるが、カトリックが要求する宗派別学校には譲歩を示していない。(136) 普通中等教育（secondary education）は主として中流階層の子弟を対象にしているが、教会の宗派別制の要求は続けられ、その間学校は充分な財政的背景と教育法の基盤もなく、有料の私立校として教区及び男女修道会によって運営されていく。一八七一年には全人口の七七％を占めるカトリックのうち中等学校（secondary school）の進学は五〇％に止まり、中等教育を希望する親は子供の卒業後の就業・進学に有益な学校を期待して、必ずしもカトリック学校であることの必要性を求めてはいない。

一八七八年の「中等教育令」(Intermediate Education Act) の制定によって、試験委員会の要求する基準に適合した生徒数に応じて助成金が交付されるようになるが、それ迄にカトリックが中等教育において失ったものも少なくない。[137] また大学教育に関しては、既に述べたように、サールス教会会議で国立クイーンズ・カレッジを運営上の問題をめぐって教皇裁断で拒否し、独自のカトリック大学設立を決定するが、財政的基盤を欠いた上に、国家から法的な学位取得も認可されない状況において、初代学長に就任したニューマンのカトリック大学理念も現実化しないうちに、一九〇八年に国立大学に移行する。[138]

学校教育が国家の助成と許認可の下に超宗派的に制度化されていく動向の中で、カトリック教会はあくまで宗派別教育を最優先にその主張を掲げていくが、その背景には、宗教教育における学校の役割を重視し、その教材の選択権を教会に委託するか否かの問題がある。一八五三年にダブリン大主教の著作が教材に認可された問題を契機に、カレンは全ての国民学校の教理教材にトリエント教会改革に基づく「ローマ・カテキズム」(1566)のカトリック教理書の使用を指示し、一八七五年のメヌース教会会議では統一教理テキストとして、キャシェル大司教J・バトラー (James Butler, 1774-91) 編纂「バトラー・カテキズム」の改訂版で通称「メヌース・カテキズム」の使用が決議される。それは反宗教改革の盾となった「イエズス会カテキズム」以来一般的となる問答形式を通して、教義知識と信仰生活の規律を二本の柱に掲げており、キリスト教の知識と信仰実践を二分する危険性も含んでいる。[139] だが一般信徒にとっては、硬質の教理テキストよりも、信心会が提供する日常的な信心業の影響をより強く受けていったと考えられる。

他方、国民学校制度による英語教育政策は一世代のうちにアイルランド語の決定的衰退を招いたという点で、その社会的・文化的影響を後代に残し、またそれを受け入れたカトリック教会と共にその歴史的責任が問われてきた。教育委員会の主任視察官P・J・キーナン（Patrick J. Keenan）が一八六三年に、農村地域においてアイルランド語使用の禁止を懲罰制度によって強化し、その罰（tally, scoreen）を与える役割を親と校長に担わせる方法がとられたと報告し、委員会はそれを否定するという問題を社会に投げかける。(140) アイルランド語常用人口は一八二〇年の約三五〇万人に対して国民学校制度開始後の一八三五年には四〇〇万人に増加している。英語使用が学校・社会生活の基本条件となる中で、アイルランド語常用人口の三分の一に当たる就学年齢層はいわゆる「言語的矯正」を受けることになるが、親達も英語の社会的・経済的利点を認識している。アイルランド語保護主義者と見なされているチュウム大司教マックヘールもまた、「自分の言葉を護り、そして英語も学ぶように」と二重言語の現実的方針を採るが、コナハト地方では、アイルランド人の宗教教育はアイルランド語で教える必要があるとして、メヌース神学校にアイルランド語講座を設置させる。またトリニティ・カレッジも農村地域への改宗活動に備えて一八三八年に神学部の補助科目としてアイルランド語講座を開設する。(141)

しかし、国民学校での言語問題について教会全体として具体的反応はない。またメヌースのアイルランド語講座も関心が薄く、その実践的成果は認められない。その点から、カトリック教会は国民学校制度を受容したことによって、アイルランド語の衰退を招いたとする見方が生まれてくる。しかし言語的側面においては、一八三〇年迄に政治・経済・社会的レベルで都市・農村の中産層・知識人・聖職者は既に英語化され、アイルランド語の位置付けは社会的に弱体化していったと捉えられる。一方農村地域では、宗教教育と司牧のためにもアイルランド語がなお必要とされており、その意味で神学校には英語とアイルランド語双方の言語教育の必要性が指摘される。一七七〇年代にダブリン大司教J・カーペンター（John Carpenter）はローマのアイリッシュ・カレッジの神学生に「二つの母国語」を学ばせることを教皇に要請し、また日曜ミサの英語説教を「貧しい人達」のためにアイルランド語に翻訳させている。一七九五年に政府助成金の下に設立されたメヌース神学校は英語で養成され

た聖職者を全教区に派遣するが、農村地域の司牧にはアイルランド語の教理書や信仰書を持参させている。(142)

一九世紀中葉の大飢饉迄に、アイルランド・カトリックは英語化された聖職者及び富裕な中産層とアイルランド語常用の農村地域の貧困層に大きく二分されるようになる。カトリック復興は前者が中枢となって推進されていくが、国民学校制度の導入に加え、貧困層を襲った大飢饉による英語圏への大量移住を転機に、二つの言語文化領域は実践的にも意識の上でもその距離は縮小され、農村地域においても学校教育における英語化又は二重言語化に対して現実的な積極姿勢を示すようになる。一九世紀後半のアイルランド語復興運動はそのような農村地域の英語化の動向に対応していったものと捉えられるのである。

一七八五年に王立アイルランド学士院の創設以来、アイルランドに対する好古家の関心と共に、アイルランド語文献の学問的研究及び出版も推進されるが、アイルランド語識字者の欠如という厚い壁に突き当り、改めてアイルランド語の読み書きの必要性とその現実的対応に目を向けさせる。国民学校へのアイルランド語導入は、西部のアイルランド語常用地域の学校に回覧用の祈禱書を寄贈する等、アイルランド語を話す人々を対象に始まる。だが本格的な言語運動の布石となるのは、一七八六年に好古家の一人D・コミン（David Comyn）がカルメル会司祭J・ノーラン（John Nolan）とP・オレアリィ（Peter O'Leary）と共に創設した「アイルランド語保護協会」（Society for the Preservation of the Irish Language）である。同協会は全てのアイルランド人は自らの言語を知るべきことを主張し、アイルランド語の保護・育成の必要性と学校教科への導入、日常使用の奨励を掲げて社会の注目と支持を得る。一八七八年には、その意図に同調した五〇人程の議員の署名を付して政府に請願書を提出し、その成果としてアイルランド語が初等学校の課外教科に導入され、一八八三年以降はアイルランド語常用地域の学校で教科授業に「英語を補足する」手段としてアイルランド語使用が許可されるようになる。(143)

しかし、教師の人材及び教材作成の不十分さは避けられず、一八七九年に「アイルランド語保護協会」は分裂し、コミンは同調者と共に一八八二年創設のゲーリック・ユニオン（Gaelic Union）に合流する。同年、ユニオンはダブリンで三日間に亘って言語保護に関する会議を主催し、海外の言語復興運動の情報を得て連帯感を強める。それに呼応して、一八九三年にD・ハイド（Dougla Hyde）、E・マクニール（Eoin MacNeill）、司祭のE・オグロウニィ（Eugene O'Growney）及びM・オヒッキィー（Michael O'Hickey）によってゲーリック・リーグ（Gaelic League）が結成され、コミンを編集者とする『ゲーリック・ジャーナル』（*Gaelic Journal*）を創刊して、言語文化運動を展開していく。言語文化復興運動に関しては、個人的に参加又は同調する司祭・司教もいるが、カトリック教会は組織として特に積極的な関心を示していない。[144]

2　結婚制度——混宗婚の合法化

教育制度と同様に、カトリックの結婚制度も直接国家・社会と関わる問題を含んでおり、一九世紀のカトリック復興期においては教会法の結婚規定と市民法との法的関係が問われてくる。特に国家と教会の間で結婚の合意性をめぐって表面化してきた「混宗婚」の合法化の過程は宗派共存の現実的問題を浮き彫りにする。

アイルランドでは一九世紀中葉迄、カトリック司祭によるカトリック同士の結婚は、「結婚当事者双方の合意と聖職者の前で契約を交わすことによって有効かつ合法」とする一般市民法に即して国家から認められてきた。一八四四年に上院でその合法性が認証され、一八四五年の「アイルランド令」（Ireland Act）以降は更に行政登記官に届け出るだけの結婚も合法とされる。[145]一方、一八二七年に『トリエント公会議法令集』（*Tametsi*）がアイルランドでも公刊され、カトリック教会はその婚姻に関する法令を規範としていく。基本的には婚姻は秘跡としての性質を有すること、その有効性の条件として教区司祭と二人ないし三人の保証人立会いの下に行うこと、更に結婚式は教会聖堂においてミサと共に午前中に行うことである。結婚に関するトリエント法令の規定はヨーロッパで広く実施されているが、アイルランドでは一八五〇年のサールス教会会議においてカトリック結婚の教会規定として全教区にその実施が義務付けられる。[146]それによって、司祭を家庭に招いて夕方頃に行われてきた刑罰法時代以来の結婚慣習は廃止されることになる。

一方、カトリックにとって最も問題となるのは、宗教改革後の諸宗派混在の社会では避けられない「混宗婚」の場合である。カトリックの一般的教会法では「混宗婚」はカトリック司祭の下で行う以外は無効とされるが、トリエント法令によってその実施が更に強化される。しかしアイルランドでは、一七四六年の刑罰法によって、結婚当事者の一方がプロテスタントの場合はカトリック司祭による結婚を無効とし、カトリック司祭には重罪が科された。カトリック教会はその厳しい罰則を避けるため、プロテスタント司祭による「混宗婚」を慣例的に有効と見なし、一七八五年に教皇の決定で法制化される。この教皇決定は一八二七年のトリエント法令導入後も継続され、一八三一年のダブリン大司教区会議及び一八三五年のミーズ教区会議の規定に盛り込まれる。しかしこの教皇決定の適用はむしろ混宗結婚に関する刑罰法の継続を長引かせ、司祭の罰則は一八三三年に至って廃止されるが、カトリック司祭による混宗婚の無効規定は存続する。[147]

しかし、カトリックの混宗婚には法的に一定の特免条件が付されている。まず非カトリックの配偶者には相手のカトリック信仰を尊重し、子供をカトリック信徒として養育することが義務付けられる。この特免措置は一七四八年にベネディクトゥス一四世によって制定され、一八五八年にピウス九世によって再確認される。アイルランドには、上流階層との混宗婚の子供に関して、男子は父親の宗派に、女子は母親の宗派に帰属させる慣習が依然として残っているが、下層階級のプロテスタントの場合は彼（彼女）自身がカトリックに改宗する例が多く、特にカトリックが多数を占める農村地域ではその傾向が強い。それは一八二〇年代の通称「第二宗教改革」と呼ばれるプロテスタント改宗運動をもたらす要因ともなる。[148]

カトリック教会は混宗婚に関するこの特免規定を巧みに適用していく。まず二人はカトリック司教から特免の許可を得てプロテスタント聖職者の前で結婚の儀式を行い、その後二人はカトリック司祭の許に行き司祭前で彼等の結婚の同意を更新する方法をとる。だが形式的には結婚の教会法的有効性の問題もあるため、刑罰法時代には聖堂でのミサを伴わないカトリック結婚の儀式を行う例が多いが、司祭の中には刑罰法の罰則を恐れて、正規のカトリック結婚儀式を隠蔽した形式で行う場合もあった。全体として、一九世紀中葉迄にアイルランドのカトリック教会は随時ローマ・カトリックの結婚規定を導入するが、実践的にはまだ一律化されているとは言えない。カレンはそのような施策に憂慮し、一八五〇年のサールス教会会議でも基本的に混宗婚を承認せず、教皇の特免は各事例毎に適用すべきだという姿勢をとる。だが、一八五二年にウエストミンスターのイングランド地方教会会議で司祭に対して混宗婚の特免措置が許可され、翌年ローマで承認されると、カレンの保守的立場は更に劣勢になってくる。アイルランドでは一八五八年にピウス九世によって混宗婚の特別免除が更新され、司教の許可の下に司祭による結婚儀式が法的に有効となる。(149)

一七六九年の「国教会制廃止」に続いて、結婚に関する市民法の状況も一八七〇年の「婚姻法改正令」(Marriage Law Amendment Act)によって急激に変化する。結婚当事者の一方がカトリック信徒の場合はカトリック司祭による混宗婚が市民法の規定に準じて合法とされる。その法的要件として、まず結婚当事者は、司教によって権威を与えられた当該小教区司祭又は行政区登記官に、結婚の一週間前に通知する。更に司祭はその通知を結婚当事者達が所属する教会の聖職者に送付し、結婚儀式は司祭の管轄地区内の礼拝場で朝の八時から午後二時の間に、扉を開放して行うことが規定される。一方カトリック教会も混宗婚儀式にミサと結婚祝別を免除しており、一八五八年のピウス九世による混宗婚の特別免除と改正市民法によって、混宗婚における宗派的問題が基本的に解決される。混宗婚はカトリック教会の監督下に置かれ、子供も男女を問わずカトリック信徒として養育する義務が法的にも認められる。更に一九〇八年のピウス一〇世（Pius X, 1903-1914）の教書『ネ・テメーレ』（*Ne temere*）の結婚の指針によって、司祭と二人の証人の下に行われるカトリック結婚は混宗婚も含めて一律的に合法化されるようになる。[150] しかし法制度によって混宗婚の問題が全て解決されるわけではない。社会・経済・文化的側面における両宗派の溝を埋めるにはなお解決を要する諸問題が残されていく。

一九世紀アイルランド・カトリックの再建と改革に中心的役割を担ったカレンは、一八六五年の書簡で、教会再生に向けて内外の諸課題に取り組む自らの立場を「ゴリアトに挑むダビデの闘い」に喩えている。[151] 一八世紀末から一九世紀に展開されるアイルランド・カトリック復興運動は、プロテスタント国家の植民支配と国教会制度による法的弾圧からの解放と共に始まるが、特に一八五〇年以降、カレンの指導による全教会的改革政策を通して、一八七〇年代末頃迄に教会制度・組織及び司牧と信仰実践において、現代アイルランド・カトリシズムの新たな遺産を造りあげたと言える。カレンはその教会改革の過程を、神経をすり減らし、身を削るような闘いの連続として捉えている。

カレンにとって、教会改革に対する「ゴリアト」は一八二〇年代から活発化してくる福音主義プロテスタントの対カトリック改宗運動と平和的な宗派共生を説く自由主義的思潮である。それは、彼が宗派別学校制度を執拗に主張し、プロテスタントの影響を排除する理由でもあるが、同時に学校及び社会施設に宗派混合を許容する聖職者の自由主義的見解に対しても強い警戒感を示す。[152] しかし、その姿勢を単に宗教的頑迷さと捉えるのは正当ではない。確かにカトリックの経済・社会的影響力は増大するが、宗派混合の教育・社会施設において、ローマ・カトリックの教理伝授及び祈り、十字の印等の宗教的行為は厳しく規制され、一九世紀末においてもカトリック信徒に対する公的職業の門戸はまだ狭められている。[153] 改革政策に対する教会内部の抵抗と反動も含めて、改革の推進と対プロテスタント政策には組織としての一体的対応が求められていることも否定できない。

カレンは「ナショナリズム」「教皇至上主義」あるいはカトリックの「宗教文化的帝国主義」等の概念で評される傾向がある。(154) しかし彼の立場は、現地教会の改革を目的とした常駐教皇特使の任務とアイルランド教会で最も影響力のあるアーマー及びダブリン大司教職の二つの側面を持っていることを認識する必要がある。改革政策は一義的には、アイルランドのカトリック教会が回復した基本的権利を同時代のローマ・カトリックの規範に即して如何に有機的に再生させるかの問題である。その視点からすると、その「闘い」の状況と背景を捉えることが、改革の時代精神と刷新の歴史的意義を理解する上で重要になってくる。

冒頭で触れたように、ラーキンは、アイルランド・カトリシズムの形成とその性格について、カレンの改革政策による典礼と信仰実践の変革に注目し、それを「信心革命」と位置付けてその歴史的意義を論説している。その基調となるのは、どのようにその「革命」がなされ、何故アイルランド人は大飢饉後一世代でこの「革命」を受容し、「実践的カトリック」となったのかという点である。特に後者の解釈は注目される。

大飢饉以前のアイルランド人の言語・文化・生活様式のイングランド化によるアイデンティティーの喪失とカトリックの「信心革命」の受容との関係を重視し、『信心革命』はアイルランド人に自らの言語・文化の喪失に代わる象徴的言語と新たな文化的遺産を与えた」とし、「カトリックは、アイルランド人が同一化でき、また同一化されうるものであり、それを通して相互に同一化することができるもの」「アイルランド人とカトリックとは相互に交換可能な言葉になっている」とする。(155) ラーキンの「信心革命」論には賛否両論あるが、ここでは、大飢饉後のアイルランド人が自らの言語・文化遺産の喪失に代わるアイデンティティーをカトリックに求めたとする理解について、「アイルランド人のアイデンティティー」の問題は、むしろ国教会体制下で特権を享受してきたアイルランド聖公会信徒の意識に強く認められることに一言付したい。

一八二九年の「カトリック解放令」を受けて、その法案に猛反対を示していたアーマー大主教J・G・ベレスフォード（John George Beresford, 1773-1862）は「私が子供の頃、『アイルランド人』とはプロテスタント信徒のことであった。だが今や『アイルランド人』はローマ・カトリック信徒を意味している」と多数派カトリックの復権に対して嫌悪感と狼狽を表わす。[156] また「国教会制度廃止」が一八六九年に激しい議論の末に議会で可決された時、この法律を「国家の手による正式な神の排除」と評して反発したJ・W・バートン（John William Burton, 1813-88）の言葉は、[157] カトリック教会がその法的権利を回復してくる中で、逆にアイルランドにおける特権的立場とその優越性の意識を喪失してきたアイルランド聖公会が、更に国教会としての最後の砦を失い、一少数宗派の立場に置かれることに対する「アイデンティティーの危機」の意識を反映していると言える。それに対して「アイルランド人とカトリック」の「同一視」又は「同一化」は、「カトリックであるがために」刑罰法下で差別と弾圧の歴史を持つアイルランド・カトリックにとっては自明のことであり、それは喪失した権利回復としてのカトリック解放と復興の歴史的文脈において相関的に捉えられるものである。

一九二九年の「カトリック解放令」は被選挙権とそれに付随する職業の選択権を得たが、それと引き換えに「新たな刑罰法」とも言うべき修道会の活動制限を付加し、カトリック教会を組織的に繋ぐ教皇裁治権は国家として法的に容認されていない。また、アイルランド聖公会の「非国教化」は教会と国家における両宗派の法的差別を取り除きはしたが、それまで社会の中に累積されてきた諸々の差別の構造と意識や心情は負の遺産として残されていく。それらは、併合撤廃と自治権獲得運動、小作権同盟・土地同盟の土地改革運動、独立運動の中で、更に解決すべき現実の問題として両者の前に突き付けられていくことになる。

一九世紀にカトリック復興運動を通して構築されてきたアイルランド・カトリシズムは、抑圧の時代の宗教的慣行を刷新してヨーロッパの宗教文化的規範を受容し、更に移民と宣教活動を通して海外にもその広がりをもつようになる。だがカトリック教会と政治・社会・文化的関わりも含めて、一九世紀アイルランド史におけるカトリック研究は歴史の重層性においてまだ再検討を要する多くの課題を残している。

（1） Liam Kennedy, 'The Union Ireland and Britain 1801-1921', L. Kennedy, *Colonialism, Religion and Nationalism in Ireland* (Belfast 1996), pp. 35-74. Thomas Bartlett, *The Fall and Rise of the Irish Nation, The Catholic Question 1690-1830* (Dublin 1992), pp. 202-267. Patrick J. Corish, 'The 1798 Rebellion in its Eighteenth-Century Context', in P.J. Corish (ed.), *Radicals, Rebels and Establishments* (Belfast 1985), pp. 91-113. G.C. Bolton, *The Passing of the Irish Act of Union* (Oxford 1966).

（2） 本題とその背景に関する主要参考文献：*Bartlett, The Fall and Rise of the Irish Nation, The Catholic Question 1690–1830*. Patrick J. Corish, *The Irish Catholic Experience* (Dublin 1985). S.J. Connolly, *Priests and People in Pre-Famine Ireland* (Dublin 1982); *Religion, Law and Power, The Making of Protestant Ireland 1660–1760* (Oxford 1992 / 1995). Desmond Keenan, *The Catholic Church in Nineteenth-Century Ireland* (Dublin 1983). Desmond Bowen, *Paul Crdinal Cullen and the Shaping of Modern Irish Catholicism* (Dublin 1983). Emmet Larkin, *The Making of the Roman Catholic Church and Ireland, 1850–1860* (University of North Carolina Press 1980); *The Consolidation of the Roman Catholic Church in Ireland, 1860–1870* (University of North Carolina Press & Dublin 1987); *The Roman Catholic Church and the Home Rule Movement in Ireland, 1870–1874* (Dublin 1990); *The Roman Catholic Church and the Emergence of the Modern Irish Political System, 1874-1878* (Wahington & Dublin 1996); *The Roman Catholic Church and the Creation of the Modern Irish State, 1878–1886* (Dublin 1975); *The Roman Catholic Church and the Plan of Campaign,1886–1891* (Cork 1978); *The Historical Dimensions of Irish Catholicism* (N.Y. 1976, Washington & Dublin 1984

/ 1997). David W. Miller, *Church, State and Nation in Ireland, 1898-1921* (Dublin 1973). Stewart J. Brown & David W. Miller (eds.), *Piety and Power in Ireland 1760-1960* (Indiana 2000). L.M. Cullen, *The Emergence of Modern Ireland, 1600-1900* (London 1981). Liam Kennedy, *Colonialism, Religion and Nationalism in Ireland* (Belfast 1996). Joseph Lee, *The Modernisation of Irish Society, 1848-1918* (Dublin 1973). Terence P. Cunningham, *Church Reorganaization, in A History of Irish Catholicism* V, ed. Patrick J. Corish (Dublin 1970).

(3) Bartlett, *The Fall and Rise of the Irish Nation.* P.J. Corish, *The Catholic Community in the Seventeenth and Eighteenth Centuries* (Dublin 1981). Gerald O'Brien (ed.), *Catholic Ireland in the Eighteenth Century, Collected Essays of Maureen Wall* (Dublin 1989). Patrick Fagan, *An Irish Bishop in Penal Times, The Chewuered Career of Sylvester Lloyd OFM, 1680-1747* (Dublin 1993). W.P. Burke, *The Irish Priests in the Penal Times, 1660-1750* (repr. Shannon 1969). S. J. Connolly, *Religion, Law, and Power, The Making of Protestant Ireland 1660-1760* (Oxford 1992). K.H. Connel, *Irish Peasant Society* (Dublin 1996). C.D.A. Leighton, *Catholicism in a Protestant Kingdom, A Study of the Irish Ancien Regime* (Dublin 1994).

(4) Larkin, *The Historical Dimensions of Irish Catholicism*, pp. 1-11, 57-90. M. A. G. O'Tuathaigh, 'Ireland, 1800-1921', in *Irish Historiography, 1970-79*, ed. Joseph Lee (Cork 1981), p. 177.

(5) Alison Forrestal, *Catholic Synods in Ireland, 1600-1690* (Dublin 1998).

(6) Sean Cannon, *Irish Episcopal Meetings, 1788-1882* (Rome 1979). Corish, *The Irish Catholic Experience*, pp. 158, 161-162. J. Healy, *Maynooth College, its centenary history, 1795-1895* (Dublin 1895).

(7) Cannon, *Irish Episcopal Meetings, 1788-1882*.

(8) Cunningham, *Church Reorganisation*, pp. 11-14. J.H. Whyte, 'The Appointment of Catholic Bishops in Nineteenth-Century Ireland', in *Cathoic Historical Review*, xlviii (1962), pp. 12-32.

(9) E. Larkin, 'The Devotional Revolution in Ireland, 1850-75', in *The Historical Dimensions of Irish Catholicism*,

pp. 58-59.

(10) S.J. Connolly, 'Catholicism in Ulster, 1800-50', in Peter Roebuck (ed.), *Plantation to Partition* (Belfast 1981), pp. 151-171.

(11) Healy, *Maynooth College*, pp. 370, 631-34 ('The Complete List of Prelates Educated at Maynooth'), pp. 729-30. 一八五〇年の二七司教の中二〇司教がメヌース・カレッジ出身。

(12) Cannon, *Irish Episcopal Meetings, 1788-1882*. David W. Miller, 'Irish Catholicism and the Great Famine', *in Journal of Social History*, ix (1975), pp. 81-98 ; 'Mass attendance in Ieland in 1834', in Brown & Miller (eds.), *Piety and Power in Ireland 1760-1960* (pp. 158-179), pp. 165-171.

(13) Corish, *The Irish Catholic Experience*, pp. 158-9, 175, 185, 187, 201.

(14) *Ibid*., pp. 163-4. *Collect. Hib*., xviii-xix (1796-7), pp. 132-183 ; xx (1978), pp. 104-146. Hugh Fenning, 'A List of Dominicans in Ireland, 1817', *ibid*., ix (1966), pp. 79-82.

(15) P. Paschini and V. Monachino (ed.), *I Papi nella Storia* (Roma 1961) vol. 1, pp. 751-2, 882.

(16) Finber Donovan (ed.), *Colmcill Ŏ Conbhuidhe ocso, Studies in Irish Cistercian History* (Dublin 1998), pp. 236-250.

(17) T.C. Curtis and R.B. McDowell, *Irish Historical Documents 1172-1922* (London 1943 / 1977), pp. 247-250. Alan O'Day & John Stevenson (ed.), *Irish Historical Documents since 1800* (Dublin 1992), pp. 40-42.

(18) O'Day & Stevenson, *Irish Historical Documents since 1800*, p. 39 (O' Connell's view of the bill : letter to his wife, 6 March 1829) ; *Ibid*., pp. 39-40 (O'Connell organises opposition to franciserestrictions : O'Connell to E. Dwyer, 6 March 1829).

(19) Liam Kennedy, 'The Roman Catholic Church and Economic Growth in Nineteenth-Century Ireland', in *Colonialism, Religion and Nationalism in Ireland*, pp. 117-134. Larkin, 'Economic Growth, Capital Investment,

and Roman Catholic Church in Ireland', in *The Historical Dimensions of Irish Catholicism*, pp. 13-56.

(20) Larkin, *The Historical Dimensions*, pp. 17, 43-45. Corish, *The Irish Catholic Experience*, pp. 173-175.

(21) Larkin, *The Historical Dimensions*, p. 16. *Acta*, 169 fols. 135-144 (Propaganda Fidei Archives Roma).

(22) Larkin, *The Historical Dimensions*, p. 17. *Scritture riferite nei congressi, Irlanda*, 18, fols. 262-63 (Propaganda Fide Archives).

(23) Larkin, *The Historical Dimensions*, pp. 43-45 (Appendix C).

(24) Larkin, *The Historical Dimensions*, p. 18. *Scritture riferite nei congressi*, Irlanda, 30, fols. 132-35. "Breivi Rilievi sopra il sistema d'insegnamento misto che si cerca di stabilire in Irlanda nei collegi cosi detti della Regina".

(25) *Ibid*.

(26) Larkin, *The Historical Dimensions*, p. 19. Myles O'Reilly, *Progress of Catholicity in Ireland in the Nineteenth Century* (Dublin 1865).

(27) Larkin, *The Historical Dimensions*, pp. 20, 32-33. O'Reilly, *Progress of Catholicity*, pp. 18-19.

(28) Larkin, *The Historical Dimensions*, p. 20. James Maher to Paul Cullen, Feb. 21, 1843, *Paul Cullen Papers* (Archives of the Irish College, Rome). Corish, *The Irish Catholic Experience*, pp. 154-157.

(29) Healy, *Maynooth College*, pp. 740-741. Larkin, *The Historical Dimensions*, pp. 22-23.

(30) Alexis de Toqueville, *Journeys to England and Ireland*, ed. Mayer, pp. 142-143, 158-159.

(31) Maher to Cullen, April 18, 1842, *Cullen Papers. Larkin, The Historical Dimensions*, p. 24.

(32) Healy, *Maynooth College*, pp. 740-741.

(33) Maher to Cullen, Jan. 2, 1842, *Cullen Papers*. Larkin, *The Historical Dimensions*, p. 25.

(34) G. Locker Lampson, *A Consideration of the State of Ireland in the Nineteenth Century* (NewYork 1907), p.

265. Larkin, *The Historical Dimensions*, p. 50, n. 23.

（35）O'Reilly, Progress of Catholicity, pp. 19-20. Larkin, The Historical Dimensions, p. 50, n. 23.

（36）*Scritture riferite nei congressi, Irlanda*, xxx, fols. 725-26. Larkin, *The Historical Dimensions*,p. 50, n. 23.

（37）Larkin, *The Historical Dimensions*, p. 55, n. 52. *Freeman's Journal Church Commission* (Dublin 1868), pp. 386-87.（一八〇〇―一八六八年の二六教区の建築経費総計と年間平均支出）

（38）*Irish Historical Documents since 1800*, ed. O'Day & Stevenson, pp. 81-82. "Irish Church Act, 1869". R.B. McDowell, *The Church of Ireland 1869-1969* (London 1975), pp. 1-50.

（39）Keane to Kirby, Feb. 20, 1869 ; McCarthy to Kirby, Feb. 6, 1877, Kirby Paper. Browne to O'Riodan, Nov. 29, 1910, Micahel O'Riodan Papers (Archives of the Irish College, Rome). Briande Brefeeny / George Mott, *The Churches and Abbeys of Ireland* (London 1976), pp. 166-67.

（40）*Decreta, Synodi Nationalis totius Hiberniae Thurlesiae Habitate Anno MDCCCL* (Dublin 1851), pp. 50-51. Larkin, *The Making of the Roman Catholic Church and Ireland, 1850-1860*, pp. 27-58 ; *The Historical Dimensions of Irish Catholicism*, pp. 72-89. Bowen, *Paul Cardinal Cullem*, pp. 113-165. Corish, *The Irish Catholic Experience*, pp. 192-225.

（41）Corish, *The Irish Catholic Experience*, pp. 196-7. John Coolahan, *Irish Education, history and structure* (Dublin 1981), pp. 105-128.

（42）Donald H. Akenson, *The Irish Education Experiment : The National System of Education in the Nineteenth Century* (London 1970), pp. 140, 346. Coolahan, *Irish Education, history and structure*, pp. 10-33.

（43）McCarthy, *Priests and People*, pp. 108-49.

（44）一九〇九年、ローマ聖省は聖職者の融資・借金の許可制を通達。二〇～四〇〇ポンド迄は教区司教、四〇〇ポンド以上はローマ聖省の許可を要する。ウオータフォード司教（R.A. Sheehan）はローマのアイリッシュ・カレッジ学長（O'Riordan）に、許可制によって教会の資金運用が締付けられ、政府補助や投資利益への期待が増大していると、その解除を訴える（Sheehan to O'Rioran, Dec. 28, 1909, O'Riordan Papers.)。

(45) *Acta et Decreta, Synodi Plemarie Episcoporum Hiberniae, Habitae apud Maynutiam, An.1875* (Dublin 1877), pp. 111, 126-7. Larkin, *The Roman Catholic Church and the Emergence of the Modern Irish Political System 1874-1878*, pp. 3-44.

(46) Corish, *The Irish Catholicism*, pp. 185, 198.

(47) Cannon, *Irish Episcopal Meetings, 1788-1882*, pp. 73-86. Cunningham, *Church Reorganisation*, pp. 11-14. Whyte, 'The Appointment of Catholic Bishops in Nineteenth-Century Ireland', pp. 12-32. Corish, *The Irish Catholicism*, pp. 185, 198.

(48) Dixton to Propaganda Fide, 21 Mar. 1853 (A.P.F. Congressi, Irlanda 31, ff 410-12).

(49) McEvilly to Cullen, 10 July 1857 (D.D.A., 339 / 5).

(50) P. Corish, 'Cardinal Cullen and Archbishop MacHale', *Irish Ecclesiastical Record* XCI (1959). Larkin, *The Roman Catholic Church and the Emergence of the Modern Irish Political System 1874-1878*, pp. 82-97.

(51) Whyte, 'The Appointment of Catholic Bishops in Nineteenth-Century Ireland', pp. 12-32.

(52) Paschini & Monachino (ed.), *I Papi nella Storia*, vol. 1, pp. 943-1022.

(53) フーベルト・イェディン著、梅津尚志／出崎澄男訳『公会議史』（南窓社、一九八六年）、九四、一四七頁。Katherine Walsh, "The First Vativan Council, the Papal State and the Irish Hierarchy : Recent Researches on the Pontificate of Pope Pius IX', *Studies* LXXI (1982).

(54) Corish, *The Irish Catholicism*, pp. 194. R・オーベル他著／上智大学中世思想研究所編訳・監修『キリスト教史 9 自由主義とキリスト教』（講談社、一九八八年）、一四一一五頁参照。

(55) Walsh, 'The First Vatican Council, the Papal State and the Irish Hierarchy', Bowen, *Paul Cardinal Cullen*,

pp. 166–210.

(56) Larkin, *The Historical Dimensions of Irish Catholicism*, pp. 58, 77. 'First Report of the Commissioners of Public Instruction, Ireland', *Parliamentary Papers*, 1835, vol. 33, no. 45. *Census of Ireland*, 1841 (Dublin 1843), 1851 (Dublin 1856), 1861 (Dublin 1863), 1871 (Dublin 1875), 1901 (Dublin 1903).

(57) Larkin, *The Historical Dimensions of Irish Catholicism*, pp. 32–33. *Census of Ireland*, 1861 (Dublin 1863). Clergymen : Catholics (C) 3,014, Protestants (P) 3,264 ; Religion : C 6,251, P 4,374 ; Literature & education : C 23,180, P 17,660 ; Science & Art : C 359, P 398 ; Barristers : C 216, P 542 ; Justice & Government : C 25,541, P 23,542 ; Banking & Agency : C 1,820, P 2,735 ; Charity : C 514, P 468. Myles O'Reilly, *Progress of Catholicity*, pp. 18-19.

(58) *Census of Ireland*, 1871 (Dublin 1874). McDowell, *The Church of Ireland*, pp. 2–6.

(59) Desmond Bowen, *The Protestant Crusade in Ireland, 1800–70* (Dublin 1978). O'Sullivan, *Diary*, 14 May 1827, ed. Michael McGrath (Irish Texts Society, xxx-xxxiii, 1936-7) ; ed. Tomasde Bhaldraithe, *Cin Lae Amhlaoigh* (Dublin 1970) ; transl. *The Diary of Humphrey O'Sullivan* (Dublin 1979).

(60) Bowen, *Paul Cardinal Cullen*, pp. 166–197. Corish, *The Irish Catholic Experience*, p. 202.

(61) *Cullen Papers* (Irish College, Rome) 4 Feb. 1848, Marry Collins (Presentation nuns in Dingle). *Bowen, Paul Cardinal Cullen*, pp. 104–5.

(62) Report of John Kilduff (1853-67, Bishop of Ardagh) to Cullen, 1853 (D.D.A., 325 / 1).

(63) John Monahan, *Records Relating to the Diocese of Ardagh and Clonmacnoise* (Dublin 1886), pp. 253–54.

(64) リスバーン (Lisburn, Co. Monaghan) でのプロテスタントによる敵対行為。Denvir to Kirby' 12 June 1854, *Archiv. Hib*., xxxi(1973), p. 17. カーロウ (Carlow) とアサイ (Athy, Co. Kildare) での住民による罵倒・追放。C.B. Lyons to Cullen, 9 Nov. 1858 (D.D.A., 319 / 2).

(65) 盛節子「『アイルランド聖人伝』編纂の系譜とその性格（1）――一七世紀の写本編纂をめぐって――」（中央大学人文科学研究所『人文研紀要』第三三号、一九九八年、一二三―一四四頁）、一二五、一四一頁注(9)。 R.D. Edwards, *An Atlas of Irish History* (London & N.Y. 1989), p. 142.

(66) Edwards, *An Atlas of Irish History*, pp. 144-161.

(67) C. Cooke, 'The modern Irish missionary movement', *Archivium Hibernicum*, xxxv (1980), pp. 234-46.

(68) M. Purcell, *The Story of the Vincentians : All Hallows College* (Dublin 1973).

(69) P.J. Brophy, "Irish Missionaries", *The Carlovian, The Carlow College Magazine an Annual Review* (1951), p. 7, Table B. 'Showing the Destination of Theological Students of Carlow College'.

(70) O'Reilly, *Progress of Catholicity*, pp. 16-17. Cooke, 'The modern Irish missionary movement', pp. 234-46.

(71) Corish, *The Irish Catholic Experience*, p. 215. Bowen, *Paul Cardinal Cullen*, p. 205.

(72) Larkin, *The Historical Dimensions of Irish Catholicism*, pp. 84-85.

(73) William Carleton, *Traits and Stories of the Irish Peasantry*, 2 vols. (New York 1862), i, p. xxiv.

(74) Statuta Synodalia...Cassel, et Imelac, 1810 ; Michael Maher (ed.), *Irish Spirituality* (Dublin 1981), p. 136.

(75) W.S. Mason, *Statistical Account or Parochial Survey of Ireland* (Dublin 1814-19), ii, pp. 181-82.

(76) O'Sullivan, *Diary*, 26 July, 1829. Wakefield, *Ireland*, ii, p. 605.

(77) O'Sullivan, *Diary*, 31 Jan. 1828. 聖ブリジッド祝日（二月一日）前夜祭に少女達が戸口を回って半ペニーを集める慣行等。 Diarmuid Ó Giollain, 'The Pattern', *Irish Popular Culture 1650-1850*, eds. J.S. Donnelly, Jr. & K.A. Miller (Dublin 1998), pp. 201-221. Desmond Mooney, 'Popular religion and clerical influence in pre-famine Meath', *ibid.*, pp. 188-218.

(78) 盛節子著『アイルランドの宗教と文化――キリスト教受容の歴史――』（日本基督教団出版局、一九九一年）、一九二―二一四、二八八―三〇〇頁。拙論「アイルランド修道院制と遺産継承の理念――法的側面をめぐって」（『エ

ール』第一一号、一九九一年）、一三一―四三頁。

（79）盛節子、前掲書、一一一―一一三頁。拙論「パトリック伝承受容の性格と歴史的背景―アイルランド文芸復興期を中心に―」（『人文研紀要』第二八号、一九九七年）、二一五―二四七頁。

（80）Elizabeth Malcolm, 'The Rise of the Pub : A Study in the Disciplining of Popular Culture', *Irish Popular Culture 1650-1850*, eds. Donnelly & Miller, pp. 30-49.

（81）T.C. Croker, *Researches in the South of Ireland* (Dublin 1981), pp. 277-83. S.C. & A.M. Hall, *Ireland, its scenery, character* (London 1841), i, p. 284. Ardmore (Waterford) の St. Declan のパターンには、一万二千―一万五千人の参加者と六四のテントが出店。W.M.Thackeray, *The Irish sktch-book* (London 1843), ii, p. 102. コネマラの Croaghpatrick のパターンには山麓に五〇のテント出店が記録。

（82）R.B. O'Brien, *Thomas Drummond, under-secretary in Ireland, 1835-40 : life and letters* (London 1889), pp. 246-8. Galen Broeker, *Rural disorder and police reform in Ireland, 1812-36* (*London and Toront 1970*), pp. 219, 225-7.

（83）1862 (25 Vic., c. 22), 1863 (26 and 27 Vic., c. 33) ; Malcolm, 'The Rise of the Pub', p. 70.

（84）Patrick Kennedy, *The Banks of the Boro* (Dublin 1867), pp. 56-66 ; Hall, *Ireland*, ii, 152 ; O'Sullivan, *Diary*, 24 Apr. 1831. Corish, *The Irish Catholic Experience*, pp. 180-81.

（85）Sean Ó Suilleaghain, *Caitheamh Aimsire ar Thorraimh ; Irish Wake : amusements* (Dublin 1967 / 1997).

（86）*Ibid.*, pp. 159-165.

（87）*Ibid.*, pp. 146-158. 以下、禁令発布の教会会議。1614, Armagh ; 1660, Tuam ; 1660, Armagh ; 1670, Armagh ; 1676, Waterford and Lismore ; 1686, Meath ; 1730, Archdiocese of Dublin ; 1748, Leighlin (Kilkenny) ; 1782, Cashel and Emly ; 1788-1810, Meath ; 1789, Clogher ; 1799, Cashel and Emly ; 1821, Kildare and Leighlin ; 1831, Arch-diocese of Dublin ; 1832, Parish of Tydavnet (Co. Monaghan) ; 1834, Ardagh ; 1860, Armagh ; 1875, Synod of Maynooth I ; 1898, Ferns ; 1903, Ardagh and Clonmacnoise ; 1927, Synod of Maynooth II.

(88) *Stat. Synod. Cassel et Imelac* (1813), p. 72 ; Ó Suilleaghain, *Irish Wake*, pp. 150-51.

(89) *Stat. Dioec. Per Prov. Dub. Observanda* (1831) pp. 183-84 ; *Ibid*., p. 152.

(90) *Acta et Decreta Syn. Plen. Episcop. Hib*., p. 146 ; *Ibid*., pp. 153-54.

(91) 「死者への号泣」の禁令—1631, Tuam ; 1660, Tuam ; 1660, Armagh ; 1670, Dublin ; 1670,Armagh ; 1686, Meath ; 1748, Leighlin ; 1799, Cashel.

(92) 'First report of the commissioners of public instruction', Ireland, *Parliamentary Papers* (1835), vol. 33, no. 45. 1834 Population : Total 7,943,940 ; Catholic 6,427,712 (81%) ; Church of Ireland 852,064 ; Presbyterian 642,356 ; Other 21,808.

(93) Fullarton (ed.), *Parliamentary gazetteer of Ireland* (1846).

(94) David W. Miller, 'Irish catholicism and the Great Famine', *Journal of Social History*, ix, no. 1 (1975), pp. 81-98.

(95) Emmer Larkin, 'The devotional revolution in Ireland, 1850-75', in *American Historical Review*, Ixxvii, no. 3 (June 1972), p. 650.

(96) Eugene Hynes, 'The Great hunger and Irish catholicism', *Societas*, viii, no. 2 (1978), p. 145.

(97) W.B. Battersby (ed.), *Catholic Directory* (1836).

(98) Corish, *The Irish Catholic Experience*, pp. 267, 186-87.

(99) David W. Miller, 'Mass Attendance in Ireland in 1834, in *Piety and Power in Ireland 1760-1960*, edited by Brown & Miller, pp. 158-179.

(100) Corish, *The Irish Catholic Experience*, pp. 186-88. Brendan McEvoy, 'The Parish of Errigal Kieran in the Nineteenth Century', *Seanchas Ardmhacha*, I, 1 (1954), pp. 118-50. W.B. Burke, *The History of the Catholic*

Archbishops of Tuam (Dublin 1882), pp. 232-33. O'Reilly, *MacHale*, I, pp. 328-32. Donal Kerr, 'James Browne, Bishop of Kilmore, 1829-65', in *Breifne*, vi, no. 22 (1983-4), pp. 109-54.

(101) Cullen to Barnabo, 20 Sept. 1851 (A.P.E. Congressi, Irlanda 33, f. 85) ; Dean Murohy to Bishop Furlong, 22 Feb. 1858 (D.D.A., 319 / 1). Colish, *Irish Catholic Experience*, pp. 208-9.

(102) Cunningham, *Church Reorganisation*, pp. 16-25.

(103) Corish, *The Irish Catholic Experience*, pp. 178-9.

(104) Propaganda to Cullen, 17 May 1854 (D.D.A., 449 / 7).

(105) Kilduff (Bishop of Ardagh) to Cullen, 6 June 1854 (D.D.A., 332 / 1) ; David Moriarty (Bishop of Kerry) to Cullen, 22 August 1854 (D.D.A., 332 / 1). Corish, *The Irish Catholic Experience*, pp. 211-212.

(106) Laskin, *The Roman Catholic Church and the Emergence of the Modern Irish Political System 1874-1878*, pp. 8-9, 22, 142.

(107) Padraig Ó Suilleabhain, 'Sidelights on the Irish Church, 1811-38', *Collect. Hib.*, ix (1966), pp. 74-6.

(108) Donal Kerr, 'The Early Nineteenth Century : Patterns of Change', *Irish Spirituality*, pp. 137-38.

(109) Corish, *The Irish Catholic Experience*, p. 218.

(110) Cullen to Kirby, 16 Apr. 1851 ; Peadar Mac Suibhne (ed.), *Paul Cullen and his Contemporaries*, iii (Naas 1965), p. 81.

(111) James Carney (ed.), *The Poems of Blathmac son of Cu Brettan together with the Irish Gospel of Thomas and A Poem on the Virgin Mary* (Dublin 1964), Irish Texts Society, XLVII.

(112) Peter O'Dwyer, *Mary : A History of Devotion in Ireland* (Dublin 1988).

(113) Joseph Cunnane, 'The Doctorinal Content of Irish Marian Piety', *Mother of the Redeemer*, ed. K. McNamara (Dublin 1959).

(114) Catherine Rynne, *Knock 1879–1979* (Dublin 1979).

(115) Maher (ed.), *Irish Spirituality*, pp. 140–4 (Kerr, 'The Early Nineteenth Century : Patterns of Change').

(116) *Ibid*., p. 141.

(117) M.B. Ronan, *An Apostle of Catholic Dublin* (Dublin 1944), pp. 123–205.

(118) W.J. Fitzpatrick, *The Life, Times and Correspondence of the Right Rev. Dr. Doyle*, 2 vols. (Dublin 1880), I, p. 107. Thomas McGrath, *Religious Renewal and Reform in the Pastral Ministry of Bishop James Doyle of Kildare and Leighlin, 1786–1834* (Dublin 1998), pp. 234-8.

(119) Thomas Wall, 'Catholic Periodicals of the Past', *Irish Ecclesiastical Record*, series 5, c. i (1964), pp. 234–44, 289–303, 375–88 ; c. ii (1964), pp. 17–27, 86–100, 129–47, 206–23.

(120) Barbara Hayley, 'A Reading and thinking Nation : Periodicals as the Voice of Nineteenth-Century Ireland', *Three Hundred Years of Irish Periodicals*, eds. B. Hayley and E. McKay (Dublin 1987), pp. 29–48.

(121) Maher (ed.), *Irish Spirituality*, p. 139.

(122) Desmond Bowen, *The Protestant crusade in Ireland, 1800–70* (Dublin 1978), pp. 61–82, 195–258. *Catholic Directory* (1821) の再録—*Reportorium Novum*, ii, 2 (1959-60), pp. 324-63. Corish, *Irish Catholic Experience*, p. 170. Graham Balfour, *The Educational Systems of Great Britain and Ireland*, (Oxford 1903), p. 79. 一八二四年の政府統計によると、アイルランド全土で五〇万人の子供に対して学校一万一、〇〇〇、教師一万二、〇〇〇人で殆どが有料の私立学校である。その中九、〇〇〇校がカトリックの「ヘッジ・スクール」規模の学校で四〇万人の子供を教育している、とカトリック学校が設備・規模共に小さいことが示唆される。J.P. Corish, 'The Church since emancipation : Catholic education', *A history of Irish catholicism*, vol. v, ed. Corish (Dublin 1971).

(123) Presentation Sisters = Presentation of the Blessed Virgin Mary の創立者ナグルはパリで教育を受けたコークの富裕なカトリック資産家出身。帰国後遺産を基に設立した貧民の男女児童の学校は四年間で七校、数百人の生徒を数える。一七七一年に自らの病気と運営面の問題から良家の子女の教育を目的とするウラスラ修道女会を導入。だが貧民の教育に携わる当初の目的を貫くために一七七七年に新たな修道女会を創立。一七九一年に教皇から正式に認可される。以後アイルランドの他、イングランド、アメリカ、インドにも進出。Christian Brothers = Institute of the Brothers of the Christian Schools of Ireland の創立者ライスはウォータフォードの裕福な叔父の貿易商を継ぐ。妻の死を転機に本業を退き、貧民教育のための修道会と学校を設立。また Wexford の Richard Devereux も含め、同時代のカトリック資産家の多くは経済的利益追及と同時に、教区の教会を積極的に支援し、聖職者を輩出している。Desmond Rushe, *Edmund Rice : The Man and his Times* (Dublin 1981). Kennedy, *Colonialism, Religion and Nationalism in Ireland*, "The Long Retreat : Protestants, Economy & Society 1660-1920", pp. 1-34 ; "The Roman Catholic Church and Economic Growth in Nineteenth-Century Ireland", pp. 103-116. Corich, 'The Church since emancipation : Catholic education'.

(124) Fitzpatrick, *The Life, Times and Correspondence of the Right Rev. Dr Doyle*, p. 284. Thomas McGrath, *Religious Renewal and Reform in the Pastral Ministry of Bishop James Doyle*, p. 246 ; *Politics, Interdenominational Relations and Education in the Public Ministry of Bishop James Doyle of Kiladare and Leighlin, 1786-1834* (Dublin 1998), pp. 270-320. 宗派別宗教教育が実践されていない学校もあることを示唆している。

(125) John Coolahan, *Irish Education : history and structure* (Dublin 1981 / 1985), pp. 3-51.

(126) *Ibid.*, pp. 14-17. Fitzpatrick, *The Life, times and correspondence of Dr Doyle*, I, p. 330.

(127) *Rescript of Pope Gregory XVI to the four Archpishops of Ireland* (Dublin 1841).

(128) Coolahan, *Irish Education*, pp. 17-8.

(129) *Ibid.*, p. 19. *Annual Reports of the Commisioners of National Education* ; Growth of the National School System, 1831-70. Mary Daly, 'The development of the national school system 1831-40', A. Cosgrave and D.

MacCartney (eds.), *Studies in Irish History* (Dublin 1979), pp. 151-63. Ignatius Murphy, *Primary Education*, in Corish (ed.), *Irish Catholicism*, v. ch. 6 (Dublin 1971).

(130) Bishop Denvir of Down and Connor to Cullen, 21 December 1852 (D.D.A. 325 / 1).

(131) Nuala Costello, *John Machele, Archbishop of tuam* (Dublin 1939) ; Fahy, Sr. Mary de Lourdes, *Education in the diocese of Kilmacduagh in the nineteenth century* (Gort ; Convent of Mercy 1972). Corish, *The Irish Catholic Experience*, p. 206.

(132) Charles Hayes, 'The educational idea of Paul Cardinal Cullen', *Proceedings of the Educational Studies Association* (1979), pp. 1-10. James Kavanagh, *Mixed education, the Catholic case stated (Dublin and London 1850)*.

(133) D.H. Akenson, *The Irish Education Experiment* (London 1970).

(134) Richard Whately, *Lessons on the Truth of Christianity ; Evidences of Christianity and Scripture Lessons*. Bowen, *Paul Cardinal Cullen*, pp. 65-66, 133-5.

(135) Coolahan, *Irish Education*, pp. 18-25. Corish, *The Irish Catholic Experience*, p. 206.

(136) Coolahan, *ibid*., pp. 24-8, 32-33. *Fiftieth report of the commisioners of national education* (1884), pp. 15-18

(137) Coolahan, *ibid*., pp. 53-65.

(138) Fergal McGrath, *The University Question*, Corish (ed.), *Irish Catholicism*, v, ch. 6 ; *Newman's University : Idea and Reality* (Dublin 1951).

(139) Corish, *The Irish Catholic Experience*, p. 208. W.J. Walsh, 'Our Catechisms : Is There Room for Improvement?' *I.E.R.*, series 3, xiii (1892), pp. 1-28.

(140) David Green, 'The Founding of the Gaelic League', *The Gaelic League Idea*, ed. Seán Ó Tuama, The Thomas Davis Lectures (Dublin 1972 / 1993), pp. 9-19 (p. 10). Coolahan, *Irish Education* : pp. 32-33.

(141) Maureen Wall, 'The Decline of the Irish Language', *An View of the Irish Language*, ed. Brien Ó Cuív (Dublin 1969), pp. 81-90.

(142) *Ibid*., pp. 83-88.

(143) Green, 'The Founding of the Gaelic League', pp. 13-18. Coolahan, *Irish Education* : p. 21.

(144) Green, ibid., pp. 18-9. Thomás Ó hAilín, 'Irish Revival Movements', *A View of the Irish Language*, ed. Ó Cuív, pp. 91-100. Seán Ó Tuama (ed.), *The Gaelic League Idea* (Dublin 1972 / 1993).

(145) Patrick J. Corish, 'Catholic Marriage under the Penal Code', *Marriage in Ireland*, ed. Art Cosgrove (Dublin 1985), pp. 67-77 ; *The Irish Catholic Experience*, pp. 219-20.

(146) K.H. Connell, *Irish Peasant Society* (Dublin 1968 / 1996), pp. 113-161. Corish, 'Catholic Marriage under the Penal Code', pp. 67-77. David Fitzpatrick, 'Marriage in Post-Famine Ireland', *ibid*., pp. 116-131. Patrick Power, *A Bishop of the Penal Times* (Cork 1932).

(147) Corish, *The Irish Catholic Experience*, p. 220.

(148) *Ibid*., p. 180. Mason, *A Statistical Account or Parochial Savey of Ireland*, i, p. 458.

(149) Corish, *The Irish Catholic Experience*, pp. 197, 212, 220-221.

(150) *Ibid*., p. 221. Paschini & Monachino, *I Papi nella storia*, pp. 1097-1101.

(151) Cullen to E.F. Collins, late January 1865 (Dublin Diocesan Archives, 121 / 4).「サムエル記上」第一七章。J. H. Whyte, *Political Problems, 1850-1860, Irish Catholicism*, ed. Corish, pp. 24-38.

(152) Peader Mac Suibhne (ed.), *Paul Cullen and His Contemporaries*, ii (Naas 1962), p. 11.

(153) *Ibid*., v (Naas 1977), p. 299.

(154) E.D. Steele, 'Cardinal Cullen and Irish Nationality', *Irish Historical Studies*, xix (1975), pp. 239-60. Larkin, *The Making of the Roman Catholic Church in Ireland, 1850-1869*. Bowen, *Paul Cardinal Cullen and the*

Shaping of Modern Irish Catholicsm. Keenan, *The Catholic Church in Nineteenth-Century Ireland*.

(155) Larkin, *The Historical Dimensions of Irish Catholicism*, pp. 82–3.

(156) J.C. Beckett, *Anglo-Irish Tradition* (London 1976), p. 10.

(157) *Dictionary of National Biography* (London 1890–1996). F.W. Cornish, *A History of the English Church in the Nineteenth Century*, ii, pp. 288–310.

第五章　「ウェールズ復興」
——一八八〇—一九一〇年——

永井一郎

一九世紀末から二〇世紀初頭にかけてウェールズでも他のケルト諸地域と同様に、自らのアイデンティティを確立することによって民族的自立をはかり、これを周囲の諸国家に認めさせようという動きが見られた。普通「ウェールズ復興」と呼ばれるものである。

本章の目的は、共同研究「ケルト復興」の一環として、この「ウェールズ復興」を歴史的に概観することにある。ただ、概観とはいえ多様な側面をもつ運動全体を一論考で取り扱うのは困難である。そこで本章は焦点を政治面、特に自治獲得運動におき、その理解に必要な範囲で文化面の動きにも触れることにする。

このように限定しても、以下の記述は表面的で不充分なものにとどまっている。それは、この時期の自治運動に関する史料が多様かつ大量に存在しているにもかかわらず、これらを直接検討して議論を組み立てる力が私には欠けているからである。私も「ウェールズ復興」(1)に関心をもっているが、それはもっぱら自分の専攻分野である中世ウェールズ史研究史に、かかわってであり、本章のテーマを史料に基づいて追求したことがない。自分の蓄積がないまま与えられた課題に応えるとすれば、これまでの研究者が取りあげている史実とそれに対する見解を基本的に尊重して書くほかない。本章における私自身の寄与分は第四節で述べる『ヤング・ウェールズ』誌所収論文の分析にほぼ限られ、他の部分は既存の研究が取りあげている諸事項を自分の視点から整理したものにすぎない。

では、本章の基礎となる私の視点とは何か。まずこの点について説明しておこう。私は、「ウェールズ復興」期の自治要求運動が目標である自治をどのような場で達成しようとしていたか、政治に限定せずに言えば、当時のウェールズ人は自らのアイデンティティをどのような世界に位置づけようとしていたかに関心を寄せている。何らかの意味でウェールズの独自性を主張する際に、何に対して独自性が存在していると考えるのか、すなわち、ウェールズをどの関係範囲の中に位置づけるのかによって主張のもつ意味に大きな差が生じる。そうした場としてまず思い浮かぶのは強大な隣国イングランドとの関係である。イングランドはイギリス王国の中心として長年にわたりウェールズを支配してきており、しかも、時代の最先端にあって世界をリードする存在であった。ウェールズがこうしたイングランドとの対決なしに自らのアイデンティティを主張できなかったことは改めて指摘するまでもない。しかし、ウェールズをとりまく関係範囲はこれにとどまらなかった。当時イングランドは大英帝国の中に位置づけられており、これとの関係で独自性を主張する可能性ないし必要性をもっていた。さらに、ウェールズはケルト諸地域の一つであるから、アイルランド、スコットランドなどとの関係で自らの現状や将来展望を考えることもできた。この場合の独自性は対決よりもむしろ協調、連携を探る中で主張されるのが自然である。個々の運動が、明示的であれ暗黙にであれ以上三種のどの関係を前提としていたのかによって、「ケルト復興」の性格が変ってくる。本章は全体としてこうした視点を基礎にもっているが、特に第四節では史料を整理する際の手がかりとなっている。

ここで本章の構成を簡単に記しておこう。第一節では、第二節以降の準備作業として、一八八〇年代以前に見られたウェールズ「民族復興」の概要を紹介する。第二節では一八八〇年代から一九一〇年代にかけて展開されたウェールズ文化復興運動について紹介する。第三節では本章の主題、すなわち、一八八〇年から一九〇〇年にかけて見られたウェールズ自治運動の興隆と衰退が取りあげられる。第四節ではなぜこの自治獲得運動が失敗に終ったのかについて考察する。

一　前　史

ウェールズ人のアイデンティティ確立運動は「ウェールズ復興」期に初めて生まれたものではない。ほぼ文化面に限定されているが、少なくとも一八世紀初頭にまでさかのぼる歴史があり、これが「ウェールズ復興」に大きな影響を及ぼしている。そこで次節以下の準備作業として一八八〇以前に展開された運動について簡単に紹介する(2)。

ウェールズ人の共属意識は一三世紀後半にイングランド王のウェールズ侵入を排するためにまず支配者層の中でつくり出された。次いで、一二八二年の「エドワード征服」をへて一四世紀になると、被征服民という共通体験の中で非イングランドないし反イングランドであることを基礎とする共属意識が一般ウェールズ人の間にも根を下していった。しかし、これは必ずしもウェールズ人としての統一的アイデンティティの確立に結びつかなかった。それはイングランド王による統治が確立し、その下で社会が安定するとともに、ウェールズ人は大きく二つの階層に分かれ、それぞれ別の途を歩み始めたからである。すなわち、各地域の支配者層は自らイングランドに同化することで特権的地位を確保しようとしたのに対し、大多数を占める一般民は身分的にも民族的にも従属する存在へと固定化されていった。加えて一五世紀になると、共属性の支柱とも言うべきウェールズ古来の法制や慣習が社会の変化に対応できず、効力を失った。一般民が裁判において「ウェールズ法」の適用を求め、自らを積極的にウェールズ人であると主張することが難しくなったのである。オウェン・グリンドウルの蜂起（一四〇〇―一六年）など一時的な覚醒はあっても、それが長期かつ広汎に持続することはなかった。一五三六年にウェールズは完全にイングランド王国に併合されるが、これは一四世紀以来の動きの自然な帰結であったと言えよう。その後一七世紀の末までは、個人的なものは別として、ウェールズ全体に広がる組織的な民族運動は見られなかった。(3)

このいわば冬眠状態を打破するきっかけとなったのは一七〇〇年前後に始まった聖書教育運動であった。運動の中心となったのはグリフィス・ジョーンズ(4)の巡回学校で、村々をまわって昼は子供達に、夜は成人にウェールズ語で聖書の読解を教えた。年とともに巡回学校は発展し、一七一〇年に年間一〇〇回開かれたものが一七三〇年には三千回から四千回にまで達したという。この間に一般民のウェールズ語識字率が急速に上昇した。巡回学校と平行してハウェル・ハリスやダニエル・ロウランド(5)などによる非国教会各派の伝道運動も熱心に進められた。

一八世紀後半にはトマス・チャールズ(6)らの努力によって日曜学校が各地で開かれた。運動の担い手の中には多くの俗人が含まれ、既修者が後輩を教える方法も案出された。当時「日曜日になるとウェールズ全体が学校になる」と言われたほど日曜学校は普及した。聖書を通してウェールズ語を修得した人々は他の文学や歴史など、これまで近づく機会もなかった分野のウェールズ文化をともに楽しむことができるようになった。こうして母語ウェールズ語を軸とした共属意識が新しく構築されていった。上層知識人の間では古いウェールズ語文献の発掘や新しい文学活動が盛んになり、各地にウェールズ文化復興の組織もつくられた。一七五一年にロンドンで結成されたカムロドリオン協会(7)がその代表的事例である。ただ、一八世紀の動きは全体として文化啓蒙運動に留まり、政治的自立を志向することはなかった。

一九世紀前半にも同様な運動が進められているが、前世紀の勢いは失われている。これにはいくつかの理由が考えられる。第一に、ウェールズ語による聖書学習が社会に定着するとともにいわばフロンティアが減少し、担い手達の情熱も低下した。ただし、これはあくまでも勢いについてであり、むしろウェールズ人のアイデンティティ確立の条件がととのいつつあると理解すべきであろう。第二により本質的な問題として、ウェールズ社会が依然としてイングランド化を目指す少数の支配者達と他の大多数を占める一般民とにはっきり分かれ、リーダーとなるべき前者には後者との距離を縮める意志も努力も見られなかった。民族的アイデンティティ確立の前提とも言うべきウェールズ人の結束が階層間の対立によって妨げられていたのである。それだけではない。第三に、この時期にはウェールズ人の結束を妨げる新しい要因が出現していた。すなわち、南ウェールズを中心に一部地域がイギリス産業革命の一端を担わされるようになり、この地域と他の農業地域との間に経済的利害対立が生まれたのである。後述のようにこの対立は階層間の分裂状況が解消された後も大きな障害として立ちはだかり、自治獲得に決定的な影響を与えた。最後にこれも新しい要因であるが、ナポレオン戦争が一つのきっかけとなってブリテン全体にイギリス人としての意識ブリティシュネスが広がり、ウェールズ人にも共有され始めた。例えばウェールズ人もイングランドの人々と共にウェリントンの勝利に酔ったのであって、同様な経験を繰返す中でイングランドとは区別されたウェールズという認識が薄れていった。

こうした状況の下で一九世紀初頭には目立って新しい運動はなかったが、一八四〇年代になるとアイルランドにおける自治獲得運動に触発されて、ウェールズでも自治を求める声があげられた。まだ単なる主張にとどまっているが、半世紀後に展開される運動を予告するという意味で注目に値する。

世紀後半にはいると間もなく大きな変化が現われた。すなわち、一八六〇年前後から再び盛んになった非国教会各派の活動の中で、ウェールズ人各層、特に一般民の間で国教会支配からの離脱が共通の目標として浮かび上がってきた。また、一八六四年の選挙法改正をうけて行われた六八年の選挙では、新しく投票権を得た多くのウェールズ人の支持により自由党が大勝した。この選挙結果はウェールズの自治要求と結びついていたわけではなく、主として宗教面での自立要求を反映していたが、古くからの支配構造、すなわち、イングランドとの同化を目指す地域有力者の支配がこれを契機に崩壊していった。さらに、産業革命の成果が明らかになるとともに、ウェールズ内の資源を使って得た富を独占的に享受するイングランドに対しウェールズ人の反感が強まった。彼らは自らをイングランド繁栄の犠牲者と位置づけた。こうした認識の背景には同時期のヨーロッパ各地で展開されていた民族運動、特にアイルランド青年党の活動があった。

以上のように一九世紀後半にはウェールズ社会が直面していた諸問題がはっきり姿を見せ、これが八〇年代からの「ウェールズ復興」につながったのである。

二　文化運動

「ウェールズ復興」の文化的運動は次の五分野で展開された。(8) 第一の、そして最も基礎的な動きはウェールズ語普及運動である。言語運動は前節で紹介したように一八世紀に開始され、地道な努力が重ねられてきていたが、一九世紀後半になって再度活発化した。直接の契機は人口流動にともなう言語状況の急激な変化にあった。すなわち、工業化の進む南部を中心にウェールズ外から多数の労働者が流入したためウェールズ語の使用度が低下し、英語が中心的言語になる地域も生まれた。こうした状況を民族の危機と受けとめた者も少なくなく、彼らは全ウェールズ住民にウェールズ語のリテラシーを修得させるべきだと考えた。その代表的事例は一八八五年に結成されたウェールズ語使用促進協会であり、(9) 学校教育を通じてウェールズ語の作文能力と文法知識を養うことを目的としていた。発起者はD・I・デイヴィスとH・I・オウェンで、ウェールズ文化を愛し誇りとする人々が各方面から参集した。最盛期には正規会員が千人近くに達し、ウェールズ語教育を小学校の正課として認めさせるなど着実な成果をあげた。また、この運動の中でウェールズ語の社会的地位は上昇し、学問研究や文化活動に充分耐える言語へと磨きがかけられた。

第二の分野は宗教で、ウェールズ語による布教活動が非国教会諸派によって盛んに行われた。聖書学習によって読解力と神の教えをともに会得させる運動は前世紀以来ウェールズ社会に根を下ろしていた。しかし、前述の人口流動化の中で教会を中心とする安定的な人間関係が崩れ、地域住民に対する教会の影響力が低下した。具体的には教会に集う信徒教や彼らの寄進が大きく減少し、財政危機に直面する教会が多数生まれた。こうした状況を打破するため非国教会はウェールズ各地、特に炭鉱地域に小教会カペル（capel）を建設し、これまで以上に地域住民の生活や心情に即した布教活動を展開した。国教会に集い、いわば地域の体制派であった人々をエグルウィスウィル（eglwyswyr「教会の人々」）と呼び、非国教会に属する人々をカペルウィル（capelwyr）と称して区別するようになったのはこの時期からである。カペルでは説教をはじめ種々の活動がウェールズ語で行われ、ウェールズ人としての共属意識を養う場となった。また、各教派が個別に進めている活動を紹介、支援することを目的とした雑誌『ア・ゲニネン』[10]が一八八四年に創刊されている[11]。

第三の動きはウェールズ文化の大祭アイステズヴォドの再編、強化である。近代のアイステズヴォドは古来ウェールズ人の間で行われていた祝祭の再興という触れこみで一七八九年につくり出され、一九世紀初頭にはイオロ・モルガヌウグが創出した擬古的なドルイドの儀式もつけ加えられた。さらに一八六〇年にはカムロドリオン協会の支援を受けて全ウェールズ組織ナショナル・アイステズヴォド協会も結成された。八〇年代になるとアイステズヴォドは年一回南、北ウェールズで交互に定期開催されるようになり、伝統的ウェールズ文化の技を競う場として定着した。文学、音楽、歴史など各方面の優れた人材がここで発見されたが、中でもT・G・ジョーンズ[12]の作品は名声を得て以後人々に大きな影響を与えた。アイステズヴォドの参集者は擬古的儀式や古い作詩法にのっとった詩歌、さらには英雄的先祖の歴史に触れる中で、ウェールズ文化の伝統にロマンティックな関心や誇りをもつようになった。さらにこの関心は他の場でも発揮され、古い文書や建物の発見と保存、民族衣裳の創出と宣伝なども盛んに行われた。

第四の動きはウェールズの言語、文学、歴史に関する学術研究の発展である。まずジョン・リース[13]がウェールズの文献学、民俗学の研究を進め、一八七七年にオックスフォード大学が創設したケルト文学講座の担当教授となった。しかし、活動の場がウェールズ外の大学にほぼ限られていたので、彼のウェールズ人に対する直接的影響はさほど大きくなかった。ただ、彼の影響下で同大学のウェールズ人学生が結成したダヴィズ・アプ・グウィリム協会[14]は以後長くウェールズの学問研究や啓蒙活動に重要な役割を果たすことになる。この協会に所属してウェールズ人としてのアイデンティティを確立した多くの学生が卒業後政治、文学、教育、宗教の分野で活躍したのである。例えば、J・モリス＝ジョーンズ[15]は他言語と対比させてウェールズ語の特色を明らかにし、その研究、教育に不可欠な理論的枠組を提供した。彼はまた、新しい研究成果を踏まえてウェールズの伝統文化とされているものが学術的根拠を有するか否か判定し、真の伝統を大切にするよう説いた。もう一人J・E・ロイド[16]を挙げておこう。ウェールズ史家の彼がまず研究対象としたのは一二八二年の「エドワード征服」以前のウェールズ、すなわちウェールズ人が最も誇りにしてきた時代であった。彼の主著『ウェールズ史―最初期からエドワード征服まで』はその冷静な叙述にもかかわらず「ウェールズ復興」に対する彼の情熱を伝えてくれる。また、彼はウェールズ史で初めて本格的な史料批判を採用し、この点でも後の歴史家をリードした。

以上三人の研究者は「ウェールズ復興」に対して学術的基礎を与えてくれた。しかし、大学教授である彼らが一般の人々に直接語りかける機会は少なかった。したがって、彼らの研究成果が「ウェールズ復興」につながるためには教育などの啓蒙活動が不可欠であった。こうした運動に力を尽した代表的存在としてO・M・エドワーズを紹介しておこう。彼もオックスフォード大学で近代史を講義する研究者であったが、常に一般の人々に身をよせて思考し、ウェールズ文化、特に言語と文学が民族の至宝であると説いた。具体的にはいくつかの啓蒙誌を編集、発行し、大きな成果をおさめている。例えば一八九一年発刊の『カムリ』はウェールズ語による一般読者むけ文学雑誌であり、その英語版『ウェールズ』も刊行された。[17] また、ウェールズ最初の子供むけ雑誌『カムリ・ル・プラント』は全ウェールズの生徒達によって愛読され、文学、芸術に関する知識と感性を育てるなど大きな影響を与えた。いずれの雑誌も最新の研究成果を踏まえてウェールズ古来の文化を称賛する一方、新しい作品、特に各地の素人の優れた作品を積極的に紹介している。また、ブルターニュやイタリアなど民族的運動が盛んな国の状況や作品をしばしば取りあげ、一般民のレベルでこうした地域との交流が可能であることを強調した。こうしたエドワーズの地道な活動によって文化を中軸とするウェールズ人の共属意識が社会全体に根を下していった。

第五の動きは教育制度の確立である。ここでもO・M・エドワーズは大きな功績を残している。彼は一九〇七年にウェールズの主席視学官に任命されると、かねてより抱いていた初等、中等教育への不満を次々と取りあげ、政府に対し改善を要請した。彼の不満の中心は現行の教育内容がイングランドないしウェールズ中産階層の価値観を強く反映し、一般のウェールズ人には不適切であるという点にあった。そこで彼は、ウェールズ人の伝統的思考や能力にマッチした、また、技能養成をも加味した新しいカリキュラムをつくるよう政府に要求し、自ら視察先の学校でそうした授業を行った。彼の授業はしばしば出席者に深い感銘を与えたという。

当然のことながらエドワーズの教育改革運動は単独で進められたのではない。既に一八七〇年代から各地でウェールズ独自の教育を確立する動きが始まっていた。初等教育ではウェールズ語の正課化、地域の実状に合せた教材の採用や教育方法の工夫などいろいろな試みがなされた。一八九一年の初等教育無料化とともに児童の学力水準は急速に上昇し、卒業後村を離れて大都会で職を得る者も増えた。中等教育では、一八八九年の中等教育法制定以降ウェールズの各州が競ってカウンティ・スクールを創立し、一九〇二年にはウェールズ全体で九五校、一九一四年には一一七校を数えるまでになった。卒業生の多くは自らのアイデンティティを明確にもって各方面で活躍した。ウェールズにこれまで欠けていた中堅層が安定的に育成されるようになったのである。なかでも初等、中等教育に従事するようになった者は生徒達にウェールズ文化を愛するよう熱心に説いた。彼らは各地方のリーダーでもあったから、次世代を育てつつ「ウェールズ復興」を地域レベルで支えていたと言ってよい。

ウェールズは独自の高等教育機関を一八世紀後半までもっていなかった。前世紀以来これはウェールズ人にとって他のケルト諸地域に引け目を感じる点であった。ウェールズで最も古い歴史を有するのは一八二二年にランピターに創立されたセント・デイヴィズ大学であるが、設立目的は国教会の牧師を養成することにあり、非国教徒の比率が高いウェールズではむしろ異質な、イングランドの出城とも言うべき性格をもっていた。

これに対して一八七二年に創設された現ウェールズ大学アベラストウィス校は出発点から明確にウェールズ人のものであった。というのも、この大学は純粋にウェールズ人のイニシャティヴで彼らの高等教育の場として、しかも、イギリス政府の援助のないまま全てウェールズ人の出資によってつくられたからである。初代学長トマス・チャールズ＝エドワーズやヒュー・オウェン[18]の指導下で熱心な募金運動が展開され、一〇万以上の人々が少額ではあっても醵金した。「貧者の数ペンスによる大学」という呼称は、多少の誇張を含むとはいえこの大学の性格をよく表現している。開校後ウェールズ全域から能力ある青年達が社会階層をとわず集まった。これまでウェールズ人で高等教育を受けることができたのはジェントリ層の子弟などがイングランドの大学へ進学する場合のみであったが、今や家柄や経済力とは無関係に能力ある者が自分達の大学で学べるようになった。事実同大学の初期の学生には卒業後直ちにウェールズ内外で活躍する人材が多く含まれている。[19]

加えて、「ウェールズ復興」にとってより重要だったのは、同大学が中等教育の場に毎年多数の卒業生を送りこみ、年とともに教育界で中心的位置を得るようになったことである。例えば、次世代までの間に多数のアベラストウィス校出身者がカウンティ・スクールの校長達として活躍するようになっていた。彼らは生徒達にウェールズ語、ウェールズ文学、「ウェールズ法」[20]など自らの文化がいかに貴重であるかを語り、ウェールズ人として誇りをもつように説いた。

その後一八八三年に現在のウェールズ大学カーディフ校の前身南ウェールズ・モンマスシャー大学が、翌年には同じくバンゴール校の前身である北ウェールズ大学が創設された。両大学とも教育目的がアベラストウィス校の場合とはやや異なり、商工業の実務家養成に置かれていた。イギリス政府もこうした大学の必要性を当初から認め、多額の創設資金を支出している。実際両地域、特に南部では産業革命の結果中間管理者に対する需要が増大しており、ウェールズ人の間でも商業、工業の理論と実務を学ぼうとする者が増えていた。産業革命をウェールズに根づかせ発展させたのはもっぱらイングランドの資本であり、生産技術、経営方法ともにイングランドからもたらされたものであった。したがって、両校で教えられたのは全ブリテンに共通する性格を強くもった科目であり、言語や文学の場合とは違ってウェールズの独自性が主張されることはあまりなかった。しかし、一つの社会の自立性が大きくその経済力に依存する時代が到来していたから両校の果たした役割は大きく、間接的ではあるが、「ウェールズ復興」を支えたと言ってよい。

一八八〇年代の末になるとウェールズ内の大学を統合する運動が始まった。中心となったのはアベラストウィス校で、これをロンドンに本拠を置くカムロドリオン協会が強力に支援した。一八九二年にW・E・グラッドストーンが首相になると政府も本格的に統合ウェールズ大学の可能性を検討し始めた。ただ、検討の対象となったのはアベラストウィス、カーディフ、バンゴールの三校のみで、セント・デイヴィズ大学は除外されていた。国教会に支えられていた同校は、非国教会色の強い他の三大学と合同すると自らの独自性を失いかねないとして、統合に反対したからである。結局九三年に三校によるウェールズ大学結成が正式に認可された。[21]

統合後も三校は、地理的に離れていることもあって個別に運営された。そのため各校の創立以来の特色や地域性は根強く残っていた。しかし、時とともにアベラストウィス校の研究・教育方針が他の二校にも浸透し、いずれも民族主義的傾向を強くもつようになった。カリキュラムではウェールズの文化、経済、政治に関するものが重視され、それにふさわしい教授達が内外から集められた。学生の九〇パーセント以上がウェールズ出身者だった。また、三校とも正課教育に加えて地域住民むけの教育を積極的に行った。

大学以外の研究機関も設けられた。ウェールズおよび他のケルト地域に関する文献資料を網羅的に収集することを目的として、一九〇七年にウェールズ国立図書館がアベラストウィスに建設された。政府の事業ではあったが、広大な土地と多くの古文書が富裕なウェールズ人から寄付されたことが大きな力となった。特にジョン・ウィリアムスが寄贈したペニアルス文書は中世ウェールズの文学、言語、歴史の研究に不可欠な史料群であった。[22]これらを中心に同館は人的、物的な充実をはかり、間もなくウェールズに関する全ての文献資料を収集する最大の研究拠点となった。

ウェールズ国立博物館は一九〇七年にカーディフに建てられた。前述の国立図書館とは別の場所が選ばれほぼ同時期に建設が進められたのは、ウェールズ内の地域間競争意識に配慮した結果である。

文化面における「ウェールズ復興」は概要以上のような性格と広がりをもっていたのであるが、これらの運動の中でウェールズ文化の独自性は何に対して主張されていたのか、本節の最後にこの点を確認しておこう。一六世紀前半の「ウェールズ併合」以来ウェールズ人にとって対決すべき相手は何よりもイングランドであったが、一八世紀後半になるとイングランドが世界に先駆けて工業化に成功したため、問題状況はより複雑になった。すなわち、それまでのウェールズ人はイングランド文化のもつ強い影響力に対決するのか、同化するのかという比較的単純な選択を迫られる場合が多かったのであるが、工業化が歴史の進歩の指標として信奉されるようになると、イングランド文化との対決はいわば人類史の歩みに敢えて逆らうに等しくなり、同化への圧力がウェールズ内外ともに高まった。しかし、安易に同化の道を選べば、ウェールズは政治面だけではなく文化面でもイングランドに従属することになり、独自の文化を自らの手で圧殺してしまう方向に進みかねない。本節で紹介した「ウェールズ復興」運動はこうした状況の中で何よりもイングランドの文化を意識して展開されたのである。

これに対し同じく隣接した地域であっても、アイルランドやスコットランドの文化との関係はあまり重要視されていなかったと推測される。これら二文化への言及がなされていないわけではないが、その多くは競合的相違点についてであり、ケルト文化としての共通性が積極的に主張されることは少なかった。実際宗教や言語など現状を比較すると三つの文化には大きな差があり、共通性は歴史の深層にまで掘り進んで初めて確認できるものであった。例えば、ウェールズ語がケルト系の言語であるという事実も、明確に意識したのは一部の有識者のみであって、一般のウェールズ人にとっては重大な意味をもたなかった。彼らの視野に「ウェールズ復興」が「ケルト復興」へ発展する可能性はほとんどはいっていなかった。

三　自治獲得運動

「ウェールズ復興」運動のもう一つの重要な柱は自治要求であった。[23] 近代の民族主義運動の多くは文化面と政治面での要求をもっており、ウェールズも例外ではなかった。しかし、より具体的に二種類の運動の歴史や担い手について検討すると、ウェールズの場合両者は必ずしも重なっておらず、生み出した成果にもかなり大きな差異がある。まず、文化的独自性の主張は直接的起源に限っても一八世紀初頭にさかのぼる歴史をもっており、時期によって勢いに差があっても、その成果は着実に積み重ねられてきていた。これに対し、政治的独自性の要求は、少なくとも近代的民族主義の一環と見なしうるものはこの時期に初めて具体的運動となった。しかも後述のように、この運動は二〇世紀初頭には潜在化してしまう。次に、この時期の文化運動のリーダー達は多くの場合政治の動向に積極的な関心を寄せていなかった。(24) 彼らの中で自治獲得運動でも指導的役割を果たした者はほとんど発見できない。文化と政治両面の運動を結合する可能性を最も多くもっていたのは大学スタッフとその指導下の急進的学生であったが、彼らが政治的実権をもつことはなかった。現実の政治地図は後述のように政党間の、あるいは、政党内部での対立や協調によって次々と変化した。その政党もウェールズ独自のものではなく、全ブリテン的組織をもって運動を展開していたから、ウェールズの自治が純粋に追求されることは少なかった。

一九世紀末に始まった自治獲得運動の基礎をつくったのは一八六四年の選挙法改訂であった。改訂の目的は選挙権の範囲拡大を通じて民主化をはかること、すなわち、従来のジェントリ層による政治権力独占状況をつき崩すことにあったが、早くも六八年の選挙ではっきりと効果が現われ、八四年の選挙ではほぼ目的が達成された。これまでの議員の大多数はウェールズ国教会に集う地域の有力地主であり、彼らは普通保守党に所属した。彼らにとって大切だったのはブリテン全体としての地主層や国教会の利害であって、ウェールズ独自の、特に支配者層以外の要求を議会や政府で取りあげる意志はほとんどもっていなかった。選挙法の改訂は選挙権者の大幅な増大をもたらしたが、その大多数は非国教会に属する農民達であった。当然彼らが投票する候補はこれまでの有力地主ではなく、地主以外、あるいは、同じ地主でも農民の利害により敏感で新しい民主化の動きに即応できるとみなされた人々であった。その結果一九世紀末の選挙でウェールズから選出された議員の顔ぶれは大きく変化した。

しかし、これらの新議員も直ちにウェールズ全体の利害に即して活躍できたわけではない。まず、彼らの多くは自由党に所属したが、これは彼らの行動が依然として全ブリテン的政党の枠組に縛られていたことを意味する。ウェールズの、あるいは、その一部地域の主張は自由党の全国的戦略に合致するかどうか検討され、合致すると判断されたものだけが議会に提出される仕組みになっていた。次に、新議員は選出地域のリーダーとして活躍するようになるが、彼らをウェールズ全体として指導する人材は容易に生まれなかった。そうした議員が出現しても、ウェールズを一つのステップとみなし、より広い世界での活躍を目指すのが普通であった。これは民族としてのウェールズを旗印にする政党がまだできていないこととも関係している。

こうした政治状況の下ではまったく新しくウェールズ内部から自治要求が生み出される可能性は少なかった。イングランドへの法制度上の併合からでも三五〇年余り、政治的自立性喪失からは六〇〇年も経ていたのであるから、ウェールズ人の多くが現状を当然視し自治獲得に情熱を注ごうとしなかったのはむしろ自然であった。彼らは自らの利害に無感覚だったわけではないが、ウェールズ人という立場以前に居住地域における旧来の支配体制をつき崩す必要があり、これに政治的エネルギーの大半を費していた。

ではウェールズの自治要求はどこから生まれたのか。内的契機が不充分であったとすれば、手がかりは外に求めるほかない。一九世紀末は西ヨーロッパ各地で民族主義的運動が展開されており、ウェールズ人はそこから学んだものを自らの運動に応用する方法をとったのである。特に重要な学習対象は同じケルト系文化を育んできていたアイルランドであった。ダヴィズ・アプ・グウィリム協会やウェールズ大学各校に集う教師、学生の間では一八四〇年代以降にアイルランドで展開されていた自治獲得運動の様子が盛んに紹介され、議論の対象となっていた。ただし、このアイルランド青年党を中心とする運動の理念や戦術がそのままウェールズに導入されたわけではない。ウェールズにふさわしいより穏健な運動を展開すべきだという意見が当初より根強く存在し、一つの重要な底流をなしていた。現状では自分達の方がアイルランド人よりも有利な状況にあり、従って、彼らほどラディカルになる必要はないといった一種の優越感が存在し、これがウェールズの自治要求にブレーキをかけていた。

しかし、一九世紀後半には自治獲得がウェールズ人の担うべき重要な課題であるという認識が多くの有識者の間で共有されるようになっていた。[25]「ウェールズ復興」期にこの点を明確に打ち出したのはT・E・エリス[26]である。彼はウェールズ大学アベラストウィス校で学ぶ内に熱烈な民族主義者となり、一八八六年以降国会議員として自らの理念を政治の場で実現する努力を始めた。九〇年に行った演説の中で彼は民族を「独自の歴史、文化、および、政治制度を共有する人々」と定義し、ウェールズ人は民族として独自の議会をもつべきだと主張した。また、個人主義的なイングランド社会とは違って、ウェールズの人間関係は本来共同体的性格を強くもっており、この特長を失ってはならないと説いている。

エリスの主張と運動は当初カムリ・ヴィズ（Cymru Fydd）のそれと密接にかかわっていた。Cymru Fydd を直訳すれば「ウェールズは将来……なる」であり、普通「これからのウェールズ」といった意味で用いられる。英語では Young Wales と訳されることが多い。カムリ・ヴィズの母体となったのはダヴィズ・アプ・グウィリム協会であり、中心メンバーは教育者T・F・ロバーツ、歴史家J・E・ロイド、文学者O・M・エドワーズ、政治家S・T・エヴァンス、T・E・エリスら[27]であった。ウェールズの政治的民族運動は全ブリテン的に活躍しながら自民族の未来を展望していた有識者達によってまず開始されたのである。また、カムリ・ヴィズの最初の組織は一八八六年にロンドンで結成され、翌年リヴァプールに支部が設けられた。一八九一年にバリ支部ができるまではウェールズ外の組織がウェールズの自治を求める形になっていた。

カムリ・ヴィズが掲げた目標は次の四点に整理することができる。㈠ウェールズ人の民族的アイデンティティを保持すること。そのためには、㈡ウェールズ人の言語、文化、伝統を保護すると同時に、㈢ウェールズの自治を獲得し、㈣経済面、社会面での発展を促進することが不可欠である。四点の中でも㈢の自治が当面最も重要な課題とされていた。

カムリ・ヴィズは結成後間もなく自由党に働きかけ、同党と連携して目標を達成しようとした。当時の自由党には北ウェールズ出身のD・ロイド・ジョージが活躍しており、その尽力もあって一八九〇年の自由党綱領にウェールズの自治という一項目がつけ加えられた。その後の経過から判断すると自由党にどれだけ実現の意志があったのか疑わしいが、この綱領化はカムリ・ヴィズにとって大きな画期となった。多くのウェールズ人が白治獲得も自由党の力を借りれば実現可能と考えたのである。これ以後、特に九二年に自由党が政権の座につくと各地で自治要求の声があげられ、カムリ・ヴィズの支部が次々と結成された。

人々が当時ロイド・ジョージと自由党に大きな期待をもったのは、彼の働きかけで自由党政府が非国教徒の悲願であった国教会支配体制の廃止を実現したからである。これとは逆にT・E・エリスの影響力は急速に低下した。彼らにとってエリスの主張は正しいかもしれないが理念に偏し、具体的な戦略としては役立たない議論であった。人々はウェールズの自治獲得の可能性がこれまでになく高まっていると判断し、それに合わせて、自由党という外部勢力を利用してでもより現実性のある方法をとろうとしたのである。

一八九四年にはB・G・エヴァンス[28]がロイド・ジョージの指導を得てカムリ・ヴィズ連盟を結成した。この連盟に参加したのは北ウェールズの全支部と南部炭鉱地帯の支部であった。翌年連盟は北ウェールズの自由党組織と合併し、自ら国政の場でウェールズの自治を要求する手がかりを得た。カムリ・ヴィズに集う人々が年来の目標達成も間近いと考えたのも自然であろう。

しかし、間もなくこの見通しの誤りが誰の目にも明らかとなった。一八九六年にカムリ・ヴィズは組織拡大に失敗し、逆に崩壊への道をたどり始めたのである。状況の急変をもたらした最大の要因はウェールズ内の対立、おおまかな区分で言えば南部と北部の対立であった。この対立は前節でも触れたように長年の間にいろいろな分野で姿を見せてきていたが、自治問題という最も重要な点で決定的な影響力を及ぼしたのである。北部ではイングランドの政治権力や資本との結びつきは比較的弱く、そのためもあってこの地域の自由党が反イングランド的傾向をもつカムリ・ヴィズと結合するのにさほど大きな困難はなかった。北部出身のロイド・ジョージが両組織をリードする力をもっていたことも重要である。

これに対し南部ウェールズの政治状況、特に民族主義的運動をめぐる状況はより複雑であった。カムリ・ヴィズの支部分布を見ても、多く見られるのは新興の炭鉱地帯のみであり、他の地域にはごく少数しか結成されていない。同様なことが自由党の勢力分布についても言える。この時期でも南部全体をカヴァする自由党組織はつくられておらず、しかも民族主義的主張を敵視する自由党員が多かった。伝統的に南部の政治、経済、文化はイングランド、特にロンドンと密接に結びついて発展してきていたが、この結合は産業革命の中でイングランド資本が南部の地下資源を利用するようになってさらに強化された。南部の人々、中でも商工業者にとってイングランドからの自立は生活の存在にかかわって避けるべきことと考えられていた。(29)

南ウェールズの自由党はD・A・トマスの指導下でロイド・ジョージの計画に反対する動きを始めていた。彼らは、北部の自由党と共同歩調をとると、南部における政治的イニシャティヴだけでなく産業革命によって得た経済的優位性をも失ってしまうのではないかと危惧していた。トマスはまず一八九四年に十分一税の配分プランをめぐってロイド・ジョージと対立した。これは自治獲得に直接かかわる問題ではないが、全ウェールズ的課題が誰の指導下で達成されるかという点で象徴的な意味をもっていた。トマスらは、国教会支配体制の解体に成功したロイド・ジョージがこの問題でもイニシャティヴを取り、その勢いで北部を中心としたウェールズの政治的統一を達成してしまうのではないかと懸念したのである。翌年先述のカムリ・ヴィズと北ウェールズ自由党の合同が発表されると、彼らは危惧が当ったと考えた。何よりも合同構想が相談もなしに南部も含めて出されたことに不満をもち、積極的に合同反対運動を組織した。ロイド・ジョージは九五年秋に南ウェールズを遊説し、南部と北部の自由党の対立解消を訴えた。その際彼はカムリ・ヴィズの意義を強調し、論題として繰返しサウェリン・アブ・イオルウェルスを取りあげている。(30)サウェリンは一三世紀前半に全ウェールズ的な封建王国を形成し、イングランド王と対等に交渉した支配者であった。ロイド・ジョージによればサウェリンは一三世紀同様今日でもウェールズ人を導いてくれる存在であった。当時の人々がイングランドからの自立を守るべく戦ったように、南部と北部の自由党は小異を捨て共にウェールズの統一と自治を実現すべきであると彼は聴衆に説いた。この時期のロイド・ジョージはウェールズ人の民族的大義に自らの政治的信念を重ね合わせていた。

しかし、翌年一月にニューポートで開かれた南ウェールズ自由党支部連合会議は彼の期待を完全に裏切った。大会は北ウェールズ自由党との合同を拒否しただけでなく、綱領にウェールズの自治要求を掲げることも否決した。大会参加者の気持はカーディフの実業家である党員の「自由主義の方がウェールズ人であることよりも大切だ」という発言によく表わされている。ロイド・ジョージは当然大会の結果に失望し、妻への手紙の中で「あのニューポートのイングランド人どもが」と南ウェールズ自由党員を罵っている。(31)

この大会はカムリ・ヴィズにとってもロイド・ジョージにとっても大きな転換点となった。民族の統一が何よりもまず重要だと信じられていた当時の政治状況の中で、地理的にはともにごく小さく、文化や歴史の面では充分な共通性をもっている南、北ウェールズが対立を解消できなかったのであるから、自治獲得運動としては決定的な挫折であった。実際同年末までにカムリ・ヴィズの活動はほぼ例外なく崩壊状態となってしまった。短期間に立ちあげられた運動であったこと、自由党という基本的にウェールズ外の政治力を利用し、特にロイド・ジョージの個人的威信への依存度が強かったこと、いずれの点からしてもカムリ・ヴィズは言語、文学などの運動とは違った脆さをもっていた。一度挫折しても運動が民衆レベルにまで根を下していればすぐ再興できるのであるが、カムリ・ヴィズにはまだそうした力量が欠けていた。

ロイド・ジョージはこれを転機としてブリテンないし大英帝国規模の政治家へと活動の場を拡大し、それにともなって彼のウェールズへの関心はこれまでよりはるかに減少した。また、ウェールズに地盤をもち続けていたT・E・エリスは目標をウェールズの宗教的自立へと移している。彼らに代ってカムリ・ヴィズをリードできる人物も存在しなかった。

無論これ以後ウェールズの自治を求める運動がまったくなくなったわけではない。例えば、E・T・ジョン[32]は一九一〇年にウェールズがまず自治権を、次いでイングランドからの分離独立を獲得するプランを発表した。しかし、このプランは有力政治家の支持を得るだけの現実性をもっていなかった。自治運動が再び本格化するのは一九六〇年代になってからである。

四　自治運動挫折の原因

なぜカムリ・ヴィズはその目標であったウェールズの自治獲得に失敗したのか、本節ではこの点について私の考えを述べておこう。利用するのは前節までで取りあげたいろいろな事項と『ヤング・ウェールズ』誌掲載の論文である。

まず議論に先立って『ヤング・ウェールズ』が本章の史料としてどのような意味をもっているか説明してお こ

う。「ウェールズ復興」期には多くの雑誌が発行されているが、その中でJ・H・エドワーズ編集の『ヤング・ウェールズ』はカムリ・ヴィズと深い関係をもっていた。第一に、エドワーズはカムリ・ヴィズのメンバーで、その強力な支援を得て発行していたから、同誌はその機関誌に近い存在だった。第二に、同誌の刊行は一八九五年、すなわち、カムリ・ヴィズの運動が最高潮に達した時に始められている。従って、『ヤング・ウェールズ』掲載の論文はこの運動の最盛期の状況を内部から提示している可能性がある。しかし、次の二点が史料状況を複雑にしている。まず、同誌はウェールズの文化や政治に関心をもつ人々から広く論文を集め、これをエドワーズが自らの責任で選択、編集する方針をとっている。ただ、創刊の経緯や彼自身の経歴から判断して、彼の編集は単なる整理ではなく、寄稿依頼や掲載稿の選定を基本的にカムリ・ヴィズの政策範囲に合わせて行ったと考えるべきであろう。次に、私が同誌の全ての号を入手できなかったこともあって、本稿で利用するのはほぼ一八九六年発行号に掲載された論文に限られている。最も重要な九五年発行号を見ずにカムリ・ヴィズについて論じるのは危険であり、避けるべきことかもしれない。しかし、九六年号には同年一月にニューポートで開かれた自由党南ウェールズ支部連合会議の結果、すなわち、カムリ・ヴィズ運動の挫折を踏まえた論文が多数含まれており、この段階の議論であることに充分注意を払っておけば、挫折前の認識や挫折後の展望について無理なく情報を引き出しうる。長期的な視野でウェールズの自治について考察するためには、全てのエネルギーがウェールズ統一達成への準備作業に注ぎこまれていた時よりも、挫折とはいえ一度落ち着いて過去から未来へ考えをめぐらす余裕が生まれた時期の方がふさわしいとも言えよう。

以下カムリ・ヴィズが自治獲得に失敗した原因を次の三つの関係ないし場に分けて検討してみる。第一はウェールズの諸地域間、特に南部と北部の間に存在していた対立関係である。第二はウェールズとイングランドとの関係である。ただ、この当時のイングランドは大英帝国の中核でもあったから、大英帝国との関係も同時に考察対象とすべきである。第三はケルト諸地域、特にスコットランドおよびアイルランドとの関係である。

ウェールズの自治獲得にとって南部と北部の対立状況の克服が決定的重要性をもつという認識は広く共有されていた。ニューポート会議に際して北部のカムリ・ヴィズが何よりも先に達成すべきと考えて努力したのは南部組織との統合であったし、統合失敗とともに運動自体が一気に崩壊の方向へ動いたこともこの認識の広がりを示している。『ヤング・ウェールズ』でも前提的認識となっている。

しかし、自力で統一を達成する方法をカムリ・ヴィズも『ヤング・ウェールズ』も提示していない。前者の採った方法は前節で見たように自由党の組織に乗るという自立性を欠いたものであり、後者にも私の見た範囲では具体的な計画が出されていない。こうした状況を生み出した理由として次の三点を挙げることができるであろう。第一は、全ての地域に影響力をもつウェールズ独自の政治的リーダーが存在しなかったことである。リーダーの資質をもつ人物がいなかったわけではないが、一六世紀以来の伝統、すなわち、最も能力や影響力をもつ人はウェールズに留まらず、より広くイギリスないし大英帝国を活動の場とする行動パターンがこの時代でも生きていた。実際カムリ・ヴィズは当初よりウェールズ外で活躍する人々によって結成され、指導されている。こうした広い視野がなければウェールズ内の問題であっても解決が困難であったが、ロイド・ジョージのような政治家にとってウェールズが視野の一部、それも片隅を占めるにすぎない場合がしばしば発生したのは事実である。第二に、ウェールズ語など文化面での共通性を手がかりとして南、北の政治的統一をはかる方法もアイディアとしては存在していたが、[35]大きな成果をおさめることはなかった。カムリ・ヴィズは一八世紀以来の文化的民族復興運動と必ずしも密接な協力関係を築くことができなかったのである。

第三に、何よりもこの点が重要であったと考えられるが、一九世紀末のウェールズは経済的にはっきり分裂していた。一方はイギリス産業革命の一環として工業化された経済先進地域、もう一方はそうした経済発展から取り残された地域であり、両地域の利害が鋭く対立していた。南部に多く所在した先進地域は資本、市場の面でイングランドと密接な関係を保っていたのに対し、北部、中部の大部分を占めていた後進地域にとってイングランドは長年の抑圧者、搾取者のイメージが強かった。南部にとって北部主導の統一計画に与するのは自らの大動脈を切断し、敢えて優位性を捨てることを意味したから、統一反対の態度をとった。北部はこれをウェールズ人にあるまじき裏切り行為ととったが、強いて自分達の計画を実現する意志も実力ももっていなかった。その結果南、北の分裂状況は改善されず、むしろ感情的対立が強まったのである。

では、イングランドとの関係の中でウェールズの自治運動が失敗した原因を探るとどうなるか。自治を要求したのはイギリス政府に対してであり、イギリスないし大英帝国との関係改訂が最も重要な点であったことは言うまでもない。自治獲得のためには、ウェールズは本来イングランドとは別の独自の政治的利害をもつ社会であり、完全に分離しないまでも、今より自立性を高めることがその発展にとって不可欠であるという認識が広く共有されなければならなかった。この認識は北ウェールズのカムリ・ヴィズに集う人々には自明の理であったのだが、南部の指導者達に受けいれられず、全ウェールズ人が共有するまでに至らなかった。また、自立意識の強い北部でも運動はイングランドを拠点とする自由党の力を借りて進めるという矛盾含みの方法を採っていた。対決すべき相手の援助を求めるのでは目標達成は難しい。

加えて、当時のウェールズ人の間には大英帝国に対する一種の幻想が存在しており、これがまた結果として自治獲得の障害となった。『ヤング・ウェールズ』からこうした議論の事例をいくつか紹介しよう。

まず一八九六年の一論文には、ウェールズ人の範ちゅうを従来より拡大しようという主張が見られる。すなわち、これまでのように血統や言語の共通性によって範囲を設定するのではなく、「自らの運命をウェールズの運命と同一化しようとする人々全てがウェールズ人とみなされるべきである。」例えば、イングランド出身であっても、ウェールズに移住や投資をしてその経済、政治に深くかかわるようになった者はウェールズ人として遇されるのがよい。狭い純血主義を採るよりもイングランドの力を大いに取りいれる方が結果としてウェールズ独自の発展につながる、と言うのである。[36] この議論はニューポート会議の失敗を踏まえ、新しい運動の展望を摸索する中で出されたものであろう。

以上のようにウェールズ人概念を拡大するとその位置づけも当然変わってくる。一八世紀以来ウェールズ人の独自性を説いてきた人々は基本的にイングランドとの対比で考えていた。視野はイングランドとウェールズの関係にほぼ限られ、その中で焦点がウェールズに当てられていたのである。これに対して『ヤング・ウェールズ』には、自治獲得を目指すのであれば視野を拡大し、ウェールズの位置づけも改めるべきであるという議論が姿を見せている。すなわち、ウェールズ古来の文化、慣習を保持することが最終目的であると説く方が多くの人々の賛同を得やすいかもしれないが、これは「幻想的ナショナリズム」の域に留まるものであって、現実的効力を欠く。ウェールズの自立にとっては充分な知的専門性、商工業の発展が不可欠である。そのためにはウェールズ人の生活をより広い大英帝国の中に位置づけなければならない。確かにウェールズはこれまで長期間イングランドに従属してきたから、人々に被征服民の歴史を忘れイングランドの人々との共感をつくり出せと言っても直ちに成果は得られないであろう。しかし、これまでしばしば見られたようにウェールズを周囲の世界から切り離して考える姿勢をとるのは自己否定につながる。今やこうした見当違いの愛国心から早く脱却し、代りに大英帝国の場でその一員としてウェールズが独自性を発揮する方法を探るべきだ、というのである。[37]

同様の主張は同誌に繰返し掲載されているから、単に個人的な思いつきではなく、カムリ・ヴィズに集う人々に共有されていたと言える。一九世紀末は帝国間の対立が最も激しい時期であり、その中でも最強の大英帝国の片隅にウェールズは所在していたことからすれば、当時のウェールズ人が帝国を前提として未来を思考するのはむしろ自然な傾向かもしれない。しかし、こうした考え方に対して次の二点は指摘しておくべきであろう。いずれも世界なりイギリスの動きを見ていれば察知できたと思われる点である。

第一に、大英帝国はその組織原理からしても歴史的事実からしても決して対等なメンバーから構成されていたわけではなく、支配国とこれに政治的、経済的に従属する諸地域とに分かれていた。諸地域の独自性はこの構造の枠内でのみ認められていたのであり、ウェールズの場合も例外ではなかった。ウェールズの自治運動が直面していた壁は帝国の構造に根を下していたのである。従って、ウェールズ民族は大英帝国のパートナーとして帝国政策遂行に寄与すべきであるとか、ウェールズ社会の発展は帝国内諸地域との競争に勝ち残る形で達成すべきであるといった提案も、[38] 筆者の主張とは逆にウェールズの自治につながる可能性をもっていなかった。第二に、大英帝国内でこそウェールズの文化的独自性が発揮されるといった主張は資本主義のもつ文化面での強制力を軽視していると言わざるをえない。例えば、イングランドを中軸とする市場経済が世界全体に浸透して行く中で、英語力の有無が労働者の能力評価を大きく左右するようになったこと、ウェールズでも生活のためには母語を捨ててでも英語を習得しようとする人々が急増し、その結果二〇世紀になるとウェールズ語が衰退し始めたことを考えればこの点は明白である。「帝国の全ての人々が同意する学問、倫理、宗教をつくりあげること」がウェールズ人には可能であり、こうして新しい民族的アンデンティティを確立できると説く議論も姿を見せるが、[39] これは余りにも楽観的な言辞である。

以上のようにイングランドないし大英帝国との関係においてもカムリ・ヴィズや『ヤング・ウェールズ』は自治獲得の手がかりをつかむことができず、むしろ逆の方向へ進んでしまった。

最後にケルト諸地域、特にスコットランドやアイルランドとの関係で自治運動が直面した問題を見ておこう。『ヤング・ウェールズ』にはケルトという語は稀にしか出現せず、しかも、そこで想定されているのはウェールズである。[40] ケルト諸地域の連携や共通点の重要性を説く議論は見当らない。「ケルト復興」期に、しかも、この点に最も敏感であったと思われる組織ないし雑誌がこうした状況を示していることは、それ自体重要な意味をもつであろう。

ケルト諸地域への個別的言及はしばしば見られる。ウェールズのとるべき方向はスコットランド、アイルランドいずれの途なのかといった議論がその一例である。[41] しかし、こうした議論はいずれも二地域との共通点よりも相違点を重視してウェールズの独自性を追求しており、三地域間の連携、協力とはむしろ逆の論理展開となっている。対イングランド関係で見れば、少なくとも経済面では三地域が共通の利害をもっており、この点を踏まえた展望が生まれても不思議はないのであるが、私の見る限りそうした議論はない。これは三地域のもつ対イングランド関係史に大きな違いがあったためであろう。ケルト諸地域との関係においてもカムリ・ヴィズの人々は自治獲得の有効な方法を発見できなかった。

以上から、カムリ・ヴィズの運動が挫折に終り、その後半世紀以上自治運動が冬眠状態になったのはむしろ当然であろう。

（1） 私の関心は「ウェールズ復興」期に中世ウェールズ史研究の最初で最大の古典がＪ・Ｅ・ロイドによって書かれていること、すなわち、歴史家ロイドがこの運動の中でどのような位置を占めており、それが著作の内容や構成にどのような影響を与えているかという点にある。

（2） 本節の記述は次の研究文献に基づいている。Sir Reginald Coupland, *Welsh and Scottish Nationalism, A Study*, Collins, 1954, pts. 4,5.

Kenneth O. Morgan, *Rebirth of A Nation: Wales 1880-1980*, University of Wales Press, 1981, ch. 4.

（3）　拙稿「イングランド支配下のウェールズ」（青山吉信編著『イギリス史Ⅰ　先史～中世』山川出版社、一九九一年、第一二章）同「中世ウェールズにおける共属意識」『経済学研究』（国学院大学大学院経済研究科紀要）二二輯、一九九一年、第三部。

（4）　Griffth Jones（1683-1761）　三〇歳ころから説教者として名声を得て各地で多くの聴衆を集めたが、これと並行してキリスト教知識普及協会の運動に情熱を注ぎ、その一環としてウェールズにおける巡回学校を創設した。この学校は普通冬の農閑期に三カ月間開かれ、成人および子供に聖書の読解やカテキズムを教えた。ジョーンズは自ら教壇に立つだけでなく、教師を養成して同時に多くの巡回学校が開設できるようにした。

（5）　Howel Harris（1714-73）, Daniel Rowland（1713-90）ともにメソジスト派の牧師として多くの信奉者を集めていたが、一七三七年以降協力して同教派の発展のため努力し、四〇年にはウェールズ・メソジスト教会を結成した。しかし、五〇年に両者は対立し、同教会も分裂状況となった。

（6）　Thomas Charles（1755-1814）　メソジスト派の牧師。グリフィス・ジョーンズの死後巡回学校が衰退して聖書に無知な人々が放置されていることに危機感を覚え、これに代わる教育の場として日曜学校の組織をつくった。日曜学校そのものは既に存在していたが、これを全ウェールズに広げて相互の連携がとれるようにしたのである。彼は自ら養成した教師を各地に送りこみ、その地のメソジスト教会の支援を得てウェールズ語と聖書の授業を行わせた。

引用文は次の文献から借用した。

Sir Reginald Coupland, *op. cit.*, p.120.

（7）　The Honourable Society of Cymmrodorion　リチャード・モリス（Richard Morris 1703-79）を中心に古くからロンドンで活躍していたロンドン・ウェルシュ（The London Welsh）のメンバーが結集してつくった。目的はブリテン全体に居住するウェールズ人の団結と友情を強めることに置かれ、一貫してウェールズ人の文化活動を支援した。政治力を発揮する機会はほとんどなかったが、一八世紀後半以降ウェールズ文化復興の最大の拠点とみなされ、その点でイギリス政府にも影響力をもった。

（8）本節の記述は次の研究文献に基づいている。
Sir Reginald Coupland, *op. cit.*, pts. 4, 5.
Kenneth O. Morgan, *op. cit.*, ch. 4.
J. Gwynn Willians, *The University of Wales, 1893-1939*, University of Wales Press, 1997, chs. 1, 2.

（9）The Society for the Utilization of the Welsh Language, Cymdeithas yr Iaith Gymraeg ウェールズ語使用促進協会は一八八五年のアイステズヴォドで結成された。中心となったデイヴィス（Dan Isac Davies, 1839-87）はこれ以前からイギリス政府の方針に反してウェールズ語による授業をする愛国的教育者として知られていた。オウエン（Herbert Isanbard Owen, 1850-1927）は医学者としてロンドンで活躍しながらウェールズ人の生活に深い関心をもち、カムロドリオン協会を通じてウェールズ文化、特にウェールズ語の振興を熱心に説いた。デイヴィスの活動を積極的に支援した。

（10）Y. *Geninen*（1884-1928）編集者はジョン・トマス（John Thomas, 1848-1922）。アイステズヴォドに集う詩人達の作品発表の場として創刊されたが、教派などの制約を設けず広く投稿を受けいれる編集方針をとったので、間もなく各方面の著名な詩人も寄稿するようになった。

（11）Eisteddfod 元来は詩人バード達が王宮などに集って詩作の技を競った大会で、その起源は一二世紀後半に南ウェールズを支配したリース・アプ・グリフィズ（Rhys ap Gruffudd, Lord Rhys, 1139-97）の時代にまでさかのぼると言われる。史料的に確認できるのは一五世紀以降で、一五、六世紀には重要なアイステズヴォドがたびたび開催されている。しかし、一七世紀以降は衰退し、全ウェールズのアイステズヴォドはほとんど姿を消していた。

（12）Thomas Gwynn Jones（1871-1949）一九世紀末から二〇世紀前半のウェールズを代表する詩人。一九〇二年のアイステズヴォドで最高位詩人の座を獲得し、受賞作「アーサー王の別離（Ymadawiad Arthur）」は二〇世紀のウェールズ語詩作の出発点になったと評価されている。ウェールズ古来の作詩法を踏まえ、ケルトの伝説を題材とした作品をその後も次々と発表し、人々に大きな感銘を与えた。詩以外の文学分野でも幅広く活躍した。

(13) John Rhys (1840–1915) ケルト諸語、特にウェールズ語の研究者であるが、資料を広く探求する中でブリテンにおけるケルト系住民の歴史、地名、民俗などにも強い興味をもち、多くの研究成果を発表した。いずれの分野でもパイオニア的業績である。そのためもあってか、彼は自分の見解を次々と改訂してしまう傾向があり、後続の研究者をしばしば困惑させたという。代表作を挙げる。

Celtic Britain (1882), *Outlines of the Phonology of the Manx Gaelic* (1894), *Celtic Folklore, Welsh and Manx* (1901).

(14) Cymdeithas Dafydd ap Gwilym (1886–) 中世ウェールズ最大の詩人の名をとっている。初代会長はジョン・リースで、創立期のメンバーには後に紹介するO・M・エドワーズ、J・モリス＝ジョーンズのほか、E・アンウィル (Edward Anwyl, 1866–1914)、J・P・ジョーンズ (J. Puleston Jones, 1862–1925) らが含まれている。定期的に会合を開いてウェールズに関する諸問題を議論したが、特にウェールズ語の正字法確立に共通の関心が寄せられた。議論の結果は個々人がいろいろな場で自己主張する形で伝えられ、ウェールズ外の組織でありながら、国内の有識者達に大きな影響力をもった。

(15) John Morris - Jones (1864–1929) ジョン・リースに学び、ダヴィズ・アプ・グウィリム協会創設にかかわった。一八八九年以後ウェールズ大学バンゴール校でウェールズ語を教えた。代表的著作を一点挙げる。

A Welsh Grammer, Historical and Comparative (1913).

(16) John Edward Lloyd (1861–1947) ウェールズ大学アベラストウィス校とオックスフォード大学で歴史学を学び、一八八五年から前者でウェールズ語と歴史学を教えた。九二年にバンゴール校へ学籍担当官として赴任して大学運営にかかわるが、中世ウェールズ史研究も並行して進め、九九年から同校の歴史学教授となった。代表的著作を二、三挙げる。

A History of Wales, from the Earliest Times to the Edwardian Conquest (1911), *Owen Glendower* (1931), (ed.) *The Dictionary of Welsh Biography down to 1950* (1959).

(17) Owen Morgan Edwards (1858-1920) ウェールズ大学アベラストウィス校とオックスフォード大学で歴史学を学び、後者でダヴィズ・アプ・グウィリム協会の創設に尽力、中心的メンバーとして活躍した。

Cymru (1891-1927) 誌名の語義はウェールズで、「古の祖国の復興」をモットーとした。ウェールズの歴史を各時代の政治的、文化的指導者をとりあげる形でわかり易く紹介した。また、彼は読者に記事の感想などを手紙でよせてくれるよう促し、その手紙と自分の返事を同時掲載した。この読者を紙面づくりに参加させる方法は大きな関心を集め、事業の成功に役立った。

Wales (1894-97) 英語のみを解するウェールズ人が母国の文化に接する機会をつくり、ウェールズ人としての自覚を涵養する目的で刊行された。内容は文学、歴史、伝記、美術と多岐にわたっている。エドワーズの意図と努力にもかかわらず、『カムリ』とは違って多くの読者を得ることはなかった。

エドワーズは雑誌発行と並行して、成人、子供むけの啓蒙的ウェールズ史の著作も次々と出版している。二点のみ挙げる。

Hanes Cymru (1895), *A Short History of Wales* (1906).

(18) Thomas Charles-Edwards (1837-1900) メソジスト派の牧師として全ウェールズをまわり力強い説教で聴衆をひきつける一方、エディンバラ大学で学位を取得し学者、教育者としても活躍した。二〇年にも及ぶ学長期間中、多くの難問に直面したアベラストウィス校をその人間的魅力と卓越した弁舌によって支え、同校がその後大きく発展する基礎を築いた。

Hugh Owen (1804-81) 一八四三年にウェールズの初等教育改善を要求する公開状を発表して教育界で評価を得た。その後アイステズヴォドやカムロドリオン協会にも積極的にかかわり、五四年にウェールズ人のための大学を構想した。六三年からはウェールズ大学設立準備委員会の書記となってリーダーシップを発揮し、創立の前後は各地をまわって人々に大学創立の意義と支援を説いた。

（19）　代表的事例を挙げれば、政治家としては次節で紹介するトム・エリス、E・J・エリス＝グリフィズ（Ellis Jones Ellis-Griffith, 1860-1926）、学者としてはJ・E・ロイドやT・F・ロバーツ（Thomas Francis Roberts, 1860-1919）、法律家としてはT・M・ウィリアムス（Thomas Marchant Williams, 1845-1914）がいる。

（20）　Cyfraith Hywel, The Welsh Laws　一〇世紀にウェールズのほぼ全域を統一したハウェル善良王（Hywel Dda）が編纂させたと伝えられる法であるが、現在最古のマニュスクリプトは一三世紀のもので、この間に少なくとも二度大幅な再編がなされている。ハウェル時代の法がそのまま残されているわけではない。しかし、中に一二世紀以前のウェールズ社会に効力をもっていた規定がかなり多数含まれていることは確かである。また、二〇世紀初頭まではでは一般に現存「ウェールズ法」がそのまま「ハウェルの法」であると信じられていた。こうした点から「ウェールズ法」は独立喪失以前の輝かしいウェールズを象徴するものとみなされていた。今日でもこうした考え方は広く存続している。

（21）　認可状にはセント・デイヴィズ大学も将来希望すればウェールズ大学連合に参加できると付記されていたが、対立感情は根強く残り、同大学が参加したのは一世紀近くも後の一九七二年である。

（22）　John Williams（1840-1926）宮廷医師として活躍する一方で、早くからウェールズないしケルトに関する建物や写本を精力的に集めていた。蒐集活動の縁で、当時アベラストウィス校を中心として進められていたウェールズ独自の図書館および博物館の創設運動に加わり、同図書館への寄贈を目的にペニアルス（Peniarth）文書を購入した。ペニアルス文書はヘングウルトのロバート・ヴォーン（Robert Vaughan, c. 1592-1667）が集めたウェールズ最大のマニュスクリプト群で、数は五〇〇点を超している。内容は中世および近代初頭のウェールズ語文献が中心で中世の重要な作品がほとんど全て含まれている。

（23）　本節の記述は次の研究文献に基づいている。
Sir Reginald Coupland *op. cit.*, pts. 4, 5.
Kenneth O. Morgan, *op. cit.*, ch. 4.

Kenneth O. Morgan, *Wales in British Politics, 1868–1922*, University of Wales Press, 1963.

（24） 例外的存在としてR・A・ジョーンズ（Robert Ambrose Jones, 1848-1906）やM・D・ジョーンズ（Michael Daniel Jones, 1822-98）がいるが、彼らはともにウェールズ外に目を向けることが多く、「ウェールズ復興」を支えたとは言えない。また、J・モリス＝ジョーンズのようにウェールズ文学は政治的要素を排除すべきであると文化活動と政治運動の分離を主張する者もいた。

（25） 一八八七年に前首相グラッドストン（William Ewart Gladstone, 1809-98）がスウォンジーで演説会を開き、自らの大英帝国政策の一環としてウェールズもアイルランド同様自治を求めるべきだと説いた際に多数のウェールズ人が熱心に耳を傾けたという。

（26） Thomas Edward Ellis（1859-99）議員として彼は人々の厚い信頼を得ていたが、D・R・ダニエル（David Robert Daniel, 1859-1931）やW・J・パリー（William John Parry, 1842-1927）とともに作成して提案したウェールズ議会創設構想は発表当時積極的な関心を集められなかった。一八九二年にグラッドストンが政権の座につくと、エリスは議会の院内幹事として当時ホットな問題となっていた国教会支配体制打破のために活躍した。また、彼は議員期間中一貫してウェールズの教育制度を改善、充実する努力を続けた。

（27） 次の二人以外の人々についてはそれぞれ註(16)、(17)、(26)を参照。

Thomas Francis Roberts（1860-1919）ウェールズ大学アベラストウィス校とオックスフォード大学で学んだ古典学者。まずウェールズ大学カーディフ校で教壇に立ち、後にアベラストウィス校の第二代学長となった。

Samuel Thomas Evans（1859-1918）ウェールズ大学アベラストウィス校とエディンバラ大学で学び、学位を得て法律家となった。国内外の法曹界で名声を得る一方、一八九〇年から二〇年間にわたり議員としても活躍した。

（28） Beriah Gwynne Evans（1848-1927）青年期よりジャーナリストを志し、雑誌編集者、新聞記者として活躍した。特に一八九二年にロイド・ジョージと出会ってからはその影響を受けて、政治問題に対し、鋭い発言をするようになった。九五年にカムリ・ヴィズの書記に就任し、文筆と運動の双方で活躍した。

(29) David Alfred Thomas (1856-1918) 石炭で財をなした南ウェールズの実業家の息子で、鉱山事業経営に必要な教育を受けたが、一九〇五年までは政治に精力を注ぎ自由党議員として活動した。ただ、ロイド・ジョージに比べ目立った業績をあげることはなかった。政治家のキャリアをあきらめたトマスは翌年企業家に転身し、炭鉱その他の事業で成功した。

(30) Llywelyn ab Iorwerth については拙稿「ノルマン征服後のウェールズ—独立をかけた戦い」(青山吉信、前掲書、第八章) 第一節参照。

(31) 二つの引用文は次の文献から借用した。Kenneth O. Morgan, *op. cit.*, (1981), pp.117, 118.

(32) Edward Thomas John (1857-1931) 製鉄会社に勤務した後政界に転じて自由党所属議員となった。大きな業績はあげられなかったが、一貫してウェールズの自治を要求し、自立がウェールズに経済的利益をもたらすと数字をあげて主張した。

(33) John Hugh Edwards (1869-1945) ウェールズ大学アベラストウィス校で学び、J・E・ロイドらとともに「ウェールズ復興」運動に参加した。卒業後は会衆派教会の牧師となったが自由党を中心とする政治状況に関心をもちカムリ・ヴィズの事情によく通じていた。カムリ・ヴィズ崩壊後自ら議員となって国政に参加した。

(34) 寄稿者は多様であるが、目立つのはウェールズ大学関係者、非国教会の牧師、議員である。論文の内容も政治、教育、宗教、文化と幅広い。創刊当時は政治、教育の問題が多く取りあげられ、後期には文学作品の比率が高くなる。

(35) Edward Foulkes, "The Welsh Nationality and The Welsh Language", *Young Wales*, no. 87, 1902.

(36) Llewelyn Williams, "Through Welsh Spectacles", *ibid.*, no. 15, 1896.

(37) J.Y.Evans, "Wales and the Empire", *ibid.*, no. 14, 1896.

(38) Richard Hughes, "Conditions of National Progress", *ibid.*, nos. 14, 15, 1896.

(39) 註(37)の論文。

(40) T.F. Roberts, "The Renaissance in Wales, its Relation to Education", *ibid.*, no. 14, 1896, p.132.

(41) 例えば Y Gwyn o Ddyfed, "Liberalism in Welsh Costume", *ibid.*, no. 50, 1899.

第六章　「ゲールの土地」という観念について
――一八八〇年代前半のスカイ島事情を中心に――

小菅奎申

本章では、一九世紀後半から二〇世紀初め頃のスコットランドを背景に置き、ハイランド、特にスカイ島におけるクロフターたちの土地闘争のある局面を瞥見しながら、ゲールの民衆の間に「ゲールの土地」という観念が生まれて来る消息について考察する。本論の主要部分は、きわめて限定された事象と特殊な題材を扱うことになるが、論じられる主題の歴史的評価はやや広い文脈で試みたいと思う。この広い文脈の中には、本叢書が取り扱っている「ケルト復興」ということも遙か後景に意識されている。

最初に、以下で頻繁に登場する用語の幾つかについて少々述べておきたい。先ず「ハイランド」について。一口に「ハイランド」といっても、たとえばヘブリディーズ諸島を含む西北部の沿岸地帯とイースター・ロスやグランピアンを含む東部地方とでは、いろいろな面で事情が異なる。以下でおいおい明らかにされるように、表題のような意味でのゲールダム（Gaeldom）の意識は西北ハイランドにおける一連の土地闘争の過程で、あるいはそれとの関連で、より尖鋭な表現を得ており、したがって本章で「ハイランド」というのは基本的にはこちらを指しているものと了解されたい。また、「ハイランド」と言えばしばしば本土のみを指し、島嶼地方（この場合はヘブリディーズ諸島）を含めないが、ここでは便宜上両者を一括して「ハイランド」と称しておく。もう一点、本章で「ハイランド」というとき、単に地域を指定するだけであって、いかなる意味でも文化的な含蓄を込めたものではない。

一八八〇年代前半のスカイ島で起こった一連の事件は、その前後にハイランドで起こった諸々の事象の特質をよく示している。そこで、この時期のスカイ島事情をやや詳しく追ってみたいわけであるが、本章は社会の表面に現われた事象それ自体もさることながら、それとゲールダム意識との関連により大きな関心を寄せるものである。そこで「ゲールダム」についても一言しておく。

簡単にいえば「ゲール語を母語としている人々の圏域」「ゲール語文化圏」、あるいは「ゲール人勢力範囲」であり、当のゲール語では'Gaidhealtachd'という。一六—一七世紀ごろまで、地域的には広義のハイランドとほぼ重なっていたが、歴史を下るにつれてゲールダムのほうが狭く局限されていった。方向としては、「ハイランド・ライン」などと称される、ダンバートン、グラースゴウあたりとグランピアン山塊の東端を結んだ線から西北に向かって、つまり本章で主に念頭に置くハイランドに向かって局限されていったのである。ゲールダムとは、したがって、基本的には文化的な概念であり、本章でも専らそのような意味で用いる。

次に「クロフター」(crofter) について、さしあたり最少限のことだけふれておきたい。一八八三年、土地をめぐる騒動や混乱が相次いでいるハイランド情勢に対して政府がついに重い腰を上げ、ネイピア卿 (Lord Napier) を団長とする調査団を組織して、これをハイランドに派遣することにした。このネイピア調査団 (Napier Commission) が、聴き取り調査に際して採用した定義、あるいは公式的理解を紹介しよう。即ち、「クロフター」とは「個人あるいは共同で、農業あるいは牧畜を目的として、年間三〇ポンドを超えない地代で、所有者から直接土地を保有している者」(a person holding land for agricultural or pastoral purposes, individually or in common, directly from a proprietor at an annual rent of not more than ￡30) のことである。少々付言する。ここでは土地の大きさに関する規定はないが、察するにその理由は、各保有地（croft）の大きさ自体が調査目的ではなかったことにあるだろう。実際また、一つのクロフトの大きさは数ヘクタールから数十ヘクタールまで、地域によってまちまちであったようである。また、このクロフトという小保有地は、基本的には、その保有者ないしテナントとしてのクロフターがその家族と共にそこで生活し（通常クロフトの近くにクロフターの家があり、これはクロフターの所有となる）、自ら消費することを主たる目的とした生産に従事するための借地であって、農場（farm）のように生産物を市場に流して現金収入を得ることを目的とするものではない。また、クロフターの生活は必ずしも農業と牧畜だけで支えられているわけではないので、「借地農」ないし「小作農」という訳語はやや実態に合わず、したがって、単に「クロフター」と片仮名表記で通すことにする。

ネイピア調査団は、このほかに、「コッター」（cottar）を「年間二ポンドを超えない家賃で家を占有する［家に居住する］者で、所有者からの土地も放牧権も保有していない者」（the occupier of a house at a rent of not more than £2 a year, who held no land or grazing rights from the proprietor）と規定し、「タウンシップ」（township）については「クロフター保有地のある地域ないしは一群のクロフター保有地で、別々の名前がついているもの」（a district or a group of crofter-holdings, called by a separate name）と定義している。

本章の構成はごく単純で、詩歌二篇の紹介を通して「ゲールの土地」という観念に焦点をあてること（二）と、それに関連する社会的状況を具体的に述べること（三）を中心として、そのために必要な最小限の歴史的概観をあらかじめ行い（一）、社会的状況のその後の推移を一瞥しつつ簡単なまとめを最後に添える（四）、というものである。

一　一九世紀のハイランド概観

本節では、以下の二と三の論述のために必要と思われる範囲で、一九世紀後半までのハイランドの様子を概観することにする。簡潔を期して、項目ごとに分けて書く。

1　クロフターと羊、廃墟とツーリスト

第一に、包括的な指摘として、一九世紀後半に至る百数十年の間に、ハイランド社会は既に深甚な変貌を蒙ってしまっているということである。無論、変貌と言うならいつでも変貌はしているわけであって、たとえば、西岸一帯から沖合の島嶼地方を含む広大な地域海域を長らく支配し、ゲールダムの最盛期を築いたと言われるマクドナルド一族が、一五世紀末にスチュワート王家に島嶼領主権（Lordship of the Isles）を取り上げられてしまうなどは大変貌であるし、また、たとえば一七〇七年の「連合」に至る過程では、ロウランドないしイングランド（ゲール語で言えば Gall あるいは Sasannach）に、政治・経済・社会そのほか多くの面で深く組み込まれていったのである。ただ、これらの出来事は、本稿の関心からすれば最早遠い過去の話にすぎない。一七四五年に起こった最後のジャコバイト蜂起の後、ハイランドのクラン社会は加速的に解体へ向かってゆくが、右の「深甚な変貌」とは、まさにクラン社会のこの上層部分の解体・変質過程を出発点としているのである。つまり、この過程に付随して、あるいはその後に、クロフターなどゲールの民衆が被ったことがらを念頭に置いているわけである。

今やハイランド社会にいるのは、その声こそ未だ大きくないとはいえ、圧倒的にクロフターらの民衆であり、（「深甚な変貌」の代表格たるクリアランスがもたらした）羊であり、鹿である。そして、象徴的な光景としては、

貧しいクロフターらはハイランドの一隅の痩せた土地に固まって住みつき、他方の羊たちは広大な牧草地で悠然と草を食んでいるということになる。これにかつてクロフターらが住んでいた家の廃墟と、ひっきりなしにやって来る、また年々増えている旅行者たちを添えれば、いっそう典型的な光景ができあがる。

2　「ブリテン人」

第二に、二〇世紀に入ると、若干の浮き沈みはあるものの、スコットランドの「独立」などという話題なり運動なりが徐々に顕著になってくるが、一九世紀の末葉に至るまではこうした話題や運動の可能性はひじょうに小さかったということである。これはとりもなおさず、スコットランド総体が「大英帝国」にしっかりと取り込まれていたということである。ハイランドのゲール人にしても例外ではあり得ず、つとに一八世紀の前半から、「連合王国」の国民として、やがては「大英帝国」の版図に沿って、あるいは政治家として、あるいは商人として、あるいは兵士として大いに「活躍」していたのであった。

その際、彼らは「ブリテン」'Britain'を意識せざるを得なかったはずである。即ち、対外的にも、ゲールのアイデンティティからしても、'Gall'や'Sasannach'ではなく、「ブリテン人」でなければならなかったであろうということである。この「ブリテン」なる観念は、コリー（L. Colley）などが指摘しているように、「連合」から「帝国」の形成に至る過程で徐々に醸成され、通用させられていったのである。こうした（今日風の言葉で言うと）メガトレンドがゲールダムにとってどういう意味をもっていたかということは、いずれ必ず取り組まねばならない問題である。即ち、ハイランドの「外」に出ているゲール人にとっては、「ブリテン人」意識とゲール人意識とがさしたる違和感もなく結びついていたように見えるが、他方、ハイランドにいるゲールの民衆にとって「ブリテン人」意識はさして用のないものではなかったか、またそれぞれにとって「スコットランド」はどのような位相で意識されていたのか、というような問題である。

3　交通網の整備・拡充

第三に、一八六〇年代あたりから陸上・海上の交通ネットワークが飛躍的に整備され、拡充されていることを指摘したい。この一八六〇―七〇年代は「大英帝国」の最盛期であり、クリアランスやジャガイモ飢饉の爪痕は明瞭であったにせよ、ハイランドもおおむね好景気が続き、比較的に平穏であった。この時期の顕著な事象を一つ選ぶとすれば、ハイランドとその「外部」、あるいはハイランドの内部を互いに結びつける交通・運輸手段が飛躍的に充実してきたことである。

鉄道網で見ると、一八五〇年代にインヴァネス―ネアン（Nairn）間は既に開通していたが、六〇年代にはインヴァネス―ディングウォル（Dingwall）間、ならびにディングウォル―ボナル・ブリッジ（Bonar Bridge）間に鉄道が開通している。これらイースター・ロスの諸路線に加えて、一八七〇年にはディングウォルからストロム・フェリー（Strome Ferry）までの鉄道が完成し、後者からロッホキャロンを通ってスカイ島などの島々に海路でつながるようになった。この時期のこうした路線敷設は、大地主であるサザランド公（Duke of Sutherland）やルイス島のシーフィールド伯（Earl of Seafield）、サー・アレグザンダ・マシスン（Sir Alexander Matheson）らによる多額の資金援助によって実現した。

一方、海路のほうで言うと、今もハイランド海上交通の代名詞である「マクブレイン」が「デイヴィド・マクブレイン」（David MacBrayne）の名で、クライド川と西岸諸島とをフェリーで航行し始めたのが一八七九年であった。これ以前は長らく、デイヴィドとアレグザンダのハチスン兄弟が経営していたフェリー会社（その初期の蒸気船は一九三〇年代の初めまで四半世紀に亙って航行していたという）がハイランドの船便を支えていたが、デイヴィド・マクブレインはこれを継承したのである。

こうした交通・運輸手段が整備されていけば、鉄道工事そのものが仕事の口になるというだけでなく、ロウランドへの出稼ぎに大いに役立ったことは言うまでもない。逆に、ハイランドの「外」からの旅行客をも大いに誘発したわけである。たとえばハイランド・ゲームは一八世紀の最初の四半世紀までにスコットランドの至る所で行われるようになっていたが、一八四八年にヴィクトリア女王がブレイマー（Braemar 王室の離宮バルモラル城のあるディー川のさらに上流）でのそれに臨席して以来、いわば「格」が上がって、ブリテン各地からの観光客の呼び物になっていた。一八六一年、ヴィクトリア女王が寡婦となって、そうでなくてもハイランド好きであった彼女がますます離宮にこもるようになり、これが世のハイランド熱、いわゆるバルモラリズム（Balmoralism）に拍車をかけた。これらの現象の背後には、足の便が飛躍的によくなっていたという事実があるのである。

4 ゲール語

第四に、ハイランド社会は幾多の変容を被ったとはいえ、変化しにくい部分があったこと、生き延びていた部分があったことも忘れてはなるまい。その最たるものがゲールダムの生ける核心、ゲール語である。あるいはゲール語に凝縮されている文化的伝統である。なるほどゲール語を母語とするハイランドの民衆（地主ではない）は、ユニオン以来、もっとはっきりしてきたのは右にふれたジャコバイト蜂起以来、政治的にはまったく無力状態に置かれてきた。こういう状況が本稿で扱う一九世紀の後半、それも七〇年代から八〇年代に至るまで続いたのである。ハイランドのゲール人を政治的に左右していたのは、ゲール人、非ゲール人を問わず、イングランド語（英語）で生活している人間であったということが、ゲール語の消長にどういう影響を及ぼしたか、言わずして明らかであろう。最初に公式のゲール語調査（Gaelic census）が実施されたのは一八八一年であるから、これ以前は基本的には推定で語ることになるが、それでもゲール語人口がたえず減少し続けていたらしいことは、ウィザーズ（Ch. W. J. Withers）の綿密な研究によってあとづけられている。

しかしながら、少なくともハイランドに居続けたゲール人がゲール語を話していたこと（ゲール語しか話さなかったとは言えないにしても）は疑いないだろう。また、ゲール語を話す人の数が少なくなれば、ゲール語は「衰退」していくと言うのであろうが、数的には少なくなっていくゲール語人口の中にあってゲール語そのものが質的に変わってしまうとは思われない。そのゲール語、いわばゲールダムの生ける〝伝達者〟としてのゲール語を、またゲール語文化を、ハイランドにあって保持し続けていたのが、ほかならぬクロフターらの民衆であった。「ハイランドにあって」という点が重要である。というのも、ゲール語は都市や他国に移り住んでいるゲール人（ないしその子孫の多く）によっても話されていたからである。ただ、この母語だけがゲール人たるアイデンティティの証しになっている（〝異郷〟の）ゲール人たちは、必ずしも運動としてのゲール語保存に熱心であったわけではない。一八世紀以来、グラースゴウやロンドン、あるいはエディンバラといった都市をベースに、「ハイランド協会」'Highland Society'とか「ゲール協会」'Gaelic Society'などという名称の結社が数多く設立されたが、そうした運動を意識的に展開したのは、本稿が取り上げる一八八〇年代より僅か数年先んじて設立された「インヴァネスゲール協会（the Gaelic Society of Inverness）が最初であった。ハイランドのクロフターらは運動をしたのではない。黙々と生活を守り、ゲール語を生きたのである。

一九世紀の後半になると、広くヨーロッパにおける人類学、フォークロア研究、古文書学などの興隆に刺激されて、また「大英帝国」というシステムの中ではゲール語やゲール語文化の存続は危ういとの危機感から、学者たち（おおむねハイランドの「外」で仕事をしている）はゲールダムの生ける保持者としてのクロフターに注目するようになるのである。

5　ハイランド・クリアランス

第五に、右のどれとも深く関係しているハイランド・クリアランスについて、特にその歴史的な意味の重さについて一言しておかなければならない。大規模なクリアランスは一八五〇年代を境にして最早行われなくなったが、世紀後半のハイランド社会に残している刻印として、クリアランスほど深刻なものはない。

「クリアランス」と一括される出来事以外で、これまで言及してこなかったものでは、たとえば、遠く一八世紀前半から顕著になっている大小様々な規模の移民・移住（これはやがてクリアランスとも深く関わることになる）であるとか、これとほぼ同じぐらいの長い歴史がある、右にもふれたハイランド・ゲール人のブリテン軍役体験であるとか、（抽象的なまとめ方になるが）外部の経済状態に簡単に左右され、なかなか自立できないようになっている経済の姿など、大きな影を落としている事象はほかにもいろいろある。近いところでは、一八四〇年代の「教会分裂」（Disruption）、それと同時に創設された独立教会（the Free Church）の教勢拡大、そしてジャガイモ飢饉なども強いインパクトを与えている。しかし、影響の度合いとしては、いずれもクリアランスには及ばず、ここでは言及する程度にとどめる。

一八世紀中葉から一九世紀前半あたりのスコットランドといえば、何を措いても「スコットランド啓蒙思想」を先ず思い浮かべるだろう。南隣りの「大国」イングランドさえ凌いで、「スコットランド」がヨーロッパで輝いていた時なのであるから、これはこれで理由がある。しかし、私たちとしては、スコットランドの人々が「ブリテン」その実「イングランド」といった語り方に敏感になるのは理解できるというのであれば、「スコットランド」その実「ロウランド」というような語り方を自戒しなければなるまい。「スコットランド啓蒙」はロウランドの事象なのである。その時のハイランド（ハイランドだけではないが、苛酷な事例が集中したのはハイランドである）は、クリアランスという最も暗黒の時期を迎えていたのである。ちなみに言う。一八世紀後半から一九世紀初めにかけての「ケルト復興」に火をつけたのはジェイムズ・マクファースンであったが、彼の「オシアン」と、その後長く続いたオシアン・ブームやオシアン論争は、当のハイランド、ゲールダムの〝郷土〟で、民衆が悲惨な経験を余儀なくされている間の、そしてハイランドの民衆とはほとんど無縁の事象であった。このような構図の上に、これに輪をかけるようにして出現してくる、一九世紀前半の（火をつけたのはマクファースンであったが、サー・ウォルター・スコットを事実上の仕掛人とする）ハイランド・ブームにしても同様である。

クリアランスについて、少なくともスコットランドにおいては、既にあまりにも多くのことが語られてきた。なまじ自らこと新しく語ろうとするよりも、たとえば、すこぶる手際のいい、バランスのとれた概観を与えてくれるリンチ（M. Lynch）の『新説スコットランド史』（の第二一章）を、ほとんどそのまま紹介したほうがいいかもしれない、と思えるほどである。ただ、本稿なりの視点から見て、百年以上に及び、地域も形態も影響も実に様々であったクリアランスには中心的な事実があった、ということだけは指摘したいと思う。これは新しい知見として言うのではない。単に力点の置き所の問題である。少々抽象的になるのは避け難いが、敢えて一言をもってすれば、「人々（クロフターやコッター）が代々生活していた土地から立ち退かされた」ということである。どのような立場に立って、どのようにクリアランスを考察しようと、この事実は残る。地主側の意図の如何、立ち退いた後の土地の利用形態の如何、経済史的に見た場合の意味の如何、経済効率的な意義の如何、立ち退かされた人々の数と移住先の如何、そもそも土地というものに対する考え方の相違の如何、その他にも数々の問題があるけれども、「人々が追い立てられた」という一点は甲論乙駁の果てに残る重みをもっている。

6　詩歌の力

ソーリー・マクリーン（Sorley MacLean）の論考「クリアランスの詩」は、一九世紀という、ゲール語詩歌の歴史では今一つ精彩を欠いている時代にスポットをあて、クリアランスがどのようなかたちで同時代の詩歌に捉え返されているか、そしてその詩歌のゲール語詩歌としての評価はどうであるかを追求したものである。歴史を事象の繋がりだけで考えるのではなく、同時に人間（同時代の、また後世の）が事象をどのように受け止めたかという視点を導入して考える、というよりも後者を軸にして考えることができるということをこの論考は示唆している。特に、語りや詩歌の伝統という点でひじょうに豊かなものをもつゲール語文化の場合、そうした考え方こそが適当ではないかと思われるのである。

本稿の主題との関連で言えば、クラン社会の崩壊後久しい歳月を経ている一九世紀後半のゲールダムにあって、往時クランチーフに仕え高い地位と名誉を与えられていた楽人＝語り部に代わる役割を誰が引き継いだか、という問題である。といっても、それは民衆以外の者ではないのだ。ロウランドの俗謡の影響もあって、今や民衆が民衆に向かって、民衆のことを歌い、また語ったのである。

そこで、次に、舞台を一八八〇年代（言うところの「土地騒動」land agitations の時代）前半のスカイ島に移して、本節で概観してきたことが具体的にどのように現われているか考察しよう。先ず詩歌二篇を扱う（二）。いずれもミーク（D. Meek）の編集・解説になるアンソロジー『借地農民と地主』（*Tuath is Tighearna*）から選んだものである。事象の繋がりについてはその後（三）で扱う。

二　「ゲールの土地」

1　「立ち退き状諷刺歌」

アーガイルの靴職人、カラム・キャンベル・マクフェイル（Calum Caimbeul MacPhàil, 1847-1913）は、「一八八〇年代の初め頃、おそらくは一八八一年」にこんな諷刺歌を作った――。

立ち退き状諷刺歌

私は貪欲な〝立ち退き嬢〟を一つ諷刺してやろうと思う、
しばしばゲール人の心をグサリと刺して苛んできたもののことを。
彼女こそゲール人の土地を不幸におとしいれた、
悪魔とその一味の触れ役なのだ。
彼女が今年スカイ島にやって来て
住民の一部に島を離れろと言う、
愛情のかけらもない冷淡な命令を発して
聖ブレンダン祭の日に立ち退くよう支度をしろと言うのだ。

彼女は訊きもしなかった、誰かもう一人
家族の雨露をしのぐ者が家の中にいるのかどうかと。
彼女同様そんな男《もの》はおらず、これで全員だとすれば、
待っているのはただ死だけだった。
彼女は「年寄り」の懇願にも
子供たちの泣き声にもまるで耳をかさなかった。
彼女は彼らの錨をその元から投げ棄ててしまったので、

彼らは彼女の倣岸の波に弄ばれるがままだった。
彼女は彼らを放り出した、舵のない船が漂うように、
羅針盤もなく、帆もなく、櫓もなく、
不正の大海に翻弄され、
金満家共が巻き起こす旋風に押しひしがれるままに。
君たち、港の中で無事にしている諸君、
諸君は朋輩らとべったりとくっついて並ばないことだ。
しっかりと、男らしく、信じて起っているがいい――
どうして我らは奴隷のように屈服することがあろうか？

勇を奮って起つことだ、さる協会がしたように、
至る所で集会を行うことだ。
賢しくあれ、すべての戦士たる諸君よ
己の内には一滴のゲール人の血が流れているのだから。
もしも連中に諸君を援助するような法律が作れなければ、
ドナルドもパトリック並みの腰抜けだ。
正義は広汎かつ迅速に行われなければならず、
背信に決して打ち負かされないよう、刃を必要とするのだ。

ミークによると、一八八一年三月、スカイ島キルムールのフレイザー（Fraser of Kilmuir）なる人物（地主）が、地代の支払いを拒否しているヴァルトス（Valtos）のクロフターたちに対して強制立ち退きの脅しをかけたという事実があり、この詩はそれに呼応するものであろうという。背景と思しき事実については後で言及するが、詩作自体の前後の事情について、これ以上のことはわからない。また、マクフェイルはこれを諷刺（aoir）であるとするが、果たして文学的な意味で諷刺作品として成功しているかどうかは本稿の関心事ではない。直ぐに見て取れる事柄として、クロフターたちあるいはその家族が、一片の紙切れにすぎないと言えば言えるような立ち退き状によって翻弄され、挙句の果てに生活の場そのものを奪われていく不条理さを、あたかも無慈悲な魔性の女によって手玉に取られているかのごとき状況として描いていることだけ確認しておこう。

さて、私がここで注目したいのは「ゲール人の心」（an chridh' a' Ghàidheil 2行）、「ゲール人の土地」（tìr nan Gàidheil 3行）、「ゲール人の血」（fuil a' Ghàidheil 28行）という表現である。作者自身はアーガイルの人であってスカイ島の人ではなく、靴職人であってクロフターではない。つまり、これらの表現は地域的な共同性の意識とか職業上の連帯意識とかに発しているのではないのは無論のこと、スカイ島の人間ないしクロフターに向かっていわば〝外部〟の人間が一人のシンパサイザーとしてエールを送っているのでもないのである。立ち退き状によって心臓をグサリグサリと突き刺されているのはゲール人であり、幸いを奪われて（gun sonas）いる土地はゲール人のそれなのである。また、鼓舞と激励の言葉はゲール人としての血の共同性の意識に発している。明らかに作者は自らゲール人としてこの詩を作っているのである。

クラン社会がまだ辛うじて生きていた一八世紀前半に、既に詩人として名を成していたアラステル・マクヴァイスティル・アラステルの言う「ゲール人」には、クランをベースとする共同体意識が濃厚に滲んでいる。また少し後の、たとえ幻想ではあっても人々の心に生きていた一八世紀中葉以降の詩人、たとえばドナハグ・マカントゥールやウィリアム・ロスなどに見られる「ゲール人」意識は、対ロウランド（ないしイングランド）の、いわば広義におけるハイランドの人間という含蓄をもっているようである。クラン社会が解体しつつあることは認めていても、「ゲール人」とは基本的に一族郎党、上から下まで皆含んでいるのである。しかし、一九世紀も後半になり、たとえば一八六三年、ウィリアム・リヴィングストンが「詩人への伝言」（Fios chun a' Bhàird）の中で、

われわれのもとを去って行った者たちの家居は
いたるところで冷たい石積みと化している。
ゲール人は去り、戻ってくることはないだろう。

と歌うときの「ゲール人」（na Gàidheil）は、事実上ゲールの民衆を意味している。ここに述べられているような石組みの住居跡は、どう見てもクロフターのそれであろう。言うまでもないが、今は地主で元はクランチーフ（uachdaran）、あるいはチーフを中心とした高貴な家柄の人々（na h-uaisle）は絶対に含まれない、などということではない。多くはとうの昔にハイランドから姿を消していて、今さら歌われるまでもない彼らも、とにかくゲール人ではあるだろう。しかし、この詩では彼らにではなく、民衆（クロフターなど）に焦点が合わせられているのである。

カラム・キャンベル・マクフェイルに再度登場してもらおう。一八七二年の冬、「オーバン・タイムズ」に発表された「王国の貧者たち」（Bochdan na Rìoghachd）には次のような一節がある――

司令官たちは彼らを追いやるのだろう
ロウランドのくにへ、
ひょろ長い、きゃしゃな脚と、
短くて弱々しい胴体と、
艱難を耐えぬけない眼と、
役にも立たぬ肩をもった司令官たち、
もしも君たちがゲール人を追い出してしまったとしたら、
かわりにゴロツキみたいな連中をしゃしゃり出させたわけだ。

ここで「彼ら」と言われているのは、タイトルにある「王国の貧者たち」であり、この詩は、一八五四年の「スコットランド救貧法」(Scottish Poor Law) が「(働けるだけの) 強壮な肉体をもった貧民」をその適用対象からはずしていることへの抗議である。いくら頑健な身体をもっていても仕事がなければ、また仕事があったとしても生活の維持が困難なほどに低賃金であれば、いつになっても貧困から脱却することはできず、いくらでも貧民は増えてしまう。このことに目をつぶったままで何の救済法か、というわけである。ところでその「彼ら」は、実は、「王国」の護りのために (つまり兵士として) 大いに働いているのであるが、このことすら正当に評価されていない。そこで引用したような話になるのである。ここに言われている「ゲール人」とはゲールの貧民そのものである。

同じ詩の末尾を見よう——

もしもあなたが、おまえは当節の貴族に対して
ひどいことを言う、とおっしゃるなら、
試みに彼らを秤にかけて、
どれぐらい重いかごらんになったらいい。
もしも不正が泳ぎ回っておらず
正義を溺れさせることはないというのであれば、
私は敢えて厭うまい
ゲール人の郷土から追放されることも。

ここでは「貴族」(daoin'-uaisle)と「不正」(eucoir)が並べられ、「ゲール人(の郷土)」(dùthaich nan Gaidheal)の側に「正義」が置かれており、「貴族」は「ゲール人の郷土」の外側にいる者であるかのごとくに扱われている。

もう一度「立ち退き状諷刺歌」を見てみよう。既述のごとく、これが諷刺として功を収めているかどうかはさておくとして、そもそも立ち退き状とそれを発した側を諷刺するという姿勢は、取りも直さず、諷刺される悪徳に対して、読者が(作者と共に)諷刺する側にいざなわれているということではないかと思う。つまり、諷刺者と共に悪徳を揶揄し、批判し、断罪することが暗に期待されているのであって、この期待は応えられるであろうという見込みがあってこそ、諷刺は作られるのではないだろうか。問題は、しかし、この「読者」である。

この諷刺歌が作られた前後の事情は詳しくわからないとしても、少なくとも「読者」にとってここに諷刺されている事柄は明瞭であったことは確かであろう。無論、それだけであれば、「読者」はせいぜい目撃者にすぎな

い。「読者」は、単なる目撃者から、意識的な、つまりある特定の立場に立った証人となり、さらにはその立場の積極的な表現者へと変わるのでなければならないのである。少々大袈裟に言えば、こういう暗黙の要請をもっている諷刺は、「読者」の自由を、自由の自覚を促しているように思われる。その促しのキーワードこそが「ゲール人」であり、それも民衆としての、クロフターやコッターとしてのゲール人なのではないだろうか。このような意味でのゲール人意識が高まり、その促しに応えられるところまで来ていたらしいことは、右で見た通りである。

2 「スカイ島のクロフターたち」

ニール・マクラウド（Neil MacLeod ゲール語ではニーアル・マハクロージ Niall MacLeòid, 1843-1913）は、スカイ島の西端グレンデイル（Glendale）の生まれであるが、いとこが営んでいるエディンバラの紅茶会社に入り、そこで、外交員ないし外回りの販売担当として働いた。その仕事のかたわら、持ち前の父親譲りの詩心、歌心で多くの詩歌を作り、たいへんな人気を博していたという。もっともミークは、デリック・トムスン同様、ニール・マクラウドの詩歌の評価については概して消極的である。都市民の間で流行していた「ケイリー」（ceilidh）文化なるものと、ロマンティックなハイランド風景や望郷の思いを歌う都市部（に移住した）ゲール人とは軌を一にするところが多く、いきおい彼らのゲール詩にはロウランドのスコットランド人、あるいはイングランド人の影響が強く表われることになる。ゲール詩歌の伝統からすれば、主題についてだけでなく、韻律や構成についてまで、ロウランド（ないしイングランド）ぶり、ゲール語にいう dòighean Gallda が染みこんでいるような詩歌が高く評価されることはありえない。そして、どうも、このような詩歌をたくさん作った代表格がニール・マクラウドであるらしいのだ。したがって、彼は、同時代者の間で人気があっても、後世の人間、ことに学者たちの評価は低いという、ごくありふれた事例の一つを提供していることになる。

しかしながら、都市に移住した数多くのゲール人を始めとする同時代者がニール・マクラウドの詩歌を好んだということを一つの「史実」として受け入れるとすれば、通時的観点からする文学的価値評価だけで一蹴するわけにはいかない。特に、離郷者たる民衆が故郷に思いを馳せて「わが故郷」をうたうとき、それがどれほど感傷やロマン主義を滲ませていようとも、そのようにうたわざるを得なかった時代状況と、そうした心象風景としての「故郷」形成には相応の注意を払う必要があるだろう。このようなことを念頭に置きながら、ニール・マクラウドの「スカイ島のクロフターたち」(Na Croitearan Sgiathanach) を読んでみよう。

スカイ島のクロフターたち

なんと悲しいことだろう、ことの顛末が
今宵、わが郷土から伝えられた、
わが同胞が追い払われてしまったのだ
　気がふれたロウランドのやからの手で。
むきだしの棍棒で脅かされ
去勢牛のような重い足取りで、
お払い箱になった奴隷さながらに
　囲いの中に追い込められたという。
かくも親愛に満ちた人たち、
かくも礼儀正しく、心やさしき人たちを、
横柄な金満家の地主共が
　かくも冷酷に追放したために、
あの人たちの自由は失われ、
野も畑も打ち捨てられ、
羊ばかりが威張りくさって
　勇者たちがいた谷間を占めている。
思い出されることもない彼ら凛々しい若者たちは
我らの郷土を護ってくれたのだ、

いつでも戦えるよう武器を構えて
侮るでないと敵共すべてに教えてやったのだ。
囚われの身になっても屈することなく、
しかし正義を拒んだりはせず、
その見事あっぱれな身の処し方を見せてくれた、
無垢のまま、子らの世代に。

頑強なあの男たちが、
出征していったのには胸が躍った
スコットランドの旗の下、
彼らはその勝れた腕前を証明したのだった。
我らが苦々しい思いに駆られても不思議ではなく
怒りもこみあげてくるのだが、
なんとその彼らの末裔たちがないがしろにされ、
土地から引き裂かれようとしているのだ。

かつて我らの父祖たちは暮らしていた
王侯然とした立派な支配者のもと。
その思いは高潔で
真実と恩愛に満ちていた。
彼らにとって彼らの言葉はかくも美《うま》しく
彼らの友愛に欠けるところはなく、
戦いにあっても平和のうちにも
彼らのしきたりにしっかりと結びついていた。

彼らはいつどこにあっても
当り前のようにして一族の子らと共にいた、
そして彼らは熟知していた
あらゆる危急事態への対処の仕方を。
彼らが人々と共に相集う
聖日の礼拝の折など、
いかに慈愛深く人々に尋ねていたことか、
親しげに温かく。

彼らとその一族の者たちは
かくも志操堅固に一致団結し、
慈しみ合う家族のよう
彼らを引き離すのはひとり死あるのみ。

財貨も羊も
彼ら英傑たちの欲するところではなかった、
彼らこそ正々堂々として
　戦場では不退転の英雄であった。

水源もピート原野も
立入り禁止や締め出しになることはなかった、
自由と憩いを
　土地の若者たちは享受していた。
ひとを蔑んだような差配人共が
彼らに無理難題を押しつけて苛むこともなかった、
彼らの食い扶持を
　無慈悲に断ち切ることもなかった。

しかし、わが同胞たちよ、目を覚ますのだ、
君らの郷土を離れるでない、
むしろ、断固として立ち上がり、
　みごと郷土を救うがいい。
父祖代々相続し来たり
遺産として永久に君らに委ねられている郷土を、
今この時こそ守らなくてはいけない
　君らの中からやがて生まれ来る世代のために。

反乱に訴えるのではなく、
思慮と道理をもってすることだ、
曲がったことや反れたことはしないことだ
　言葉においても振舞いにおいても。
幾百幾千もの人々が
君らの擁護に立ち上がってくれるだろう、
君らが意中のものすべてを
　かの山嶺の野辺を獲得するまでは。

すべての圧制には終止符が打たれ、
食糧と豊穣とが、
平安と慰めとが
　国土を覆うだろう。
楽の音と歌とは
美しく響いて若者たちに戻ってくるだろう

そして麗しき乙女たちが
　牛たちや仔牛たちの世話をすることだろう。
すべての跡取り息子たちと支配人たちは
裏切りや傲慢を捨て去って、
人々に友愛を示すだろう、
　彼らが元々はそうであったように。
そしてゲールの民は、数限りなく、
山並み高き郷土に充ち満ちて、
土地を美しく彩って、
　その令名はいや増しに大きくなるだろう。

この詩は一八八三年に出版された作者の詩集に収められているようである。したがって、後述する彼の故郷のグレンデイルの事件（一八八三年）か、あるいは「ブレーズの闘い」（一八八二年）が背景になっていると考えられるのであるが、第一連、そして第一〇連の最後の79及び80行（原文は、Gu'm faigh sibh nas miann leibh / De shliabh nam beann àrd'）から推量すると、ブレーズの闘いへの反応とみたほうがいいらしい。ただ、この作品中に作詩の時期を明確に示すような言葉が用いられていないということ、即ち、そのようなことを厳密に言わなくても、この詩はこの詩として読まれ得たであろうという、ある意味では当然のことを指摘しておきたいと思う。

さて、まさにこのことは、2行、18行、68行、そして94行に出てくる「郷土」（dùthaich）という言葉の意味ないし指示対象をどう解するかということに関係してくる。作詩の時期や機会が確定できれば、詩中の「郷土」はグレンデイルかブレーズかのいずれかに決まってしまう、ということを認めるならば、時期の不確定は、「郷土」がグレンデイルであってもブレーズであってもいい、おそらくは標題が示唆するようにスカイ島であればどちらでもいい、ということである。時期の不確定は、必ずというわけではないが、場所の不確定を伴い、暗に出来事なり実体験の「典型」化、「類型」化、「物語」化を含意する。作者は、この詩でうたわれているクロフターたちに、ゆるやかに「スカイ島を郷土とする者」ということで繋がり、細部では如何に異なっていようと離郷の不安なり悲しみなりの体験を類型化することで共感を寄せ、更には、そうした不安なり悲しみなりの原因を作っている者を類型化することで、認識の共有を確かめているように思える。

特にこの最後の点に関連することであるが、ミークは、11行の「横柄な金満家の地主共」(uachdarain stràiceil)と34行の「王侯然とした立派な支配者」(uachdarain rìoghail)との対照に見られる、かつての〝黄金時代〟のロマンティックな描写に注目している。また、この対照が暗示する古き良き時代の回復要求並びに悪き現状の打破という点で、作者ニール・マクラウドがスカイ島のクロフターに寄せる共感を指摘しつつ、(73行以下に明らかなように)作者が現状打破のための実力行使には否定的評価をくだしていることにも注意を喚起している。しかし、この詩で見落してはならない点(そしてミークが指摘していない点)は、今やスカイ島を真に「郷土」と呼べる者は誰か、という問いではないかと思う。ロマンティックな対照は修辞にすぎまい。作者もクロフターも、「黄金時代」の追想に耽っている場合であるはずもなく、その回復をまともに求めているはずもない。こういった言辞が指向しているのは、スカイ島を真に「郷土」と呼ぶことができる者の正当性(正統性でもある)ではないだろうか。

ここで、問題の「郷土」(dùthaich)という言葉について、若干の語義的詮索を試みておこう。「土地」を意味するゲール語には‘dùthaich’‘tìr’‘fearann’の三つがある。もう一つ‘talamh’という言葉もあるのだが、(少なくともミークのアンソロジーの中では)頻度が低いので度外視する。それぞれのニュアンスについて、別の用例を先ず掲げる。

たとえば、アンソロジーの第一五番、イアン・マクゴウイン Ian Mac a’ Ghobhainn(John Smith)の作になる「遊猟家共に与える歌」‘Oran Luchd an Spòrs’の中には‘dùthaich’が五回、‘tìr’と‘fearann’が各々一回ずつ現われるが、英訳ではすべて'land'である。それぞれの文脈を考慮に入れても、やはり'land'の一語で包括してよいとミークは考えたのであろう。これは原語であるゲール語よりも、むしろ翻訳語である英語の語義なり語感なりの問題である。日本語に置き換えるとすれば、無論英訳のようにはいかない。以下に各々の原文とその試訳を掲げる。

（一） Eadar iad 's dùthaich an eòlais / Tha fairgeachan mòra a' beucadh. 彼らと彼らが馴れ親しんだ郷土とを隔てて／大海原が咆哮している。

（二） Nise bhon chuir thu air chèin iad / Cha 'dùthaich nan treun 'à seo suas thu 今や彼らを異郷に追いやってしまったからには／最早お前は「勇者の国」ではない。

（三） Dùthaich nan ruinnsearan Sasannach ごろつきイングランド人共の住処となり。

（四） Dùthaich nam madraidh 's nan ruadh-chearc 猟犬とライチョウの住処となってしまったのだ。

（五） Tha Gàidheil a-nis air an sgiùrsadh / Gun adhbhar a dùthaich an àraich 今やゲール人たちは追い払われてしまった／彼らを育んだ郷土が咎めているわけでもないのに。

（六） Làmhan nan aintighearnan truagha / A chuir as am fearann an sluagh 唾棄すべき圧迫者共の手が／人々をその土地から追いやってしまった。

（七） Thainig 'nan àite luchd fuadain / Chuir iad don-bhuaidh air an tir seo 彼らのかわりにやって来たぺてん師共は／この土地に悪習をもたらした。

次にこれら三つの語について、順次マクベインの語源辞典を見ながら考えてみる。

先ず‘dūthaich’について。〈a country, district, Ir. *dūthaigh*, O. Ir. *duthoig*, hereditary (M. Ir. *dūthaig*), G. dùthchas, hereditary right : root *dû* as in *dùn* ? Cf *dù*.〉これによれば、さしあたりは、「郷土」「くに」といった訳語を用いてよさそうであるが、肝心なのは説明にある‘hereditary’（「相続された」「世襲の」「代々の」「親譲りの」）のニュアンスで、これを考慮に入れると、自分が生まれる（はるか）前からそこで暮らしていた人々の末裔である自分もそこで暮らしている（いた）がゆえに、当然そこが自分の帰属すべき所であると観念している、という意味での郷土なのである。言い換えると、ある土地が‘dūthaich’であるかどうかは、そこを‘dūthaich’と呼べる人々と相関的な事柄であって、自然的ないし地理的特性で決まるわけではないらしいのだ。しかも、英訳でまず‘country’が挙げられていることからも察せられるように、（相続権のある）土地区画というような抽象的意味における物件を指す語なのではなく、代々実際にそこで生きてきた、生活基盤としての「地方」「地域」としての土地（「土地の者」などというときの「土地」）、いわば〃おらがくに〃を表わしているように思える。

次に‘tìr’について。〈land, earth, Ir., O. Ir. *tír*, W., Corn., Br. *tir*, tellus, la terre : ＊*têrsos*（＊*têrses*-）; Lat. *terra*（＊tersâ）, Oscan *teerum*, territorium. The further root is *ters*, be dry, as in *tart* ; the idea of *tír*, *terrâ* is “dry land” opposed to sea.〉最後に明記されている通り、これは何よりもまず「陸地」である。水に覆われていない、という意味で乾いた所、上陸したり着陸したりする所、堅固な大地である。さらには土、地盤、土壌である。上の‘dūthaich’と比べるまでもなく、この語は自然的特性を核にしているらしく思える。ちなみに‘tìr-eolas’は「地理学」である（‘eolas’は知、知識を意味する）。ただし、鳥や魚ならいざ知らず、人間は地上にしか住めないので、‘tìr’が事実上「人間が住む（住める）所」と重なるであろうことは明らかである。

最後に‘fearann’の項を見てみよう。〈land, so Ir., E. Ir. *ferand*, also *ferenn*, a girdle, garter, root *vera*, enclose, look after ; Skr. varaṇā́, *well*, *dam*, vṛṇoti, cover, enclose; Gr. *ἔρυσθαι*, draw, keep ; Ch. Sl. *vrêti*, claudere : further Lat. *vereor*, Eng. *ware*.〉やや難解であるが、これらの記述から浮かび上がって来るのは、柵などで囲われ、あるいは境界線で仕切られて、限界を画された地面としての土地というイメージである。また、その境目を見張る監視の目や、みだりに境界を越えて出入することを阻もうとする意思の存在を思わせる語である。もっとも、これだけの記述から、たとえばルソーの『人間不平等起源論』第二部冒頭の有名なくだりを連想し、彼が“la Terre n' est a personne”というときの大文字の「土地」こそ‘tìr’であり、「ぺてん師」によって囲われた所が‘fearann’である、などと考えるのは行き過ぎであろう。自然権思想の面からどう価値づけるにせよ、事実人間は大地に人為的な区切りを入れてきたのである。所有権の対象にしても、耕作の対象にしても、その他何の目的であっても、人間のその都度の具体的な営為は空漠として限界も定かならぬ大地を相手にしてきたのではなくて、あくまでも限られた範囲の土地、いわば fearann に関わってきたのである。少々脇道に逸れたが、単に「土地」とだけあれば、それを表わす最も普通のゲール語は‘fearann’であって、その‘fearann’に境界のイメージが語源的にまといついていても、これまたいかにもありそうな話ではないかということである。

これはリンチやディヴァインも指摘していることであるが、ゲールダムのクロフターは先祖代々の土地で生活することの正当性を、しばしば〝相続された〟もの（dùthchas）として観念していたとはいえ、まさにその dùthchas なるものの根拠がどの程度信ずるに足るかといえば、これがかなりあいまいなのである。ただ、本章の関心からすれば、そうした観念がクロフターの間に深く浸透していたことをはしなくも露呈させた、状況の変化の方向を共に考慮に入れることなくしては語れないのがこの dùthchas なのである。

ちなみに問う、クランチーフやタックスマンらはかつて同じように信じていたのではなかったか？　ロウランドあるいはイングランドなど外来の思想である〝富を生み出すものとしての土地〟〝生産のための土地〟という観念に、早々と鞍替えしてしまったチーフたちが正しいという根拠は何か？　そもそも、それが土地というものである、と誰が確信をもって言えるのであろうか？　土地をそのようなものとして扱うことと、dùthchasを基礎に考えることとは同列に並べて比較できるのであろうか？　事態の推移を公平な目で見れば、dùthchasの思想を「地方的」であり「旧弊」であると見るような状況の変化にチーフ変じて地主たちは抗しきれなかった、というだけではないのか？

本稿はこれら一連の問いに答える用意がない。このdùthchasの観念を誘い出すような「土地」こそが'dùthaich'であるとだけ言っておこう。

三　一八八〇年代前半のスカイ島事情

以下で叙述される事柄は、ハイランドのクロフティング社会がクロフター自らの行動で、またハイランドの外に多くの支持者を得て、名実共にクロフターを主役とする社会へと大きく変貌していった過程の初発段階に当たる。前節との関係では、「立ち退き状諷刺歌」と「スカイ島のクロフターたち」の内容に対する注釈であるといってもいいわけだが、特定の事象を特定の字句に対応させるようなことはしない。

1　キルムール

スカイ島北部キルムールの所有主はウィリアム・フレイザー（Captain William Fraser of Kilmuir）であった。彼は一八五五年、マクドナルド卿の受託管財人（trustees）からここを購入し、だいたい一年のうちの半分をユイグにある自邸で——これが一八七七年に起きた河川氾濫で損壊されるまで——過ごしていたらしい。このキルムール地方はスカイ島の中でも最も農耕に適した土地の一つであったが、同時に地代が島内で一番高いことでも知られており、また一九世紀中葉あたりからロウランドへの出稼ぎがひじょうに多いことも顕著な特徴であった。タウンシップの数は五五、そして三八〇のクロフトがあった。しかし、多くのタウンシップにはごく少数の借地人（クロフター）しかおらず、たとえばグレンヒニスタル（Glenhinnisdal）には四つのタウンシップがあったが、クロフターの数は全体で僅か一五人であった。

一八七〇年代に入ってから、世論に地主批判の動向が目立ち始め、ことにルイス島西部の小島ベルネラ（Bernera）のクロフターたちが、本島側にあった夏季の共有牧草地を別の貧弱な牧草地に換えられたことに抗議して、一八七四年に実力行動を起こして以来、『ハイランダー』*The Highlander* あるいは『北ブリテン日報』*North British Daily Mail* といったメディアがさかんにハイランドの土地問題を報じるようになっていた。実際、後者などは同年、早くもキルムールのクロフターを遠回しに援護して、「過重な地代は彼らが困窮から抜け出すことを阻んでいる」と書いていた。

フレイザー自身は、こうした攻撃や不評は心外であり、またプライドを傷つけられたと感じていたらしい。彼は差配人のアレグザンダ・マクドナルドに対して、「私は理にかなったことしかするつもりはない。彼ら［＝クロフター］は立派な部類の人たちなのだから」と語っていたという。そして、地代に不満があるなら借地人たちが出ていけばいい、自分の土地にいる以上は彼らといい関係でいたい、とも言っていたようである。彼としては、自分は自分の土地の「改良」に熱心な地主であると信じていたし、独立教会のために土地を提供してもいるのであるから、応分の評判を受けていいはず、そもそも高い地代にはそれなりの「根拠」がある、と考えていたのである。

ところが、クロフターたちはまったく違う見方をしていた。曰く、「二一のタウンシップを追い立てた張本人、法外な地代を課す人物（rack-renter）、執達吏（process-server）、そして勇気ある老クロフターの迫害者」というわけである。こういう評価をくだしていたのは一部のクロフターばかりではないことが、やがて明らかになっていった。

一八七六年、彼は、この頃には一年の大半を過ごしていた彼の生地ネアン（Nairn）の近く、つまりは本土東部の農場経営者（farmer）に、彼の所有地の再評価を行わせた。その結果は無論彼の狙い通り、こんなに良い土地に今の地代では安すぎるので値上げして当然、というものであった。事実、地代は値上げされた。しかし、事態はフレイザーの思惑通りには進行しなかった。地代の回収が捗らず、クロフターたちの間で徐々に不満が高まっていったのである。そして一八八〇年、ついにその不満が表面化した。彼の所有地の東岸、ヴァルトス（Valtos）のクロフター、ノーマン・スチュワートを中心にして、抗議と地代支払い拒否の波が広がっていった。彼は一八七七年にも不払い行動を起こしていたが、今や〝（スカイ島の）パーネル〟の異名を唱えられるほど、積極的な指導性を発揮するまでになっていた。フレイザーが言う「理にかなった」（reasonable）には、スチュワートなりに根拠を挙げて反駁し、たとえばタウンシップ内の各クロフトで飼える家畜頭数を決めるスミング（souming）について、地主側が決めた数字に誤りがあることを指摘しているのである。これに対してフレイザーも、比較的貧しく、弱い立場のクロフターらには「贈り物」などを送って機嫌を取る一方、反抗分子に対しては断固つまみ出すよう差配人に指示して対抗したのであるが、既に世論は〝地主横暴〟を許さぬ段階に来ていたのである。

2　アイルランド情勢との関連

ここでアイルランド情勢との関係について一瞥しておく。これは特に一八八〇年代に入ってはっきりしてきたことであるが、（西北）ハイランドにおけるクロフターたちの土地をめぐる動きとアイルランドの土地闘争との呼応に注目したい。この頃には、地理的な近さもあって、ハイランドの季節労働者がさかんにアイルランド沿岸地帯と行き来するようになっていたため、アイルランドの土地闘争から多くを学んで帰ってきた。実際、地主と借地農の関係や、飢饉や貧困による危機的状況の姿が、そうした学びを促すほどに類似してもいたのである。この、いわば〝アイルランド・コネクション〟は、次にふれる「ブレーズの闘い」でより顕著に現われることになる。一八七九年五月、「アイルランド土地同盟」the Irish Land League がマイケル・ダヴィット(Michael Davitt)によって結成され、指導者にはこの四年前から下院議員に選ばれていたパーネル(Charles Stewart Parnell)が就任した。そして翌八〇年、一万人にも上る人々の強制立ち退きが実施されるや、パーネルは〝ボイコット〟戦術でこれに対抗した。彼は、同年一二月、土地同盟の他のメンバーと共に扇動などの廉で投獄されたが、結果としては不起訴になり、これとほぼ軌を一にしてグラッドストーン自由党内閣は土地問題に関して宥和策に転ずることになった。この過程から生まれたのが「アイルランド土地法」the Irish Land Act(一八八一年)である。

この法律には、たとえば借地権の保証(security of tenure)や地代の法定など、土地同盟の要求の幾つかが反映されており、当のアイルランド農民は言うまでもなく、土地問題で苦しむハイランドのクロフターにとって、この「土地法」は画期的な意義をもつものであった。この法律一つで土地問題が最終的に解決されたわけではけっしてないが、これ以後の土地闘争に弾みをつけ、モデルを提供することになったのであるから、その歴史的な意義はきわめて大きい。とりわけハイランドのクロフターにとっては、「同じ恩恵を手にすべく我々だって反逆者になってみせる」と思わせたほどに「良い知らせ」であった。

キルムールに戻ろう。ヴァルトスのクロフターが起こした行動を支持する決議が、たとえば一八八一年四月、パーネルを迎えて行われたグラースゴウでのとある集会で、あるいはまた五月初旬、同じくグラースゴウで催されたケルト協会連合（the Federation of Celtic Societies）の評議会で採択された。後者の団体はこれ以後、クロフターの代弁者・擁護者としての活動を継続していくことになるが、*The Scotsman* や *The Inverness Courier* など地主階級寄りの新聞は、その背後に〝アイルランド・コネクション〟なるものがあるとして、しばしば槍玉にあげることになるのである。しかし、とどのつまり、フレイザーは譲歩を余儀なくされ、同年六月、表向きは「スミングのちょっとした間違い」を理由に、地代（ヴァルトスなどの）の二五パーセント引き下げを行った。キルムールはこれでとりあえず一時的鎮静を迎えることになった。

3　ブレーズの闘い

スカイ島の中心ポートリー（Portree）から南へ約一〇キロメートルから一五キロメートル、対岸にラーセイを見る東海岸沿いに広がる一帯がブレーズ（Braes あるいは the Braes）である。このブレーズの南方にベン・リー（Ben Lee）という山があり、かつてはブレーズのいくつかのタウンシップでクロフティングを営む人々の共有牧草地であった。一八六五年、ブレーズを含む広大な土地所有者マクドナルド卿の当時の差配人が、これをある農場経営者に貸してしまったために、クロフターたちは共有牧草地として使えなくなった。そのぶん地代は引き下げられたというわけでもなかったが、当該タウンシップのクロフターたちはこの処置に従っていた。その後一八八一年に至って、ベン・リー（一二〇〇―一四〇〇頭の羊が飼えるとされた）の使用権はポートリーの農場主ジョン・マッカイの手に移った。しかし、このジョン・マッカイは地代の支払いに苦慮しており、土地のクロフターの間でも周知の事実になっていた。来年のタームデイ（termdays）――借家など諸々の賃貸契約の、またしたがって支払いの期限日であり、スコットランドの場合、二月二日（Candlemas）、五月二八日（Whitsunday ただし一八八六年までは五月一五日）、八月一日（Lammas）、一一月二八日（Martinmas　これも一八八六年までは一一月一一日であった）であるが、この場合は一八八二年のWhitsunday（白衣の日曜日）、つまり聖霊降臨祭の日を指している——がやってきても、マッカイは契約の更新ができないのではないか、と見られていた。年来の不満に、この見込みと、更にアイルランド情勢の知識、特にこの夏、アイルランド西南沿岸に漁船乗組員として出稼ぎに行っていた者たちが帰郷してもたらした情報などが相俟って、ゲディンテラル（Gedintailear あるいは Gedintailor）、バルミァナッハ（Balmeanach）、ペインホラン（Peinchorran）という三つのタウンシップのクロフターたちは、ベン・リーの牧草地回復を求めて行動を起こしたのである。一八八一年一一月のことであった。

アイルランド帰還組が起草したこの要求書は、時の差配人アレグザンダ・マクドナルド（キルムールのそれと同一人物である）に渡されたが、その場で撥ねつけられた。しかしクロフターたちは直ちに地代支払い拒否を宣言した。この背景には、これより数週間前、ダブリンはキルメイナム（Kilmainham）刑務所でパーネルが発した地代不払い宣言がある。そしてこの数日後のタームデイ、聖マルチン祭の日（Martinmas）、クロフターたちはポートリーにある差配人の事務所の前まで行進していって、その日に地代を支払わない、のみならずベン・リーが返されるまでは、いつになっても支払わない旨の通告をした。これは決定的な意味をもつことになる行動であった。つまり、キルムールの事態は、アイルランドのそれと似て、法外に高い地代を引き下げることが焦点であったが、この場合は地代支払い拒否を手段として共有牧草地の回復実現が目指されているのである。広く見れば、スカイ島のみならずハイランドにおける土地闘争は、高額地代よりもむしろ土地不足が問題なのである。少し後の話になるが、一八八三年二月、政府がネイピア調査団の立ち上げを決定したのに対して、クロフティング社会の問題の理解者・支援者たちがロンドンで結成した「ハイランド土地法改革協会」（Highland Land Law Reform Association）は、まさにこの点で、モデルたるアイルランド土地同盟と異なるのである。即ち、彼ら（HLLRA）は公正な地代や保有権の安定などと並んで、クロフターに対するしかるべき土地配分をも綱領として掲げていたのであった。ブレーズの当該タウンシップのクロフターたちが自覚的であったかどうかはともかく、彼らの行動が、結果的に、その後のハイランドのクロフターたちに、また都市部のハイランド・シンパサイザーらに大きな影響を与えたのは自然の成り行きであった。

さて、その後の動きであるが、クロフター側は結束を固めようとし、地主・差配人側はこれを切り崩しつつ〝扇動の張本人〟(ringleaders) を割り出そうとして、数カ月の小競り合いが続く。そして翌八二年四月、後者は遂に州当局を動かして、この地代ストライキの首謀者と思しきクロフターらに立ち退き状を突きつけるに至った。しかし、州官吏はブレーズの当該地域に入るや、待ち受けていた約一五〇名のクロフターに取り囲まれ、令状を取り上げられ、その場で焼かれてしまった。これは公務執行妨害である。長く続いたハイランド・クリアランスの歴史の中では、外見的に同種の行動がしばしば見られるのであるが、それらは追い込まれたクロフターの絶望的な抵抗以上のものではなかった。ブレーズのクロフターらの行動は意識的、攻撃的、組織的であった点で、従来とはまったく異なった意義をもっている。とはいえ、こうしたクロフターの振舞いを待ち構えていた人物もいたのである。クロフターらの運動を潰す機を窺っていたインヴァネス州長官 (Sheriff of Inverness-shire) のウィリアム・アイヴォリ (W. Ivory) は、首謀者の逮捕を含む強権発動の大義名分が立つことになったので、時を移さず行動に出た。彼の援助要請に応えてグラースゴウ警察が派遣した五〇名を超える警官隊などに守られながら、同月一九日未明、アイヴォリらはブレーズに足を踏み込んだ。タウンシップ側はこの朝駆けに虚を突かれて対応しきれず、容疑者の逮捕までは混乱なく進んだ。しかし、彼らが逮捕者を連行して引き上げようという頃には、クロフターらも漸次態勢をととのえており、そこで路上を舞台のもみ合いが始まった。警察側は警棒で、クロフター側は投石で、一方は逮捕者をポートリーまで引き立てて行くべく、他方は仲間を奪還して警察官らを追い返すべく、激しく応酬し合った。双方に負傷者を出したこの騒動は、当局側が投石の嵐を遂に突破して終わった。

五人の逮捕者は連行されていった。

当時の新聞各紙によって早くも「ブレーズの闘い」(the Battle of the Braes) と名づけられたこの騒動は、世論の注視の的となった。*The Scotsman* など、アイヴォリの取った措置を称えた新聞もあったが、多くは、いよいよ白日のもとに晒されるようになったクロフターの境遇に同情的であった。とりわけ、このブレーズの闘いが、広くはハイランドのクロフター全体の強力な援護射撃ともなる、都市部のゲール人インテリの連帯を強めたことは注目に値する。前年には初のゲール語国勢調査 (Gaelic census) が行われ、この八二年には初のゲール語講座がエディンバラ大学に置かれるという時の趨勢も手伝ったであろう。とにかく、ゲール語復興を唱えていたブラッキー教授 (Prof. J.S. Blackie)、ロンドンゲール協会会長のマクドナルド博士 (Dr. Roderick MacDonald)、インヴァネスのゲール協会の設立者であり、*Celtic Magazine* (一八七六—八八) の編集者でもあったアレグザンダ・マッケンジー (A. MacKenzie)、さらには、自由党国会議員であったグラースゴウのチャールズ・キャメロン博士 (Dr. Ch. Cameron、彼はケルト協会連合 the Federation of the Celtic Societies の議長でもあった) やインヴァネスのチャールズ・フレイザー—マッキントッシュ博士 (Dr. Ch. F.-MacIntosh 当時の指導的なゲール語学者である)、その他そうそうたる面々が、ハイランドのクロフターのために連携して行動を展開するようになったのである。八一年まで親クロフター、反地主の立場で *Highlander* の主幹として精力的に健筆を揮っていたジョン・マルドッホ (J. Murdoch) は、こうした組織が政治的に必要であることをつとに訴えていたが、その夢が遂に現実のものとなったわけである。

以後のことは簡単に済ませよう。右に挙げたような人々の影響力もあって、五月一一日のインヴァネスで行われたブレーズの五人の審問は、若干の罰金ないしはそれと共に最高一カ月の禁固という結果にとどまった。つまりは全員有罪とされたのであるが、それは無論彼らの行為に対する法的な裁定であって、精神的な意味においてはクロフター側が押し気味であり、意気も高かった。実際、五人のブレーズ帰りは英雄扱いであった。そして問題のベン・リーは、借料つきではあったが、そして、一時的にもせよクロフター側はこれに同意したため、三つのタウンシップが以前通り使用できるようになったのである。

4　グレンデイル

キルムール、ヴァルトスでの闘争にブレーズのそれが続いたように、後者にはグレンデイル（Glendale）の土地闘争が続いた。というよりも、「ブレーズの闘い」に至る過程と、何世紀にも亙る〝マクラウド一族のくに〟（Dùthaich MhicLeoid）の一部、スカイ島の西端に位置するグレンデイルでの土地闘争の最初の段階とは、平行して進行していた。ここで勃発したクロフターの闘いは、当初よりきわめて意識的、計画的な性格を帯びていたのが特徴である。

ダンヴェガン城（Dunvegan Castle）を根拠地とする強大なクラン、マクラウド一族も、代々のチーフが財産を蕩尽してきたために、一九世紀も末葉のこの頃には、かつての広大な所領の大部分が他人の手に渡ってしまっていた。グレンデイルの諸タウンシップの場合も例外ではない。そうした新しい所有者には、自分の所有地にほとんど足を踏み入れることのない、いわゆる不在地主が多く、結果的には、その差配人が現地で勝手な、横暴と言っていいほどの権力をふるうことしばしばであった。この点でもグレンデイルは例外ではなかった。トルモアのドナルド・マクドナルド（Donald MacDonald of Tormore）というその差配人は、一八八二年の「白衣の日曜日」にリース期限切れとなるウォーターステイン（Waterstein）を、管財人がその後の処理を決める前の一八八二年一月、勝手に自分の農場にしてしまおうとしたのである。ウォーターステインはグレンデイルの西数キロメートルにある、海沿いの崖の上の高台のような牧草地、借地権者は更新の意思がないことをつとに表明しており、また所有者は一八八一年春に死去している、という状況であった。そして、グレンデイルのタウンシップの中でウォーターステインに近い二つのタウンシップ、上ミロヴェイグと下ミロヴェイグ（Upper and Lower Milovaig）のクロフターたちもまた、不足していた牧草地を補うべく、ここを借りたいという意向をもっていたのである。

差配人トルモアは何をしたかというと、右記のタウンシップのクロフターに対して、犬を飼ってはいけない（羊を脅かすから）とか、海岸で流木を拾い集めてはならない（グレンデイルにある自分の農場——ウォーターステインも含む！——に〝不法侵入〟することだから）とかいった内容の文書を、地域の郵便局にいきなり掲示したのである。のみならず、彼は、ウォーターステインの牧草地と近隣タウンシップの共有牧草地との間にフェンスを張ろうとしたのであった。時あたかもブレーズのクロフターたちによる地代ストの報がスカイ島を駆け巡っていた折も折、この差配人の措置はグレンデイルのクロフターたちをいたく刺激する結果となった。彼らはどのように対抗したか。公開の集会を開くことにしたのである。その呼び掛けの掲示文には、二月七日午後一時ないしその前後にグレンデイル教会に集まり、われわれがそれぞれもっている不満・苦情を皆の前にさらけ出し、役人の同席を求めて、それをわれわれの上の者（our superiors）に伝えよう、というようなアピールが書いてあった。

そしてこの集会は予定通り開かれた。グレンデイルの諸タウンシップからぞくぞくと集まってきたクロフターたちは、次々に長年の不満や苦情を述べ合い、さらに、それらを請願状にしたためて地主の受託管財人に渡すべく互いに結束していこうという意思確認をした。先にその名を挙げたアレグザンダ・マッケンジーによれば、クロフターたちがこのような動きを示したのは「革命的」であるという。そもそもこのような集会に足を運んでみようと決断すること自体、クロフターにとってたいへんなことであり、足並みをそろえて運動を展開するには、挫けそうになったり脱落しそうになったりする仲間をたえず励ますことも必要である。

さて、この請願状には、ある地主がクロフターに課していた「一〇日の労働」（地代の一部を地主の農場で労役することで支払わせることで、少なくともこの頃のスカイ島ではほとんど過去のものとなっていた）に対する撤廃要求など、他には見られないものも含まれていたが、大半は、もっと多くの土地がほしい、昔は自由に使えていた土地を返してほしい、という要求が占めていた。これは三月下旬にその筋の者に提出されたが、ブレーズの場合と同様、撥ね付けられた。この前後には地主側の手練手管やクロフター側の応酬などいろいろなことが起こっているものの、結局これまたブレーズのクロフターと同様、クロフター側は地代の不払いで対抗することを宣言するに至った。両ミロヴェイグとその東南に隣接するボロデイル（Borrodale）のクロフターたちがトルモアに対して要求しているのは、ウォーターステインの牧草地を現借地権者と同額の地代で使えるようになることであったが、加えて宣していわく、われわれの要求が実現されるまで地代は払わない、われわれは一体であり、だれ一人として立ち退き状に応じて出て行く者はいないはず、要求している土地が使えるようになるまで全員がこの土地にとどまり続ける、とあった。明確で断固たる意思表明である。しかし、トルモアは要求に応じなかった。この後、身の危険を感じたトルモアが拳銃を携行するほど、グレンデイル情勢は険しくなってきた。管財人の調停が難航しているうちに、トルモアは当該牧草地を諦め、差配人も辞めてしまった。しばらくの空白の後、新しい差配人が決まったが、この人物はゲール語を解さなかった。後述するリーダー格のクロフターの一人は、トルモアのほうがまだしもいい、あるいはゲール語を解して人柄がよい人物がいい、と語ったという。

この間にもミロヴェイグなどのクロフターたちは、ウォーターステインの牧草地に家畜を放っていた。管財人は六月、公式の差止め状を盾に、これをやめさせようとしたが、無視された。そうこうするうちに、九月初め、夏の間の約二カ月スコットランド東海岸の漁場へ働きに行っていた約五〇〇人ほどのクロフターたちがグレンデイルに戻ってきた。アイルランドに出稼ぎに行っていた若いクロフターたちもそうであったが、彼ら東海岸帰りも、最新の情報と旺盛な批判精神を身につけて来ていた。彼らは帰郷早々に実力行動に出た。ウォータースティンで働いていた羊飼いに向かって、仕事をやめろとか、自分たちの家畜に手を出したらただではおかないぞと威嚇したりしたのである。一一月には、遂に羊飼いに傷害を負わせる事件まで起こした。聖マルチン祭のタームデイが来ても、地代の支払いを拒否し続け、グレンデイルにいる約五〇〇人のクロフターのうち払ったのは五人だけで、その五人も一二月になって圧倒的多数のクロフターたちから嫌がらせを受けたのであった。これらの行動を率いたリーダーたちには下ミロヴェイグのクロフターが多く、前段末尾のコメントの主ジョン・マクファースン (John MacPherson) を始め、アーチボールド・ギリーズ (Archbald Gillies)、アレグザンダ・マクリーン (Alexander MacLean)、マルコム・マシスン (Malcolm Matheson) らがいた。上ミロヴェイグのクロフターではジョン・モリスン (John Morrison) などが中心人物であった。

州当局は、右の傷害事件を起こした張本人らに対して手をこまぬいていたわけではないが、ブレーズの一件が落着するまで本腰を上げるには至らなかった。そんなわけで、グレンデイルのクロフターらは、リーダーたちを中心に一八八二年暮れから八三年初めまで、来たるべき対決に備えながらも通常通り暮らしていたのである。八三年の一月、遂にウォータースティンの牧草地に対する差止め状が発せられた。しかし、十余名の警官などに守られてやってきた遣いの者は、グレンデイルに入ると、数千名はいようかという殊に若い層のクロフターたちに阻まれ、負傷を負わされて追い返されてしまった。のみならず、逮捕者を出すことに断固抵抗しようという数百名のクロフターは、二〇日、ダンヴェガンまで行進していって地区の警官まで追い出してしまったのであった。

ブレーズに続くグレンデイルの事態がこのようにエスカレートして、スカイ島は騒然とした状況になってきた。八二年暮れにはキルムールで再び地代ストが持ち上がっており、その他の地域、スカイ島だけでなく、ルイス島やバラ島などでも、類似の騒動に発展しかねない様相が見られた。ここに至っては、さすがに政府も何らかの対応策を講じざるを得ず、軍隊の出動を決定した。しかし、その前に、首謀者と目されていたクロフターたちに対してもう一度だけ説得を試み、自主的な出頭を勧めることになった。他方では、土地の教会（独立教会 Free Church）の牧師たちを中心にして、クロフターの立場に同情はしつつも、今や事態の収拾・調停に誰かが動かなければならない段階に来ており、やはり社会の秩序と法を守ることは必要であり、過ちは過ちとして裁きに服するよう説くべきではないか、との声も上がっていた。そして、とどのつまり、この説得の任に当たったのは、ゲール語を話し、ハイランドで長く救貧法の実務に就き、後にはネイピア調査団の秘書として貴重な役割を果たすことになるマルコム・マクニール（Malcolm MacNeill）であった。彼の努力の甲斐あって、ジョン・マクファースンを始めとする五人のクロフターが首謀者として選ばれ、自発的に裁きに服することになった。三月一五日、エディンバラで開かれた治安裁判所（Court of Session）で、五人に対して禁固二カ月の有罪判決がくだり、彼らはカルトン（Calton）刑務所に投獄された。当時の大衆紙は、この段階で既に彼らを「グレンデイルの義士」（the Glendale Martyrs）と呼んでいた。その五人の「義士」が二カ月の刑期を終えて刑務所を出たとき、またその数日後スカイ島に到着したときは、まるで英雄の帰還さながらの熱烈な歓呼に迎えられたという。

ネイピア調査団はこのとき既にスカイ島に入っており、五月八日のブレーズを皮切りに数カ所で聞き取りを行っていた。一行のグレンデイル入りは五月一九日であった。

四 総括と展望

ネイピア調査団（Royal Commission of Inquiry into Condition of the Crofters and Cottars in the Highlands and Islands of Scotland）は、スカイ島から外へブリディーズ諸島、シェットランド、オークニーといった島々を巡

り、本土に入って西岸沿いにサザランドからロス、インヴァネス、アーガイルと下り、約七週間の間をおいて、一〇月のうちに、東岸沿いをケイスネスからサザランド、ロス、インヴァネスを訪ね、そこから内陸に入りキンギュッシー、グラースゴウ、エディンバラまで一気に進んだ。それからまた二カ月の間をおいて、最後の聞き取り調査をアーガイルのターベルト（Tarbert）で実施したのは暮れの一二月二六日であった。合計六一カ所、七〇回の公聴会、実に七七五名に及ぶ人々からの聞き取りを行うという、大規模な調査であった。この調査報告書がまとめられ、刊行されたのは一八八四年四月下旬であった。

この二年後の夏にはクロフター保有地法（Crofters' Holdings（Scotland）Act, 1886）が成立している。この間にもまたその後も、ハイランド土地法協会を始めとして官民の関連諸機関、諸団体は、それぞれに思惑を秘めながら、クロフティング地域の問題解決のために活発な活動を展開している。しかしこれらが、結果的には、おおかたのクロフターたちにとって問題の抜本的な解決に至っていなかったらしいことは、その後もルイス島その他で土地騒動が相変わらず頻発していることから推測されるところである。また上で見てきたスカイ島事情にしても、その後クロフターたちの間で社会不満がすっかり終息したわけでもなかった。では何一つ変わっていないのかというと、そうではない。クロフター保有地法はクロフトの保有権を保証し、常設の第三者機関（Crofters' Commission）を立ち上げて公正な地代の実現に向けて動き出している。また、クロフターが自らのクロフトに加えた改良は、それなりに補償され報われることになった。何よりも、この法の成立はクリアランス時代の完全な終焉を意味するものであり、強制立ち退きなどの不安を払拭したのである。ただ、当然のことながら、法律はクロフターの要求の最低限しか実現せず、たとえば貧困の問題が解決されたわけではなく、「本来」クロフターが享受していいはずの土地（今は牧羊地、ないし増大しつつある鹿猟地である）が「戻って」きたわけでもなかった。

これらとは別に、明らかに変化しつつあったものがある。クロフターたちの姿勢、明確にして不退転のゲールダム意識の芽生えである。無論そのようなことが一朝一夕に起こるはずもない。控え目に言っても、一八世紀前半から続いた辛酸の一五〇年を忘れるわけにはいかず、これとて、専らクロフターのゲールダム意識へと収斂すべき一五〇年であったのでもない。しかし、クランチーフの（地主への）転身に翻弄され、少なからぬ差配人の冷酷非道に耐え、貧困と飢饉にうちひしがれ、膨大な数に上る同胞を移民・移住先へ、移民船内での病死で、移民船の沈没と共に海原の底へ、更には戦場で失いながら、肥沃とは程遠いハイランドの一隅に居続けるクロフター（やコッター）が、ここに来てゲールダムの自覚をもつようになったのだ。驚くべきことではないだろうか。

その姿勢の変化なるものはどのように窺われるのか。詩歌である。ミークのアンソロジーにはそれを示唆する数多くの作品が収録されている。本章の二ではその中の僅か二点を見るにとどまっているので、ゲールダムの意識といっても、議論としては不十分なものである。ただ、都市部を中心に「ケルト復興」がインテリ層の口端に上っている頃、ハイランドの一隅で、ケルトならぬ「ゲールの土地」をめぐって、一般民衆たるクロフターたちが、どういう状況に置かれながらゲールの言葉でどのような自己表現を残していたかを、その一端でも指摘したいというのが本章の狙いであった。

付記——参考文献について

本章は通常のかたちでの注を省いている。理由は、一と三ではほとんど一文ごとに注を付さなくてはならないから、ということに尽きる。そこで、付記として、本章で参照した文献を一括してふれておきたい。

全体に亙って次の四点は繰り返し参照した。

（1）J. Hunter, *The Making of the Crofting Society* (Edinburgh, 1976).

（2） M. Lynch, *Scotland A New History* (London, 1991).
（3） I.M.M. MacPhail, *The Crofters' War* (Stornoway, 1989).
（4） *The Companion to Gaelic Scotland* (Ed. D.S. Thomson ; Oxford, 1984).
特に（1）の 8 The Highland Land War 1 : Beginnings, 1881-1883 と，（3）の Chapter 2 : The Skye Troubles には，三で全面的に依存している。この節は，叙述の順序と力点の置き方以外に新しい論点などは何もない。なお（2）の 21 The Highland Condition は一で大いに参照させてもらった。

その他の文献は以下の通りである。

主として一に関して。
（5） P.M. Allen / J. de Ris Allen, *Fingal's Cave, the Poems of Ossian, and Celtic Christianity* (New York, 1999).
（6） L. Colley, *Britons Forging the Nation 1707-1837* (Yale, 1992).
（7） T.M. Devine, *The Great Highland Famine* (Edinburgh, 1988).
（8） W. Ferguson, *The Identity of the Scottish Nation—An Historic Quest* (Edinburgh, 1998).
（9） M. MacLean / Ch. Carrell (eds.), *As an Fhearann—From the Land* (Glasgow, 1986).
（10） J. Prebble, *The Highland Clearances* (Penguin Books, 1969).
（11） Ch. Withers, *Urban Highlanders—Highland-Lowland Migration and Urban Gaelic Culture, 1700-1900* (East Linton, 1998).
（12） Ch. Withers, *Gaelic in Scotland 1698-1981 Geographical History of a Language* (Edinburgh, 1984).
主として二に関して。
（13） N.M. Gunn, *Selected Letters* (Compiled and Introduced by J.B. Pick, Edinburgh 1987).
（14） J. Hunter, *On the Other Side of the Sorrow—Nature and People in the Scottish Highlands* (Edinburgh, 1995).
（15） A. MacBain, *An Etymological Dictionary of the Gaelic Language* (Glasgow, 1982 ; 1st ed., 1896, 2nd and

revised, 1911).

(16) J. MacInness, Gaelic Poetry in the Nineteenth Century (*The History of Scottish Literature*, Vol.3, ed. by D. Gifford, Aberdeen, 1988).

(17) S. MacLean, *Ris a' Bhruthaich—The Criticism and Prose Writings of Sorley MacLean* (Stornoway, 1985)（この論文集に収められた論考 The Poetry of the Clearances については筆者によるる翻訳・紹介も参照されたい。『中央大学論集』第二〇号、一九九九年、『人文研紀要』第三五号、一九九九年、同、第三八号、二〇〇〇年、に分載。）

(18) D. Meek, *Tuath is Tighearna—Tenants and Landlords An Anthology of Gaelic Poetry of Social and Political Protest from the Clearances to the Land Agitation, 1800-1890* (Edinburgh, 1995).

(19) 竹下英二「民族エートスと音楽――アイルランド文化精神を支えているアイルランド語「デューハス dúchas」をめぐって――」（『エール』第一九号、日本アイルランド協会、一九九九年に所収。）

主として三に関して。

(20) T.M. Devine, *Clanship to Crofters' War—The social transformation of the Scottish Highlands* (Manchester, 1994).

(21) A. Mackenzie, *History of the Highland Clearances* (Inverness, 1883 ; reprinted Edinburgh, 1991).

(22) E. Richards, *A History of the Highland Clearances : Agrarian Transformation and the Evictions, 1746-1886* (London, 1982).

主として四に関して。

(23) A.D. Cameron, *Go Listen to the Crofters—The Napier Commission and Crofting a Century Ago* (Stornoway, 1986).

(24) E.A. Cameron, *Land for the People ?—The British Government and the Scottish Highlands, c. 1880-1925*

(East Linton, 1996).

(25) A. Cooke et al. (eds.) *Modern Scottish History—1707 to the Present, Vol.5, Major Documents* (East Linton, 1998).

(26) T. M. Devine, *The Scottish Nation 1700-2000* (Penguin Books, 2000).

第七章　イングランドにおける「ケルト」像
――雑誌記事を中心に――

三好　みゆき

一　「ケルト」とは何であったか

一九世紀の半ばすぎから二〇世紀の初頭にかけてのイングランドにおいて、つまり「ケルト復興」と呼ばれる動きがあった時代において、その復興されるべき「ケルト」とはいったい何であったのだろうか。アイルランド人、スコットランドのゲール人、ウェールズ人らが一括して「ケルト」と称されたときに、その「ケルト」と呼ばれた人々はどのようなものとして語られていたのだろうか。また、そうしたイメージはどのように利用されていたのだろうか。

探求の出発点として、『オックスフォード英語辞典（ＯＥＤ）』によって「ケルト」という語の辞書的な定義を確認しておこう。一八五八年に計画されてから七〇年の歳月をかけて一九二八年に完成をみたこの大辞典は、まさに「ケルト復興」運動のあった時代の産物であるのだから。この辞典では、「ケルト」という語は、歴史学や考古学での意味と現代的な意味とに二分されて、それぞれ詳細に説明されている。(1) 前者の意味での「ケルト」とは、「ギリシア人にはケルトイ、ケルタイと称され、ローマ人にはケルタエと称されていた西ヨーロッパの古代の諸族」であり、ガリア人とその同族のことであるとされている。つまりギリシア・ローマの古典に描かれた遠い過去の「ケルト」であり、さらに、「古典作家はケルトという名称をブリトン人には用いなかった」というのだから、イギリス海峡の対岸の「ケルト」でもあった。それに対して二番目の現代的な意味での「ケルト」が、「フランスのブルターニュ人、イギリス諸島のコーンウォル人、ウェールズ人、アイルランド人、マン島人、ゲール人などといった、古代ガリア人の言語と同種の言語を話す諸民族」を指すのに用いられるのである。

この現代の用法はフランス語から始まり、古代ガリア人の末裔と思われているブルターニュの言語や民族を指すものであったが、言語上の類縁関係が認識されて、コーンウォル人とウェールズ人に、そしてまたアイルランド人、マン島人、スコットランドのゲール人に拡大された。こうして〈ケルト語〉はアーリア語族の一つの大きな語派を指す名称になり、ケルトという名称は、いずれかのケルト系言語を話す者（あるいはかつて話していた者の子孫）すべてに対して用いられるようになった。しかしこうした人々が民族学的に一つの人種を構成するかどうかは定かでなく、身体的特徴が著しく異なった少なくとも二つの「人種」に相当すると、一般には考えられている。しかしながら、通俗的な考えでは「人種」と言語を結びつけて、「ケルト人」や「ケルト人種」とは、とりわけ「サクソン人」や「チュートン人」とは異なった、ある種の身体的、精神的特徴とされるものを備えた民族学的な統一体であると言うのが普通である。

この説明から、二番目の意味で「ケルト」という語を用いることはフランス語に由来し（一七〇三年のペズロンの『ケルト人の民族と言語の古き時代』があげられている）、この「ケルト」の概念を誕生させたのは言語の類似という言語学上の発見であったことがわかるとともに、通俗的な見解では言語が同じなら同じ「人種」であるとされて、あれこれの身体的・精神的特徴なるものが指摘されている（しかも優位を自任していた「サクソン人」や「チュートン人」と対比されて）という状況がわかる。さらに、こうした「ケルト人」についての通俗的な見解に対する学問的立場からの慎重な留保も窺える。

ここで、引用文中にある「通俗的な考えでは『人種』と言語を結びつけて」というくだりで触れられている言語と「人種」をめぐる問題を、少し見ておく必要があるだろう。ここでいう「人種」とは、現代の人種についての理解とはちがうものなのだから。話す言葉が同じであることは「血」が同じであることだという「通俗的な『人種』の理論」は、歴史家エドワード・A・フリーマンが一八七七年に「人種と言語」と題する雑誌論文を著したときには、学問的厳密さに欠けはするものの、その政治的意義は大きいと考えられていた。フリーマンは汎スラブ主義などのナショナリズムの動きを念頭において、「民族学や言語学の研究は……百年前には理解できなかったような、新たな民族的な共感や新たな民族的な反感への道を開いた」と述べ、こうした通俗的な意味での「人種」にもとづく結束感が、「地理的に遠く離れて住んでいる人々、互いに直接的な付き合いは久しくなかった人々、その話す言葉がよく似ていると学者にはすぐわかるかもしれないが、日常的な目的のために互いに理解しあえるほどよく似ているわけではないかもしれない人々」を団結させるという。そして彼は「言語は厳密に科学的な人種の判定基準ではないが、多くの実際的な目的に役立つ大まかで簡便な判定基準である」、つまり言語は「反対の証拠がないかぎりは人種の推定根拠」であり、厳密な意味での人種ではないにせよ、「実際的には人種と同じであるもの」の判定基準である、という立場をとり、「生理学的な意味での純粋さという点では、ケルト民族にせよ、チュートン民族にせよ、スラブ民族にせよ、ほかのどの民族にせよ、現存する民族には純粋な民族はない」けれども、歴史や政治といった実際的な視点から見ると「人種や民族というものは存在し、こうした人種や民族を分類するのに最良の規準は言語である」と述べるのである(2)。

言語は「人種」や民族のしるし（バッジ）であり、類似した言語を話す人々のあいだに同族意識が生じるという考え方は、ゲール語の復興運動や「パン・ケルト」の文化交流の底流にあっただろう。あるいはまた、マシュー・アーノルドが『ケルト文学の研究』の中で、「言葉と宗教と血が異なる者たち」と称されたアイルランド人に対するイングランド人の反感や疎遠を、インド・ヨーロッパ語族という概念によって緩和しようとしたことや、ウェールズに滞在したさいにアイステズヴォッドをたまたま見学し、サクソン人としてウェールズ語の消滅を願ったこと（「このイギリス諸島の全住民を英語を話す同質的な一つの統一体へと融合すること、われわれの間にある障壁を崩すこと、別々の地方的な民族意識をなくすことは、物事の自然な流れがかならず向かう到達点である」[3]）とも関連しているだろう。

そして異なる「人種」間に生じるとされる反感に注目するなら、従来からのイングランド人とアイルランド人の関係に「人種」という一見科学的な要素が持ち込まれることで——ともに白人種に属しながら、支配と被支配の関係にあり、階級や経済的立場や宗教の違いなどから差別や反感などがあったイングランド人とアイルランド人のあいだに、「サクソン人」と「ケルト人」という「人種」の語彙が加わることによって——何らかの変化が生じたことも考えられる。

> 人種ゆえの反感というものが確かにあり、それに対して理屈は一切無力である。小さな我らがイギリス諸島のなかでさえ、白人ばかりなのに、アイルランド人とアングロ・サクソン人は互いに激しく嫌悪しあっており、これには分析や論理は歯が立たず、アメリカに移住した両者の間にも広まっている。[4]

この文章は、黒人の生得的劣等性を述べたて奴隷制度の擁護を強く主張したある雑誌記事（一八六六年）の中にさしはさまれた喩えである。親黒人派を罵倒するこの著者が、アイルランド人とアングロ・サクソン人のあいだの激しい嫌悪にわざわざ言及するのは、英国人に黒人への差別待遇は「自然」なものだと感じさせる戦略である。この時代において「ケルト」と「サクソン」という「人種」の対比は、黒人と白人という人種の対比の縮図として捉えられていたことが窺える。

この時代の「人種」をめぐる大事件といえば、おそらくアメリカの南北戦争（一八六一—六五）と奴隷解放であろうし、世界各地で異人種との遭遇と衝突を繰り返していた大英帝国にとっては、セポイの反乱（一八五七—五九年）やジャマイカ事件（一八六五年）などであり、とりわけジャマイカで起こった黒人の暴動事件とその鎮圧の処置をめぐる激しい論議が、「人種」をめぐる当時の言説でしばしば言及された（ちなみにジャマイカを含む西インド諸島を「黒いアイルランド」にしてはならないとカーライルは力説していた[5]）。南北戦争終結の年にしてジャマイカ事件の勃発した年でもある一八六五年およびその前後は、「ケルト」に関連した事柄としては、一八六五年にフィニアンに動きがあり、六七年には蜂起があったし、アーノルドの講義「ケルト文学の研究」が六五年の冬から翌年の春にかけて行われたし、「白い黒人」とも称されていたアイルランド人が、『パンチ』の戯画のなかで、額が後退して顎が突き出した、顔面角の小さい顔、猿のような顔に描かれるようになった時期でもあった[6]。フィニアンの活動、土地戦争、自治運動などによって「サクソン人」の支配に抵抗し、離れてゆこうとするこの内なる異「人種」たる「ケルト人」のイメージが、黒人のイメージとだぶって表象され、支配に利用されるのも不思議はなかったのである。

「ケルト人」は「サクソン人（チュートン人）」と対比的に用いられることが多かったが、イギリス諸島にやってきた民族としてはケルト人とアングロ・サクソン人のほかにローマ人やデーン人やノルマン人らがいたわけであるし、長い年月の間に混じり合ってもいただろうから、「ケルト人」と「サクソン人」だけを取りあげて対立

土地同盟の騒乱におびえてブリタニアにすがるヒベルニア
英国は剣とかぶとを身につけた凜凜しい女性として、アイルランドはかよわき乙女として表象されている。ブリタニアの横顔がほぼ垂直なのに対して、暴徒の顔面角は小さく(約68度という)、猿のような顔に描かれている。(『パンチ』1881年10月29日号)

項に置くことには、何らかの政治的な神話形成のにおいがする。そして実際にも、当時の英国にあっては「ケルト人」と「サクソン人」の対比は、主として、アイルランド人とイングランド人の対比としてとらえられていた(ちなみにフランス人の起源神話の場合は階級とからみ、隷属的な平民となった敗者の「ガリア人」(ケルト人)と自由な貴族となった征服者の「フランク人」(ゲルマン人)との「二つの人種の争い」があり、フランス革命のさいにガリア神話が高まったという[7])。

生物学者のトマス・ハクスリーは、『ペルメル・ガゼット』紙に寄せた記事(一八七〇年)の中で、アイルランド問題についてのイングランドの新聞の論説には「ケルト人とその特性とされるものへの言及」が含まれていると言う。

筆者が丁重な言葉づかいをするつもりなら、ケルト人は魅力的な人で、機知と快活さと親切心にあふれているが、不幸なことに、思慮に欠け、衝動的で、不安定であり、アングロ・サクソン人の善悪の基準とは大きく異なった基準を持っているので、ケルト人を同じように扱うならば、残酷とは言わないにせよ、ばかげたことになるだろうとみなす。もし社会の教育者たる筆者が怒っているなら、ケルト人のことをまるで一種の野蛮人であるかのように語り、ケルト人からはこれまで何か良いものが出たためしはないし、これからも出ないだろうし、ケルト人にふさわしい運命は、アングロ・サクソン人の主人のために卑しい仕事に従事する者として留めおかれることだと言う。

ハクスリーは、「人種」を政治的に利用するこうした言説は科学的に根拠がなく、政治的にも有害であると主張し、心ある政治家に「アングロ・サクソン人とケルト人の違いについて議論されていることは、でっち上げと欺瞞にすぎないと考えるよう」要望している。(8)

今から一世紀以上前の「ケルト」復興運動の意味を考えるためには、言語学や人類学および通俗的な見解によって形成され、時代の偏見や政治状況の影響を色濃くうけた、当時の「ケルト」の概念を再構成してゆくことが必要であろう。それが現代人のイメージする「ケルト」とはおおいに異なるものであっても。

二　「黒いケルト」――「ケルト」の人類学をめぐって――

先ほどみた『オックスフォード英語辞典』による古代の「ケルト」と現代の「ケルト」の峻別をもっと露骨に表現し、二番目の意味で「ケルト」を用いるのは間違いであると述べたのが、一九一一年に刊行された『ブリタニカ百科事典』第一一版の「ケルト」の項の序論部分である。

主としてヨーロッパの中部および西部に住んでいた古代の民族の総称。「ケルト人」および「ケルト語」という名称の不正確な使用から多くの混乱が生じている。フランス、英国およびアイルランドの色黒の民族のことを「黒いケルト」と称することが慣例になっている。が、古典作家は「ケルト人」という名称を色黒の人間には決して用いなかった。彼らにとっては背が高く、金髪で、目は青色か灰色であることが、ケルト人の特徴であったのだ。言語学者たちは、スコットランド西部やアイルランド西部の色黒の人種の話す言葉を「ケルト語」と分類することで混乱に拍車をかけてきた。

（中略）

こうしたわけで、ケルト人はゲール語を話す英国やアイルランドの黒い人種とははっきり区別されており、慣用ではあっても、ケルト語という名称を後者の言語に用いることは厳密に言えば誤解を招きやすいものだということが理解されねばならない。(9)

現代では、アイルランド人やスコットランド人は古代ケルト人の末裔である、というように連続性を認めるのが通例であるのに、この部分を執筆した古典学者のウィリアム・リジウェイは――アイルランドのキングズ・カウンティに生まれ、「ゲールの血は一滴たりとも血管に流れていない」と信じていたというが(10)――なにゆえにアイルランド人らを「ケルト」と称することを拒むのであろうか。彼の持ち出す根拠は、古典作家の描いたケルト人の背丈、髪や目の色といった身体的特徴と、当時のアイルランド西部などに住む人々にあるとされた身体的特徴との違いである。しかし「黒いケルト（black Celts）」や「色黒（dark-complexioned）」や「黒い人種（dark race）」といった表現は、現代人には大きな戸惑いを感じさせる。白人であることは絶対に間違いない人々に対して執拗に繰り返される「黒」という修飾語は、いったい何を意味していたのだろうか。

ここで、小説の登場人物が「ケルトの血」を引いていることを表わす場合の表現を見てみよう。ジョージ・エリオットは一八五九年の小説で、善良な主人公をこう描写した。

アダム・ビードは、背が高くがっしりした体格であるという点でサクソン人であり、その名の正しさを証明していた。しかし薄い色の紙帽子にはえて一層人目を引く漆黒の髪の毛と、よく目立つ突起した表情豊かな眉の下から輝いている黒い目の鋭い視線から、ケルトの血が混じっていることが分かった。(11)

サクソン人の身体的特徴が「背が高くがっしりした体格」であるなら、ケルトのそれは「漆黒の髪の毛」と「黒い目」であるとされている。つまり、先ほどの「黒いケルト」の黒さとは髪や目の黒さのことだったのである。

だが話はそれだけでは済まないようだ。『失われた世界』(一九一二年)の主人公チャレンジャー教授が、語り手にあたる初対面の新聞記者マローンを、シャーロック・ホームズよろしく言い当ててみせる場面を見てみよう。

「丸い頭、短頭、灰色の目、黒髪、それに少しニグロイドめいている。ケルト人だね?」と教授はつぶやいた。
「僕はアイルランド人です。」
「アイルランド系アイルランド人かね?」
「そうです。」
「それで説明がついた。(12)」

マローンが「ケルト人」であると見抜いたチャレンジャー教授の挙げた特徴は、髪や目の色だけでなく、「丸い頭」つまり専門用語でいう「短頭」という頭蓋骨の形と、「ニグロイド」の要素であった。

頭骸骨を真上から見て、顔面から後頭部までの長さを一〇〇としたとき、左右の幅が八〇以上という「短頭」とは、『ブリタニカ』の第一一版によると、黒人の「長頭」、ヨーロッパ人の「中頭」に対して、モンゴロイドによく見られるとあり、またヨーロッパの古い先住民族が短頭であったとも想定されていた。(13) そして「黒人に似ている、黒人の特徴の一部を備えている」という意味の「ニグロイド」という語は、髪や目の色だけでなく、この時代の人々が黒人に付与した様々の身体的特徴を想起させる。アイルランド系のコナン・ドイルがなぜこのような言葉を書き入れたのかはさておき、当時の「黒いケルト」の黒には、実体はともかくもイメージにおいては、まちがいなく黒人の「黒」が含まれていたのである。

「ケルト人」を民族学的に、人類学的に、つまり身体的特徴から探求しようという当時の試みには、「黒」という色がまるでオブセッションのごとくにとりついていた。その典型的な一例が、ジョン・ベドーという、のちに英国人類学協会の会長にまで上りつめることになる、医者を生業としていたアマチュア人類学者であり、彼の著書『英国の人種』であった(14)(出版されたのは一八八五年だが、一八六八年のウェールズのアイステズヴォッドのコンクールで賞金を獲得した論文がもとになっている)。イギリス諸島と西ヨーロッパを広範囲にわたって実地調査し、膨大なデータを収集したベドーは、ケルト人、ローマ人、サクソン人、デーン人、ノルマン人などが間欠的に侵入してきた英国の「人種」構成を調べるにあたって、短頭か長頭かという頭長幅指数や、横顔がほぼ垂直かそれとも顎が突き出ているかという顔面角などといった、頭の計測もさることながら、髪や目の色に着目した。そしてこの調査に取りかかったきっかけは、二〇〇〇年前のケルト人にせよ、その末裔と考えられている人々にせよ、「ケルト人の髪の色に関する昔からの論争」に触発されたからであった。

ベドーは目の色を薄い色（青色や薄い灰色）、中間の色、濃い色（黒色や茶色）の三種類に区分し、さらにそれぞれを髪の色によって赤色（R）、金色・亜麻色・黄色（F）、茶色（B）、褐色（D）、黒色（N）の五種類に細分する。そしてこうしたデータを比較するために黒さ指数（Index of Nigrescence）なるものを考案した。

二つの民族あるいは二つの地方のこうした色を比較する簡便な方法は黒さ指数である。この粗指数は、褐色の髪の人間の数と、黒髪の人間を二倍した数とを足したものから、赤髪と金髪の人数を引くことで得られる。黒髪の人数を二倍するのは、黒髪は黒色素沈着の傾向がより大きいことの表われであるから、それに対して適切な数値を与えるためである。また茶色（栗色）の髪は中間的であると見なした。とはいえ、実は茶色に区分された人間のほとんどは色白の肌をしており、顔つきは髪の黒いタイプというよりも、髪の黄色いタイプの方により近い。

D＋2N－R－F＝指数

もちろんこの粗指数から、最終指数つまりパーセントでだす指数が、簡単に計算できる。

彼の調査によると、スコットランドのハイランド地方やウェールズの人々の身体的タイプは様々であるが、アイルランドの大半では目が薄い色で髪が黒っぽいタイプが優勢であり、しかも東海岸の近くではブロンドが、西へゆくとブルネットが多いという。また英国各地の黒さ指数を図示した地図では、当時の人々の思い込みどおり、アイルランド（ことに西部）、スコットランド西部、ウェールズ、コーンウォルがより黒く表示されている。

彼は色のほかに頭の形も調べたが、有史以前に英国にいた人種の一つとされる顎の突き出たタイプについて、「アイルランドは明らかにこのタイプの現在の中心地であるが、その顔立ちのほとんどは、その誕生の地はもしかしたらアフリカかもしれないと考えさせるようなものである。そこでこのタイプを仮にアフリカノイドと呼んでよいかもしれない」と述べた。チャレンジャー教授が口にした「ニグロイド」という言葉の起源の一つは、ベドーの「アフリカノイド」だったのかもしれない。

では古代の金髪碧眼のケルトと「黒いケルト」との関係は当時どう説明されていたのだろうか。トマス・ハクスリーは「アイルランドとブリテンのいわゆる黒いケルトの源はイベリア人の血である」と考えた。

イングランド人の系統学が完全に解明されて、われわれの祖先は二つの種族にまとめられるとわかる。一つは敏捷な体つきで、背が低く、色黒な民族であり、これは遡れるかぎりでは、ヨーロッパで話されている他のいかなる言語にも少しも似ていない言語であるバスク語を話していた、イベリア人である。もう一つは背が高く、四肢が大きい、金髪碧眼の民族であり、われわれに遡れるかぎりでは、ゲルマン語、ラテン語、ギリシア語、ペルシア語、サンスクリット語が属し、またケルト系の諸語が外辺に位置している、大アーリア語族の何らかの言語をつねに話していた。同一人種を構成するどの要素をとってみても、これらのアーリア系の民族つまりケルト民族とチュートン民族は同一の人種に属している。人種のちがいとなるどの相違点をとってみても、イベリア人とアーリア人は異なった人種に属する。(15)

つまり「黒いケルト」の「黒」とは、ケルトそのものの血に由来するのではなく、インド・ヨーロッパ語族に属さない「色黒な民族」の血によるというのだ。もちろん人類学が政治的に利用されることを危惧するハクスリーは、イベリア人とアーリア人で文明の受容能力や知的能力等に差があるという証拠があるのか、ケルト系のアーリア人とゲルマン系のアーリア人とで政治的に違うという証拠があるのか、という問いには、分からないとしか言えないと述べているものの、彼も言語と人種の混同に端を発する「アーリア神話」の磁場の中にいたことは間違いない。
そして「黒」に対する強烈な偏見にからめ取られていたもっと通俗的な見解は、ケルト人に「色黒の顔」をもたらしたとされるこの人種に明らかな劣等性を付与して物語るのである。

古典作家たちはみな一致してケルト人とは金髪の民族であると描いている。……しかしながらブルターニュ、ウェールズ、アイルランド、スコットランドのハイランド地方や島々に暮らす小作農に代表される現代のケルト人たちは、おおむね髪が黒い人種であるという反対意見が出されている。この奇妙な変貌を説明するためには、次のように仮定せざるをえない。古代のケルト人は、最初にヨーロッパを荒らし回ったときに、色黒という特徴をもったさらに古い民族を追いやった。大西洋の大きなうねりがたえず砕けて波しぶきをあげている西の僻遠の地で、このヨーロッパのくずのような、後進的で劣等な人種からなる敗残の部族は、文字どおり「悪魔と深い海に挟まれた（進退窮まった）」と思った。しかしこの悪魔は――つまりケルト人の侵略者のことだが――彼らを追って荒地や森林に入りたいとは思わなかったので、彼らはそこに避難所を見いだした。……やがて運命の女神の紡ぎ車の輪が回って、かつては勝ち誇っていたケルト人自身がこうした原住民のなかに避難所を探さざるをえなくなると、ケルト人は原住民と混じり合い溶け合ってしまったため、ケルト人の子孫はこのより古い人種の色黒の顔をもつようになったのである。(16)

「ケルト」の「黒さ」は、「ヨーロッパのくず」、「後進的で劣等な人種」との混血を示すしるしであるという考え方であった。そしてまた当時の英国で、黒人以外で「黒い」と形容された人々は、このほかに、「浅黒い顔、長い黒髪、輝く黒い目」をした「ジプシー」や、「汚れで黒くなり、肌を見ると黒人とまちがえられそう」な浮浪児(17)などがいたが、いずれも蔑視される存在であった。

「黒いケルト」の黒という異様な形容詞の消息を確かめるべく、先ほどの百科事典のその後の版にあたってみよう[18]。一九五二年の版では先ほど引用した文章の一部を踏襲しながらも、少々トーンダウンしている。現代の「ケルト人」の「黒さ」にも、古代のケルト人の「白さ」にも自信がなくなってきたのだ。

> ……フランス、英国およびアイルランドの比較的背が低く色黒でケルト諸語を話す人々をケルト人と称することが慣例になっている。が、古典作家は「ケルト人」という名称を背が高く、金髪で、目は青色か灰色の民族に主として用いていたようである。（傍点引用者）

全面的に改稿された一九六八年の版には、アイルランド人らの「黒さ」への言及は一切ない。つまりこの「黒さ」とは数十年で消失してしまうようなもの、つまり思い込みや偏見のこもった、ある特定の時代の視線によって付与された黒さであったのだ。

今日では「ケルト」の人類学が論じられることはまずないだろう。「人種」としての「ケルト」はもはや語られない、いや、存在しないと言ってもよい。しかしある精神的特徴をもった民族集団としてなら、あいかわらず、「ケルト」は語られつづけている。

三　感情的で女性的な「ケルト」
——アーノルドの『ケルト文学の研究』をめぐって——

現代においてケルトといって連想されるものは、妖精やドルイドや勇猛な戦士、渦巻き模様や組み紐模様、圧迫の歴史、あるいは「生きている神話」とか「ヨーロッパの源流」などといったイメージであろうが、当時の「ケルト」はどのように語られていたのだろうか。当時のケルトのイメージを探るために、先程の『オックスフォード英語辞典』に採られている用例から「ケルト（の）」という語を含んだ文を拾い上げてみると、当時どのような言葉や概念が「ケルト」という語とともに用いられていたかを垣間見ることができる。それぞれの言葉の典型的な用例があげられているとすると、用例を収集した人たちが生きていた社会の「ケルト」に対する紋切り型のイメージが、ことに抵抗するアイルランド人に対する支配者側の容赦ないイメージが、浮かび上がってくるはずである。

圧倒的多数の言語学や考古学に関係したものを別にすると、たとえば身体的特徴（「黒いケルトの典型的な見本である、もう一人の黒い顔つきのリードの田舎者」）、野蛮（「アイルランドは……太古のままのケルト人の野蛮状態にゆだねられたままだった」）、飲酒（「シャープ氏は……ケルト人は蒸留酒を飲む民族だと述べた」）、野蛮と飲酒と動物との類似（「獣のようなケルト人が、野蛮な意思で、酒に酔って眠りを牛飲するように」）、反抗心（「このタイプが成功者として幅をきかしているという事情が……彼のケルト族の胸に山ほどの謀反気を積み上げている」、「『事実の専制に対する不屈の反発』をもったケルト人の反逆心」、「ケルト人は悪賢い復讐をする機会を何度も見つけた」、「策略も征服も、我が人種が最終的に勝利するというケルト人の固い信念を揺るがすことはできなかった」、「彼らはケルト人でアイルランドのローマ・カトリック教徒、卑しい不満分子、自分たち自身の問題を処理するさいに発言したいと思う者にすぎない」）、感傷性と明晰な思考力の欠如（「感傷的なケルト人は自分のことを、朦朧としたケルト的な考え方で、たまたま『サクソン人』のものになっている土地の正当な相続人なのに冷遇されていると考えるかもしれない」）、ゆきあたりばったりの性格と怠惰（「なりゆきまかせのケルト人にとっては無理のある、強制された勤勉の習慣」）、自然との親和性や想像力や詩心（「ケルト人は……海や山に、自然の純粋な声を模倣した詩的な名前を与えた」、「ケルト的な想像力のかなでる野生の森の調べ」）、活気（「ケルト人の気質の快活さ」、「イギリス海峡の向こうの陽気なケルトの隣人たち」）、そして変わりやすい敏感な気質（「ケルト人種はまず何よりも感情の起伏が激しい」）、等々というように。[19]

ケルト人の魅力の一端が活気と機知と親切心であることは、たとえばジョージ・メレディス――彼は『ケルトとサクソン』という未完の小説も残している――の代表作『エゴイスト』（一八七九年）の登場人物で、主人公ウィロビーから離れようとする婚約者の心をつかめそうで最後に失敗する、アイルランド人のド・クレイに関する描写にも見られる。[20]

ド・クレイは、ウィロビーが時折り本人をきめつけたように、本来はノルマン系である。ただ、家系に二、三人、アイルランド系の母親の血が加わっただけで彼をはね上らせることになった。彼の立派な横顔が堅苦しいほうの種族を語っているとすると、その目と、すぐ笑い出す口もとと、そのほかにもいくつかの彼の性質とは、母系の遺伝の証拠であった。

「いつでも飛び出せるふざけ気分、快いユーモア、親切な気だて、さらに加えてアイルランドなまりを、あの島の象徴である竪琴でも弾きこなすように自由自在にあやつれる能力」をそなえた「祭日むきの人物」というこのアイルランド人の姿は、マシュー・アーノルドが『ケルト文学の研究』の中で描いた感情的な「ケルト」像[21]とつながっているだろう。

しかし、感情という言葉は、ケルトの諸族が真に接近し一つになるところを示す言葉である。もしケルト人の性質をただ一語で特徴づけるとしたら、感情的というのがその最良の表現である。感じやすく、しかもたいへん強烈に感じる人間、それゆえ、喜びにも悲しみにもきわめて敏感な生き生きとした性格、これが要点である。もし人生の不運が幸運よりもはるかに多いなら、こうした気質は、あらゆる印象をあまりにすばやく、あまりに切々と意識するがゆえに、おそらく内気で傷ついていると見られるかもしれない。物思いに沈んで後悔していると見られるかもしれないし、激しく切ない憂鬱状態にあると見られるかもしれないが、この気質の本質は、いのちや光や喜怒哀楽の感情を熱烈に求めること、つまり、あけっぴろげで大胆で陽気だということである。……そして感じやすいケルト人は、すぐに高揚したり落胆したりするけれども、高揚することが――社交的で、もてなし好きで、雄弁で、賞賛され、おおいに目立つことが――ケルト人の天性なので、それだけいっそう落胆するのである。

ここに描かれた「ケルト」像は愛すべきものかもしれないが、話が現実世界での成功や不成功に及ぶと、「ケルト」にとって明らかに不利な様相を帯びてくる。

感情的である――つねに事実の専制にたいして反抗しがちである――これはケルト人の大の味方「アンリ・マルタン」がケルト人を描写した言葉であり、これは感情的な気質を描写するのになかなか良い言い方だ。その危険とそれがいつも成功と縁がないことの秘密を我々に教えてくれるのだから。バランスと節度と忍耐、これこそが大成功をおさめるための……変わることのない条件である。そしてバランスと節度と忍耐は、まさしくケルト人に欠けているものである。

さらには、「ケルト人は物質文明において非力であったのと同じように、政治においても非力であった。……オシアンが正しくも言うように、『彼らは戦争に出ていったが、いつも傷つき倒れた』のだ」とか、「ケルト人は、生まれつき、規律がとれておらず、無秩序で、騒々しいが、愛情と賞賛から、自分自身を身も心も誰か指導者に捧げるが、これは政治的気質としては有望なものではなく、アングロ・サクソンの気質の正反対である」とも述べている。自治能力が欠如しているというわけである。

しかし「ケルト」は「サクソン」が失ってしまった古き良き過去でもある。

> こちら側がウェールズだ——過去がいまだに生きており、すべての場所に伝説があり、すべての名前に詩があり、そしてこの民族は、この真の民族は、こうした過去、こうした伝統、こうした詩をいまだに知っており、それと共に生き、それに執着しているウェールズだ。それに対して、ああ、あちら側の繁栄するサクソン人は、リヴァプールやバーケンヘッドから押し寄せてくる者は、自らの過去や伝説や詩を忘れて久しい。[22]

世論を喚起しようとしているグラッドストーンの戯画

『パンチ』では、スコットランドにかかわる男性は、キルトをはいて正装した兵士の姿で描かれた。右手で掲げているのは、昔ハイランド地方で戦いに人を召集するのに用いられた血火の十字である。(『パンチ』1884年８月30日号)

物質的な繁栄を謳歌する一九世紀後半のイングランドの裏面にひそむ不安を感じるアーノルドが、「病的に急ぎ、目的が分裂し、頭を酷使し、心が麻痺した、現代生活のこの奇妙な病い」(23)の癒しを期待して、ノスタルジーをこめて「ケルト」を賞揚するのだ。「感情的《センチメンタル》」という言葉が、かつては「洗練された高尚な感情をあらわす」という肯定的な意味で用いられていたことも、ここで思い出しておいてよいだろう。

そして何よりも、「ケルト人」は女性的であるとされた。

……まちがいなく、ケルト人の敏感な性質には、その神経質な高揚には、どこか女性的なところがあり、それゆえケルト人は女性特有のものに魅せられる傾向が著しい。ケルト人はそれに心引かれており、その秘密とかけ離れてはいない。また、ケルト人はその敏感さゆえに、自然と自然の生命に対してきわめて親密な感情をいだいている。この点でもケルト人は、目の前のこの秘密に、自然美と自然の魔力の秘密に独特な形で魅了されているようであり、それに親しく、それを半ば神格化するようである。(24)

「感情的」、「敏感」、「非力」、「神経質な高揚」、そして自然との親密さ――ケルト人の心性として指摘されたものは、「女性的」という一点に収斂してゆくのである。(25)

「人種」としての「ケルト」と「サクソン」が、黒人と白人の関係の縮図になっていたのと同じように、精神的な面を中心にした民族としての「ケルト」と「サクソン」は、当時の女性と男性の関係を反復していた。特に中流階級の女性たちが経済的、政治的な力を奪われたうえで、「家庭の天使」として男性たちを精神的、道徳的に高めるという役割を割り振られていたのと同じように、「ケルト」も現実社会で収奪され、そして物質文明や政治において無力であると表象されたうえで、男性たる「サクソン人」を精神的に向上させること、つまりアーノルドがイングランドの中流階級の欠点だと考える「俗物根性、実利主義、無教養」(Philistinism)の緩和剤になることを期待されていたのである。

『ケルト文学の研究』は、オックスフォード大学の詩学教授の地位にあったアーノルドが一八六五年の冬から翌年の春にかけて四回の講義をおこない、それが『コーンヒル・マガジン』の一八六六年三月号、四月号、五月号、七月号に掲載され、翌六七年に単行本として出版されたものである。『コーンヒル・マガジン』では、連載が始まる直前の二月号には「我が同胞」と題されたアーノルドのエッセイが、また一月号には「古代のフィニア武士団とその文学」と題された記事が掲載されており、これらが連載のための舞台設定の役割を果たしていたと考えられる。

「古代のフィニア武士団とその文学」とは、アイルランドの古代史や古代文学の紹介であるが、世間を騒がせていた当時のフィニアンを前置きにして語り始め、そして途中では、「アイルランド人の祖先が、大騒ぎできる機会を逃すより、勝ち目がなくても戦いたがったのだから、現代のアイルランド人が非常に喧嘩早く、騒々しい喧嘩が大好きであるのも不思議はない」と、当時のアイルランド人のステレオタイプに抜け目なく言及している。(26)「ケルト」の古い歴史や文学に対して一般人が関心を寄せるきっかけの一つが当時のアイルランド問題にあったことが窺えるだろう。

「我が同胞」のほうは、アーノルドが中流階級を「俗物」呼ばわりしたことやその教育問題について提言したことに対する新聞雑誌の非難に答えて書かれた、皮肉のきいた反論のエッセイであり、数カ月にわたるヨーロッパ大陸の視察旅行から戻ったあとの外からの視点で書かれている。「行われる必要のある偉大で有益なものすべてに、我が国の偉大なる中流階級が知力と意志と力を提供していることは、世界中が知っている」、などといったイングランドの中流階級の自己満足に警鐘を鳴らし、イングランドは外国人から軽視されている、イングランドの国際的な地位が一九世紀初頭に比べて低下している、その理由は世界がどのように動いているか状況認識ができないからだ、中流階級に知性が欠けているからだと述べる。そして外国人の口を借りてこう言う。

「現代人を満足させる道理にかなった生活をもたらしてくれるのは、いや、もたらしてくれそうなのは、何でしょうか。答えはこうです。産業や通商や富をいっそう愛すること、知的な物事をいっそう愛すること、美しいものをいっそう愛することです。肉体と知性と魂のすべてが配慮されるのです。現代生活のこの三要素のうちで、あなたの国の中流階級は、ただ第一の要素以外は一切わかっていません。……イングランドの最も重大な緊急の脅威は、中流階級の野蛮さです。中流階級を文明化することがイングランドが緊急に必要としている最も重要なものです。」

そしてアイルランド問題に関してはこう言わせている。

「あなた方は宗教上の寛容や、社会改善、公教育、都市の改善、法律改正について多くのことを成し遂げたかもしれませんが、ヨーロッパ大陸では、フランス革命とその結果によってさらに多くのことが成し遂げられました。お国のアイルランド国教会のような見ものはフランスやドイツにはありません。お国の人々はアイルランド土地問題になかなか正面から対処することができません――プロシアではシュタインが同じくらい手強い土地問題を解決したというのに。」(27)

つまり経済活動にだけ長けて自己満足している中流階級の「俗物」に対して、状況を正しく把握してアイルランド問題のような大きな問題を解決してゆく知性が欠如していることを指摘し（ちなみに『ケルト文学の研究』の結びでは、フィニアニズムを生み出した罪深い張本人は「俗物」であるとしている）、肉体（富）と知性と魂（美や真の宗教）の三つを兼ね備えた中流階級を育成し、イングランドの国際社会での地位を回復することを訴えているのである。『ケルト文学の研究』と銘打ちながらも、ケルト文学に関してはアマチュアであり、ケルト文学というよりもむしろ英文学におけるケルト的要素を論じ、研究というよりもオックスフォード大学へのケルト学講座の設置などの社会的訴えかけの色彩が濃い、このいささか不思議な講義録は、こうした文脈で書かれ、読まれていたのだ。

『ケルト文学の研究』は、あるいはアーノルドの「ケルト」への態度一般は、そこに込められた「俗物」批判への反発から、一見したところイングランド人批判と読めるかもしれない部分に対する反発から、『タイムズ』で揶揄された。

彼が我々に述べるところでは、ウェールズ人は文化や道徳や知性において、かつてギリシア人がローマ人に優越していたのと同じように、征服者のイングランド人に対して優越していると言い、「タリエシンやオシアンの末裔」に「ギリシア人の名高い偉業」を再現するように、そして「自分たちを征服した者たちを征服する」ようにと勧める。我々はウェールズ語とウェールズ文学に、ウェールズのハープとウェールズの吟遊詩人に侵略されることになっており、アーノルド氏はアイステズヴォッドの代表者をオックスフォード大学に推薦さえし、我々の「俗悪」で「粗野」で「無知な」若者にウェールズの趣味や道徳や知性を吹き込むために、ケルト講座の設置の重要性を主張している。(28)

ある書評家は、アーノルドがケルト文学そのものの存在と価値を知らしめるよりも、イングランド人やイングランド文学におけるケルト的要素を指摘するのに力点を置いたことに対して、「もしアーノルド氏が、イングランド人にいかなるケルト的性質があるかという疑わしい問題を取りあげるよりも、ケルト文学の独創性と価値という問題にもっと大きなスペースを割いていたならば、よかったかもしれない」と不満を述べている。(29)またアイルランド在住の別の書評家は、アーノルドが、ケルト文学が豊かに存在し、研究に価するものであることを指摘したこと、ケルト的なものやアイルランド人をもっと正当に扱うよう求めたことを評価しながらも、彼が描いたケルト人の心性はアイルランド人全体には当てはまらないし、アイルランドの状況はケルト人の気質によるものではない、といって批判している――「したがって、アーノルド氏が『典型的なアイルランド人』について独断的に述べ、アイルランドの現状を『民族独特の敏感さ』のせいにするとき、彼が俗物に宣告するのとまさしく同じ誤りに陥りかけていると私は確信している」(30)、と。

『ケルト文学の研究』の影響は長く続き、刊行後三〇年以上経過しても論評され続けた。ルナンやアーノルド

アイステズヴォッドでウェールズ語を称えるグラッドストーンの戯画

ウェールズ語は古代の歴史や音楽や文学と結びついた古い言語、由緒ある過去の遺物であり、過去の軽視は最大の愚行である、と言いながら、すべてのウェールズ人に英語を習得するよう強く求めたことの矛盾を茶化している。(『パンチ』1873年８月30日号)

に影響されて生じた「ケルト復興」運動のあり方を批判的にみるアンドルー・ラングは、繊細、自然や超自然や魔術を愛すること、憂鬱などは「人種の結果というよりも環境や歴史の結果である」と言い、ケルト文学とは「発達のかなり初期のある段階で止められた」文学だと言う。[31]

「ケルト復興」の代表的な作家であるイェイツは——彼の生年は『ケルト文学の研究』の講義と同じ年である——自然への愛や豊かな想像力や憂鬱は、アーノルドが言ったようにケルト人に特有のものではなく、古代世界に共通する情熱や信仰であると言いながらも、文学に不可欠なこうした古代の情熱や信仰の源泉のうちで、ケルトがヨーロッパ文学の本流に最も近いと述べる（一八九七年）。

> 「ケルト運動」は、私の理解するところでは、主としてこの［古代の伝説の］泉を開くことであり、それがこれからの時代にどれだけ重要になるかは計りしれない。というのも伝説の新たな泉が開かれるたびに、世界の想像力が新たに陶酔するからだ。今や、アーサー王や聖杯の物語が到来したときと同じように、世界の想像力が新たに陶酔する準備ができている。一八世紀の合理主義への反動が、一九世紀の物質主義への反動と混ざり合っている……。[32]

そしてアーノルドの論の有益な部分と有害な部分を分別しようとしたイェイツに対して、フィオナ・マクラウドことウィリアム・シャープは手放しで反復した。

> ケルトの作家とは、チュートンの血統が優勢な同国人の作家よりも、より古く、より原始的で、ある意味でより自然のままの気質を持った作家のことである。ケルト人はいつも記憶しているが、アングロ・サクソン人は自分の生きている時代よりはるか昔のことやはるか先のことには堪え性があまりない。そしてケルト人は、歴史が示すところの絶

え間ない負け戦を始めたことで、霊的な面では成長した民族の出であるように、チュートン人は、道徳面や現実面において勝ち得たものを、霊的な面では失ってしまった民族の出である。……一言でいえば、ケルト人が説明すると、森や丘や妖精が出没する古代の海岸にいたわれわれの祖先の一族により近づく。そしてその近さゆえに、とりわけ激しい悲しみや、心乱れるあこがれや、霊的な高揚や、強烈な感情などを歌うさいには、かなり有利である。とはいえ素朴な感情が感傷へと退化し、強烈な感情がヒステリーに陥りがちなので、かなり不利でもあるのだが。[33]

アーノルドの『ケルト文学の研究』は、オリエンタリズムと同じように、「ケルト」を政治的、経済的な勝利者である「サクソン人」の魂の渇きをいやす要素として利用し、その実際的世界での無力さを固定してしまう危険性を伴っていたが、「ケルト人」にある種のプライドを与え、「ケルト復興」の動きをはぐくんでいったのはまちがいない。

四　「ケルト」と大英帝国

アーノルドの『ケルト文学の研究』の狙いは、「自分に融合させたいと思う人種にこうした［愛や賞賛という］影響力を用いることを夢にも思っていないよう」な、「融合事業には物質的な利害しか用いないし、それ以外には侮辱と非難だけ」といったイングランド人に対して、「ケルト人」とその精神を公平無私に、科学的に知ることと、アイルランドに対する強硬策を懐柔策へと方針転換することを求めることであった。またアイルランド人に対しても、大英帝国の構成要素であることを自覚させ、同化への努力を求めている。

大英帝国を構成するケルト人たちに、彼らもまた自己変革を行わなければならないことを考えさせよう……。彼らは我々と分かちがたく結ばれていること、また……我々イングランド人は、ケルト人のパートナーとは異質であるとこれまで示してきたかもしれないが、それにもかかわらず、ひょっとしたら他のどの民族よりも、ケルト人への共感をはぐくむかもしれない数多くの潜在的な源泉をもっていることを考えさせよう。[34]

そして堅実ではあるものの俗物性に陥りやすいイングランド人に自らの内なる「ケルト」の要素を意識させて、イングランド人の知性と魂を深めること、英国と競合するようになってきた新興勢力ドイツの「ゲルマン」の要素だけの文学や国民性とはちがった、「ゲルマン」の要素に「ケルト」や「ノルマン」の要素が加味されたイングランドの文学や国民性のたぐいまれな豊かさ、といったものを打ち出すことである。つまり「サクソン」による「ケルト」の私物化であり、イングリッシュネスを補完し再活性化するために「ケルト」を利用することであったのである。

アーノルドが「ケルト」の霊的な側面にイングランド人の再生の要素を見いだしたのに対して、グラント・アレンは「ケルト」に大英帝国を拡大してゆく進取の気性を見た。彼は『フォートナイトリー・レビュー』に掲載された一八八〇年のエッセイのなかで、[35]「本国と植民地に今日みられる、英国人におけるケルトの要素とチュートンの要素の数量比」を探り、「言語や法や慣習や統治形態においてはイングランドの要素が優勢であるか、もしくは全部であるけれども、血においては、ウェールズとゲールが圧倒的ではないにせよ優勢である」ということを証明しようとする。そして言語の面から見ると、総人口三、二〇〇万人のうちケルト系の言語を用いているのは二二五万人(一五人に一人)であるが、ケルト人の地域と言われるところに住む純粋なケルト人と思われるのが約七〇〇万人(四人強に一人)、それにくわえてイングランドとスコットランドのロウランドに住んでいるケルト人が五二五万人、という数字を挙げる。そして農業社会であった中世においてはアングロ・サクソン人の南東部が圧倒的に重要であったが、「英国を製造業の国にした社会の大変革は、より古い人種に有利な大きな影響を及ぼした」と述べる。

……彼らはこの二つの人種の相対的重要性をそれ以来完全に逆転してしまった大変革を忘れている。彼らはイングランドがブリテンに変わり、ブリテンが大英帝国に変わっていったことを忘れている。……チュートン人の英国がありふれた農業国の位置に沈みつつある一方で、ケルト人の英国は偉大なる工業地域の位置へと上昇しつつあることを、彼らは忘れている。チュートン人がケント州やサフォーク州の生まれ故郷にとどまっている一方で、ケルト人がロンドン、グラースゴウ、マンチェスター、リーズ、バーミンガムに押し寄せ、鉱山や工場やドックに殺到し、オーストラリアやカナダやカリフォルニアを植民地にしているということを彼らは忘れている。チュートン人に占領されていた土地へこのようにケルト人が平和のうちに大挙して戻ってきており、またチュートン人がほとんど知られていなかった国々へこのようにケルト人が大挙して流出しているがゆえに、今日の我が国民はイングリッシュであるというよりブリティッシュであるというほうが、はるかに正しいのである。

この文章で繰り返し批判されている「彼ら」とは、英国人とはアングロ・サクソン人のことであるとみなし、その優越を主張したアングロ・サクソン中心主義の歴史家のことである。その代表的な一人であるJ・R・グリーンは次のように述べる。

しかしイングランド人によるこの征服は、イングランド人が征服した民族を完全に追いたて、殺戮することであった。

……最後にはブリテンはイングランドになった。つまりブリトン人の国ではなくイングランド人の国になった。征服された民族の僅かな者たちが征服者であるイングランド人の家屋敷の近くで奴隷として残った可能性はあるし、彼らの日常の言葉がいくらか（後世に取り入れられたのでなければ）英語に少々混じりはした。しかしこのような例外があるかもしれないとしても、主要な事実には変わりはない。イングランド人による征服の着実な進展がエイルズフォードの戦いの一世紀半後の内乱によってしばらく停滞したころには、ブリトン人はかつて彼らのものであった土地の大半から消滅しており、彼らを征服したイングランド人の言語と宗教と法律が、エセックスからセヴァーン川まで、イギリス海峡からフォース湾まで無敵で君臨したのだ。(36)

グラント・アレンの言う「今日の我が国民はイングリッシュであるというよりブリティッシュである」というのは、グリーンのいう「ブリテンはイングランドになった。つまりブリトン人の国ではなくイングランド人の国になった」という表現の裏返しにあたる。

そしてグラント・アレンは、「怠惰で無知で迷信深いケルト人」と「頭脳明晰で、エネルギッシュで、進取の気性にみちたアングロ・サクソン人」という神話を逆転してみせる。

東部の諸州や南部の沿岸地方で見られるように、怠惰で、愚かで、頭の鈍いチュートン人が、稼げるだけのどんな賃金にも甘んじて、生まれ故郷にとどまっているのに対して、活動的で進取の気性にとんだ知的なケルト人は、新天地にわたって、故郷で得られるよりももっと良い仕事ともっと高い賃金を求めるのである。

こうして、よりよい仕事を求めて新天地にわたるケルト人こそ大英帝国の建設者である、ということになる。

「アングロ・サクソン人」は植民地建設にたけた人種であると言うのが普通であるが、事実を見るならば、そのような主張はたちどころに理屈に合わなくなるだろう。植民を行なっているのはケルト人である。……したがって、エネルギーのおもむくまま世界の至る所に拡大した「偉大なるアングロ・サクソン人種」というのは、巧妙に作られた神話であると考えてよいかもしれない。

「ケルト人」が工業地域や植民地に大挙して出てゆくことには、その「進取の気性」だけでなく、出てゆかざるをえない状況が大きく作用していたことは確かだろう。たしかにグラント・アレンが描いてみせたこの「ケルト」像は、本人も認めるように、フリーマンやグリーンといったアングロ・サクソン中心主義の歴史家たちによる「ケルト」抑圧の風潮を是正するための、いささか強引な力業である。英国とはアングロ・サクソン人の国であり、「ケルト人」はイングランドから根絶されたのだという風潮に反発して、グラント・アレンはこのエッセイを書いたわけであるが、アーノルドが『ケルト文学の研究』において「イングランド人にいかなるケルト的性質があるかという疑わしい問題を取りあげる」ことになったのも、この同じ風潮に対抗してのことであった。

またグラント・アレンの描く、鉱山や工場やドックで働き、植民地に出てゆく「活動的で進取の気性にとんだ知的なケルト人」は、アーノルドの描いた感情的で女性的な「ケルト」、過去を生きる伝統的な「ケルト」とは一見正反対のように思われる。しかしながら、グラント・アレンのいう英国や大英帝国の人口構成にしめる「ケルト」の血にせよ、アーノルドのいう英文学にみられる「ケルト」の要素にせよ、英国における「ケルト」的なものの大きさを指摘しているという点で、また大英帝国の発展のために「ケルト」が「サクソン」を補完する役目を担わされているという点で、両者の主張はきわめてよく似ているのだ。ただ英国人を、アングル族に由来するイングリッシュではなく、ケルト系の先住民族ブリトン人にちなむブリティッシュとして定義し直そうとした

棍棒を振りまわして乱闘するアイルランド人
アイルランド人は騒々しいけんかが好きだという紋切型のイメージを図像化したもの。(『パンチ』1866年1月6日号)

点が、カナダに渡ったアイルランド系の父親とスコットランドゆかりの一族出身の母親をもつグラント・アレン独自の立場であっただろう。

　こうした「ケルトびいき」に対して『パンチ』は、グラント・アレンがケルト人は「地の塩」だと言い立てたといって、「塩の味（a taste of a salt）」と「襲撃が好き（a taste for assault）」という駄洒落をきかせた戯れ歌を歌って応酬した。[37]

Celt Again.
Grant-Allen,—his manner moves cynics to mirth!—
Makes out that the Celt is the Salt of the Earth.

That accounts, it may be, for his dominant fault;
A "salt of the earth" *has* a taste for assault!

大英帝国のなかで「ケルト人」にしかるべき地位を獲得しようと奮闘するグラント・アレンの言葉は、アイルランド人に対する紋切型のイメージの根強かった「サクソン人」にはむなしく響いたのだった。

（1）以下の引用は初版 *A New English Dictionary on Historical Principles*（Cの巻は一八九三年刊行）から行なう。第二版も、派生語や用例等が追加されているほかは初版と同じである。

（2）Edward A. Freeman, "Race and Language," *Contemporary Review*, vol. 29 (1877), pp. 713, 715, 722, 729-730.

（3）Matthew Arnold, "On the Study of Celtic Literature," *The Complete Prose Works of Matthew Arnold*, ed. R. H. Super, vol. 3 (Ann Arbor : The University of Michigan Press, 1962), pp. 302-3, 296-7.

（4）"The Negro and the Negrophilists," *Blackwood's Edinburgh Magazine*, vol. 99 (1866), p. 590.

（5）Thomas Carlyle, "The Nigger Question," *Critical and Miscellaneous Essays* (London : Chapman and Hall, 1869), vol. 6, pp. 177, 204, 206.

（6）L. Perry Curtis Jr., *Apes and Angels: The Irishman in Victorian Caricature*, rev. ed. (Washington : Smithsonian Institution Press, 1997), p. 29.

（7）レオン・ポリアコフ、アーリア主義研究会訳『アーリア神話——ヨーロッパにおける人種主義と民族主義の源泉』（法政大学出版局、一九八五年）三一一四六頁。

（8）Thomas Huxley, "The Forefathers and Forerunners of the English People," *Images of Race*, ed. Michael D. Biddiss (Leicester : Leicester University Press, 1979), pp. 159, 168.

(9) "Celt," *The Encyclopaedia Britannica*, 11th ed., 1911.

(10) "Ridgeway, Sir William," *The Dictionary of National Biography 1922-1930*.

(11) George Eliot, *Adam Bede*, ed. Valentine Cunningham (Oxford : Oxford University Press, 1996), p. 6.

(12) Arthur Conan Doyle, *The Lost World*, ed. Ian Duncan (Oxford : Oxford University Press, 1998), p. 26.

(13) "Brachycephalic" and "craniometry," *The Encyclopaedia Britannica*, 11th ed., 1911.

(14) John Beddoe, *The Races of Britain : A Contribution to the Anthropology of Western Europe* (1885 ; London : Hutchinson, 1971). 以下に引用しているのは pp. xxvii, 1-5, 290-291, [162]-[163], [206]-[207], 11.

(15) Huxley, *op.cit*., p. 167. ちなみにマシュー・アーノルドの詩「学者ジプシー」にも「黒いイベリア人」が言及されている。

(16) "The Celtic Race," *The Gentleman's Magazine*, vol. 287 (1899), p. 370.

(17) "Gipsies," *Blackwood's Edinburgh Magazine*, vol. 99 (1866), p. 567. "Telescopic Philanthropy," *Punch*, vol. 48 (1865), pp. 88-89.

(18) "Celt," *Encyclopaedia Britannica*, 14th ed., 1952 and 1968. さかのぼって第九版(一八七六年)では、ケルト人は北方の金髪碧眼の人種と南方の髪と目が黒や茶色の人種という二つの別個の人種から構成されていると述べられていた。

(19) *OED* の第二版の CD-ROM 版で検索した。引用文中で傍点をつけた語の用例である。

(20) George Meredith, *The Egoist*, ed. George Woodcock (Harmondsworth, Middlesex : Penguin Books, 1968), pp. 219, 252. なお訳文は朱牟田夏雄訳『エゴイスト』(岩波文庫、一九七八年)を利用させていただいた。

(21) Arnold, "On the Study of Celtic Literature," *op. cit*., pp. 343, 344, 346, 347.

(22) *Ibid*., p. 291.

(23) Arnold, "The Scholar-Gipsy," *ll*. 203-205.

(24)　Arnold, "On the Study of Celtic Literature," *op. cit.*, p. 347.

(25)　アーノルドの描いた女性的な「ケルト」像を論じたものとしては David Cairns and Shaun Richards, *Writing Ireland : colonialism, nationalism and culture* (Manchester : Manchester University Press, 1988), pp. 42-57 ; Murray G. H. Pittock, *Celtic identity and the British image* (Manchester : Manchester University Press, 1999), pp. 64-69 を参照。また『ケルト文学の研究』全般については Rachel Bromwich, *Matthew Arnold and Celtic Literature : A Retrospect 1865-1965* (Oxford : Oxford University Press, 1965) およびアーノルドとアイルランドに関しては Owen Dudley Edwards, "Matthew Arnold's Fight for Ireland" in Robert Giddings ed., *Matthew Arnold : Between Two Worlds* (London : Vision ; Totowa, NJ : Barnes & Noble, 1986) を参照。

(26)　"The Ancient Fenians and Fenian Literature," *The Cornhill Magazine*, vol. 13 (1866), pp. 121-128.

(27)　Arnold, "My Countrymen," *The Cornhill Magazine*, vol. 13 (1866), pp. 153-172.

(28)　*The Times*, September 8, 1866.

(29)　Robert Giffen, "Critical Notices," *The Fortnightly Review*, vol. 2 N.S. (1867), pp. 124-126.

(30)　Henry Stuart Fagan, "Notices of Books," *The Contemporary Review*, vol. 6 (1867), pp. 257-261.

(31)　A. Lang, "The Celtic Renascence," *Blackwood's Edinburgh Magazine*, vol. 161 (1897), pp. 182, 191.

(32)　W. B. Yeats, "The Celtic Element in Literature," *Essays and Introductions* (London : Macmillan, 1961), pp. 173-188.

(33)　Fiona Macleod, "A Group of Celtic Writers," *The Fortnightly Review*, vol. 65, N.S. (1899), pp. 36-37.

(34)　Arnold, "On the Study of Celtic Literature," *op. cit.*, pp. 392, 395.

(35)　Grant Allen, "Are We Englishmen?" *The Fortnightly Review*, vol. 28 N.S. (1880), pp. 472-487. 以下の引用箇所は pp. 473-474, 479-481, 487, 481, 484-485.

(36)　John Richard Green, *A Short History of the English People* (London : Macmillan, 1882), pp. 9-10. 初版は一

八七四年に出版され、二〇世紀半ばすぎまで版を重ねた。

（37）“Celt Again,” *Punch*, vol. 100（1891）, p. 108.

第八章　言語・人種・国民
――一九世紀末のアイルランド系アメリカ人――

松本悠子

アイルランド系アメリカ人のアメリカにおけるアイルランド愛国運動に関しては多くの歴史家が注目して来た。シャノンやブラウンは、中産階級のアイルランド系アメリカ人がアメリカで社会的ステータスを求めた運動であると論じ、フォーナー等はアイルランド系アメリカ人労働者階級の不満と愛国運動が結びついたことを強調した。(1)いずれにしても、これまでの議論はアメリカ社会内の運動であると論じているが、ミラーは近年注目されている「ディアスポラ」の視点で問い直し、第二世代がコミュニティの中心になろうとも「亡命者」の視点が受け継がれたことを強調した。(2)ただし、このような視点はそれほど新しいものではない。一八八二年にアイルランド系アメリカ人の母国に向けた運動を論じたベイグナルは、アイルランド系アメリカ人が母国を離れたのは、英国の支配によって追い出された為であり、英国政府への敵意は、「アメリカのアイルランド人の本質的な部分」だと論じている。(3)

たしかに、「亡命者」の視点による見直しという近年の傾向は、アメリカ一国史の枠組みをこえた視点で運動を分析することができる点で評価できる。しかし、ともするとハンドリンの「根無し草」史観や、先述のベイグナルの議論に戻ることはないであろうか。本章では、ニューヨークで発行されたが、全国的な影響力を持ったアイルランド系新聞二紙の一九世紀末のアイルランドに関する論調などを検討することによって、アイルランド系アメリカ人が母国をどう見ていたのか、近代国民国家の確立期に、アイルランド系アメリカ人にとって、言語と文化、愛国心、人種という言葉は何を意味したのかを考える端緒を見い出したい。

「アイリッシュ・アメリカン」紙は、一八四九年に創刊され、一九世紀後半の紙面を最も占めたのはタマニーを中心とするアメリカの政治問題とカトリック教会に関する記事であった。一方、「アイリッシュ・ワールド」紙（以後、「ワールド」紙）は、パトリック・フォードによって一八七〇年に創刊され、アイルランドの問題と合衆国の労働問題を重ねて、例えば労働騎士団やヘンリー・ジョージの改革などを支持し、改革の論戦をはった。一八八二年には、「ワールド」紙の発行部数は約六万部で、一九〇〇年代には倍増したと言われる。(4)

一　ニューヨークのアイルランド系アメリカ人と「愛国運動」

一九世紀末になってもアイルランドから他の国へ移住する数はそれほど減少しなかった。むしろ、一八九五年の統計によると、アイルランドの港からの移民の総数は四八、九三四人で、一八九四年から一二、九七五人増えている。内訳は、男性が二一、五七二人に対して女性は二七、三六二人で、レンスター地方からの移民が全体の四一％を占めている。一八五一年から一八九五年までの移民総数は約三六五万人で、一八九五年当時のアイルランドの人口の約四分の三に当たるという。(5) その移民の大半はアメリカ合衆国をめざした。一八九〇年の統計では、一八八一年から一八九〇年までにアイルランドから出た移民総数四三万四千人のうち、合衆国には三八万七千人が来ている。ニューヨークを例に取ると、一九一〇年の段階で、全人口約四七七万人のうち、アイルランド生まれの人口は二五万人を占める。その数に二世、三世の数をあわせると、ニューヨーク市でアイルランド系アメリ

カ人のコミュニティが発言力を持ったことは容易に想像できよう。(6)

1　アイルランド人種会議

一八八〇年代の土地同盟をめぐる運動の分裂の後、アイルランド系アメリカ人の母国に対する活動は内部対立などをくり返し、目立ったものはないといわれている。しかし、日常的に母国の情報を集め、母国の出来事や運動に即座に反応する活動は続けられていた。一八九五年には、アイルランドの運動家による「アイルランド人種会議」(Irish Race Convention)の計画がアメリカに伝えられた。全世界の「アイルランド人種」にたいして協力を呼び掛ける計画であり、アメリカ合衆国もカナダ、オーストラリアなどとともに代表を選出した。この計画は「国(あるいは民族)としての権利」(national rights)をとりもどすために、「亡命したアイルランド人と母国のアイルランド人との密接な関係」をつくることを訴えたのである。アイルランドの運動家は、「亡命したアイルランド人」は、「彼等の人種の揺籃の地から、強制的に別離させられた」のであり、「母国への献身」は常に強いはずであると期待した。外国にいるアイルランド人が母国の様子を「初めて自分の目で見、自分の耳で聞く」ことによって、母国の勝利の為の「同情と支持を求める訴え」をそれぞれの国ですることができるだろうと、呼びかけたのである。(7) そもそもこの会議はアイルランド議会党(Irish Parliamentary Party)の発案で、アイルランドの運動家の間の統一の再建を前提としており、これまでの対立を解消して自治の支持者の団結を達成することを第一の課題としていた。アメリカの代表は、古代アイルランド人結社とアメリカ愛国連合(National Federation of America)から出すことになった。(8) 一八九六年九月にダブリンで会議が行われたが、集まった代表は二千人にのぼるといわれている。アイルランド人指導者たちが自治を目指して団結する決議が出され、外国在住のアイルランド人はこの会議で認められた団体に財政的援助をすることを決めた。(9)

2　祝祭と運動

一八九七年には、土地同盟時代の運動家を多く集めて、アイルランド愛国連合ニューヨーク協議会（City Council of Irish National Federation）がアイルランドに対する平等な課税を求める声明を出した。[10]イギリスのアイルランド人及びアイルランド系アメリカ人政治犯釈放のための募金活動に基金協会ニューヨーク委員会も活発に参加していた。一八九七年の末、アイルランドが再び飢饉に見舞われたという情報が届くや否や、古代アイルランド人結社を始めとして、多様なアイルランド系アメリカ人の組織が募金を行い、「アイリッシュ・アメリカン」紙は広く募金活動への参加を訴えている。[11]

一八九六年二月一六日には、全国の主要都市で、ロバート・エメットの生誕を祝う行事が行われ、ニューヨークでは、ニューヨーク・アイルランド愛国同盟が中心になって祝祭をおこない、イギリスのアイルランド政治犯の釈放を求める決議を行った。他にも市内で、クラン・ナ・ゲールの主催でエメットを記念する行事が行われ、多くのアメリカ人名士や「さほど愛国運動に熱心ではないアイルランド人名士」を集めた。[12]一八九八年三月五日の「ワールド」紙は全面ロバート・エメットの特集を組んでいる。

特に、両紙とも一七九八年のユナイテッド・アイリッシュメンの反乱の百年祭の実施を呼び掛け、記念祭は「民族 Nationality への献身」を示すことになると述べている。例えば、聖パトリック祭には、アイルランド義勇軍がユナイテッド・アイリッシュメンのいでたちでパレードに参加した。一八九八年には、一七九八年の反乱の百年祭を記念して、アメリカ、カナダ、オーストラリアなどからアイルランド人組織の代表がアイルランドを訪れた。「アイリッシュ・アメリカン」紙は一七九八年の反乱とユナイテッド・アイリッシュメンの歴史に大きく紙面をさき、一七九八年に失われた「大義」を求めるアイルランド人の願いは失われておらず、「アイルランド人種」にしか分からない感情があると述べている。[13]「ワールド」紙は、「九八年日記」と題して、毎週百年前の蜂起の出来事を詳しく述べた。一八九九年には、アイルランド全国土地同盟の流れを引くユナイテッド・アイリッシュメン連盟が作られ、飢饉の被害者のための募金活動が行われた。[14]

ただし、このようなアイルランドのための運動へのアイルランド系アメリカ人の参加は、常にアイルランド人と同一のアイデンティティすなわち「亡命者」としての意識のもとに行われていたとは限らない。むしろ、豊かで、自由な世界に住んでいるものとしての後方支援のような発言がしばしば見られる。たとえば、「アイリッシュ・アメリカン」紙の一八九八年のある記事は、アイルランドはフランスなどの外国をもはや頼る必要はないと論じた。「新世界、すなわち『より大きなアイルランド』Greater Ireland には、……母国の人々やその子孫が、これまで証明されて来たように豊かな資源を持って、緊急の場合母国の呼び掛けに答える準備がある」と述べ、アイルランドの運動の間の対立や派閥争いを止めるように求めている。[15]

二　アメリカにおけるゲール復興運動

1　ゲール復興運動

直接母国とのつながりを維持する運動と平行して、日常的な活動として、一八九〇年代には、ゲール文化およびゲール語の復興運動が行われていた。アメリカの政治に関しては立場を異にしていた「アイリッシュ・アメリカン」紙と「ワールド」紙は、ゲール復興運動に関しては共に強く推進する立場をとった。「アイリッシュ・アメリカン」紙は、母国での運動を紹介すると共に、「我々のゲール語部門」という欄を作って、ほぼ毎週ゲール語で散文や詩を掲載している。「ワールド」紙もまた、毎週ゲール語の暦をのせ、ニューヨークのゲール語関係の三組織、ゲール協会、ケルト愛好協会、ブルックリン・ケルト愛好協会の活動を定期的に報告している。ゲール協会（The Gaelic Society）はアイルランドの歴史や文化に関する講演会を開き、アイルランド音楽の演奏会を後援していた。

一八九八年には、同じニューヨークのヨンカー・ケルト愛好協会が加わり、それらの組織から代表者が出て、アメリカ・ゲーリック連盟を組織した。世紀転換期には、ゲーリック連盟の支部は、二八から四三に増加し、特にシカゴ、サンフランシスコ、ニューヨークの支部は活発な活動をした。一方、アイルランドのゲーリック連盟は、一八九八年から寄付をアメリカに求めて来ていた。アメリカ側も、ゲール語の優秀な文章に賞を与えようというアイルランドの運動の基金をアメリカのアイルランド系の組織が集めるなど、本国の運動への支援を欠かさなかった。(16)

ゲール文化の復興には、ゲール語の復活が欠かせない。ニューヨークのゲール語学校（Philo-Celtic Irish School）は一八七〇年代から活動しているが、一八九五年にはサンフランシスコやロードアイランドにもゲール語学校が開設され、その活動の様子が、両紙に毎週まとめられている。特に、女性の参加が顕著であるという報告が、一八九八年になされている。

ゲール文化に関する研究も奨励された。古代アイルランド人結社（Ancient Order of Hibernians, A.O.H.）はワシントン・カトリック大学にゲール文化講座を設置するための募金活動を行い、一八九五年の段階で、全国の約四万人から三万ドルが集まった。(17) ジョンズホプキンス大学でもゲール文化講座が置かれ、ハーヴァード大学も一八九八年の段階で計画を発表している。学校だけでなく、ゲール語で書かれた文学など書物も多く出版された。(18)

教会の儀式、特に守護聖人の祝祭は、ゲール語をひろめる格好の機会であった。一八九六年の聖パトリック祭では、聖パトリックの生涯をゲール語で説く試みが行われた。(19) 一八九七年には、聖コロムキル（St. Columcille）の千三百年祭がニューヨークで行われた。聖コロムキル教会の周りはアメリカとアイルランドの国旗で埋まり、アイルランド系アメリカ人の自警団組織から発展した第六七連隊が参加し、ゲール語協会の会長がゲール語で挨拶した。「オニール家の純粋なアイルランド人の血を引く」シャハン博士は、聖人は「アイルランド人種 Irish race の理想を体現した」と演説した。世界で、これほど盛大に祝っているのはニューヨークだけであり、聖人の生地でもそれほどではないと「アイリッシュ・アメリカン」紙は述べている。[20]

2　ゲール語――「亡命者」の言語

ゲール文化はヨーロッパ文明の源である。これが、ゲール復興運動の合い言葉であった。過去の伝統と文化の優秀性を追い求めることによって、現実のアイルランドの立場、さらにはアイルランド系アメリカ人のアメリカでの位置付けを再考しようとしたのである。「ワールド」紙は、一八九六年、「ケルティック・ルネサンス」と題して、ケルトの文学や芸術などがヨーロッパの文明の源として見直されていると論じた。[21]

なかでも、言語がもっとも重要であった。ゲール復興運動は、ゲール語がヨーロッパ文明にとって重要な言語であることを強調した。ゲール語はアーリア系言語の中で最も古い言語の一つであり、ラテン語やギリシャ語とも関係があると、古代まで遡ってその正統性を主張するのである。そのうえ、ゲール語は、実際に使用されている言語であった。最近の研究は、アイルランド移民の中に相当数アイルランド語を話すものがおり、ゲール復興運動に関してある程度の地盤があったと論じている。[22]ゲール語こそ、ゲール文化、アイルランド民族（人種）そして国としてのアイルランドという過去と現在及び未来をつなぐ結節となったのである。「アイルランドでは六人に一人はアイルランド語を話しており、英国の圧迫にもかかわらず強い生命力を持つ」「ゲール語は難しいといわれているが、アイルランド人は血の中に持っているので難しくはない」とニューヨークのアイルランド語学校の指導者は新聞の一面の大半を使って訴えている。[23]言語と「血のつながり」とを直結させる論理は、ゲール復興運動におけるゲール語の位置を明確に語っていると言えよう。

しかも、ゲール語は政治的なアイルランドの立場を象徴していた。「アイリッシュ・アメリカン」紙に掲載されたゲール語で書かれた詩の英訳は、剥脱と喪失、そして復活の希望を示している。「いまや本も友もなく学問も歌もない。永年、聖なる島では書物も学問も破壊されて来た。かつて我々は豊かであったが、今や貧しく、落胆し、嘆いている。我々は、父祖の言葉を奪われ、すべての大切なものを禁じられている。……しかし、夜明けは近い。復讐の心で一杯になり、我々の愛する国土を自由にするだろう。……」(24) アイルランドで、ゲール語を残す努力がなされてこなかったという論調にたいして、「英国の社会的、政治的、宗教的権力が何世紀にもわたって、アイルランドの言葉や文学を破壊し、アイルランド人の才能と、愛国心、宗教、学問、そして人間性までも押さえ付けることに集中して来た時、アイルランドの言葉が現在のように生き残り、アイルランド人の才能、愛国心、宗教、学問、活力が生き残って来たことに我々は感嘆する」とアイルランド語学校の指導者は、英国の圧政にもかかわらず言語が生き残ったことを強調した。(25) 一八九八年のアメリカ・ゲーリック連盟設立における決議は、アイルランドのゲーリック連盟の活動に賛同し、母国語を普及させ、「真実で健康的な民族（あるいは国民） nationality の精神」をアイルランド系の人々に行き渡らせ、「脱民族化（国民化の否定）denationalize、堕落」を意図した英国化政策を阻止することが目標であるとした。(26)

一八九八年、「アイルランドのジャンヌ・ダルク」と称されるゴン嬢の訪米に際して、ニューヨークではアイルランド協会連合とアイルランド協会付属婦人団体主催の歓迎会が開かれた。ニューヨークのアイルランド女性を代表する婦人団体は、ゲール語で、ゲール復興運動こそ英国の圧政にたいして民族の意識を守ると演説した。「愛すべき島、『聖人と伝説の国』から亡命して来た我々が御挨拶を。……長期間の英国の法による迫害と不正の為に、アイルランドの人々の心は重く悲しい。彼等を高揚させ、崇高で栄光ある行いを彼等が行うことを支援するために、彼等の国の歴史と文学を学ばなければならない」[27]、と。アイルランドにおいてはゲール語はイギリスの「圧政」に対抗する民族の意識を象徴し、アメリカにおいては、イギリスに追い出された「亡命者」としてのアイルランド移民及びその子孫の立場を象徴したのである。

3　ゲール語とアイルランド

このようなゲール語復興運動は、当時の指導者達にとって、単なる圧政への対抗だけではなく、アイルランドをどのように国民国家として成立させるかという命題と直結した問題であった。くりかえし、母国語こそ「真の民族（あるいは国民）（nationality）の証」であるという主張が新聞の記事に見られる。各地で「国民国家」が確立された一九世紀後半において、ゲール語復興運動は、アイルランドが、共通のしかも独自の言語を持つ人々（民族、あるいは国民）を基盤とする国家をつくることを望んでいた証であると考えられる。一八九六年の記事では、言語こそ対立する指導者達をまとめ、「すべての人々が調和し、基盤とできる」ものであり、「国（nation）の自由の灯」であると論じている。[28] カトリック大学のシャハン博士の nationality の定義によると、「民族」を基盤とした国民の構築には、過去しかも偉大なる過去の発掘が必要なのである。「我々は一つの民族であり、共通の栄光ある祖先、共通の経験、共通の制度、共通の理想と希望、共通の愛情と共通の苦悩を持つというぬぐいさることのできない事実を知ることは、すべてのゲール民族の特質の中でも最古のものである。[29] Nationality の本質は、言語であり、過去との唯一のつながりである。[30]」まさに、ベネディクト・アンダーソンの定義する「想像の共同体」としての国家、あるいは国民の構築を求めていたのである。

しかし、裏をかえせば、アイルランド系アメリカ人のジャーナリズム、知識人、愛国運動の指導者などの唱導するゲール復興運動は、国民国家を作ろうにも、いわゆる「想像の共同体」を作るための基盤となる共通の意識が危ういことをアイルランド系アメリカ人の指導者が自覚していたからこそ一定の盛り上りをみせたともいえよう。国家とその成員となる国民をつくるためには、共通の基盤となる独自の言語を早急に創出する必要があったのである。ニューヨークのゲール語学校の指導者からは、参加率が悪いと投書があり、「アイルランド人が失われた人種となり、かつて世界を啓蒙した美しい言葉が死んだ言葉になりつつあることも不思議ではない」と危機感を訴えている。さらに、言葉によってこそ「民族性（あるいは国民性 nationality）」と「神聖な宗教」を獲得できると述べる。[31]

別の記事は、ゲール語の復興がアイルランドの国家確立への気運と繋がっていないと危機感をあらわにした。アイルランド系アメリカ人の九九％が父祖の言葉は保存するべきであると認め、四〇％近くの人は、表向きゲール語復興運動への高い興味を示してる。しかし、実際には、「どれほどの人々が協力的であったであろうか」とこの記事は疑問を持ち、「いわゆる『アイルランド愛国運動』の指導的参加者がゲール語の授業にあまり参加していないのは奇妙なことである」と、アメリカのアイルランド移民コミュニティ内の関心の低さを嘆いたのである。[32]

例えば、「ワールド」紙は一八九八年、マクマハンという名の人が、アメリカの裁判所に訴え、マハンと変更したい、なぜなら、もとの名前は「あまりにも異国的で非アメリカ的である」と言った事例を大きく取り上げた。この例などをだして、「ワールド」紙は、「英語を母国語とする人々と接触すると、アイルランド人は自らの出自を恥と思うらしい」と論じている。[33] アイルランドの飢饉に関して、アイルランドのロッジ枢機卿は、「何度も母国の飢えている人々への援助を求めることは、アメリカにいるアイルランド人にとって屈辱と感じるかも知れない」が、しかし母国の窮乏はアイルランド人の特性がまねいたものではなく、イギリスの専制に問題の根源はあるのであり、「英国の専制とみじめさで母国を追いやられたアイルランド系アメリカ人」にこそ母国は救いを求めていると論じた。このような訴えを行わなければならないこと自体、必ずしも母国の窮乏が直接愛国運動への参加と繋がらなくなっている状況を伝えているといえよう。[34]

一八九六年のアイルランド人種会議において、ニューヨークの代表が披露した手紙の中で、エメット博士は、多様な理由で「亡命を余儀無くされた」海外のアイルランド人も、母国への愛を持ち続けているが、「近年のアイルランドにおける内部対立のために外国に在住するアイルランド人の多くは、失望から無関心の状態へ移していた」と指摘している。[35]

これは、アメリカに限ったことではなく、アイルランドからも危機が伝えられた。一八九七年に「アイリッシュ・アメリカン」紙に掲載されたドーニー神父の手紙は、「現在はアイルランドの運動全体の危機である。もしこの運動が失敗したなら、何世紀もアイルランド人が親しんで来た言葉を復興する希望を放棄しなければならない。もしそうなれば、すぐにイギリス人になって、我々が母国語を持っていたことを隠す方が、世界に向けて大きなことをいう愛国者の姿を取りながら、心のうちで我々の独自の国民性（nationality）の最大の証を侮るよりましであろう」とゲール語運動への支持を迫っている。[36]

ウエスト・ゴールウェイを訪れた学者達は、一般に話し言葉はアイルランド語であるが、「子供達は英語を喋る。というのも親達がアイルランド語は野蛮な言葉であるという古くて馬鹿げた考えに凝り固まり、英語を学ぶためにアイルランド語を捨てなければならないと思っているからだ。……現在の各地におけるアイルランド語の無視は……精神の欠如であり、不名誉と屈辱である。ほんのすこしの真の愛国精神がただちにこの不名誉なプロセスを終わらせることができるだろう」と報告している。[37]

一八九九年には、アイルランドのゲーリック連盟の指導者が、アイルランドのゆっくりした「英国化」を危惧し、アイルランドの学校でアイルランドの歴史を教えるように要求した。彼によると、一八九〇年のパーネル危機後、議会運動への関心が急に低下し、人々は「英国化」の進行に気がついたのである。合衆国からアイルランドを訪れた人々は、自治に関する一般の人々の感情に落胆することが多く、いかに専門家層や教育を受けた層が感情や考え方を英国のそれに徐々に近付けることに従っているかにがっかりした。[38]「ワールド」紙に寄稿したスプレング博士は、「民族 nationality のための戦いを諦めることは、アイルランドの殉教者が無駄に死んだか、あるいは我々の時代のアイルランド人が堕落した息子達であることを明らかにすることである」と警告し、一七九八年の精神を蘇らせるために、「教育と心からの民族精神 national sentiment」をもとにした組織を作る必要を提案している。[39]

アメリカのカトリック司教も、三〇年か四〇年前にアイルランドを離れて、六年か七年前に再び帰った人は、人々の習慣や態度が大きく変わったことに気付くであろうと一八九九年に指摘した。「彼等は、もはや、旅行者が若い頃に知っていたアイルランド人ではなかった。若者は見た目も全く変わっている。衣服、話し方、乗り物も、全て海峡の向こう側から借りて来たようだ」と述べ、「アイルランドの民族は急速に死にかけておりアイルランドの歴史は永遠に閉じていくかのように見える」と警告したのである。[40]

これらの危機感は、必ずしもアイルランド「民族」（人種）が真に崩壊の危機に瀕しているということではないであろう。むしろ、危機感を常にあおることによって、民族（人種）の団結をいやが上にも高めなければならないアイルランド及びアイルランド系アメリカ人の状況をよく示していると言えよう。この危機意識が、目に見えるかたちで共通の基盤となりうる言語の創出すなわちゲール語の復興運動を支えたのである。

三　「亡命者」とアメリカ市民

アイルランド系アメリカ人は、「亡命者」というアイデンティティだけでは、現実の生活を送ることはできなかった。本節では、アメリカ合衆国とアイルランドの間で、一九世紀末のアイルランド系アメリカ人がどのように対応したかを明らかにしたい。

1　二重の公的記憶の形成

アイルランド系アメリカ人のコミュニティの特色の一つは、義勇軍或いは自警団の活発な活動である。一八九五年には、ニューヨークのアイルランド系アメリカ人による新しい自警団組織の結成が報じられている。アイルランド義勇軍（Irish Volunteers）の連隊を構成する二つの大隊の一つで第一大隊と名付けられ、六つの中隊からなり、制服を持ち、行進などの訓練が定期的に行われた。いざという時には実戦に出る覚悟もしており、いわば予備軍である。アイルランド義勇軍がグラントの記念像の為のパレードに参加することをニューヨークの他の団体から拒まれた点に関して、「共和国で活動している唯一の義勇兵の連隊」であり、「州や国家の何の助けも借りないで自らを組織し、制服や武器も用意した連隊としては共和国の歴史始まって以来のことである」と「アイリッシュ・アメリカン」紙はアイルランド義勇軍を位置付けた。[41] また、以前に組織された第六七連隊の「再建」に関する内紛も大きく報じられており、自警団がコミュニティの関心を集めていたことが推察される。

彼等は、多様な記念日や祝祭に参加し、パレードなどによって、ニューヨークのアイルランド系アメリカ人コミュニティの「記憶」の形成と再生産に大きな役割を果たした。新しく作られた大隊は、一八九五年の一一月二四日の「マンチェスターの迫害」を記念する儀式で初めて披露され、この大隊を支持する「アイリッシュ・アメリカン」紙は、アイルランド系アメリカ人に、「アイルランド系アメリカ人を代表する連隊を組織するという偉大で愛国的な仕事を見る」ことをすすめている。[42] 一八九六年、「アイルランド義勇軍」の第一大隊は新しいユニフォームで、エメットの誕生を祝う祝祭で行進をした。[43]

また、一八九六年二月には、一七八二年にアイルランドで行われ、アイルランド議会の設立を決定した「ダンガノン大会」を記念する音楽や講演の行事がニューヨークで行われた。会場には「アイルランド義勇兵」が制服を着て並び、アイルランド愛国運動の共通の記憶を確認するために歴史が語られた。(44)

「マンチェスターの殉教者達」を記念する式典では、アイルランドの歌が歌われ、「マンチェスターの殉教者達」の歴史と「英国のアイルランド問題に関する政策と母国の子供達を服従させるためのすべての専制」について演説がなされた。その後、「連隊」が制服を着てパレードを行った。(45)

アイルランドの歴史に関する祝祭だけでなく、アメリカにおけるアイルランド系アメリカ人独自の催しにおいても、アイルランドの「記憶」はくり返し再生された。南北戦争戦没者記念日の「アイリッシュ・アメリカン」紙の論説では、モンゴメリー、エメット、マクネヴィンという愛国心とその才能によってアイルランド人が誇るべき人々の墓がニューヨークの聖ポール教会にあるのにもかかわらず、アイルランド系市民が無関心であると訴えた。同紙は、他の民族は自分達の英雄の記念碑を作って花環を飾っているのにも拘わらず、アイルランド系アメリカ人のコミュニティは無関心であると主張したのである。一八九六年には、ゲール協会が墓所に花環を飾り、セントラル・パークのトマス・モアの像にも花環を飾ると発表した。(46)

一八九七年のニューヨーク市の大々的なアイルランド系アメリカ人のフェアでは、出身郡別の組織の集まりであるアイルランド郡婦人組織（Irish County Ladies' Organizations）を中心に約百人の女性が組織を作り計画を始めた。(47) アイルランドからも特産品や工業製品、歴史的スポットの展示などが届いた。(48) 五週間行われ、延べ七〇万人が参加したと報告されている。(49) また、日替わりで催しが行われ、一七九八年の反乱を記念する夕べでは、「誰が九八年反乱を語ることを恐れるのか」を合い言葉に、ウエクス蜂起で戦った人々の子孫が参加し、九八年反乱百年記念協会、コーク郡出身者協会、アイルランド郡会連合、アイルランド義勇軍がパレードを行った。(50)

聖パトリック祭は、毎年三月になると両新聞の一面を飾る重要な祝祭であった。特に一九世紀末には綿密に組織された秩序ある行事として確立していた。一九世紀前半までは、パレードも秩序がなく、娯楽も参加していないものに不快な思いをさせるようなもので、知性も見られず、アメリカ人の冗談の種になっていたが、一九世紀末には、アメリカの報道も敬意を持って報告していると「ワールド」紙は論じている。(51) すでに、一八五五年のニューヨークの聖パトリック祭の演説において、「記憶の祭り」という言葉が使われているように、催し物やパレードではアイルランドの歴史が繰り返し語られた。(52) 特にパレードでは、アイルランドの歴史や伝説を山車などの目にみえる形で表したのである。

すでに指摘されているように、聖パトリック祭、特にその中心とも言えるパレードは、すぐれてアメリカ社会の産物である。(53) 母国を離れたアメリカ社会でこそ、伝統と歴史をくりかえし確認させる「記憶の祭り」が必要だったのである。近年の研究においても、たとえばモスは、聖パトリック祭はディアスポラの公的記憶を維持するための儀式であると論じている。(54)

これらの祝祭の主役は男性であるが、女性も、女性の組織をもとに側面から参加をした。聖パトリック祭の日には、アイルランド義勇軍に三色旗を捧げるために連隊の本部に集まり、アイルランドの各郡の出身別に、百人の女性が三色のサッシュをつけて旗を贈呈することが決定された。四月の式典においても、レンスターの女性達(Ladies of Leinster)、マンスターの女性達(Ladies of Munster)、アルスターの女性達(Ladies of Ulster)、コノートの女性達(Ladies of Connacht)のグループが、各郡の士官とともに列を組んで行進をした。(55)

しかし、同時に聖パトリック祭の日には、大量のアメリカ国旗がたなびき、市の名士を招待した講演会やパーティが開かれていた。そこでは、アメリカ市民としてのアイルランド系アメリカ人の功績をたたえ、「アメリカ市民の義務」を強調した講演やスピーチが行われている。公的記憶のもう一つの側面として、アメリカの歴史にアイルランド系アメリカ人がどのように参加し、貢献したかという記憶を再生産し続けたのである。「アイリッシュ・アメリカン」紙も、「ワールド」紙も、植民地時代や独立革命にどれだけのアイルランド人が参加し、貢献したかをイラスト入りで何度も克明に描いている。[56]「ワールド」紙は、アメリカの歴史の教科書でアイルランド人の活躍が無視されていると批判している。[57]

新聞や祝祭だけではなく、アイルランド人をアメリカの歴史の中に位置付けようとする多くの書物も出版された。たとえば、一八八七年に出されたコンドンの著書の目的は、アメリカにおいて植民地時代からいかにアイルランド系アメリカ人が活躍していたかを示すことであり、書物自体はパトリック・フォードに捧げられており、第一章は、「アイルランド人に発見されたアメリカ」であった。[58]

一八九七年には、アメリカ史におけるアイルランド人の貢献を人々に知らせるためにボストンにアイルランド系アメリカ人歴史協会が組織され、二〇世紀初頭には二七の州に会員が広がった。[59] なお、アイルランド義勇軍も、アイルランド系の式典だけではなく、例えば労働記念日 Labor Day にも盛大なピクニックと運動会を主催している。[60] 一八九八年、次回の全国大会の開催地をニュージャージーに決定するにあたって、古代アイルランド人結社の代表者は多くの独立革命の戦場などがニュージャージーにあるのを指摘して、「アイルランド生まれの人々とアイルランド系アメリカ人が、独立革命時にわれわれの祖先の手によって聖なる地となったアメリカのこの地域で出会う日はすばらしいものになるであろう、更に、アイルランドとアメリカの英雄的な行為をかさね合わせる事になろう。それらの行為は彼等の命を賭けて『自由、平等、幸福の追求』のためにおこなわれたものである」と論じている。[61] アイルランド系アメリカ人の言説だけをみてゆくと、まるでアイルランド移民が独立革命の主役であったかのような錯覚に陥るほど、繰り返しアメリカへの貢献が語られたのである。

2　アメリカ市民としてのアイルランド系アメリカ人

アイルランド系アメリカ人は、愛国運動や自らの祝祭においても、常にアメリカ社会のまなざしを意識しなければならなかった。そのまなざしは、一九〇五年のルーズベルト大統領のアイルランド系アメリカ人に対する演説に集約されている。ケルト文学などの復興を指摘した後、大統領は「どのような国からあなた方が、またはあなた方の祖先がこようとも、一番覚えておかなければならないことは、皆アメリカ人だと言うことです」「アメリカニズムとは、生まれや血のつながり或いは宗教の問題ではない。アメリカ的精神とアメリカ人の魂を持っている人が最善のアメリカ人である」と訴えたのである。(62)

このようなまなざしにたいして、アイルランド系アメリカ人は、アメリカの歴史への貢献という公的記憶の形成だけではなく、自らの愛国運動をアメリカの理念を使って説明することによって、アメリカ市民としてアイルランド愛国運動に関わる正統性を主張したのである。一八八二年に、アイルランド系アメリカ人の愛国運動を論じたベイグナルは、アメリカ社会の影響力が、「亡命者」の愛国運動への関与を強めたと論じた。彼によると、他の民族以上に、アイルランド系アメリカ人はアメリカの共和主義の理念を受け入れ、「アイルランドでの彼等の生活と社会の中の位置付けを嫌うようになった」ことにより政治運動に参加したのである。(63)

一八九六年にクラン・ナ・ゲールが主催した式典はアイルランド義勇軍の観閲式から始まり、義勇軍のバンドによるアイルランドの音楽が演奏されたのち、ジェームス・フィッツジェラルドが演説をした。マンチェスターの殉教者達は、「アイルランドが武力によって独立と自由を勝ち取る権利があるという信念を持っていた人々」であり、「共和制」を最善と考えたアイルランド人であり、「ジョージ・ワシントンを最高の自由市民とみなした人々であった。一言でいえば、彼等は人民の、人民による、人民の為の政治を信じていた。」(64)また、同年の南北戦争戦没者記念日に、「ユニオンの為に命を捧げた同胞」を記念してパレードに参加しようとしたアイルランド義勇軍の参加をさまたげる動きがあった時、「アイリッシュ・アメリカン」紙は、「アイルランド義勇軍の兵士と士官は法を遵守する市民であり、国家のよき兵士である」と主張している。[65]

アメリカに支援を求めて来たアイルランド人運動家もアメリカのまなざしに敏感に反応している。一八九八年の歓迎会において、ゴン嬢は、アメリカが「理想の共和国」であると賞賛し、アメリカはアングロサクソンの国ではなく、「我々の人種 race」がこの共和国の建設に参加して来たことを誇りに思うと演説したのである。[66]

ニューヨーク市の政治に密接にアイルランド系アメリカ人が関わったことは周知の事実であるが、アイルランド愛国運動とアイルランド系アメリカ人の政治力が直結されることには敏感に反応した。「アイリッシュ・アメリカン」紙は、公然とタマニーを中心とする民主党を支持していたにも拘らず、「アイルランド人票」、特に「アイルランド愛国運動のための票」を明確に否定した。クラン・ナ・ゲールは、「ニューヨークの組織された愛国運動家の九五%を占める我々」のアメリカ政治での動きを否定し、「アイルランド愛国組織は、アイルランドの人々の権利と自由を守るためにのみ組織されているのであり、その権利と自由はこの偉大な共和国ではすべての市民にすでに保証されている」と主張した。さらに、「アイルランド人は忠誠心をもつアメリカ人」であり、「アメリカの理念、利益、名誉を戦場でも投票所においても守る覚悟がある」とクラン・ナ・ゲールは論じている。[67]

一八九九年には全国で二一万人の会員を擁していた古代アイルランド人結社の活動は、まさにアイルランド系アメリカ人のアメリカ社会における意識を如実に語っている。一八九六年にフィラデルフィアで行われた古代アイルランド人結社の第四七回大会では、禁酒運動の支持、国内政治と結社が関わらない、反カトリック運動を展開しているアメリカ保護協会（American Protective Association 以後A・P・A）に対する非難の声明、そしてイギリスに捕われている政治犯の中にアイルランド系アメリカ人がいることを強調して釈放運動を支持することを決議した。なお、この釈放運動はアイルランド本国や他のアイルランド系アメリカ人の組織と同時に展開されている。さらに、「アメリカへの愛国的献身、我々の住んでいるところの政府への忠誠に我々が大切にしているものを賭ける覚悟」を示した。特にアメリカ社会における偏見と差別の是正を訴えている。独立革命の時代から南北戦争に至るまでのアイルランド系アメリカ人の貢献を指摘して、アイルランド系アメリカ人に向けられている差別の不当性を指摘した。さらに、「アイルランド系アメリカ人の数の力、法を守る精神、精神的特質」から、アイルランド系アメリカ人はアメリカ社会で認められる資格があることを主張し、アメリカにおけるアイルランド人諸組織の統一を行うことによって、影響力の行使が可能になるとアイルランド系アメリカ人に呼びかけたのである。

なお、この組織は一八三六年に結成され、労働者層まで広く影響力を持っていたが、この時期、古代アイルランド人結社は二つに分裂していた。一八九七年に入って統一の話し合いが始まったが、(68) この分裂の原因は、「ワールド」紙によると、単なる派閥争いではなく、アメリカの組織が母国の組織の支配を受けるかどうか、或いは、片親だけがアイルランド系である人を会員として入れるかどうか、という極めてアメリカ的な問題であった。(69) 換言すれば、アイルランド愛国運動自体が、母国への帰属性を薄めつつあり、アイルランド系アメリカ人の独自性が前面に出て来たといえよう。一九〇五年のケオグ判事の演説は、その傾向を明らかにしている。彼は、ゲール復興運動の成果としてアイルランドが自尊心を持って再建に向かっていると指摘したのち、英国への敵意ではなく、アイルランドに産業などの豊かさをもたらすためにアイルランド系アメリカ人は援助するべきだと主張した。(70)

3　エスニックコミュニティとしてのアイルランド系アメリカ人

アメリカ市民としてアメリカの理念を信じ、アメリカへの忠誠を誓うことは、アイルランドという出自を消し去ることを意味してはいない。世紀転換期のアメリカ社会において、アイルランド系アメリカ人はエスニックコミュニティがアメリカ社会の構造の中で重要な機能を果たしていることを明白に意識していた。それを表すよい例として、一八九七年のフェアがあげられよう。ニューヨークのすべてのアイルランド系の組織が使用できる建物としてアイリッシュ・パレスの建築が計画され、そのために盛大なアイルランド系アメリカ人愛国フェア(Irish-American National Fair のちに「アイルランド系アメリカ大祭」the Great Irish-American Fair と名称変更)が計画された。[71]「他の民族は建物を持っているのになぜ？」という一八九七年のフェアの計画の理由には、まさに、ニューヨーク市のエスニックコミュニティの一つであるという彼等の位置付けが窺える。エスニックコミュニティとしての位置付けは、政治に関する次のような記事にも明らかである。「アイリッシュ・アメリカン」紙は忠実なタマニー支持者であるが、共和党の知事や上院議員のアイルランド系アメリカ人には支持を送っている。「急激な政治の変化が行われている中で、アイルランドの血を受け継いだ人がその変革を指導することは、たとえ我々が彼の政治を正しいと思わなくとも、よいことである」、と。[72]

特にアイルランド系アメリカ人のアイデンティティは、カトリック教徒としての意識と重なっていたため、A・P・Aあるいは反カトリックの報道や動きにたいしては敏感に反応した。例えば、「アイリッシュ・アメリカン」紙は「カトリックほど人類の知性、自由、幸福、徳などに対する狡猾な計略はない」というカリフォルニアのある牧師のカトリック攻撃の文を掲載するなど、反カトリックの発言や行動を逐一報道し、抗議している。また、A・P・Aの政治勢力が伸長していることにも警戒感を持っていた。ニューヨーク郡でもA・P・Aは一万七千人の会員をようし、ブルックリンでは、勢力が他と均衡を保っている状態であったため、アイルランド系アメリカ人の票集めに懸命にキャンペーンをはっていた。[73]「ワールド」紙も、毎週のようにA・P・A関連の記事を掲載し、A・P・Aの主張する愛国心とは反カトリックだけであり、そのうえ同組織は英国を支持していると指摘した。[74]特に、公立学校における聖書教育の問題は、生活に密着した問題として焦点の一つであった。[75]

アイルランド系アメリカ人コミュニティの発言と活動は、反カトリックの問題を除くと、この時期、外交問題に集中した。大英帝国によるアイルランドの植民地支配という自らの立場と重ね合わせて、キューバの自治を支持し、一八九八年の米西戦争に義勇軍を出した。一八九六年の古代アイルランド人結社の全国大会において、キューバの自治を求める運動への共感を決議した。(76) 一八九八年のアイルランド人結社の全国大会の決議では、キューバに対する支持、アイルランド人政治犯の釈放に加えて、合衆国政府に対して「スペインとの戦争にたいして合衆国が勝利するために会員は生命、財産、名誉を捧げること」を決議した。(77) しかし、同時に、米西戦争における米英の接近にたいして継続的に抗議した。

「アイリッシュ・アメリカン」紙は「アイルランド人票」を否定しているにもかかわらず、反英国の立場からドイツ系アメリカ人コミュニティに接近するなど、移民集団としての政治的力を利用することを提唱した。「ドイツ系アメリカ人票は多くの地域で勢力の均衡を保ち」、「英国はアジアやアフリカでドイツの政策に圧迫されており」「ドイツ系アメリカ人は、アイルランド系アメリカ人の投票権者の後ろ楯となった」(78)と論じている。一八九八年、古代アイルランド人結社のパレードでは、ドイツ系アメリカ人の合唱協会が「星条旗よ、永遠なれ」をドイツ語で歌って参加した。(79)

先述したように、「ワールド」紙は、特に積極的にアメリカ社会の改革に発言しているが、外交面では反帝国主義を強調している。ボーア戦争などに関するイギリスとの外交問題を帝国主義の問題ととらえ、常にアイルランドと英国の関係と重ねあわせて反帝国主義の論戦をはった。特に英国との同盟関係を作る動きには、事あるごとに強い非難をくり返している。労働騎士団を支持し、アメリカ労働総同盟とともに労働騎士団が英国との同盟に反対していることを報じた。(80)「ワールド」紙は、一八九八年には、帝国主義に反対する姿勢を明らかにした。移民で帰化した人々にとって、アメリカは「ヨーロッパの軍国主義と帝国主義から逃れて来た」国であり、帝国とは無縁であるべきなのである。[81] 彼等の主張によると、「国 nation は神の意志の創造物であるが、帝国は神の仕事を破壊しようとする人間の意志の創造物である。[82]」のちのフィリピンの扱いにしても、アメリカ軍がフィリピン人を「ニガー」と呼んでいたと報道し、自らが選んだ政府のもとに住む権利を与えられず、黒人奴隷と同等にみなされているフィリピンの人々の状況では独立宣言も意味がないと、「ワールド」紙は何度も訴えている。[83]

しかし、一旦戦争が始まると、アイルランド系アメリカ人は熱狂的な愛国主義者となった。米西戦争が近付くと、両紙共に愛国精神を鼓舞する記事をのせ、第六七連隊は、医師の診察を受けて、いつでも合衆国の軍に参加できるよう用意していた。[84]「愛他的で自発的な愛国主義」の精神で、「旗の守護者」として第六七連隊の九百人が連隊として志願し戦場に赴いたと「ワールド」紙は伝えた。第六七連隊は、星条旗、キューバの旗、そしてアイルランドの旗をたずさえて人々の大歓声に見送られて、行進をして出発したのである[85]「アイリッシュ・アメリカン」紙も、一八九八年二月から必ず星条旗を新聞の最初の欄に掲載した。

四　アイルランド「人種」

1　アングロ・サクソン人種の虚構性

すでに定着していると思われる議論に、一九世紀のアイルランド系労働者達は、自らの白人性を認めさせることによって、他の移民労働者と一線を画し、アメリカ社会におけるアイデンティティを確立しようとしたという、いわゆる「白人性の社会的構築」の議論がある。[86] たしかに、肌の色による境界としての「人種」という概念はアイルランド系アメリカ人の間に浸透していた。フィリピン人のアメリカへの流入についても、「アイリッシュ・アメリカン」紙は、「劣等の血」をアメリカに入れることに反対であり、労働者にとっても安価な労働力の流入は好ましくなく、アメリカ社会にとって人種問題は一つでよいという意見を支持していた。[87]「ワールド」紙も、中国移民禁止の法律に対して、「安価な労働は安い人間を作る」と移民禁止の支持を表明している。[88]したがって、植民地支配に反対する反帝国主義の議論においても、すべての「支配を受けている」人種民族がアイルランド人の立場と重なるわけではなかったと推察される。

しかし、白人性の共有は、主流のアメリカ社会の人種あるいは民族の中に溶け込むことを意味してはいない。アイルランド人種会議という名前に見られるように、アイルランド系アメリカ人にとって「人種（race）」は肌の色の違いのみを表しているのではなく、血のつながりという意味では生物学的違いではあるが、今日の分類より細分化された分類であった。特に、世紀転換期のアメリカ社会において「アングロ・サクソン主義」が活発に論じられると、アイルランド系アメリカ人の「人種」意識は、より先鋭化した。アメリカが「アングロ・サクソン人種」の伝統と理念に大きく影響されている、或いは、アメリカ人の大半は「アングロ・サクソン人種」だという主張が強くなっていることに対して、アイルランド系アメリカ人は強い拒絶反応を示した。特に、イギリスとアメリカの外交的な接近を論じる時に「共通の人種」という言葉が使われるため、「アングロ・サクソン主義」に対する批判は現実の愛国運動と重なっているが、同時に、アメリカ社会における彼等の位置付けを決定する議論となったのである。

アイルランド系アメリカ人の識者は「アングロ・サクソン」という「民族」の存在そのものを否定することに躍起となった。一八八七年のコンドンの著書によれば、ブリテンの人口は「ケルト、サクソン、デーニッシュ、ノルマン・フレンチ」の四要素の混合であり、「アングロ・サクソン」という言葉は意味を持たないと論じている。[89]本章で分析した両紙も、ほぼ毎日のように「アングロ・サクソン主義」に関する批判を掲載した。アングロ・サクソン「人種」を否定する第一の根拠は、イギリス人は多様な人種或いは民族（race）の混合であり、

「アングロ・サクソン」という人種は存在しないあるいはフィクションであるという点である。さらに、「アイリッシュ・アメリカン」紙は、「アングロ・サクソン主義」はアメリカの政治制度をアングロ・サクソンが作ったと主張するが、アメリカの政治制度は、「野蛮な異教徒の種族の粗野な習慣」を起源とするのではなく、キリスト教を源としていると論じている。(90)

「ワールド」紙は、特に「アングロ・サクソン」がつくりごとであるという主張をくりかえした。即ち、「純粋なサクソンの血」は英語を母国語とする人々にはないとくり返している。(91) 特に、「アングロ・サクソン」の優秀性、文明の進歩の源が「アングロ・サクソン」の「血」である、という作り話がアイルランド人に対する圧迫を強めていると主張した。(92)「ワールド」紙は中世まで遡って、アングロ・サクソンが文明の中心ではなかったと指摘し、更に、英国とアメリカをアングロ・サクソンと一括するならば、独立戦争や他の英国との戦いは「人類のためのアングロ・サクソンの誇るべき使命」とどのように整合するのかと批判した。統計的にも、植民地時代からフランス人、オランダ人、ドイツ人、アイルランド人がおり、近年の移民を加えると英国を起源とする人口は減少していると論じた。(93) したがって、たとえ英国出身者をアングロ・サクソンと仮定しても、アメリカのように英国出身者が一〇%以下の国をアングロ・サクソンと称する根拠はないと論じた。(94)

2　言語・「人種」・国民

このような「アングロ・サクソン人種」の否定には、単に反英国の姿勢を示しているだけではなく、アイルランド系アメリカ人も「アングロ・サクソン」に含まれてしまうのではないかという危機感があった。一八九八年には、新聞報道などで、アメリカ人を「アングロ・サクソン人種」と論じるものが多く、ある英国の雑誌は、アイルランド人とスコットランド人を「アングロ・サクソン人種」に含めて論じている。特に、英語を使用するという共通性で英米が共通した意識を持つという論調にたいして、アイルランドを母国に持つものとしては異義を唱えざるを得ない。「ワールド」紙は、英国との同盟を推進しているある牧師が「アングロ・サクソン」を「英語を母国語とする人々」であると定義した事例を紹介して、それならば、アフリカ系アメリカ人も「アングロ・サクソン」に入るのかと疑問を呈していた。(95)「アイリッシュ・アメリカン」紙も、血あるいは起源としての「アングロ・サクソン人種」を主張することは、「英語を話す民族（English -speaking peoples）の中のアイルランド人とその子孫に対する言われのない偏見である」と訴えた。(96)

アングロ・サクソン批判は、アメリカ批判にもつながる。「ワールド」紙は、アメリカの不運は独自の言葉を持たないことであり、そのうえ豊かになるにつれて、生活様式のヨーロッパ化が起こり、国民の中に「国の一員であると言う感覚」がなくなって来ている、と国民としてのアイデンティティの問題に議論を拡大した。(97)さらに、「ワールド」紙は、「アングロ」系アメリカ人は自分達だけが「本当のアメリカ人」だと思っていて、彼等の見解を受け入れるかどうかを「本当のアメリカニズム」かどうかの基準にしていると批判した。換言すれば、「英国系のアメリカ人だけが、人種愛国主義 race patriotism を追求できる」と考えていると指摘しているのである。同紙によると、彼等は、特権を持っているだけではなく、「我々を全てアングロ・サクソンのなかにまとめることができると考え、アメリカと英国の関係について彼等と同じ見解を取らなければ、『非アメリカ的』とみなすのである。(98)」

このような言語と「人種」の交錯する議論の中で、ゲール復興運動は盛り上がりを見せたのであった。「ワールド」紙は、ゲール復興運動を単に流行とか回顧趣味であると軽視し、より現実的な運動をすべきであるとする人がいたならば、その人は「アングロ・サクソンではないという証明ができなくなる」と警告した。母語、文学、音楽芸術など人々を独自の「人種」であると明確にするものを無視するならば、独立もうまくいかないであろうと述べている。アングロ・サクソン主義の論議の中で、言語の独立と政治的独立が重なるという主張が一層強くなったのである。「例え完全に独立していても、英語を使い、英国の理念や文明を残していたならば、真の国家は確実にできないであろう。それは、多くの人種からなる偉大なアメリカの共和国が、英語を使い、特有な国民性や理念を持たないために、アングロ・サクソン人種の分家としかみなされないことでも分かる」[99]。

しかも、アイルランド系アメリカ人にとってゲール語復興は二重の意味があった。母国の問題と共に、アメリカにおけるアイルランド系アメリカ人のアイデンティティの問題である。「ワールド」紙によると、アメリカでは特に、ゲール語や歴史、音楽、芸術等のゲール文化は知られていなかったため、これらの側面でアイルランド系アメリカ人は、エスニックコミュニティとして胸を張ることができない。アイデンティティを捨てるべきだという議論もあるが、我々が相当程度アイデンティティを喪失して来たために、この国はアングロ・サクソンであるという理論が前に出て来たのだ。アイルランド系アメリカ人にとって、「高貴な歴史をもち、文明化とキリスト教化の開拓者であり、豊かな言語、音楽、そして芸術を持つ人種である」と認識された方が、それらを持たない、或いは「非常に堕落しているのでそのようなことが分からない」人種と見られるより利益がある、と「ワールド」紙は論じている[100]。「ワールド」紙は、「星条旗よ永遠なれ」をゲール語で翻訳するなどアメリカに向けた活動が行われていることを報じ、ゲール語運動の教えようとしていることを次のようにまとめている。「それ（ゲール語運動）はアメリカ人を構成している人種民族の中で、知性的にも道徳的にも最高の位置にアイルランド人を位置付けることを望んでいる」、と。「アイルランド人やドイツ人の人種のアイデンティティを保つことによってのみ、英国の陰険な影響力を排除することができる」からゲーリック連盟こそ「アングロ・サクソン主義」に対する抵抗の核となるであろうと[101]、同紙はアメリカにおけるゲール復興運動を支持したのであった。

このような論調をまとめると、まず、アイルランド系アメリカ人もアイルランドという国家、あるいは国民の境界としての「人種」raceを鋭く認識していたことが分かる。言うまでもなく、当時の「人種」は、現在使われている分類上の「人種」ではなく、むしろ民族に近いものであるが、より生物学的な分類を想定している。アイルランド系アメリカ人はこの「人種」raceという言葉を使って、自らを分類し、アングロ・サクソン「人種」の虚構性を指摘し、さらには英語という言語の共通性による「人種」の分類にも異義を唱えて、アイルランドにおける「想像の共同体」の構築を支援しようとしたのである。

一方、アメリカにおいても、この時期に、アメリカ社会の主流といわれてきた「白人・アングロ・サクソン・プロテスタント」WASPのうちの「白人」に関しては、アイルランド系アメリカ人はその内側に入ることを主張した。しかし、同時期、「アングロ・サクソン」の定義の境界の拡大が行われていることに関して、「アングロ・サクソン」という分類そのものを否定し、白人の枠内ではあるが、他の「人種」より歴史的及び文化的に秀れていることを示すことによってアメリカ国民となる道を模索していたと言えよう。そうすることによってのみ、母国への姿勢と忠誠心あるアメリカ国民としてのあり方の整合性を考えることができたのである。[102]

小論は、二種の新聞の、しかも一八九〇年代後半という短期間の分析だけをもとにしているため、まとまったことを論ずることはできない。しかし、ヨーロッパにおける国民国家の確立と時期を同じくするアイルランド独立運動という側面から、アイルランド系アメリカ人の動きを見ると、言語及び「人種」という国民を規定する装置がアイルランド系アメリカ人のゲール復興運動や他の愛国運動の枠組となっていたことが再確認できよう。しかも、常にアイルランド系アメリカ人は、「亡命者」というよりも、アメリカ合衆国という別の国家にその存在基盤があることを確認しながら、母国をみていたのであった。

さらに、ゲール復興運動とアングロ・サクソンに関する議論は、言語と国民という問題に我々を立ち戻らせる。

ゲール語の復興によって「人種」と言語を国民の基盤としたアイルランドの独立を勝ち取りたいと願ったのである。ベネディクト・アンダーソンは最近の論の中で、言語が先に存在するのではなく、「国民言語」は『外来のもの』との本質的な関係においてしか理解され得ない」と論じている。すなわち、「国民言語」は国民の団結のためだけではなく、「国民言語」をもつ国家の仲間に加わるためにも創出されなければならなかったのである。(103) まさに、アイルランド系アメリカ人は、英語の支配からの独立と政治的独立を重ね合わせる試みとしてゲール復興運動を支持したと言えよう。

しかし、アイルランド系アメリカ人自身は、英語を母国語とするアメリカの市民であることを基盤としていた。したがって、英語を母国語とすることが国民の基盤であり、イギリスとの密接な関係を作る根拠となると主張するアメリカの議論にたいして、英語を母国語とする米英両国の共通性を否定する議論は苦しいものであった。ゲール語とアイルランド「人種」を重ねあわせ、さらに両者を基盤にした国家を希求しながら、アメリカに関しては、英語という共通言語による「人種」の分類を否定したのである。英語を母国語とするアメリカ合衆国において、ゲール語復興によってアイルランド系アメリカ人のアメリカ社会における位置を確立できると論じている。しかし、母国における言語と国家の関係を鋭く意識し、しかも同時に英語を共通の基盤とするアメリカ市民であることを主張するならば、アメリカにおけるゲール復興運動が、文化や芸術の見直し以上の運動になることは難しかったであろう。したがって、ゲール語復興の試みとその失敗は、アイルランドからの「亡命者」という立場から、英語を母国語とするアイルランド系アメリカ人という独自の立場への移行を明確にすることにとって大きな意味を持ったのではなかろうか。ニルセンが指摘しているように、その後、アイルランド移民及びその子供たちは、むしろ英語を話すというイメージを作ることによって他の移民との差異を強調するようになるのである。(104)

いずれにせよ、一九世紀末のアイルランド系アメリカ人の動向は、言語と「人種」という観点において、アイルランド、アメリカの歴史の両方にとって重要な意味を持っていると考えられる。なお、本章ではカトリックとしてのアイデンティティに関しては深く議論できなかった。本章で取り上げた両紙も自明のものとしてカトリックのアイデンティティを基盤としているが、一九世紀末はカトリックの「アメリカ化論争」などアメリカのアイルランド・カトリックの転換期でもあったことを付け加える必要があろう。当時の複雑に交差する多様な運動をより詳細に分析することによって、アイルランド系アメリカ人の愛国運動がアメリカ社会内の運動の代替か、あるいは亡命者の運動かという二者択一の枠を取り外して、議論を深める必要があるように思われる。

（1）我が国の最近のアイルランド移民の研究に関しては、山田史郎他『移民――近代ヨーロッパの探究（一）』（一九九八年、ミネルヴァ書房）、ロナルド・タカキ『多文化社会アメリカの歴史』（一九九五年、明石書店）、カービー・ミラー他『アイルランドからアメリカへ』（一九九八年、東京創元社）等を参照。

（2）研究史をふまえた最近の研究としては、例えば、Timothy J. Meagher, "'Irish All the Time': Ethnic Consciousness among the Irish in Worcester, Massachusetts, 1880-1905" *Journal of Social History* (winter, 1985) vol.19, No.2 ; David M. Emmons, *The Butte Irish* (Chicago ; U. of Illinois Press, 1989) ; Mathew Frye Jacobson, *Special Sorrows* (Cambridge ; Harvard U.P., 1995).

（3）Philip H. Bagenal, *The American Irish and their Influence on Irish Politics* (Boston ; Roberts Brothers, 1882) pp.128-130, 211.

（4）Ronald H. Bayor and Timothy J. Meagher, eds., *The New York Irish* (Baltimore, Johns Hopkins U.P., 1996) p.4.

（5）*Irish American*, March 16, 1896.

（6）Walter Nugent, *Crossing* (Bloomington, Indiana U.P., 1992) p.51 ; Marion R. Casey, "From the East Side to the Seaside" in *New York Irish*, p.402.

(7) *Irish American*, Nov. 18, 1895.

(8) *Irish American*, May 25, 1896.

(9) *Irish American*, Sep. 7, 1896 ; *Irish World*, Sep. 5, 1896 ; Sep. 12, 19, 1896.

(10) *Irish American*, Jan. 4, 1897.

(11) *Irish American*, Jan. 25, 1897 ; Dec. 6, 1897 ; *Irish World*, April 9, 1898.

(12) *Irish American*, Feb., 24, 1896 ; March 2, 1896.

(13) *Irish American*, March 28, 1898 ; April 4, 1898.

(14) *Irish World*, Nov. 19, 1899.

(15) *Irish American*, Jan. 17, 1898.

(16) *Irish American*, March 1, 1897 ; March 15, 1897.

(17) *Irish American*, Dec. 16, 1895, Dec. 9, 1895.

(18) *Irish American*, Jan. 2, 1898.

(19) *Irish American*, March 16, 1896.

(20) *Irish American*, June 14, 1897.

(21) *Irish World*, April 11, 1896.

(22) Kenneth E. Nilsen, "The Irish Language in New York, 1850-1900" in *New York Irish*, pp.253-4.

(23) *Irish American*, Dec. 28, 1896.

(24) *Irish American*, May 4, 1896.

(25) *Irish American*, Nov. 1, 1897.

(26) *Irish World*, Nov. 12, 1898.

(27) *Irish World*, Jan. 8, 1898.
(28) *Irish American*, Feb. 10, 1896 ; July 13, 1896.
(29) *Irish World*, Feb. 18, 1899.
(30) *Irish World*, March 4, 1899 ; April 1, 1899 ; Sep. 9, 1899.
(31) *Irish American*, Dec. 30, 1895 ; Jan. 20, 1896.
(32) *Irish American*, June 8, 1896.
(33) *Irish World*, April 21, 1898.
(34) *Irish World*, July 23, 1898.
(35) *Irish World*, Sep. 19, 1896.
(36) *Irish American*, Feb. 1, 1897.
(37) *Irish American*, May 4, 1896.
(38) *Irish World*, Feb. 4, 1899.
(39) *Irish World*, Dec. 11, 1897.
(40) *Irish World*, March 4, 1899.
(41) *Irish American*, April 19, 1897.
(42) *Irish American*, Nov. 18, 1895.
(43) *Irish American*, March 2, 1896.
(44) *Irish American*, Feb. 24, 1896.
(45) *Irish American*, Dec. 2, 1895.
(46) *Irish American*, May 25, 1896.
(47) *Irish American*, Feb. 22, 1897 ; April 26, 1897.

(48) *Irish American*, April 19, 1897.

(49) *Irish American,* June 14, 1897.

(50) *Irish American*, May 31, 1897.

(51) *Irish World*, March 26, 1898.

(52) John D. Crimmins, *Irish-American Historical Miscellany* (N.Y, 1905) pp.230-231, 352-364.

(53) Timothy J. Meagher, "'Why Should We Care for a Little Trouble or a Walk through the Mud' : St. Patrick's and Columbus Day Parades in Worcester, Massachusetts, 1845-1915" *the New England Quarterly* (March, 1985) Vol. LVIII, No.1, p.6.

(54) Kenneth Moss, "St. Patrick's Day Celebrations and the Formation of Irish-American Identity, 1845-1875" *Journal of Social History* (Fall, 1995).

(55) *Irish American*, March 2, 1896.

(56) *Irish American* Feb. 17, 1896 ; July 4, 1896 ; *Irish World*, Jan. 30, 1897 ; July 3, 1897 ; July 2, 1898 ; Feb, 19, 1898.

(57) *Irish World*, April 23, 1898.

(58) Edward O'Meagher Condon, *The Irish Race in America* (N.Y. ; Ford's National Library, 1887) pp.9-14.

(59) Thomas Hamilton Murray, *American-Irish Historical Society* (Boston, 1905).

(60) *Irish American* Sep. 20, 1897.

(61) *Irish American*, Jan. 24, 1898.

(62) John D. Crimmins, *Irish-American Historical Miscellany* (N.Y, 1905) pp.230-231.

(63) Philip H. Bagenal, *The American Irish and their Influence on Irish Politics* (Boston ; Roberts Brothers, 1882) pp.128-130.

(64) *Irish American*, Nov. 30, 1896.

(65) *Irish American*, May 25, 1896.
(66) *Irish World*, Jan. 1, 1898.
(67) *Irish American*, Nov. 1, 1897.
(68) *Irish American*, May 8, 1896 ; Feb. 1, 1897 ; *Irish World*, Dec. 18, 1897.
(69) *Irish World*, Dec. 18, 1897.
(70) John D. Crimmins, *Irish-American Historical Miscellany* (N.Y, 1905), pp.352-364.
(71) *Irish American*, Feb. 22, 1897 ; April 26, 1897.
(72) *Irish American*, Dec. 16, 1895.
(73) *Irish American*, Jan. 28, 1896 ; Feb. 3, 1896.
(74) *Irish World*, Jan. 4, 1896.
(75) *Irish World*, April 2, 1897.
(76) *Irish American*, May 25, 1896.
(77) *Irish American*, July 2, 1898.
(78) *Irish American*, Jan. 10, 1898.
(79) *Irish World*, July 9, 1898.
(80) *Irish World*, Dec. 18, 1897.
(81) *Irish World*, July 23, 1898.
(82) *Irish World*, Jan 6, 1900.
(83) *Irish World*, May 27, 1899 ; Nov. 25, 1899.
(84) *Irish World*, May 21, 1898.
(85) *Irish World*, May 7, 1898 ; May 14, 1898 ; June 4, 1898.

(86) 我が国におけるアイルランド系移民の白人性の議論に関しては、山田史郎「ホワイトエスニックへの道」山田史郎他『移民』（ミネルヴァ書房、一九九八年）参照。
(87) *Irish American*, Jan. 28, 1899.
(88) *Irish World*, Sep. 26, 1896.
(89) Edward O'Meagher Condon, *The Irish Race in America* (N.Y.; Ford's National Library, 1887) pp.9-14.
(90) *Irish American*, March 8, 1897.
(91) *Irish World*, March 7, 1896; April 11, 1896; April 29, 1899.
(92) *Irish World*, March 6, 1897.
(93) *Irish American*, July 2, 1898.
(94) *Irish World*, July 30, 1898.
(95) *Irish World*, June 4, 1898; April 29, 1899.
(96) *Irish American*, March 8, 1897.
(97) *Irish World*, June 18, 1898.
(98) *Irish World*, April 22, 1899.
(99) *Irish World*, May 26, 1898.
(100) *Irish World*, Aug. 12, 1898.
(101) *Irish World*,Oct. 22, 1898.
(102) Matthew Frye Jacobson, *Whiteness of a Different Color* (Cambridge; Harvard U.P., 1998).
(103) ベネディクト・アンダーソン「創られた『国民言語』」『文学界』（二〇〇〇年、一〇月）四五頁。
(104) Nilsen, "The Irish Language in New York, 1850-1900" in *New York Irish*, p.253.

第二部

第九章　薄明と喧騒と

――アイルランド文芸復興の揺籃期をめぐって――

松村賢一

一　『オシアン』からオシアンへ

世の事象はゆっくりと気づかぬうちに変化してゆくものだが、ひとつのことが明白な動きとして現れてきたときにわれわれはそれを始まりと呼ぶ。歴史上の運動といえども、その始まりは見定めがたい。それに先行する幾つもの始まりが霧のなかに見え隠れし、発端が時間差の中で複合的に絡まっているからだ。いわゆるケルト復興のなかでとらえられるアイルランド文芸復興運動の始まりについても同じことが言えるのである。

まずイングランドやスコットランドの過去を一瞥しておく。エリザベス朝のイングランドでは、ランカスター家とヨーク家の王位継承をめぐるあのバラ戦争（一四五五―八五）や粗忽な生活を忘却のかなたに押しやろうと、洗練された優雅な新しいものに価値を求め、都会の文明生活を意識するようになった。これも一五〇〇年かそこらで変化が起こり、一八世紀の中頃になると人びとは都会から田舎に目を移し、そこに新しい価値を見いだすようになる。華やかな文明への憧憬は消え失せ、素朴で活気のある地方社会や荒野、峡谷の自然を夢見るようになった。一八世紀のロンドンでは、原始的なひびきをもつ場所をうたった詩や廃墟での瞑想、古代スカンディナヴィアやトマス・グレイ（Thomas Gray, 1716-71）の吟唱詩、そしてとりわけスコットランドの学者、ジェイムズ・マクファースン（James Macpherson, 1736-96）の『オシアン』（*Fingal, An Ancient Epic Poem, in Six Books*, 1762）によって新たな意識が波動し、ロマンティシズムが醸成されていった。このロマンティシズムとよばれる大きな流れの中で、アイルランド文芸復興の種はまかれたといってよいかもしれない。

ジェイムズ・マクファースンは一七六〇年にスコットランドのハイランドで採集した詩の英訳版『古代詩断片』（*Fragments of Ancient Poetry*）を発表して、ケルトの過去をたぐりよせた。この出版の意図は、これから世に出るオシアンの一連の叙事詩が三世紀にスコットランドで書かれたということを新古典主義を標榜する人たちに知らしめようとするものであった。「高貴なるフィンガルの息子オシアン、民の王子よ、いかなる涙が時の頬に流れ落ちるのか、いかなるものが汝の大いなる魂を覆うのか。記憶は老人を傷つける。わが思いは昔に馳せる。われわれは高貴なるフィンガルを想う。王の民がわが心に戻り、その追憶はわれわれを傷つける。」(1)『古代詩断片』は荒涼とした山丘、岩間に吹く風、飛び跳ねる鹿などの心象とわびしげな調子が全体にしみわたり、はるか彼方の過去をうたい、プリミティズムを漂わせている。そしてスコットランドを巡り歩き、資料を蒐集し、『オシアン』として結実したのが一七六二年のことである。大評判となり、とりわけアダム・スミス（Adam Smith, 1723-90）、ジョン・ヒューム（John Home, 1722-1808）、ヒュー・ブレア（Hugh Blair, 1718-1800）などは国民的な文学として高く評価し、スコットランド中にその評判が広まった。だが、一七七三年八月から一一月にかけてボズウェル（James Boswell, 1740-95）を伴ってハイランドの旅をしていたジョンソン博士（Samuel Johnson, 1709-84）は、九月のヘブリディーズ諸島滞在中に手稿の所在を調査し、公開もできない状況の中で、「編者も著者も原本を見せることもできなかった。……疑いなく、彼（マクファースン）は一般に流布していた話の登場人物を挿入し、とりとめもない民間伝説があればそれを翻訳しただろうし、イメージを蒐集し、カレドニア的な頑迷固陋につけこんでぞんざいな聞き手にすべて昔聞いたことがあるかのように思わせてしまうのだ」と原本の存在を暗に否定し、マクファースンを厳しく批判した。(2)

マクファースンがハイランドで見つけたアイルランドの英雄伝説の断片を粉飾しながら翻訳したことにより、ケルトの蒐集資料に徐々に地すべりが起こった。『オシアン』出版後に間もなくいくつかのオシアン協会が創設され、調査研究の過程でアイルランドのフィン、アシーン、クーフリンが浮上した。やがて、ロンドンやライデン、パリで医学を修めたリムリック診療所の眼科医、シルベスター・オハロラン（Sylvester O'Halloran, 1728-1807）は、歴史や年代記の研究に着手し、『聖なる島』（*Insula Sacra*, 1770）やマクファースン論駁の補遺を収める『アイルランドの歴史・古物研究入門』（*An Introduction to the Study of the History and Antiquities of Ireland*, 1772）を刊行した。彼はまた古代アイルランドの古文書や遺跡の保存と研究に供するアカデミーの設立運動に奔走し、一八七五年に王立アイルランド学士院（Royal Irish Academy）が創立されるにいたった。(3) 以後、古代アイルランドの研究は堰を切ったかのように進み、シャーロット・ブルック（Charlotte Brooke, 1740-93）はオハロランの序文を付して『アイルランド詩の遺産』（*Reliques of Irish Poetry*, 1789）を著した。これは古期・中世アイルランド語と英語が併記され、クーフリンやデアドラやフィンなどに関して編まれた画期的な出版であった。その後、アイルランド文学の研究は政治へと屈折してゆくが、マクファースンやグレイの吟唱詩が流行るなかで、スコットランドのバーンズ（Robert Burns, 1759-96）やウォルター・スコット（Sir Walter Scott, 1771-1832）の作品が広まり、トマス・ムア（Thomas Moore, 1789-1852）は上流階級の淑女たちに招かれてアイリッシュ・メロディー(4)を歌い、『奔放なアイルランド娘』（*The Wild Irish Girl*, 1806）の作者、レイディ・モーガン（Lady Morgan, 1776?-1859）はその特異の衣裳を着てパーティに現れては世間をあっといわせたという。廃墟での瞑想、墓地の詩篇、忘れ去られた王国とその詩人の物語詩などにおける細やかな感情が発散する時代であった。廃墟はアイルランドの風景そのものであった。レイディ・モーガンは墓地や廃墟のジャンルの可能性を敏感にとらえた。『奔放なアイルランド娘』は死にゆく世界を綴り、死が本質的な魅力となっている。「私はオコナー王家の墓に腰を下ろし、雑草を引き抜いたり、さびしげにゆれるアザミの頭を吹き散らした。陽は暗い輝きを放ちながら沈み、大寺院の塔にそびえる天使像だけが、彼らがまだ去ろうとしない山の頂上から消えゆくあの光の反映をとらえた。」(5)

やがて、廃墟を見飽きたロマンティックな視線はアイルランドの農民(借地農)の小屋へと移っていった。そこは戦争による荒廃にもかかわらず、古くからの生活様式が存続していた。人びとは古さを聖なるものとみなし、農民の生活に惹きつけられたのである。そこで注目を浴びることになったのがウィリアム・カールトン(William Carleton, 1794-1869)の『アイルランド農民の気質と物語』(*Traits and Stories of the Irish Peasantry*, 1830-33)であった。この一連の物語は異様な現実性をもって迫り、悲劇と喜劇が複雑に絡み合い、ユーモアや暴力で織りなされる原始的な農民の生活を描き出したのである。

モーガン、ムア、カールトンのような一九世紀前半の文人たちはアイルランド的なるものを皮相的につくりあげ、少数民族の風情あるいは異国情緒を売りものにして成功をおさめたともいわれている。こうしてアイルランドの過去がロマンティックなイメージで彩られた。一方、アイルランドが不当に扱われていることを嘆く研究家たちがいた。彼らはマクファースンの誤った主張を論破し、オシアンをアイルランドに帰属すべく、一八五三年の聖パトリックの祭日にオシアン協会(The Ossianic Society)(6)をダブリンに設立した。創立会員にはフィールドワークのジョン・オドノヴァン(John O'Donovan, 1809-1861)、測量調査のジョージ・ペトリー(George Petrie, 1790-1866)、手稿研究のユージーン・オカリー(Eugene O'Curry, 1796-1862)らで、アイルランド研究に大きな足跡を残した。オドノヴァンは遺跡調査に基づいた膨大な文章の中で、廃墟をはじめとする考古学的な調査に立ち現れるアイルランドの特殊な歴史的想念、喪失した王国の血をひく農民についてロマンティックな筆致で書いている。オシアン協会の一連の活動のなかでとりわけ興味深いのは、マイケル・コミン（Michael Comyn, c. 1676-1760）によって一八世紀に書かれたとされる物語詩『青春の国のアシーン』（*Laoidh Oisín ar Thír na nÓg*）がブライアン・オルーニー（Bryan O'Looney）の編訳によって一八五九年に『オシアン協会紀要』に発表されたことである。(7)

オドノヴァン、ペトリー、オカリーの三人はやがて新たに設立されたアイルランド考古学協会（Irish Archeological Society）で研究・調査をすすめ、それから王立アイルランド学士院へと移っていった。ペトリーは、後にW・B・イェイツ（William Butler Yeats, 1865-1939）やジェイムズ・ジョイス（James Joyce, 1882-1941）に影響を与えることになる詩人、ジェイムズ・クラレンス・マンガン（James Clarence Mangan, 1803-49）を発見し、政府陸地測量部で働けるようにした。マンガンはオドノヴァンやオカリーが用意した逐語訳を韻文にした。マンガンは一八三〇年代のダブリンでは伝説的な人物であり、自作の詩を『ダブリン・ユニバーシティ・マガジン』（*The Dublin University Magazine*）に発表していた。カールトンの短篇も同誌に連載され、このトリニティ・カレッジの知性派の文芸誌によってようやくダブリンに文学運動のさざ波が起こったといえる。また、マンガンはより広い読者層をかかえる政治色のつよい週刊紙『ネイション』（*The Nation*）にも寄稿している。編集主幹はトマス・デイヴィス（Thomas Davis, 1814-45）でガヴァン・ダフィー（George Gavan Duffy, 1882-1951）とともに愛国心を駆り立てる文学を促進し、政治意識を一般に浸透させてケルト的な国民のアイデンティティを創り出そうとした。一八四二年に創刊した『ネイション』の基盤となっている組織はアイルランドの自由を目指す青年アイルランド協会（Young Ireland Society）であった。デイヴィスの「わが祖国よ、再び」（'A Nation Once Again'）はナショナリズムの高揚をねらった有名なバラッドである。

マンガンはとりわけその名詩「黒髪のロザリーン」('Dark Rosaleen', 1846) で記憶されている詩人である。この詩のオリジナルはクレア州のコステロ神父がアイルランド語で書いた「黒髪のローシーン」('Róisín Dubh') で、ジェイムズ・ハーディマン (James Hardiman, c. 1790-1855) の『アイルランド吟遊詩』(*Irish Minstrelsy, or Bardic Remains of Ireland*, 1831) に収められている。[8] サミュエル・ファーガスン (Samuel Ferguson, 1810-86) が『ダブリン・ユニバーシティ・マガジン』で書評した際に、[9] この詩の逐語訳を載せた。マンガンはこの詩をアシュリングとしてとらえ、[10]「黒髪のロザリーン」を『ネイション』紙に載せた。たぎる情熱とナショナリズムは圧倒的な迫力をもって響き、アイルランド詩の中で独特の輝きを放っている。「黒髪のロザリーン」はやがてアイルランド文芸復興運動のうねりをつくりだすイェイツの劇『キャスリーン・ニー・フーリハン』(*Cathleen Ni Houlihan*, 1902) へとつながってゆくのである。

ここでアイルランド文芸復興への糸口となったオカリーに再びふれなくてはならない。彼が翻訳した資料は膨大な量にのぼり、アイルランドやイングランドの図書館にあるアイルランド関係の詳細な手稿目録は目を見張るものがあるが、[11] それでもいまだ多くをやり残して世を去った。マシュー・アーノルド (Matthew Arnold, 1822-88) は『ケルト文学の研究』(*On the Study of Celtic Literature*, 1867) の中でオカリーを高く評価し、古代アイルランド文学についての言及の多くはオカリーに依拠している。[12] イギリス人としてアーノルドは反ケルトの偏見を拭い去ろうとしただけでなく、イングランドの産業化社会を蝕む実利主義や物質主義の解毒剤としてケルト文学を見たといえる。彼は原始心性にその世界観を読みとるのではなく、ひたすら柔らかな光や霧や妖精の不思議を探し求めていた。アーノルドの民族中心主義的な感覚がヴィクトリア朝のケルト観として根付き、民話の採集でイェイツに協力したグレゴリー夫人 (Lady Augusta Gregory, 1852-1932) でさえクーフリンをアーノルドの中に見るようになったのである。イギリス文学はケルトの霊的なるものを必要としていると考えたアーノルドは、イギリス文学におけるケルト的な要素に関心を示した。同時代のテニスン（Alfred Tennyson, 1809-92）やモリス（William Morris, 1834-96）がアーサー王や中世ウェールズ騎士物語の『マビノーギ』が詩の素材になりうることを示したので、アイルランドの伝説をそのように使えないかと考えていたかもしれない。テニスンは初期アイルランド文学の航海譚である『マールドゥーンの航海』[13]を下敷きに一三〇行からなる「マールドゥーンの航海」（'The Voyage of Maelduin'）という詩を書いたが、アーノルドはそれに触発されたのかもしれない。

古いアイルランドの文学を素材にして詩を書いたのがサミュエル・ファーガスンである。当時ファーガスンは王立アイルランド学士院の会長であり、オドノヴァンやオカリーとも親しく、『ダブリン・ユニバーシティ・マガジン』の編集主幹でもあったので、アイルランド文学の中心にいたと考えてよいだろう。マンガンの気質と経歴とは対照的で、プロテスタント生まれのファーガスンはエリートの道を歩み、イギリス文学に精通していた。ファーガスンは中世アイルランドの物語詩の『モイラの戦い』（*Cath Mnighe Rath*）や『ダンナンゲーの宴』（*Fleadh Duin na nGedh*）の翻訳に取りかかったときに直面した問題を、長詩『コンガル』（*Congal*, 1872）の序文で吐露している。「これらは叙事詩の主要な要素である戦の目的と統一性、継続性がすぐれて広範にそなわっているように思えた。それらを違和感をともなわない形式で英語の韻文に翻訳する誘惑を抑えきれなかった。しかし、しばらくして、固有の矛盾があまりに根深く、動かし難いので、原文と訳文を一致させるのは難しいことがわかり、残念ながらこの試みを断念した。[14]」原文が総じてきわめて印象的だったので、ファーガスンはその魅力を無視することができず、『モイラの戦い』と『ダンナンゲーの宴』に基づき、「狂気のスウィーニーの逃亡」（"Mad Sweeny's flight"）[15]も含めて入念に構成し、『コンガル』を作詩したのである。アイルランドの古詩が放つ異教の光にたじろぎ、滝のように流れる形容辞や婉曲代称法を再創造することは至難の業であることを知り、ファーガスンはテニスンのように物語全体の枠の中で叙情的な瞬間をとらえることにつとめた。そうした短い叙情詩が後にイェイツに影響を与えることになったのである。五〇年にわたる詩作活動にもかかわらず、ファーガスンは詩人として名声を得ることがなかったが、後の詩人たちに重要な影響を与えている。一八四〇年代のダブリンの文学運動と九〇年代の文芸復興運動をつなぐアイルランド詩の連続性はファーガスンによって保たれたのである。彼が詩作した一九世紀半ばのアイルランドでは文学を読む層が限られ、文人たちははじめから心理的に痛ましい状況に置かれるのを覚悟しなければならなかった。読者は教養と権力をもった階級であり、詩人としてたとえ成功しても孤立へと追いやられてしまうのであった。

イェイツはこのもの静かな学者の詩をアイルランドのナショナリズムに繋ごうとした。ファーガスンが一八八六年一〇月九日に死去したとき、イェイツは「サー・サミュエル・ファーガスンの詩」('The Poetry of Sir Samuel Ferguson')と題して哀悼および賛辞をこめた評論を『ダブリン・ユニバーシティ・レヴュー』(*Dublin University Review*, II, November, 1886)に載せ、次のような文章でしめくくっている。「過去が未来へ伝えるあらゆるもののうち、最も偉大なものは崇高な伝説であり、それは国民の母である。自国の伝説を手にとるようになるまで学ぶことはアイルランドの読者一人ひとりの義務と考える。そこにはケルトの心があるからだ。そうすれば、その高遠な交わりによって現代の腐敗——熱意の無さと雑多な目的——から救われるだろう。……私は、この国のそこかしこに群がる若い人たちに訴える。愛国心の感情は英雄的行為を可能にし、……献身的な情熱の世界へと引き入れる。」(16)

ファーガスンは『ハイバニアン・ナイト』(17)(*Hibernian Nights' Entertaiments*, 1857)に収めた『アラビアン・ナイト』(*Arabian Nights' Entertaiments*, 10c)風の一連の物語でアイルランドの歴史をアイルランドの伝説に重ね合わせた。デアドラやウシュウナハの息子たちの死など、エンタテイメントにふさわしい手法で語られる。一六世紀の牢の見張り番による囚われのレッド・ヒューをめぐるストーリテリングがあり、アイルランドの王子の仲間が土牢でエヴァン・マハ王国の崩壊を語って時を過ごす。この仕掛けによって読者は二重の過去へと入り込む、つまり一六世紀に戻ると、その枠の中でさらにもうひとつの古い過去へと戻ってゆく、といった具合である。このように、アルスターの古代王国の崩壊と、アイルランドのイングランド服従という崩壊が併置され、過去が共時的な構造のなかで呼び戻される。

一八八〇年までの一〇〇年間にわたって初期アイルランドの文学的資料が研究されてきたが、無論いずれも書かれたもので、大衆の関心が古文書編纂の仕事や古代文学へ向くことはなかった。アイルランドはスコットランドの『オシアン』やウェールズの『マビノーギ』に匹敵するようなものは何も生み出さなかったといってよい。マクファースンにたいするアイルランドの反応ははじめから学問的であったし、教養のある人にとって、アイルランド史は不可解なものであった。スタンディッシュ・ジェイムズ・オグレイディ（Standish James O'Grady, 1846-1928）はやがてこの状況を変えることになるが、当時、教育を受けた人ほど、アイルランドの歴史については知らなかったらしい。アングロ・アイリッシュ・アセンダンシーの面々は背をダブリンに向け、目をロンドンに向けていた。カトリックの中産階級はカトリックのアイルランドの記憶を保持したが、異教のアイルランドについてはほとんど知らなかった。学者たちは別として、原始的な生活を送る西部の農民たちだけがフィアナの話を語ることができ、はるか遠い過去についての何らかの知識をもっていた。[18]しかし、農民たちでさえクーフリンのことは忘れていた。若い地主で法廷弁護士のオグレイディは地方で雨宿りのために図書館に入り、偶然にオハロランの歴史書を読んで衝撃を受け、王立アイルランド学士院へ足繁く通った。オドノヴァンやオカリーの著作を読みあさった後、彼の心に去来したのは古文書の研究ではなく、共感と想像力によってアイルランドの歴史を英語で書くことであり、それを「われわれの祖先が送った生活の想像的な過程によって再構築すること」[19]であった。

オグレイディはクーフリン伝説をアルスターの世界創造のコンテクストの中に置き、そのヴィジョンを祖先の生活を超えたところまで広げている。エデンの楽園ではなく、更新世のアイルランド島には神々、フォヴォール族、フィルボルグ族、そして最後に英雄クーフリンを生み出したミレシウ族である。オグレイディはその構想力と語りによって単に過去に生起したことを語るのではなくて、現在を引き込む呪文のごとき歴史をつくりだしている。過去からさらにはるか過去へと進み、そして再び過去に戻るという絡みの構造によって現在が顕在化する。彼は大衆の中にナショナリズムの意識を呼び起こそうとはせず、消滅しかけている地主階級が高潔と義務感に目覚めることを望んだのである。一〇年後にパーネル（Charles Stewart Parnell, 1846-91）のスキャンダルとアイルランド自治運動の挫折によって人びとが政治から離れたとき、若い世代がオグレイディに関心を示し、彼は「アイルランド文芸復興の父」[20]と言われるようになった。オグレイディは『オール・アイルランド・レヴュー』（*The All-Ireland Review*）の編集者であったが、気取った態度や『タイムズ』紙に寄稿するような文章で手紙を書いてくるイェイツをしばしば叱った。イェイツは晩年に尊敬の念をこめてオグレイディを回想している。「この人の情熱は、最も情愛をこめたものにたいする白鳥の歌のようであった。そのため、あらゆる文人の精神の一部は彼に負っているのである。未完の『アイルランドの歴史』において、オカリーとその学派の無味乾燥な書から古代アイルランドの英雄、フィン、アシーン、クーフリンをふたたび蘇らせた」[21]。

こうして、オグレイディの著作は文学運動の発端となった。彼は学者たちの翻訳をより広い層へもたらし、言語運動にもはずみを与えた。ペトリー、オドノヴァン、オカリー、ファーガスンらとともに一八五七年にアラン諸島を訪れたウィットリー・ストークス（Whitley Stokes, 1830-1909）[22]は、エルンスト・ヴィンディッシュ（Ernst Windisch）と協力してライプツッヒで『イーリッシュ・テクスト』（*Irische Texte*, 1880）を刊行した。これによってベルリンのハインリッヒ・ツィマー（Heinrich Zimmer, 1851-1910）などの競争相手が現れ、一八九九年のアイリッシュ・テキスト・ソサエティ（Irish Texts Society）の設立によって活況を呈していった。一八九二年に出版されたスタンディッシュ・ヘイズ・オグレイディ（Standish Hayes O'Gready, 1832–1915）[23]の原語と翻訳を合わせた膨大な二巻本の『ゲール詞華集』（*Silva Gadelica*）は学者風の著作であったが、ジェイムズ・オグレイディの『アイルランドの歴史』は学問と文学の結合であった。これは、その独自性においてアイルランドの農民生活を描写したJ・M・シング（John Millington Synge, 1871–1909）の劇と似たところがある。シングは言語運動に無縁ではなかったし、実際にソルボンヌにいたときジュバンヴィル（Henri d'Arbois de Jubainville, 1827–1910）[24]のケルト神話の講座に出席し、古代アイルランド語も学んでいた。こうした文学と学問の関係で大きく貢献したのが言語学者、クノ・マイヤー（Kuno Meyer, 1858–1919）の著作である。マイヤーは単に学者というだけではなかった。リヴァプールのユニバーシティ・カレッジの教授でダブリンをしばしば往復して文芸復興時の文人たちの言語学的な相談にのったり[25]、すぐれた文学的感覚をもって数多くの初期アイルランド文学を英訳、独訳していった。

二〇世紀に入り、一五〇〇年間のアイルランド学は文人たちに揺るぎない伝統を与えた。オグレイディは学者たちの著作を一般の間に普及させ、今やイェイツ、シング、グレゴリー夫人（Lady Augusta Gregory, 1852–1932）らがこの運動を英語国民の世界へとその地平を広げていったのである。一九〇二年に出版されたグレゴリー夫人の『メルズヴナのクーフリン』（*Cuchulain of Muirthemne*）のなかでキルタータンの農民の魅力的な方言で語られる伝説は広い聴衆を獲得していったのである。世紀の転換期にダブリンに起こった文学運動は、アイルランド人の心がたえず過去の行為や情熱に影響を受けてきたという認識のもとに、深い過去へと神話伝説のフィールドを掘り起こしていった。

二　ベッドフォード・パークから薄明の中へ――発端への旅――

イェイツが両親と弟ジャック・イェイツ（Jack Butler Yeats, 1871-1957）、それに二人の妹と移り住んだロンドン郊外のベッドフォード・パークは、イェイツの文学活動の旋回軸として決定的な役割を果たした。弁護士から肖像画家に転向した父親のジョン・バトラー・イェイツ（John Butler Yeats, 1839-1922）は一家を抱えて困窮の生活をしたが、イェイツも評論や書評を書いてわずかな原稿料をあてに創作に没頭し、最初の詩集『アシーンの放浪、その他の詩』（*The Wanderings of Oisin and Other Poems*, 1889）の出版に奔走していた。詩人誕生の産みの苦しみを味わっていた時期である。イェイツが生涯を通して文学に徹したということはごく当たり前にみえるかもしれないが、その汲み尽くすことを知らぬひたすらな文学活動は、幾度となく押し寄せる政治・社会の波の中で展開されたアイルランド文芸復興の運動を考えるにあたって忘れてはならないことだろう。唯美主義運動の余波が波打つロンドン郊外のベッドフォード・パークは詩人イェイツの揺籃期にまたとない芸術環境となった。

ロンドンは一八四〇年代から急速に膨張し、郊外の都市計画も劣悪な状況を呈していた。一八七〇年代には優雅なジョージア朝の風景が消え、バターシーやクラパムなどの新しい郊外は風情に乏しく、狭い土地に安ピカの装飾をこらした不揃いの家が立ち並んでいた。中産階級のなかには芸術や室内装飾にたいして洗練された趣味をもつ人たちがいて、ジョナサン・T・カー（Jonathan T. Carr, 1845-1915）はこういう人たちのために、ロンドンの西端、中心部から列車で三〇分のターナム・グリーン駅の近くに四五エーカーの土地を購入し、まったく新しいコンセプトに基づいて住宅地を設計した。(26) 並木道にそってゆったりと立つクウイーン・アン様式の家々は美しい村、なかば田舎の風光を見せるようになった。美的趣向と並の収入をもち、美的感覚にあふれた住宅を希望する中産階級を対象に賃貸が一八七五年に開始した。唯美主義運動の影響、新鮮な空気、ヴィレッジのような環境、短時間のロンドンへの交通など、特に芸術家にとっては魅力的な場所となった。一八八〇年に教会と旅亭ができ、翌年にはチジック美術学校が開校した。こうしてロンドンで最初の田園郊外住宅地が生まれたが、ベッドフォード・パークは芸術家のコロニーという色彩が強かった。イェイツ一家が初めてベッドフォード・パークに来たのは、イェイツがまだ一三歳の一八七九年で、二年ほどウッドストック・ロード八番地に住んだ。

そして再び一家がベッドフォード・パークに移り住んだのは一八八七年で、イェイツはアイルランドを往復しながら四年にわたってブレナム・ロード三番地に居住した。『アシーンの放浪』の詩人として世に出る苦しい期間だが、ダンテ（Alighieri Dante, 1265–1321）やブレイク（William Blake, 1757–1827）を読みあさり、ワイルド（Oscar Wild, 1854–1900）、モリスをはじめ、同時代の文人などとの交流やライマーズ・クラブ（Rhymers' Club）の結成など、精力的な活動をしていた時期でもある。[27] こうした文学的活動の展開軸となるベッドフォード・パークにはオクスフォード大学欽定講座の歴史学教授でアイスランド語の学者でもあるヨーク・パウエル（Frederick York Powell, 1850–1904）がいたし、ジョン・レイン（John Lane, 1854–1925）と一八八七年にボドリー・ヘッド社を起こし、一八九四年に退いて出版事業を継続することになるエルキン・マシューズ（Charles Elkin Mathews, 1851–1921）[28] はイェイツ家の隣に住んでいた。また、イプセン（Henrik Ibsen, 1826–1906）やG・B・ショー（George Bernard Shaw, 1856–1950）などの新劇の台頭によって陰をひそめたものの、ヴィクトリア朝末期のすぐれた劇作家であったピネロ（Sir Arthur Wing Pinero, 1855–1934）、後にアイルランド文芸復興に助力した詩人・劇作家のジョン・トドハンター（John Todhunter, 1839–1916）らが在住していた。ベッドフォード・パーク・クラブ内の小劇場はこの「村」の文学的な生活の重要な場所にもなり、オーチャード通りに住んでいた画家、H・M・パジェットの義理の妹で、女優のフローレンス・ファー（Florence Farr, 1860–1917）[29] はこの小劇場で演じている。トドハンターを中心とする日曜談話会がもちまわりでメンバーの自宅で行われ、ベッドフォード・パークはボヘミア風の文化村といった趣があった。[30]

こうした環境の中でイェイツは弟のジャック・イェイツのイラストと共に「一つの伝説」('A Legend')という詩を『ヴェジタリアン』(*The Vegetarian*, 22 December 1888) に発表したことがある。[31] スライゴーのギル湖に沈む伝説的な町をベッドフォード・パークにみたてて、住民と交わる教授や町長や主教、日常の風俗をうたった詩である。それは『アイルランド農民の妖精譚と民話』(*Faery and Folk Tales of the Irish Peasantry*)[32] が出版された直後だった。

『アシーンの放浪』(*The Wanderings of Oisin*, 1889) は詩人イェイツのイニシエーションとして重要な意味をもち、アイルランド文芸復興運動の起程となった物語詩である。文学的手法の発展にともなって、テーマもその変容の途をたどるかのようにみえるが、じつは『アシーンの放浪』に内在する青春と老年、肉体の衰弱と魂の永遠性への憧憬、といった相対的な構想がイェイツの詩全体に一貫して流れているのである。ケルトの英雄伝説を素材にした物語詩『アシーンの放浪』は一八八六年から一八八八年までの二年間に、「かなりの体力消耗」[33] を経て完成した。それはイェイツが詩的活動をはじめてから四年後の一八八九年に、最初の詩集『アシーンの放浪、その他の詩』となって、主にジョン・オリアリー (John O'Leary, 1830-1907) の努力によりキーガン・ポール社から出版された。特に『アシーンの放浪』は好評をおさめ、さまざまな反響がイェイツに自信を与えることになった。アイルランドのナショナリズムや自治運動に反対していたトリニティ・カレッジの英文学教授、エドワード・ダウデン (Edward Dowden, 1843-1913) や『アイリッシュ・マンスリー』(*The Irish Monthly*) の編集におよそ四〇年間たずさわったマシュー・ラッセル神父 (Father Matthew Russell, 1834-1912) らからは祝福のことばがとどき、また英国の雑誌にも好意的な書評が載った。ストランドでウィリアム・モリスに会い、『アシーンの放浪』がモリスに気に入られたことを知ったイェイツのよろこびは、ジョン・オリアリーやキャサリン・タイナン（Katharine Tynan, 1861-1931）に宛てた手紙にみられる。[34] だが一方、『ダブリン・ユニバーシティ・レヴュー』の編集者で、後に一八九一年のライマーズ・クラブの創設に助力したイェイツの友人、T・W・ロールストン（Thomas William Rolleston, 1857-1920）は、『アシーンの放浪』は長い韻律がこなしきれず、その結果力づよさが欠け、表現上の欠点が目立つ、と厳しく批判した。この率直な批判をとりいれたイェイツは、やがて一八九五年の決定版で『アシーンの放浪』にかなりの手を加えることになるのである。

イェイツが『アシーンの放浪』を書く動機となったのは何であろうか。ナショナリストとしてのアイルランド神話の蘇生、幼い頃からいだいていた妖精にまつわる神秘的なものへの憧憬などが当然考えられるが、一八九〇年以前の状況を念頭におくならば、青年アイルランド協会（Young Ireland Society）への加入はイェイツを決定的な方向に導いたといえる。会長のオリアリーを中心として、会員にはダグラス・ハイド（Douglas Hyde, 1860-1949）やキャサリン・タイナンがいたし、また後にモード・ゴン（Maude Gonne, 1865-1953）も加わった。ここで、イェイツのいだきつづけてきたアイルラドの神話や民話への興味は、オリアリーの影響下で積極的な詩の素材として開花するのである。そして国民運動の高揚に最も効果的な英雄についての詩を探りはじめる。この切実な意図はかれ以前のアイルランドの詩人たちに目を向けさせたのである。特にサミュエル・ファーガスンがイェイツにひとつの規範をあたえた。ファーガスンの文体と形式はアリンガム（William Allingham, 1824-89）ほど郷愁をさそうものではなかったにしても、それは『アシーンの放浪』への道を用意したといえる。やがて、こうしたアイルランドの文化風土への強い関心と、スペンサー（Edmund Spenser, 1552?-99）からミルトン（John Milton, 1608-74）を通り、ブレイク、ワーズワス（William Wordsworth, 1770-1850）、キーツ（John Keats, 1795-1821）、シェリー（Percy Bysshe Shelley, 1792-1822）といった英国ロマン派の系譜につらなる最後のロマン派としての自認は、イェイツを詩人アシーンの英雄伝説へと向わせたのである。イェイツの回想はその下地がすでにそなわっていたことを明らかにしている。「私がまだ少年だったころ、誰もが進歩について語っていた。こうした年長者に対する反抗が、反感の形をとって神話へ向かわせた。……崩壊を瞑想することにある種の恍惚感をおぼえ、そしてティール・ナ・ノーグのアシーンの話に出会い、それを新しい形にして『アシーンの放浪』を創った」。[35] また『アシーンの放浪』はその高い価値を有するにもかかわらず、一方でレトリックの使用過多という理由により過少評価されてきたきらいがある。しかし、ファーガスンのようにアイルランド詩の伝統に連なり、古いアイルランドの心象を喚起するには入念なレトリックが必要不可欠であることをイェイツは充分に心得ていたのである。[36] こうしてオシアンの原像アシーンが蘇った。

アイルランドでは聖パトリックによる宣教が五世紀に始まり、一二世紀には修道院文化の黄金期をむかえる。その間、古い口碑伝説が文字に記されて残された。先人たちによるそれらの手稿の翻訳作業については前述したが、イェイツはケルト文学に精通していた同時代のアルフレッド・ナット (Alfred Nutt, 1856-1910) やクノ・マイヤーを読み、[37] ケルトの伝説と時代の感覚を鋭敏に察知していた。特に、常世国を想起させるケルトの「至福の国」はおそらくイェイツが最も関心をもったものであろう。ケルトは霊魂不滅を信じ、西方に至福にみちた「彼岸」のあることを確信していた。このケルトの異界に到達するには、海を越えて西に向うか、妖精シー (Sidhe) の丘に入るか、あるいは湖底や海底に行けばよいのである。[38] 到達にはヴァリエーションこそあれ、眼前には美しい仙郷が広がる。そこは煩労や病苦や死を知らないものが、素朴な快楽に耽り、たのしく過ごしている国である。なかでもよく知られている『ブランの航海』(*Imram Brain*)[39] は、この異教の香り高きエリジアムを鮮明に描き出している。『アシーンの放浪』もこの古歌と同様に見目麗しき女がやってきてアシーンを誘惑し、二人は白馬に乗って異界へと赴く。不可視の世界のまぼろしの飽くことのない追求、永遠に到達不可能な欲望にたいする果てしなき探求、これこそケルトの特質であり、ブランの航海やアシーンの放浪の源泉である。

『アシーンの放浪』は一八世紀のマイケル・コミンの物語詩『青春の国のアシーン』に大方その下地をとっている。それは中世的なものと古代的なものとの混合であり、むしろ不確定の時代に設定されている。技巧的な面において、イェイツは韻律的な効果を入念にほどこした。巻一の安定した弱強四歩格（iambic tetrameter）から、巻二のやや弛みのある弱強五歩格（iambic pentameter）へと拡大し、巻三では六歩格（hexameter）を構成する弱強格（iambus）と弱弱強格（anapest）の自由な混合へと移行する。

この物語詩はアシーンの長い独白と、時折挿入される聖パトリックとの対話から成り立つ。それは、異教とキリスト教との対話である。聖パトリックは、重い心と放浪の精神をもつアシーンを責め、アシーンは想い出すのも悲しげに戦場での物語から話をすすめて、異神と戯れた三〇〇年のことを語る。

ティール・ナ・ノーグ（Tír na nÓg、永遠の青春の国）の王女ニーアヴ（Niamh）はその美貌によってアシーンを魅了し、誘惑する。この誘惑のパターンは一八九一年に発表された小説『ドーヤ』（*Dhoya*）でも再現される。多年、自己充足の孤独の内に過した情熱的な人間ドーヤに不死の妖精が惚れこむ。「ドーヤよ、わたしははるか彼方の世界を後にしました。湖底にいるわたしの民はいつも幸福で、いつも若く、心変わりがありません。ドーヤ、あなたのためにわたしはかれらの元を去りました。かれらは愛することができないからです。心が変わり、むら気があり、怒り、くたびれる者だけが愛することができます。ドーヤ、あなたのために、わたしは踊りたのしむかれらの元を去ってきました。」[40]

アシーンもドーヤと同じくこのような誘惑に負け、ニーアヴの馬に股がり、海をわたってティール・ナ・ノーグに行く。アイルランドの伝説では不老郷のティール・ナ・ノーグは文字どおり死を知らない国であり、魂や肉体の美しさの亡びることのない国である。それは「喜悦の草原」（Mag Mell）、「希望の国」（Tír Tairngire）、あるいは「生者の国」（Tír na mBéo）ともよばれている。コミンの物語詩において、アシーンは「善の国」で、巨人フォヴォールと三日三晩戦って勝利し、囚われの「生者の国」の王女を救い出して、それからティール・ナ・ノーグに到達する。かつて『スペクテイター』（*The Spectator*）の編集者に『アシーンの放浪』の素材を尋ねられた時、イェイツは次のようにこたえている。「聖者と盲目の戦士との論争は、オシアン協会が出版したアシーンとパトリックのバラッド風の対話に多くの示唆を受けています。三つの島をあつかっているところは、まったく私の創作で……ティール・ナ・ノーグが三つの幻想の島から成っているというアイルランドの農民の考えによっており、それ以上の深い根拠をもっているわけではありません。」[41] イェイツが創作した三つの島は「舞踏の島」（Island of Dancing）、「勝利の島」（Island of Victories）、それに「忘却の島」（Island of Forgetfulness）である。アシーンはニーアヴと連れだってそれぞれの島に一〇〇年ずつ過す。

巻一で、アシーンは、「白い月がのぼり、赤い太陽が沈んで世がほの暗くなるころに着きたいのです」というニーアヴの言葉にかられて一緒に馬に乗り、嘆き悲しみ、涙するキールタ、コナン、フィンに別れを告げ、人間の国をあとにして、海上を疾駆する。アシーンが最初に向かう島は青春と愛と詩にあふれる「舞踏の島」であるが、そこに到達するには、アシーンは人間の国、すなわち死ぬべき運命の世界から離脱しなければならない。それは妖精ニーアヴの存在によってのみ可能となる。アシーンがやってくるこの青春にみなぎる踊子や恋人たちの島では、喜びをうたう人間の歌が、不死のものには悲哀として聞こえる。[42]

「舞踏の島」では、官能的な鳥と木の心象が基調になっている。アシーンが「色鮮やかなアジアの鳥」（"coloured Asian birds"）のような雅やかな言葉で語る、というニーアヴの形容は、不死鳥のごとき芸術の永遠性を思わせる一方、ロマンティシズムの要素ともなる異国情調を織り込んでいる。ニーアヴの馬がこの島にたどり着くとき、生命の躍動する神秘的な光景が二人を迎える。

トランペットのようによじれた無数の貝が
永久の沈黙に眠る
海水に溶けこむ色合い、
黄金色、琥珀色、青色を夢見て。
やわらかな光が浅く映る海底に射し込んでいた。
しかし、いまや陸風がさすらい、
群れなす鳥のさえずりが彼方から聞こえてきた。

Where many a trumpet-twisted shells
That in immortal silence sleeps
Dreaming of her own melting hues,
Her golds, her ambers, and her blues,
Pierced with soft light the shallowing deeps
But now a wandering land breeze came
And a far sound of feathery quires.

(Book I, ll. 160–166)

鳥の奏でる調べが遠くに聞こえたかとおもうと、今度は鳥たちが蜂の群のように木の枝に群がり、木々は絶え間なく揺れる。この止むことのない木の震えは、あたかも不死の「低音で笑いさざめく森の律動」("low laughing woodland rhyme")に時を告げているかのようだ。ここには音のイメージがあふれているが、視覚的なイメージもまたエクスタシーへと誘う。

浜辺には百万のもの鳥が
凍った虹色の光の滴のように立っていた

Round the shore a million stood
Like drops of frozen rainbow light . . .

(Book I, ll. 182-183)

ここは詩の神エーンガス(Aengus)の島であり、エーンガスの島と、エーンガスの森である。ニーアヴはアシーンを連れて美しい森を通り、エーンガスのもとへやってくる。この美貌の若者は編み枝や粘土や獣皮でできた家に住んでいる。この風景は、イェイツがフリート街の雑踏の中でスライゴーのギル湖に浮かぶイニシュフリーの小島に思いを馳せた「イニシュフリーの湖島」('The Lake Isle of Innisfree')に呼応している。

さあ立ってわたしは行こう、イニシュフリーに行こう。
土を練って、棒と小枝で組んだ小さな庵をそこに建てよう。
九つの畝に豆を植え、蜜蜂の巣箱を置いて
ひとりで住もう、蜂の羽音の高い木立の空き地に。

そこには静けさがあろう。静けさはゆるやかに滴り、
朝もやのとばりから洩れて、こおろぎの鳴くところに滴る。
そこでは深夜がほのかに光り、真昼は色あざやかに輝き、
夕暮れにはムネアカヒワが群れとぶ。

さあ立ってわたしは行こう。昼となく夜となく
岸辺にひたひたと寄せる静かな湖水の音が聞こえる。
車道に立っても、灰色の歩道にいるときも
その波音がわたしの心の奥底に聞こえてくる。

I will arise and go now, and go to Innisfree,
And a small cabin build there, of clay and wattles made
Nine bean-rows will I have there, a hive for the honey-bee,
And live alone in the bee-loud glade.

And I shall have some peace there, for peace comes dropping slow,
Dropping from the veils of the morning to where the cricket sings;
There midnight's all a glimmer, and noon a purple glow,
And evening full of the linnet's wings.

I will arise and go now, for always night and day
I hear lake water lapping with low sounds by the shore;
While I stand on the woadway, or on the pvements grey,
I hear it in the deep heart's core.

夕暮れに群れ飛ぶムネアカヒワ(43)は、ゲール語の伝統にあっては霊魂の鳥である。この詩に垣間見られる孤独感とは逆に、エーンガスのまわりには男女が多数いて、アシーンをほめたたえ、鳥が現れる。

……神は歓びであり、歓びは神である
悲しみにふさぐもの、明日の夜明けや
さまよう灰色の「悲哀」のミサゴを
怖れるものは邪悪である。

... God is joy and joy is God,
And things that have grown sad are wicked,
And things that fear the dawn of the morrow
Or the grey wandering osprey Sorrow."

(Book I, ll. 300-303)

みさごという鳥は、最も偉大な悪魔のひとつであり、獰猛で不死の島の鳥と対照をなしている。この鳥は悲哀、あるいはそれよりもさらに大きな破壊者である時間と密接な関係をもっている。そして、三連にわたってリフレインする「さまよう灰色の『悲哀』のミサゴ」は脅威を暗示する。呪術的に響きわたるリフレインはイェイツが好んで使用した手法である。

さあ、おいで、人間の子よ
妖精と手に手をとって
水辺や荒野へ
現世は思いもよらぬ悲しみばかり

Come away, O human child!
To the waters and the wild
With a faery, hand in hand
For the world's more full of weeping than you can understand.

これは「さらわれた子」('The Stolen Child') にあらわれる、すぐれて呪術的なリフレインだが、人間を薄明の世界へと誘う妖精の声である。また「薄明の中へ」('Into the Twilight') という詩は語の反復によって「世のつかれはてた心」を薄明の中へと呼び入れるのである。

つかれはてた世のつかれはてた心よ
正邪の網から離れ出よ。
笑え、心よ、ふたたびおぼろな薄明の中で
嘆け、心よ、ふたたび朝露のなかで。
……
そして神はもの悲しく角笛を吹いてたたずみ、
そして時と世はたえまなく逃走し、
そして愛にはおぼろな薄明ほどのやさしさがなく、
そして希望には朝露ほどのいとおしさがない。

Out worn heart, in a time out-worn,
Come clear of the nets of wrong and right;
Laugh, heart, again in the grey twilight,
Sigh, heart, again in the dew of the morn.
……
And God stands winding his lonely horn,
And time and the world are ever in flight,
And love is less kind than the grey twilight,
And hope is less dear than the dew of the morn.

木々は揺れ動き、鳥は木に群って官能的な音楽をつくりだす。そして舞踏は際限なくくり返され、時間・空間の外の表象となって、鮮烈なイメージに化す。「神はよろこびであり、よろこびは神である。悲しいものは悪だ。」と奔放で、出しぬけにニーアヴと踊りながらうたい、時間と運命と不仕合せをあざけるのである。『アシーンの放浪』の主題にもなっている「老い」の恐怖と、それからの脱出の試みがすでにこの舞踏の島でなされるのだが、老いて死にゆく人間は所詮不死の者たちと合一はできない。

　アシーンはこの樹木の多い岸辺で漁をしたり、狩りをして一〇〇年の間とどまる。だがある日、死んだ戦士の折れた槍が岸辺にいるかれの足元に流れつく。忘れていたフェニアンの戦と勇士たちのことが記憶によみがえり、アシーンは涙する。この光景はアシーンの島の滞在が終る印である。ニーアヴはかれがその折れた槍を握っているのを見て、立ちすくむ。ニーアヴは

……ひとことも言わず
おびえた鳥のように、かすかな声で
わしの名を何度も呼んだ

. . . spake no word
Save only many times my name,
In murmurs, like a frighted bird,
(Book I, ll. 374-376)

二人は森を通り、岸辺で待っている馬に股がって再び海へと乗り出す。背後には、不死のものたちが丘の上で影のように踊り、うたって老年を非難する。

群なして空を飛ぶチューリップのように
アジアの木々に嵐のように騒ぐ鳥も
頭をもたげて歌いたゆたう
夏の海のおだやかな波も
ついに呟く、「不義だ、不義だ」

A storm of birds in the Asian trees
Like tulips in the air a-winging,
And the gentle waves of the summer seas,
That raise their heads and wander singing,
Must murmur at last, "Unjust, unjust."
(Book I, ll. 416-420)

このように、魅惑的な歌から去っていったアシーンの運命と、帰還後やってくる変容した時代を予言して巻一は終る。変転の不義に不平をもらす鳥たち、時間の経過が滅びをもたらすように、疾走が疲労困憊をもたらすネズミ、一球の塵に変り果てる川蟬、これらは「老い」の宿命を負った、かりそめの生にすぎない。アシーンを待っているのはこうした衰退である。

巻二では、アシーンとニーアヴは「勝利の島」へやってくる。そこは、暗黒に塔が薄暗く立っており、浅黒い色をした守護神が漂うところで、「恐怖の島」(Isle of Many Fears) ともよばれる。

……ふたりは馬を駆った
海草に覆われた円柱の間を。そして緑に
波打つ燐光だけが暗い行く手を照らし、
やがて月光をあびた果てしない階段が
かすかに光って見えてきた。そして左右の
暗い彫像がその台座の上の海水に
かすかに青白く光っていた。

. . . We rode between
The seaweed-covered pillars; and the green
And surging phosphorous alone gave light
On our dark pathway, till a countless flight
Of moonlit steps glimmered; and left and right
Dark statues glimmered over the pale tide
Upon dark thrones.

(Book II, ll. 31-37)

やがてある女性の歌声がきこえてくる。アシーンは溜め息がもれる方へとたどってゆくと、鎖で老鷲に繋がれた女をみつける。かれはその女を助け出そうとするが、守護神は全能であるから危険だと彼女に警告される。

「この者は強く狡猾で、
七本の榛の木の下から湧き出た海のようです。」

"For he is strong and crafty as the seas
That sprang under the Seven Hazel Trees."

(Book II, ll. 83-84)

アイルランドの神話によると、「七本の榛の木」("Seven Hazel Trees") というのは、七つの川が噴出する聖なる泉の守護者である。イェイツはこれを世界のもろもろの海の意に拡大し、人間と自然ののっぴきならない相互関係を提示している。アシーンはこの女の警告を無視して鎖を解きにかかる。二匹の老いたる鷲が再生を瞑想している間に、アシーンは接近し、ぼうぼうとした髪に繋がれている女を無事に救い出す。

わしは鎖を引きちぎった。それでも老鷲は耳も脈も目も動かさない。
人間にあらぬことを考えるのに心を奪われていたのか

おぼろな記憶、あるいは往古の気分にひたっていたのか、
なおも耳も脈も目も静止したままで鷲は立っていた。

I burst the chain: still earless, nerveless, blind,
Wrapped in the things of the unhuman mind,
In some dim memory or ancient mood,
Still earless, nerveless, blind, the eagle stood.

(Book II, ll. 97–100)

そこでアシーンは、この女とニーアヴを連れて梯子を昇り、城の壮大な中央広間にやってくる。そこは音が天井にとどかないほどに広大である。

屋根の下に泡のように白い鷗が漂い浮かんでいるのが見えた。
わしは声をふりしぼって叫び、呼びかけた。
鷗は星のように動かなかった
人間の声が届く距離からほど遠かったから。

I saw a foam-white seagull drift and float
Under the roof, and with a straining throat

Shouted, and hailed him; he hung there a star,
For no man's cry shall ever mount so far . . .

(Book II, ll. 105-108)

初行の「泡のように白い鷗」は成就のイメージで、ここでは人間が成就不可能なイメージとなっている。この白い鳥に向って絶叫するアシーンの姿は、不可視の精神世界である上方と、血と肉の滅びゆく世界である下方を表象しているかのようである。

このあと三人は洞窟のような広間で一夜をすごすが、アシーンは夜明けとともに、ひとりで怪物を捜しに出かける。夜明けは、あたかも吹き流される葉のような緑の雲に描写され、無垢で、冷やかな情熱にもえる生の決意を呼び起す。生を暗示する夜明けは、枯れた菅の木のように渇ききった姿で現れる怪物と対照的なイメージとなっている。

……ゆっくりと振り返った、
怪物の緩慢な動きで。目の玉ははじめは白く、やがて
川蟬の羽ように赤く燃え、それから立ち上がって
吠えた。

. . . He slowly turned:
A demon's leisure: eyes, first white, now burned

Like wings of kingfishers; and he arose
Barking.

(Book II, ll. 167–170)

この川蟬は猛禽だが、その浮ぶ巣には平和な情緒が漂う。悪魔はこの相反する特質をそなえている。海底の島はアイルランドの神話伝説にしばしば現れるが、魔人フォモーラ[44]の住む伝説上の王国である。また、フォモーラは夜と死と寒さの神で、それらは奇形で、山羊と雄牛の頭をしていたり、足が一本しかなかったり、胸の中央から腕がのびていたりする。かれらの悪しき妖精の祖先で、巨人や小さなひなびた老人の姿をした鬼として現出する。「勝利の島」はそれと相似している。ここでは、海の守護神マナナーン（Manannan）の名刀が登場する。怪物はそれ自体、転身する歌い手で、悲しい快楽の祭司である。アシーンとの戦いがはじまると、この怪物はさまざまな転身ぶりをみせる。

怪物が、夕闇に光るマナナーンの剣
だと知ると、変身し、それから
変幻自在に姿を変えた。わたしは巨大なウナギの
つるつるした喉もとめがけて打ち込むと、変身し、
樅の木の葉のない梢に一撃を加えたにすぎなかった。

And when he knew the sword of Manannan

Amid the shades of night, he changes and ran
Through many shapes; I lunged at the smooth throat
Of a great eel; it changed, and I but smote
A fir-tree roaring in its leafless top.

(Book II, ll. 173-177)

怪物はやがてアシーンに敗れて日没に死ぬ。しかし、第四日目の朝に再生し、また日没にアシーンに打ち負かされるまで戦う。アシーンは戦いと勝利のたびに三日間の祝いをするが、この戦いの循環のリズムが一〇〇年続く。

わしらは三日の間酒盛りをした。四日目の朝
見ると、広い階段の上で、体から海水がぽたぽたたれ落ち
ねばねばした泥をかぶり、髪の毛にかすかな音をさせて
あの鈍い、しぶとい怪物がいたのだ。
そして、またも、一日におよぶ戦いがはじまった。
日没になって波打つ海に怪物を投げ入れて
休んだが、四日目の朝、
ふたたび傷を癒した怪物が姿を現した。それから百年、
戦いと酒宴のくりかえし、夢みることも怖れもなく

倦怠も疲労もなかった。果てしない酒宴、
果てしない戦い。

We feasted for three days. On the fourth morn
I found, dropping sea-foam on the wide stair,
And hung with slime, and whispering in his hair,
That demon dull and unsubduable;
And once more to a day-long battle fell,
And at the sundown threw him in the surge,
To lie until the fourth morn saw emerge
His new-healed shape; and for hundred years
So warred, so feasted, with nor dreams nor fears,
Nor languor nor fatigue: an endless feast,
And endless war.

(Book II, ll. 214-224)

アシーンが戦い、殺し、また再び永遠に直面しなければならないのは、かれの内にあるかれ自身の生霊、魂である。それは究極的には死なず、またかれを克服することもできない。肉体を克服することのできない魂は、この空想的な怪物の形象と結びついて浮上を際限なく反復する。それは霊魂と肉体、時間・空間と永遠にたいする精神活動の新しい段階だが、こうした二律背反が両極に揺れ動き、現実性をおびてくる。肉体と魂の戦いは果てしないが、両者の合一はない。

対自我との戦い、魂との戦いは、やがて終りに近づくようにみえる。ブナの大枝がアシーンのもとに押流されてきて、島の最後の日を告げ、アシーンは「勝利の島」を去ってゆく。

「勝利の島」をあとにした二人は、遠く水泡に現れる顔に不死の者の不滅の憧れ（"immortal desires of immortals"）を見て溜め息をつく。成就が不可能な欲望のイメージである。アシーンとニーアヴがやってきた最後の島は「忘却の島」あるいは「眠れるものの島」（Island of Sleepers）とよばれているところである。ここが巻三の設定で、現実から永遠の喜悦への飛翔は、詩と眠りの同一化となって現れる。探求はいまや人間世界への郷愁に絶えずつきまとわれ、徐々に幻想の終結へと向ってゆく。

フィンの仲間やブラン、スケオーラン、ロマルとの狩りを想った。
ニーアヴは歌を口ずさみもしなかった。わしは指先に
ときにはながれ落ちる涙や霧にぬれた冷たい髪、
ときには熱いため息、そして唇のふるえを感じた。

I mused on the chase with the Fenians, and Bran, Sceolan, Lomair,
And never a song sang Niamh, and over my finger tips
Came now the sliding of tears and sweeping of mist-cold hair,
And now the warmth of sighs, and after the quiver of lips.

(Book III, ll. 5–8)

この島には生けるものはいない。水のしたたり落ちる榛や樫の木の巨大な森が一面を覆っている。岸辺は荒廃して灰色に染まり、木々は、海上の苦痛からのがれて休息をひたすらのぞむ老人の髪のように垂れて、あたかも急ぎ足で去るかのように陸に向ってなびいている。鳥は行ってしまった。物音がきこえるのは、ただ水のしたたる木だけである。

しかし木々は高くなって密集し、樹皮が限りなく皺を寄せている。しずくが滴る。一滴の呟くようなしずく。その音と古の静寂。そこには何の生きものも見あたらず、暗闇に動くイタチもいない。心に長い吐息がもれ、足下の地面が泡立った。

But the trees grew taller and closer, immense in their wrinkling bark;
Dropping; a murmurous dropping; old silence and that one sound
For no live creatures lived there, no weasels moved in the dark:
Long sighs arose in our spirits, beneath us bubbled the ground.

(Book III, ll. 17–20)

これらの木は「老い」の段階に近づいてゆく人間の無力を暗示しているようだ。だが、アシーンとニーアヴがその濡れた闇に入っていく寸前に夜の帳りがおりた時、われわれは木にすぐれた力が隠されているのに気づく。木は密集してのび、その豊かに皺のよった樹皮を露にする。アシーンとニーアヴが榛や樫の木の生い茂った森を奥へとつき進んでゆくと、突如、眼前に谷間が広がる。ここでは木はのびのびと生え、上方へ無限にのびている。この広大な森に、かがやける裸身の巨人たちが鳥にかこまれながら優雅な姿で眠っている。かれらの耳の上は羽で覆われており、手には鳥の爪が生えている。そして巨人たちの王の手には金の鳥の爪が輝いている。

鳥のかぎつめのような金の爪がほの暗い地面にだらりと伸び、
片手には老人の胸奥にひそむ嘆息よりももっと繁く鈴の付いた
柔らかく光る枝が握られていた。梟がばたばたと飛びかい、
巨人の横腹に体を寄せ、その陰で目を光らせていた。

Golden the nails of his bird-claws, flung loosely along the dim ground;
In one was a branch soft-shining with bells more many than sighs
In midst of an old man's bosom; owls ruffling and pacing around
Sidled their bodies against him, filling the shade with their eyes.

(Book III, ll. 45-48)

この梟は眠れる巨人たちの親しい仲間であるが、ちょうど巻一に登場する色鮮かな不死の鳥、エーンガスの鳥と呼応している。しかし、この巻三では鳥はもう歌をうたうことはない。巻二ではばたいた鳥が、ここへきてま

ったくその姿を消す。梟から出る音といえば、羽毛を立てる時だけだ。木にうたう鳥はもうみられないが、木から直接やってくる音楽はある。多くの鈴をつけて輝く枝は、眠りの祖先であり、眠りそのものの源である。伝説によると、その枝がゆれると、人はすべてやさしい眠りにさそわれる。[45] アシーン自身もこの魔法にかかってしまう。アシーンがニーアヴの手から角笛を取って、長い調べを吹き、「陰から出よ、黄金の爪の王よ！」と叫んで、眠れるものを起そうとすると、王は唇を少々動かしただけで、反応は示さない。そのかわりに、王は手中の鈴の枝をゆらす。すると、それはゆっくりとかすかな音を奏でてアシーンをたちまち眠らせてしまう。やがてアシーンは仲間の英雄たちの夢を見るが、夢の中に現実世界からさまざまな人物が現われる。この生ける人間が現実世界への強力な誘引力となってはたらく。この夢は超自然のものではないので、第三の島とニーアヴの魔法を解くことができる。

司教杖をもつ人よ、百年の終わりに、わしは見たのだ、
空中を何マイルも飛んできて、力つき、草地に落ちるムクドリを。
それはブランとスケオーランとロマルを連れて早朝の狩りに出かけるとき、
貝のように白い月明かりのもとに集まったフィンの戦士たちに似ていた。

So watched I when, man of the croziers, at the heel of a century fell,
Weak, in the midst of the meadow, from his miles in the midst of the air,
A starling like them that forgathered, 'neath a moon waking white as a shell
When the Fenians made foray at morning with Bran, Sceolan, Lomair.

アシーンはかれのもとに走りよってきたニーアヴの馬に乗り、ニーアヴをこの島に残して去ってゆく。

(Book III, ll. 101-104)

「……ああ、さすらいのアシーン、鈴の枝も効きめがない。
その手には地上にはばたく悲しみが、生きてうごめいているからです。」

. . . "O wandering Oisin, the strength of the bell-branch is naught,
For there moves alive in your fingers the fluttering sadness of earth.

(Book III, ll. 123-4)

ニーアヴはアシーンが彼女と「鈴の枝」の両方の魔法を解いたのに気づいたのである。むく鳥は地上にはばたく悲しみの表象となる。これは巻一でほのめかされたように、死にゆく生をみてつぶやく、「不義だ、不義だ」と呼応している。そして、ついにここで「さすらいのアシーン」と呼ばれたアシーンは新しい精神の広がりを得る。「地上にはばたく悲しみ」を手にもつ「さすらいのアシーン」と「さまよう灰色の「悲哀」のミサゴ」はここにおいて同一となる。

地上に少しでも触れぬよう警告されながら、アシーンは嘆き悲しむ声を遠くに残して馬で海を渡り、メーヴの眠る山麓に向う。それは時間の報復へ戻っていくことだ。アシーンが現実の世界に近づくと三〇〇年の時の経過が、世界の変化という光景で現出する。砂のつまった袋を運んでいた二人の者がよろよろと倒れたのを見て、アシーンは鞍から腰を屈めてその荷を片手で放り投げる。そのとき馬の腹帯が切れてアシーンは地上に転落し、たちまち三〇〇年の重さがのしかかり、年老いてしまう。

この詩の最終行、「フィンの戦士たちが火中にいようが、休んでいようが、その館に住むぞ」("And dwell in the house of the Fenians, be they in flames or at rest.")は、アシーンが兄弟のもとへ、異教の過去へ、つまり地獄へと下降するという挑戦的な誓いであると言ってもよい。[46] 無限の感情、果てしない戦い、永遠の休息への三つの島の探求は、『最終詩集』の「彫像」('The Statues')の三つの島にみられるごとく、炎のように単純な魂と、瑠璃のように静謐な肉体を追い求めることであった。

この詩には、ゲーリックの人名や地名、自然の描写、色彩表現などによってロマンティシズムの特質が織り込まれている。神話をたぐりよせて自己を共同体との関係に還元しようとした『アシーンの放浪』は、アイルランド文芸復興の始まりを告げる詩であり、それを推進するための源泉であった。そして『アシーンの放浪、その他の詩』に収められた劇詩「彫像の島」('The Island of Statues', 1885)は、すでに若きイェイツの劇場創設の夢を孕んでいたのである。

三　クール・パークから喧騒の中へ——演劇運動の胎動——

一八九六年八月に劇作家エドワード・マーティン(Edward Martyn, 1859-1924)はイェイツと、ライマーズ・クラブのメンバーで文学誌『サヴォイ』(*The Savoy*, 1896)の編集者であるアーサー・シモンズ(Arthur Symons, 1865-1945)を自宅のゴシック復古調のトゥリラ城に招いた。[47] 八月五日にはシモンズの要望もあってこの三人とジョージ・ムア(George Moore, 1852-1933)も加わり、ゴールウェイから一七トンのフッカー(一本マストの舟)

でアラン諸島のイニシュモアに渡った。シモンズは、「この沿岸の海はわたしの知っているものとは違っていて、さらなる薄明がただよっていた。空はおだやかに降りてきて、幻惑をもよおすほどに秘かにゆっくりと忍び寄る。そして陸と海と空がすっかりと混じり合う。……都市の埃、信念の埃、懐疑の埃を洗うようである」(48)と回想し、老人から聞いたティール・ナ・ノーグの話を書き留めている。この四人——とりわけマーティン、ムア、イェイツ——によるアラン諸島への旅は特別な意味合いをもっている。さらに、六カ月後にはJ・M・シングがイェイツのすすめでアラン諸島を訪れている。アラン諸島やコネマラはゲール文化をたずさえる残り少ない地であり、アイルランド文芸復興の揺籃期においては巡礼の地であった。

政治や経済が歴史、言語、文学と絡まって国民的な運動が進むなかで、イェイツは一八九一年にロンドンでアイルランド文学協会（Irish Literary Society）を、翌年にダブリンで国民文学協会（National Literary Society）を創設した。そして一八九三年にダグラス・ハイドを中心にゲーリック・リーグ（Gaelic League）が起こったのである。アイルランド文芸復興は民衆の支持を得るためにも直接に訴えることのできる演劇運動が必要であった。(49)一八九七年にイェイツは再びトゥリラ城を訪れ、ド・バステロ伯爵の館におけるグレゴリー夫人との会話からアイルランド文芸劇場（Irish Literary Theatre）の計画が生まれたのである。グレゴリー夫人はクール・パーク（Coole Park）(50)から支持と募金を訴える手紙を知人たちに書き送った。「われわれは毎年春ダブリンで、出来栄えはいかなるものであろうと、高遠の理想をもって書かれたケルト的もしくはアイルランド的な戯曲を上演し、劇文学のケルト派もしくはアイルランド派を樹立しようとするものである。われわれは、雄弁にたいして鋭敏な耳をもつ、素朴で想像力ゆたかな観客をアイルランドに見いだすことを願い、また、アイルランドのより深い思想感情を舞台にもたらそうというわれわれの願望は支持されるであろうし、さらにイングランドの劇場にはなく、しかもそれなくしては文芸の新しい運動の成功はありえない、あの舞台表現の自由を保証すべきであると信ずる。

アイルランドがこれまで見なされてきたような戯けや安っぽい感傷の本場ではなくて、古くからの理想主義の国であることを示したい。われわれは同胞を分かつ一切の政治上の問題の埒外にある事業を遂行するにあたり、すべてのアイルランド人が、その誤り伝えられたことにうんざりしているゆえに、支援してくれることを信じて疑わない」[51]。この趣意書のなかで、「ケルト」という言葉が使われているが、これは創設のメンバーにスコットランドの文人、フィオナ・マクラウド（Fiona Macleod）ことウィリアム・シャープ（William Sharp, 1855–1905）[52]がいたから、それを配慮して挿入されたのだとグレゴリー夫人は記している。

ところで、「雄弁にたいして鋭敏な耳をもつ、素朴で想像力ゆたかな観客」という表現がみられるが、これは新たな演劇運動の核となっている。雄弁であることはアイルランドの古い伝統であり、雄弁にたいするひたむきな情熱は素朴で想像力ゆたかな観客をこうした劇に惹きつけることを意味している。語り手が一般人の琴線に触れることを目指すとき、アイルランドでは依然として雄弁の伝統が求められていたのである。これは言葉が戯曲において最も重要であることが前面に打ち出されたものである。当時イプセンの出現やパリにおける自然主義的な自由劇場の創立により大きな革新が行われていたが、イェイツが考えていたアイルランド劇とは自然主義の戯曲にたいする反動としての劇詩であった。しかしながらこの小劇場運動は商業主義から脱却して純粋な文学作品を上演する可能性を暗示し、実現に向かう梃子となってイェイツに大きな勇気を与えたことは確かである。また、イェイツ個人にとって、葛藤のドラマを実現する社会が念頭にあり、断片的な集合体ではなく、一つの文化もしくは共同体を必要としていた[53]。劇場創立のモメントはそこにあったと考えてよいだろう。

モード・ゴンやジョン・オリアリーといったナショナリストたち、ダグラス・ハイドやエイ・イー（AE; George Russell, 1867–1935）、それにアングロ・アイリッシュの著名人たち、それに国外からはアーサー・シモンズらがグレゴリー夫人の手紙にすぐに応じた。ワーズワスの友人で老詩人のド・ヴィア（Aubrey de Vere, 1814–

1902）や芸術家の後援者で知られるアイルランド出身の弁護士、ジョン・クウィン（John Quinn, 1870–1924）からも出資の申し込みがあった。拒絶を表明した数通の手紙はあったものの、趣意書による勧誘の反響は大きかった。そして一八九九年にアイルランド文芸劇場が創立されたのである。当時ダブリンにはロイアル座、ゲイアティ座、クウィーン座の三つの劇場があったが、いずれも商業主義に運営され、契約金の支払いは到底無理な相談であった。一カ月後、ダブリンのエンシェント・コンサート・ルームズの会場使用の認可が与えられ、五月八日にイェイツの『キャスリーン伯爵夫人』（*The Countess Cathleen*）、九日にマーティンの『ヒースの原野』（*The Heather Field*）が上演され、アイルランド文芸劇場が幕開けした。『キャスリーン伯爵夫人』はその題材をアイルランドの西部に伝わるキリスト教の民間伝承にとり、異教的なケルトの心情が現れるという意味において演劇運動の開始にふさわしかったのだろう。

『アシーンの放浪』を出版した直後に、イェイツは『キャスリーン伯爵夫人』を書き始め、改訂されてすでに一八九二年に『キャスリーン伯爵夫人、伝説と詩』（*The Countess Kathleen and Various Legends and Lyrics*, London: T. Fisher Unwin）に収められていた。この戯曲は古い時代のアイルランドの飢饉が設定となっている。二人の悪魔が商人を装ってキャスリーンの小作農たちのところへ現れ、魂と金を交換したいと話を持ち込む。農民の窮状を哀れんで飢餓から救うために、キャスリーンはかれらに代わっての自分の魂を売り渡す。しかし最後に、「光のなかの光は、行いではなく、いつも心を見つめているのです」という天使のメッセージがあり、キャスリーンはその崇高な意志によって悪とのファウスト的契約があがなわれ、天国へ行くという筋書きである。しかし、初演でひとつの事件が起きた。排他的でしばしば常軌を逸することで知られる政治家・文筆家のF・H・オドンネル（Frank Hugh O'Donnell, 1848–1916）[54]はすでにこの戯曲を読んでいて、上演予定に合わせて、『魂の売買』（*Souls for Gold*）と題したパンフレットを出し、『キャスリーン伯爵夫人』はアイルランド国民を冒瀆する劇であると攻撃し、大衆をあおり立てようとしたのである。[55] 上演中に観客席から非難や野次がとび、トリニティ・カレッジの学生たちが抗議のために入場し、警官が警護にあたるという事態になった。しかしこうした初演の喧騒は以後影をひそめ、あとの四日間の公演は何事もなく終わった。マーティンの『ヒースの原野』は好評で、翌年はゲイァティ座で一週間にわたる『ヒースの原野』と『メイヴ』（*Maeve*）の公演が予定された。

新しい演劇運動にその始まりから妨害があったことは、以後のイェイツらの活動を象徴しているかのようである。アイルランド文芸劇場の第一期が終わる三年目（一九〇一年）に、ダグラス・ハイドの一幕劇『縄ない』（*Casadh an tSúgáin*）[56] がゲーエティ座で上演された。これはダブリンで上演された初めてのアイルランド語による劇である。[57] 放浪の詩人ハンラハンが西部の海岸近くの村にやってきて、村人の踊りが行われている家に入り、ウーナと踊って求婚する。ウーナの婚約者、シェイマスがハンラハンを家から放り出そうとするが、詩人を家から追い出すと呪いをかけられるという俗信があるため、それを恐れて一計を案じる。縄ないを手伝わせ、ハンラハンが後ずさりしながら縄をなっているうちに家の外に出てしまい、そのとき内側からドアを閉めてしまう。アイルランドの民俗的想像力と現実性が交錯する劇で、好評をおさめた。ハイド自身がハンラハンの役をつとめ、他の役者はゲーリック・リーグ・アマチュア劇団によるものであった。

そのあとにイェイツとムアの共作による『ディアミッドとグラーニャ』（*Diarmuid and Grania*）が上演された。[58] アイルランドの伝説『ディアミッドとグラーニャの追亡』（*Tóraigheacht Dhiarmada agus Ghráinne*）[59] を素材にした戯曲で、デアドラ（Deirdre）の物語と類似している。フィアナを率いる年老いたフィン・マックールが妻に先立たれて悲嘆しているところ、コルマックの娘グラーニャを娶る手はずがととのえられる。タラでの宴の席で、グラーニャはフィンの息子のアシーンやディアミッド、キールタのような美貌の若者を除いて、全員に眠り薬を[61]飲ませ、アシーンに断られたあとディアミッドに一緒になるようゲッシュ[60]をつきつける。ディアミッドの里親であった、ブルー・ナ・ボーニャ（ニューグレンジ）のオーンガスは二人がフィンらの追っ手の目を逃れるのを助けるが、この逃避行において、ディアミッドはグラーニャに誘われてもフィンへの忠義をつくしてちぎりを結ぼうとはしない。やがてオーンガスがフィンと二人を和解させ、ディアミッドとグラーニャはスライゴーで暮らす。数年後、イノシシを狩ってはならないというゲッシュが下されていたにもかかわらず、ディアミッドはフィンと一緒にベン・ブルベンで狩りをする。ディアミッドはイノシシによって深手を負う。フィンが傷を癒す水を泉からすくってもってくるが、それをディアミッドの前で指の間から地面にこぼし、ディアミッドは息絶える。オーンガスは遺体をブルー・ナ・ボーニャに運ぶ。

シングは上演の夜のことを回想している。ゲイアティ座はゲーリック・リーグの熱烈な会員たちで混み合い、若い女性たちが幕開けを待ちながらきたないアイルランド語で喋っていた。そして次に上演される『ディアミッドとグラーニャ』の休憩時間に、天井桟敷にいた観客たちが一斉に歌い始めた。大合唱となったのはシングがこれまで聞いたこともない古いアイルランド語の歌だった。その悲哀に満ちた響きには、なにか国民が臨終にゼーゼーと声をつまらせているかのようにシングには思えた。それからプログラムで顔を隠しながら泣く人たちがふえていった。(62)

このような異様な盛り上がりのあとに上演された『ディアミッドとグラーニャ』は評判がよくなかった、というより辛辣な批判が渦巻いた。伝えられるところによると、衣装は装飾写本から勘案されたものらしいが、まったくひどかったらしい。ディアミッドの死の場面で導入されたエルガーの音楽もなんら効果をあげることはなかった。観客は容赦なく嘲笑したが、ディアミッドがグラーニャにむかって言う科白、「馬鹿な連中がわれわれを笑っているよ」（"The fools are laughing at us."）が大喝采をあびた。しかし、批評は好意的ではなかった。第一幕で役者たちが眠り、最後の幕で観客が眠ったという辛辣な批評もあった。オグレイディはそこまで言わなくとも、奇想な衣装と粗雑な芝居であり、偉大なアイルランドの物語にたいする心無い破壊行為である、と厳しく批判した。観客は名うての小説家ムアによるフランス風のみだらな内容を期待していたのである。この劇にたいしてはさまざまな批判がとびかった。

イェイツの『キャスリーン伯爵夫人』の上演で学生たちが騒いで抗議したとき、ナショナル・ユニバーシティの学生、ジェイムズ・ジョイスが観客席にいて賞賛の拍手を送ったが、そのジョイスが『縄ない』と『ディアミッドとグラーニャ』の上演予告を知るや憤慨して、一〇月一五日にアイルランド文芸劇場を偏狭主義と非難する一文、「喧騒の時代」を書いた。[63] ジョイスはナショナル・ユニバーシティの学生雑誌『セント・スティーヴンズ』(*St. Stephen's*) に持ち込んだが掲載を拒否され、自費で八五部のパンフレットを印刷して一一月に配布した。そのエッセイの中で、アイルランド文芸劇場は商業主義の卑俗性といった現状にたいして改革ののろしをあげ、いくらかは実行されたが、はやくも大衆という悪魔、ヨーロッパで最も遅れている民族の喧騒の徒に屈した、と批判している。また、『キャスリーン伯爵夫人』ですら不道徳で忌まわしい作品であると断定される土地柄であるから、芸術家は文学の規範を海外に求めなければならない、とジョイス自身の意思表明とも考えられる記述もある。そしてマーティンとムアの独創性の欠如を指摘し、マーティンの救いがたい文体をやり玉に挙げてから、その視野の狭さと卓越した個性の欠如が、文章の端々に見られる崇高な情感を台無しにしてしまう、と非難している。もし大衆の機嫌を伺うようなことがあれば、芸術家はかれらの盲目的崇拝と意識的な自己欺瞞に染まらざるを得ず、かれらの動きに従うことになる。アイルランド文芸劇場は俗衆の声に屈し、前進の流れからはずれて漂い流れるままになってしまった、と酷評した。

後にジョイスはエイ・イーを経由して一九〇二年にイェイツにダブリンのカフェで会った。「喧騒の時代」でアイルランド文芸劇場を攻撃したかのジョイスはイェイツの文学を高く評価していた。神秘的想像力が結晶した散文「賢者の礼拝」('The Adoration of Magi', 1897) を諳んじていたし、『キャスリーン伯爵夫人』の魅惑的な美しい詩——とりわけ、「誰がファーガスと行くのか」('Who Goes with Fergus?') など——はジョイスの創作活動における正典とさえなった。このときジョイスが、「あなたに会うのは遅すぎました。あなたは年をとりすぎています」[64] とイェイツに言ったという逸話がある。つまりジョイスがイェイツに影響を与えるには、イェイツはあまりに年をとっている、ということを示唆しているが、この言葉には当時の両者がいだいていた文学的ヴィジョンの相違が浮き彫りにされている。イェイツは都会文化の不毛性にたいして民間伝承を擁護し、個人の意識より「大いなる記憶」[65] が重要であると説いた。一方、ジョイスは普遍化は詩人のやることではなく、それは無益であると反発した。イェイツがアイルランドの民間伝承に固執していたのは、スウェーデンボルグ (Emanuel Swedenborg, 1688-1772) やブレイクや神智学者たちと似通った思想を表現できると信じていたためである。確なことや官能的なことにたいする衝動、抽象的なことや総合的なことにたいする無関心といった特徴は詩的言語を話すアイルランドの農民に見られるとイェイツは考えていた。[66]

この年にイプセン流を汲もうとするマーティンの立場が表面化し、かれは意見の相違からアイルランド文芸劇場を離れた。続いてムアも去った。こうした喧騒のなかでアイルランド文芸劇場は一九〇一年に幕を閉じる。翌年、アイルランド国民演劇協会が創立されてエイ・イーの『デアドラ』(*Deirdre*) とイェイツの『キャスリーン・ニー・フーリハン』の上演によってその運動は引き継がれ、やがて一九〇四年に、常設劇場となるアビー座でこけら落としがあり、イェイツらの演劇運動は発展していったのである。

(1) "Son of the noble Fingal, Oscian, Prince of men! what tears run down the cheeks of age? what shades thy mighty foul? Memory, son of Alpin, memory wounds the aged. Of former times are my thoughts; my thoughts

are of the noble Fingal. The race of the king return into my mind, and wound me with remembrance". (James Macpherson, *Fragments of Ancient Poetry, Collected in the Highlands of Scotland, and Translated from the Galic or Erse Language* (Edinburgh, 1760), 26. The Second Edition. Reprint (Edinburgh, 1970)).

（2）R. W. Chapman, ed., Johnson's *Journey to the Western Islands of Scotland* and Boswell's *Journal of a Tour to the Hebrides with Samuel Johnson* (Oxford, 1924 ; 1978), 107-8. オシアン論争については中央大学人文科学研究所編『ケルト　伝統と民俗の想像力』（中央大学出版部、一九九一年）所収の小菅奎申「オシアンと穏健派」、二八三―三〇三頁を参照。

（3）シルヴェスター・オハロランはM.R.I.A.（Member of Royal Irish Academy）となった。Royal Irish Academy はダブリンのトリニティ・カレッジの近くにあり、数々の貴重な文献を収集、保存している（M.R.I.A. の制度は現在も存続している)。詳細は T. Ó Raifeartaigh, ed., *The Royal Irish Academy: a bicentennial history 1785-1985* (Dublin, 1985) を参照。

（4）*Irish Melodies* (2 vols., 1808 ; Vol. 3, 1810 ; Vol. 4, 1811 ; Vol. 5, 1813 ; Vol. 6, 1815 ; Vol. 7, 1818 ; Vol. 8, 1821 ; Vol. 9, 1824, Vol. 10, 1834), *The Poetical Works of Thomas Moore*, 10 vols. (1834).

（5）*Thomas Flanagan, The Irish Novelists 1800–1850* (Westport, Conn., 1976) 123-4. Reprint. に引用。

（6）The Ossianic Society はフィン物語群の手稿を保存、出版する目的で設立され、財源の許す限り、原則として年に一巻もしくはそれ以上を刊行することとされた。最初の二巻はニコラス・オカーニー（Nicholas O'Kearney）編による *Cath Ghabhra* (*Battle of Gabhra*) と *Feis Tighe Chonáin* (*Feast at Conán's House*) で、一八五七年には会長のスタンディッシュ・ヘイズ・オグレイディ（Standish Hayes O'Grady）の編集で *Tóraigheacht Dhiarmada agus Ghráinne* (*Pursuit of Diarmaid and Gráinne*) が刊行された。

（7）Bryan O'Looney, *Laoidh Oisín ar Thír na nÓg*, *Transactions of the Ossianic Society* IV (The Ossianic Society, 1859), 234-279. 松村賢一『ケルトの古歌「ブランの航海」序説』（中央大学出版部、一九九七年）所収の

「補遺　異界と海界の彼方」を参照。

（8）James Hardiman, *Irish Minstrelsy, or Bardic Remains of Ireland*, Vol. I (London, 1831), 254-57. Reprint (Shannon, 1971).

（9）Samuel Ferguson, 'Hardiman's Irish Minstrelsy', *The Dublin University Magazine* III. 465-78, IV. 152-67, 447-67, 514-42, 1834.

（10）Aisling は中世後期から伝わるアイルランドの伝統的な詩形で、ゲール語で「夢」や「幻」を意味し、空想の中で愛国的なテーマがうたわれる。詩人が歩いていると美しい霊妙な女性（しばしばアイルランドの化身）に出会い、バラやユリの心象によってその容姿を入念に描写し、そして言葉を交わすというのが典型である。一七世紀の後半にイーガン・オラヒリー（Egan O'Rahilly）がこの美女をイングランドの過酷な支配のもとで呻吟するアイルランドの化身として象徴的に用い、スチュアート王朝の王子がフランスから帰国して彼女を救済するという当時のジャコバイト政策と関連させながら表現することで、アシュリングの熾烈な反イギリス、愛国の詩に変容したのである。

（11）Eugene O'Curry, *Lectures on the Manuscript Materials of Ancient Irish History* (Dublin, 1861). Reprint (Dublin, 1995). The Catholic University of Ireland（University College Dublin の前身）の Irish History and Antiquities 教授就任の二一回の講義録で、大部の補遺が付いた七五〇頁の書。また、アーノルドは Eugene O'Curry, *On the Manners and Customs of the Ancient Irish : A Series of Lecutres*, 3 vols. (London, Dublin, New York, 1873) にも言及しているが、これは一七六五頁に及ぶ大著で、アイルランド研究の重要な文献になっている。

（12）Matthew Arnold, *On the Study of Celtic Literature* (Oxford, 1867), 23-37. これはオクスフォード大学詩学教授のマシュー・アーノルドによる四回の講演をまとめたもの。この講演を機にオクスフォード大学にケルト学の講座が設けられた。

（13）『マールドゥーンの航海』については中央大学人文科学研究所編『ケルト　伝統と民俗の想像力』（中央大学出版

部、一九九一年）所収の松村賢一「冒険と航海の物語」、一二八―三九頁を参照。

（14）Samuel Ferguson, *Congal : A Poem* (Dublin, 1872), ii.

（15）『スウィーニーの狂気』（*Buile Suibne*）は中世アイルランド文学の代表的な作品でアイルランド作家たちの想像力の源泉にもなっている。イェイツは初期の詩「ゴル王の狂気」（'The Madness of King Goll'）でスウィーニーの狂気のイメージを取り入れている。『スウィーニーの狂気』については、佐野哲郎「狂気の詩魂――スウィヴネ伝説とフラン・オブライエン――」（『菅・御輿両教授退官記念論文集』昭和五五年、一―一四頁）、松村賢一「狂気と流離――シェイマス・ヒーニーとアイルランド詩の伝統――」（『ユリイカ』二〇〇〇年二月号、一四七―一五五頁）を参照。

（16）John P. Frayne, ed., *Uncollected Prose by W. B. Yeats*, Vol. 1 (London, 1970), 104.

（17）James Ferguson, *Hibernian Nights' Entertainments* (New York, 1857 ; Dublin, 1887).

（18）Robin Flower は *The Irish Tradition* (Oxford, 1948 ; 1979) の中で、アイルランド西端の島（グレイト・ブラスケット島）で八〇歳を超えた老人との興味深い体験について語っている。この島で話される言葉はアイルランド語で、古い歌や物語が豊かに残っている。フラワーが一人で小道を歩いていると向こうの畑から声がして、石垣をよじのぼるとそこにジャガイモを掘っている古老がいた。フラワーも促されるままに手伝っていると、古老はオシアンの物語詩をうたった。三〇分くらい経つと、今度は散文に変わり、フィンとその仲間たち、そして彼らの冒険の長い話を語った。時には声が変わり、口調が早まり、目を輝かせて、戦や海に乗りゆく様を描写する高度な語りに高まり、それから息を深く吸って、再びもとの暗誦のペースに戻っていった。フラワーはうっとりして聞き入り、アングロ・サクソンの『ベーオウルフ』（*Beowulf*）よりも古い伝統が大西洋の水平線を臨む島でまだ生きていることに感動したのである。(104-6)

（19）Standish O'Grady, *History of Ireland: The Heroic Period*, Vol. 1 (London, 1878), v. Reprint (New York, 1970).

(20) Ernest Boyd, *Ireland's Literary Renaissance* (London, 1922), 7.

(21) W. B. Yeats, *Autobiographies* (London, 1961), 220.

(22) ヴィクトリア女王の侍医で王立アイルランド学士院の会長（一八七四年）であったウィリアム・ストークスの長男。ウィットリー・ストークスはダブリンの父親の家でペトリーやオドノヴァン、オカリーに会い、二〇代前半からアイルランド語の研究に没頭し、ケルト学に多大な貢献をした学者。没後、『ケルティック・レヴュー』（*The Celtic Review*, January 1911）の "Pan Celtic Notes" で A. Perceval Graves は、遺族からロンドン大学に寄贈された三五〇〇冊におよぶウィットリー・ストークス文庫（The Whitley Stokes Library）について書いている。

The Celtic Review は、ケルト協会（The Celtic Society）で指導的な役割を果たした『ガーリック詞華集』（*Carmina Gadelica*）の著者、アレクザンダー・カーマイル（Alexander Carmichael, 1832-1912）の長女で、アイルランド語とスコティッシュ・ゲーリック語の学者、E・C・カーマイケル（Elizabeth Catherine Carmichael, d. 1928）によって編集された。編集顧問はエディンバラ大学のケルト語教授、ドナルド・マッキノン（Donald Mackinnon, d. 1914）で、*The Celtic Review* は一九〇四年から一九一六年まで年四回刊行された。創刊号の序言で、本誌はケルト、とりわけガーリックの文学と学問への関心を促進することを目的として、伝説、歴史、言語、文献学、考古学、詩、音楽、芸術、物語などを広く含むと記されている。全巻が復刻されている（Nendeln, Liechtenstein, 1975）。

"Pan Celtic Notes" は主に The Pan Celtic Congress についての報告であるが、*The Celtic Review* 創刊以前にダブリンで一九〇一年八月一九―二三日に開催された最初の The Pan Celtic Congress について記しておく。この大会の目的は参加各国の民族衣装を紹介し、ケルトの競技や習俗の保存、ケルト語派の国における言語の育成とバイリンガルの教育を奨励することであった。大会委員長はケルト協会会長でニュー・ユニオニスト党のカースルタウン卿（Barnard Edward Castletown, 1849-1937）で、ケルト協会の後援のもとに開催された。参加者はウェールズ、スコットランド、アイルランド、ブルターニュ、マン島からなっていた。アイルランドの大会委員会のメンバーであったイェイツはダブリンのホテルに滞在して精力的に会議に出席し、そのときの様子をクール・パークのグレゴリー夫人に宛てた手紙に書いている。"I wish you could have come. The Congress is really a very considerable success. There are a great many delegates with interesting things to say & the Concerts with their display of national costumes of all kinds, & the robed Gorsed with its picturesque ceremonial & traditional chanting are crowed. . . . I have just come from the last meeting of the congress. . . . Miss Carmichael told me that there is Cuchullain folk lore in Campbells 'Tales of the West Highlands' & old Carmichael has given me a name of a scholour who knows all about it." (John Kelly and Ronald Schuchard, eds., *The Collected Letters of W. B. Yeats*, Volume III: 1901–1904 (Oxford, 1994), 109–11) パン・ケルティック・ムーヴメントに対するゲーリック・リーグの姿勢ははじめから分裂していた。ダグラス・ハイド、オーン・マクニール (Eoin MacNeill, 1867–1945)、パトリック・ピアス (Patrick Pearse, 1879–1916) らは概して共感していたが、影響力をもつ他のメンバーたちは断固として反対した。反対の理由はイデオロギーの相違ということもあるが、一八八〇年代の土地同盟 (Land League) の有力な敵対者であったカースルタウン卿に対する憎悪でもあった。イェイツは会長のダグラス・ハイドに、座談会なら中立的な立場で出席できるのではないかと個人的に提案したが、ハイドは苦慮の末、コングレスへの参加を断念した。The Pan Celtic Congress の討議はパン・ケルトの月刊誌である『ケルティア』(*Celtia*, Sept. 1901) に掲載された。以後、パン・ケルティック・コングレスは一九〇四年にカーナヴォンで、一九〇七年にエディンバラで開催された (ゲーリック・リーグとパン・ケルティック・ムーヴメントの関係についての詳細は第三章を参照)。

(23) スタンディッシュ・ジェイムズ・オグレイディの従兄。リムリックのビッグ・ハウスに生まれ、アイルランド語を日常語とするクルーナーに育ち、ラグビー校とトリニティ・カレッジ・ダブリンに学んだ。一八五六年にオシアン協会の会長に就任。

(24) フランスの著名なケルト学者。名著 *Le Cycle mythologique irlandais et la mythologie celtique* (Paris, 1884) で

知られる。

(25) クノ・マイヤーはダブリン・イーライ・プレイス五番地のジョージ・ムアの自宅で開かれていた土曜の会合によく顔を見せた。ムアの『出会いと別れ』（*Hail and Farewell*, 1911-4）にも登場する。

(26) T. Afflect Greeves, "Bedford Park, Chiswick—I", *Country Life* (December 7, 1967), "Bedford Park, Chiswick—II" (December 14, 1967), "100 Years of Bedford Park" (November 27, 1975) に詳しい。

(27) W. B. Yeats, *Autobiographies* (London, 1951 ; 1961), 113-195.

(28) エルキン・マシューズは一八九〇年代のデカダン派や象徴派の運動にかかわる作品や定期刊行物を発行し、アイルランド文芸復興における主要な文人たちの作品を出版した。W・B・イェイツの *The Wind among the Reeds: Poems* (1899) や *The Tables of the Law* and *The Adoration of the Magi* (1904)、J・M・シングの *The Shadow of the Glen* and *Riders to the Sea* (1905)、ダンセイニ卿の *The Gods of Pegana* (1905)、ジェイムズ・ジョイスの *Chamber Music* (1907) などがある。シングの *The Aran Islands* がいくつかの出版社から出版を拒否されたとき、ダブリンのマンセル社が出版を引き受け、マシューズがこれに協力した。

(29) イェイツが一八九七年にロンドンで降霊会を催したとき、フローレンス・ファーはS.S.D.D. の銘号《モットー》で参加した。またイェイツは彼女の求めに応じて劇 *The Land of Heart's Desire* (1894) を書き、彼女は一八九九年に上演の *The Countess Cathleen* に出演している。さらに死者にたいする祈りと儀式をうたったイェイツの詩「万霊節の夜」('All Souls' Night', 1920) の中で呼び出される。神秘家、オカルティスト、フェミニストで、イェイツを魅了したが、霊的生活を求めてセイロンに行き、その地で死去した。

(30) バース・ロード八番地に、G・K・チェスタトン (Gilbert Keith Chesterton, 1874-1936) の婚約者であるフランセス・ブロッグズが住んでいた。ブロッグズを訪れたチェスタトンは探偵小説『木曜日の男』（*The Man Who Was Thursday*, London, 1908）の第一章の冒頭で、ベッドフォード・パークをサフラン・パークという場所にしたてて風刺的な描写をしている。"The suburb of Saffron Park lay on the sunset side of London, as red and

ragged as a cloud of sunset. It was built of a bright brick throughout ; its skyline was fantastic, and even its ground plan was wild. It had been the outburst of a speculative builder, faintly tinged with art, who called its architecture sometimes Elizabethan and sometimes Queen Anne, apparently under the impression that the two sovereigns were identical. It was described with some justice as an artistic colony, though it never in any definable way produced any art. But although its pretensions to be an intellectual centre were a little vague, its pretensions to be a pleasant place were quite indisputable. The stranger who looked for the first time at the quaint red houses could only think how very oddly shaped the people must be who could fit it in to them. Nor when he met the people was he disappointed in this respect. The place was not only pleasant, but perfect, if once he could regard it not a deception but rather as a dream. Even if the people were not "artists," the whole was nevertheless artistic. . . . It had to be considered not so much as a workshop for artists, but as a frail but finished work of art. A man who stepped into its social atmosphere felt as if he had stepped into a written comedy." (9-11)

モード・ゴン（Maude Gonne）は一八八九年一月三〇日に初めてベッドフォード・パークのイェイツ一家を訪問し、イェイツはこの美貌の革命家に魅了され、悩める人生の発端となった。

(31)　'A Legend'のファクシミリが R. F. Foster, *W. B. Yeats: A Life*, I (Oxford and New York, 1997), 66-7 に載っている。なお、この詩は 'The Island of Statues', 'The Seeker', 'On Mr. Nettleship's Picture at the Royal Hibernian Academy', 'Mosada', 'The Fairy Pedant', 'She Dwelt among the Sycamores', 'The Fairy Doctor', 'The Phantom Ship', 'Time and the Witch Vivien', 'Kanva on Himself', 'A Lover's Quarrel among the Faeries', 'The Priest and the Fairy', 'Street Dancers', 'Quatrains and Aphorisms' などと共に *The Wanderings of Oisin and Other Poems*（1889）に収められている。Richard J. Finneran, ed., *The Collected Poems of W. B. Yeats : A New Edition*（London, 1983）に "Additional Poems" として所載。

（32）一八八八年九月に出版された。二三歳にして成ったイェイツの最初の本格的な著作であるが、生活に困窮しているイェイツのために出版をとりなしたのは、編集者・詩人でEveryman's Library古典叢書の編集で知られるアーネスト・リース（Ernest Percival Rhys, 1859-1946）であった。リースはEveryman's Library版のMatthew Arnold, *On the Study of Celtic Literature and Other Essays*（1910）に、ケルト文学に関する簡潔な序文を書いている。イェイツは一八八七年の五月にウィリアム・モリスの日曜集会で初めてリースに会った。

（33）Katharine Tynanに宛てた手紙（一八八八年四月二〇日付）。Allan Wade, ed., *The Letters of W. B. Yeats*, (London, 1954), 69.

（34）John Kelly, ed., *The Collected Letters of W. B. Yeats*, Volume I（Oxford, 1986）, 126, 128.

（35）W. B. Yeats, *Explorations*（London, 1962）392. この辺の事情はイェイツの一九〇一年のエッセイ「民衆詩とは何か」（'What is "Popular Poetry"?'）にうかがうことができる。W. B. Yeats, *Essays and Introductions*（London, 1961）, 3-12.

（36）ブルームはアングロ・アイリッシュ詩歌の伝統と英国ロマン派の特質を浮彫りにしながら、『アシーンの放浪』の再評価をこころみている。Harold Bloom, *Yeats*（New York, 1970）, 83-103.

（37）イェイツはKuno Meyer and Alfred Nutt, eds., *The Voyage of Bran*（1895, 1897）の書評を"Celtic Beliefs about the Soul"と題して、*The Bookman*（September, 1898）に載せた。その中で三著の重要性を記している。"I have no doubt that D'Arbois De Joubainville's 'Mythologie Irlandais,' Professor Rhys's 'Celtic Heathendom,' and it are the three books without which there is no understanding of Celtic legends."（John Frayne and Colton Johnson, eds., *Uncollected Prose by W. B. Yeats* II（London, 1975）, 119.）なお、'Mythologie Irlandais'は*Le Cycle mythologique irlandais et la mythologie celtique*（Paris, 1884）のことで、英訳版Richard Irvine Best, trans., *The Irish Mythological Cycle and Celtic Mythology*（Dublin and London, 1903）がある。'Celtic Heathendom'はJohn Rhys, *Lectures on the Origin and Growth of Religion as Illustrated by Celtic Heathendom*

(London, 1886) のこと。

(38) 初期アイルランド文学にみられる妖精たちの異界の場所については、John Carey, 'The Otherworld in Irish Tradition,' *Éigse* XIX (1982), 36-43 に詳しい。また民間のフィールドワークにあたって必要な事項を網羅した手引き書、Seán Ó Súilleabhain, *A Handbook of Irish Folklore* (Dublin, 1942) の "Fairy Places" (465-470) は示唆に富んでいる。

(39) 詳しくは、『ケルトの古歌「ブランの航海」序説』、二三―八二頁を参照。

(40) W. B. Yeats, *John Sherman & Dhoya*, (Detroit, 1969), 120. *Collected Poems* の 'Notes' (The Wanderings of Oisin) に "a story in *Silva Gadelica* describes 'four paradises,' an island to the north, an island to the west, an island to the south, and Adam's paradise in the east." と記されているが、これは "The Adventure of Cian's son Teigue" の話に出てくる四つの島であり、アシーンが訪れる島ではない。Standish H. O'Grady, ed. and trans., *Silva Gadelica* (London, 1892), 385-401. Reprint (New York, 1970).

(41) Allan Wade, ed., *The Letters of W. B. Yeats*, (London, 1954), 132.

(42) 人間の美しい歌が悲哀に聞こえるのは、死ぬ運命にある者の歌は不滅の魂の一部にすぎないからである。イェイツの『最終詩集』の「なぐさめられしクーフリン」('Cuchlain Comforted') で、死者の国に入ったクーフリンのところへ「経帷子《きょうかたびら》」たちが近づき、彼のために経帷子を縫い始め、「精いっぱいに歌をうたわねばなりません」("Now must we sing and sing the best we can") という。「かれらはうたったが、人間の歌う節でも詞《ことば》でもなかった」("They sang, but had nor human tunes nor words")。「かれらの喉は鳥の喉に変わっていた」("They had changed their throats and had the throats of birds".) というふうにこの詩は結ばれる。ドロシー・ウェルズリーはイェイツの最期の日々に会い、興味深いイェイツの語りを記録している。"Then they began to sing, and they did not sing like men and women, but like linnets that had been stood on a perch and taught by a good singing master." (*Letters on Poetry from W. B. Yeats to Dorothy Wellesley* (London, 1964), 193). また、合唱隊の指揮者は完全な協和の統治者であり、われわれの心がその指揮者に向くときのみ魂は和して歌うと、プロティノスは魂の合唱について『エネアデス』のなかで語っている（*Plotinus* VII, with an English translation by A. H. Armstrong (Cambridge, Mass., London, 1988), *Enneads* VI. 9. 8)。

（43） ムネアカヒワ（linnets）が喚起する魂のイメージは、“May she become a flourishing hidden tree/That all her thoughts may like the linnet be” や “Assault and battery of the wind/Can never tear the linnet from the leaf”（‘A Prayer for my Daughter’）の詩行にも見られる。

（44） さまざまな綴りがあるが、英語では “Formorians” が一般的。『アイルランド侵入の書』（*Lebor Gabâla Eireann*）などに怖ろしい存在として現れる。

（45） 例えば、『ブランの航海』の冒頭。「ある日、要塞のあたりをブランがひとりで歩いていると、背後に音楽が聞こえた。しばしば振り返るが、なおも音楽が後ろに聞こえた。その調べの心地よさに誘われて、ついにブランは眠ってしまった。ブランが眠りより醒めると、花と枝を見分けるのもむずかしいほど、白い花をほころばせた銀の枝が脇にあるのを見た。」（『ケルトの古歌「ブランの航海」序説』、五六頁）。

（46） イェイツは晩年に、とりわけ『塔』以降、瞑想の域に入っていったが、オリヴィア・シェイクスピアへ宛てた手紙で、「わたしは今自分ながらおどろいているのです。……二、三週間の校正過程で、いろいろな言い方で同じことを言っているこの男は一体誰なのかと考えています。私の最初の老人の告発は『アシーンの放浪』（巻一の終連）でされました。そして同じ告発がこの本の最後のページに出てくるのです。」（Wade, 798）とイェイツは書いている。老年の脅威はイェイツの青年期に芽ばえている。最終詩集のすぐれた詩「サーカスの動物たちの脱走」（‘The Circus Animals’ Desertion’）の中で、「あの海に騎りゆくアシーン、馬にまたがり、三つの魔の島へ。それは寓意の夢、むなしい悦楽、むなしい戦い、むなしい静息」（that sea-rider Oisin led by the nose/Through three enchanted islands, allegorical dreams,/Vain gaiety, vain battle, vain repose）と『アシーンの放浪』を回想している。

さらに、青春と老年、官能と知性、肉体と魂、自然と芸術などの対立性が後期の詩、特に「ビザンチウムへの船出」('Sailing to Byzantium') に鮮烈に表現されている。これはまさに永遠なるものへの回帰の憧憬である。「抱き合う若者たち、木立の鳥たち—死にゆく代々のもの—は歌をうたう。……あの官能の調べに捕らわれる者はみな不老なる知性の記念碑をかえりみない。」(The young/In one another's arms, birds in the trees—Those dying generations—at their song,/. . . Caught in that sensual music all neglect/Monuments of the unaging intellect.) ここに至ってイェイツは「老い」にたいする余裕を見せているものの、古塔に隠る。そして三〇〇年の時の経過をもろにうけて、一瞬のうちに老いぼれてしまったアシーンも、いまや「肉体」を脱して魂の高揚の船出をするのである。視点を変えれば、永遠の魂を保証する新しいティール・ナ・ノーグ、すなわちイェイツの想像力の聖都となったビザンチウムへの志向である。だが、「さあ、おいで、人間の子よ」、とおぼろの世界へ誘い出してくれるものはいない。壁にちりばめられた黄金のモザイクのように、神の聖火の中に立つ賢者に向かって、自ら祈らなければならないのだ。聖なる炎から出で、鷹となって大空を旋回し、わが魂の師となりたまえ、欲望に病み、死にゆく動物につながれているわが心を焼き尽したまえ、永遠の匠へと連れ去りたまえ、と。それは悲痛な祈りとなる。イェイツは、この新しい「彼岸」において、鳥へのメタモルフォーシスを願う。それは、アシーンが巻一でみた官能的な鳥ではなく、黄金の枝の上で不死の魂と知性を歌う鳥である。

(47) Turila Castle はいわゆるビッグ・ハウスと呼ばれるもので、アイルランドの「カントリー・ハウス」版と考えればよいだろう。しばしば "Castle" や "House" の名称が付けられていた。アイルランド社会の変容の過程においてビッグ・ハウスはプロテスタント・アセンダンシーの黄昏を表象するものであった。広大な敷地に立つビッグ・ハウスは一九世紀後半以降の社会的コンテクストにおいて、黄昏や没落の意味合いを強く帯びてくる。ビッグ・ハウスが社会意識の表面に現れたきっかけは、Maria Edgeworth の小説 *Castle Rackrent* (1880) であったと言ってもよいが、その底流には William Carleton の *Traits and Stories of the Irish Peasantry* (1830) があった。ビッグ・ハウスに直接触れてはいないものの、ビッグ・ハウスを中心に生活する借地農民たちの姿が生き生きと描かれているからである。その後、Edith Sommerville と Martin Ross の *The Big House of Inver*（1925）, Lennox Robinson の史劇 *The Big House*（1926）, Elizabeth Bowen の *Bowen's Court and Seven Winters*（1942）などのビッグ・ハウスをめぐる作品が世に出る。なかでもよく知られているのは、W・B・イェイツがビッグ・ハウスの衰退を見てうたった'Upon a House Shaken by the Land Agitation'などに代表される一連の詩である。'Coole Park, 1929'はその記念碑的作品といえる。ビッグ・ハウスの没落は政治的な動きを前提とし、一八八〇年代から制定されてきた一連の土地法に加えて、パーネルの死後、ウィンダム法と呼ばれる新しい土地法が一九〇三年に制定されて、ビッグ・ハウスの経済的基盤は崩れ始めた。さらに一九〇七年に提出されたアイルランド評議会法案をナショナリストが拒否、一九一一年の議会法の成立と翌年の自治法案、一九一六年のイースター蜂起、と政治はめまぐるしく動いた。そしてアイルランド自由国が成立した後、多くのビッグ・ハウスが焼け落ちた。

(48)　Athur Symons, *Cities and Sea-coasts and Islands*（London, 1919）, 258. シモンズは "From a Castle in Ireland" や "The Islands of Aran" の章でトゥリラ城のことやアラン諸島の風景を綴っている。

(49)　Una Ellis-Fermor, *The Irish Dramatic Movement*（London, 1939 ; 1964）は克明な記述で当時の演劇運動を浮き彫りにしている。

(50)　七つの森を配したクール・パークはゴールウェイ州キルタータンの村にあるビッグ・ハウスである。

(51)　Lady Gregory, *Our Irish Theatre : A Chapter of Autobiography*（Gerards Cross, 1972）. "We propose to have performed in Dublin, in the spring of every year certain Celtic and Irish plays, which whatever be their degree of excellence will be written with a high ambition, and so to build up a Celtic and Irish school of dramatic literature. We hope to find in Ireland an uncorrupted and imaginative audience trained to listen by its passion for oratory, and believe that our desire to bring upon the stage the deeper thoughts and emotions of Ireland will ensure for us a tolerant welcome, and that freedom to experiment which is not found in theatres of England, and without which no new movement in art or literature can succeed. We will show that Ireland is not the home of buffoonery and of easy sentiment, as it has been represented, but the home of an ancient idealism. We are confident of the support of all Irish people, who are weary of misrepresentation, in carrying out a work that is outside all the political questions that divides us." (20)

(52) ウィリアム・シャープはフィオナ・マクラウド（Fiona MacLeod）という女性名を使い、ケルトの薄明の情調をただよわす神秘的な詩や物語を書いた。

(53) 後年、イェイツの『幻想録』（*A Vision*, 1925, 1937）に示される「運命体」（Body of Fate）がこれにあたる。

(54) Appendix VIII in *Our Irish Theatre*, 261-70.

(55) 『キャスリーン伯爵夫人』が上演される以前に、オドンネルは 'A Pseudo Celtic Drama in Dublin' と 'Souls for Gold' を *The Freeman's Journal* に載せた。パンフレットはこの二つを合わせ、ロンドンのナソー・プレスで印刷されたものである。この劇の上演に際して騒ぎを起こすのが目的であったといわれる。

(56) *Casadh an tSúgáin* はイェイツの「縄ない」（'The Twisting of the Rope', *Stories of Red Hanrahan*, 1987）を下敷きにしている。グレゴリー夫人による英訳と共に、イェイツが編集主幹をつとめるアイルランド文芸劇場の機関誌『サウン』（*Samhain*, 21 October, 1901）の創刊号に掲載された。

(57) Robert Welch, ed., *The Oxford Companion to Irish Literature* (Oxford, 1996) によれば、アイルランド語による最初の上演劇を P. T. MacGinley の *Eilís agus an Bhean Déirce* (August 1901) としているが、どこで上演されたのか詳細不明。なお、『リジーと乞食女』は一九〇二年一〇月三一日に国民演劇協会の公演としてエンシェント・コンサート・ルームズで上演されている。

(58) *Diarmuid and Grania* のテキストは *The Dublin Magazine*, 26, 2（Apr.-June 1951）に掲載された。

(59) Tóraigheacht（pursuit）は Immram（voyage）, Echtra（adventure）, Tochmarc（wooing）のようにあるまとまった物語群を呼ぶ伝統的な名称。*Tóraigheacht Dhiarmada agus Ghráinne* はフィン物語群のなかで最もすぐれた散文と見なされている。一〇世紀頃の物語と推定されているが、残存する最も古い手稿は一六五一年の Dáibhí

Ó Duibhgeannáin によるもので、Standish Hayes O'Grady の英訳版（The Ossianic Society, 1855）がある。また Nessa Ní Shéaghdha, ed., *Tóraigheacht Dhiarmada agus Ghráinne*, Irish Texts Society 48（Dublin, 1967）の英訳は定評がある。

（60）“geis”は物語の主人公にかけられる特有の禁忌で、それを断ると破滅するという呪縛性をもっている。

（61）里子制度（fosterage）は古代アイルランドの注目すべき社会制度である。子供――アイルランドの法では一四歳以下の男女で何ら法的責任を負うことがなく、また訴訟を起こす権利をもっていなかった――は一定期間、里親に預けられて養育されるのが里子制度といわれた。アイルランドにおける里子養育の開始は一歳で、終了は男子が一七歳、女子が一四歳（必要に応じて一七歳までのばすことができた）であるが、いずれも結婚適齢期と考えられていた。里子期間中はあらゆることで実子のように扱われ、年齢にあった教育がほどこされた。

（62）J. M. Synge, *The Aran Islands and Other Writings*（New York, 1962）, 364.

（63）James Joyce, “The Day of the Rabblement”, *Two Essays:* Francis Sheely-Skeffington and James Joyce（Dublin, 1901）. Ellsworth Mason and Richard Ellmann, eds., *The Critical Writings of James Joyce*（London, 1959）に所収。

（64）イェイツとジョイスの会見が Richard Ellmann, *The Identity of Yeats*（London, 1964）, 85-89. に記録されているが、この言葉の信憑性については疑問視されている。また、“I have met with you, bird, too late”（James Joyce, *Finnegans Wake*, 37）はこの会見のジョイス版といったところか。Roland McHugh は、*De Profundis* の中で Wilde が Douglas に言う、“but I met either too late or too soon” という注釈をつけている。（Roland McHugh, *Annotations to Finnegans Wake*, Baltimore and London, 1991）, 37. Revised Edition.）

（65）Great Memory. イェイツの創作原理における重要な概念。あらゆる人間のうちに潜む共通した記憶のことで、そこから誰もが理解できる祖型のイメージを喚起し、シンボルを構築することができるとされる。イェイツは同様に「世界霊」（Spiritus Mundi）という語をあてている。「呪法」（‘Magic’）というエッセイで展開されている。

Essays and Introductions に所収。なお、「大記憶」はC・G・ユングの「集合的無意識」と類似している。

(66) W. B. Yeats, 'Swedenborg, Mediums, Desolate Places', *Explorations*, 43.

第一〇章　アイルランド演劇運動とW・B・イェイツ

——民族文化の再構築——

木村正俊

一九世紀から二〇世紀への変わり目は、アイルランド文芸復興運動、ことにその運動のかなめともなった演劇運動にとって、変革期にふさわしい、めまぐるしいほどの急展開を見せた「実りの時期」となった。W・B・イェイツ、グレゴリー夫人、J・M・シング、ショーン・オケーシー、ポードリック・コラム、レノックス・ロビンソン、T・C・マレーら多くの劇作家たちが輩出し、アビー座を舞台に、アイルランドをテーマにした傑作をつぎつぎに上演した。演劇運動の中心にいたイェイツは、「劇場のなかの詩人」として、自ら劇作活動に励む一方、その確固とした演劇理念のもと、劇場全体の運営に強い指導力を発揮した。P・カヴァナーは、「アイルランドでこの時期にこれほど多くのすぐれた劇作家が生まれたのは、イェイツが持っていた非常に明確な芸術政策のおかげであった。イェイツは大詩人であるにとどまらなかった。彼は霊感を与える存在、人々のたいまつに火を灯す火種であった。加えて、彼は最高の組織者であり、外交官であった。」(1)と述べている。しかし現在、イェイツの詩人としての高い地位は不動であっても、イェイツのアイルランドに対する姿勢やその貢献をめぐっては厳しい否定的見解もあり、イェイツ評価は不安定な側面がある。演劇運動の指導者としていかに評価できるのか——それがここでの問題である。アイルランドの伝統文化を復活させ、民族精神を活性化しようとした演劇運動とネイションのかかわりを再検討することで、イェイツの果たした役割を明示したい。

アイルランド演劇運動はアイルランドの政治的ナショナリズムと根底で結びついて展開したのが特徴である。〈政治〉が〈文化〉を突き動かし、〈文化〉が〈政治〉を駆り立てる相互作用の現象を際立たせた。イェイツたち指導者は芸術の自立的価値を守ろうとしたため、狭隘なナショナリストである大衆から理解されず、劇場で騒動が繰り返される結果となった。反イギリスの立場で一応の共通基盤ができても、生粋のアイルランド人とアングロ・アイリッシュ（イギリス系アイルランド人）の不和、カトリックとプロテスタントの反目といったさまざまなアイルランド的対立の構図があり、演劇運動のなかに葛藤を生じることになった。イェイツ自身、グレゴリー夫人と合作した愛国主義的なテーマの戯曲『キャスリーン・ニー・フーリハン』で「ナショナリスト」の心情を示したこともあったが、彼はやがてナショナリスティックな動きには一定の距離を置くスタンスをとるようになったため、対アイルランド関係があいまいになり、それが批判を受ける原因ともなった。演劇運動で牽引車の役目を担ったイェイツの、苦渋に充ちた〈内面劇〉にも照明をあてなければならない。

パーネルの失墜以降、アイルランドの政治が一種の〈袋小路〉に陥り、アイルランド人が政治以外のものに心を向けた結果、伝統的なゲール文化の豊饒さに目を見開くことになり、文化的ナショナリズムが燃え上がった。アイルランド英雄時代の神話や伝説が翻訳・紹介され、伝統的な民俗や音楽などへの関心が急速に広がった。言語の面でも、支配者の言語である英語への反発から、ゲール語の復活・普及運動が始まり、ダグラス・ハイドらは「ゲーリック・リーグ」を発足させ、運動を本格化させた。演劇運動はこのゲール語復活運動と一面において呼応するもので、アイルランドの光輝ある民族の誇りを演劇によって回復することを目的とした。アイルランドに伝えられるゲール文化の特徴的価値は何なのか、そのことについてもふれる必要がある。

また、イェイツたちがアイルランドに国民劇場を創立した時期は、ヨーロッパ演劇の改革運動の時期と重なっていた。アイルランドの商業劇場の停滞を打破することがイェイツたちのねらいであったが、その具体的事情をヨーロッパ大陸、そしてイギリスの場合と対比しながら考察することもここでの重要な課題である。

それにしても演劇運動初期の指導者たち、つまり、イェイツをはじめ、グレゴリー夫人、エドワード・マーティン、ジョージ・ムア、さらにシングといった劇作者を演劇運動の旗のもとに結集させたものは何だったのだろうか。彼らがみなアングロ・アイリッシュであったことの意味は重要である。生粋のアイルランド人にさきがけて、いちはやくケルト文化に着眼し、それを自らの伝統として内在化させ、作品のなかに取り込むことのできた彼らの精神的境位も問題となる。

演劇運動の本拠地アビー座は、イェイツの象徴的詩劇のほかに、イプセン的写実劇などを多く上演し、その名を高めていくが、それはイェイツの夢見た劇場――芸術のための国民劇場――とはかけ離れた方向を辿るものであった。イェイツはその夢が消え、盟友グレゴリー夫人に、アビー座は失敗したと思う、と胸のうちを明かしたが、運動そのものは果たして失敗だったといえるだろうか。イェイツ劇はたしかには不評であったが、彼は日本の能から刺激を受け、その様式化された能の形式美を自分の劇に取り入れ、きわめて象徴的な実験劇を創作した。それは反リアリズム劇であったがために、大衆に受け入れられなかったにしても、その後の演劇の展開を見れば、時代を先きどりしていたかに見える新しさ、というより普遍的な美をたたえたものである。〈巨大な劇場人〉イェイツの足跡を再検討する意味はますます大きくなっているのではないだろうか。

以上のような問題点を意識しながら、初期の演劇運動に範囲をしぼって、イェイツを中心に叙述することにする。

一　ネイションのための劇場

アイルランド演劇運動がいつ始まったのか、明確に示すことは難しいが、一八八九年五月にイェイツの『キャスリーン伯爵夫人』とマーティンの『ヒースの原野』の旗揚げ公演で演劇史に大きく名をとどめることになった「アイルランド文芸劇場」(Irish Literary Theatre) の創立は、後の「アビー座」(Abbey Theatre) へ発展する礎となったという点でも、演劇運動の重要な起点であったとみなしてよいであろう。

アイルランド文芸劇場は一八九七年七月、アイルランドはゴールウェイ州のデュラスにあるフロリモンド・ド・バステロ伯爵の館で、イェイツ、マーティン、グレゴリー夫人が一堂に会して設立を話し合ったことから一挙に形をとりはじめたことは、グレゴリー夫人の『われらのアイルランドの劇場』の記録によってよく知られている。それはロシアでスタニスラフスキーとネミロヴィッチ・ダンチェンコの会談が「モスクワ芸術座」を誕生させる結果となったのに似ている。後にイェイツが『自伝』の中で、「あのバステロ伯爵邸での会談がなかったら、シングという天才が存在しただろうか」と述懐しているのは、この時の決断の重さを表している。その時彼らの配った資金的、芸術的支援を求める趣意書のメッセージは、振り返ってみればたしかにいささか気負ってはいるが、アイルランドに固有の伝統文化に根ざした演劇を上演する「芸術劇場」創設の意義をうったえる「マニフェスト」となっている。

われわれは毎年ダブリンでケルト・アイルランドの劇を上演したい。(略) われわれは雄弁を好む敏感な耳を持ち、堕落していない心と想像力に富んだアイルランド人を観客として理想的と考える。そしてまた、アイルランドの深遠な思想や感情を舞台で表現しようとするわれわれの意図は必ずや寛い心をもって歓迎されるものと信じ、イギリスの演劇には見られない、そして芸術や文学の新しい運動が成功するためには絶対に必要な実験を推し進める。アイルランドは、これまで表現されてきたような、おどけ（buffoonery）の国などではなく、古くからの理想主義の国であることを示したい。(2)

この年の秋、イェイツは資金集めに時間を費やし、劇場組織にかかわる難題の解決と処理を手がけ、実務家としての力を発揮した。そうした問題の中には、上演する劇の許可に関する法律改正、議会やダブリン城への請願、劇制作の非営利性についての説明などが含まれていたが、イェイツやグレゴリー夫人の懸命の努力のかいがあって、どうにかうまく片付き、アイルランド文芸劇場は誕生した。第一回の公演準備の段階でジョージ・ムアが運動に加わり、アイルランド文芸劇場はアイルランドを代表する文学者たちの活動の場となった。一九〇〇年二月には、マーティンの作品とアリス・ミリガンの作品、それにマーティン、イェイツ、ムアの三者による合作のあわせて三つの劇が上演され、翌年一〇月にはイェイツとムアの合作『ディアミッドとグラーニャ』と、ダグラス・ハイドが書いた最初のアイルランド語劇『縄ない』がフェイ兄弟の演出で上演された。一九〇三年にアイルランド文芸劇場はフェイ兄弟の率いる劇団と合流し、「アイルランド国民劇場協会」（Irish National Dramatic Society）となり、さらに翌一九〇四年にはイギリス人アニー・ホーニマン女史の資金提供を得て、劇場となる建物を購入、アビー座へと発展し、アイルランド国民演劇の活動の本部となった。アビー座は以後、言うまでもなく、シングの登場と活躍などで次第に本格的演劇の拠点としての地位を確立し、長い歴史にわたって盛衰を繰り返しつつも、隆盛への道をたどり、今日へいたっている。

こうした演劇運動の展開は、一八九七年のデュラスでの歴史的会談で突然始まったものではもちろんない。中心にいるイェイツにしろ、マーティンにしろ、あるいはムアにしても、演劇運動に結集するまでには、それぞれに演劇にかける強い思いや実際の活動の「前史」があったのである。イェイツの場合は、早くから演劇への関心は高く、素地はできあがっていたようで、一八九二年に『キャスリーン伯爵夫人』を完成させ、一八九四年四月には『心願の国』をロンドンで初めて上演している。また一方で、「アイルランド文学協会」（ロンドン）の設立に協力したり、「国民文学協会」（ダブリン）を創立し、そこで活動していたことを通じて、彼は当然演劇を含めた新しい文学思潮への意識を深めたにちがいない。一八九一年にイェイツはアーサー・シモンズを介してマーティンと会っている。翌年にはフローレンス・ファーと会い、「郊外に小さな劇場をつくる」計画を話し合っていることを考えても、劇場への思いは高まっていたはずだ。一八九六年にはグレゴリー夫人とシングに会い、アラン諸島を訪問、そこでも国民文学協会のために戯曲を執筆する意志をほのめかしていた。さらに一八九七年には、パリからフィオナ・マクラウドに宛てた書簡で、「わたしたちのアイルランド文学の組織と政治的文学の組織はかなりまとまっています（略）。これらの団体を通じてケルトの戯曲を上演することが大いにありうると思います。劇の上演は講演よりもはるかに効果的で、アイルランドやスコットランド、さらにその他のケルト民族の連帯を認識させるのに役立つでしょう。私自身の戯曲は複雑すぎて、初めての上演には向きそうもありません」[3]と、具体的化しつつある計画を明かしている。マーティンは、ムアによれば、一九八四年にロンドンで、芝居を書くために十分なアイルランド語を学びたいと語ったという。ムアはと言えば、一八七〇年代に戯曲に手をそめ、同時に演劇批評家として活躍して名をなし、J・T・グラインの「独立劇場」のために戯曲を書いたり、演出をした経験があった。現場体験は不十分ながらも、芸術的演劇への志向が高まったこれら文学者が、この時点ではまだ創作をしたことのないグレゴリー夫人を同調者にし、高邁な演劇運動に乗り出したということになる。

さてここで、こうした演劇運動の高まりの意義を把握するために、その時代的背景を考察しておかなければならない。アイルランドにおいては、ケルト復興とナショナリズムが密接不可分に結びついているのが特徴的である。先に引用した「マニフェスト」に明らかに見られるように、イェイツたちの国民劇場を創立する当初の理念は、アイルランドの人々の民族意識を高揚させ、民族文化の伝統を回復させることにあったが、そこにもナショナリズムとの関わりが見られる。アイルランドの歴史はイギリスに植民地化され、支配と抑圧にあえぐ、長い屈従の歴史であったが、世紀の変わり目にあってなお国家としてその歴史のくびきから抜け出せずにいた。イギリスはアイルランドを「遅れた段階の国」との見地に立って支配の手をゆるめようとせずに事を進め、アイルランド人の性情やその文化を蔑視していた。一八五〇年代頃から、民族主義政治家パーネルらによってアイルランドの内政上の自治を獲得するための政治運動が展開されたが、一八九〇年パーネルが失墜して以来、アイルランドは政治的に一種の空白状態に陥り、多くの国民は失望のきわみにいたのである。イェイツ自身、こうしたアイルランドを「面目を失い、品位を落とし、政治のやり方は誠意のない演説、偽りの熱情となり、道徳的危機の中で無用なものとなった」(4)と見ていた。この閉塞状況を切り開くために、アイルランド側としては、政治運動と文化運動が手を結ぶ必要が高まっていったのは当然のなりゆきであったろう。フィニアンの活動、シンフェイン党の結成、イースター蜂起といった政治的な運動・事件は一方のナショナリズムの噴出であり、一八九三年に創設された「ゲーリック・リーグ」(Gaelic League)や「ゲーリック競技協会」(Gaelic Athletic Association)「フェニックス・クラブ」(Phoenix Club)といった各種のケルト復興のための団体・グループの活動はもう一方の、いわば文化面のナショナリズムの表明であった。イェイツたちの国民劇場の目標も「アイルランドに威厳を取り戻し、理想国家としてのヴィジョンを与えること」であったから、ナショナリズムと大いにかかわっていたと見てよい。政治への幻滅が、文化的にアイルランドを建てなおそうとする新たなナショナリズムを生んだとも言える。アイルランドでは政治と文化がたえず相互作用しあって、弁証法的に結果が生じるかのようである。D・G・ボイスは「もし政治的失敗が文化的復活――文芸復興とゲーリック・リーグの創始と発展に見られる復活――を刺激したのであれば、こんどは逆にこうした文化運動が政治の復興、革命的な政治の復興を助長したと言ってもよいだろう。」[5]と、政治と文化の相互作用を指摘する。文化が政治を動かす――アイルランド文芸復興運動は、広い意味での政治運動であったかもしれない。とはいえ、断っておかなければならないが、イェイツたち国民演劇運動の指導者は、その運動が政治目的に利用されることに同じたわけではない。逆に彼らは芸術は純粋に芸術的価値を追求するものと考え、プロパガンダとして利用されることを峻拒した。この姿勢がやがて演劇の提供者である劇作者とその受手である大衆＝観客との間に亀裂を生じさせ、対立感情を引き起こして、有名な劇場騒動の誘因ともなっていく。

こうした国民的ナショナリズムの大きなうねりのなかで、イェイツは演劇の機能をどう見ていたであろうか。イェイツは、演劇が国民を教化するうえで大きな力を発揮することを、もちろん知りすぎるほど知っていた。演劇は感情の激しい表現でもって、役者が観客に直接にうったえ心を動かすことから、芸術のなかで最も強力な芸術であると認識していた。「演劇にはあらゆる国民の詩的な、そして道徳的な文化の精神的な種子と核がある。演劇の持つ全能の支援力が認識され、保証されないうちは、芸術の他のどの分野も真に盛んになることはできないし、国民を啓発する力になりえない。」[6]とイェイツは断言している。劇場の伝播する能力についても、劇場に来た少数の観客が劇作家から感動を受け、その感動を他のひとに伝えれば、やがてそれが大衆全体に広められる、と考えていた。「アイルランド文芸劇場」と題するエッセイのなかで、イェイツは次のように述べている。「想像力のある少数者が多数者に対してその関心事を広めるかもしれない。多数者といえども、熱意に打たれれば、想像力が高まるからである」[7]。政治目的に利用する意図はないにしろ、現実に立ち向かうときの唯一の手段は芸術、あるいは詩であると、イェイツは強く信じていた。公的な立場で大衆を指導しなければならない「詩人」としての使命感を抱いていたのである。

アイルランド演劇運動は、ケルト復興を目指す各領域でのさまざまな団体、協会、グループなどの活動と呼応して盛り上がっていった。なかでも、「ゲーリック・リーグ」のゲール語復活運動は、演劇運動との連携の面でもとくに重要である。「ゲーリック・リーグ」は、周知のように、ダグラス・ハイドとオーン・マクニールらによって一八九三年七月にダブリンで創設されたが、その目的はアイルランドで話されるゲール語（アイルランド語）を生きた言語として復活させることであった。ゲール語は民族的連帯の基礎になる言語で、アイルランド人の民族としてのアイデンティティを保持するために、それを必要とし望むかぎり、絶対に失ってはならないものである。ところが、イギリスの支配下で、すでに一八世紀にはゲール語を話す人口はアイルランドで減少しており、一九世紀後半、とくに大飢饉以後は激減し、民族語の絶滅を予期させる危機的状況にあった。言うまでもなく、官公庁が英語を公用語にしたこと、多くのゲール語の話し手が海外に移民として流出したこと、親が自分の子供に将来のことを考え英語の習得をさせようとしたことなどが、減少の理由にあげられようが、要はイギリスによる長期にわたる植民地支配の結果、英語が支配言語となり、ケルト語を圧してきたということになる。すでに一八七六年に「アイルランド語保存協会」、また、一八八〇年には「ゲール語連合」が、それぞれ「ゲーリック・リーグ」に先行する団体として結成されてはいたが、ハイドらは、イギリス化を排するため、復活運動をより強化し、永続的にできるよう本格的な組織をつくったのである。

ハイドは一八九二年十一月、国民文学協会の会長に就任したとき、「アイルランドを非イギリス化する必要について」と題する有名な演説をし、アイルランドの言語と文化にあるすべてを保存し、復活させることを主張するとともに、イギリスの風習や習慣の見境ないものまねを排撃すべきことを説いたのは、反イギリス文化への姿勢を貫くための精神的支柱になったはずである。アイルランドのケルト復興は衰退していく言語の復興にとどまらず、文学（演劇を含めて）、歌、踊り、スポーツなどゲール文化全体を再生する動きになるが、それはアイルランド人の〈思考〉そのものを改革する動きというべきものであった。(8)

ここで具体的に、演劇にかかわる文学の領域に限って見てみれば、一八七〇—八〇年代に不活発だったゲール語研究、ゲール語から英語への翻訳、ゲール文化を題材にした作品の発表が活発になる。例えば、スタンディッシュ・ヘイズ・オグレイディは『ゲール詞華集』（一八九五年）と『アイルランド文学史』（一八九九年）を、ハイドは『初期ゲール文学の話』（一八九七年）をそれぞれ英語で刊行している。他にディヴィス、ダフィ、マンガン、ウォルシュ、コールマン、ミッチェル、ファーガスンといった文学者がゲール語からの翻訳やゲール文化をテーマにしたものを発表している。こうした活発な文学活動があってイェイツたちの演劇運動も、かの「マニフェスト」にうたわれた「ケルト・アイルランドの劇を上演したい」という夢をアッピールすることができたのである。

アイルランドの文化には他の文化にはない独特の美や価値がある、あるいは、イギリスやヨーロッパではすでに失われてしまった（失われつつある）ものがまだ残っている、と復活運動に携わった人々は信じていた。それは一概に、平均化して論じることはできないことであるが、一応イギリスが科学思想、合理思考、物質主義、俗物根性といったものを特徴とする文化であるとすれば、アイルランドはそれと対照的な自然崇拝、感性尊重、精神主義、純粋性などを本質とした文化を基本にしているとまとめることも可能であり、ケルト復興はまさに前者の「功利主義」と後者の「ロマン主義」の対立の図式でとらえられる運動であった。「産業主義的なるもの」への、「農本主義的なるもの」の反抗と言い換えてもよいであろう。D・G・ボイスは、アイルランドに残る美質は「（イギリスの）独占、精神的貧困、そして俗悪さのない、（アイルランドの）前実利主義の、前近代的世界」の価値であると言う。(9)アイルランド演劇運動の指導者たちはこのアイルランド的美質を劇作品化していくしか自らの芸術的使命を果たすことができなかった。

イェイツはケルト精神の美的価値を認識するのに、イギリスの詩人・批評家マシュー・アーノルドの考えを引き継いでいると見なされている。アーノルドは一八六七年に『ケルト文学の研究』を刊行、それまで差別と偏見のために振り返られることのなかった「ケルト文学」を積極的に評価した。エルネスト・ルナンの『ケルト民族の詩について』はすでに一八五四年は刊行されていた。アーノルドのケルト理解はまだ不十分で、しかもイギリス側に立った偏りのある視座からのものではあったが、彼はルナンよりさらにこまかく考察し、ケルト文学の特徴を①文体に対する天分　②自然の魔術　③ケルト的憂欝　の三つにまとめ、ケルト文学の想像力は「事実の専制に対する熱烈な、激しい、不屈の反動」であると論じた。このルナンやアーノルドの論考はケルト文化圏の国々で古い時代の文学に関心を呼び起こし、アイルランドでは、スタンディッシュ・ヘイズ・オグレイディやP・W・ジョイスらが古い物語や文化を紹介し始めた。イェイツのエッセイ「文学におけるケルト的要素」はアーノルドの影響を色濃くにじませたものであるが、彼はそのなかで次のように述べる。

> 今や伝説の新しい泉、思うに、ヨーロッパのほかのどれよりももっと豊かな泉、つまり、ゲール文化の伝説の泉が湧きだしてきている。（略）「ケルトの運動」は、私の理解するかぎり、主としてこの泉の涌出のもたらすものである。そしてこの泉がきたる時代にとってどれほど重要なものになるのか、だれにもはかり知ることができない。というのは、伝説のすべての新しい泉は、この世の想像力にとって、新しい陶酔をもたらすものだからである。(10)

イェイツは同じエッセイの中でさらに、文学は古代の情熱と信仰にたえずあふれているのでなければ、事実の単なる羅列、情熱のない空想、愛着のない瞑想になってしまう、と述べ、ケルト民族が古くからヨーロッパで最も古代の情熱と信仰の泉を持った民族であると主張している。そしてアーノルドの語句を引用しながら、ケルト民族はヨーロッパ芸術に何度も「過度の」「強烈な精神」を吹き込んだと強調するのである。イェイツの心の中で、情熱的で美的な、あるいは悲劇的なケルト神話・伝説の主人公たち――デアドラ、クーフリン、エマー、ディアミッドとグラーニャ、アシーンなど――が、想像力の翼にのって飛翔しているのがこのエッセイからはっきり読み取れる。

二　演劇改革の動き

イェイツたちの「アイルランド文芸劇場」の設立は、一九世紀から二〇世紀にかけてヨーロッパを中心に広がった演劇の改革運動とのかかわりというコンテキストでとらえられなければならない。それは近代演劇から現代演劇への移行期にあたり、複雑で微妙な解釈を要求する。しかも、アイルランドの場合は、すでに述べたように、イギリスから分離・独立しようとする民族主義運動が高まった時期と重なっており、演劇運動は政治による影響を大きく受けた。この時期のアイルランド演劇状況をイギリス演劇と関連させて瞥見しておこう。

一九世紀末に国民的、文化的な再起への願望を背景に、新しい演劇運動がアイルランドで起こったのは、それまでアイルランドに真の芸術的価値を追求する、現代的な意味での演劇、あるいは劇場が存在しなかったからにほかならない。アイルランドがそれまで演劇に貢献したのは、劇作家や役者の形で、ほとんどイングランドのためのものだった。例を挙げれば、ウィリアム・コングリーヴ、ジョージ・ファークァー、オリヴァー・ゴールドスミス、リチャード・シェリダン、オスカー・ワイルド、バーナード・ショーなどイギリスで活躍した著名な劇作家たちはみなアイルランド人であった。彼らは「すべての国の首都」とも言われるロンドンで、英語を用いて作家活動をし、イギリスの演劇文化のためにつくした。しかし、これらアイルランド出身の作家たちはアイルランドの問題と真っ正面から取り組み、作品化することはしなかった。アイルランドに最初にできたイギリスの劇場は一五七六年のことであった。一五九六年には最初の屋根のある劇場が建てられたが、ろうそくで照明したという。本格的な劇場がダブリンに建てられたのは一六三七年で、イギリスから移住した支配階級の人々の娯楽のためのものであった。しかし、アイルランドでは（スコットランド、ウェールズでもそうであったが）、二〇世紀の始まるまで演劇はほとんど発達しなかった。その理由として、(1)ストーリーテリングというゲール文化を引きずっているのでとくに芝居を必要としなかったこと　(2)政治や生活の問題に追われ、演劇に関心を持つ余裕がなかったこと　(3)宗教的に禁欲的で、劇を排除する面があったこと　(4)新しい演劇を支えるギルド的気質がアイルランド人にあわなかったこと　(5)演劇（劇場）が都市性を持ち、集団としての観客を必要とする傾向のある芸術であること　(6)演劇を提供する人、それを享受する人が生粋のアイルランド人でないことへの反感、などを挙げることができるであろう。これらの理由が複合的に作用して演劇の発達を阻害したであろうが、まとめて言えば、アイルランドでは土地、宗教、自治などのためにたえず、困難な闘いをせざるを得なかったし、また、アイルランドの生活そのものが非常に興奮させる、波乱の多いものだったので、改めて舞台でそれを観る気持ちがおこらなかったということになろう。

アイルランドには民族の遺産として「語りの文化」の伝統があり、詩や物語、音楽などにすぐれた例を豊富に生み出してきた。さまざまな集まりの場でも、対話でも、アイルランド人は雄弁で、饒舌で、機知のある、皮肉まじりの語り方をし、ときには脱線し、脈絡のない、とぼけたような話をする。彼らは思いのまま、自然に語り、とらえようのない話をしているように思われるが、それでいて一つのまとまった感情と意志をみごとに伝える話術を身につけているのである。その言語表現には本来的に演劇的要素が多分にあって、聞き手の心を動かす。アイルランドはまさに「言霊のさきわう国」である。こうしたアイルランド特有の言葉による表現力は、古代ケルト社会の「ドルイド」や「詩人」たちの機能によって高められ、守られ続けた「口承文化」の伝統に培われたもので、多くの詩人や小説家、劇作家などの作品にも大いに見られる。劇作家で言えば、シングの作品のリズミカルで、気の利いた、誇大な、笑いを呼ぶ、そして魔術的なせりふを聞けば、だれしも納得のいくことであろう。同じことが、先に挙げたイギリスに渡ったコングリーヴ以下のアイルランド人劇作家たちにも当てはまる。A・E・マローンはアイルランド人劇作家の作品からみる「アイルランド的性格」についてこう述べる。

対話の完璧さはまったくアイルランド人のものだ。これらの作家たちはみな、アイルランド人の際立った特徴にほかならないあの機知を持っている。彼らは揃いも揃って諷刺家だ。いくぶん不満げな微笑を浮かべながら、イギリスの生活を見ている。彼らのどの喜劇を見ても、諷刺されているのはイギリス人の生活だ。アイルランド人全体の特徴である活発な会話と皮肉な機知以外にアイルランドのものは何もない。(11)

しかし、これだけの伝統があっても、アイルランドに土着の演劇は生まれなかった。ここに演劇運動の指導者たちが、アイルランドの言語表現の様式を生かして自分たちの劇を豊かなものに仕立てようと立ち上がった一つの背景がある。

ワイルドやショーのような、イギリス演劇界で華やかに活躍するスター劇作家を輩出していながら、彼らの祖国アイルランドの演劇は大衆娯楽と堕し、イェイツらからすれば、それはもはや芸術とはいえない代物だった。当時のダブリン市内には「ゲイアティ座」、「クイーンズ座」、「ロイアル座」などがあったが、これらの劇場はそろって人気作家ブーシコーの劇に代表されるメロドラマや、ミュージカル・コメディ、グランド・オペラをもっぱら上演するだけだった。また、アイルランドの各都市にはイギリスからの巡業劇団が訪問し、やはりイギリス仕込みの、代わり映えのしない娯楽劇を上演していた。芸術劇場を標榜するアビー座は、これら既存の娯楽中心の劇場に割り込み、対決をする形で活動を続けたのである。

一九世紀末のアイルランド演劇が、国民劇場の創立者たちになんら確固とした基盤を提供しなかったが、同じようにこの時期のイギリスの演劇も不毛で、ほとんど寄与することがなかった。ロンドンの大方の劇場では、笑劇、茶番劇、感傷的なメロドラマ、オペレッタ、超豪華ショーなどが一般大衆に人気のある出し物であった。商業劇場が繁栄をきわめ、芸術よりは利益を優先する方針で、大衆の好みをリードするというより、その興味に追随するだけであった。劇場支配人が、俳優の契約、戯曲の選択、配役の決定、さらには稽古にまで口出しし、支配しようとしたため、演出家の存在が稀薄になり、結局俳優が演出する（演出家を兼ねる）方式が固まる。それが進み、ロマン主義的な演劇を名優が演じることで客を引き寄せる「スター・システム」が横行することになる。そして、俳優たちが人気に狎れ、わがままになるに及んで、はなはだしくなった演劇の退廃は、「ウェル・メイド・プレイ」（巧みに作られた脚本）の流行でさらにひどくなっていった。一八七八年から一八九九年まで「ライシアム劇場」を支配人として仕切った「名優」ヘンリー・アーヴィングにいたっては、単純なメロドラマをいかにも彼の才能で大げさに演じたばかりか、シェイクスピア劇に勝手な変更を加えて上演しさえした。

アイルランド演劇運動の大きな目的の一つは「ステージ・アイリッシュマン」（舞台上のアイルランド人）を排除することであった。[12] ステージ・アイリッシュマンは一七世紀以降、英語を用いた芝居、さらには小説のなかに登場する、典型化されたアイルランド人で、アイルランドの国民性が誇張されたり、歪曲されて表現されている。それは反アイルランド感情を持つ外国人、特にイギリス人によって原型化されたもので、シェイクスピア、ベン・ジョンソン、デッカー、スモレット、サッカレー、メレディスなど大作家の芝居や小説に現われるが、アイルランド出身のシェリダンやショーなどの作品にも描かれる。ミュージック・ホールの歌や『パンチ』誌の戯画の材料ともなり、一般大衆のなかに根強く定着する運命を辿った。

ステージ・アイリッシュマンは通常「パット」(Pat)、「パディ」(Paddy)、「ティーグ」(Teague) などの一般的な名前で呼ばれ、その職業は物売り、詐欺師、家事従業者、外国軍兵士、などが典型的なものである。植民地支配者のスタンスから、彼は「野蛮な人物」「反逆者」に仕立てられたり、汚名をきせられたりする。彼は多弁で、冗談をとばし、しきりに鋭い叫び声を発し、罵りの言葉を吐く。いばったような歩き方をし、自慢話を好み、ホラを吹く。大のけんか好きで、慢性的に貧乏である。そのうえ大酒飲みである。彼は赤ら顔で、高いフェルト帽をかぶり、オープンシャツを着、袖なしの外套をはおり、半ズボン、ウーステッドの靴下を着用、穴飾りのある短靴をはいて、フォールスタッフよろしく、笑いを呼ぶ喜劇性を持っている。こうした性格のステージ・アイリッシュマンが登場し、「アイルランド訛りの英語」(ハイバーノ・イングリッシュ) でせりふをまくしたてると、それが大変にうけて、やんやの喝采をはくし、劇場の呼び物となった。彼はイギリス人の優越感を満足させるために誇大に歪められた役回りを演じる、とびっきり哀しい役者、それでいて〈商品価値〉の高い存在だった。大衆の好みに迎合して、商業主義に陥ったイギリス、そしてアイルランドの劇場では、世紀の変わり目にさしかかってもまだこのステージ・アイリッシュマンを舞台に登場させ続けていたのである。人気の高かったブーシコーの劇にも、洗練されたステージ・アイリッシュマンが多く登場していた。アイルランド文芸劇場がその設立の趣意書で、アイルランドは「おどけの国」ではないとうたったのは、おとしめられたアイルランド人に自立の精神と威厳を回復しようとする心意気の表明だった。アイルランド人はその民族の誇り、愛国的自意識に目覚め、イギリスでつくられたアイルランド(人)についての偽りの固定観念を打破しようとしていたから、文芸劇場の宣言は時宜をえたものであった(しかし、皮肉にもアイルランドの観客は、ショーやイェイツ、グレゴリー夫人、シングたちの劇にステージ・アイリッシュマン、あるいその変形とみられる表現を感じ取り、上演をめぐる騒動の引き金ともなった)。

一九世紀の末葉は、ノルウェーのイプセンに始まった演劇革新の運動がヨーロッパの各地に広まり、大きな反響を呼び起こした。旧来のウェル・メイド・プレイの横行を拒否し、スター・システムが優位な状況を解消しようと、アンドレ・アントワーヌが、新しい演技と演出が非商業主義的にできることを目標に、一八八七年にパリで「自由劇場」(Théâtre-Libre) を設立したのが大きな起点となった。彼の掲げた表現手法がゾラ流の「自然主義」であったのはもちろんである。これに次いで、ベルリンで、一八八九年にオットー・ブラームによって、「自由舞台」(Freie Bühne Society) が設立された。イギリスでは一八九一年、オランダ出身のヤーコプ・グラインが、イギリス演劇の評判を高めようと、アントワーヌにならって、「独立劇場」(Independent Theatre) を設立した。後にアイルランド演劇運動に参加し、貢献をすることになるムアは、かねてからイギリスの演劇が「ロングラン・システム」のために、その戯曲が常套的で、陳腐になっていることを指摘し、流行作家たちを非難していた。ウイリアム・アーチャーとともに、イギリスにも自由劇場の必要なことをしきりに唱えていたムアは、独立劇場ができると、自ら『アーリングフォードのストライキ』を執筆し、一八九三年に上演、相当の評判を呼んだ。また、この独立劇場ではムアの劇に次いで、一八九四年にイェイツの『心願の国』が上演されていることから、アイルランドの劇作家たちは演劇革新の動きに早くから接していたことが分かる。

イプセンは一八七三年にエドマンド・ゴスによって初めてイギリスに紹介されており、アーチャーも翻訳・紹介し、擁護に尽くしていた。パーシー・フィッツジェラルドやクレメント・スコット、ショーらも演劇批評に筆をふるい、新しい演劇の改革運動に同調した。イプセンの『社会の柱』が初めてゲイアティ座で上演されたのは一八八〇年、『人形の家』は一八八九年であった。しかし、こうした新時代の芸術の潮流に対して、ほとんどの商業劇場はまったく冷淡で、なすところがなかった。頑迷に因習を守り、改革に背を向けたままだった。独立劇場が一八九一年に『幽霊』を上演したとき、イプセンを非難する声がごうごうと起き、グラインは交際を拒まれ、独立劇場は窮地に立たされたという。このことは、イギリス演劇がいかに長きにわたって、抜けがたい停滞と退廃の淵に溺れていたかを示しているかもしれない。アイルランド演劇運動は、こうしたイギリスの固陋なまでに因習的な、旧来のままの演劇に反逆し、それを打破しようとする革新的な企てでもあった。

イェイツはイギリスの、そしてアイルランドでの、芸術的演劇の不毛を嘆き、演劇改革の必要をことさら痛感していた。「劇場の改革」と題したエッセイでイェイツは、「劇場は脚本、せりふ、演技、舞台背景の面で改革が必要だと思う。つまり、現在のままでは、いいところが何ひとつないのだ。」と述べ、さらに次のように続ける。

> われわれは劇場を知的興奮をもたらす場所――ギリシアやイギリス、フランスの劇場によって、その過去の偉大な時期に、精神が解放され、そして現在、スカンディナヴィアで解放されているように、精神の解放される場所にするための戯曲を書くか探すかしなければならない。それを実現するには、自ずから美と真実がいつも正しい価値を持つものであることを知る必要がある。(13)

イェイツがダブリンに創立することを夢見ていたのは、あくまでも知的な刺激をもたらす、芸術本位の劇場であった。彼はスカンディナヴィアの劇場を現代ヨーロッパでは理想劇場に最も近いと考えた。「そこでの上演劇が文学的で、民衆的でもある唯一の劇場」だからである。イプセンの散文劇をイェイツは嫌ってはいたが、ベルゲンにノルウェー国立劇場を設立しようとしたイプセンの果敢な企てを、イェイツ自身ダブリンで繰り返してみようと思っていたであろう。ヒュー・ハントも、パリのアントワーヌ、ロンドンのグラインだけでなく、ノルウェーの例がアイルランド文芸劇場の創立者たちの思考のなかに多くあったことを認めている。機関雑誌『ベルテーン』の創刊号に、編集者としてイェイツは「ノルウェーは現代劇の創作で偉大な成功をおさめたが、それは今アイルランドで進んでいるのと非常によく似た文学運動が源泉となっている。普通の商業演劇よりもっと優れたものを望むいずれの批評家も作家も、ノルウェーにその前例と着想を求めている。」(14)と書いている。ノルウェーへ特別に傾注するのは、ノルウェーという国の歴史的状況が多くの点でアイルランドのそれと類似しているからであろう。たとえば、(1)両国とも前キリスト教時代に豊富な神話・伝説を持っていたこと、(2)強力な隣国に支配され、自国の言語と文化を抑圧されたこと、(3)アイルランド出身の作家がイングランドを舞台に創作活動したように、ノルウェーの作家も一八世紀から一九世紀前半にデンマークを相手に執筆したこと、(4)両国は同じように、農民たちのあいだに多くの力強い民間伝承が残ったことなどが挙げられる。イプセンの天才を引き出したであろう辺境ノルウェーの政治・文化のナショナリズムが、これまた辺境アイルランドのナショナリズムを刺激したのである。

とはいえ、イェイツの理想とする劇場の概念は主にフランス仕込みのものであったと見る方が正確かもしれない。イェイツだけでなく、ムア、シング、フランク・フェイなどアイルランド演劇運動の立役者の多くは、フランス文化・芸術の伝統に恩恵を受け、自らのキャリアを築き上げた。そう言えば、フランスで活躍したアイルランド出身の劇作家にワイルドもいれば、サミュエル・ベケットもいる。ワイルドはフランス語で『サロメ』を書き、自己亡命したダブリン人ベケットはフランス語で発表したり、それをアイルランド英語に翻訳したりした。クリストファ・フィッツサイモンは、アイルランドの劇作家たちにパリとフランス語が及ぼした影響が、ロンドンより大きかったことに注意を促している。(15)

ここでイェイツとフランス演劇との関わりについて少し触れることにしたい。フランスでは、自由劇場のあと、たくさんのしろうと劇団が結成されたが、大方は成功しなかった。一八九〇年代は自由劇場の全盛時代であったが、そのリアリズム演劇は象徴主義の詩人、劇作家から痛烈に非難された。自由劇場に対抗して詩人ポール・フォールが、マラルメ、ヴェルレーヌら象徴派詩人の後押しを受けて「芸術座」を起し、それをリュネ・ポーが主宰するにいたり、芸術的現代劇が幅広く上演されることになった。フランス象徴派の影響を強く受けていたイェイツが、「自由劇場」のリアリズム劇を批判する側にまわったのは当然で、彼は自然主義を「善良なカトリック教徒にルッターから神学を学べと言っているようなもの」とこきおろし、フランスの演出法に凝っていたフランク・フェイに宛てた手紙（一九〇四年八月二六日）では、「アントワーヌの天分は忠実に学ぶがよい。だが、彼の演劇運動のいろいろな欠点はよく教えてやってほしい。芸術は自然を模倣しないから芸術なのだ、それなのに彼は模倣しようとした。文学の伝統に基づいた詩をまったく理解しないのがリアリストだ」[16]と断言しているのは、いかにもイェイツらしい。マラルメやヴェルレーヌら当時のフランス象徴派詩人たちと交わることでイェイツは初期の演劇観を形成しただけに、彼の演技や舞台背景についての考えは象徴派の遺産を受け継いでいると言える。

三　劇作家集団のダイナミズム

アイルランド演劇運動は文学者、あるいは作家たちを主たる指導者として始まった。もちろん、アイルランド演劇の発展する初期段階では、有能な俳優であり、自ら劇団を組織していたフェイ兄弟の指導的役割は大きく、彼らの演劇運動への寄与を過小に評価することはできないにしても、演劇運動の核としてダイナモのようにエネルギーを発し、拡大作用を及ぼし続けたのは、アイルランドを代表するイェイツたち作家であったと言わなければならない。アイルランド文芸劇場の名が象徴的に示すように、演劇運動は当初は「文学的」(literary) なものとして意識されていたのである。この名称が堅苦しいことはイェイツも認識していたが、芸術作品の上演を志すかぎり、それを掲げざるを得なかった。アイルランド文芸劇場がイェイツ、マーティン、グレゴリー夫人、そしてムアの「四頭政治」で始まったことは既に述べたとおりであるが、この四人の連立を成立させる共通の要素には、友情の絆に加え、芸術・文化への理解と献身、「祖国アイルランド」へ威厳を取り戻したい願望、そして揃って「イギリス系アイルランド人」（アングロ・アイリシュ）として連帯感を抱いていたことなどがある。後に同じ基盤に立つシングが加わることになり、一方で去っていく者もでるが、演劇運動全体での作家の重みは増し、一大演劇集団を形成したことになる。こうした四人の〈心意気の結合〉を、アン・サドルマイヤーは、「アイルランド文芸劇場は、着想が国家的であったと同時に、理論が国際的であり、目的が教育的であったと同時に、実践は審美的であった。」[17]と要約して表現する。しかし同時に、この集団には最初から宗教や演劇観、性格などでかみあわない、異質な要素が存在し、それが複雑に絡まりあって、集団内での対立や葛藤、離反を引き起こすことになった。それぞれ強烈な個性の持ち主が「危険な連立」を組んで演劇運動に参加したが、それが当時のアイルランドで、しかも彼らでなければできなかったであろう、というところに歴史的意味があるのかもしれない。

グレゴリー夫人はプロテスタントの土地持ちであった。マーティンとムアも土地持ちであったが、二人ともカトリック教徒で、マーティンが非常に敬虔であったのに対し、ムアは見るからに信仰心は薄かった。マーティンはゴールウェイでグレゴリー夫人の隣人で、ムアはメイオーに土地があった。イェイツはスライゴーで暮らしたことがあり、西部とかかわりがあったが、プロテスタントで、土地所有者の階級には属していなかった。マーティンは熱心なナショナリストでイギリスからの独立を強く望んでいたが、ムア、グレゴリー夫人、イェイツの三人はむしろイギリスとの連携を認める考えであった。文芸劇場発足当時、ムア、イェイツ、マーティンはすでにそれぞれの目標に向かって文学活動を続けていたが、グレゴリー夫人は創作は未経験であった。イェイツが象徴派の影響で、ロマン主義者であったのに対し、ムアとマーティンはリアリストで、ことにムアは自然主義小説家として名声を高めていた。イプセンの劇についても、マーティンとムアは信奉者であったが、イェイツはイプセンの才能を認めつつも、反イプセンの姿勢を明確にしていた。

いま少し詳しく創立者四人の演劇への理想とその実践の足跡を検討しておこう。演劇運動の中心にいたイェイツは、アイルランド文芸劇場を創立する以前からすでに演劇活動をし、一八九四年三月にロンドンで『心願の国』を六週間にわたって上演するなど、はなばなしいデビューを飾っていた。この劇は、洗礼者聖ヨハネの祝日の前夜、妖精の歌声に誘われ、若い花嫁が常若の国、ティール・ナ・ノーグを憧れて、家出するという筋で、アイルランドの民話をそのまま材にした「ケルトの薄明」の世界をいかにも象徴的に示す詩劇であった。この時期のイェイツは、フランスの象徴派たちの影響をまともに受けた「最後のロマン派詩人」らしく、想像力豊かな、現実ばなれした、幽玄の詩風を尊んでおり、それは同時期の本来の詩作品はもちろん、一九〇〇年一二月出版の詩劇『影の海』にも色濃く出ている。イェイツは「詩劇」の伝統に立脚して創作することに確固とした信念を持っていた。詩人として文学的スタートをきったイェイツとしては当然のことかもしれないが、彼は、詩人T・S・エリオットと同じように、詩と劇の本質的一致を願っていた。エリオットの考えていた詩劇は、「近代劇によって確立されたリアリズムが、行くところまで行きついて、壁につき当たってしまった、いわゆる糞リアリズムの壁を回避せんがための、消極的な逃避的方便でもなければ、韻律による単なる装飾的音楽美の効果を目指すものでもない。詩と劇の完全な一致、両者の密接不離な相関関係」(18)であったと言われる。エリオットもイェイツも、「ものまね」を演劇の第一義とするリアリズム劇には反対であった。詩劇の作家たちは、劇的状況が最高度の緊張点に達したときは、詩が自然な表現となる、と信じていたのである。その意味で、詩と劇の分離しないシェイクスピアの劇は、彼らにとってあまりにも偉大な理想の劇であった。D・R・クラークはその著『W・B・

イェイツと荒廃した現実の演劇』の書き出しを「劇はその至高の主題、人間行為の最も豊かな、最も凝縮した表現に近づくと、詩の言語を用いる傾向がある」[19]という表現で始める。続いて彼は「人々がその人生観を科学と商業から得た時代は、リアリズムと自然主義の劇を生みだしたが、それは事実の力はあっても、伝統的な詩劇の持つ想像力の強さと豊かさに欠ける。（略）イプセンは、このリアリズム系統の劇作家としては最も偉大であるが、シェイクスピアやソフォクレスと並べてみると、矮小になる」[20]と断言する。この矮小化は、クラークによれば、単にイプセンの才能の問題ではなく、リアリズムの表現方法が本質的にかかえる限界性にもよる結果である、という。これはほとんどイェイツの代弁に近い考えである。

たしかにイェイツはこの「リアリズム劇の欠陥」を早くから見抜き、それを批判する立場を明確にした。一九〇四年の一二月、イプセンの『幽霊』の上演を見たあと、登場人物たちを「等身大以下」と感じ、「泣き言をいう小さな操り人形」と評している。リアリズム劇は劇的感動とか、印象とか、美的構成とかの代わりに、作者の科学的、客観的観察による、事実への限りない接近を志すあまり、俳優の演技も、舞台背景も、「ほんものそっくり」であって「ほんものでない」という、ある種の矛盾に陥っていた。作家の主張は明らかでも、想像力の飛翔が少ない分、劇表現は深みに欠け、退屈になる。イェイツはこうしたイプセン的な社会問題を扱ったリアリズム劇は長くは続かないことを予見し、あくまで想像的な、詩的演劇を舞台に復活することを意図した。一八九七年一月にイェイツがパリからフィオナ・マクラウドに宛てて書いた手紙の一節は、彼のそうした演劇観を吐露したものである。

詩的な、または伝説的な劇についての私自身の考えは、現実的な、手のこんだ舞台装置ではなく、象徴的、装飾的なものでなければいけないということです。たとえば、森は様式化された森で表わすべきで、森の絵で表わされてはいないのです。舞台はもとの台本をそのまま再現したものではなく、単に伴奏となるように考案されなければなりません。このような手法はまた、かなり安上がりで、しかも、まったく新しい趣向であるという利点をも持っています。それと同様に、演技も、劇のなかでは、普通の現実のものと違ったものでなければいけません。[21]

舞台を現実そのままに「ほんとうらしく」見せることをやめ、想像的な「演劇性」に充ちたものにしようとイェイツが主張した背景には、この時期、イェイツがオカルティズム研究に没頭し、神秘的な、儀式的な表現にこだわっていた事情があった。文芸劇場の設立にもイェイツのオカルティズムへの関心が投影されていたのは疑いない。リチャード・エルマンは、「イェイツの神秘的結社を創立する企てとアイルランドに劇場を創立する企てはほぼ同時期に起こった。そしてその同時進行は意味深い。オカルティズム、あるいは、より一般的な表現を用いれば、心霊的な観念は、イェイツの初期のあらゆる戯曲と、国民劇場の理想についての考えのもとになっている。[22]」と指摘している。テレンス・ブラウンも、「魔術がイェイツが実際の劇場への展望を築くのに一役果たした」ことを認めいる。[23]このように超自然世界に〈真実〉を求めていたことから、イェイツとしては、日常的な現実に目を向けるだけに見えたリアリズム演劇には、否定的見解をとらざるをえなかった。彼はイプセンの果たした偉大な功績を認めなかったというのではないが、反イプセン主義者としてはっきり意見を言い、行動でもって示した。

マーティンとムアの二人がイェイツの反イプセン的言動に対抗姿勢をとったのは、二人の文学キャリアからして避けられないことであった。マーティンは、ヨーロッパ近代劇に精通しており、名だたるイプセンの心酔者であった。そのことを承知で演劇運動の理想実現のためにマーティンと手を組んだイェイツには、それなりの覚悟と計算があったと思われる。イギリス演劇に対抗し、アイルランドの伝統を回復させようとするイェイツたちの呼びかけは、アイルランド人としてのマーティンにとって、まったく共鳴できるものであり、また、運動へ協力することによって劇作家として活動する場を確保できる可能性は魅力あることであった。ゲール語をよく話した彼は、できればアイルランド文化のためにゲール語で作品を書きたい思いすらあった。演劇への思いは確固としていたが、組織にとっては危ういところがあり、文芸劇場が設立されて早々、イェイツの『キャスリーン伯爵夫人』の宗教的内容に悩んだ彼は、劇場への資金援助を撤回すると言っておびやかし、一悶着を起こした。彼自身の戯曲、『ヒースの原野』はムアの助言で執筆されたが、一八九九年の第一回公演でイェイツの戯曲とともに上演され、好評を得た。この劇は、アイルランド西部のヒースの生い茂る原野で、開墾に野望を燃やす地主があまりに実際的な妻によって狂気に追いやられるストーリーで、イプセンの影響が明らかであったが、イェイツは力強い作品であると評価した。翌年上演した『メイヴ』は、アイルランド西部で暮らす、伝説のメイヴと同じ名の夢想的な娘メイヴの結婚をめぐる民俗劇で、彼女は金持ちのイギリスの青年を拒み、対照的なアイルランド青年を選ぶ。イェイツと手を携えたマーティンが、運動の理念にそって、イギリスの物質主義を否定し、アイルランドの精神主義を奉じていたことがわかる。これら二作の成功のあと仕上げた第三作『ある町の物語』は、出来ばえがイェイツたちに不満であったことから、イェイツも協力してムアが改作し、『枝のたわみ』と題して上演された。ムアが書いたため、それはアイルランドの現代政治に対する風刺劇となったが、アイルランドにおけるリアリズム劇派の草分けとなったという歴史的重要性を持っている。しかし、ムアの改作が当を得たものに仕上がったとも言えず、原作者マーティンは無念の思いを抱いたにちがいない。彼の戯曲は、写実を心がけながらも、理想やヴィジョンに流されることが多く、そのため登場人物の性格描写があいまいになり、しかも会話表現はうまくなかった。マーティンは根本的に、ケルトの薄明のロマン主義的なイェイツの詩劇や農民劇を嫌い、イェイツの指導する演劇運動には同調できなかったため、結局、アイルランド文芸劇場から離反していく。

マーティン以上にイェイツとありそうもない「連盟」を組んだのはムアである。ムアは、すでに述べたように、アイルランド文芸劇場に加わる以前に、ロンドンで劇評家、作家、演出家としての経験があった。イギリス演劇の腐敗・堕落を声高に批判して、演劇改革の先頭に立っていた。メロドラマ作者のG・R・シムズを批判し、演劇の「独創性」をめぐって論議をかもしたこともあった。その意味では、彼はアイルランド文化のためにイェイツと一線に並んで演劇運動に献身してもおかしくはない。だが、ムアは若くしてフランスに渡り、エミール・ゾラを師匠に自然主義の作家として活躍しており、ことに一八九四年に刊行した小説『エスター・ウォーターズ』は、社会における女性の弱さを鋭い意識で描いた記念碑的傑作で、それによって彼は高い名声を確立していた。イェイツとマーティンは劇場の経験が不足していたため、文芸劇場の将来を考え、独立劇場での演出体験があった「権威者」ムアに協力を求めたのは当然であったが、イェイツとムアを並べて考えてみれば、まことに奇妙な取り合せであった。ムアは文芸劇場の〈広告塔〉になった。

ムアが演劇運動のためにイギリスを去ってアイルランドに渡ったのは、ムア自身の主張によれば、ボーア戦争に嫌気がさしたからだが、実際は作家としての方向転換が必要だった可能性がある。ムアのアイルランド文芸劇場への貢献の一つは、イェイツと合作で『ディアミッドとグラーニャ』を一九〇一年の第三回公演で上演したことである。この合作はまれにみる特異な執筆方法で完成した。「デアドラ」と並んで最も有名な恋愛物語であるこの「ディアミッドとグラーニャ」のテーマは、最初イェイツの心に浮かんだ。だが、古い文献と口承で伝えられるグラーニャの動機がはっきりしないため、この素材は扱いにくいものであった。イェイツはムアに協力を頼み、共同で執筆したが、二つの大きな個性が衝突し、仕事は困難をきわめた。グラーニャの話す言葉をめぐって激しい議論が続き、調停役のグレゴリー夫人も手に負えないほどの対立があったらしい。イェイツは田舎言葉を用いることを主張し、ムアは聖書的な言葉を使うべきだと譲らなかったという。一時は、まずムアがフランス語で書き、そのフランス語を英語にグレゴリー夫人が翻訳し、その英語をさらにT・オドノヒューがアイルランド語に訳し、それをグレゴリー夫人がまた英語に訳して、最後にイェイツが目を通してまとめる、という提案がなされた。[24] ともかく文学理念を異にする二人の文学者は、激しい衝突をしながらも、合作をし終えた。しかし、ムアが「文学的狂気」と呼んだこの合作の手法は失敗した。イェイツの伝説や英雄志向の劇にほとんど辛抱できなかったムアは、持ち前の気まぐれな、威勢のいい、無分別な性格もあって、イェイツたちの演劇運動から手を引く結果となった。

イェイツの最も信頼できる協力者で、終生の友人であったグレゴリー夫人は、マーティンやムア以上にアングロ・アイリッシュの立場を鋭く意識し、自ら創作活動をしながら、アイルランドの演劇活動に寄与した。古い植民地の貴族階級の一員として、彼女は劇場の内外で起こった難題を円滑に処理できた。アイルランド文芸劇場創立以後、ダブリン城当局と劇場運営や上演劇承認などをめぐる問題で交渉を成功させたのは、彼女の力があずかって大きい。五〇歳を過ぎてからの作家活動の開始であったが、アビー座で上演された三〇以上の戯曲に加え、モリエールその他のフランス作家の戯曲を英語に翻訳・脚色するなどめざましい活動をした。彼女の最初の戯曲『二十五』は、一九〇三年にイェイツの『砂時計』とともに上演された。翌年一二月のアビー座の旗揚げ公演では、伝説の英雄クーフリンの息子殺しを扱ったイェイツの悲劇『バーリャの浜辺で』と、彼女の一幕もの喜劇『噂のひろまり』があわせて上演された。グレゴリー夫人は喜劇精神にあふれる戯曲を多く書いたが、それは、アビー座の上演する劇の多くが詩劇や悲劇であったので、それと対照的な笑いを呼ぶ現実の場面や人物で観客の心理を中和しようとしたのであった。彼女の喜劇がイェイツ劇の添え物であったわけではない。グレゴリー夫人の喜劇の多くは、彼女のよく知っている田舎、キルタータン地方の人々の生活や人物、言葉を活写したもので、まさに「キルタータンのモリエール」的眼でとらえられている。キルタータン方言（キルタータン英語）は一七世紀にイングランドで話された英語の名残をとどめるもので、その独特の構文と慣用法は、「アイルランド的なもの」を表現するのにうってつけの魅力を持つものとして、イェイツは高く評価した。彼女はまた、アイルランドの民俗史を扱った戯曲も執筆し、過去への執着ぶりを見せた。イェイツのアイルランドの古代を扱った劇の多くは、その題材を、グレゴリー夫人が初期アイルランドの叙事詩を翻訳した『メルズヴナのクーフリン』と『神々と戦士たち』から採っている。

アイルランド文芸劇場の創立者四人がみなコノート地方にかかわっていることの意味の重大さが批評家によってよく指摘される。繰り返すことになるが、ムアはメイオー州に生まれ育ち、グレゴリー夫人とマーティンはゴールウェイ州で生まれ育ち、イェイツはスライゴーで子供時代の何年かを過ごした。後に演劇運動に加わるシングもここで考慮に入れれば、彼はウィックローに育ったが、アラン諸島（とりわけイニシュマーン島）にしきりに出かけ、西部と深くかかわった。彼らはアイルランドのために貢献したが、純粋なアイルランド人ではなく、アングロ・アイリッシュであったことが問題である。彼らはゲール文化の西部を愛しつつ、ヨーロッパ文化・世界文学に関心を寄せ、その背景をよく理解したがゆえに、アイルランドの持つ古来の文化の豊穣さに気づくことができた。決して土着のアイルランド人でなかった、そしてアイルランドの外に目を向け、距離をおいてアイルランドをみることができたがために、かえって自らを育んだ文化を深く感じとれたかもしれない。自然のままの辺境の地に残る独自な言語表現、ケルトの過去を伝える神話・物語の豊かさ……。アイルランドをこのようにとらえるだけでは、一面的、外面的で、その本質、実体を把握したことにならないおそれはあるが、イェイツたちアングロ・アイリッシュの作家たちを引きつけたのがケルト的伝統文化であったのは間違いない。

アイルランドの劇作家たちにとって有利だったのは、共通に所有している〈神話〉があったことである。キリスト教が入ってきた五世紀以前、「エリン」と呼ばれていた頃から伝えられた膨大な数の「ケルト神話・伝説」

は、中世を通じて修道僧たちによって文字化され、今に残ることになった。ケルト復興運動を契機に、そうした古くからの伝説や物語が現代英語に移され、広められたが、演劇運動の担い手たちはこぞってその伝説や民話を題材にして創作した。たとえば、「デアドラ」の伝説については、一九〇二年、一九〇六年、一九一〇年の三回、それぞれAE（ジョージ・ラッセル）、イェイツ、シングによって執筆された『デアドラ』が上演されている。「デアドラ」の扱いは作品それぞれで異なるが、新しいアイルランドの精神を形成しようとする国民意識が高揚した時期に、このように英雄神話に題材を求めて作家たちの〈競作〉が見られたのはアイルランドらしい現象であった。このようにアイルランド演劇運動の作家たちを（シングも含めて）集団的に「ケルト復興」のための活動に導いた「精神的境位」は何だったのだろうか。このことを理解するために、彼らのアイデンティティ、アイルランドにおいてのアングロ・アイリッシュの意識を掘り起こしておきたい。イングランドから植民地アイルランドに移住してきて定着した人々とその子孫は、一八、一九世紀を通じて、富裕な土地持ちのエリートとなり、カトリックを排除し、アイルランドの政治、経済、文化など全般にわたって支配した。のちにプロテスタントの特権階級としての意識を持つ、いわゆる「アセンダンシー」（Ascendancy）を確立し、力を揮った。だが、アイルランドに生まれた土着のアイルランド人がゲール語を話し、カトリック信仰を持っているのに対し、少数派の支配階級である彼らは、父祖の地の英語を話し、プロテスタントであったから、そこには当然はげしい対立の構図が生まれた。アイルランドにあっては、彼らはプロテスタントの誇りからカトリック系住民にたいして優越感を抱いていたが、アイルランドに無知なイギリス人からは、植民地のアイルランド人として差別的に見られ、劣等意識をも抱かざるを得なかった。そこから彼らはイギリス人に対し、アイルランド人としての意識で立ち向かうことになる。一方においてアイルランド人としての民族意識が高まったが、もう一方ではカトリックのアイルランド人とは融和することができず、分裂した民族意識のジレンマ状態に陥ったのである。それは一種の「アイデンティティ・クライシス」にほかならなかった。

一九世紀はアイルランドのカトリック教徒が、徐々に、しかし止めがたい勢いで、台頭し、プロテスタントが大きく後退した時代であった。カトリック教徒の社会的地位は向上し、経済的状況は改善され、政治的権利は拡大した。カトリック教徒の商人、法律家、事務員、学校教師などの社会進出がめだって増え、カトリック教会の信頼と権威が高まった。(25)このカトリックの勃興はプロテスタント・アセンダンシーを揺るがし、崩壊させる一種の「革命」ともいえる歴史の推移で、プロテスタントにとってはたしかに逃れがたい脅威となった。ジョージ・ラッセルは、イェイツへの手紙のなかで、「絶望」を訴えた——「アングロ・アイリッシュは最高のアイルランド人だったが、私の見るところ、いまや彼らにほとんど未来はない。いまの時代は、だんだん優勢になってきた、少し気のふれたゲール王国の連中のものだから。」(26)イェイツをはじめとするアイルランド文芸劇場の創立者たちもアングロ・アイリッシュのプロテスタント(マーティンはカトリックであったが)として、こうしたアイルランドの歴史の地殻変動に相当の心理的圧迫を感じたことは疑いない。A・D・F・マクレーは、アイルランド文芸復興とアングロ・アイリッシュの精神境位とを関連づけてこう分析する。

一九世紀末になって、変化の勢いがアイルランドの俊敏な人々に明らかになってきたとき、アセンダンシーの子孫たちがいわゆる「アイルランド・ルネサンス」を指導したのは、アイルランドに起こるどんな変化をも切り抜けられるように、アセンダンシーの力を結集しようとした、最後の必死の作戦だったのではないだろうか?(27)

アングロ・アイリッシュは、激動の時代にあって追い落とされるかもしれない不安のあまり、アイルランドを理想化し、それと一体になることで、自らのアイデンティティを確立しようとしたのではなかったか。アイルランド演劇運動の成果も、アングロ・アイリッシュの作家たちが、アイルランド人としてのアイデンティティ探求の過程で、「ケルト」という最もアイルランド的な民族文化の根源に突き当たり、それを素材に彼ら自身の芸術を完成しえたということであったかもしれない。

イェイツは、一九二五年のアイルランド上院で、アングロ・アイリッシュは現代のアイルランド文化に重大な貢献をしたと演説した。たしかに演劇運動だけに限っても、アングロ・アイリッシュなくして成り立たなかったものであろう。いち早く民族の固有の精神文化に着眼し、そこから伝統を回復しようと運動を始めたのは、生粋のアイルランド人ではなく、アングロ・アイリッシュだった。イェイツたち以前にも、アングロ・アイリッシュのなかには、アイルランドを「祖国」とし、アイルランドのために、血筋や宗教、政治を超えて活動した人が多い。そうした活動を促したのは、アングロ・アイリッシュの伝統、あるいは、プロテスタントとしての誇りと自信であったかもしれない。アイルランドのカトリックに比べ、家柄や資産、教育、知識などの面で格段に勝っているという優越した思いが、彼らをアイルランド救済に動かしたはずである。イギリスへの依存と反発、アイルランドでの矜持と孤立というアンビヴァレントな、そして複雑な心理構造にさいなまれながら、アングロ・アイリッシュはその「アイリッシュネス」を強調しなければならなかった。

アイルランド演劇運動の一つの特徴は、「合作」(collaboration) で生まれた作品が多いことである。イェイツの作として一般に知られる『キャスリーン・ニー・フーリハン』はグレゴリー夫人との合作（というより彼女が主に書いた）であったし、イェイツとムアの『枝のたわみ』はマーティンの『ある町の物語』の改作であったから、三者による合作と言うべきである。『ディアミッドとグラーニャ』は前代未聞の合作であった。この他有形無形の「合作」は多い。ユナ・エリス＝ファーマーは、エリザベス朝演劇の職業的合作の戯曲以上に、イェイツたちの合作の方が「芸術的統合の効果」をあげている、と指摘している。[28] こうした共同作業による美的所産をなしえたのは、アングロ・アイリッシュの意識からくる結束によると言うこともできるであろう。

四　アイルランドの俳優たち

アイルランド文芸劇場は、ムアとイェイツが合作した『ディアミッドとグラーニャ』と、ハイドの執筆した『縄ない』をダブリンのゲイァティ座で上演した一九〇一年一〇月でもって、その三年間に及ぶ活動を終えた。しかし、それはもちろん文芸劇場の完全な消滅を意味するのではなく、フェイ兄弟の率いるアマチュア劇団の組織「アイルランド国民演劇団体」と合体し、「アイルランド国民劇場協会」として再生したのである。ユナ・エリス＝ファーマーが言うように、アイルランド文芸劇場の始めた運動を継続するために、イェイツやグレゴリー夫人、AEらすべてがフェイの団体を支援したからである。会長にイェイツ、副会長にはAEとモード・ゴン、ハイドが就任したが、この劇団の主体はフェイ兄弟を中心とする俳優（女優）たちであった。アイルランド国民劇場協会はアビー座に発展していくが、この段階でフェイ兄弟たちが演劇運動に加わったことはアイルランド演劇を大きく変容させることになった。

フェイ兄弟の「アイルランド国民演劇団体」が批評家たちによってあまりに軽く扱われ、イェイツやグレゴリー夫人の役割に重点がおかれて記述されることに異議がでているのは当然である。フェイ兄弟の演劇活躍はアイルランド文芸劇場の設立以前から始まっており、その伝統はそれほど簡単にアイルランド文芸劇場の功績に色あせてしまうものではないからである。アイルランド文芸劇場は三年間に七編の戯曲を上演したが、いずれもイギリスの俳優たちによって演じられた。ところが、フェイ兄弟の方はアイルランド人の俳優たちを訓練し、彼らによる劇の上演を実践していたから、真の意味でアイルランドの国民演劇の発展に寄与していたのである。フェイ兄弟は、だから、アビー座を発足させたのも、文学者たちではなく、自分たち俳優であったと信じて疑わなかった。ウィリアム・フェイは、その回想録『アビー座のフェイ兄弟』のなかで次のように主張している。

《アビー座は、何よりもまず、一つの劇場運動であって、決して文学運動ではなかった。》それは文学者たちの創設したものではなく、俳優たちの創設したものであった。なるほどアビー座は、たくさんの有能な劇作家と、一人の天才的劇作家、J・M・シングを発見した。シングは文学者であったから、他の文学者たちの心にうったえ、彼らから十分すぎる賞賛の言葉を受け取ったが、そのことにだれも異存はない。だが、劇作家は、いわば、付随して生まれてきた現象であった。彼らが発生してくることができた条件を与えたのは、俳優たちの熱意であった。[29]

この記述には俳優たちの果たした役割についての絶対の自信があふれている。これまで多くの劇作家や批評家がフェイ兄弟の実績を再評価しようとしてきた。たとえば、ジョージ・ラッセルは早くも一九一四年にジョン・クィンへの手紙のなかで、グレゴリー夫人の『われらのアイルランドの劇場』の叙述にふれ、「彼女はあまりに自分たちを中心に語りすぎる。フェイ兄弟の評価が低すぎると思う。（略）フェイ兄弟はアイルランの演技教室を始めたことで文句なしに評価されるに値する。彼らがいなかったら、とても実現しなかったろう。」[30]とフェイ兄弟の功績を讃えている。また、アビー座の初期の作家ポードリック・コラムも、フェイ兄弟はアビー座の創設に関して受けるべき評価を十分に受けていないことを認めている。[31]

フェイ兄弟は演劇史上それほど高い名声をいまだに与えられていないかもしれない。しかし、少なくとも、アビー座に、したがってアイルランド演劇運動に与えた影響は少ないものではなかった。フェイ兄弟はイェイツたち劇作家と違って、俳優としての天分と豊富な体験を持ち、根っからの〈舞台人〉であった。兄のフランクは会計事務所の秘書をするかたわら、フランク・イヴリンの芸名で、ダブリンのいくつかの演芸場でメロドラマや寸劇に出演していた。弟のウィリアムは職業は電気技師だったが、アイルランド各地で興行する巡業劇団でしばらく実地体験をしたあと、一八九一年にダブリンで、W・G・オーモンドの芸名で初めて舞台に立った。兄弟はまったく対照的な性格であったが、ともに相手の意見を尊重し、協力し合った。二人は演劇の歴史や最新の動きについてはだれよりも詳しく、ベルゲンのノルウェー国立劇場やパリの自由劇場、ロンドンの独立劇場のこともよく知っていたという。彼らはまた話し方を教える教室も開き、俳優のグループを指導・育成することにも精を出していた。フランクは話し方の研究に真剣に取り組み、厳しい自己訓練を重ね、発声の方法に磨きをかけた。彼の詩の朗読は天下一品で、イェイツもその才能を高く評価し、惚れ込んだ。フランクの明瞭な、響きのよい声の話し方はアビー座の俳優たちに後々まで永らく影響を与えたと考えられている。

一九〇三年フェイ兄弟の劇団がアイルランド文芸劇場と合流したあと、彼らの劇場体験の専門的知識の影響がすぐ見られるようになった。イェイツの『王宮の門』（一九〇四）の劇的構成にイェイツがフェイ兄弟から学んだあとがある、とA・ブラドレーは指摘している。[32] 実際イェイツはこの劇を「シャナハンの役を演じたフランク・フェイと彼の美しい語り口を記念して」フランクに献じている。フェイ兄弟のアイルランド演劇運動への大きな貢献はただ発声の仕方といった技術面だけに限られるものではない。彼らはアイルランドの演劇は、アイルランド人によって書かれた戯曲を、アイルランド語で、アイルランド人俳優によって演じられるべきだとの信条を抱いていた。これはアイルランド文芸劇場の創立者の一人であるマーティンが主張していたことと同じで、アイルランド文芸劇場では実現されていないことであった。

一八九一年のパーネル失脚以後、人々がそのエネルギーを政治から文学やゲール語の復活運動に向けるようになった頃、フェイ兄弟は、当時すでに有名だったモード・ゴンが会長を務める、若い女性たちのための政治・文化の研究団体「エリンの娘たち」(Inginidhe na hEireann) と関わりを持つようになった。ゴンがフェイ兄弟に「活人画」やアイルランド劇の演技指導をするよう依頼したのである。ウィリアムはこの団体の舞台監督に任じられ、その活動に時間の多くをさいた。兄弟はここでの活動を通じて、アイルランドの歴史、言語、音楽、文学などの領域にわたって知識を深め、民族精神を高めていったに違いない。この「エリンの娘たち」の仲間から後年アビー座で大女優として活躍した人々、たとえば、メアリー・クイン、メアリー・ウォーカー、セアラ・オールグッドなどが輩出したことを考えただけで、フェイ兄弟のアイルランド演劇への貢献の大きさが知られる。ポードリック・コラムは「『エリンの娘たち』なくしては、アイルランドの劇場は誕生しなかったろう」[33]とまで言っている。

フェイ兄弟らの夢が実って、アイルランド俳優によるアイルランド語劇が、アイルランドで初めて公認の劇場で上演されたのは、一九〇一年一〇月二一日だった。この日はアイルランド文芸劇場の最後の公演日で、ゲイアティ劇場でムアとイェイツ合作の『ディアミッドとグラーニャ』がフランク・ベンソン卿の率いるイギリス劇団によって上演されたあと、イェイツのシナリオをもとにダグラス・ハイドの執筆したアイルランド語劇『縄ない』が、ウィリアム・フェイ演出で行なわれた。イギリス劇団の上演がかんばしくなかったのに対して、アイルランド語による上演は観客が大興奮して拍手喝采を送った（大方がナショナリストであった)。出演したのは「ゲーリック・リーグ」のキーティン支部（ダブリン）の若いメンバーで、会長のハイド自身も主役の放浪詩人ハンラハンの役を演じた。この劇の演出はムアがする予定であったが、アイルランド語劇で、しかもアイルランド人俳優を演技指導することは無理とわかり、フェイがすることになった。アイルランドの文化の奥深さはただものではないことを思い知らせたことになるが、逆にそれは入り口の狭さをも示すことになった。ハイドの他のアイルランド語による作品、『鋳掛け屋と妖精』(一九〇二）や『結婚』(一九〇二）などは、民話に基づいた気取りのない、にこやかな喜劇であるが、それらが永続して上演される〈アイルランド語劇の夜明け〉は訪れなかった。「ゲーリック・リーグ」は指導者の非政治的姿勢に業をにやし、メンバーの多くが一九一六年の蜂起に加わるなど、極端な政治活動に走ったが、文化運動としては大きな実りがなかったと言えよう。だが、ハイドの劇は、シングなどにも強い影響を与え、後にアビー座の特徴ともなる「農民劇」隆盛への道をひらくことになった。

イェイツの話し方を中心にして、舞台上での俳優の演技を抑え、さらに舞台背景もできるだけ単純にする主義は、ウィリアム・フェイの演出理念と共通するものであった。真実と美を語る演劇は、作家の側にも観客の側にも、美しくて適切な言語に対しての、普通の劇場で見られる以上の強い感情が必要であると、イェイツは考えていた。一九〇三年の『サウン』で、イェイツは次のように説いている。

話し方に主権を回復しようとするなら、せりふを舞台上でのしぐさ以上に大切にしなければならない。（略）俳優は声の抑揚を識別する方法、韻文であれ詩であれ、常に変化する美しい調べで耳を楽しませる音楽的特徴を大事にする方法を学ばなければならない。(34)

一八九四年、イェイツの『心願の国』に出演した女優フローレンス・ファーは、イェイツにとって、理想的な発声をする、個性豊かな演技者であった。彼女の「たぐいまれなリズム感と美しい声、自然な感じのイメージの表現」をイェイツは絶賛してやまなかった。ファーの影響を受けたイェイツは、劇表現において言葉の美しさが及ぼす効果をことさらに強く意識するようになった。

イェイツの指導原理を守り、アビー座は俳優たちの声の良さを生かした劇を上演することを方針とした。一九一一年にグレゴリー夫人も巡業先のアメリカで「私たちの持っている材料は声です。アイルランド人は美しい、リズミカルな声をしています。私たちはそれをもとに価値ある芝居を創ってきました。」[35]と語っている。イェイツの演劇美学は、グレゴリー夫人やシングをはじめ、多くの他の作家たちの戯曲にも結実していったのである。

五　ナショナリズムと芸術の対立

「芸術」を標榜したイェイツたちの演劇運動はアイルランドの人々自体から強い批判を受け、さまざまな苦難を乗り越えなければならなかった。政治と文学の出会う場所は激しく対立した、暴力的な争闘が行なわれる十字路となることがある。舞台の上から大衆（観客）に直接うったえる、いわば公的な力が強い演劇の場合はことに、〈政治〉と〈美学〉の対立があらわになりやすい。アイルランド文芸劇場の創設以後アビー座の初期の時代は、現代アイルランドが誕生するにいたる政治的激動期と重なっていたために、劇の提供者である劇作家たちも、俳優たちも、否応なしに時代のもたらすさまざまな政治的、社会的、そして文化的問題と対峙することを余儀なくされた。だが一方で、劇の受手である観客は、政治の季節に特有の、高調した、集団的な言動に終始したため、双方の対立が、ときには騒動のかたちで展開した。ナショナリズムが本質的に内包する偏りだけではない。新聞や教会のピューリタニズムにとらわれた言説や指導も混乱を引き起こす要因となった。観客が未成熟で、芸術を理解する知的水準が総じて低かったのも不遇なことであった。そしてまた、カトリック中産階級を主とする大方の人々の、アングロ・アイリッシュの指導者たちに対する根深い不信感も大きく作用した。いずれにしても、カトリック主導の民族運動はプロテスタント知識人との間にあつれきを生み、接点を容易に見いだせないまま、演劇運動はまれに見る軌跡をたどったのである。

まず、一八九九年にイェイツの『キャスリーン伯爵夫人』がアイルランド文芸劇場で初演のとき、論争が起こった。シング劇はとりわけ騒動や問題を起こし、一九〇三年に『谷間の蔭』がアビー座で上演されたとき、激しい非難を浴びたのをはじめ、『鋳掛け屋の婚礼』は長い間上演されず、『聖者の泉』は客入りがほとんどなかったという事態が生じた。一九〇七年に『西の国の人気者』がアビー座で上演されたときは、大きな暴動が起こり、アメリカでは訴訟にまで発展した。ノリス・コンネルの『バッグパイプ奏者』がナショナリストたちを怒らせたのはあくる一九〇八年のことであった。だいぶ後になって一九二六年に、オケイシーの『鋤と星』が上演されたときの暴動もアビー座の名を高めた。一連のこうした騒動や事件を経営者たちの機敏さと頑固さでうまく処理しながら、アビー座は芸術劇場の城砦をしたたかに守り、発展してきたと言える。

イェイツの『キャスリーン伯爵夫人』の場合は、その内容が、キャスリーン伯爵夫人がアイルランドの飢えた農民を救うため悪魔に魂を売ったが、彼女は地獄に堕ちなかったという、宗教がらみのものだったため、上演に先立ち「魂を金で売る！　ダブリンでえせケルト劇上演」と題するパンフレットが出回った。ローグ枢機卿らカトリックの指導者やナショナリストの学生たちが「いかなるアイルランド女性も悪魔にその魂を売ることはけっしてしない」と主張し、作者イェイツと作品を「冒瀆的で異端である」と非難した。この劇への訴願状がカトリックの大学で回覧され、告発文が新聞に掲載されたため、イェイツは開幕前夜の観客が暴動を起こすと判断、警官に出動を要請する騒ぎとなった。上演の夜は、グレゴリー夫人の招いた各界の主だった人々もいたが、観客の多くは劇の内容に不満で、反アイルランド的なせりふがあればすぐに騒ぎ立てようと構えているナショナリストたちだった。結局、上演中はヤジや怒号がしきりに飛んだだけで終わったが、この騒動はアイルランドの歴史状況を象徴的に示すものだった。

『キャスリーン伯爵夫人』を寓意劇として創作し、伯爵夫人の行為に象徴的意味をこめたつもりだった、とイェイツは説明した。もし、観客の側に宗教的な固定観念がなく、イェイツの意図を理解し、またアイルランドの神話などに知識があり、演劇を芸術として鑑賞できる余裕と能力があれば、問題にならなかったかもしれない。だが、多くのアイルランド人には、イェイツの劇が現実と映り、感情を害したのである。政治家でジャーナリストであったF・H・オドンネルはパンフレットで次のように非難した。「イェイツ氏が上演する今度の劇のアイルランド・カトリック教に対する驚くべき攻撃はこう説明できるだろう。彼はただ、子供のたわごとのように、自分の頭でありもしない国をつくりあげ、ありもしない聖職者や人々を登場させているだけだ。それらを指してアイルランド的と言うならば、《詩的創造》をしようとするものを実行しているだけだとしても、彼は考えられるかぎり最も侮辱的なことをしているのだ、と。」イェイツは「アイルランド」を創造し、その幻想のアイルランドをもとに活動した、とするオドンネルの非難する口調は、現在イェイツを批判する批評家たちと同じ次元のものに感じられる。

たしかにイェイツには、アイルランドの実体をとらえる視座がないかのように見える。現実のアイルランドの農民の生活や心理からかけ離れ、密着していない。歴史を生き抜いた農民たちへの思いも欠如しているか、あったとしても希薄なものかもしれない。大飢饉の時期、多くの農民たちが宗教団体から出された食糧提供の申し出を断り、餓死していった悲惨な現実があったとされるが、そうだとすれば、イェイツの劇はあまりにも現実感覚を逆撫でするものとなろう。エドワード・ヤングが『アイルランド旅行』（一七八〇）で記したアイルランド農民の貧困きわまる生活ぶり（七〇年後カーライルがその状況が変わっていないことを確認した）を、イェイツが知っていれば、『キャスリーン伯爵夫人』は違った作品になっていたかもしれないという仮定も成り立つ。

だが、イェイツにそうしたナチュラリズムの発想はなかった。逆に事実を超えた象徴の世界、死後の至福に満ちた世界への想像力の飛翔をうたっている。臨終を前にキャスリーンはウーナとアリールに、「二人の顔をよく見ておきたいのです。／燕がさざめく大海原へさまよい出る前に／軒先の巣をよく見つめるように。いつまでも／泣いていてはいけません。たとえ一本のろうそくが消えても／天国の祭壇にはたくさんのろうそくが灯っているのだから。」[36]と言って別れる場面は、芸術的な深い感動を呼び起こさずにはいない。[37]これは一つの「啓示」であり、この精神の離脱の瞬間を観客が理解できなかったのは、イェイツにとって、いや、アイルランドにとって不幸なことであった。ジョイスの『若き日の芸術家の肖像』で、主人公スティーヴンがこの夜の騒ぎを回想するとき、先に引用したキャスリーン伯爵夫人のせりふに、限りない喜びと安らぎをもって感動しているのは、無理解な大勢の観客とまったく対照的な反応であり、その描写にはジョイスの放つアイルランドへの鋭い皮肉が込められている。ジョイスは他の学生たちと違って、イェイツのこの作品の芸術的、普遍的価値を認め、積極的に擁護した。後にジョイスはアイルランド文学復興運動の地域性を批判する姿勢をとるが、この時点では、ナショナリズムに立ち向かい、果敢にもイェイツたちの運動を支援する側に立ったのである。

R・エルマンもイェイツがこの『キャスリーン伯爵夫人』を執筆した時期は、イェイツがオカルティズムに関心が高かったことと、その副題が「奇跡劇」となっていることを述べた後、文芸劇場での「イェイツの本来の意図は、一連の奇跡劇を上演することであって、それによって必ずしもキリスト教のテーマを扱うつもりはなく、不可視の世界の存在をあれこれと示そうとしたのである。」[38]と指摘して、イェイツを擁護する。そのことは早くも一八九〇年にイェイツがキャサリン・タイナンに宛てて書き送った手紙が、タイナンに「奇跡劇」を共同で執筆することを依頼していることから証明できる、とエルマンは言っている。

だが、ここでまた反論がでるかもしれない。エルマンの言うとおり、この戯曲が「奇跡劇」で、不可視の世界を示そうとしているなら、この激動の時代になぜ国民劇場でそうした時代離れした戯曲を上演する必要があるのか、と。すでに一八九八年にジョン・エグリントンが、ダブリンの「デイリー・イクスプレス」紙に載せた記事で、「国民劇場の上演する戯曲の主題は過去の歴史や愛国心を扱うものであってはならない。アイルランドは過去を振り返る愛国心を、未来を展望する愛国心に代えるべきだ。これができない劇場は代表でもなければ、国民的／民族的でもない。」[39]という主旨の論陣を張ったことがある。この論からすれば、イェイツの劇、さらに文芸劇場の方針はまったく認めがたいものとなる。そして同時に、それはアイルランドの〈過去〉に目を向けたイェイツ劇の本質をも突く批判意見であり、現在のイェイツ評価を左右する論点の一つともなっている。いずれにしても、アイルランド演劇運動の行く手は対立含みのまま、多難をきわめることになる。

イェイツがカトリックの信仰心を傷つけたといっても、一方で彼はまた、ナショナリストの立場で『キャスリーン・ニー・フーリハン』を上演して国民的人気を得るなど、観客と完全な対立関係をつくることはしなかった。劇場を運営する立場や劇作家としての揺れからくる曖昧さ、人間関係の知恵などが、彼を深刻な騒動から救った。アイルランドの人々の間に、強烈な非難と怒りを巻き起こしたのは、天才シングの方であった。このアビーに嵐を呼ぶ男――シングを、イェイツは一貫して弁護し、彼の戯曲の芸術的価値を認知させることに力を尽くしたが、それは彼の演劇史への最大の貢献であった。

シングの『谷間の蔭』は、ある老人が自分の妻の不実を突き止めようと死んだふりをしているところへ、気の弱い「恋人」の青年が現れ彼女に求婚するが、彼女は拒絶し、別の放浪者とともに家を出ていく、というストーリーであるが、シングはアイルランドの女性の美徳を非難していると受け取られ、上演では盛んにヤジが飛んだ。さらにこの劇に抗議して、モード・ゴンが国民演劇協会から脱退し、他の有力な俳優たち、ダドリー・ディッジス、メアリー・クィンも同調して劇場を去るという事態に発展した。シングとしては、中世以来アイルランドだけでなく、他の国々にも広く伝わっているポピュラーなプロットを使って、老人と若い女性の結婚、土地への執着、放浪者の語るすばらしい言葉などをユーモアたっぷりに表現したつもりであったが、愛国主義者たちはシングを「不道徳」だとして攻撃するばかりだった。シング劇のなかで最高の傑作とされる『西の国の人気者』は、自分の親を殺してきたと公言する若者が農村で受け入れられ、波乱を巻き起こす悲喜劇であるが、主人公の暴力的行為、村人たちの歪曲された姿はアイルランドのイメージを悪くするとの理由で、観客は暴動を起こした。劇の妨害は一週間続き、毎晩抗議行動する人たちはせりふを騒音で掻き消そうとし、乱闘が数回起こった。警察に逮捕される者もでた。

イェイツは一九〇五年二月にジョン・クィンに宛ててこう書いた——「これからアイルランドで、すべての人が自分の考えで正しく世界を見るようにならないうちは、激しい闘いが起こるだろう。シングがわれわれにとって貴重なのは、問題を起こさずにはいないあの一途な強烈な個性を彼が持っているからである。イプセンの初期の写実劇をめぐって起こったと同じような闘いになるだろう。[40]」さらに同年六月のクィンへの手紙では「観客は気質が何であるか理解できる新しい芸術的教養をまだ十分に深く身につけていない。言ってみれば、シングを天才にしている、彼のなかの芸術的資質が観客を反発させるのだ。［ポードリック・］コラムは欠点があるから好まれる。[41]」と書いている。思えば、シングはスウィフトの同国人である。彼はスウィフト並みに、アイルランド社会の現実を凝視し、そこに潜む一般的な欠陥を遠慮なく描きだそうとさえしている。作家の示した強烈なヴィジョンをめぐって、政治、宗教、芸術について立場の違う観客が過激に反応を示せば、衝突が起こってくるのは目に見えている。後にアビー座の公式の歴史を書いたレノックス・ロビンソンは、「なぜあのような嵐、ハリケーンのような反対を引き起こしたのか理解しがたい。主張は誇張されているのだから、くすくす笑っていればいいことである。[42]」と回顧したが、当時の観客にその余裕はなかった。すぐ身近にすらシング劇に否定的な人がいて、ウィリアム・フェイはシングの辛辣さに苦しみ、グレゴリー夫人は『西の国の人気者』をたえず弁護したものの、内心は嫌っていたことを告白している。

シングの劇は、作者がアイルランドの「現実社会」に揺るぎない鋭い目を向け、深部からその問題性を抉り出しており、しかもそれを独自の誇張された、グロテスクな、笑いを呼ぶ詩的な言語で表現したものである。彼はイェイツと同様、高い芸術家意識を持ち、徹底して芸術的価値の追求を心がけた。演劇は現実を表現し、美的喜びを与えるものである、と彼は基本的に考えていた。「演劇は、交響曲と同じように、何かを教えるものでもなければ、証明するものでもない。」[43]と明言している。シングはフランスで熱心なパーネル支持者で、断続的に社会主義者であったが、イェイツの勧めもあって、アラン諸島をしきりに訪問するようになって、政治への直接的な関心を失ったかに見える。というより、そうした社会意識は持ちながらも、それを芸術的に表現しようとしていたと考えた方が適切かもしれない。シングはトリニティでアイルランド語を学び、さらにソルボンヌでも高名なダルボア・ド・ジュバンヴィル教授のもとでアイルランド語とケルト文明について学んでおり、アイルランドの西部には特別に引きつけられたであろう。ウィックロー山地での生活体験と度重なるアラン諸島への旅によって、彼はアイルランドの深層を覗きえたと思われる。シングはアラン諸島の自然との親和によって自然神秘家となり、島民との気の通った交わりを通じて社会と人間の観察者になったのではなかったろうか。彼は現実に同時代のアイルランド人の直面している問題を知り抜いていたかの感がある。空想的なイェイツと対照的に、シングがアイルランドを現実的に理解することができたのはここに理由があると言えよう。

演劇についてシングは、イェイツのような大部な理論書を著わしてはいないが、確固とした見解を持っていた。

　舞台には現実がなければならないし、同時に喜びがなければならない。それがないからこそ、知的な現代劇が失敗に終ったのであり、またそれがないからこそ人々は、現実のなかの上質で、野性的なものにだけ見出される豊かな喜びに代わって、彼らに与えられてきた喜歌劇のまやかしの喜びに飽きてしまったのだ。[44]

シングにとって演劇は、現実をとらえたものであり、同時にそれを詩的に表現し、観客を感動させるものでなければならなかった。彼がイプセンやゾラを否定するのは、彼らは「喜びの少ない青白い言葉」で現実を表現しているからである。シングは観客の心を高めるためには、劇作家は想像力を駆使して、表面的な現実の背後にある、より深い現実の実相を提示すべきであると考えていた。そのとき想像力を養うのに最も必要とされるのはユーモアであり、それを制限したり、破壊することは危険であるという。シングは「アイルランドの大部分の地域で、鋳掛け屋から司祭にいたるまで、人々は誰でもいまだに、豊かで、愛想のいい、ユーモアのある生活を送り、それにふさわしい人生観を持っている」[45]と述べている。

シングはアイルランドの農民のなかに、アイルランドの英雄時代の詩的想像力の伝統が息づいていると認識していた。彼は、イェイツと同様、スタンディッシュ・ジェイムズ・オグレイディの『アイルランドの歴史』と英雄伝説の翻訳の恩恵を受けたが、同時に、ハイドのアイルランド語にかかわる作品、たとえば、『コナハトの恋愛詩』にも影響され、アイルランド語の美しい表現方法を自らの作品に取り入れた。「あらゆる芸術は合作である。」とシングは書いているが、それは彼の作品がウィックローの峡谷や西部の海岸で聞いた民衆の言葉を取り入れた、いわば〈民衆との合作〉であることの表明である。『谷間の蔭』を執筆したときは、「床の隙間からもれてくる台所の若い手伝い女たちの話し言葉」から助けを得たと告白している。こうした人々の話す英語は単純ではあっても、威厳と律動に充ち、微妙さと不思議さを持っているとシングは考えていた。D・E・S・マックスウェルは、言語学者A・G・ヴァン・ヒンメルの「シングの戯曲の言語は非常にリアリスティックで力強いアイルランド系英語である」という結論と、P・コラムの「シングの対話は民衆の言葉のエネルギーと豊富さの再現である。」という意見を引き合いに出して、シングの劇の民衆性を強調している。[46]シングの用いた言葉は、土地の人たちのものとまったく同じではなく、言語分析によれば、シンタックスに不正確・不都合な点があると指摘されているが、そのことをもってシングの言葉を、その農民像と同じく、悪いイメージを与える〈こしらえ物〉であると批判するのは当を得ていない。シングの偉大さはあくまでも、旧来の使い古された言語でなく、農民たちの詩的な言語を、新しい表現力として劇場に持ち込んだことにあるのだから。シングこそ演劇運動の理念の忠実な実践者だったかもしれない。

アビー座は、騒動はあったものの（あるいはあったおかげで）、シング劇の高い芸術性が広く認められることになり、その地歩を確実なものにしていった。シングの跡を継ぐリアリスト作家たち、コラム、ウィリアム・ボイル、T・C・マレー、レノックス・ロビンソンなどが次々と登場し、演劇運動は一層幅広い、大きなうねりとなって展開したのである。

だが、イェイツその人の劇作活動は、アビーのリアリズム劇路線とは違って、詩的象徴劇の創作に終始したが、そのことは、時代の流れに逆行するかに見られたことはあっても、決してイェイツが苦悩したほど過小に評価されるべきものではなかった。アビー座でのロマン主義的な抒情性に満ちたイェイツ劇は不評で、イェイツは自らの劇に新境地を開く必要があったが、一九一〇年代を境に転機が訪れ、悲劇的なヴィジョンに開眼した実験的劇作家に変貌した。その変貌を促したモメントはいくつかあるが、イギリスの演出家ゴードン・クレイグの演出法と、日本の能劇の影響が、イェイツの〈総合芸術〉としての演劇を探求するうえでことに重要なものであった。クレイグはそれまで低かった演出家の地位を高め、舞台に演出家の思想と自己主張を持ち込んだ人として知られる。彼は演出の創造性を重視し、舞台装置、音楽、身振り、舞踊などを台本と同じように大切なものと考え、実践した。イェイツはクレイグと知り合い、すぐにその色彩の利用、抽象的・象徴的舞台づくり、照明、衣裳、観客の想像力にうったえる演出に刺激を受けた。クレイグは、リアリズム劇は自然の模倣をする、という理由で認めなかった。自然の再現は芸術と本来的に相容れないもので、理想的な演劇は〈啓示〉でなければならないと信じた。この「反リアリズム」の立場からのクレイグの演出は、イェイツの劇作に多くの示唆を与えることになった。クレイグの演劇理論によれば、演劇の構成要素は、動作、言語、線と色彩、律動の四つで、これらは演出家の視点から統一されなければならない、というものであったが、イェイツとしては、そこに〈演劇の拡大化〉、さらに〈総合芸術としての確立〉を夢見る根拠が示されたと認識したかもしれない。イェイツにはワグナーの楽劇に対する憧憬もあったから、クレイグとの接触によって、新しい劇形式への想念・舞台へのヴィジョンが急激に膨らんだはずである。クレイグの舞台デザインは理論的すぎて、実践の現場では役たたずに終わったが、影響関係から見れば、能劇とともにイェイツ劇の実験的な傾向を強めたことはたしかである。

イェイツが能を具体的に知るようになったのは一九一三年のことで、言うまでもなく、アメリカの詩人エズラ・パウンドを通じてであるが、パウンドはアーネスト・フェノロサの遺稿を引き継ぎ、推敲・編集していた。イェイツは能劇の英訳や解説を読んだに過ぎなかったが、それにもかかわらず、劇と詩と舞踊が一体となり、調和のとれた美を現出している能楽という形式に感動したのであった。それまでの詩劇の上演で、一般観客の関心を引かず、挫折感にさいなまれ、新しい劇形式を模索していたイェイツにとって、能楽は彼の理想とする劇の要素を多分に持っていた。能は役者が高雅な衣裳に身を包み、仮面を着用し、動きの少ない様式化された身振りと動作で、洗練された喚起的な言語を用いて劇表現をする。そしてさらに、音曲が伴奏され、ときに舞踊場面がある。代々世襲によって引き継がれてきたこの貴族的演劇の象徴的・儀式的様式美は、イェイツにとって、小劇場で、限られた観客を前に演じられてはじめて、理解されうるものに思われた。ここから彼は、自らの演劇も貴族的なものにし、エリートの観客を対象にしたものを目指すようになる。イェイツが能から影響を受けて書いた『鷹の井戸』、『エマーの唯一の嫉妬』、『枯骨の夢』、『カルヴァリ』の四作品は『四つの舞踊劇』と題してまとめられたが、いずれも〈舞踊〉へのこだわりを示している。イェイツの後期の戯曲の多くは能劇の要素を感じさせる。しかし、イェイツが能から影響を受け、パウンドの方もイェイツに能を紹介した功績を讃えられるが、K・L・グッドウィンは、イェイツは能と出会う以前にすでに、能の要素を持った劇に関心を寄せ、作品のなかに取り入れていることを力説する。(47)

このようにしてイェイツは自らの劇の芸術性を至上のものへと高めていくが、それによって観客との乖離は一層大きくなり、アビー座以外での小劇場での上演も考えた。イェイツ最後の劇作品『クーフリンの死』で、プロローグを述べたてる作者の代理人的な老人は、時代への怒りをぶちまけたあと、「観客は五〇人から一〇〇人くらいおればいい」と言い、観客に対する嫌悪にみちた不信感をあらわにする。それは作者イェイツの貴族主義・権威主義的思考の現れ以外の何ものでもないが、ナショナリストの観客による騒動に苦しんだ胸の内の吐露でもあろう。一部の知的水準の高い理解者は別として、大方がイェイツ劇を受けつけなかったことにイェイツは苛立ち、それが大衆に対する怒り、侮蔑へと拡大していったと解釈される。

イェイツたちが「反ナショナリスティック」であるとする非難から劇場を防衛しなければならなかった時期、イェイツはそうした無理解への〈呪咀〉をこめて詩作品「難事の魅力」を書いている。

ちくしょう、五十とおりにも仕上げなければならない芝居よ、
ならずもの、まぬけどもを相手に闘い、
劇場の業務、使用人の管理に明け暮れた日よ。(48)

イェイツはさらに後年の詩「大衆」で、そうした犠牲的献身に対して、誹謗でしか応えてくれない「この無礼

な町の日常茶飯事の悪意」[49]に憤る。だが、その怒りをそのまま受けとめて、イェイツが劇場から離れ、演劇から手を引こうとしたと解釈するのは間違っている。むしろこの時期は、彼にとって演劇が中心的な仕事になっていた。二〇世紀に入ってからのおよそ一〇年間は、イェイツは大部分の時間を劇場の仕事にささげた。詩作品はほんのわずかしか残していない。一九一七年、能の影響を受けて書かれた『鷹の井戸』の上演にあたってイェイツは、「だが、私には劇場が必要だ。私は劇作家であると信じている。」[50]と書いている。

アビー座が発展するにつれてイェイツは運営的な仕事を少しずつ他人に譲ったが、方針の大事な部分は自らの信念を曲げずに決定し、実権を握っていた。その頑な姿勢のために劇場運営面で対立・葛藤が起こり、一九一〇年に劇場への貢献者ホーニマン女史が資金援助を打ち切って劇場を去る一因ともなった。オケイシーとの訣別、ジョージ・フィッツモーリスとの亀裂などもイェイツのとった姿勢が引き起こしたとも見られる。とはいえ、イェイツは文芸劇場創設以来の理念をあくまでも貫き、劇場の独立、民族文化の再構築のためにたゆみなく、果敢に闘ったのである。

アビー座は、一九〇四年から一九二〇年まで年平均八本のアイルランド劇を上演し、幾多の新しい才能を発見し、育てあげたが、それにはイェイツはもちろん、かれの最大の理解者で協力者であったグレゴリー夫人の功績があったのは言うまでもない。アビー座で名をなし、レパートリー作品を残した作家は枚挙にいとまがないが、シングやグレゴリー夫人を筆頭として、ポードリック・コラム、シェイマス・オケリー、ウイリアム・ボイル、ジョージ・フィッツモーリス、T・C・マレー、レノックス・ロビンソン、W・F・オケイシー、スント・ジョン・アーヴィン、ラザフォード・メイン、そしてショーン・オケイシーらの名がすぐ挙げられる。彼らはアビーのリアリズム劇路線を築き、守って活動した。

イェイツは、象徴劇をきわめようとする方向からそれることなく、というより、いよいよ反リアリズムの構えを明確に、まさに〈孤高の劇作家〉を目指したかに見える。彼はアイルランドの神話・伝説上の英雄クーフリンに執着し、彼について一連の劇作品五編、いわゆる「クーフリン・サイクル」を書いた。『クーフリンの死』はクーフリン・サイクルを完結させる、イェイツ最後の劇であるが、この作品でイェイツは自らの死と英雄クーフリンの死を明らかに重ねあわせている。さらに、アイルランドという国の〈死〉と〈再生〉のテーマをもそれにだぶらせているのも疑いない。A・D・F・マクレーは、「(イェイツが）純粋無垢な戦士クーフリンを統合の英雄、あるいは反英雄として選択したことは、読み手のイェイツにたいするぞんざいなイメージを否定する。（略）クーフリン劇への執着は、ナショナリストの感情と、神話をモデルにしてある連続性をアイルランドの観客に示したい願望から始まった。」[51]と指摘している。イェイツの存在があまりに大きく、彼の動向が国民の思考を左右したがために、イェイツへの風当たりはいまも強い。だが、イェイツは、深いところからアイルランドの未来を憂い、最後までアイルランドという国に〈曇りのない鏡を掲げる〉劇作家であったかもしれない。その意味で、彼はケルト社会の、伝統的「詩人」の役割を現代において果たしたと言える。

（1） Peter Kavanagh, *The Story of the Abbey Theatre*, Devine-Adair, 1950, p. 4.
（2） Lady Gregory, *Our Irish Theatre*, G.P. Putnum's Sons, 1914, pp. 8–9.
（3） Alan Wade (ed.), *The Letters of W.B. Yeats*, Rupert Hart-Davis, 1954, p. 279.
（4） Robin Skelton & David R. Clark (eds.), *Irish Renaissance*, Dolmen Press, 1965, p. 16.
（5） D.G. Boyce (ed.), *The Revolution in Ireland*, 1879–1923, Macmillan, pp. 115–116.
（6） Cited by James M. Flannery, *W.B. Yeats and the Idea of a Theatre*, *Yale U.P.*, 1976, p. 105.
（7） W.B. Yeats, *Uncollected Prose*, Vol.II. Macmillan, 1975, p. 163.

(8) Jeanne Sheehy, *The Rediscovery of Ireland's Past : the Celtic Revival 1830-1930*, Thames & Hudson, 1980, p. 98.

(9) D.G. Boyce (ed.), *op. ct*., p. 117.

(10) W.B. Yeats, *Essays and Introductions*, Macmillan, 1971, pp. 186-187.

(11) Cited by D.E.S. Maxwell, *A Critical History of Modern Irish Drama : 1891-1980*, Cambridge U.P., p. 1.

(12) 以下本稿のステージ・アイリッシュマンについての記述は「日本アイルランド協会会報」第二九号（一九九八年四月）所載の木村正俊「ステージ・アイリッシュマンの運命」から一部転用したものである。

(13) W.B. Yeats, *Explorations*, Macmillan. 1962. p. 107.

(14) Hugh Hunt, *The Abbey: Ireland's National Theatre 1904-1978*, Columbia U.P., pp. 9-11.

(15) Christopher Fitz-simon, *The Irish Theatre*, Thames & Hudson, 1983, pp. 135-136.

(16) Allan Wade (ed.), *op. cit*., p. 440.

(17) Robin Skelton & Ann Saddlemyer (ed.), *The World of W.B. Yeats*, Univ. of Washington Press, 1967, p. 77.

(18) 小津次郎『エリオットの詩劇』早川書房、一九五三年、一二一—一三頁。

(19) David R. Clark, *W.B. Yeats and the Theatre of Desolate Reality*, the Dolmen Press, 1965, p. 13.

(20) *Ibid*., p.13.

(21) Allan Wade (ed.), *op. cit*., p. 281.

(22) Richard Ellman, *The Man and the Masks*, Faber & Faber, 1960, p. 131.

(23) Terence Brown, *The Life of W.B. Yeats*, Blackwell, 1999, p. 121.

(24) Anna Irene Miller, *The Independent Theatre in Europe*, Benjamin Blom, 1931, p. 275.

(25) D.G. Boyce (ed.), *op. cit*., p. 118.

(26) Alasdair D.F. Macrae, *W.B. Yeats : A Literary Life*, Gill & Macmillan, 1995, p. 58.

(27) *Ibid*., p. 58.

(28) Una Ellis-Fermor, *The Irish Dramatic Movement*, Methuen, 1939, pp. 9-10.

(29) W.G. Fay, *The Fays of the Abbey Theatre: An Autobiographical Record*, Rich & Cowan, 1935, p. 106.

(30) Quoted in Brenna Katz Clarke, *The Emergence of of the Irish Peasant Play at the Abbey Theatre*, Umi Research Press, 1982. p. 7.

(31) *Ibid*., p. 7.

(32) Anthony Bradley, *William Butler Yeats*, Frederick Ungar, 1979, p. 34.

(33) Quoted in Brenna Katz Clark, *op. cit*., p. 15.

(34) William Butler Yeats, *Explorations*, p. 108.

(35) Quoted in Anthony Bradley, *op. cit*., p. 35.

(36) *Collected Plays of W.B. Yeats*, Macmillan, 1953, p. 47.

(37) 鈴木聡『終末のヴィジョン　W・B・イェイツとヨーロッパ近代』柏書房、一九九六年、序章から示唆をうけた。

(38) Richard Ellman, *op. cit*., p. 131.

(39) Cited in George Dangerfield, "Yeat's Theatre and the Contemporary Crisis of Nihilism", in *Irish University Review*, 1994 Autumn/Winter, p. 202.

(40) Allan Wade (ed.), *op. cit*., pp. 447-448.

(41) *Ibid*., p. 452.

(42) Lennox Robinson (compiled), *Ireland's Abbey Theatre : A History 1899-1951*, Sidgwick and Jackson, 1951, p. 52.

(43) 'Preface to The Tinker's Wedding' in J.M. Synge, *The Playboy of the Western World and Other Plays*, Oxford U.P. 1995, p. 28.

(44) ‘Preface to *The Playboy of the Westren World*’ in J.M.Synge, *ibid*., p. 96.

(45) ‘Preface to *The Tinker’s Wedding*’ *op. cit*., p. 28.

(46) D.E.S. Maxwell, *op. cit*., p. 48.

(47) K.L. Goodwin, *The Influence of Ezra Pound*, Oxford U.P., 1966, p. 98.

(48) *Collected Poems of W.B. Yeats*, Macmillan, 1967. p. 104.

(49) *Ibid*., p. 169.

(50) W.B. Yeats, “Note on the first Performance of *At the Hawk’s Well*” in *The Variorum Edition of the Plays of W.B. Yeats*, Macmillan, 1966, p. 415.

(51) A.D.F. Macrae, *op. cit*., p. 96.

第一一章　戦いの喜劇
――『ウェイク』が織りなす愛蘭土模様――

大澤正佳

一　「兵どもが夢のあと」

微妙な言語的操作によって連想の環をひろげるのは文学者の特権であろうが、とりわけてジェイムズ・ジョイスの場合それは彼が得意とする芸のひとつである。『フィネガンズ・ウェイク』（*Finnegans Wake*[1]――以下『ウェイク』あるいは*FW*と略記）で彼はこの特権を最大限に活用して特異な重層的世界を創り出している。そのきわめて単純な例と思われるものに、たとえば『ウェイク』冒頭第一部第一章の“where oranges have been laid to rust upon the green”（*FW*: p. 3. l. 23）という一節がある。見たところなんの問題もなさそうなこの文章の流れからしておそらくは動詞 rest が期待される位置に、ジョイスはさりげなく単語 rust を滑りこませる。「オレンジが緑の野に横たわるところ」という牧歌的風景は、一つの単語の母音eをuに変えただけで様相が急変する。rust は鉄などが錆びるの意であり、錆色つまり赤茶色を喚起する。このあたりは対立・葛藤のイメージが顕著で、争いというこの作品の主題の一つが提示される箇所である。その文脈に置かれた赤錆色に反応してオレンジとグリーンがうごめきだし、アイルランド史にかかわる新たな連想を呼びおこす。すなわち、オレンジ公ウィリアム三世および彼を支持するプロテスタント系アイルランドと、グリーンによって象徴されるカトリック系アイルランドとの確執である。オレンジ・ウィリアム三世とグリーン・ジェイムズ二世とが対決したボインの戦い――アイルランドの不幸の原点ともなったオレンジとグリーンの血なまぐさい対立、戦場に朽ち果てる戦士たちの赤錆びた甲骨。緑の野のオレンジという田園風景の背後から「兵（つはもの）どもが夢のあと」をとどめる古戦場が二重写しとなっておぼろげに浮かびあがる。コンテクストの強力な磁場に影響されて一つの母音が動くと、その余波をうけて『ウェイク』の基本的主題にかかわる歴史の一章が顔をのぞかせるのだ。しかも最初に期待された rest は半ば姿を隠したまま、いぜんとしてその喚起力を失ってはいない。いわゆる「ウェイク語」についてはローランド・マクヒューの読解に負うところが多い。[2] 彼によればオランダ語 rust は rest の意であるとのことである。いま〈『ウェイク』の基本的主題にかかわる歴史の一章〉と性急に述べたが、この夢の書に認められる対立・葛藤そして戦いの構図の一端を通してそれが織りなす愛蘭土模様を垣間見るのが本章の主題である。

出版時までは「進行中の作品」（Work in Progress）という仮題を与えられていた『ウェイク』にジョイスが着手したのは一九二三年である。右に引用した一節を含む第一部第一章草稿は一九二六年秋に執筆され、翌二七年四月「トランジション」誌第一号に「進行中の作品冒頭」と題して発表されている。

ジョイスが『ウェイク』について最初に発言したのは一九二二年八月妻ノラとともにロンドンを訪れ、ハリエット・ショー・ウィーヴァーに会ったときのことである。『ユリシーズ』の次に何を書くつもりですかというウィーヴァーの問いに答えて彼は言った――「世界の歴史を書くことになりましょう」。[3]

一九二三年三月一一日付ウィーヴァー宛て書簡の終りに彼はこう書き加えている。すなわち、「昨日わたしは二頁書きました――『ユリシーズ』の最後の〈イエス〉以来はじめてのものです」。キング・ロデリック・オコナーの断章と称されるこの二頁は完成した『ウェイク』第二部第三章の末尾三八〇頁から三八二頁に収められている。一一七五年アングロノルマン軍に破れたアイルランド最後の大王ロデリック・オコナー（King Roderick O'Conor, 1116-98）に付せられた修飾語は、すでに『ウェイク』の主要登場人物ＨＣＥ（Humphrey Chimpden Earwicker）の影を宿している。すなわち、“poor old hospitable corn and eggfactor, King Roderick O'Conor”（*FW*: 380. 11-12）つまりｈｃｅと読みとれる。哀れに年老いてはいるがもてなしよく食事を供する居酒屋の亭主ＨＣＥは小なりといえどもその店の「王」なのだ。ちなみにウィッカーの頭文字ＨＣＥは、第一部第一章冒頭“Howth Castle and Environs”や第一部第二章“Here Comes Everybody”をはじめとして多彩な変形をともない『ウェイク』の到るところに繰り返し出現し、いずれも普遍的人物像としてのＨＣＥを暗示している。ジョイスが最初に執筆した二頁における中心人物のイメージとしてロデリック・オコナーを配したについては幾つかの動機が考えられよう。ヘンリー二世のアングロノルマン軍を指揮するペンブルック伯との戦いを失ったオコナーは、一一九一年ゴールウェイの修道院に引きこもる。大王の末路にアイルランド史の悲劇的様相の一面を見たジョイスは普遍的人物ＨＣＥとオコナーとを合体させ、宮殿での宴のあとの大王と閉店後の残り酒をあおって無様に倒れるＨＣＥとを重ね合わせる。オコナーの影を引きずるＨＣＥは『ウェイク』という夢芝居で悲運の大王の最期を喜劇的に演じてみせるのである。

『ダブリンの人びと』から『ウェイク』に至るジョイス諸作品は一作ごとに表現上の驚くべき新機軸を実現しながらもその基調において巧みな脈絡を保っている。『ウェイク』ロデリック・オコナー断章は眠りに入ろうとする『ユリシーズ』モリー・ブルームの意識からいわばバトン・タッチされた形でつながっているのだ。この断章は『ウェイク』特有の多層構造を与えられており、夢みる人の夢の中でその夢の主人公ＨＣＥ・オコナーが一日の仕事を終えてこれから彼自身の夢の世界に入ろうとしているのである。その前に彼は酒盛のあとの残り酒をかき集める。『ウェイク』そのものが文学をはじめとする諸伝統の残り酒、歴史の残滓をかき集め熔解する坩堝であると見立てることが出来るだろうし、寝酒をあおるHCEは文学から文学を創る作家ジョイスの戯画像でもあろうか。

一九二三年八月までにジョイスはキング・ロデリック・オコナーの断章を含めて四つのスケッチを書いている。第四の断章（第四部六一一―六一二頁）では聖パトリックと土着のドルイド僧バークリーとがリアリ王の前で問答をかわす。『ウェイク』出版直前の一九三九年夏、フランク・バジェンに送った手紙でジョイスは「これはこの作品自体の弁護であり告発でもある」[4]との説明を書き加えている。つまりドルイド僧は夜の論理、夜の言語を代弁しているのであって、着手した当時のジョイスはこの問答によって夜の書『ウェイク』の可能性に探り入れていたと言えるだろう。夜の世界を代表するドルイドの主張はパトリックに退けられる――夜明けが近いのだ。この部分は完成した『ウェイク』の第四部、つまり夜が終り暁の時を迎える最終部に組み込まれることになる。夜の書の「弁護と告発」という手続きを経てジョイスは確かな手応えを得たと思われる。そのことはこの年一九二三年秋以降第一部の第一次草稿（ただし第一章、第六章を除く）に取り掛ったジョイスの筆が比較的順調に進んでいることからも推察しうる。そして一九二六年五月二一日付ウィーヴァー宛ての書簡で彼は「今やわたしの頭の中でこの作品のプランはほぼ整いました」と告げ、作品全体の構成の見通しがついたのを立証するかのように、同二六年秋には『ウェイク』の諸主題を呈示する冒頭部分（第一部第一章、三―二九頁）の草稿に取り掛るのである。A・W・リッツは言う――「『ウェイク』が最終的にとるフォルムを見定めたうえで、ジョイスは寄せ木細工モザイク職人のようにすでに決定したパターンに従って手のこんだ模様を念入りに仕上げたのである。」[5]ジョイスが作品第二部・第四部のオコナーおよびパトリックを含む断章から翻って冒頭第一部に手を付けたのも「最終的フォルム」を見定めえたからであろう。作品の冒頭に主題のすべてを凝縮する例は『ダブリンの人びと』「姉妹」の書き出し、『若い芸術家の肖像』冒頭一頁半、さらには『ユリシーズ』第一挿話を見れば明らかである。

そしてJ・M・モースが言うように、『ウェイク』の「最初の四パラグラフは愛と戦いという主要な主題とモティーフのすべてを明らかにしている」[6]のである（ちなみに本章冒頭で引用した「オレンジが緑の野に……」は第三パラグラフにある）。『ウェイク』着手以来三年を経て彼が第一部に取り掛かったのは、模索の第一段階が終ったことを告げている。しかもモザイク模様を完璧に仕上げるにはさらに十余年に及ぶ困難な作業が必要であった。

周知のように『フィネガンズ・ウェイク』という表題は伝承バラッド「フィネガンの通夜」によっている。アイルランドで行われていた通夜の陽気な馬鹿騒ぎを歌うこのバラッドはリフレインで「楽しじゃないか、フィネガンの通夜は」と囃したてる。『ウェイク』には funferall という単語が多少変化しながらも五度におよんで登場する。これはフューネラル、ファン・フォア・オール、ファンファーレを包みこむ彼の造語、いわゆる「かばん語」であって、ファンファーレのように陽気な騒ぎが展開するアイルランドのお弔い（フューネラル）はまさしく誰も彼も楽しい（ファン・フォア・オール）お祭りなのだ。この滑稽なバラッドにジョイスが見たのは彼自身の基本的主題「死と再生」のヴァリエイションだけではない。彼はバラッド第四連で〈通夜の客たちやがて戦争、組んずほぐれつ大乱闘〉と歌われる〈戦い〉の喜劇的様相にも惹かれたのであろう。『ウェイク』においてきわめて重要な戦いの主題・対立の構図が演ずる funferall 的茶番劇の意味深長な楽しさを彼は確認したのだ。

「世界の歴史を書くことになりましょう」というジョイスの発言についてはすでに触れた。オレンジとグリーンの対立をはじめとして『ウェイク』には戦争への言及が数多く鏤められている。この国の、そして世界の歴史を彩る対立と戦いの諸相をジョイスは funferall な語り口で語る。われわれは『ウェイク』に「夏草や兵どもが夢のあと」の異様に変容した夢幻劇を観ることになる。

二　戦場の喜劇役者

キング・ロデリック・オコナーの断章を含む第二部第三章のなかに喜劇役者バットとタフがクリミア戦争の逸話「バックリーはいかにしてロシアの将軍を撃ったか」を上演する場面がある。寸劇の半ば過ぎたころ従軍牧師ウッドバイン・ウィリーが登場する。

. . . while Woodbine Willie, so popiular with the poppyrossies, our Chorney Choplain, blued the air. Sczlanthas! Banzaine! Bissbasses!（*FW*：351. 12-14）

……ところで煙草売りの浮かれ女たちにおおもてのウッドバイン・ウィリー、すなわちわれらがチョーニー・チョプリンはあたりを青く染めていた。スローンチャ*！*　バンザーイ*！*　ヴィーヴァ*！*

われらが従軍牧師（chaplain）ウッドバイン・ウィリーを演じているのはかの喜劇俳優チャーリー・チャプリン（Charlie Chaplin）である。すでに言及したローランド・マクヒューによれば、第一次大戦のイギリス軍従軍牧師ストダート・ケネディ師は前線の兵士に煙草を配って歩き、「ウッドバイン・ウィリー」（ウッドバインは煙草の銘柄名）という愛称で呼ばれていたという。チャーリーの顔が薄汚れてチョーニーになっているのは、クリミア戦争の逸話を主眼とするこのあたりを彩るロシア色との関連から「黒い」の意のロシア語（chōrni）の影響で戦塵がこびりついているのだろうし、「黒」は「青く染めた」とともに煙草の煙を描写していることにもなろう。さらに同じスラヴ系ポーランド語およびチェコ語の「黒い（czarny, černý）」を媒介にしてチョーニーにチアーニー（Czerny――ピアノ教則本編集者チェルニィの英語発音）の影を見ることも可能であろうし、同じく音楽的脈絡からチョプリンはショパン（Chopin）の風貌をも備えてくる。漂う紫煙が空気（エア）を青く染める（ブルー）一方ではブルーズの旋律（エア）が流れてくる。ショパン「幻想即興曲」の旋律による「虹を追って」が流行したのは第一次大戦の終り頃なのである。

グラシーン[7]によれば、『ウェイク』にはチャーリー・チャプリンへの間接的言及が四回あるとのことだが、この場面の彼は従軍牧師（chaplain）の衣裳を借りて登場している。ちなみにジョイスは一九二一年一一月パリで『キッド』を観ているし、二四年二月ヴァレリー・ラルボー宛ての手紙では娘ルチアがCharlie Chaplainについてエッセイを書いた旨を記している。おそらくは何気なく筆が滑ったのであろうが、牧師に扮した喜劇役者のイメージがかすめたとみるのはごく自然であろう（なおチャプリンの“The Pilgrim”――一九二三年――の日本題名は「偽牧師」）。もっとも『ウェイク』はすべての登場人物が時空を超えて変幻自在に扮装・役柄を変える仮装夢幻劇なのだから、喜劇役者が第一次大戦の従軍牧師に変装してクリミア戦争に登場するくらいはむしろ朝飯前のことなのだ。扮装を変えるのは登場人物だけではない。言葉そのものが借り着をまとって登場する。さきほどの一節の結びにある万歳三唱にしてもアイルランド語、日本語、イタリア語の「バンザイ」が三者三様に寸法の合わない衣裳を着せられていささか勝手の違う面持ちで控えている。しかし考えてみればアイルランド人にとって英語そのものがもともと借り衣裳なのだ。しばしば指摘されているように『若い芸術家の肖像』のスティーヴン・ディーダラスは英語との違和感に苛立つ。アイルランド人としての感覚を包む衣裳としての英語が借り物であると絶えず意識させられる〈若い芸術家〉スティーヴンはその着心地の悪さに苛立つのである。〈老練の芸術家〉ジョイスはそれを逆手にとって違和感をかえって増幅し、チャプリンの衣裳のようにつぎはぎだらけの独特の言語的衣裳をデザインする。もともと借り着の英語を地方色で染め直したダブリン訛りという服地に、彼はさまざまな外国語の端ぎれでつぎを当てるのだ。つぎはぎだらけの道化の衣裳としての言語がチャプリンのあひる歩きに似たちぐはぐな身振りを演ずるとき、喜劇役者としての言語のぎこちなさはかえって奇妙な輝きを発し、つぎはぎの縫い目はいつしか消えて渾然たる詩的言語としての「ウェイク語」が息づきはじめるのである。

通例は二つの語の断片を合体して作る混交語つまり「かばん語」の限度を無視して、ジョイスのかばん語はどれも鞄の容量をはるかに超えて詰め込まれた意味たちがそれぞれ主導権を握ろうと戦って激しく軋む。軋み合うそれらいずれかに第一義的な重要性を容易には与えかねるのが喜劇役者たる夢言語の特性なのだ。前に引用した「バンゼーヌ（Banzaine）」にしても、日本語の「バンザーイ」とフランスの将軍「バゼーヌ（Bazaine）」とが二人三脚の一組となって同時に決勝点のテープを切っているのであって、そのどちらかが胸一つの差で優勝というわけではない。バゼーヌ将軍は一八七〇年一〇月メッツの戦いで降伏したかどにより軍法会議にかけられ死刑の宣告を受けたが、再審の結果二〇年の禁固刑と確定し、のちにスペインにのがれマドリッドで客死した悲運の将軍である。勝利と栄光の雄叫び「バンザーイ」と、憤死した敗軍の将「バゼーヌ」とが同時に口をついて出るとき「バンゼーヌ！」という妙に舌がもつれた悲鳴に近い叫びとなる。まさにチャプリンばりの喜劇役者たる言語の本領発揮というところである。

『ウェイク』第一部第六章は一二の謎々からなっている。HCEの夢、すなわち歴史の巨大なパノラマは何に似ているか、というシェムの第九の設問に対して、ショーンは勢いこんで答える――「コライドオスケイプ！」（A collideorscape! *FW*：143. 28)。これは『ウェイク』のかばん語のなかで最も重要なものの一つで、作品のありようを的確に表現している。このなかには他のかばん語よりもはるかに多種多様な断片が詰めこまれているが、全体的な鳥瞰図としてはそれらの断片が「衝突し」「逃避する」「万華鏡」ということになろうか。『ウェイク』

は離合集散を重ねながら千変万化する紋様を描き出す人間の歴史の万華鏡なのである。このかばん語の内部では各々の文字（レター）はあたかもバラッド「フィネガンの通夜」の酔客たちのように、そして戦場の兵士たちのように衝突し、逃走しながらひしめき合っている。「ウェイク語」の大半はそれぞれが個々に一つの局所的戦場を現出している。そして局地戦争が果てしない連鎖反応を繰返して壮大な言語戦争が展開される『ウェイク』は、まさに戦場の喜劇役者すなわち夢言語という「兵ども」が演ずる夢幻劇なのである。

ジョイスは言う――「これは言葉の戦いだ」（The war is in words. *FW* : 98. 34-35）。文学作品における表現行為は言葉を相手とする戦いとして把えることが出来る。そしてジョイスの表現を文字通りうけとれば「戦いは言葉の中にある」ということになろう。われらがチョーニー・チョプリンをはじめとする戦場の喜劇役者たちをいわば前座として、夢言語と名乗る真打が最後の席を務める。その至芸を味うために喜劇役者の一人ロシアの将軍の舞台姿をとくと拝見するとしよう。

三　将軍の死

従軍牧師ウッドバイン・ウィリーが端役ながら喜劇的役割を達者にこなしている第二部第三章（三〇九―三八二頁）は『ウェイク』のなかで最も長い章で、とりわけて演劇的要素が際立っている。舞台はＨＣＥのパブ。ダブリン西郊チャペリゾッドにあるこのパブに集まった酔客たちは亭主の品行をあげつらい、幾つかの物語に興じながら、おだをあげている。閉店時刻に店を追い出された客たちは口々に亭主の悪口雑言をわめきたてる。そのあげく亭主ＨＣＥは客たちの残り酒をあおって床にぶったおれる。茶番劇じみたこの章は実のところ『ウェイク』の諸主題の展開が表現されている核心的部分[8]」であり「この作品のなかで最も謎めいて難解な箇所[9]」でもある。この章の構成についてはたとえばベンストックは一三のセクションに分けるなど細分化も可能であろうが[10]、主要な部分は大きく四つの物語に区分しうる。㈠ノルウェーの船長と仕立て屋カースの物語（三一一・五―三三二・九）、㈡ロシアの将軍を撃つバックリーの物語（三三七・三二―三五五・七）、㈢HCEの自己弁護と彼に対する四老人の判決（三六一・三五―三六九・一七）、㈣パブを閉めた後、酔いつぶれて夢を見はじめるHCEの物語（三六九・一八―三八二・三〇）。父親的存在の失墜あるいは父権の喪失というこの章に通底する主題が最も鮮明に表れているのが「バックリーはいかにしてロシアの将軍を撃ったか」の場面であって、これはHCEのパブのテレビで喜劇役者バットとタフが演ずる茶番劇である。

一九三八年『ウェイク』創作は最終段階に達し、ジョイスは第二部および第四部の完成に専念していた。一九三六年末に着手した「バックリーはいかにしてロシアの将軍を撃ったか」が発表されたのは一九三八年「トランジション」誌第二七号（四―五月号）であり、一一月一三日に書きあげられた第四部最終部をもって『ウェイク』は完成し、翌三九年二月二日ジョイス誕生日の当日最初の一冊が彼のもとに届けられた（公刊は五月四日）。

ところでジョイスは実際にテレビを観ていたのであろうか。半盲に近い弱視の彼に観ることができたのだろうか。「ジョイスはテレビを観たことがなかった」[11]――これはジョイスを最もよく知る旧友フランク・バジェンからクライヴ・ハートが得た証言である。『ウェイク』においてテレビの働きがきわめてリアリスティックに再現されている点からするとこれは驚くべき事実である、と感嘆するハートは言葉を続ける――「ジョイスは科学あるいは技術における最新の発見・発明に非常な関心を抱いていた……彼はテレビジョンの電子工学的技術と自分の創作過程との間に直接的かつ啓発的な類似性を見出しているのである」。そういえば、まだ一軒の映画館もないアイルランドに映画館開設を思いつき、実業家グループを説得してダブリンに「ヴォルタ」を開館にこぎつけたのは二七歳のジョイスであった（ただし翌年経営不振のため閉館）。なお、田村章氏に教示されたのだが、フランスでテレビの公開実験が行われたのは一九三一年であり、一九三五年にはエッフェル塔より定期テレビ放送が開始されたとのことである。

話を本題に戻す。「バックリーとロシアの将軍」はジョイスが父スタニスロースから聞いた滑稽譚に拠っている。[12] アイルランド人バックリーはクリミア戦争（一八五三―五六）にイギリス軍の一兵士として参戦している。彼は今まさにロシアの将軍に狙いを定めているが、将軍が脱糞中であるのを見て惻隠の情から一瞬撃つのを思いとどまる。しかし将軍がアイルランドの表象でもあるターフで尻を拭くのを目にすると祖国に対する何たる侮辱かと将軍に発砲する。この挿話の核心部分は『ウェイク』三五三頁に描き出されている。次にその冒頭部分を引用し、大意を示す。

For when meseemim, and tolfoklokken rolland allover ourloud's lande, beheaving up that sob of turf for to claimhis, for to wollpimsolff, puddywhuck. (*FW* : 353. 15-17)

なにしろおれは見ちまったんだ、十二時の鐘がわれらが主の国のいたるところに鳴り響いてるってときに、あのむせび泣くターフの塊を摑みあげて、むずかる尻をさっぱりさせよう、ぴしゃりきっぱり拭き取ろうとしてるのを。

この一節が奏でる多様な倍音にあえて耳をふさぎ、かろうじて表層の流れをすくいあげたが、すでに言及したマクヒューはこの箇所だけで英語のアイルランド語法、デンマーク語、歌謡、諺、ロシア語、イタリア語、アイルランド語、ドイツ語、俗謡など九項目の註をつけ、それらの混在を指摘している。それが発するポリフォニックな効果を日本語を土台として一挙に再現するのは少なくとも筆者の手に負えるところではない。

普遍的人物として広範な象徴的役割を担うＨＣＥは、すべての時代のすべての男、つまり「エヴリマン」であって、『ウェイク』の主調音である堕（墜）落の主題を体現している。『ウェイク』第二部第三章において彼は「ノルウェーの船長」に扮し、そして「ロシアの将軍」として〈おちた父〉の役柄を演じているのだ。『ウェイク』全篇を通じてＨＣＥの息子シェムとショーンの対立関係はさまざまな様態を示しているが、ロシアの将軍の物語を上演中のテレビ劇ではバットがタフに事の次第を語っている。バットはシェムの系列に属し、タフはショーン的人物であるとする説とその逆とみる説と両者の役割設定については研究者の意見が分かれているのだが、テレビ劇ではやがてバットとタフ、つまりシェムとショーンの二人は "one and the same person"（*FW*：358. 8）として融合し、一体となる。バックリーの将軍殺しは合体した息子二人の父ＨＣＥへの反逆を暗示しているのである。

「バット・タフ対話の基本的主題は若い対抗者による老イアウィッカー打倒であり、ひいては旧世代と権威に対する全面的反逆である」――これは第三回国際ジェイムズ・ジョイス・シンポジウムにおけるローランド・マクヒューの発言である。[13] 父と子の問題とりわけて両者の対立・相剋はすでに『ユリシーズ』の重要主題であった。父サイモンとの疎外感を自覚するスティーヴン・ディーダラスにとってアイルランドを支配するローマ教会とイングランドの不当性に対する怒りは広義の父子葛藤のあらわれにほかならない。

シング『西の国の伊達男』を持ち出すまでもなく父殺しは、クィンテリ＝ニアリの検証によればアイルランド文学伝統に顕著な主題の一つであった。[14] しかもこれは単にこの国にとどまらず普遍的原型的な主題なのだ。ジョイス自身、父から聞いたロシア将軍の死の逸話をアーキタイパルな物語だと考えていたようである。[15] ここに想起されるのはＪ・Ｇ・フレイザーが『金枝篇』で述べている祭司継承に関する神話学的解釈である。筆者は以前ジョイス詩を論じた際にフレイザーとの関連について考察したことがあるので、今は簡略な言及にとどめる。ローマ近郊の村ネミにある神殿の祭司職継承規定では、祭司の候補者は聖樹の黄金の枝を折り取り現在の祭司に挑戦して彼を殺すことによって新しい祭司となる。彼は「森の王」の称号を得て祭司職を継承するのである。旧「森の王」を殺す、すなわち父殺しによって世代が交替するのだ。「バット・タフ対話の基本的主題は若い対抗者による老イアウィッカー打倒である」とマクヒューが指摘し、ジョイス自身「ロシア将軍殺し」の物語をアーキタイパルと考えたのは、ネミの祭司職継承規定という神話的脈絡の延長線上にあったと言えるだろう。挑戦者が現任の祭司を殺すとき、そしてバックリーがロシアの将軍を撃つとき、つまりは息子が父に取って代るとき、世代は交替し、新しい時代がもたらされるのだ。

第二部第三章の最終部でキング・ロデリック・オコナーと一体化したＨＣＥは「驚くべき真夜中の渇き」（"the wonderful midnight thirst" *FW*：381. 26–27）に泥酔して床に倒れる。そしてロシアの将軍の死は "tolfoklokken"（*FW*：353. 15）すなわち klokken tolv（デンマーク語）一二時であった。つまりサイクルが変る時間である。時計の針は、そして時代の針は新たな時を刻むことになる。王は死に、将軍は射殺され、そして父ＨＣＥも象徴的な死を死ぬ。『ウェイク』は子によってその地位を追われようとしている父が見る世代交替の不安夢（Angust-traum）という性格を色濃く持っているのだ。なお、第二部第三章は聖木曜日の夜から聖金曜日にかけてＨＣＥのパブでの出来事であるとして、キリストの死と復活に関連させる説がある。[16] ＨＣＥの象徴的な死とともに歴史の一つのサイクルが終り、復活を暗示する次のサイクルに移行するのである。

四　歴史とフィクション

『ウェイク』には頻繁に戦いへの言及がなされている。その代表的な例として第一部第一章の「ウィリンダン博物室」セクション（八―一〇頁）がある。ここではアイルランド生れの英国将軍ウェリントンがナポレオンを破ったウォータールーの戦いのジョイス版を中核として歴史上の戦いの諸相が暗示される。われわれはマダム・タッソーの蠟人形博物館を思わせる戦跡展示室「ウィリンダン博物室」をガイドのケイトに先導されて巡回することになる。『ウェイク』において最初に戦いの主題がきわめて顕著に呈示されるこのわずか三頁のなかに、たとえば“philippy”（*FW*：9. 1）（Philippi フィリピの戦い・紀元前四二年）のように変形された形でマラトン（紀元前四九〇年）からウォータールー（一八一五）、モンス（一九一四）に至るまで三〇有余の古戦場への間接的な言及が認められる。

『ユリシーズ』は一九二二年二月に出版された。その一カ月前にはアイルランド自由国が成立している。エルマンの言葉をかりれば「『ユリシーズ』出版と軌を一にしてアイルランドは独立を達成しつつあった」[17]のである。しかし事態は急変する。自由国成立直後から翌二三年五月まで血で血を洗う内戦が続く。そして、大陸にいながら故国の状況を見守り続けていたジョイスが『ウェイク』の着想を得たのは二二年末であり実際に着手したのはまさにこの一九二三年三月のことであった。「『ウェイク』は対英独立戦争（一九一九―二一）の直接的余波に揺れるアイルランド政治に生じた混乱と幻滅を伝えている」[18]とデイヴィッド・ピアスは言い、ヒュー・ケナーは『ウェイク』においてわれわれは「内戦を通じて処刑された人の死体を甦えらせているではあるまいか」[19]と発言している。「多くの点で『ウェイク』の主要な政治的コンテクストは内戦である」[20]とするならば、ジョイスが戦争イメージ濃密な「ウィリンダン博物室」を作品の冒頭に据えたのは主題を鮮明にする姿勢のあらわれであろう。

ではジョイスは戦いの場をどのように見ていたのか。「ウィリンダン博物室」でガイドのケイトはこんな調子で話している。

"This is the wixy old Willingdone picket up the half of the threefoiled hat of lipoleums fromoud of the bluddle filth." (*FW* : 10. 7-9)

こちらはかのずる賢い蠟製ウェリントンが太っちょナポレオンの三つ葉形帽子の半分を戦場の血だまりからつまみあげているところ。

wixy は wily, foxy, waxy から成るかばん語、Willingdone は進んで (willingly) イングランドのために戦い、ナポレオンとの決着をつけた Wellington、lipoleums はギリシア語 lipos とラテン語 oleum とを合体させた Napoleon の語呂合わせ、ということになろうか。ジョイスは第一次大戦勃発の翌一九一五年、battlefield を例にして新語を造る neologism の必要を語ったことがある――「戦いが終り戦場が血で覆われるとき、それはもはや battlefield ではなく bloodfield なのだ」[21]。ケイトが言う bluddle filth は bloody filth な battlefield なのである。この箇所をはじめとして『ウェイク』には戦争を嫌悪するジョイスの心情が随所に見られる。例の脱糞する将軍の死をめぐってベンストックは「戦争という愚行」[22]についてのジョイスのコメントであるとしている。

ロシア将軍の物語の舞台はクリミア戦争の bluddle filth である。その全作品を通してジョイスの関心の中心には常にアイルランドがあった。では何故クリミア戦争なのか？　一九〇五年という早い時期にジョイスは弟宛ての手紙に「バックリーはどんなぐあいにロシアの将軍を殺したのか？」という疑問を記している[23]。それから三〇年余り経てジョイスはこの物語をどんなぐあいに『ウェイク』に組み入れるべきか迷っていた。そのようなときこの物語を聞かされたサミュエル・ベケットは将軍がターフで排便の始末をするくだりにくると「これもまたアイルランドへの侮辱」と呟いた。エルマンは言う――「これこそジョイスが必要とするヒントであった。おかげでこの物語にナショナルな性格を十分に付与することが出来たのである」。[24] クリミア戦争をめぐる一挿話とアイルランド民族意識との象徴的な結びつきが見出されたとき、哀れで滑稽なこの挿話は『ウェイク』に最適な居場所を与えられることになったのである。

クリミア戦争は南下政策をとるロシア対トルコ・英国・フランス・サルジニアの戦争であった。ベケットの言葉によって創作にはずみをつけられたにしても、ジョイスはクリミア戦争そのものにどのような関心を向けていたのであろうか。彼がこの戦争を題材に選んだ理由をベンストックは次のように推測している。[25] すなわち、これはイギリス帝国主義を象徴する戦いであり、数多くのアイルランド人が徴集兵としてイギリスのために戦ったし、さらには偶然の一致とはいいながら "crime" という言葉がこの戦争の名称 "the Crimean War" に組み込まれているからである。ベンストックの言うクライム説などはいささか強引にすぎる推測と思う向きもあろうが、偶然の一致(コウインシデンス)を極度に重視し、それを起点として想像力を飛翔させるジョイスであるからいかにもありそうなことではある。

強引といえばジョイスはさらに一枚うわてである。可能なかぎりすべてをアイルランドに引きつけるのを常とするジョイスは、クリミアすなわちアイルランドという等式を暗示する奇策を準備しているのだ。この点に関するホールパー説[26]を要約すると次のようになる。ロシアの将軍の死を語る部分はクリミア戦争の転機となったセヴァストポリ(Sevastopol)の戦いを舞台としている。テレビ劇の喜劇役者バットはこれを "Sea vaast a pool" (*FW*: 338.14) と発音する。このあたりでは "karmalife" (338.6, 〈karma〉) や "But da. But dada" (338.13-14, 〈Buddha〉) などヒンドゥー語との関連を暗示する言葉が少なくない。その脈絡で "Sea vaast a pool" をヒンドゥー語の異形と推定するならば、"Sea vaast a" を Sivaista と読みうる。これはヒンドゥー教の主神シヴァ(Siva)、この戦争場面にふさわしい破壊神シヴァの形容詞形である。したがって Sevastopol は Siva's pool に変身し、シヴァの色は黒とされているゆえセヴァストポリはBlack Poolに変容する。周知のようにダブリンは二つのゲール語Dubh（black）linn（pool）から成る。ブラック・プールを媒体としてセヴァストポリ・ダブリンの等式が成立する。さらにセヴァストポリ包囲戦のなかで最も悲劇的な戦いはテニソンの長詩「軽騎兵の突撃」（“Charge of the Light Brigade”）に歌われたバラクラーヴァ（Balaclava）の戦闘である。ダブリンのゲール語名はブラクリーア（Bail Atha Cliath）であって、両者はかすかに響き合う。いささか繁雑になったが、以上がホールパー説の要旨である。少なくとも語り手バットにとってセヴァストポリとダブリンは同一の場所と意識されているのだ。父殺しという主題を共有するクリミア戦争での将軍の悲喜劇とダブリンでのHCEをめぐる悲喜劇とは二重写しになって一幕の夢幻劇を構成しているのである。

『ウェイク』で語られる出来事に関してマーゴット・ノリスは「それが歴史の表現であるかそれともフィクションであるのか、いずれかに決定するのは不可能である」(27) と述べている。『ウェイク』においてジョイスは伝統的な小説様式からの決定的脱出をはかった。旧来のリアリスティックな具体的経験に依拠する小説ではなく、多様な要素の相関関係が織りなす流動的な柔構造体の言語化を試みたのである。具象性を必要以上に重視する姿勢はここにはない。歴史とフィクションの狭間――虚実皮膜の間に芸術の真実があるというまっとうな立場がここではきわめて過激に主張されているのだ。『ウェイク』は相関性あるいは相対性が支配する虚実皮膜の間に遊ぶ夢の世界なのである。

“Teems of times and happy returns. The seim anew. Ordovico or viricordo. Anna was, Livia is, Plurabelle’s to be”（*FW*：215. 22-24）――「いくたびもいくたびもめでたくめぐってきますように。同じことがまた新たにありますように。これがヴィーコの秩序すなわち人間の繰返し。かつてはアナ、いまはリヴィア、やがてはプルーラベル」。これは『ウェイク』第八章つまりアナ・リヴィアの章の結び近くの一節である。ヴィーコの歴史循環説を主要原理の一つとする『ウェイク』において、歴史は“the seim anew”（*FW*：215. 23）・“the same renew”（226.17）・“Sein annews”（277. 18）なものとして把えられている。すべての出来事は可能なかぎり多様な視点から繰返し見直され、他の出来事と共通する主題が掘り起される。セヴァストポリとダブリンの出来事は父殺しという繰返し生ずる共通の主題によって結びつく。反復繰返しという過程を通じてさまざまな事象の相関性に着目することによって歴史の、あるいは人間存在の本質的なありようが浮かびあがる。ジョイスが重視する繰返しの技法についてクィンテリ＝ニアリ[28]はゲーリックの語り部の伝統との関連を説き、ヴィンセント・チェン[29]は中世的要素との脈絡を指摘している。アイルランド古来の語りの伝統とアクィナス、ブルーノ、ヴィーコなどの中世的思考の強い影響下にあるジョイスは、しかしながら“the same renew”とばかりに恐るべき文学的革命を敢行する。伝統と革命――異質と思われる要素が混在するいわばヘテロジーニアスな作品『ウェイク』において、虚実皮膜の間にある歴史とフィクションもまた両者入りまじった異色の模様を織りなしているのである。

五　愛蘭土「ヘテロ」模様

アイルランド史の大半を通してきわめて顕著な流れの一つは植民地支配主義に対する闘争であった。強いられた植民地状態から政治、社会、文化、さらには宗教など全般に及ぶ多様なひずみが生じたが、これら諸問題を集約するものとして民族のアイデンティティの基底をなす言語をめぐる葛藤がある。植民地支配に発する諸問題に心ある同朋とともにジョイスもまた厳しい視線を注いでいる。

一九〇七年四月、トリエステ在住の青年ジョイスは連続公開講座で「アイルランド、聖者と賢人の島」と題してイタリア語で講演し、アイルランドへの熱い思いを語っている。彼は「勝利に酔う国が嵩（かさ）にかかって他国に虐政を施すとき、虐げられた国民が反逆を志すのを非難する論理的根拠はありえません」[30]と言い、さらに言葉を強めて「イギリスの背信行為をわれわれは決して忘れません。どうして忘れることが出来ましょう。奴隷の背中は鞭の痛みを忘れられるでしょうか」[31]と断じている。若いジョイスの反植民地主義的信念は後の作品においても変ることがなかった。彼が『ウェイク』の「ロシア将軍」の舞台としてクリミア戦争を選んだ有力な根拠は、あの戦いが領土拡張政策・植民地化政策の典型的な事例の一つと思われたからであろう。「帝国主義と植民地化政策に対する異議申し立ては『ウェイク』の主要かつ明白な主題である」[32]とヴィンセント・チェンは主張する。たとえ政治的な植民地支配が終ろうとも人びとの内面に残る傷跡は簡単に癒されはしない。『ウェイク』で敢行された言語を突破口とするイギリス文化遺産解体作業はチェンの言う異議申し立てに発するジョイス特有の文学的表現でもあった。

多くの徴集兵がイギリスのために戦ったクリミア戦争にかぎらず本来的には自国のものではない戦いに参加したアイルランド兵——ここにみられる自己矛盾の二重性、つまり異質の要素の混交状態は言語問題に集約されるアイルランドの悲劇を象徴しているように思われる。悲劇？　いやむしろそれはアイルランド文化の誇るべき特質と言えるのではあるまいか。すでに言及した「アイルランド、聖者と賢人の島」でジョイスはケルトの新しい種族の誕生について語っている——「これは古来のケルト族を根幹とし、それに北欧系、アングロサクソン系ならびにノルマン系各種族が融合するという過程を経て成立したものなのです。これまでのアイルランド気質にさまざまな要素が混入し、古い母体の再生を通じて、民族性の新たな一面が醸成されたというわけです」[33]。異質・異相の混在・融合こそがジョイスにとってアイルランド性の特質であった。

「これこそわれわれが持っている最も純粋にアイルランド的なものだ」[34]と言ってジョイスが偏愛した『ケルズ

の書』と『ウェイク』との密接な関係についてはしばしば論じられてきた。『ケルズの書』について筆者はかつて「その複雑な装飾文字はアイルランド土着の精神が新たに受容したキリスト教と格闘し、そのまま凝固してしまったかの感がある」と記したことがある。装飾の上に装飾を重ね、装飾の内部に装飾を挿入する判じ絵めいた『ケルズの書』と『ウェイク』についてウンベルト・エーコの簡潔な発言がある――「『ケルズの書』は完璧な迷宮だ。だからこそそれはジョイスの心をかき立て、あの途方もない作品のモデルたりえたのである」[35]。

迷宮のように入り組んだ『ウェイク』をシュロスマンは「カトリックとケルティック両者の異種混成的（heterogeneous）な創造物」[36]と位置づけたうえで、迷宮としての先達『ケルズの書』の異種混交性（heterogeneity）はアイルランドの喜劇伝統形成の原点にほかならないとの結論を示している。このヘテロジェニーイティをはじめとしてヘテロクロマティズム、ヘテロクライト、ヘテロドクシー、ヘテロジェニシス、ヘテロニム、ヘテロフォニーなどにみられる連結詞「ヘテロ」はいずれもジョイス作品に通ずるいわくありげな倍音を響かせている。両義性、多義性、さらには撞着語、そして鞄語など多少とも重なり合う一群の概念を――論理的厳密さにあえて目をつぶって――「ヘテロ的」と要約することが許されるとすれば、それは『ケルズの書』や『ウェイク』を含めてアイルランド文学の流れを見通すキーワードの一つではあるまいか。このいささかヘテロドクスな異見立てをしたうえで、再び『ウェイク』そのものに目を向けるとしよう。

ジョイスの「ヘテロ的」発想の一例として糞尿問題がある。『ウェイク』一八五頁一四行から二六行までに注目すべき一節がある。これはシェム・ザ・ペンマンに託してジョイスの創作態度が示されている個所で、全文ラテン語で記されている。読解に資すること大なる『ウェイク古典語辞書』[37]があるうえに、マクヒュー[38]とロバート・ボイル[39]がそれぞれこの部分の英訳を試みているので、それらを参照のうえ要旨を述べる。ジョイスはここで創作用インクをわがものとする方策を語っている。“Primum opifex, altus prosator”（*FW*：185. 14）と始まる冒頭をマクヒューは "First the artist, the eminent writer" と訳し、ボイルは "First of all, the artificer, the old father" としているが、いずれにせよこれは『若い芸術家の肖像』末尾におけるスティーヴン・ディーダラスのダイダロスへの呼掛け "Old father, Old artificer" の反響であることは言うまでもない。『ウェイク』ではまず自分の排便を手に受け、それを悲しみの器に収め、そのなかに排尿し、この混交物を加熱し、冷気にさらして不滅のインクを作るのである。われとわが糞便を「かつては高貴なりし悲しみの器に収めた」("in vas olim honorabile tristitiae posuit" 185. 19-20) にマクヒューは聖母マリア連禱の "vas honorabile" との関連を見ている。さらに文脈からしてこの悲しみの器は生命の根源から滲み出る人間存在のありようを盛る「かつては高貴なりし悲しみの器」すなわちあるべき文学の様式を暗示しているとすれば、それは遡って「検邪聖省」とも呼応する。

一九〇四年に書き翌年自費出版した諷刺詩「検邪聖省」("The Holy Office") の冒頭で「カタルシス・パーガティヴ」(Katharsis-Purgative＝浄化・純化そして下剤による便通・排便) と自称する青年ジョイスは、綺麗事の世界に安住する芸術的俗物たちへの訣別を告げている――「かれらが夢多き夢を夢みられるように／わたしは汚物の流れを運び去ってやっている」[40]。偽善を憎む「カタルシス・パーガティヴ」として糞尿譚を語りつつも凛然として「悲しみの器」に向かう「ヘテロ的」作家ジョイスの遙か彼方に先達スウィフトの姿を見るのは困難ではあるまい。

土岐善麿の短歌に「わが歌は苦楚（くそ）のごときか快くたれたるのちにかたちを知らず」という怪作ならぬ快作がある。シェムのインク作りで示されたように、糞便は体内に取り入れた素材を別次元の何かに精製し変容させる創造的行為の所産であり、「カタルシス・パーガティヴ」なる名称は芸術本来の機能を異質混交「ヘテロ的」に示しているのだ。

ロシアの将軍は脱糞という創造的行為のあとで射殺される (*FW*：353. 21)。彼の死の直後、一行の空欄をはさんでテレビ画面にこんな文字が写し出される――"*The abnihilisation of the etym*"(353.22)――原子の壊滅(the annihilation of the atom)、そして大爆発がそれに続く――"*expolodotonates*"(353. 23-24)(explode-detonate)。将軍を撃った銃声と核爆発が強烈な二重奏を奏でる(ちなみに対消滅――pair annihilation――とは素粒子とその反対粒子が合体消滅して他の素粒子またはエネルギーに転化することをいう)。なおドイツ語Atemは呼吸の意であるから、将軍の息はとまり無に帰する――喜劇的創造者たる将軍の悲劇的最期である。etymはアトムであるだけでなくetymologyにみられるギリシア語由来のetymon(= true sense of a word)を喚起する。すなわち(派生語・借用語のもとである)語の原形、語根の意である。ここでは創造者の死のみならず言語破壊が示唆されているのだ。しかもannihilationではなく、ラテン語ab nihilo(away from nothing)を含むabnihilisa-tionに変形させているのだから、ジョイスは破壊と同時に無からの再構築の思いを託していると思われる。彼は『ウェイク』について「わたしはそれを無から作っているのだ(I am making it out of nothing)[41]」と語ったことがある。etym(原子そして言語さらにはアダム)は破壊されると同時に無から再創造される。すでに言及したように将軍の死はtolfoklokken(*FW*:353. 15)すなわち一二時、一つのサイクルが終り、新たなサイクルが始まる。人類の祖アダムが、そして将軍=HCEが去り、カインとアベル、そしてシェムとショーンが対立するときを迎えるのである。

将軍の死にかかわる原子崩壊説についてB・ミッチェルは科学史的見地から綿密に検討し、アーネスト・ラザフォード(一九〇八年ノーベル化学賞受賞)と「徹頭徹尾アルケミスト」("the first till last alshemist" *FW* 185. 34-35)たる言語の煉金術師シェム・ジョイスの関連について考証を行っている。そのエッセイはこう結ばれている――「ジョイスは言語世界の新領域を創造していた。彼はコトバ(the Word)を全面的に変えてしまった。ラザフォードは物質世界の新領域を創造していた。彼は世界(the World)を全面的に変えてしまったのだ[42]」。

六　「おもしろうてやがて悲しき」

「カタルシス・パーガティヴ」ジョイスの作品には随所に韻文が鏤められているし、散文そのものが高度の詩的様相を帯びている例は、たとえば「死者たち」の結び、『若い芸術家の肖像』渚の場面、モリー・ブルームの独白など枚挙にいとまがない。ロシアの将軍の死をめぐる諷刺的喜劇性と詩的象徴にみちたアナ・リヴィア告別の歌の抒情性――諷刺と抒情、諧謔と感傷、現実性と象徴性、繰返し述べてきたように『ウェイク』はこれら異質混交の「ヘテロ的」世界である。

『ウェイク』第六章でジョイスは「汚辱に育まれた音楽の醇乎たる抒情の時期（ピリオッド）」"a period of pure lyricism of shamebred music"（*FW*：164. 15-16）と記している。shamebred music は chamber music を暗示している。右の一節は若き日のジョイスが処女詩集『室内楽』（一九〇七）を出した時期を指しているのは明らかであるが、「汚辱に育まれた音楽」と『室内楽』の優雅な調べとは如何なる関係にあるのか。チェインバーすなわち chamber pot（室内便器）が発する汚辱の響きも「カタルシス・パーガティヴ」によって浄化される魔術的世界『ウェイク』においては直ちに変調して「醇乎たる抒情」を奏でることになる。酒場の道化HCEに寄り添う妻アナ・リヴィアは最も良質な抒情詩を歌う。われわれは『ウェイク』最終部・コーダに「汚辱に育まれた音楽の醇乎たる抒情の終止符（ピリオッド）」を聴く――「行く手にただひとり　これを最後に　愛されてえんえんと長くつたって」（"A way a lone a last a loved a long the" *FW*：628. 15-16）。強弱五韻脚によるアナ・リヴィア最終独白はフェミニン・エンディングの余韻を残しつつ、白鳥の歌を静かに歌う。

アナ・リヴィア（あるいはその娘イシー）にしてもはしたなく奇妙な声をあげたりもする――"a queeleetlecree of joysis crisis”（*FW*：395. 32）——ＨＣＥから性的にしつこく迫られてあげる声である。eeと長く引き延ばされた奇妙な叫び（フランス語cri）はいいとして、この叫びは喜びか、悲しみか、恐れか、怒りなのか。joysis crisisをjoyous criesと見れば喜びの、Jesus Christと聴きとれば恐れ、あるいは悲しみの強い表現ともなる。この「叫び」は『ウェイク』第二部第四章に組み込まれており、「ママルージョ」と呼ばれるこの章はトリスタンとイゾルデの物語をふまえている。ジョイスが一九二三年七月に草稿に取り掛ったこの断章は二四年四月「トランスアトランティック・レヴュー」に発表された。『ウェイク』のなかで最初に公刊された部分である。つまり、『ウェイク』創作についてジョイスが最も悩み、苦しみ、そしてその革命的な言語実験に喜びを感じていた時期である。ジョイスの危機・叫び——joysis crisisはそのような危機的局面にある作者ジョイスが女性の性的な喜びと恐れの声に仮託して、同時に口をついて出る彼自身の喜びと苦しみの叫びを反響しているように思える。

喜び、悲しみ、そして期待と恐れ、これら異質の感情の混在が人間のありようだとすれば、ジョイアス（陽気な）・ジョイレス（侘しい）・ジョイスも例外ではありえない。彼は「笑い涙」（“laughtears” *FW*：15. 9）を湛えた憂い顔の道化なのだ。そして憂い顔の騎士ドン・キホーテに託して悲喜劇的な人間存在の多義性を語ったセルヴァンテスにジョイスは「彼の禁欲的な憂い顔」（“his ruful continence” *FW*：198. 35）と挨拶を送っている。『ドン・キホーテ』も『ウェイク』も結合を拒否する異質のものの関係を直視する透徹した強い視線によって「ヘテロ的」に結合させた「おもしろうてやがて悲しき」豊かな世界を創出しているのである。

「おもしろうてやがて悲しき鵜舟かな」、「鵜のつらに篝こぼれて憐れなり」などは謡曲『鵜飼』以来の悲しさ、憐れが翳を引いている——これは山本健吉の評言である。ジョイスはアイルランドに苦々しさと郷愁という相反する感情を抱きつづけていた。アンビヴァレントな彼の心情の底には「おもしろうてやがて悲しき」歴史を辿った母国の状況を苦々しく思い、しかしそれゆえにこそ憐れと思う真情がひそんでいたのではあるまいか。Pity is akin to love ――「憐れみは愛に近い」のである。丸谷才一『闊歩する漱石』に「漱石は日本をかはいさうだと思ってゐた。それが彼の愛国であった」という的確な発言がある。「漱石の愛国」はすなわちジョイスの愛国でもあった。

シェイマス・ディーンの言葉を借りれば「アイルランド人であることの限界を拒否したアイルランド作家」(43)ジョイスにとって「アイルランド史は縮小版世界史」(44)にほかならなかった。本章冒頭で言及したように、『ウェイク』着手直前の一九二二年にジョイスは「世界の歴史を書くことになりましょう」と語っていた。ヴィーコ歴史循環説を反映させて歴史を“the seim anew”（*FW*：215.23）と把え、アイルランド史を世界史の縮図とみるジョイスはセヴァストポリにダブリンを、ロシアの将軍にＨＣＥを重ね合わせる。「ヘテロ的」発想に基づくポリフォニックな言語操作によって、個々の事象は典型としての象徴性を獲得する。彼はアイルランドの地域性を十分に消化して世界規模の普遍性に昇華させたのである。

評伝『ジェイムズ・ジョイス』をエルマンは「われわれは今もなおジェイムズ・ジョイスの同時代人たらんと努めている」(45)と書き起した。コリン・マッケイブはさらに一歩進めて「ジョイスは今もなおわれわれの未来において書いている」(46)と書き収める。たしかにそのとおりだ。これでジョイスに半歩近づいたかと思って目をあげると、彼はそしらぬ顔で数歩、数十歩先を歩いている。「きみの才は広く世界を覆い、きみの空間は崇高きわまる*！*」（“Your genus its worldwide, your spacest sublime!” *FW*：419. 7）と嘆声をあげるばかりである。

広く世界を覆う崇高な構えによって時空を超えて虚実皮膜の間に遊ぶジョイスは、世界史の縮小版アイルランド史に刻まれた「兵どもが夢のあと」を夢み、「おもしろうてやがて悲しき」人間存在の多義性に苦々しさと憐れみをこめた「笑い涙」の目を注いで猥雑にして詩的な異形の愛蘭土「ヘテロ」模様を織りなす。このアイルランド模様に the seim anew とばかりに人類史のすべてを透かし込もうとするジョイスは、義父ラエルテスの葬儀の布地を織ってはほぐし、ほぐしては織りながらオデュッセウスの帰国を待つペネロペイアの手仕事に似た「進行中の作業」に専念する。織り手ジョイスの手がとまって「進行中の作品」つまり『フィネガンズ・ウェイク』愛蘭土模様が織りなされたとき、着手以来すでに一七年の歳月が過ぎていた。あたかもみずからの壽衣を織りあげたかのように、それから二年たらずして彼は死ぬ。そして最終場面のアナ・リヴィアは呟く――「ここで終る。わたしたちがそのとき。終り、ふたたび始まる!」(“End here. Us then. Finn, again!” *FW* : 628. 13-14)

(1) All quotations from *Finnegans Wake* are from the 1966 Faber and Faber printing.
(2) Roland McHugh : *Annotations to Finnegans Wake* (revised edition), The Johns Hopkins University Press, 1991.
(3) Richard Ellmann : *James Joyce* (new and revised edition), Oxford University Press, 1982, p.537.
(4) Richard Ellmann (ed.) : *Selected Letters of James Joyce*, The Viking Press, 1975, pp.397-398.
(5) A. Walton Litz : *The Art of James Joyce*, Oxford University Press, 1964, p.92.
(6) J. Mitchell Morse : “Where Terms Begin”, M.H. Begnal and F. Senn (eds.) : *A Conceptual Guide to Finnegans Wake*, The Pennsylvania State University, 1974, p.13.
(7) Adaline Glasheen : *Third Census of Finnegans Wake*, University of California Press, 1977.
(8) Clive Hart : *Structure and Motif in Finnegans Wake*, Faber and Faber, 1962, p.131.
(9) W.Y. Tindall : *A Reader's Guide to Finnegans Wake*, Farrar, Straus and Giroux, 1969, p.188.
(10) Bernard Benstock : *Joyce-Again's Wake*, University of Washington Press, 1965, xxi.
(11) Clive Hart : op. cit., p.158.

(12) Richard Ellmann : *James Joyce*, p.398.

(13) Roland McHugh in *Atti del Third International James Joyce Symposium*, Trieste • Univessità degli Studi, 1974, p.312.

(14) Marguerite Quintelli-Neary : *Folklore and the Fantastic in Twelve Modern Irish Novels*, Greenwood Press, 1997, p.60.

(15) Richard Ellmann : *James Joyce*, p.398.

(16) Edward A. Kopper Jr. : "Earwicker's Tavern Feast", M.H. Begnal and F. Senn (eds.) : *A Conceptual Guide to Finnegans Wake*, p.135.

(17) Richard Ellmann : *The Consciousness of Joyce*, Faber and Faber, 1977, p.89.

(18) David Pierce : "The Politics of *Finnegans Wake*", Patrick A. McCarthy (ed.) : *Critical Essays on James Joyce's Finnegans Wake*. G.K, Hall, 1992, p.245.

(19) Hugh Kenner : *A Colder Eye*, Allen Lane, 1983, p.229.

(20) David Peirce : op. cit., p.246.

(21) Richard Ellmann : *James Joyce*, p.397.

(22) Bernard Benstock : op. cit., p.172.

(23) Richard Ellmann (ed.) : *Selected Letters of James Joyce*, p.60.

(24) Richard Ellmann : *James Joyce*, p.398.

(25) Bernard Benstock : op. cit., p.171.

(26) Nathan Halper : *Studies in Joyce*, UMI Research Press, 1983, pp.9-14.

(27) Margot Norris : *The Decentered Universe of Finnegans Wake*, The Johns Hopkins University Press, 1976, p. 11.

(28) Marguerite Quintelli-Neary : op. cit., p.60.

(29) Vincent J. Cheng : "The General and the Sepoy", Patrick A. McCarthy (ed.) : *Critical Essays on James Joyce's Finnegans Wake*, p.255.

(30) James Joyce : "Ireland, Island of Saints and Sages", E. Mason and R. Ellmann (eds.) : *The Critical Writings of James Joyce*, The Viking Press, 1964, p.163.

(31) James Joyce : ibid., p.168.

(32) Vincent J. Cheng : op. cit., p.258.

(33) James Joyce : op. cit., p.161.

(34) Richard Ellmann : *James Joyce*, p.545.

(35) Umberto Eco : *Talking of Joyce*, University College Dublin Press, 1998, pp.37-38.

(36) Beryl Schlossman : *Joyce's Catholic Comedy of Language*, The University of Wisconsin Press, 1985, p.183.

(37) Brendan O Hehir and John M. Dillon : *A Classical Lexicon for Finnegans Wake*, University of California Press, 1977.

(38) Roland McHugh : op. cit.

(39) Robert Boyle, S.J. : "Miracle in Black Ink", Thomas F. Staley (ed.) : *Ulysses : Fifty Years*, Indiana University Press, 1974, p.56.

(40) E. Mason and R. Ellmann (eds.) : *The Critical Writings of James Joyce*, p.151.

(41) Jacques Mercanton : "The Hours of James Joyce", Willard Potts (ed.) : *Portraits of the Artist in Exile*, University of Washington Press, 1979, p.223.

(42) Breon Mitchel : "The Newer Alchemy", *A Wake Newslitter* New Series Vol. III, No. 5, Oct. 1966, pp.101-102.

(43) Seamas Deane : *Celtic Revivals*, Wake Forest University Press, 1985, p.100.

（44）Seamus Deane : “Joyce the Irishman”, Derek Attridge (ed.) : *The Cambridge Companion to James Joyce*, Cambridge University Press, 1990, p.50.

（45）Richard Ellmann : *James Joyce*, p.3.

（46）Colin MacCabe : *James Joyce and the Revolution of the Word*, Macmillan, 1978, p.148.

第一二章　文芸復興と近代小説における想像性
――ジョージ・ムアを中心に――

北　文美子

一　文芸復興と小説

一九世紀末から二〇世紀にかけて、アイルランドで起こった文芸復興運動を眺めてみると、あるひとつのパラドックスに気づくことであろう。アイルランド文芸復興期は、詩人イェイツ（W.B. Yeats, 1865–1939）らを中心として、アイルランドの歴史や文学の伝統が再検討された時代であった。過去への追憶はさまざまなかたちを取って表現されたが、なかでも詩と演劇という形式はとりわけ重要な役割を果たした。その一方で、文学のもうひとつのジャンルともいえる小説は、文芸復興との関わりのなかではあまり高く評価されることはなかった。事実、アイルランド文芸復興という時代に立ち会ったアーネスト・ボイド（Ernest Boyd）は、文芸復興を解説する最も初期の研究書である『アイルランドの文芸復興』（*Ireland's Literary Renaissance*, 1916）において、小説は文芸復興の弱点であると定義している。文芸復興期の詩と戯曲の多くが、少なからずオグレイディ（Standish O'Grady, 1832–1915）やグレゴリー夫人（Lady Gregory, 1852–1932）の散文作品に影響されたことは否定しがたいものの、小説というジャンルはあまり脚光を浴びることなく、時代の欠如として捉えられてしまう。文芸復興運動は、散文を出発点としたものの散文は決して開花することがなかったとする逆説的な見方がなべて一般化した。

小説の役割に対するこのような見解は、ボイド以降の研究にも連綿と受け継がれていく。一九五〇年ベネディクト・カイリー（Benedict Kiely）による『アイルランド近代小説、その批評』（*Modern Irish Fiction—A Critique*, 1950）においては、一九二〇年代から五〇年代現在までの小説の展開を概観しているが、文芸復興期はその時代設定からもわかるように、その考察対象からはずされている。また、同じく一九五〇年に出版されたトマス・フラナガン（Thomas Flanagan）による『アイルランドの小説家　一八〇〇―一八五〇』（*The Irish Novelists*, 1800-1850）では、アイルランドにおける一九世紀前半の散文作品は一九世紀後半へと繋がる文学伝統を形成するに至らなかったと結論づけている。二〇世紀における小説家ジェイムズ・ジョイス（James Joyce, 1882-1941）の作品は、アイルランドの散文伝統の流れを負うものではなく、むしろヨーロッパの散文伝統を継承するものであり、小説の流れは一八五〇年前後大飢饉を境にその発展が断絶されてしまったと分析する。近代社会の発展と不可分な関係にある小説という文学形式は、アイルランドの近代化を大きく後退させた大飢饉以降の社会状況を反映し、未発達のままその終焉を迎え、その再生はジョイスを待たなければならなかったという。

しかしながら、一九八〇年代後半になって初めて本格的なアイルランド文芸復興期を視野に入れた散文研究が行われることになる。J・W・フォスター（J.W. Foster）は、ボイドによる小説に向けられた過小評価を覆すべく、『アイルランド文芸復興期の散文』（*Fictions of the Irish Literary Revivals*, 1987）において、ジョージ・ムア（George Moore, 1852-1933）など文芸復興との関わりの深かった小説家の作品を積極的に評価している。また、ジェイムズ・カハラン（James Cahalan）は、『アイルランドの小説』（*The Irish Novel*, 1988）において、トマス・フラナガンの分析に異論を唱え、一九世紀から二〇世紀にいたる散文の伝統を新たに定義し直すべく、一九世紀以降の多くの小説家とその作品を紹介した。いずれの研究も、詩と演劇の背後で影が薄かったアイルランドの散文の伝統を照射し、その裾野の広がりと豊かさを私たちに伝えている。アイルランド文芸復興期の文学は詩と演劇だけではない。結果として、八〇年代後半以降の研究においては、もはや小説が文芸復興の弱点であったといった論調や、散文伝統の不連続性を強調する論旨は消えていった。

にもかかわらず、文芸復興という時代の文学を再考するにあたっては、なお小説をめぐって別の問題が浮上してくる。

文芸復興は、そもそもその時期の文芸活動がひとつの運動として認識された背景には、その活動を貫く共通となる理念が存在していたはずである。遠い定めがたい過去のアイルランドの衰運に思いを馳せる文芸復興の担い手たちの眼には、神話のうちのアイルランド英雄時代は、おしなべて人文主義的な理想を体現したものであり、あらゆる点において植民地のアイルランドよりすぐれたものだった。彼らのもとでは、実証的な歴史理解は放棄され、古代アイルランド社会の没落は、イギリスとの戦いの敗北に起因するといった考え方が支配的である。むろん、存在したかもわからぬ過去への遡行は、独立への挫折を痛いほど味わされていた当時のアイルランドの社会的不安が反映されていたことは明らかであって、文芸復興の映し出した光輝なる憧憬は、いわば疲弊した社会の現実と表裏一体となっていた。リバイバル、すなわち「再生」とは畢竟衰退を鋭敏に察知していた人々による危機意識のあらわれであり、こうした危機感を伴った再生への意志が文芸復興期の共通理念のほかならぬ柱であった。そして、この「再生」という共通した認識は、おおむねイェイツやシングに代表される詩と戯曲、ジョージ・ムアに代表される小説との間には、その捉え方に多分に隔たりが見られる。前者のベクトルが古代あるいは歴史感覚の解除された舞台を通してその想像力の解放がなされたのに対して、後者のベクトルは現在に向かっており、あくまでもその舞台は近代社会あるいは近代化の波に飲み込まれつつある社会に留まった。

こうした文芸復興という時代の文学を考察するにあっては、確かにフォスター、カハランの研究成果により小説の復権は果たされてはいるものの、それぞれの作品を超えた小説というジャンルの検討も必要となってくることと思われる。「再生」という共通理念を掲げながら、再生の表出は小説において独自の発展を遂げている。フォスターが『アイルランド文芸復興期の散文』において、あえて小説だけを取り出して考察したのは、おそらくボイドやその後の研究の妥当性を疑問視したがためばかりではあるまい。文芸復興期と呼ばれる時代の求めた「再生」のあり方と、小説が主題とした再生との間には微妙なずれがあったのではないだろうか。文芸復興の求めた再生とは、アイルランドの被った歴史的な外傷を克服する願望の表れでもあったが、近代小説の描き出す赤裸々な現実は、夢が投影されるべき場所にはあまりにもそぐわなかった。アイルランド文芸復興が、一方でヨーロッパ大陸をも含めた壮大な「ケルト」の神話空間を敷衍し、ケルト復興と命名された由縁を思うと、多くの小説にあらわれる疲弊し閉塞したアイルランドの社会像は、全く対照的な精神の所産と言える。つまり、文芸復興運動を仔細に眺めてみると、「ケルト」に象徴されるような神秘を惹起する想像性とは一線を画する小説世界につきあたるのである。

本章では、したがって、文芸復興という時代の精神風景を素描するにあたって、意識的に文芸復興に関わり、作品を生み出した小説家ジョージ・ムアに焦点をあて、その作品を検討するとともに、近代の産物といわれるこうした小説が、いかなる点において時代精神と共鳴しあい、またいかなる点において齟齬を引き起こしたのかを検討してみたい。必ずしも全く慎重でなかったわけではない、文芸復興の証人たるボイドをして、弱点と言わしめた小説というジャンルの位置を、小説の復権が果たされた現在、再度確認するということもあながち無駄な作業でもあるまい。時代思潮に反駁した想像力がいかなるものであったかを見極めることによって、逆に文芸復興そのものを透視できればよいと思う。

二　文芸復興と小説家ジョージ・ムア

エドワードは出し抜けに言った。「ダブリンはもう弁護士や、判事、役人などがつまらない利益に奔走し、とるに足らない娯楽に興じるような、そんな都市じゃないんだ、ケルト復興の首都なんだ」(1)。

自伝的な作品『出会いと別れ』(*Hail and Farewell*, 1911-14) においてジョージ・ムアは、アイルランド文芸座創設を企てていた、いとこでもあり、また戯曲家でもあるエドワード・マーティン (Edward Martin, 1859-1923) と詩人W・B・イェイツが、ロンドンの自宅を訪れたおりの様子を伝えている。マーティンは、ダブリンを中心とした文化再生の気運をケルト復興と呼び、民族古来の文化を復興する媒体として文芸座の必要性を主張し、ムアの協力を要請する。同じくイェイツもまたアイルランドに古くから伝えられている幻想的な物語の想像性に触れ、その記憶を表現することのできる芸術の役割と表現の場である文芸座の必要性を力説する。復興のさらなる進展を熱望するこれら二人の客人に対して、主人であるムアは、「ダブリンに文芸座を設立することは、働き手であるラバに休暇を与えるようなものだ」と皮肉にも答える。自らが企画に加わったロンドン、インディペンデント座での公演の失敗に再三言及しながら、ダブリンに文芸座を設立するという彼らの企てすべてが徒労に終わってしまうであろうと、当初あからさまに牽制する。

しかしながら、諧謔家であるムアではあるものの、アイルランドにおける新しい芸術運動の萌しには無頓着ではいられなかった。フランスにおいて生活していたおりにも、ムアは友人でもあった詩人マラルメを介して、おおくの新たなる芸術活動の担い手たちとの親交を積極的に深めていた。象徴派の詩人はもちろんのこと、ゾラのような自然主義の小説家、またマネ、ドガ、ピサロ、ルノワールといった印象派の画家たちがその中に含まれている。一九世紀末のフランスにおける芸術活動の新たなる息吹を察知し、その動きに敏感であったムアは、フランスを去った後イングランドにおいて、いち早く印象派絵画の評論を出版するが、それは、当時イングランドにおける最も初期の印象派絵画の紹介であった。「すべての新たなる芸術活動には自然と食指が動かされる」という言葉通り、確実になにかがアイルランドで変わりつつあるという予感は、いやが上にもムアを刺激せずにはおかなかった。ムアは、結局、マーティンとイェイツの申し出に対して、躊躇しながらも、協力する意向を伝える。

このマーティンとイェイツの訪問は、ジョージ・ムアにとって、大きな転機となり、のちにアイルランド文芸復興との関わりを深めるきっかけとなる。一八九九年、ムアはイェイツ、マーティンに次いで、三人目の演出家として文芸座に迎えられた。一九〇一年には、イングランドを去ってアイルランドに定住し、以後一〇年間ダブリンにおいて、まさに文芸復興の真っ只中で彼は作品を創作する。ジョージ・ムアの研究者でもあるロバート・ウェルチは「ケルト復興こそがまさに、ムアがアイルランドに再び帰郷した理由であったとともに、再び国を離れることになった原因でもあった。(2)」と述べているが、その過程は『出会いと別れ』における「出会い」(‘Ave’)「幸あれ」(‘Salve’)「別れ」(‘Vale’)という散文三部作の構成そのものからも、その変遷をうかがうことができる。最終的には新たなるエグザイルを求め、アイルランドを旅立ってしまうものの、文芸復興期の芸術家たちの抱いた「再生」への漠然とした期待感はムアの心を捉えていく。世紀の変わり目に、文芸復興に立ち会うべくしてアイルランドに帰郷したムアは、新しい時代への萌芽を看取し、文芸復興の時代精神を呼吸しながら独自の小説空間を確立する。文芸復興と最も深く、しかも意識的に関わった小説家である彼の作品の中ではいかなる「再生」が模索され、表現されていったのかを辿ることは興味深い。

ジョージ・ムアにとって、「再生」とはまず、アイルランドのもともとの言語であったアイルランド語の復活という具体的な問題を意味した。とはいえ、彼自身はアイルランド語を学ぶことにはそれほど積極的ではなく、年齢を理由にしてはいたものの、当初より言語獲得への深い挫折感を味わっていた。苦肉の策として、ムアは英語で書いた自分の作品をアイルランド語に翻訳することを依頼し、翻訳されたアイルランド語版の作品を出版することで、アイルランド語の普及に一役買おうと考える。また、文芸復興の擁護者であったジョン・エグリントン（John Eglinton, 1868–1961）はムアに、ツルゲーネフの『猟人日記』に倣い、アイルランドについての小説を書くように促したが、ツルゲーネフの心酔者でもあった彼は気を良くし、さらにその決心を固めていくことになる。ムアの短編集『未耕地』（*The Untilled Field*, 1905）は、このような経緯から執筆が始められ、ティア・ドノヒュー（Tiagh Donoghue）がアイルランド語への翻訳を担当し、一九〇二年イエズス会の定期刊行物『ニュー・アイルランド・レビュー』（*The New Ireland Review*）に三作品「婚礼の服」（'An Guna Phosta'）「寄付」（'An Deirc'）「事務員の探求」（'Toir Mhic Ui Dhiomasuigh'）が発表される。これらの作品は当初の思惑としては、アイルランド語の学習者を対象としたテキストとして一冊の本にまとめられる予定であった。しかしながら、数作品のみが収められたアイルランド語版の短編集、*T-ur-Gort, Spealta* が出版されただけで、最終的にはアイルランド語版としてではなく、英語版 *The Untilled Field* として一五の作品を収めた短編集が出版された。アイルランド語版の成立することのなかった理由としては、『ニュー・アイルランド・レビュー』の編集者が、ムアのその後の作品、とりわけ「ホームシックネス」（'Home-Sickness'）と「エグザイル」（'Exile'）の内容に問題があると判断し、雑誌への掲載を中止したためであった。

皮肉なことに、英語版の『未耕地』では、この問題となった「エグザイル」が巻頭に、次いで「ホームシックネス」が二番目に配置されている。ともに、アメリカへの移民を主題としながら、移民を生み出さざるをえないアイルランドの社会状況、及びその中で生活を営む人々の閉塞的な人間関係が描き出されている。また、貧しい閉ざされた共同体の中で、さらにその人々の自由を制約する対象として、厳格なカトリックの神父たちが登場する。彼らは、一応に伝統的な社会規範を固執し、自由な生き方、特に自由な恋愛および性的な衝動に対して不寛容である。変化を望むことなく、あくまでも保守的である彼らの姿は、自立する個人を疎外する社会の有様を象徴しており、その内容を『ニュー・アイルランド・レビュー』の編集者が疑問視するのも無理からぬことであった。アイルランド語の作品を通して、彼らが求めたものは、アイルランドにおける豊かな伝統の回復と、その結果として自信を得た社会の統合と、次世代を担う若年層の育成であった。したがって、アイルランド社会の抱える問題を強調し、しかもカトリック神父をその批判の対象とすることは、決して望ましいことではなかった。

ダブリンにとどまり、文芸復興を絶えず意識してはいたものの、ムアがアイルランドの社会に見出すものは、個人の自由に不寛容な社会構造であり、その原因のひとつとして宗教の拘束性が執拗に描写される。貧しく、沈鬱な村社会で、人々は運命を甘受し、希望のない生活を送っている。さらに、その生活を呪縛するかのように道徳秩序を固守し、連帯の結束をはかろうとする聖職者たちと、彼らに盲目的につき従う受動的な村人たちの姿は、なべてムアの文学において同居している。

人々は、疑うことなく司祭の意見を受け入れ、その言葉に耳を傾けていた。彼らの哀しむべき服従は、宗教的な権威に固執する旧来の人々の服従心を示していた。ブライデンは、彼の周囲にいるこの人々の弱さと無力さを、彼がアメリカで出会った人々のもつ近代的な性急さ、冷ややかな活力と較べてみた。(3)

『未耕地』に収められた「ホームシックネス」において、アメリカに移民し、アイルランドに一三年ぶりに戻ったブライデンの目には、アイルランド社会の後進性は目を覆うばかりであった。村は貧しさの重みで押し殺されんばかりになっており、共同体の秩序維持のために、個人の自由を滅却し全体を慮る人々の生き方は、どうしようもないまでの袋小路を表していた。閉ざされ意気消沈する不毛な社会像と、宗教上の権威への辛辣な批判は、ムアの小説において常に反復される通奏低音として響いている。

ジョージ・ムアのキリスト教、特にカトリックに対する態度は実生活においても極端である。ムアは、一八五二年メイオー州の領主の長男としてムア・ホールに生まれたカトリック教徒であったが、『未耕地』が出版された一九〇三年には、アイリッシュ・タイムズ紙上でわざわざプロテスタントへの改宗を宣言する。彼のこの行動は周囲に大きな衝撃をあたえたが、その衝動的とも呼べる無計画さゆえに、とりわけ家族からは大いに顰蹙を買った。もともと、その自伝においても、成績不振で学校を退学させられたにもかかわらず、その学業断念の理由を、年齢の離れた使用人との恋愛沙汰だとうそぶいてみたり、また、文芸復興に関心を寄せイングランドを去るおりにも、それはブーア戦争に対するイギリスの関与を批判する政治行動だと吹聴してはばからなかったムアである。カトリックからプロテスタントへのこの改宗騒ぎも実質上生活のうえではなんらの変化もなく、ムアらしい奇を衒ったスタンド・プレイであるという見方がおおかたである。ムアの宗教への態度は、確かに辛辣かつ執拗であるものの、その内容は極めて曖昧であるということは注目すべきであろう。事実、彼の小説においては、聖職者たちの描き方は、表面上、ゾラ風の自然主義の手法を取り入れて、その威圧的な振る舞いを告発しているようには見えるものの、仔細を眺めてみると、それは近代社会の価値観と拮抗する伝統社会の諸条件を象徴しているにすぎない。

『未耕地』の序文においてムアはその作品の成立過程について、「自己表現を追及するのではなく、後の世代に「規範」をあたえることを願っていた」(4)と述べている。彼の言葉は、捉え方によっては、大衆教化を自認する鼻持ちならない啓蒙主義者の発言ともとれないこともない。しかしながら、「ホームシックネス」のように聖職者の存在を通して描かれた村社会において、その帰属を疑問視し、その葛藤に揺れ動く個人の心の素描は「啓蒙」と呼ぶには、あまりにも心もとない。「ホームシックネス」において、アメリカから帰郷を果たしたブライデンは、疲弊し行き詰まるアイルランドの共同体と、移民先のアメリカに象徴される近代社会の狭間に、ただ答えを持たずに立ちずさんでいるにすぎない。移民先としてのアメリカは、ムアの作品ではプロットの背後にたびたび現れるが、それは聖職者たちが伝統社会を象徴していたのと同じような意味で、近代化を遂げた物質主義社会を象徴していると言える。ムアの作品においては、アメリカでの生活の細部は決して描かれることはなく、「ホームシックネス」のブライデンのように、過去への郷愁を抱きながらも、強い喪失感、孤独感を深めていく近代的な個人の存在の意味こそが、まさにここでは問題になっている。タイトルが含んでいる二義性、「郷愁(home-sick)」「故郷への憂愁(sick of home)」に引き裂かれる個人こそが、不確定な近代という時代の「規範」、あるいは近代を生きていく条件であるとムアは考えたのであろう。文芸復興における「再生」という理念を共有しながらも、ムアは衰微に直面する共同体の伝統の再生あるいは創出を目指すのではなく、過渡期的な社会の移行に翻弄される個人の再生を主題とする。故郷への郷愁、憧憬に安住することができず、といって故郷の求心力から完全には解放されない、個人の「とまどい」の意味こそが問われているのである。

一方で、ムアに認められるアイルランド語に対する期待感は、言語が古い民族の記憶を宿しているという一九世紀的な国民国家を背景とした言語系統論を想起させずにはおかないのもまた事実ではある。それは、言語の再生と民族の再生が分かちがたく結びつき、各土着言語がもつ啓示的な役割を強調するという汎ヨーロッパ的なロマン主義の風土を彷彿させる。事実、ムアは、「アイルランド語から訳し出された英語がなぜ素晴らしいのか」という問いをたてて、「それは、私たちの生活を彩る多くの偉大なる神秘のひとつと言える」[5]と彼の考えるアイルランド語の特性といったものを臆面もなく語っている。『未耕地』の出版事情からも明らかなように、表現媒体としてのアイルランド語の可能性といったものに、人一倍強い関心をムアは抱いてはいた。しかしながら、彼の小説では、その言語のもつという「神秘性」は、筋の展開にさほど大きな影響を与えているとはいえない。つまり、彼の散文においては、民族が集団としてもつ記憶を助長するような「豊かな」物語が形成されるのではなく、むしろ、伝統的な社会から近代社会へと移行する中で、ふたつの異なった社会形態の狭間で、一方では自由を願望し、そのもう一方ではその解放の重荷を背負った個人に焦点があてられている。アイルランド語での作品の掲載が中止されたのち、ムアは英語だけで執筆を行い、その過程で音楽の韻律概念を取り入れた「韻律法」(melodic line)「示導動機」(leitmotif) といった手法を自家薬籠中のものとして、新たなる表現を確立していく。おそらく、ムアにとってアイルランド語の再生、復活への関心というのは、言語自体の普及もさることながら、その背後にはムア自身の文体の模索という個人的な芸術の再生をも含意されており、加えてそのプロットを通して伝統の重力にむしろ抗いながら生きる「個人の再生」が描かれていたと言えよう。

短編集『未耕地』の後に出版された長編『湖』(*The Lake*, 1905) でも、共同体の閉塞性を重荷に感じながら、離脱を求める個人の葛藤が主題となる。一九〇五年に初版が出版された『湖』は、もともと『未耕地』に収められるはずの短編小説として書き始められたのであるが、予想以上に内容が膨らみ、最終的には独立したひとつの長編小説として出版された。このような事情から、『未耕地』と『湖』との間の主題の共通性は高く、また『湖』の場合は長編小説であるということも手伝って、ムアの提起するテーマを比較的辿りやすい。『湖』では、自由闊達に生きるひとりの女性との出会いを通して、彼女の生きざまに感化され、ついには自らの教区を離れ、アメリカへの移民を決意する神父が主人公となる。「ホームシックネス」のブライデンのように、『湖』のゴガティ神父は、ひとりの女性の介在により、二つの異なる社会の価値観の間で苦悩する。彼の心の葛藤は、彼がしばしば訪れる村の湖の表情に反映される。刻々と移り変わる湖の姿は、平滑かつ流麗な「旋律法」(melodic line) を包合する文体を通し、神父ゴガティの揺れ動く心のさまを見事に映し出している。多少長くなるが原文とともに引用してみよう。

「だめだ、だめだ、来る年も来る年もここに留まることはできない。死ぬまでここにいて、あの湖を見ているなんて。そんなことには耐えられない。去ってしまおう。母国であろうと外国であろうと、旅路であろうと習慣的な日常の中であろうと、どこで生活を送るかは、とどのつまり問題ではないのだ。留まるべきか、去るべきか、それだけが問題なんだ。」

彼は林に向かい、胸の思いから逃れるべく、あてどもなく歩いた。そうしながら、木々の葉や飛びたつ鳥の様子を愛で、ドルイドの祭壇とも思われるような古い石の傍らに立ち止まった。一時間ののち、再びハシバミの木々のあいだをゆっくりと歩き、移り変わりこそが人生の定めなのだと、思いをめぐらせていた。その瞬間、ワタリガラスの群れが、輝く湖に舞い降り、羽をばたつかせながら、古城にとまった。彼は再び考えをまとめようとあれこれ考えあぐねたが、つい今しがた思いあたったことこそが、常に最良の決断ではないかと考えた。

'No, no, I cannot stay here year after year! I cannot stay here till I die, seeing that lake always. I couldn't bear it. I am going. It matters little to me whether life is to be found at home or abroad, in adventure or in habits and customs. One thing matters – do I stay or go?'

He turned into the woods and walked aimlessly, trying to escape from his thoughts, and to do so he admired the pattern of the leaves, the flight of the birds, and he stopped by the old stones that may have been Druid altars; and he came back an hour after, walking slowly through the hazel-stems, thinking that the law of change is the law of life. At that moment the cormorants were coming down the glittering lake to their roost. With a flutter of wings they perched on the old castle, and his mind continued to formulate arguments, and the last always seemed the best.(6)

ハシバミの木々に囲まれ光輝く美しい湖は、故郷の原風景として描かれている。伝統の桎梏を逃れ自由になることを求めながらも、ゴガティは湖のある森の中をさまよい、その自然を愛でている。しかしながら、周りに広がる自然の風景はすでに実際の距離以上に彼から遠ざかっており、それはまるでひとつのノスタルジアであるかのように、風景と心象が交錯している。故郷そのものである湖は、もはや実際の風景として存在することをやめ、彼の心の動きを反映する鏡像としてのみ存在している。

最終的にアメリカへの移民を決意した神父ゴガティは、教区の人々に動揺を与えないようにという計らいから、事故死を装うために湖を泳いで渡ることにする。湖の一方に聖職者としての衣を脱ぎ捨てたゴガティは、対岸まで泳ぎきり、用意してあった別の服へと着替えを行う。それは、彼にとって克服すべきイニシエーションであり、また新たなる生を得るための洗礼でもあった。アメリカへと向かう蒸気船の中で波打つ水面を眺めながら、彼の意識もまた水の流れのようにたゆとうていく。

蒸気船のデッキで、彼は荒々しい波ごしに湖の漣を聞いていた。「誰の心の中にも湖が存在するんだ」彼は言った。「その単調なざわめきを来る年も来る年も聞きながら、遂にはその身を振り切るまで、その響きはますます耳から離れることがない」(7)。

決してもう二度と目にすることのない湖は、映像として彼の記憶に留められていく。実際の風景である湖からは、かろうじて逃れることができるものの、残像として記憶にとどまる湖は彼の心から決して去ることはない。記憶としての故郷、郷愁に対して、私たちは無力である。個人の再生は、社会における個人としての自由をすえなおすことにより達成されるものであるが、その一方で、帰属を失った孤独感、そして帰属していた風景への郷愁に私たちは耐えていかなければならない。物質主義と商業主義が支配的な、過去や伝統の重さがほとんどすべて古ぼけてみえる近代社会アメリカは、一瞬、個人の自由を尊重する理想的な社会という風に提示はされるものの、ゴガティを通して私達が真に出会うのは、自由を求めながらも消しがたい郷愁にとまどう人間の姿だと言えよう。ムアの小説においては、「再生」とは伝統の回復による救済というたぐいのものではなく、過去との断絶をはかり、帰属を失った後の生の稀薄さと向き合い、その郷愁に耐える個人の在りかたを示しているのにほかならない。

『湖』の執筆後、ムアは再びアイルランドを去ることを決意する。文芸復興期という時代が喚起した「再生」に触発され、アイルランドに帰郷したものの、ムアが生み出した小説空間は、彼の描いた登場人物たち同様に、結果としてムアを新たなるエグザイルへと導くことになる。一九一一年にダブリンを離れたムアは、一九三三年に没するまでイングランドに暮らした。その間、メイオー州のムア・ホールは、一九二三年アイルランドでの内戦の最中に、IRAの焼き討ちによって焼失してしまい、以降ムアは、ほとんどアイルランドを訪れることなくイングランドで亡する。しかしながら、ムアの死後その遺言に従って、彼の遺灰はムア・ホールに程近いカラ湖に浮かぶ小島カースル・アイランドに埋められることになる。故国を離れたムアが最後に安住の地に選んだカースル・アイランドは、皮肉にもムアの小説『湖』のモデルであり、神父ゴガティの脳裏から離れることのなかったあの湖に浮かぶ小島であったという。

三　小説というジャンル——反‐文芸復興《カウンター・リバイバル》への布石

文芸復興という時代を形成した文学について考えるにあたり、さしあたってまず問題となるのは、一体なにを「復興」あるいは「再生」したかということにある。文芸復興に積極的に関わるべく帰郷した小説家ムアの場合には、私たちが見てきたように、民族、歴史、あるいは文化というような概念の総体にその関心が向けられているというよりも、むしろ現実社会における個人の生き方そのものが、彼の小説においては問題となっていた。ジョージ・ムアは、イェイツと並んで文芸復興のオピニオン・リーダーであったジョージ・ラッセル（AE）(George Russell, 1867–1935) に強い影響を受け、彼の主宰する神智学の集まりにも参加していたが、エイ・イーの主張する再生とはムアのものとかなり異なっている。

我々の理想を反映し、翳りをおびた黎明から我々の民族に徐々に芽生えつつある国家の魂を体現することのできるような社会秩序をアイルランドに形成するために、我々は自由を希求するのだ。(8)

神秘主義者、エイ・イーらしい言葉ではあるが、彼にとっては再生とはアイルランド民族が集団としてもつ古い記憶を新たに顕在させ、その精神性のもとに社会を再編成することであった。彼の言説においては、「魂」がなににもまして強調され、具体性よりも精神的高揚感が先行する。失われた詩人、聖者、英雄たちの住む黄金時代を再び取り戻すべく、歴史と幻想とが不可分に混ざり合う。

一方、文芸復興の再生気運に影響を受けながらも、ジョージ・ムアの小説においては、文芸復興の表象とも言うべきフィクショナルな過去は、はたして形成されることはなく、むしろ個としての人間に焦点が当てられている。文芸復興に関与すべく意図し、しかもその渦中で作品を生み出したのにもかかわらず、ムアの小説は文芸復興の理念を相補するような内容ではなかった。逆に、その理念との間に齟齬を生じさせてしまうような創造性の産物であったと言いかえることもできる。おそらく、このことは、確かに一方では、ムア個人の気質に帰着させることもできないわけではない。しかしながら、ムアが信奉するツルゲーネフがそうであったように、詩、戯曲に着手した後、最終的に選択した小説という表現形式の特性そのものにも、その一方で注目していく必要性もあるのではないだろうか。

小説という文学ジャンルは、そもそも文学史上新しい表現形式として、近代市民社会の成立とともに確立した分野であると捉えられている。それは、近代という時代にあって、古典的な修辞学から解放され、個の視点に立脚した創造空間の構築を促し、その精神的な背景としては近代自我の成立が指摘される。小説の成立に関する古典ともいえる『小説の勃興』(*The Rise of the Novel*, 1957) の中で、イアン・ワット (Ian Watt) は従来の文学形式との相違に触れながら、小説の登場した過程を次のように考察する。

> 現実を表現する究極の媒体として、個人の経験が、共有された伝統に取って代わるという傾向がますます強く認められるようになった。この移行は、小説の勃興における、一般的かつ文化的な背景を形成するうえで重要な役割を果たしているように思われる。(9)

「共有される伝統」、すなわち伝統的な規範に代わり、個の感受性が小説においては重視される。ワットは小説の成立は、デカルトやロックなどによる主体の概念の確立にその起源があり、古典作品の前提となっていた伝統的な価値観が小説によって多様化されたと述べている。彼は、また、小説の提示する多様性は近代社会における中産階級の興隆と関連があるとし、伝統的な社会規範にとらわれない市民の成長によって、小説を消費する読者層が形成されたと分析する。ワットは小説というジャンルを、普遍主義的な価値観に対して相対的な視点を、一元的な世界像に対しては多元的なイメージをあたえることのできる媒体として、一八世紀以降の小説の役割を積極的に評価した。

一方、小説の文学史上の位置付けに対しては、ワットと同じ着眼をもちながら、哲学者であり美学者であるジョルジ・ルカーチ（Gyorgy Lukacs）は、小説の形式は、叙事詩の描く自然的、有機的な世界を失った「故郷喪失の表現」であるとの見方をする。ヘーゲルの『美学講義』を敷衍しながら、彼は、古代ギリシャ世界とその世界が生んだ叙事詩との関係を、完結性を伴った調和的な関係と定義し、その一方で「小説は市民社会の叙事詩である」というヘーゲルの規定を借りながら、小説の誕生の土壌をこう説明する。

> 小説は生の外延的な総体性が、もはやまごうかたなき明瞭さをもって与えられていない時代の叙事詩である。それは、意味の生内在が問題化してしまった時代にもかかわらず、総体性への志向をもつ時代の叙事詩である。(10)

ワットが、小説形式のなかに、個人という視点に依拠しながら、逆に複眼的なイメージを抱懐する可能性を認めた一方、ルカーチは、近代的自我が世界との調和を乱し、その亀裂こそが小説成立の機縁となったと主張する。ここで私達が問題にしなければならないのは、両者の論理的な帰結が、一見正反対であるのにもかかわらず、問題の所在は同一であるということである。すなわち、小説という形式が、近代の原風景とも言うべき個別化した、あるいは多様化した社会を基盤としており、その原理は普遍性ではなく、あくまでも特殊性と連動しているということである。

ひとつの例を挙げよう。哲学者であり、精神科医でもあるフェディ・ベンスラマ（Fethi Benslama）はこの特殊性に根ざした近代小説の意味合いを、サルマン・ラシュディ（Salman Rushdie, 1947-）の小説『悪魔の詩』（*The Satanic Verse*, 1989）が巻き起こした事件を引き合いにだしながら、興味深い分析を行っている。ラシュディによる『悪魔の詩』は、その内容がイスラム教の預言者ムハンマドをあからさまに冒瀆するものであると見なされ、作者であるラシュディ自身がイスラムの宗教指導者から死刑宣告を受けるという前代未聞の事件にまで発展した。文学と社会がこれほどまでに直接的に、しかも極端に摩擦を起こした例外的な出来事をここで持ち出すのは、あまりに唐突であるかもしれない。しかしながら、ヨーロッパを中心に世界中の知識人たちが、イスラム原理主義の蒙昧を説き、「表現の自由」の名のもとに小説の絶対的な擁護を一様に求めたのに対して、ベンスラマは小説の起源そのものに立ち戻りながら、事の核心を鋭く示唆している。

ベンスラマの指摘によれば、この事件を本質的に理解するには、近代小説そのものの誕生にひそむ災厄を確認する必要があるという。結論を先に言ってしまえば、彼は、近代小説の虚構性が共同体の神話を成立させる共同基盤を粉砕してしまい、神話の分有、すなわち個別化を著しく促進させてしまったと解釈する。神話の途絶をめぐるジャン・リュック・ナンシーの共同体論を援用しながら、彼は近代小説の功罪をこう語る。

小説はそもそも近代の原光景ともいうべきもの、つまり、「父の神話のテクストという身体」の細分化とその無限の分有、から生ずる断片化の原理に発しているように思われる。小説が有罪だというのはこの意味においてだ。この原光景が、神話のない共同体を生み出した。もっと正確に言うなら、父の神話をもたない共同体、あるいは父の神話のテクストが断片化され、それが個人的で主観的な神話の断片と化してしまった共同体だ。小説はこのような神話の断

片的主題化、つまりは神話が共同性を失ったことの効果として生じている。(11)

「父の神話のテクストという身体」とは、ルカーチの「生の外延的な総体性」と呼ぶ事象と符号することがわかる。もちろん、ベンスラマは、小説という形式そのものを断罪し、ラシュディ事件におけるイスラム復興運動を支持する過激派の行為を弁護しようというわけではない。ただ、彼は、「表現の自由」のもとに不問とされてしまった小説の精神性、時代性を、あらためてその根源に遡及し、その役割を象徴的に断罪しているにすぎない。近代社会の成立とほぼ軌を一にして現われた近代小説の誕生の外傷がここでは問題になっている。

ワット、ルカーチ、ベンスラマの小説理論からうかがえる以上のような小説の属性は、ジョージ・ムアに代表されるアイルランド復興期の小説作品が逢着した時代との違和感を考察するうえで、少なくともなんらかの理解の糸口を与えてくれるように思われる。文芸復興という時代は、その理念から見ると、「アイルランド」であれ、「ケルト」であれ、「再生」という大義のもとで、過去との連続性、共有性が直線的に追求された時代であった。それは、国民国家の理想のもとで、あらゆる伝統が単一の「国籍」を担わされる時代であったとも言いかえられる。無論、文芸復興期の文学作品がすべて時代のイデオロギーを担うべく書かれたものではないということは自明の理であるが、その時代精神は、人が必ずしも意識していなくとも語らされてしまうたぐいのものとして主題化され、文芸復興期と呼ばれた時代区分の中に整理されたことは想像に難くない。国籍を付与され、起源神話の形成に文学が取りこまれる一方で、小説という形式は、その成立過程に反映されるように、おそらくその神話作用からかろうじてまぬがれる、あるいはそもそも相容れないスタイルを潜在的に内存しているようにも思われるのである。

文芸復興に当初より関わり、その「再生」という時代の要請に応答していったジョージ・ムアであるが、彼の小説空間でも、「再生」を志向する個別の要件が描き出されるのみで、求心的な伝統への回収は回避されている。主観的な立場から、社会における人間存在が照射され、その存在の「とまどい」が、アイルランドの荒れ果てた野や、閑散とした湖といった風景を介して表現される。それぞれの風景は、民族や国家の伝統と結びつくような壮大な象徴体系を形成することなく、あくまでも個人の記憶の断片として留まり続けている。ベンスラマの言葉を借りれば、「個人的で主観的な神話の断片」こそが、ムアの小説には流露している。文芸復興の見せた夢、「ケルティック・アイルランド」は、ここではその像を結ぶことはできない。

文芸復興期において、小説というジャンルが、その文芸思潮を代弁するような媒体となりえなかったということは、決して偶然ではない。このことはまた、反対に、その後の反-文芸復興《カウンター・リバイバル》において小説が果たした重要な役割を検討することによっても確認できる。反-文芸復興とは、端的に言えば、文芸復興の見せた夢から覚醒することにあったといえる。理想は現実に、希望は絶望にとって代わられ、クーフリンのような英雄は、これといってなんの取り柄もない小市民ブルームへと変容する。反-文芸復興では、小説の伝統は面目躍如たるものがある。ジョージ・ムアの『未耕地』から、ジェイムズ・ジョイスの『ダブリンの人びと』（*Dubliners*, 1914）を経て、フランク・オコナー（Frank O'Connor, 1903-66）の『国民の客』（*Guests of the Nation*, 1931）、サミュエル・ベケット（Samuel Beckett, 1906-89）の『蹴り損の棘もうけ』（*More Pricks than Kicks*, 1934）と、脱神話化を追求し、個人としての人間存在に肉薄した小説群が連綿と続く。反-文芸復興を強く意識し、その小説を書き始めたというフランク・オコナーは次のように証言している。

オフェイロンとわたしが作品を書きはじめたとき、私達はイェイツ、グレゴリー夫人、そしてシングなどの観念的、理想的、ロマン派的な文学に代って、ロシアの小説家を規範とするような文学を望んでいたのです。[12]

また、文学者テレンス・ブラウン（Terence Brown）は、彼オコナーを含めた反‐文芸復興運動の担い手たちの文学活動を次のように要約している。

オコナー、オースティン・クラーク、そしてオフェイロンにとってのアイルランドとは、詩人によって想像される「恐ろしく、かつ陽気」な土地などではなく、小説家の醒めた視線、鋭い風刺こそが、冴えない、反ロマン派的な現実を照射する上で、唯一のふさわしい文学的表現であるような国であった。(13)

小説という形式の受容が、文芸復興と反‐文芸復興とでは全く対照的であるということは興味深い。英雄時代の終焉とも呼べる反‐文芸復興期においては、文芸復興期の逸脱ともいえる小説が、その時代の欲望の根、すなわち、「アイルランド」あるいは「ケルト」という起源への共同幻想に対する懐疑を、よく表現しうる媒体となった。近代小説の誕生の外傷は、時代の移行の中でその明暗を分けていく。当初、時代の欠如として捉えられた文芸復興期における近代小説は、おそらく、文芸復興とそれに続く反‐文芸復興との双方を視野に入れることで、その位置をあらためて確認することができるのではないだろうか。

文芸復興とは、そもそもそれぞれの国や地域が、その固有の文化を誇った時代の所産であるが、その独自性を強調するあまりに、単一な側面から文芸伝統が検討されてしまうという傾向がある。「ケルティック・アイルランド」から発信された「ケルティック・リバイバル」は、たしかに土着の文化からインスピレーションを受けた多くの優れた作品を生み出したのは事実である。しかしながら、伝統の復活という観点にのみ立ち、その文学系譜を指摘するのであれば、時代思潮のスタイルに適合しないものは、そのすべてが、あたかも存在せぬがごとくに無視されてしまう。それは、冒頭で触れたアイルランドでのかつての文学研究において、文芸復興期の小説の評価がいかに低かったかを見れば、自ずとその経緯は理解されることであろう。したがって、反‐文芸復興への布石ともなっていった、ムアの作品に代表される文芸復興期の小説を再検討することは、文芸復興の多面性、多様性を理解することにもつながり、またその恣意性を見なおすきっかけになるのではないかと思う。

（1）George Moore, *Hail and Farewell*, London, Heinemann, 1914, p.77.
（2）Robert Welch (ed.), *The Way Back : George Moore's the Untilled Field & The Lake*, Wolfhound Press, 1982, p.36.
（3）George Moore, *The Untilled Field*, London, Heinemann, 1914, p.30.
（4）Ibid., p.xix.
（5）Ibid., p.xxi.
（6）George Moore, *The Lake*, Heinemann, 1932, pp.174-175.
（7）Ibid., p.179.
（8）George Russell(AE), 'Nationality and Imperialism' in *Ideals of Ireland*, ed. by Lady Gregory, New York, Lemma Publishing, 1973, p.18.
（9）Ian Watt, *The Rise of the Novel*, Chatto & Windus, 1957, p.14.
（10）ジョルジ・ルカーチ、原田義人、佐々木基一郎訳、『小説の理論』、筑摩書房、一九九四年、五六頁。
（11）フェディ・ベンスラマ、西谷修訳、『物騒なフィクション：起源の分有をめぐって』、筑摩書房、一九九四年、四八頁。
（12）Frank O'Connor, 'The Future of Irish Literature', *Horizon* 5, 1942, p.57.
（13）Terence Brown, *Ireland's Literature : Selected Essays*, Dublin, Lilliput Press, 1988, p.94.

第一三章　スコットランドと一九世紀末ケルト復興運動
――「フィオナ・マクラウド」ことウィリアム・シャープの場合――

松井優子

スコットランドの文学史において、一九世紀末の、いわゆる「ケルト復興」運動、あるいは「ケルトの薄明」と結びつけて考えられることが最も多いのは、「フィオナ・マクラウド」／ウィリアム・シャープではないだろうか。かれは、筆名と本名とを使い分け、一人二役を演じつつスコットランドのケルトを題材にした小説やエッセイを数多く発表していた。ところで、二〇世紀前半のスコティッシュ・ルネサンスを率いたクリストファー・マリー・グリーヴは、そのシャープについて、『スコティッシュ・チャップブック』誌の「随想」で以下のように述べている。この雑誌は、すでに『ノーザン・ナンバーズ』などでも見られたスコットランドの文芸復興の牽引役としての活動をグリーヴが本格的に開始させ、「ヒュー・マクダーミッド」を世に送り出すことにもなった雑誌である。

……悲しい思いとともに、『ケルトの竪琴』の序文が思い出される。そこでウィリアム・シャープはこう宣していた。『アイルランド全土は歌で燃え盛っている。……スコットランドは今一度、古きロマンスの国になろうとしている』と。かれは、時期尚早の熱意を込めて書いたのだった。[1]

そして、このあとグリーヴは、ケルト復興をその関心のひとつに掲げながら短命に終わった雑誌『ェヴァーグリーン』について遺憾の意を表しながら、「スコットランドの文芸復興は、守り通せない約束とわかったのだった」と続ける。ただし、それも「現在では状況は変わってきている」とし、スコットランドの文芸復興に向けてのかれ自身の青写真を開陳していくことになる。

右の引用で言及されている『ケルトの竪琴』とは、シャープの妻エリザベスらの編集による「ケルト」詩人のアンソロジーである。マクラウドの詩も多数採られているこの詩集は、編集はエリザベス担当とあるものの、その長文の「序」および詳細な「註」はウィリアムの手になるものだった。その註には、「マクラウド嬢は、スコットランドのケルティック・ルネッサンスと最も密接にかかわっている若手作家のひとりである」[2]と本人（と言ってもいいであろうが）によって記されており、すでにマクラウド名義の作品を多数発表していたシャープが、この運動に意識的・主体的に関与していたことがうかがわれる。

それにしても、「時期尚早の熱意を込めて書いた」というこの人物のケルト復興とはどのようなものであり、そしてそれは「守り通せない約束」とどのようにかかわっていたのだろうか。あるいは、そもそもそこに最初から守られるべき約束は存在していたのだろうか。こうした疑問を手がかりとして、「フィオナ・マクラウド」／ウイリアム・シャープと一九世紀末のスコットランドにおけるケルト復興運動とのかかわりについて考えていきたい。

一　スコットランドと「ケルト」

シャープ本人の活動について考察するまえに、まず、スコットランドにおいて「ケルト」が一般にどのような位置づけをされていたのか、それを見ておくことにしよう。「フィオナ・マクラウド」がその第一作『楽園』を発表したのと同じ一八九四年に出版され、連合王国や北米でベストセラーとなっていた「イアン・マクラレン」／ジョン・ワトスンの『美しき野ばらのやぶのそば』に、以下のような一節がある。現実逃避やステレオタイプ的な描写で批判されることも多い菜園派の作品だが、この場合は、それがかえって当時の一般的な「ケルト」の観念への手がかりを与えてくれる恰好のテクストとなってくれるのではないだろうか。問題の場面では、スコットランドの架空の「谷（glen）」ドラムトホティの天才少年ジョージ・ハウの葬儀に、大学時代の友人たちが参列に訪れる。いずれも「いかにもそのタイプの特徴をよく表している」二人なのだが、その一人が、

色黒で小柄、鋭く、火のような眼をした西部ケルト人だった。バラの漁師で、小作農の出身で、苦学しながらも、エディンバラでは哲学でゆうゆうと一番の成績を収めた。スコットランドの血とハイランドの血ほど互いに違っているものもなかったから、ジョージとロナルド・マクレインは、兄弟づきあいをしていたのだった。(3)

この一節では、「ケルト」は、島嶼部を含めた「ハイランド」と同一視されて扱われている。そして、この「ケルト」人の容貌や出身についてはかなり具体的に書かれていてわかりやすいのだが、気になるのは「スコットランドの血とハイランドの血」の違いについての記述である。これについては詳しい説明もなく、この部分だけでその内容がはっきりとわかるようには書かれていない。

そこで、この違いがそれこそステレオタイプ的に論じられている、同じマクラレンの『ケイト・カーネギーと牧師たち』に眼を向けてみよう。この作品は、『美しき野ばらのやぶのそば』の言わば続編で、舞台となる「谷」も同じで登場人物も重なるのだが、長く留守にしていたカーネギー将軍が外国で育った娘を連れて帰郷してくる

場面から始まるということもあって、スコットランドの文化の紹介や議論の場面が多くなっている。なかでも、新しく村にやってきたジャネット・マクファースンというハイランドの女性と、自由教会の若き牧師ジョン・カーマイケルとをめぐるエピソードをきっかけに、ハイランド人や社会をめぐって盛んな論議が交わされている。

このエピソードでは、ジャネットがいったんは夜の礼拝に参加しながら、カーマイケルが美しいテノールで賛美歌を独唱し始めると、途中で抜けてしまったことを、あとでカーマイケルが問いただす。カーマイケルの行為を「劇場」のようだと批判するジャネットに向かって、

カーマイケルは、スコットランド人らしく、人というものは論理で納得させられるものだと思いこみ、世の中には、とりわけケルト人の場合には、頭ではなく心にしたがって考えを決める人も多いのだということを忘れて、論じ始めた。(4)

かくしてカーマイケルの論理的説得は難航する。が、途中、ジャネットがハイランド出身であることに運よく気づいたかれは、実は自分の母親もハイランドの出で、自分のことを「イアン」と呼ぶこともあったのですよと、「心」に訴える作戦に出る。ジャネットはそれを聞いて「その氏族ならマクファースン家と一緒に四五年の蜂起に参加したはずだ」と、カーマイケルのねらいどおり態度を軟化させるのだ。そして、あなたはゲール語は話せるのかと尋ねてくるジャネットに、

「ほんの少しだけですが、マクファースンさん」、そう言うと、カーマイケルは三つの文を繰り返したが、言葉の上ではスコットランド人になっていたかれの母親から聞いて知っていたのは、その三つだけだったのだ。(一三六頁)

とはいえ、これで一気にカーマイケルの株は上がり、かれは無事ジャネットの「心」を勝ち得るのである。その後、次の章でこのエピソードを将軍やケイトに披露におよぶカーマイケルに向かって、

「してみると、ハイランド人は相変わらず氏族社会的なのだな」、と将軍は叫んだ。「スコットランドはここ半世紀ほどのあいだにずいぶんと変わったから、ハイランド人も感傷癖をなくして、実際的になったのではと思えるが。「ロウランドの文明は、四五年のあとではじめてハイランド・ラインを越えたにすぎんし、ケルト人をつくりかえるのには一三〇年では足りんだろう。スコットランドの教育や神学はうわべだけのもので、ひとかわめくったその下は生まれついたもとのままなのだな。（二三六頁）

先に「ハイランド人とスコットランド人との違いは、それぞれお気に入りの楽しみの違いだ」（二三五頁）と発言していた将軍だったが、ここでひとしきり、ハイランドと長老教会派をはじめとする宗教の話が続く。そこで、この章での議論を通して終始ハイランド側の姿勢を崩さない、知的なケイトが、ジャネットが宗教にたいして暗い考えを抱いているのは牧師たちのせいなのではないかと口にすると、カーマイケルは、「サクソンの宗教がよってたかってケルト人に厳しくあたって、ケルト人の宗教を歪めてしまったのですよ」と応じ、いかにもリベラル派のかれらしく、

「僕はハイランド人も気の毒だけれど、ロウランド人も似たような目にあっていると思いますよ。それに、カトリックだろうとプロテスタントだろうと、ハイランド人はみんな暗い気分になることがあるんです。これを表すゲール語があるんですが、僕ではちょっとわからなくて。

「なんと言うんだったかしら。南の人間なら、憂鬱と呼んで、肝臓のせいにすることでしょうが。南の者は、調子が悪いときはなんでもそのせいにしますからね。ですが、英語にはこの気分を表現することばはないんです、というのも、これは英語の経験（an English experience）にはないからなんですよ。僕の母もときどきこの気分に陥ることがあって、そのときはああいつものあれだな、とわかったものです。（一四三頁）

そしてこのあと、カーマイケルの「ケルト人の性質には、どこかしら女性的なところがある」（一四六頁）ということばで、話題はハイランド人から女性へと移っていく。

以上の引用は、スコットランドにおけるケルトについてどのようなことを示唆しているだろうか。ひとつには、まず何よりも「ケルト」は「ハイランド」と結びつけられ、「心」と「頭」、「未開」と「文明」という図式のなかで「スコットランド」と対比させられているということだろう。そして、その対比は、基本的にはハイランドとロウランドという一見地理的な区分、ないしは「ハイランド・ライン」によっているようだが、前者がハイランドとして限定的に定義されているのにたいして、後者の教育制度、宗教、言語などは単にロウランドとしてのみならず「スコットランド」に属するものとして提示されている。さらに問題を複雑にしているのが、「南の人間（Southerner）」という言葉だろう。これは「ゲール語話者」と「英語話者」との対比で用いられていて、イングランドも含めたロウランド以南の英語話者のすべてをも指しうる表現となっている。地図上のスコットランドには当然ながらハイランドも含まれているからには、マクラレンに見られるこの「スコットランド」の用法を見るかぎり、そこには何か概念上の「スコットランド」あるいは「ケルト」が想定されていると考えるべきだろう。

事実、このスコットランドとケルト、ロウランド、ハイランドを分ける線について、現代のスコットランド文化史家マリー・G・H・ピトックは次のように述べている。

スコットランドのハイランドとロウランドを分割する溝は、一四世紀後半から明らかとなり、宗教改革を通してあおられていったが、啓蒙期のスコットランドが、ロウランド・スコットランドを、ゲルマン的でチュートン的なイングランドの側に並ばせようとする歴史記述や文化理論を支持していくにつれて、さらに広がっていった。(5)

ここで特に想起されているのは、デイヴィッド・ヒュームやアダム・スミス、ウィリアム・ロバートスンらの著作だろう。さらに、現代のスコットランド史家、ウィリアム・ファーガスンも『スコットランド国民のアイデンティティ――歴史的探求』において同様に論じ、啓蒙期より少し時代がくだった

カーライルやかれと同時代の多くのスコットランドの歴史家たちの大目的は、スコットランドにおけるチュートン的要素を強調することであり、ケルト的要素を否定、ないし無視することだった。「ロウランド主義」がスコティッシュネスと同義語となり、この提喩を実に徹底して力説したために、それは一個の信仰箇条と化し、誤った事実ながら、いまだに広くそうみなされているのである。(6)

と述べている。ファーガスンのこの著作は、スコットランドの多くの歴史家たちによる、一方ではピクト人ゲール説などを利用してアイルランドとの差異化を図りながら、もう一方ではこのようにチュートン主義によってハイランドの周縁化を目指すという、飽くなき試みを追ったものである。この点から考えると、先のマクラレンの作品などは、実際にはロウランド主義に基づいたステレオタイプ的「スコティッシュネス」を踏襲し、顕示した

ものと言えるだろう。ハイランドと差別化を図りつつ、それを排除する語として、ロウランドと結びついた「スコットランド」が用いられているわけである。

　こうした、ロウランド人によるケルト的要素の否定とハイランドとの差別化を容易にするのに大きく手を貸したのが、言うまでもなく言語の問題だろう。たとえば、一九世紀後半に著され「ケルト」についての関心を促すのに貢献した著作にW・F・スキーンの『ケルティック・スコットランド』全三巻がある。そこでは、「ハイランドとロウランドとを分け、『ハイランド・ライン』として知られている境界線は、主としてゲール語を話す人々とチュートン系の方言を用いている人々とを分ける想像上の線であるが、それだけでなく、それぞれゲール語とチュートン語を話す人々の相対的な位置づけに影響を与えてきた自然の特徴によって形成される境界線と一部重なっている」(7)と説明されている。さらにこれが先のピトックになると、特に連合王国の成立以降、

> ケルティック・スコットランドは民俗学的観点からとらえられるべき対象となって、周縁に位置づけられ、後退をつづけるゲール語が話されている空間にのみあてはまるものとして提示された。したがって、スコットランドの書き手たちは、「ケルト」を民族・文化的端っこに追いやり、みずからをゲルマン的イングランド人とみなすことによって、スコットランドの国家としての自治主義を否定したのである（五六頁）。

とまで言い切るのである。

　確かに、スコットランドの言語とその呼称をめぐる事情はかなり複雑である。ファーガスンやシャロン・マクドナルドらによると、かつてのアイルランドとスコットランドの両方におけるゲール語話者を指していた「スコッツ」という語は、一一世紀半ば頃まではスコットランドのみを指して用いられるようになっていたが、もと

もと「イングリス」と呼ばれていた南のロウランドのチュートン系土着語話者が優勢になるにつれ、一五世紀後半には、そちらの方がこの名で呼ばれるようになり、ゲール語のほうは「エルシュ」ないし「アイリッシュ」と呼ばれることが多くなったらしい。(8) そして、この新「スコッツ」語では、一六世紀にかけてギャヴィン・ダグラスやウィリアム・ダンバーら「古詩人たち」の活躍も見られた。が、徐々にさらに南の英語が公に広く使用されるようになっていく。その過程で、同君連合によってイングランド王位も兼ねたジェイムズ六世による欽定英訳聖書の企てをはじめとして、連合王国の成立以降も、啓蒙期のジェイムズ・ビーティーやヒュー・ブレア、スミスらは、かれらにとってのブリテンの言語としての英語や英文学の整備・成立に大きく貢献した。かくして、先のマクラレンの作品において、カーマイケルは別のハイランド人の登場人物から「南の英語人（Sassenach）」（一三七頁）と呼ばれるようになる。それと同時に、一方ではカーマイケルの母親が「言葉の上ではスコットランド人（a Scotswoman in her speech）」と形容されているのは、ロウランドの土着語、スコッツ語も、特に話し言葉の上で英語とは区別されるかたちで引き続き使用されていることを示すものだろう。

いずれにしても、スコットランドにおける「ケルト」あるいはハイランドの位置づけをめぐる以上のような問題が提起しているのは、「スコットランド」のアイデンティティの重層性であり、そして、そのなかで支配的な地位につきながらも、みずからを「民族」として峻別すべき語をもたないも同然のロウランド人の不安がうみだす、幾重にも重なった排除と同一化の構図であると言えるだろう。そして、実は、というより、おそらくはだからこそ、こうした現象は、先のマクラレンの作品よりももう少し学術的なマグナス・マクレインの『ハイランドの文学』にも見られることになるのだ。一九世紀半ば以降の全般的な「ケルト」への関心の高まりをうけ、一八八一年にはエディンバラ大学にスコットランド初のケルト学講座が設けられていた。マクレインのこの著作のほうは、やや時代はくだるが、その序文によると、かれが一九〇二―三年にかけてグラースゴウ大学でおこなった

第三回ケルト講義を基にしたものらしい。マクレインはすでに前年に『ケルト民族の文学』を上梓しており、これが好評を博していたようだ。いずれの著作の序文にも「一般的な（popular）」紹介や説明を目指したとあり、これらもまた当時広く受け入れられていたケルトないしハイランド理解を代表するもののひとつと考えてよいと思われる。

この『ハイランドの文学』では、前作の「ケルト文学」との差異化を図り、同時にその対象を明確化するためだろうか、「ケルト」という用語よりも、「ハイランド」ないし「ゲール」という用語のほうが多く用いられている。とはいえ、ハイランドのことは「ケルトの周縁（the Celtic fringe）ということばでしばしば言及され、文字通り周縁に追いやられているし、「英語を話す南の諸民族（the English-speaking peoples of the South）」[9]という表現では、ロウランド人は「英語民族」になっている。そして何よりも、『ケルト民族の文学』のなかで、小さな泉から始まったケルトの影響の流れは、徐々にかさを増し、現在では「より広くより力強い大河に合流して、人間の交流という大海へと運ばれ、その公益のなかに吸い込まれる」[10]と述べていたマクレインは、マクラレンの作品からもうかがえ、当時の連合王国の内外で見られたケルト民族観、そしてそこから引き出されてくる「マクラウド」／シャープのケルト文学観を一部共有しているようである。そこで、次にはそれについて見ていこう。

二　「ケルト」作家フィオナ・マクラウドの誕生

マクラウドとシャープの二つの筆名の存在と評判を維持するための執筆活動。都会の喧騒に耐えられず、みずからの感性と呼応する自然をもとめ、また病身をいたわって転地療養を重ねる生活。そうした、一箇所にとどまることができず病気がちな夫の旅行先にときに付き添い、ときにロンドンに残って家計を支える仕事をこなしながら、まさに献身的にかれを支える、妻エリザベス。そこに文学作品を重ねてみるならば、R・L・スティーヴンスンのジキル博士とハイド氏、物質主義的な父親の圧制に耐えかね、また、みずからの強すぎる感受性に悩まされる、ジョージ・ダグラス・ブラウンのジョン・グーレイ、そして、J・M・バリの永遠の少年ピーター・パン。ウィリアム・シャープの没後しばらくして妻エリザベスの著した『ウィリアム・シャープ（フィオナ・マクラウド）――回想録』から浮かび上がるのは、この時期のスコットランド小説を代表する諸作品のそのような登場人物の姿かもしれない。そのシャープはまた同時に、一九世紀末のさまざまな文学傾向を一身に体現したような人物でもあった。

スコットランド人の父とスウェーデンの血を引く母の長男として、一八五五年、ペイズリーに生まれたシャープは、グラースゴウのアカデミーと大学に通ったのち、地元の法律事務所で職を得たものの、性に合わず、やがてこの職を辞し、療養と修業を兼ねてオーストラリアに向かう。帰国後、ロンドンでダンテ・ゲイブリエル・ロセッティの知己を得て、文壇に出入りするようになった（この縁でロセッティの没後まもなく『ロセッティ伝』を著している）。さらにかれはウォルター・ペイターやジョージ・メレディスらと親交を結びながら、美術評論から詩集編纂にまで及ぶ文筆活動を展開し、シェリーやハイネらの伝記シリーズも執筆している。やはりシャープ名義で無韻詩の詩集や、現代のイングランドやスコットランドなどを舞台とした小説を発表してもいた。一八九二年には「純粋に文学的」で、その使命が「新しい異教精神の芸術的な『真義』に芸術的な表現を与えること」(11)だとする『異教評論』も発行している。こうした交流や経歴、また実際の作品の傾向から、かれはラファエロ前派や世紀末デカダンスの動きと結びつけて考えられることも多い。

一方で、一八九〇年のローマ旅行がシャープにとってひとつの転機となっていた。フラヴィア・アラヤによれば、このとき、一八九四年発表のマクラウド名義の第一作『楽園』の「献辞」でE・W・Rと呼ばれている人物と推定されるイーディス・ウィンゲイト・リンダーと出会い、ケルトへの興味をかきたてられる[12]。この時期にはまた、シャープが女性側の書簡担当で、ブランチ・ウィリス・ハワードと書簡体の小説を共同で執筆してもいる。こうして、もともと自分には霊的・主観的で、自然との交感なしではいられないもうひとつの自己が存在すると感じていたシャープにとって、その分身、ケルトの女性作家「フィオナ・マクラウド」が誕生することになった。わざわざ署名の筆跡も変え、シャープと「マクラウド」とが同一人物であるという事実は一部の親しい友人たちを除いて一般には堅く伏せられて、それが公表されたのはかれの死後だったという。この秘密がシャープにとってどれほど重要であったかを物語るのが、『回想録』にある助成金をめぐるエピソードだろう。晩年、病気がちで執筆活動も思うにまかせぬシャープの経済状態を案じた友人たちが、負担軽減のため公的助成金への推薦をとりはかろうとする。だが、そのためにはシャープ名義の業績だけでは不十分で、マクラウド名義の作品もかれによるものだと公表しなければならないとわかったとき、シャープはそうすることを拒み、丁重な断りの手紙を送ったというのである（ただしその後、首相の特別なはからいで助成金は支給されることになった[13]）。

以後、シャープは本名での執筆活動も続けつつ、小説『山の恋人たち』、ケルト民話の再話『ピーターキンの笑い』、中短編集『罪食い人』（いずれも一八九五年発表）をはじめとして、詩集やエッセイ集など次々と「マクラウド」名義の作品を発表していった。エリザベスによると、シャープには生来、「二重人格」的な傾向があったという。だが、こうした「フィオナ・マクラウド」という筆名とそのもとで発表される作品群の存在によって、その性格の中のある部分が逆に「ケルト的自己」として分別を促され、ますますその分裂が助長されていったように見える。一方で、それをまとめる肉体のほうは消耗の一途をたどっていった。生涯の残り一一年間、「マクラウド」と「シャープ」の二つの署名を抱えた病身のシャープはたえまなく居所を移しながら、一九〇五年、療養先のシチリアで五一年の生涯を閉じた。

『回想録』によると、そのかれは、バイロンをもじりつつ「血筋によって僕は半ばはケルトであり、半ばは育ちによってそうである。そして精神においてはまるっきりケルトである」（三六頁）と友人に語ったという。母方によって遠くハイランドの氏族につながり、また幼い頃にハイランド出身の乳母から民話や伝説を聞いて育ち、休暇にはハイランドを訪れていたというシャープが「血筋」や「育ち」を持ち出すのはレトリックの範囲内としても、かれに確信をもって「精神においてはまるっきりケルト」と言わせたものはいったい何だったのだろうか。

冒頭でふれた『ケルトの竪琴』にもどってみよう。その序文には、「ケルティック・ルネッサンスとは、これについて最近実に多くのこと——つまり、アングロ・ケルトの詩人の頭脳や夢見人の同胞においてケルト的精神を再生すること——が書かれてきているが、根本的には、『オシアン』の、直接的には、アイルランド民族の活力の高まりの所産である」（xxxv頁）、という一節がある。とりわけ最後の部分だけを読むと、C・M・グリーヴならずとも、淡い期待を一瞬抱かせられた一節かもしれない。とはいえ、たとえばアンドルー・ラングは、その名も「ケルティック・ルネッサンス」というエッセイで、このアンソロジーのことを「すべてにおいて奇妙な産物」[14]と評し、この序文や編集方針全般を批判している。事実、この『ケルトの竪琴』はラングの言葉どおり、確かに「奇妙な産物」ではある。たとえば扉にある、「古代アイルランド、スコットランド、ゲール、ブルトン、キムリック、および現代スコットランド・アイルランドのケルトの詩」という文字や、目次の「近現代スコットランド・ケルティック」（マクラウドの詩はこの項目に収められている）や「アングロ‐ケルティック詩人（ウェールズ）」（この項で目立つのはジョージ・メレディス）等々、やや一貫性を欠く項目立てが並ぶ。この同じ「アングロ‐ケルティック」の項目のコーンウォールの欄には、註では「ケルト的というよりもコーンウォール的である」とされているアーサー・クイラー＝クーチの名も見られる。続く序文や註では、ある詩人のことを「ケルト」の血を引いているから「ケルト的」と呼ぶかと思えば、ある詩人についてては血筋はどうあれその精神が「ケルト的」である、とする。基本的には「ケルト」民族の血を引く詩人の詩を集めた「ケルト」の詩集ではあるけれども、一方で、シャープによる「ケルト」の定義は実に変幻自在のようなのだ。ラングがそのエッセイの結びにかけて、「ジャンヌ・ダルクやウォルター・スコットをケルトと呼ぶのは愚かなことであり、本当のところは自分がその詩を好きだからという理由で、ある詩人にはケルトの血が流れているにちがいない、などと言うのも愚かなことである」(二九一頁) と述べているのも、なるほどもっともとうなずけないこともない。

とはいえ、収録されている詩に一定の特徴が見られないわけでもない。が、ラングはこれについても、この詩集に収められている「近代詩のほとんどは、アーノルド氏の講義の後に書かれたものである。若い世代の詩人たちは、いかにもケルト的な特徴を見せているが、だからといって何を証拠だてることにもならない。かれらは、アーノルド氏、それにシャープ氏、それからルナン氏にグラント・アレン氏を読んだことがあって、『さあ、ケルトになろう！』というわけなのだ」(二八九頁) と看破してみせる。ラングのこの評言は、かれがやはり同じエッセイの前半で、最近の「ネオ-ケルト」の詩人たちに見られる傾向を嘆きながら、本来のゲール語の詩には「曖昧さや霞んだ感じや薄暗さのかけらもない」のに対し、「マクファースンの『オシアン』の本質は、曖昧さ、霞んだ感じ、薄暗さである。ネオ-ケルトのなかにはこれを真似ている者もいるが、そうすることは、ケルトになろうとすることではなくて、マクファースンになろうとすることだ」(二八七頁) と述べているのと、基本的には軌を一にするものだ。

シャープへの言及はさておくとして、以上の引用のなかでその名が挙がっているマシュー・アーノルドの『ケルト文学の研究』、エルネスト・ルナンの『ケルト民族の詩』そして『オシアン』は、シャープ自身、『ケルトの竪琴』の序文や、アーネスト・リースとの共著「ケルト文学」等において、ケルト民族の性質について基本となる洞察を提供し、ケルト復興運動の原動力となったものだとして繰り返し言及し、引用もしているものである。

このうち、ジェイムズ・マクファースンがゲール語の文献の断片を基にしながら当時の文学趣味に合わせて執筆したという『オシアン』については、言うまでもないだろう。ルナンの『ケルト民族の詩』のほうは、ケルト民族気質を列挙し、主にウェールズとブルターニュのケルトによる詩や伝説について述べたものである。アーノルドのものもルナンの著作をもとにしつつ、イングランド人に流れる「ケルト的要素」の認識を促してアイルランドとの宥和を図るとともに、「出陣するも、常に倒れた」という『オシアン』の一節を引用し、ケルト民族生来の政治力の欠如を説いて、かれらに言わば無駄な抵抗を思いとどまるよう示唆する。それはまた、「ケルト」を学問的知の対象とするよう提唱することによって、ケルトの所有・支配をめざしたものとも考えられる。

右で挙げた著作によって「ケルト的」とされている性質は、それぞれ、「情緒的」であり、「自然」を感得する力にすぐれ、「本質的に女性的」であるというものなど、だいたいにおいて先のマクラレンの作品で描かれているケルト像と重なっているものが多い。[15]これらは、おそらくはシャープにみずからの性格の隠れた半分と共通するものと意識させた性質でもあるはずだが、いずれも互いに驚くほど似通っている。けれども、それも当然と言えば当然なのだ。というのも、マルコム・チャップマンによれば、「ルナンやアーノルドのケルトは、メタファーの温室栽培の産物――つまり、理想の『女性』を作り上げるのと同じ表象体系のもっている内的な論理から引き出された、民族学的フィクションであるとみなすことができる」[16]からである。かれが言うには、

支配的な知的言説に奉仕させるためにケルト世界を専有するということは、一八世紀のオシアンに始まり、次の世紀を通じて続いた。ルナンやアーノルドはケルトのことをたいして知っていたわけではなかったが、自分で自分の主張をもっともらしく思わせることのできるメタファーを用いて語ったのである。（六一頁）

チャップマンは、ロマン主義と啓蒙思想に端を発したこうした支配的な英語の言説のなかで「ケルト」に帰せられた性質は、たとえば実際に観察されうるゲール人たちの性質、つまり、「実体」や「事実」とは何ら関係はなく、この言説の内的論理に基づいて多数派がみずからとは正反対と思われる性質をあてがい、自分たちの用に供しただけであると強調する。そして、そうした言説が今度は知覚をも規定してしまう。かれによるとまた、

> 多数派社会はこれまで、自己定義の過程における象徴的な要素としてゲール文化を用いてきており、その結果ゲール文化は、英語の言説においては外から押しつけられた形でしか存在していない。ゲール文化は、多数派で優勢な文化の手によって、筆者が「象徴的専有（symbolic appropriation）」と名づける状態のもとに置かれてきた。と同時に、この専有の内部でゲール文化に与えられた顔は、当の文化の内側にいる者にとってさえ、いかにも自分にふさわしいもののように思えることも少なくない。ゲール文化は、とりわけ自己を意識しているときには、もとはといえばよそものの伝統がゲール文化に施したこの文学的解釈に、かなりの程度まで自らなりきっていた、とさえ言ってもいいのではないか。（二七-八頁）

こうしてチャップマンは、現代スコットランドのゲール詩人でさえ、こうして外から割り当てられた性質を意識的に、言わば「演じて」いる例を分析していく。

こうすれば「ケルト」らしく見える、というより、そうしなければ「ケルト」らしく見えない、という公式が英語の言説に存在するのであれば、シャープのように「半ば」しかハイランド人ではない場合でも、ラングの言葉にあったように「ケルトになる」のもさほど難しいことではないだろう。もしかしたら、「現実」との齟齬を感じないぶん、より容易かもしれないのだ。事実、シャープの「精神においてはまるっきりケルト」という言葉

は、こうした言説の形づくる「ケルト」にかれが何の違和感も覚えていないことを示している。かくして、かれは『オシアン』や、ルナン、アーノルドの名を挙げながらみずからのケルトの出自を明らかにしていると同時に、かれ自身のテクストもまた、チャップマンの言うケルトの「象徴的専有」を構成する一部であるということを告げ知らせているのだと言ってもいいだろう。そしておそらく、その「象徴的専有」はテクストによってしか維持されえないということも、シャープにはわかっていたのかもしれない。かれが「フィオナ・マクラウド」の正体を明かさないでおくことにあれほどまでに固執したのも、ひとつにはそれがあったのではないだろうか。

つまり、「フィオナ・マクラウド」とは、『オシアン』、ルナン、アーノルドといった先行言説、およびマクラウド自身のテクストによって紡ぎ出され維持されていった、いわば「仮想」ケルトなのだ。とすれば、このあくまでもヴァーチャルなケルトの復興によって行き着く先は、ひょっとすると、「実体」を持ったケルトのそれとは大きく違ってくるのではないだろうか。

三　マクラウドとケルティック・ルネッサンス

「フィオナ・マクラウド」がその「ケルティック・ルネッサンス」によって目指していたものがより明らかになるのは、おそらくは、このケルトの仮想性が図らずも「現実」と抵触したときだろう。マクラウドは「イオナ」と題された長文のエッセイで、「私は、イオナの面積や漁業、牧草地などについて語ろうとは思わない。島の人々の日々の営みについても同様である。これらのものは、いずれも付随的なものだ。素朴な生活には、それがどこで営まれていようと、そこに大きな違いはない」(17)と書いている。その同じマクラウドが、一九〇〇年、「ケルティック」と題された評論を発表する。

今度の新人はケルト派に属する、と言われているのを耳にすると、何かすっきりしない気分がぬぐえない。というのも、私はアングロ-ケルトの作家なら大勢知っているけれども、「派」というのは知らないし、その派に現在誰が属しているのかもわからないからである。ケルト作家とは何ぞや？　この語をそのまま受けいれるならば、それは、アイルランドかスコットランドのゲール人、あるいは、キムリックないしブルトンのケルト人で、自分の民族の言語で物を書いている作家のことにちがいない。英文学を書こうと思えば、英語で、英語の伝統の中で書かなければならないのは言うまでもない。

それゆえ、この作家やあの作家がケルト作家だというのを聞くと、この言い方はいささか誤解を招きやすいのではないかと思う。それを言うなら英語の作家（an English writer）であって、その人がたまたま、アイルランドのゲール人だったり、ハイランド人だったり、あるいはウェールズ人だったりする、ということなのだ。(18)

これは、みずからも「ケルト作家」という言葉をしばしば用いている作家のものとしては、いささか面食らわせられる発言ではある。だが、まずはとりあえず、先へ読み進んでみよう。

だがなによりも、世にはびこる似非ナショナリズムに戦いを挑むべきときだ。私はハイランド人であることを誇りに思っているが、「ヒースに火を放」とうとする擾乱者たちの側につこうとは思わない。アイルランド人であれば、誇りをもつだろうが、その誇りを絶え間ない敵意や和解できない憎しみと一緒にしておとしめるつもりはない。というのも、無駄な反抗によりも打ち負かされることのない黙従のほうに、より気高い誇りが存するからだ。ウェールズ人であれば、誇りに思うだろうが、といって、英語を学んだりイングランド人と肩を並べてつきあったりするのを拒もうとは思わない。そして、ハイランド人とか、スコットランド人とか、アイルランド人とか、ウェールズ人とか、イングランド人とかであることに誇りをもっているとしても、ブリテン人であることのほうにもっと誇りをもつことだろう。なぜなら、そこにこそ、われわれみなを結びつけ、共同のものであれ個人のものであれ、ナショナルなものであれ精神的なものであれ、すべての理想を求める空間をわれわれに与えてくれる絆があるのだから。

文学について言えば、われわれみなにとって、あるのは英文学だけだ。それ以外はすべて、地方の文学か方言にすぎない。（六七四頁）

さらに、ルナンの『ケルト民族の詩』の要点は、ケルト民族は夢を現実ととり違えて疲弊してしまったという指摘にあるとして、

私は、わが人々は自分の土地に、国に、歌に、そして古くからの伝統に本当に心からの愛情を感じてきたと思うし、最も苦い味わいをもつことばは、あの悲しいエグザイルということばだ。けれども、そうした愛する気持ちのなかに、われわれが漠然ともう一つ別の土地、虹の国を愛していて、われわれに最も恋い慕われている国とは現実のアイルランド、現実のスコットランド、現実のブリタニーではなくて、模糊とした「若さの国」であり、影のごとき「心願の国」であるのもまた事実なのである。（六七五頁）

と述べ、最後に、願望を映した「幻想」や「夢」にふけるばかりで、現実的な可能性を忘れてしまってはたいして得られるものはない、と結んでいく。これに対して、アイルランドから反論の声も上がり、なかでも「A・E」ことジョージ・ラッセルは、「これから政治パンフレットまがいのものを書くときには、スコットランドのケルトのことについてだけものを言うようにしてもらいたいものだ。こちらの人間はそっちとは違うし、よそ者

にとやかくお説教をされたいと思ってはいない」[19]と、もっともな意見を述べている。

エリザベスによると、「マクラウド」は「ケルト復興（the so-called Celtic Revival）」という用語をひどく嫌っており（ちなみに「ケルティック」のエッセイでは、一貫して「ケルト運動（the Celtic Movement）」という語が使用されている）、そして「こちら側では、この問題は政治的な事柄とは関係がなく、おもに古い言語の保存、民族的な特徴をもつ感情、および文学におけるその表現をめぐるもの」であって、そのため、「このハイランドのケルトとアイルランドのケルトたちは、互いにすっかり分かり合えていたわけではなかった」（三三〇頁）、という。さらに、シャープは「この運動と政治的な要素とを結びつけることを嘆いていて——当然ながら、そうしたいとも思ってはいなかった」（三三二頁）らしい。

こうしたアイルランドとの事情の違いは、『心願の国』の書き手W・B・イェイツとの書簡のやりとりにすでにうかがわれていた。イェイツは、一八九七年の前半にマクラウドに書き送った手紙のなかで「わがアイルランドの文芸・政治組織」（『回想録』二八〇頁）についてふれ、同じ手紙で「わがケルト運動は新しい局面に近づきつつあると日に日に感じています。わがアイルランドにかんする限り、お膳立ては十分整いました。ただ、人々のほうはまだそこまでいきませんが」（三八二頁）と述べている。以前にシャープと同時期に同じ夢を見たという内容の手紙をとりかわし、マクラウドと「ケルト民族の連帯」（三七七頁）についても語っていたというイェイツだが、のちの書簡ではまた、マクラウドに凝った文体を控えるようアドヴァイスしながら、「大変荒々しい民族のために書いているぶん、私のほうがあなたよりある程度有利な立場にあります。言わば何もかもきわめて明快にしなければなりませんから。荒馬を乗りこなしているようなものです」（三三五頁）と書いている。先ほどのラッセルにしても、かれが夢見る人でありながら地に足のついた行動の人でもあることが、やはりマクラウドへの書簡に見られる「明かりのともったランプを手にして、素晴らしいものをその眼で見ながら、自分自身は夢を行動に移さない人たちもいるようです」、また、「芸術についてあなたが言っていることにはおおむね賛成ですが、ただ、芸術というものが芸術家たちのそれではなく、生きる芸術ということを意味するようにならない限り、わたしには芸術を『生の本質』とみなすことはできません」（三七八頁）という言葉からうかがえる。こうした事情の背景には、あるいはイェイツやラッセルらとシャープとのあいだの個人的な資質の違いもあったのだろう。

　いずれにせよ、『ケルトの竪琴』の序文でみずからもふれていた「アイルランド民族の活力の高まり」が、イェイツが右で述べているような新しい段階に近づきつつあると思われたとき、シャープは、もしかしたら、言わば自分がした覚えもなければ、守るつもりもない約束をしたように思われていると感じたかもしれない。「ケルティック」の前年に発表されたマクラウドの「ケルト作家のグループ」では、すでに「ケルティック」という語にたいする一種の懐疑と留保が示されるとともに、「作家というものは地理的な徴ではなく、その作品で注目されるべきである」[20]と述べられている。同じくそこには「ケルト」の詩とは、ケルト的感情が、英語を媒体として表出されている詩を指す、という発言も見られる（三九頁）。かくして、先のエッセイ「ケルティック」におけるマクラウドは、みずからに冠した「ケルト作家」の呼称が、それが暗に含意しているはずの「アングロ」なしで独立しそうになったとき、それをふたたび「英語」のなかへ引き入れようとする。「影のごとき」ケルトが、現実と結びつき自立を試みようとしたとき、それをふたたびメタファーの世界へ戻そうとするのである。

　ゲールの土地やことばの伝統の認識が全土におよぶ場所であれば、たとえばアーノルドの画期的な講義によって喚起されたケルトへの関心や自負心が、ひいてはそこに住む民族の覚醒につながることは十分考えられるだろう。けれども、ゲール文化が周縁に追いやられていたスコットランドではどうだったろう。単なる「ケルト」の覚醒だけではなく、それをもう一度、「スコットランド」全体のアイデンティティのなかへ意識的に組み入れる作業が必要とされるのではないだろうか。だがしかし、こうしたことは、おそらく始めから「マクラウド」／シャープの企図のなかにはなかったに違いない。たとえば、「マクラウド」が詩を寄せていた『エヴァーグリーン』誌を見ても、その一八九五年秋号の序文には「地元の、ナショナルな伝統に戻る」ことについてふれながらも、続けて「本号の『エヴァーグリーン』は、特に二つのことを取り上げている。それらとは、現在『文学』や『芸術』において等しくその兆しが見える『ケルティック・ルネッサンス』と、スコットランドの旧来の『大陸』との共感の復興および発展、イングランドの新しくはあるが高まりつつある共感の発展である」(21)とある。さらにパトリック・ゲッデス（かれのサマースクールの一環として、シャープは「ケルティック・ルネッサンス」の講義を予定していたが、体調がすぐれず実現しなかった）による、同誌一八九五年春号掲載の「スコッツ・ルネッサンス」にしても、スコットランドとケルトとが結びつけられてはいるものの、それを民族意識の昂揚を目指しているものとして解釈しようとすると、その真意がいささかとりにくい歯切れの悪い文章となっている。それは確かにスコットランドの文化の再生や活性化を呼びかけたものではあるのだが、そこに「国家」としてのスコットランドの再生は措定されてはいないようである。

　それでは、シャープの、「マクラウド」のケルティック・ルネッサンスとは、どのような意図のもとで語られていたものだったのだろうか。『回想録』は、シャープやゲッデスらは「当時の物質主義的な考え方や目標が不当に広がって支配的となっているのに対抗して」、ケルト民族の「より洗練された繊細な特質と精神的な遺産を保存していく必要性を信じていた」（二四八－九頁）と述べている。また、先の『ケルトの竪琴』の序文は、シャープによると、「その歌やロマンスが、今やその気になっているアングロ－サクソンの精神を魅了している、多くの熱心な若手ケルト作家のなかでも最も新しい作家の言葉」を引用して、以下のように結ばれている。

先の見込みのない、去り行く民族。だが、まるっきりそうというわけでもない。ケルトはついにその地平線に到達した。その先にはもう陸地はない。ケルト人はそれを知っている。（中略）だが、この去り行く民族の亡霊はまさしく、われわれのこの目の前で起こっている、栄えある復活（resurrection）の成就なのだ。なぜなら、今やケルト民族の精神が松明をかかげて立ち、その光は、より力ある征服民族の目に照り映える栄光であり、その炎が、かの征服民族の心に吹き込んでいるからだ。ケルトは倒れる、けれども、その精神は、この先幾世代の運命を託されているアングロ‐ケルトの諸民族の心と頭脳のなかで立ち上がるのだ。（ii頁）

実は、この文章は、「フィオナ・マクラウド」の「イオナより」と題されたエッセイからとられたものである。シャープを悩ませた二つの自己、つまり「マクラウド」的自己と「シャープ」的な自己とが、幸運なアングロ‐ケルト的統合を見せているこの瞬間にこそ、かれの真意も存在すると考えていいかもしれない。

そして、この同じ「イオナより」には、結びにかけて次のような一文もふくまれている。つまり、「スコットランドのケルト圏では、カルヴァン主義が、わが奪い取られた土地にとって今も昔も大きな災いとなってきたが、それと同じくらいひどい唾棄すべき功利主義を前にして、激しい遺憾の思いや、絶望的な愛や憧れが、年ごとに萎えしぼんでいってしまっている」[22]というものだ。これは、自然に由来する比喩や抽象名詞が連続し、そのために具体的な意図が伝わりにくい傾向が著しいマクラウドの文章には珍しく、その指すところのものが比較的はっきりしている一文である。ここで、かれのシャープ名義での作品にときおり見られる自然主義的な傾向や、文明と未開との葛藤、あるいはかれの『異教評論』の試みが想起されてもいいだろう。[23]アラヤは、こうした著作も含め、シャープが都市を嫌い、その批判を繰り返していたことにふれている。あるいはここに、世紀末の息づかいを聞き取ることも可能だろう。

つまり、「マクラウド」／シャープのいう「ケルティック・ルネッサンス」は、かれ自身何度も明言していたように、文学をその手段とした、あくまでもケルト「精神」の、あるいはケルト「精神」による、英語世界の復興であり再生だった。そして、そのケルト「精神」とは、功利主義や物質主義、教条主義などかれが現体制の悪弊や退廃とみなすものに対抗し、その新生を目指すために、おそらくはチャップマンの言うメタファーの体系のなかで位置づけられ、意味づけられた「ケルト」の精神だったのである。カーマイケルであれば、「憂鬱をすべて肝臓のせいにする」風潮に対して、と言うところだろうか。そして文学にかんする限り、それはかれにとって一種の霊感源として認識されていたと考えられるものでもある。シャープとアーネスト・リースが共同執筆した「ケルト文学」には、「過去のケルト文学には、およそ汲めども尽きせぬと言ってもいいほどの美の宝庫があるばかりか、想像的で新鮮なアングロ・ケルティック文学のための材料もあると、従来から言われている」(24)とあるからだ。

　今一度、シャープがアーノルドらのケルト観を共有するロウランド人であることが思い出されてもいいのかもしれない。『ケルト文学の研究』におけるアーノルドの意図として、先のチャップマン自身は当時の物質主義批判を挙げている。そのアーノルドの『ケルト文学の研究』は、イングランドや、ウェールズ、アイルランドへの言及であふれるほどだが、そこにスコットランドはほとんどと言っていいほど（ハイランドへの言及が二回、ロウランドが一回、スコットランド全体で四回）、顔を見せない。けれどもおそらくはシャープにとって、そんなことは気にも留まらなかったことなのだろう。『回想録』には、「ウィリアム・シャープ」が合衆国やパリの文壇に「イングランドの有望な若手詩人」として紹介される場面が、数多く引かれている。そこにあるのは、一見「イングランド人」化に成功した、もうひとりのロウランド人の姿のように見える。そして、そのかれはまたその関心もイングランド人と共有していたということなのだろうか。

　とはいえ、ピトックの鋭い洞察にもかかわらず、イングランド人化したロウランド人は、やはりイングランド人ではない。たとえば、アーノルドが『ケルト文学の研究』のなかでこの意味では一度も用いていない「ブリテン人」であることに誇りをもつという、先の「マクラウド」／シャープの言葉がそれを物語っている。これはいかにも「北部ブリテン」的な物の言い方である。そして、それを言うなら、次の文章もいかにもそうではないだろうか。

英文学を書こうと思えば、英語で、英語の伝統のなかで書かねばならないという私の意見に補足事項をつけくわえさせていただきたい。つまり、英語はなにも、われらが複合的民族（our complex race）のうちイングランド的な特徴をもつ部分、イングランド民族（the English nation）の専売特許ではない、ということである。ちょうど、それが英語を話すスコットランド人だけのものでもなければ、オーストラリア人やカナダ人、あるいは人口や面積にまさった大国アメリカだけのものでもないのと同じように。(25)

右の文章は、先述のエッセイ「ケルティック」が合衆国で発表される際に新たに付け加えられたという「前置き」のなかにあるものである。マクラウドのこの「補足事項」は、一面では、アイルランドからの非難の対象となったことを受けての、いささか苦し紛れの弁明ととれないこともない。

しかしその一方で、これがかれの長年の関心を反映しているのもまた事実なのである。アラヤによれば、シャープは、多数派の言語で文学活動を展開する少数派の先例としてベルギーの作家たちに関心を抱いていた。そして「ベルギー・ルネッサンス」やベルギーの作家をめぐるエッセイを発表してもいる。(26) フランス語で執筆しながら、ベルギー特有の表現を見出そうとする作家たちに共感を示していたシャープの頭には、英語で執筆しながら、そこにみずからの出身のアクセントを刻もうとする多様な土地の作家の姿があったのだろうか。そして、英語の整備に腐心した一八世紀スコットランドの文人たち、あるいは現代スコットランドの、観光地オーバンの「日常」をヒロインが独特の英語で語る『モーヴァン』や、ハイランドとイングランドとを対照的に描きながらも、言葉そのもののもつ威力と無力とを「ライク」という一語に込める小説『ライク』の書き手たちがこれを読めば、どのような感想をもつのだろう。

「アングロ-ケルト」――つまり、「ケルト」の精神を新たに吹き込まれ、共有の所有物である英語を話す諸民族。「マクラウド」/シャープによるケルティック・ルネッサンス、それは、二つの署名をもつロウランド人の、かれなりの統合の夢、もうひとつの「約束」の形だったのだろうか。

一九二七年、C・M・グリーヴは、「スコットランドの理念に向けて」と題されたエッセイで、次のように述べた。

……ハイランド対ロウランドの悪しき反目が生じ、それがスコットランドの国民意識の再統合にとって主なつまずきの石のひとつであることが、実際に示されてきた。これは、一方でわれわれの民族的なまとまりと共通の利害を、もう一方でスコッツ、ゲール、いずれの伝統にせよ、その伝統がこの先も無事続いていき、さらなる発展をとげるための条件を、それぞれ認識しそこねていることに基づく誤った反目である。この二つは互いに依存しあっているのだ。この二つのより高いレヴェルでの統合なくしては、スコットランドの文化的な統一は不可能であり、そうした統一をすみやかに再び確立することができなければ、芸術におけるものであれ、一般的な事柄におけるものであれ、真の意味でのスコットランドの国民意識は、地方化が進行し、ついには完全にそれにとってかわられることになってしまうだろう。(27)

かれはさらに、同じエッセイで「スコットランドにかんする限り、われらが『原動因』は、われわれの古いゲール文化」にあるとし、その「共通のゲール的背景」（四〇頁）についてふれて、ゲール文化をスコットランド人の共通の起源として位置づけている。そして、同時期の別のエッセイでは、「汎ケルト会議」よりもさらに実際的で積極的な「三対一委員会」の結成によってアイルランド、スコットランド、ウェールズが一丸となってイングランドに対抗し、「アングロ-サクソンの覇権を打ち破る」[28]ことを提唱する。さらにのちの「カレドニア的反正合とゲールの理念」では、「真のスコティッシュネスの復興は……『文学の脱中心化』の促進……にある」と説いた。[29]グリーヴのこうした発言からは、かれが「スコットランドの文化的統一」を図ろうとしていくなかで、ゲール文化を積極的に認知し、さらには、それを他の「ケルト」圏と対イングランド関係との政治的な位置設定へと援用しようという動きもうかがわれる。

グリーヴのこうした発言や提言は、スコットランドをめぐる政治的状況の変化は言うまでもなく、その文学の多様な流れの発展に支えられてのものだったろう。冒頭でふれた『スコティッシュ・チャップブック』にも、英語、ゲール語、およびスコッツ語の作品の投稿を歓迎する、とある。なかでも、右の引用で「スコッツ、ゲール」と並べて言及されているスコッツ語をめぐっては、半ばは興味本位の大衆的なものでグリーヴの辛辣な批判の対象であったとはいえ、菜園派によってその認知度じたいは高まる一方で、ヴァイオレット・ジェイコブやマリオン・アンガスらの詩も注目を集め始めていた。英語やゲール語に並ぶもうひとつ別のアイデンティティのよりどころとして、また詩的言語として、マクダーミッドが言わばふたたびその格上げや汎用を試みる土壌はすでに養われつつあったと言えよう。かくして、「スコティッシュ・ルネッサンス」がつぎつぎとその多様な成果を生み出していった。「時期尚早の熱意をもって」と言えるかどうかは別として、そこへいたるさまざまな流れのどこかに「マクラウド」／シャープの作品群もまた位置しているはずである。

「マクラウド」／シャープの「ケルト復興」について、アイルランドでのケルト復興のその後の展開を規範とした解釈や評価を、つい施したくなるのは確かである。けれども、それではかえってシャープの運動の本意を見誤ってしまうこともあるのだろう。また、本人によってその一部、ないし半分を言わば抽出されてできあがったケルト作家「フィオナ・マクラウド」だが、シャープの活動全体の中へ再度位置づけなおした理解にも努めるべきなのかもしれない。「守り通せない約束」の記憶。「マクラウド」／シャープに接するときには、それからいったん解放されてみることもときに必要のようである。

（1）Christopher Murray Grieve, "Causerie", in *Scottish Chapbook*, August 1922, Vol.1. No.1, pp.2-5 (p.4).

（2）Elizabeth A. Sharp and J. Matthay, with Introduction and Notes by William Sharp, *Lyla Celtica : An Anthology of Representative Celtic Poetry* (Edinburgh : John Grant, 1924 ; first published in 1896), p.435. 以下、この作品をふくめ、同一文献からの引用はすべて引用文中に頁数を示して参照。

（3）Ian Maclaren, *Beside the Bonnie Brier Bush*, (London : Hodder and Stoughton, 1895 ; first published in 1894), p.45. ただし、ここでは小柄とされている体格は、菜園派やその先駆的小説では、逆に大柄の力持ちとして提示されていることも多い。

（4）Ian Maclaren, *Kate Carnegie and Those Ministers* (London : Hodder and Stoughton, 1896), p.125.

（5）Murray G. H. Pittock, *Celtic Identity and the British Image* (Manchester : Manchester University Press, 1999), pp.54-55. また、こうした啓蒙期のスコットランドの歴史家たちとスコットランド史との関係については、Colin Kidd, *Subverting Scotland's Past : Scottish Whig historians and the Creation of an Anglo-British Identity, 1689-c.1830* (Cambridge : Cambridge University Press, 1993)、一八世紀のスコットランド人たちと英語との関係については、Charles Jones, *A Language Suppressed : The Pronunciation of the Scots Language in the 18th*

Century (Edinburgh : John Donald, 1995) の、特に第一章に詳しい。さらに一八世紀から一九世紀にかけてハイランド人が外部からの旅行者にどのようにとらえられ、記述されていたのかについては、John Glendening, *The High Road : Romantic Tourism, Scotland, and Literature, 1720-1820* (London : Macmillan, 1997)、ジャコバイト蜂起以降のハイランド人のイメージについては、Robert Clyde, *From Rebel to Hero : The Image of the Highlander 1745-1830* (East Linton : Tuckwell Press, 1995) を、現代のゲール文化全般については Sharon Macdonald, *Reimagining Culture : Histories, Identities and the Gaelic Renaissance* (Oxford and New York : Berg, 1997) を参照。

(6) William Ferguson, *The Identity of the Scottish Nation : An Historic Quest* (Edinburgh : Edinburgh University Press, 1998), p.286. 以上のようなスコットランドのアイデンティティをめぐる問題については、D. Broun, R. J. Finlay and M. Lynch eds, *Image and Identity : The Making and Re-making of Scotland Through the Ages* (Edinburgh : John Donald, 1998) も参照。一方、とりわけ旅行産業においては、逆にハイランドがスコットランドの「提喩」となることも多い。これについては特に、D. McCrone, A. Morris, and R. Keily, *Scotland - the Brand : The Making of Scottish Heritage* (Edinburgh : Edinburgh University Press, 1995) を参照。

(7) William F. Skene, *Celtic Scotland: A History of Ancient Alban* (Edinburgh : David Douglas, 1880), Volume III. Land and People, p.285.

(8) Ferguson, *The Identity of the Scottish Nation*, pp.301-306 ; Macdonald, *Reimagining Culture*, pp.39-43. この問題をめぐるさらに複雑を極める事情については J. Derrick McClure, "Scottis, Inglis, Suddroun : language labels and language attitudes" in *Scots and its Literature* (Amsterdam/Philadelphia : John Benjamin, 1995 ; first published in 1981), pp.44-56 が歴史的な用例を挙げながらかなり詳しく扱っている。

(9) Magnus Maclean, *The Literature of the Highlands* (London : Blackie, 1925, New and Extended Edition ; first published in 1903), それぞれ、p.161 and passim. ; p.73.

(10) Magnus Maclean, *The Literature of the Celts: Its History and Romance* (London : Blackie, 1902), p.324.

(11) "Foreword", *The Pagan Review*, August 1892, pp.1-4 (p.3).

(12) 「フィオナ・マクラウド」誕生の経緯とイーディス・リンダーとの関係については、Flavia Alaya, *William Sharp - "Fiona Macleod"* (Cambridge, Massachusetts : Harvard University Press, 1970) に詳しい。

(13) Elizabeth A. Sharp. compiled, *William Sharp (Fiona Macleod) : A Memoir* (London : William Heinemann, 1910), pp.345-348. このエリザベスの『回想録』は、主としてシャープの書簡や日記から構成されている。彼女は自身も文筆で家計を支えながら、シャープの多角的、かつ二重の活動にまさしく全面的な協力を惜しまず、没後もその全集編纂に取り組んでいた。それだけにいわゆる「『マクラウド』／シャープらしい」シャープ像をそのまま伝えるものかもしれない。

(14) Andrew Lang, "The Celtic Renascence" in *Blackwood's Edinburgh Magazine*, February 1897, pp.181-191 (p. 187). ロウランド人ラングのこのエッセイは、一方でゲール語の詩を一段遅れたものとみなすという啓蒙期のロウランド人と共通するような姿勢も見せてはいるが、ハイランド文学の今後の方向性への見識ある提言もふくんでいる。

(15) それぞれ、Ernest Renan, *The Poetry of the Celtic Races, and other studies*. translated, with introduction and notes, by William G. Hutchison (Port Washington, N. Y./ London, Kenniket Press, 1970) ; first published in 1897. Knnikat Press Scholarly Reprints Series in Irish History and Culture ; Matthew Arnold, *On the Study of Celtic Literature. Lectures and Essays in Criticism*, edited by R. H. Super (Ann Arbor : The University of Michigan Press, 1962) を参照。

(16) Malcolm Chapman, *The Gaelic Vision in Scottish Culture* (London : Croom Helm, 1978), p.24. チャップマンは、この表象体系のもつ内的な論理によってケルト全般に割り当てられている性質について、以下の文献でも詳しく分析している。Malcolm Chapman, *The Celts : The Construction of a Myth* (London : Macmillan, 1992). 一

方、ゲール詩人や作家たちが、ケルトに外から与えられたこうした性質を逆に利用して、みずからの用に供している例もあるのではないかと思われる。

（17）Fiona Macleod, "Iona", in *The Works of Fiona Macleod*, Uniform Edition, 7 vols, arranged by Mrs William Sharp (London : William Heinemann, 1910), Vol.IV, pp.91-250（pp.94-95）.

（18）Fiona Macleod, "Celtic", *The Contemporary Review*, May 1900, pp.669-676（p.673）. このエッセイはまず雑誌に発表され、まもなく単行本 *The Divine Adventure*（Chapman and Hall, 1900）に収められた。次のジョージ・ラッセルの文章は、この本の書評の一部である。亡くなるまで著作の改訂や推敲を重ねていたというシャープだが、ちなみに、このエッセイでの「戦いを挑む（combat）」という表現は、のちの全集版では 'dissuade'（*The Works of Fiona Macleod*, Vol.V, p.195）となっている。また、このエッセイのなかには、「ケルト的要素は、われわれの国民生活において重要で大きな役割を演じてきた」（六七四頁）、というアーノルドを思わせる文章も見られる。

（19）A. E., *All Ireland Review*, July 21, 1900, p.2. ただし、マクラウドのエッセイに共感を示す意見もあったようで、それも同じ紙面に掲載されている。

（20）Fiona Macleod, "A Group of Celtic Writers" in *The Fortnightly Review*, 1899, pp.34-53（p.35）.

（21）Victor Branford and Patrick Geddes, "Prefatory Notes", in *The Evergreen*, Autumn 1895, p.8. さらに Patrick Geddes, "The Scots Renascence", in *The Evergreen*, Spring 1895, pp.131-139. ゲッデスはこのエッセイで、たとえばプリンス・チャーリー（一八九〇年代は、ジャコバイトが新たな力を得ていた時期でもあった）や女王メアリの名を、むしろその現代における意義を否定するために挙げ、こうした史実を退けてアーサー王やマーリンなど「ロマンス」の世界のほうへ眼を向けさせている。また、ウィリアム・ウォレス（一八六九年には「ウォレス記念塔」も建立されている）にふれながらも、いわゆる「愛国の士」としてではなく、「スコットランドの、ケルトの歴史を特徴づける数え切れないほどの敗北のひとつである霞んだ英雄」と形容し、この英雄の精神があちらこちらの少年の魂に目覚め、「かわるがわるやってくる敗北に直面できる人生」に向かっていかせるのが、「われらがスコットランドの、われらがケルトのルネッサンスである」（一三九頁）と述べている。こうした論調は、アーノルドのそれをも思い起こさせ、スコットランドの「国家」意識にたいしては、むしろ後ろ向きのものだと考えられる。一方、その意図はどうあれ、シャープやゲッデスらの試みが、スコットランドにおいてケルトへの関心を振興、持続させるのに貢献したことは事実だろう。二〇世紀初頭に著されたJ・H・ミラーの大著『スコットランド文学史』が、かれによればブリテンの性格や歴史、文学における長所や業績をすべてケルトの血のおかげだとする奇妙な連中だという「ケルトマニア」に厳しい評価を下しているのも、あるいはその反動かもしれない。ミラーのこの著作は、明らかにスコットランドのナショナルな文学史の執筆を意図し、その発展を促進しようとしたものだが、ミラーが特に期待をかけるのはスコッツ語による小説のようである。J. H. Millar, *A Literary History of Scotland* (New York : Charles Scribner's Sons, 1903), p.429.

ちなみにピトックは、マーのアースキンやセオドーア・ネイピア、ジョン・マクレインにふれ、ロウランド人にケルト的性質が流れていることを強調しようとした実質的な活動の例を挙げている。Murray G. H. Pittock, *The Invention of Scotland : the Stuart Myth and the Scottish Identity 1638 to the Present* (London and New York : Routledge, 1991), pp.132-133. さらにかれは「ケルティック・コミュニズム」という語を用いて、かれらによる、古代ケルト社会を理想とした社会モデルの推進についてもふれている。Pittock, *Celtic Identity and the British Image*, p.125 and passim.

(22) Fiona Macleod, "From Iona" in *The Works of Fiona Macleod*, Vol.II, pp.2-16 (pp.15-16). このエッセイは、シャープが「ケルトランドのプリンス」と呼んでいたジョージ・メレディスに宛てて書かれ、かれのような人物がいるので絶望する必要はないと結ばれている。『ケルトの竪琴』で引用されている一節は、一一頁に見られる。

(23) Alaya, *William Sharp - "Fiona Macleod"*, Chapter 3. また、作品としては特に *The Gipsy Christ and Other Tales* (Chicago : Stone and Kimball, 1895) に収められているものなど。

(24) William Sharp and Ernest Rhys, "Celtic Literature", in Charles Dudley Warner ed., *Library of the World's*

Best Literature, Ancient and Modern (New York : The International Society, 1896-1897), VIII, 3403-3450 (p. 3403) ここで、ウェールズの項（おそらくはリースの手になると思われる）が、ウェールズにおける、現在の多様で実質的な展開に言及して結ばれているのとは対照的に、スコットランドの項（おそらくはシャープ担当）の結びでは、ゲール語の詩の今後ではなく、アングロ-ケルティックの作家たちの活躍によるゲールの精神の達成を約束したのち、古いゲール語の詩の翻訳を挙げて終わっている。

(25) Fiona Macleod, "Prelude" in *The Works of Fiona Macleod*, Vol.V, p.177. 一方、マクラウドは、ここでも重ねてアイルランドに「和解」の精神を説いている。

(26) William Sharp, "La Jeune Belgique", in *Nineteenth Century*, XXXIV (September 1893), pp.416-436 ; "A Note on the Belgian Renascence", *Chap-Book*, IV (December 1895), pp.149-157. シャープはこの後者のエッセイで「アイルランドとスコットランドのケルト人」に比較のためにふれ、かれらは何よりもへそ曲がりな功利主義的本能のせいで、その「ケルティシズム」を「押し出すかわりに曇らせた」という（一五一頁）。

(27) C. M. Grieve, "Towards a 'Scottish Idea'", in A. Calder, G. Murray and A. Riach eds., *The Raucle Tongue : Hitherto Uncolledted Prose* (Manchester : Carcanet Press, 1997 ; first published in *The Pictish Review*, November 1927), Vol.II, pp.37-41 (p.38).

(28) C. M. Grieve, "Wider Aspects of Scottish Nationalism", in *The Raucle Tongue*, Vol.II, pp.61-63 (p.63) ; first published in *The Scots Independent*, November 1927.

(29) C. M. Grieve, "The Caledonian Antisyzygy and the Gaelic Idea", in *The Modern Scot*, Vol.II, No.2, 1932 pp. 141-149 (p.145).

第一四章　アイリッシュ・アメリカンの文学
――オニールとフィッツジェラルドの「ブラック・アイリッシュ」――

武藤脩二

一　アメリカの「ケルト」復興

アメリカにおけるアイルランド移民の文学はアイルランド本国の文学事情を、当然ながら反映あるいは移動させている。アイルランドには二つの文学伝統があり、一つはアングロ・アイリッシュ（スウィフト、ショー）であり、一つはカトリック・アイリッシュ（ジョイス）である。[1]この二つの伝統がアメリカに移植されたが、前者はプロテスタント文化のアメリカに容易に同化したが（祖父がアルスター出身のスコッチ・アイリッシュであるヘンリー・ジェイムズはアイリッシュとは考えられない――そもそもスコッチ・アイリッシュという呼称自体、南北戦争後、新参の飢饉移民のアイリッシュから区別するために使われた）、後者はイギリスにおける以上にアウトサイダーであった。一九世紀においてはサブカルチャー、アンダーカルチャーとして読まれ、観られはしたが、いわゆるキャノンとなることはなかった。

二〇世紀にキャノン入りしたアイリッシュ・アメリカンの作家は一九世紀中葉の飢饉世代――経済的・政治的・宗教的・人種的困難と闘った世代――の子孫である。ここで取り上げる二人の作家ユージン・オニールはその子の世代、F・スコット・フィッツジェラルドは孫の世代である。

一般的にアメリカ移民の作家にとっての問題はその故郷のアイデンティティとアメリカ人の伝統のアイデンティティの狭間にあって、いかなるアイデンティティを持つか、である。そしてアメリカのキャノンとなる場合、アメリカの批評マーケットに受け入れられなければならない。その場面において、批評マーケットそのものを非WASP化することが一つの問題であった。ドイツ系アメリカ人のメンケンなどの過激な発言はこの問題の表れであった。しかしこれにはアメリカ社会の根本的な変動、つまりWASPの弱体化という背景があった。おおまかにいってオニール、フィッツジェラルドが登場した二〇年代はWASP最後の年代だった。このようなうねりのなかでアイリッシュ・アメリカンがキャノン化された、という点をまず指摘しておきたい。

アメリカで「ケルト復興」という言葉が当て嵌まるのはこの二〇年代というよりは、六〇・七〇年代であろう。この時期は六〇年代の黒人公民権運動の成果が、各エスニックにアイデンティティを探求・検証させる文化現象を生み出した。いわゆる文化多元主義である。アメリカ市民化していたアイリッシュも故国や移民の歴史の研究・発掘、アイリッシュ・ダンス、音楽やさらにはゲーリック語の学習などを行なった。北アイルランドの政治情勢もこの関心をある程度強めた。しかし黒人アレックス・ヘイリーの『ルーツ』(一九七六)は切実なルーツ探求であったが、アイリッシュの場合、それほど切実ではなかった。かつては黒人扱いされながら、いわば黒から白になりおおせて、黒人を差別する側に回っていたからである。一九世紀半ばに移民したアイリッシュは黒人と同じ社会の底辺にあって、職や住をめぐって対立する間柄だったが、英語が喋れることやアイリッシュの互助精神や組織などのお陰もあって、一八八〇年代にはいわゆるレース・カーテンの中産階級となり、一九二〇年代にはイギリス系に追い付いた者が多かったのである。現在ではドイツ系やラテン系を横に意識することが多いだろう。

二　ブラック・アイリッシュ――オニールの場合

「ブラック・アイリッシュ（マン）」（"Black Irish (man)"）というフレーズがある。これはアメリカにおけるアイリッシュ文学を見るうえで重要なキーワードである。そもそもこの言葉は、大体一八五〇年代以降の、つまりアイルランド大飢饉によって大量の貧しいアイルランド人がアメリカに移民した世代以降の、アイルランド移民の蔑称であった。（一八五一年から五年間に九〇万人のアイリッシュが国外に出、そのほとんどがアメリカに渡った。）一八五〇年の国勢調査で「ムラート」（mulattoes）なる項目が初めて設けられた。これは黒人と白人の初代混血を指したが、アイリッシュもこの範疇に納められた。それ以前からアイルランド人は「裏返しにされたニガー」とよく呼ばれ、黒人のほうは「薫製のアイリッシュ」などと呼ばれていた。(2) したがってアイルランド人はまさしく「ブラック・アイリッシュ」だったのである。

ヨーロッパでも一九世紀にはアイルランド人を野蛮人とする見方は定着していた。一般的に野蛮人のイメージはかつてはキャリバンであり、アメリカのインディアンであり、ダーウインにおいてはニュージーランドのマオリ族であり、あるいはブッシュマン、ホッテントットであった。人類学が発達すれば類人猿に近い生物とされ、ゴリラ、チンパンジー、オランウータンのイメージで表現された。

ポストコロニアルの論者なら、一八九〇年代に『テンペスト』のキャリバンを演じた役者が動物園で類人猿を観察したことにヒントをえて、シェイクスピアの時代、つまりアメリカ・コロニアルの初期には、「被植民者の代表」としてのキャリバンを、神学をもとに異教徒の悪魔・怪物としたのに対して、一九世紀の人種差別は進化論などの科学をもとにして被差別人種を人類の下の類人猿と見た、と論じるかもしれない。

ネアンデルタール人の発見は一八五七年のことであった。考古学・人類学などは進化論（『進化論』は一八五九年出版）を追認することに力を注いだ。ネアンデルタール人の発見とアイルランド移民の時期の偶然の合致は、アメリカにおいてアイリッシュの労働者を「推測で描いたネアンデルタール人の姿に似ていなければならない」(3)とするト書きを生むことになるのである。

またカトリックへの偏見からもしばしば類人猿に擬せられた。

アイルランドで生まれニューヨーク市で弁護士となったジョン・ブレイク・ディロンが苦々しげに嘆いているとおり、「アメリカの人びとの大多数が、心と魂の底では反カトリックなのだが、それにも増して、反アイリッシュなのである。アイルランドに関わるすべてが、アメリカ人にとっては不愉快極まりない。」

このような信念ゆえに、ニューヨーク、ボストンを含む各地の新聞は、アイリッシュを暴力的で大酒飲みとして、さらには、生粋のアメリカ人どころかむしろ類人猿に近い人間以下の生き物として、しばしば描いた。(4)

一八八〇年の「パック」誌の挿し絵には、アメリカとイギリスの食品を食らって太鼓腹に肥った、類人猿の顔をしたアイルランド人がアイリッシュ・ジグを踊っているのを、野獣を飼い慣らすかのように棍棒を手に腕まくりをしているジョンブルの傍らにアンクルサムが立って話合っている。(5)イギリスとアメリカの支配層がアイリッシュを同一視していることを示す図である。（フランク・ノリスの『レディー・レティー号のモラン』（一八九八）でも船長以外の船員は全員中国人で、猿呼ばわりされている。白人優位主義からすれば下位の人種、移民はみな猿である。そしてアメリカでは鉄道敷設の労働に当たったのは主として中国人とアイリッシュであった。）

ヨーロッパでもアイリッシュは黒人のレヴェルに落しめられ、ホワイト・ニグロと称された。（ノーマン・メイラーが「ホワイト・ニグロ」（一九五七）でいうホワイト・ニグロとはニグロの立場に身を置く非体制派のホワイトのことである。）こうしたヨーロッパ（いうまでもなく特にイギリス）における差別意識はアメリカに移植されると、一層強化され、ニグロと等しなみに扱われることになる。一八七六年の「ハーパーズ・ウイークリー」誌はアメリカ南部の解放黒人奴隷と北部のアイリッシュ選挙人を秤に掛けて、両者が同じ重さであることを示している。(6)そこでフィッツジェラルドが自分の家系を次のように語るとき、このようなことを前提として聞かなければならない。

ぼくは半分は「ブラック・アイリッシュ」で、半分は先祖をやたらと自惚れる「オールド・アメリカン・ストック」だ。わが家の半分の「ブラック・アイリッシュ」は金があり、半分のメアリランド州側を見下していた。メアリランド州側は、今は粉々になった昔の「育ち」（現代の「抑制」）という言葉でいわれる一連の寡黙さや義務といったものを身に付けていた、本当に身に付けていた。こういった分裂対立の雰囲気に生まれたので、ぼくは二気筒の劣等感を植え付けられたのだ。(7)

ここの「オールド・ストック」（old stock）とは、〈最古のアメリカ人〉、〈百パーセント・アメリカ人〉の意味で、いわゆるWASPである。フィッツジェラルド家は、父方はスコッチであり、その遠縁にはアメリカ国歌の作詞者のフランシス・スコット・キーがいる（さらにはリンカーン暗殺計画にかかわったとして死刑になった者もいる）。名誉と不名誉を合わせ持っていたことになる。母方が「ジャガイモ飢饉のアイリッシュ直系」(8)であった。母方の祖父はファーマナーからきて、「アメリカン・ドリームの典型」(9)だったのだが（その妻はアイルランド移民の大工だった）、飢饉世代の子孫であることは実に恥ずかしいことだったのだ。それが一種の分裂症的心理を生んだのである。

一方、オニールの場合、彼は父を軽蔑してはいたが、アイリッシュの血を誇りにしていたらしい。彼を少年時代から知っていたある人物（"Captain" Thomas Francis）は次のように語ったという。

「彼はいつも暗い男で、いつも悲劇的で、いつも考えていた。まったく彼にじっと見られると、すっかり見透かされ、魂まで見通されるみたいだった。あまり話はしなかったが、話すときは穏やかに話した。頭もよかった、いつも本を読んでいた。この辺じゃみんなアイリッシュで、みんなあのタイプの人間をよく知っていた。彼は本物の『ブラック・アイリッシュマン』だった。」

「ブラック・アイリッシュマン」とは、とキャプテンは説明してくれた、信仰を失って、人生の意義——つまりカトリックの教義問答の単純な「答」を信じたように、再び熱心に信じられる何らかの哲学——を探求することに一生を送るアイリッシュマンのことだ。「ブラック・アイリッシュマン」は陰気で孤独な人間で、それに酒飲みが多いが、荒い言葉を口にする。アメリカ文学は「ブラック・アイリッシュマン」によって豊かになっている。そのなかにはF・スコット・フィッツジェラルド、ジェイムズ・ファレル、ジョン・オハラなどがいるが、オニールが一番ブラックだ。

オニール自身、彼のアイルランドの遺産を最大級に重視している。彼は息子の髭を生やしたギリシア語の教授、ユージン・ジュニアとの話で、しばらく前にこう語ったことがある。「私のことを何よりも説き明かすのは、私がアイルランド系だということだ。奇妙なことに、私と私の作品を説き明かそうと書く人たちがみな見逃していることだ。」(10)

ここで明らかなのは、「ブラック・アイリッシュ」というアイルランド人移民に向けられた軽蔑の言葉を、内面化し、精神化し、文学創造のポジティヴな要素としていることである。この証言の中に鏤められている言葉――「暗い」「悲劇的」「考える」「魂を見通す」「あまり話さない」「いつも本を読んでいる」「人生の意義を探求する」「陰気な孤独な人間」――これらはすべてメランコリーの属性である。つまりこの語り手はルネッサンス以来のヨーロッパのメランコリーの伝統に、オニール（とアイルランド系アメリカ作家）の「ブラック（ネス）」を接木したということである。アイリッシュのメランコリーについて、「イギリス人がカトリック・アイリッシュの属性として乱暴、怠惰、不安定をあげ、さらにメランコリーをもあげていた。陰気である」[11]という証言もある。こうした負の属性がオニールで正の属性へと転化されるのである。

ここでメランコリーを優れた人間の特質であるとしたルネッサンス人フィチーノの言葉を持ち出す必要はないだろう。ただアイリッシュ特有の特性は「酒飲み」であることかもしれない。ここで言及されているオニール、フィッツジェラルドは言うまでもなく、オハラ、ファレルも多かれ少なかれアル中であった。しかしこれはロマン派と世紀末の退廃気分にも繋がるものである。いずれにせよ信仰を失った人間としての「ブラック・アイリッシュマン」は普遍性を帯びざるをえない。つまりローカルなアイリッシュではなく、ヨーロッパ文化に根ざすブラックネスの人間となっていた、ということである。オニールのいくつかの作品でこの点を検証してみる。まず「ブラック・アイリッシュ」のイメージの展開を辿ってみたい。

初期の作品『カリブの月』（一九一八）の背景をなしているのは、満月が照らし、「黒人の憂欝な唄声が低く漂っている」[12]西インド諸島のある島の沖合に停泊している貨物船である。この唄声は島の黒人の埋葬の唄である。これを聞く乗組員の一人イギリス人のスミティは、「両手で顎を支え、……夢想に耽って」[13]いる。それは別の作品『交戦海域』（一九一七）で恋人を失った悲しみのためと判明するが、こうした「思い出」に悩むメランコリー（の姿勢）は、黒人の憂欝な弔いの唄と映発し合うのである。そして黒人女のことを「オルガン弾きの連れてる猿」[14]に準え、そのすぐあとでアイルランド人パディも「毛むくじゃらの猿」「毛猿」[15]と表現されている。こうして黒人―メランコリー（憂鬱）―考える人の姿勢、猿（毛猿）―アイルランド人―黒人という連合がすでに存在していたのである。そしてこのイメージ連合の断点、考える人の姿勢（ここではイギリス人）と猿（毛猿）（ここではアイルランド人）との断点を接合するのがオニールの劇作の展開といってよい。この黒人とアイリッシュの接合は、両者の一般のレヴェルにおける対立を考えると異例なのであり、黒人への肯定的な関心にオニールの芸術家としての特質を見ることができる。

『皇帝ジョーンズ』（一九二〇）は、アメリカで殺人の罪を犯し、監守を殺害して脱獄し、西インド諸島のある島にきた黒人のドラマである。「背の高い、頑丈な作りの、元気旺盛な、中年の黒人。その目鼻立ちは黒人特有のものであるが、容貌はどこか断然傑出したところがある――内に潜む意志の力、人に尊敬の念を懐かせる大胆不敵な自恃心である。その眼は、鋭い狡猾な智力で生き生きしている。態度は、抜目なく、疑り深く、捉え難い。」[16]ここでは黒人を傑出した政治家としている。

『毛猿』（一九二二）の前半の舞台は大西洋航路の定期船の火夫室である。火夫たちは「檻の中の獣」[17]と形容されている。「天井は火夫たちの頭を押し潰すように低い。彼らは真直ぐに立っていることができない。常にシャベルで石炭をすくう結果、背と肩の筋肉が異常に発達して、自然猫背になっているが、天井が低いため、その姿勢がいっそう際立って見える。彼ら自身は、推測で描いたネアンデルタール人に似ていなければならない。」[18]火夫のひとりは、年とったアイルランド人で、「その顔はひどく猿に似ていて、その眼は、猿のもの悲しそうな、意地っぱりな哀感をたたえている。」[19]「鎖につながれてうずくまったゴリラのような」[20]とまで形容されている。またもうひとりの火夫ヤンクは特にアイルランド人とは特定されていないが、次の台詞を聞くとまさしくアイルランド人である。

（片手でゴリラのように胸をたたきながら叫ぶ。）

「……ベルファストのやくざめ！　降りてこい、脳味噌をたたき出してやらぁ！　下司の、鼻持ちならねえ、意気地なしの女郎め、カトリック殺しの、父無し子め！」(21)

この猿・類人猿・ゴリラがかつてのアイルランドのイコンであったことをオニールはここでも意識している。それに、ポーの『モルグ街の殺人』でオランウータンが母娘を殺すことに、黒人への白人の恐怖を読み取る解釈を重ね合わせれば、一九世紀アメリカの人種意識において黒人＝アイリッシュ＝猿・類人猿・オランウータンの連合イメージが構成されていたことが読み取れる。

火夫室は「白塗りの鋼鉄で閉じこめられた狭苦しい場所の感じを、効果的に出さなければならない」と指示された表現主義的空間で、この空間を構成している「檻の鋼鉄の骨組」(22)の檻と鋼鉄は、作品自体を構成するメタファーとなっている。ヤンクは自らを「エンジンの一部」(23)だといい、新しい動力とスピードを生み出すことに誇りを持っている。そして自分は「鉄を鋼鉄にするもと」だといい、さらに「おらぁ、鋼鉄なんだ」(24)とまでいう。しかしこの汽船の持ち主であり、鉄鋼王でもある人物の娘ミルドレッドが火夫室に降りてきて、ヤンクの姿に驚愕し失神しかける事件が起きると、彼に変化が生まれる。二等機関士は「この檻の中にいるのは、暗黒のアフリカでも決して見られない珍しい狒です」(25)とミルドレッドに説明していたと聞かされ、またミルドレッドが「動物園から逃げ出した、でけえ毛猿にでも出会ったような恰好だった」(26)といわれ、ヤンクは激怒しそして考え込む。またもロダンの『考える人』の姿勢で。ヤンクが誇りとしていた「鋼鉄」は、狒や毛猿としての彼を閉じこめる「檻」へと価値変換されたわけである。（やがて留置場の檻に入れられる。）ひとつにはここで資本家と労働者の対立が導入されたのであり、ヤンクはそうした立場を意識させられ、考えさせらるようになった、というのである。

「ロダンの『考える人』」となったヤンクはＩＷＷ（アイリッシュの拠り所でもあった）でも相手にされず（「考えなしの猿」[27]といわれる）、やがて動物園でゴリラに肋骨を折られ、檻の中で死ぬ。ゴリラの檻が彼の居るべき所だとされている。彼は最後に文字どおり毛猿となった。とはいえ、彼にとっての悩みは猿、ゴリラ、狒にはなりえなかったということである。それは彼が人間だからで、考える人間であることの呪いである。「考えるってことはむずかしい」[28]のである。考えても自分の在処を知りえないからだ。何も考えない死の状況こそ彼を「一番仕合わせ」[29]なゴリラと同じにする。

ある上院議員はＩＷＷは「神の傑作たる人間を速やかに猿に退化せしめるものである」[30]と議会で演説したことになっている。猿への退化は、猿から進化した人間に潜む猿の要素への恐怖にほかならない。アメリカ進歩思想の裏に貼りついた恐怖である。ヤンクの進展は、そうした恐怖が逆に人間を、それも考える人間を猿に退化させる、ということなのである。

考えているヤンクは顔も体も洗わず、「真黒な考えこんだ姿」をし、仲間には「白黒ぶちのニガー」[31]と称されている。このように彼は黒人の色となり、しかも考える人としてメランコリーの図像学に納められているのだ。「ブラック・アイリッシュ」、「猿のようなアイリッシュ」という下層の存在が、メランコリーのチャンネルを通過して、普遍的な人間の運命を体現する存在へと変換・変貌させられているのである。

ミルドレッドは大資本家の娘という設定だが、さらなる設定は彼女がアイリッシュの血統を引くことがさりげなく暗示されていることである。「あたしの大祖母はパイプで煙草をお吸いになったのよ――粘土製のパイプでね」[32]とミルドレッドはいう。この「粘土製のパイプ」(clay pipe)は言うまでもなくアイリッシュのアットリビュットである。しかも女でパイプで煙草を吸うのは確かに下品である。しかしミルドレッドの祖父は最初は錬鉄工だったというのだから、大祖母はアイリッシュの貧しい移民だったのだろう。やがて祖父はサクセス・ストーリーの人物となりおおせ、父はその後継者として大鉄鋼業者となったのである。さらにミルドレッドが自らもいうように、彼女は元気も純真さも「すっかり、生まれる前に、先祖（stock）の血の中から燃えつきてしまった」[33]といい、容姿も「ほっそりした、華奢なからだつきの二〇歳の娘で、……いつも自分の貧血症をもてあましている。」[34]ここに、フィッツジェラルドが対比させた「オールド・ストック」と「ブラック・アイリッシュ」が、ミルドレッドとヤンクに移項されていることは明らかである。そして「オールド・ストック」と新移民との対比も再現している。（ミルドレッドは『偉大なるギャッツビー』（一九二六）のフラッパー、デイジーのいわば姉妹、貧血症の姉妹である。）

ヤンクは対照的に、筋骨たくましい労働者をモデルとしたロダンの『考える人』、メランコリーの系譜を引く黒人＝アイリッシュの姿である。ヤンク Yank は Yankee の省略形であり、彼は少なくともアメリカの考える労働者の典型とされていることは確かである。

『夜への長い旅路』（一九五六）は「母、父、兄、および自分自身」について書いた、ほとんど剝出しの自伝劇である。実際の父と母はいわゆる「レース・カーテンのアイリッシュ系カトリックの家」の出であった。（父はキルケニーのトマスタウンの出身。）役者となり『モンテ・クリスト伯』の主人公が当り役で、こればかりを六千回も演じ、収入も多かった。その父が移民後の苦しい生活を語る場面がある。

（おやじがおふくろを捨ててアイルランドに帰ってしまったあと）後に残されたのはおふくろ、「異国に客となり」という奴で、しかも小さな子供を四人も抱えていた。……おれたちの貧乏ぶりはおまえのみたいなロマンスのかけらもなかったよ。家とは名ばかりの破れ家から追い立てをくったことが二度もあった。おふくろのなけなしの家財道具は道ばたに放りだされ、おふくろや妹たちはただおいおい泣くばかり。おれも泣いたよ。一家の男手は、今やおれだけ、泣いちゃいけないと懸命にこらえたが無駄だった。そのときおれはたったの一〇歳！　もう学校にも行けぬ。機械工場に行って、一日十二時間働いた。……おれがしみったれを身につけたのはその頃のことさ。(35)

まさに当時の典型的な「ブラック・アイリッシュ」の生活である。父はその後「アイリッシュ・サクセス・ストーリー」の人物となりおおせたのだが、金は手に入っても、貧乏性が抜けない男となった。そこが妻と子供たちとの確執の原因となった。

ユージンはそうした父親に反発し、かなり自堕落な生活をしたあとに演劇に目覚め、もろもろの経緯のあと、近代演劇の旗頭となった。そのひとつの経緯がアビー座との接触であった。アビー座が一九一一年にアメリカ公演をしたとき、ユージンは父のコネを使って、というのもこの公演は父の力も預かっていたからだが、ニューヨーク公演を全部観ている。そしてそのとき初めて書く意欲を覚えたのだ。シングの『海に駆り行く者たち』に特に感銘を受けたという。そして大衆演劇から近代演劇への転換発展を親子がドラマティックに演じた、とはアメリカ文学史の定説であるが、同時に「ブラック・アイリッシュ」から「ブラック・アイリッシュ・メランコリー」への転換発展でもあったのである。（この公演は黒人に刺激を与え、いわゆるハーレム・ルネッサンスの起動力のひとつとなった。）

『夜への長い旅路』のエドマンドの本棚には、ヴォルテール、ルソー、ショーペンハウエル、ニーチェ、イプセン、ダウスン、ボードレール、スインバーン（次男のジェイムズが口ずさむ『暇乞い』を父は「その腐った、不健康な詩」(36)という）、オスカー・ワイルド、ホイットマン、ポー、ゾラ、ロセッティの本が並んでいるのだ。父から見れば無神論者、気違い、阿呆、変態、ニヒリスト、麻薬患者のオンパレードである。事実兄のエドマンド（役者の父は長男にエドモンド・ダンテスと命名した）は結核という時代の病を病んでいる。まさに一九世紀末メランコリーである。その傾向をアイリッシュであるがゆえに一層強調したといえるだろう。オニールの近代性、現代性の重要な一端である。オニールの「ブラック・アイリッシュネス」はこのような内実と歴史を秘めていたのである。

オニールのドラマは多くの対立構造をもっているが、その中に「アイリッシュ、インディアン対イギリス人、アメリカ黒人対アメリカ白人」がある。(37) この対立構造がブラック・アイリッシュ対WASPとなったのである。

三　ブラック・アイリッシュ——フィッツジェラルドの場合

フィッツジェラルドはかなり自伝的な作品『楽園のこちら側』(一九二〇)で自らのアイルランド問題に決着をつけている。主人公のアモリー・ブレインはプレップ・スクールでモンシニョール・ダーシーを父親代わりとする。この人物は元ヘドニストという設定である。この設定が重要なのは、アモリーがやがてカトリックを捨ててヘドニストになるという逆の軌跡を描くからである。

フィッツジェラルドが生まれたセント・ポールの社会階層について彼は次のように書いている。

頂上には、その祖父母たちが東部からあるもの、つまり金と文化の痕跡を持ってきた家族があった。次は自分で築いた大きな商人たちで、(一八世紀の)六〇・七〇年代にアメリカに来た「旧移民」のアメリカン・イングリッシュ・スコッチ、ドイツ人、アイルランド人がだいたいこの順序に下を見下していた。見下されていたのはアイリッシュで、それは宗教的相違からというよりは(フレンチ・カトリックはすこし優れていると考えられていた)、東部での政治的腐敗の汚名のためだった。その次に裕福な「新移民」がくる。謎めいた、連中で、いかがわしい過去、おそらくは不健全な過去がある。[38]

こうした階級意識が生涯彼につき纏っていた。すでに触れたように父は落ちぶれた旧貴族で、上品さのマナーだけを残した。母方は金はあったがいかにも成り上がりだった。

ジョイスの『ユリシーズ』を読んだ彼はエドマンド・ウイルソンに書いている。「アメリカが舞台ならよかったのにと思います。中産階級のアイルランドにはぼくをひどく滅入らせるものがあります。つまり、虚ろな陰気な苦痛をぼくに与えるのです。ぼくの先祖の片方はそうしたアイルランドの階層、いやたぶんもっと低い階層の出なのです。この作品はぼくを恐ろしいほど剝出しにされた気分にするのです。」[39]

そこでフィッツジェラルドは「自分は両親の息子ではなく、王、全世界を支配する王の子息なのだ」[40]と少年時代に信じていたと後年述懐している。それは貧しさ（母方も落ちぶれる）とカトリックからの脱出であり、アイリッシュからの脱皮であった。ニューマン校とプリンストンで彼はアイリッシュ・アメリカンの地方人（田舎者）からコスモポリタンへの変化を、フェイ神父とシェイン・レズリーという二人のアイリッシュ・カトリックの知識人の干渉がなかったら、比較的速やかにやり遂げただろうといわれている。この二人の影響で一九一七年五月中旬から一九一八年半ばまで、彼はアイリッシュだと公言していたが、この若者は新しい時代に飲み込まれていく。それは二〇世紀アメリカの物質主義を前にしてケルトの中産階級的精神主義を捨てることだった。そしてこの時代の旗手・寵児となりおおせる。

彼の願望は要するにＷＡＳＰとなることだった。いやさらにその上の王侯貴族を夢想した。オニールはアメリカのアイリッシュネッスを積極的に受け入れ、これを普遍の域に高めた。フィッツジェラルドはアイリッシュであることを抹殺したがったのだ。

「フィッツジェラルドの展開は作品の人物からアイリッシュ的関係を排除ないし軽視することだった。『偉大なるギャッツビー』ではほとんど消失点に達している。東欧系と思われるジェイムズ・ギャッツはその名をジェイ・ギャッツビーとイギリス風にしたとき、貧農移民の痕跡を取り除き、ダン・コウディを精神上の父とし、アメリカの社会階層のパラダイムの上昇を始めた。(41)」この小説は貧しい移民の息子が、その貧しい両親を抹殺して、きらびやかな富の世界を夢見、実現に手段を選ばず邁進する、という、いわばフィッツジェラルドの願望の体現者である。しかしアイリッシュの要素を可能なかぎり排除した形にしている。一般的なサクセス・ストーリーに形を変えている。ギャッツにフランクリンをモデルにさせているのもその表れだろう。

そのこともさることながら、ギャッツビーを破滅させるトム・ブッキャナンの造形が興味深い。トムはまさしく「オールド・ストック」である。途方もない財産を有し、想像を絶する消費生活をしている。しかし語り手のニックがいうように道徳的には低級である。この人物について次のようなことがいわれている。(ギャッツビーのモデルは「マックス・フォン・ガーラックという酒の密造販売業者という噂があったドイツ系ユダヤ人の成金だった。(42)」)

ビュキャナンのモデルは五人いるが、その一人はトミー・ヒチコックという上流ワスプである。……しかしアルドリッチは、フィッツジェラルドが人格高潔なヒチコックを人格下劣なビュキャナンのモデルにしたのは、作家が上流ワスプに複雑な劣等感を抱いていたからだといっている。(43)

フィッツジェラルドは自分をモデルにしたバジル・デューク・リー少年のある物語で、"Basil Duke Lee, Holly Avenue, St. Paul, Minnesota, United States, North America, Western Hemisphere, the World, the Universe"(44)と書いている。成功はしたが貧しい移民の孫であること、昔は貴族であったが今は貧しく無気力な父の息子であること、を恥じたフィッツジェラルドの夢である。限りない夢は宇宙的夢想となっている（いかにもアイリッシュ?）。『偉大なるギャッツビー』はこうした夢を追求して挫折した一人の男の生涯を辿り、語り手のニックを通してその無理を批判させながらも、最後にはその価値を認める。その認め方がアメリカの夢の形而上学であり、さらに究極的にはまさしく“the Universe”に至る認め方なのだ。（緑の灯にアイリッシュの色を認めうるとしても、それは一国の色ではなく、宇宙的な色に転化されているのである。）「ブラック・アイリッシュ」からの飛翔の姿だったと見てよいだろう。そのときバネとしてWASPを踏み台としたのである。それは劣等感のすさまじい跳躍力の表れであったのだ。

フィッツジェラルドはアイリッシュネスを嫌いそれを隠そうとし否定しようとしたが、むしろその意識が傑作を書かせたといえる。『偉大なるギャッツビー』はその意識が歪んだ形で現われたものである。ワナビー意識として昇華しているのである。あくまでもアイリッシュネスにこだわったオニールと、そこから飛翔し去ることにこだわったフィッツジェラルドの双曲線を見る思いがする。

こうしてオニールとフィッツジェラルドは「ブラック・アイリッシュ」の運命・境遇を深化させる方向と、それから飛翔する方向をそれぞれ辿ったのである。それは「ブラック・アイリッシュ」の対極であるWASPとの関わり方のふたつの形であった。オニールは「ブラック」を人種から人間の色に塗り替えることによって深い広い意味を持たせ、WASPを圧倒する力を表現した。フィッツジェラルドは「ブラック」を限りなく否定しつつ、アメリカの夢の挫折と復活を歌いあげ、WASPを精神的に超えた。ネガポジ反転の対幅画となっていたのである。

アメリカン・アイリッシュはオニール、フィッツジェラルド以外にも少なからぬ作家を生み出した。一九〇五年生まれのジョン・オハラは優れた風俗作品をおびただしく書いた。前年生まれのジェイムズ・ファレルは三〇年代にシカゴのアイリッシュの堕落の物語、あるいは成長の物語を、自然主義的社会史としてこれもおびただしく書いた。しかしアメリカのキャノンとして生き延びるのは、彼らよりも前に登場した一八八八年生まれのオニールと一八九六年生まれのフィッツジェラルドだけであろう。この二人は、アイリッシュの歴史的運命が最も苛酷であった直後に、その運命が用意した深刻なテーマを積極的に受容し深化させ、あるいは積極的に否定しさることによって、風俗や社会史の域を超越した。アイリッシュの特異な運命が、優れた表現を迫る時期に、優れた才能が存在していたのである。

（1）Shannon, William V. Preface, *Irish-American Fiction : Essays in Criticism*. Eds. Daniel J. Casey & Robert E. Rhodes. New York : AMS Press, 1979, ix.
（2）Iganatiev, Noel, *How the Irish Became White*. New York : Routledge, 1995, 40-41.
（3）O'Neill, Eugene, *The Hairy Ape. Eugene O'Neill : Complete Plays 1920-1831*, ed. Travis Bogard. New York : Literary Classics of the United States, 1988, 121.
（4）Miller, Kerby and Paul Wagner, *Out of Ireland : The Story of Irish Emigration to America*, Dublin : Roberts Rinehart Publishers, 1997, 54.
茂木　健訳『アイルランドからアメリカへ』東京創元社、一九九八年。
（5）Cheng, Vincent J., *Joyce, race, and empire.* Cambridge : Cambridge UP, 1995, 39.
（6）Cheng, 38.
（7）*The Letters of F. Scott Fitzgerald*, Ed. Andrew Turnbull. New York : CharlesScribner's Sons, 1963, 503.
（8）Ebel, Kenneth. *F. Scott Fitzgerald*, New York : Twayne, 1963 ; revised edition, 1977, 20.
（9）Bruccoli, Matthew J. *Some Sort of Epic Grandeur : The Life of F. Scott Fitzgerald*, New York : Harcourt

Brace Jovanovich Publishers, 1981, 11.

(10) Bowen, Croswell, "The Black Irishman". *O'Neill and His Plays : Four Decades of Criticism*. Eds. Oscar Cargill, N. Bryllion Fagin, and William Fisher, New York : New York UP, 1961, 64-84.

(11) Chen, 41.

(12) O'Neill, *The Moon of the Caribbeens, Eugene O'Neill : Complete Plays 1913-1929*, ed. Travis Bogard, New York : Literary Classics of the United States, 1988, 527.

(13) *The Moon of the Caribbeens*, 528.

(14) *The Moon of the Caribbeens*, 532.

(15) *The Moon of the Caribbeens*, 532.

(16) O'Neill, *The Emperor Jones, Euge O'Neill : Complete Plays 1913-1920*, ed. Travis Bogard, New York : Literary Classics of the United States, 1988, 1033.

(17) O'Neill, *The Hairy Ape, Eugene O'Neill : Complete Plays 1920-1931*, ed. Travis Bogard. New York : Literay Classics of the United States, 1988, 121.

(18) *The Hairy Ape*, 121.

(19) *The Hairy Ape*, 123.

(20) *The Hairy Ape*, 135.

(21) *The Hairy Ape*, 137.

(22) *The Hairy Ape*, 121.

(23) *The Hairy Ape*, 121

(24) *The Hairy Ape*, 129.

(25) *The Hairy Ape*, 140.

（26）*The Hairy Ape*, 141.
（27）*The Hairy Ape*, 159.
（28）*The Hairy Ape*, 162.
（29）*The Hairy Ape*, 162.
（30）*The Hairy Ape*, 153.
（31）*The Hairy Ape*, 138.
（32）*The Hairy Ape*, 130.
（33）*The Hairy Ape*, 131.
（34）*The Hairy Ape*, 130.
（35）O'Neill, *Long Day's Journey Into Night*, *Eugene O'Neill : Complete Plays 1932-1943*, New York : Literary Classics of the United States, 1988, 809.
（36）*Long Day's Journey Into Night*, 827.
（37）Raleigh, John Henry, *The Plays of Eugene O'Neill*, Carbondale : Southern Illinois UP, 1965, 106.
（38）Fitzgerald, F. Scott, *The Crack-Up*, Ed. Edmund Wilson, New York : New Directions, 1945, 233-34.
（39）*Letters*, 337.
（40）Fitzgerald, F. Scott, "Author's House", *Afternoon of an Author : A Selection of Uncollected Stories and Essays*, ed. Arthur Mizener, New York : Charles Scribner's Sons, 1957, 158.
（41）Rhodes, Robert E., "F. Scott Fitzgerald : 'All My Fathers'", *Irish-American Fiction : Essays in Criticism*, Eds. Daniel J. Casey & Robert E. Rhodes, New York : AMS Press, 1979, 41.
（42）越智道雄『ワスプ（ＷＡＳＰ）』（中公新書、一九九八年）一六頁。
（43）越智道雄　一七頁。

（44） Fitzgerald, F. Scott, "A Night at the Fair", *The Basil and Josephine Stories*, ed. Jackson R. Beyer & John Kuehl. New York : Charles Scribner's Sons, 1973, 37.

なおオニールの作品の翻訳は喜志哲雄他訳『オニール名作集』（白水社）、井上宗次・石田英二訳『長い帰りの船路』（新潮文庫）、井上宗次訳『皇帝ジョウンズ・毛猿』（岩波文庫）を適宜使わせていただいた。

索　　　引

索引凡例

1．人名索引と事項索引に分ける。いずれも原則として本文中に出てくる項目に限定して，五十音順に配列してある。補足説明的な注の場合はそこからも拾っている。
2．人名索引は人名のみを記し，当該人物の作品等関連する事柄はすべて単独の項目として事項索引に入れてある。原語はラテン文字表記を原則としている。
3．事項索引にはいわゆる事項だけでなく，作品名と地名も含めている。

人名索引

ア

アイヴォリ，ウィリアム
William IVORY *225*
アーヴィング，ヘンリー
Henry IRVING *383*
アーヴィン，スント・ジョン
St. John ERVINE *416*
アシュボーン卿
Lord ASHBOURNE *51*
アースキン・オブ・マー
ERSKINE of Mar *504*
アーチャー，ウイリアム
William ARCHER *385*
アーノルド，マシュー
Matthew ARNOLD *240, 241, 252, 255, 256, 258, 259, 260, 261, 262, 265, 312, 313, 354, 379, 486, 487, 489, 493, 496, 497, 502, 503, 504*
アラヤ，フラヴィア
Flavia ALAYA *483, 495, 497, 502, 504*
アリンガム，ウィリアム
William ALLINGHAM *321*
アレン，グラント
Grant ALLEN *262, 264, 265, 266, 267, 486*
アンガス，マリオン
Marion ANGUS *499*
アンダーソン，ベネディクト
Benedict ANDERSON *298*
アントワーヌ，アンドレ
André ANTOINE *385*
アンニウス（ジョヴァンニ・ナンニ）
Giovanni Nanni, alias ANNIUS de Viterbe *6, 8*

イ

イェイツ，ウィリアム・バトラー
William Butler YEATS *61, 66, 69, 71, 73, 83, 260, 311, 312, 314, 316, 317, 318, 319, 320, 321, 324, 345, 346, 347, 348, 349, 351, 352, 355, 357, 358, 359, 360, 361, 362, 363, 364, 365, 366, 369-376, 378-380, 382, 384, 386-420, 451, 453, 455, 456, 465, 470, 492, 493*
イェイツ，ジャック・バトラー
Jack Butler YEATS *318, 320*
イェイツ，ジョン・バトラー
John Butler YEATS *318*
イオルウェルス，サウェリン・アプ
Llywelyn ab IORWERTH *177*
イプセン，ヘンリック
Henrik IBSEN *319, 347, 352, 371, 385, 386, 387, 390, 391, 392, 410, 412, 518*

ウ

ヴァレ，フランソワ
François VALLÉE *34, 35*
ウィーヴァー，ハリエット・ショー
Harriet Shaw WEAVER *422*
ヴィクトリア女王
Queen VICTORIA *199*
ヴィーコ，G. B.
Giovanni Battista VICO *437, 438*
ウィザーズ，チャールズ
Charles W. J. WITHERS *200*
ウィリアムズ，ジョン
John WILLIAMS *170*
ウイルソン，エドマンド
Edmund WILSON *520*
ウィンダム，G.
George WYNDHAM *42, 55*
ヴィンディッシュ，エルンスト
Ernst WINDISCH *316*
ウェリントン，A. W.
Arthur Wellesley WELLINGTON *434*
ウェルズリー，ドロシー
Dorothy Violet WELLESLEY *361*
ウェルチ，ロバート
Robert WELCH *456*
ヴェルレーヌ，P.
Paul VERLAINE *388*
ウォーカー，メアリー
Mary WALDER *403*
ウォルシュ，E.
Edward WALSH *378*
ウォルッシュ，W.
William WALSH *108*
ヴォルテール，フランソワ・マリー・アルーエ
Franççois Marie Arouet VOLTAIRE

518
ウォレス，ウィリアム
William WALLACE 503
ヴォーン，W. E.
W. E. VAUGHAN 41, 44, 45, 46, 48, 49, 56, 57

エ

エイ・イー
AE (A. E.)→ラッセル，ジョージ 347, 351, 352
エヴァンズ，B. G.
Beriah Gwynne EVANS 175
エヴァンズ，S. T.
Samuel Thomas EVANS 174
エグリントン，ジョン
John EGLINTON 408, 457
エーコ，ウンベルト
Umberto ECO 440
エッジワース，マライア
Maria EDGEWORTH 363
エドワーズ，J. H.
John Hugh EDWARDS 179
エドワーズ，O. M.
Owen Morgan EDWARDS 167, 174
エメット，ロバート
Robert EMMET 274, 281, 283, 284
エリオット，T. S.
Thomas Sterns ELIOT 390
エリザベス
ELIZABETH Sharp 474, 483, 492
エリス，T. E.
Thomas Edward ELLIS 174, 175, 178
エルマン，リチャード
Richard ELLMANN 392, 408

オ

オウェン，H. I.
Herbert Isanbard OWEN 164
オウェン，ヒュー
Hugh OWEN 168
オカリー，ユージーン
Eugene O'CURRY 310, 311, 312, 313, 315, 316, 356
オグラーダ，C.
Cormac Ó GRÁDA 44, 56
オグレイディ，スタンディッシュ・ジェイムズ
Standish James O'GRADY 258, 315, 316, 317, 350, 357, 412, 451
オグレイディ，スタンディッシュ・ヘイズ
Standish Hayes O'GRADY 317, 353, 366, 378, 379
オグロウニィ，E.
Eugene O'GROWNEY 63, 137
オケイシー，W. F.
W. F. O'CASEY 416
オケーシー，ショーン
Sean O'CASEY 369, 416
オケリー，シェイマス
Seamus O'KELLY 416
オコナー，フランク
Frank O'CONNOR 470, 471
オコナー，ロデリック
King Roderick O'CONOR 423
オコンネル，ダニエル
Daniel O'CONNELL 92
オサリヴァン，H.
Humphrey O'SULLIVAN 114
オサリヴァン，ショーン
Seán Ó SUILLEABHAIN 117
オサリヴァン，T.G.
Tadhg Gaedhealach Ō SUILLIOBHAIN 128
オドノヴァン，ジョン
John O'DONOVAN 310, 311, 313, 315, 316, 356
オドノヒュー，T.
Taidhg O'DONOGHUE 395
オドンネル，F. H.
Frank Hugh O'DONNELL 348, 365
オニール，ユージン
Eugene O'NEILL 507, 508, 512, 513, 514, 515, 519, 520, 522, 523
オニール，ユージン・ジュニア
Eugene O'NEILL, Jr. 512, 518
オハラ，ジョン
John O'HARA 512, 513, 522
オハロラン，シルベスター
Sylvester O'HALLORAN 309, 315, 353
オヒッキィー，M.
Michael O'HICKEY 137
オフェイロン，S.
Sean O'FAOLAIN 470, 471
オブライエン，W.

William O'BRIEN　*42*
オーブリー，ジョン
John AUBREY　*14*
オライリー，マイルズ
Myles O'REILLY　*95, 98*
オラヒリー，イーガン
Egan O'RAHILLY　*354*
オリアリー，ジョン
John O'LEARY　*320, 321, 347*
オールグッド，セアラ
Sara ALLGOOD　*403*
オルドリッチ，N. W.
Nelson W. ALDRICH, Jr.　*521*
オルーニー，ブライアン
Bryan O'LOONEY　*311*
オレアリィ，P.
Peter O'LEARY　*136*
オレンジ公ウィリアム三世
William III of ORANGE　*421*

カ

カイリー，ベネディクト
Benedict KIELY　*452*
カヴァナー，P.
Patrick KAVANAGH　*369*
カー，ジョナサン・T.
Jonathan T. CARR　*318*
カースルタウン卿
Barnard Edward CASTLETOWN　*356, 357*
カハラン，ジェイムズ
James CAHALAN　*452, 453*
カーペンター，J.
John CARPENTER　*135*
カーマイケル，E. C.
Elizabeth Catherine CARMICHAEL　*356*
カーマイル，アレクザンダー
Alexander CARMICHAEL　*356*
カーライル
Thomas CARLYLE　*479*
ガラハー，J.
James GALLAGHER　*128*
カールトン，ウィリアム
William CARLETON　*113, 310, 311, 364*
カレン，ポール
Paul CULLEN　*88, 90, 96-107, 109, 111, 112, 120, 121, 122, 125, 132, 134, 139, 140, 141*
カンブリー，J.
Jacques CAMBRY　*21, 22*
カンブレンシス，ジラルドゥス
Giraldus CAMBRENSIS　*10*

キ

キー，フランシス・スコット
Francis Scott KEY　*511*
キーツ，J.
John KEATS　*321*
キッド，コリン
Colin KIDD　*500*
キーナン，P. J.
Patrick J. KEENAN　*135*
キャッスルタウン卿
Lord CASTLETOWN, B.E.B. Fitzpatrick, 2nd Baron of Upper Ossory　*71, 72, 74, 75, 79, 81, 82, 83, 84, 356, 357*
キャメロン，チャールズ
Charles CAMERON　*226*
ギリーズ，アーチボールド
Archbald GILLIES　*230*
キルダッフ，J.
John KILDUFF　*109*
キング，C.
Carla KING　*57*

ク

クイラー＝クーチ，アーサー
Arthur QUILLER-COUCH　*485*
クィン，ジョン
John QUINN　*348, 401, 410*
クィン，メアリー
Mary QUINN　*403, 409*
クィンテリ＝ニアリ，M.
Marguerite QUINTELLI-NEARY　*432*
グッドウィン，K. L.
K. L. GOODWIN　*415*
クライド，ロバート
Robert CLYDE　*501*
グライン，J. T.
J. T. GREIN　*374, 385*
クラーク，オースティン
Clark AUSTIN　*471*
クラーク，D. R.
D. R. CLARK　*390*

クラーク，S.
S. Clark *45, 46, 57*
グラシーン，A.
Adaline Glasheen *427*
グラッドストーン，W. E.
William Ewart Gladstone *41, 43, 47, 48, 50, 51, 52, 222*
グリーヴ，クリストファー・マリー
Christopher Murray Grieve *473, 474, 485, 498, 499, 500, 505*
グリフィス，A.
A. Griffith *85*
グリム，ヤーコブ
Jacob Grimm *25*
グリーン，J. R.
J. R. Green *263, 264, 265*
グリンドウル，オウェン
Owain Glyn Dŵr *162*
グルヴィル，フランシス
Francis Gourvil *27*
グレイ，トマス
Thomas Gray *308, 309*
クレイグ，ゴードン
Gordon Craig *413, 414*
グレゴリウス十六世
Gregorius XVI *131*
グレゴリー夫人
Lady Augusta Gregory *69, 312, 317, 346, 347, 357, 365, 369-374, 389, 395, 400, 401, 404, 405, 409-413, 416, 451, 470*
クレメンス十四世
Clemens XIV *92*
グレンデニング，ジョン
John Glendening *501*
クロカー，T. C.
Thomas Crofton Croker *116*

ケ

ゲッデス，パトリック
Patric Geddes *494, 503, 504*
ゲドス，H.
Henri Gaidoz *28, 29*
ケネディ，ストダート
Stoddart Kennedy *426*
ケネディ，パトリック
Patrick Kennedy *117*

コ

ゴス，エドマンド
Edmund William Gosse *385*
コミン，D.
David Comyn *136*
コミン，マイケル
Michael Comyn *311, 323*
コラム，ポードリック
Padric Colum *369, 401, 410, 412, 413, 416*
コリー，リンダ
Linda Colley *197*
コリッシュ，P.J. Patrick J. Corish *121, 122*
ゴールドスミス，オリヴァー
Oliver Goldsmith *380*
コールマン，J.
Jeremiah Callman *378*
コレ，テオフィル・マロ
Théophile-Malo Corret *18*
ゴン，モード
Maud Gonne *278, 288, 321, 347, 359, 400, 402, 409*
コングリーヴ，ウィリアム
William Congreve *380*
コンネル，F. ノリス
F. Norrys Connell *406*

サ

サザランド公
Duke of Sutherland *198*
サッカレー，W.
William Thackeray *383*
サドルマイヤー，アン
Ann Saddlemyer *389*
サマヴィル，イーディス
Edith Sommerville *364*

シ

シェイクスピア
William Shakespeare *383, 509*
シェイクスピア，オリヴィア
Olivia Shakespeare *362*
ジェイコブ，ヴァイオレット
Violet Jacob *499*
ジェイムズ，ヘンリー

Henry JAMES　507
ジェイムズ二世
JAMES II　422
ジェイムズ六世
JAMES VI　481
シェリー，P. B.
Percy Bysshe SHELLEY　321, 483
シェリダン，リチャード
Richard Brinsley SHERIDAN　380
シガースン，ジョージ
George SIGERSON　378
シーフィールド伯
Earl of SEAFIELD　198
シモンズ，アーサー
Arthur SYMONS　345, 346, 347, 364
ジャフレヌウ，フランソワ
François JAFFRENNOU　34
シャープ，ウィリアム
William SHARP　347, 365, 473, 474, 482, 483, 484, 485, 486, 487, 488, 489, 492, 493, 494, 495, 496, 497, 498, 499, 500, 504, 505
シャープ，エリザベス
Elizabeth A. SHARP　500, 502, 503
ジャンヌダルク
Jeanne D'ARC　486
ジュバンヴィル
Henri d'Arbois de JUBAINVILLE　317
シュロスマン，B.
Beryl SCHLOSSMAN　440
ショー，G. B.
George Bernard SHAW　319, 380, 385, 507
ジョアノー，エロワ
Eloi JOHANNEAU　21
ジョイス，ジェイムズ
James JOYCE　311, 351, 352, 358, 366, 408, 421-446, 452, 470, 507, 520
ジョイス，ジョン・スタニスロース
John Stanislaus JOYCE　431
ジョイス，ルチア
Lucia JOYCE　427
女王メアリ
MARY, Queen of Scots　503
ショーペンハウエル，アルトゥール
Arthur SCHOPENHAUER　518
ジョン，E. T.
Edward Thomas JOHN　178
ジョーンズ，グリフィス
Griffith JONES　162
ジョーンズ，チャールズ
Charles JONES　500
ジョーンズ，T. G.
Thomas Gwynn JONES　165
ジョンソン，S.
Samuel JOHNSON　308
ジョンソン，ベン
Ben(jamin) JONSON　383
シング，J. M.
John Millington SYNGE　66, 70, 317, 346, 350, 358, 369, 371, 373, 384, 387, 397, 401, 405, 409-413, 416, 432, 453, 470, 518

ス

スインバーン，A. C.
Algernon Charles SWINBURNE　518
スウィフト
Jonathan SWIFT　410, 441, 507
スウェーデンボルグ
Emanuel SWEDENBORG　352
スカリゲル，ヨゼフ・ユストゥス
Joseph Justus SCALIGER　10
スキーン，W. F.
William F. SKENE　480, 501
スコット，ウォルター
Walter SCOTT　202, 309, 486
スタケリー，ウィリアム
William STUKELEY　14
スタニスラフスキー
Konstantin STANISLAVSKY　372
スチュワート，ノーマン
Norman STEWART　221
スティーヴンスン，R. L.
Robert Louis STEVENSON　483
ストークス，ウィットリー
Whitley STOKES　316, 356
スペンサー
Edmund SPENSER　321
スミス，アダム
Adam SMITH　308, 479, 481
スモレット，T. G.
Tobias George SMOLLETT　383

セ

聖パトリック
St. PATRICK *322, 323, 324, 424*
セビヨ
Paul SÉBILLOT *28*
セルヴァンテス
Miguel de CERVANTES SAAVEDRA *444*

ソ

ソフォクレス
SOPHOCLES *391*
ゾラ，エミール
Emile ZOLA *394, 412, 518*
ソロウ，B.
B. SOLOW *45, 56*

タ

タイナン，キャサリン
Katharine TYNAN *321, 408*
ダヴィット，マイケル
Michael DAVITT *42, 45, 47, 54, 55, 222*
ダウスン，アーネスト
Ernest DOWSON *518*
ダウデン，エドワード
Edward DOWDEN *320*
高橋純一
55, 57
ダグラス，ギャヴィン
Gavin DOUGLAS *481*
ダッフィー，J.
James DUFFY *127*
ダフィー，ガヴァン
George Gavan DUFFY *311, 378*
ダンセイニ卿
Edward Lord DANSANY *358*
ダンチェンコ，V. N.
Vladimir NEMIROVICH-DANCHENKO *372*
ダンテ
Dante ALIGHIERI *319*
ダンバー，ウィリアム
William DUNBAR *481*

チ

チェスタトン，G. K.
Gilbert Keith CHESTERTON *358*
チェン，ヴィンセント
Vincent J. CHENG *438*
チャップマン，マルコム
Malcolm CHAPMAN *487, 488, 489, 496, 502*
チャプリン，チャーリー
Charlie CHAPLIN *426*
チャーリー，プリンス
Prince CHARLIE ［Charles Edward Stuart］ *503*
チャールズ＝エドワーズ，トマス
Thomas CHARLES-EDWARDS *168*
チャールズ，トマス
Thomas CHARLES *162*

ツ

ツィマー，ハインリッヒ
Heinrich ZIMMER *316*
ツルゲーネフ
Ivan Sergeevich TURGENYEV *457, 466*

テ

ティアニィ，M.
Mark TIERNEY *43, 56*
ディヴァイン，トマス
Thomas Martin DEVINE *218*
デイヴィス，ジョン
John DAVIES *11, 16*
デイヴィス，D. I.
Dan Isaac DAVIES *164*
デイヴィス，トマス
Thomas DAVIS *311, 378*
ディッジス，ダドリー
Dudley DIGGES *409*
ディロン，J.
John DILLON *42, 54, 56*
ディロン，ジョン・ブレイク
John Blake DILLON *510*
ディーン，シェイマス
Seamus DEANE *445*
デヴォイ，J.
J. DAVOY *45, 54*
デカルト，R.
René DESCARTES *466*
デッカー，T.
Thomas DEKKER *383*
テニスン

Alfred 1st Baron [Lord] TENNYSON
313, 437

ト

ドイル，コナン
Conan DOYLE　*246*
ドイル，J.
James DOYLE　*126*
ドイル，M.
Michael DOYLE　*124*
ド・ヴィア，A.
Aubrey de VERE　*347*
ドーヴェルニュ，ラトゥール
La Tour d'AUVERGNE　*18, 21*
トウランド，ジョン
John TOLAND　*13, 14, 19, 32*
土岐善磨
441
ド・ジェブラン，A. クール
Antoine Court de GÉBELIN　*16, 17, 18*
ド・トゥートゥリ，ジャン・ピカール
Jean Picard de TOUTRY　*8*
トドハンター，ジョン
John TODHUNTER　*319*
ドネリー，J. S.
J. S. DONNELLY　*45, 57*
ドノヒュー，ティア
Tiagh DONOGHUE　*457*
ド・バステロ伯爵
Count de BASTEROT　*372*
ドハティ，J. E.
J. E. DOHERTY　*42, 56, 57*
トマス，D. A.
David Alfred THOMAS　*176*
トーマス，アブリル
Avril THOMAS　*57*
トーマス，コリン
Colin THOMAS　*57*
トムスン，デリック
Derick Smith THOMSON　*210*
ド・ラリュ，G.
Gervais de La RUE　*20, 25*
ド・ロストルネン，グレゴワール
Gregoire de ROSTRENEN　*16, 24*

ナ

ナグル，ナノ
Nano NAGLE　*129*
ナット，アルフレッド
Alfred NUTT　*322*
ナポレオン
Napoleon BONAPARTE　*434*
ナンシー，ジャン・ルック
Jean-Luc NANCY　*468*

ニ

ニーチェ，F. W.
Friedrich Wilhelm NIETZSCHE　*518*
ニューマン，J. H.
John Henry NEWMAN　*127, 134*

ネ

ネイピア，セオドーア
Theodore NAPIER　*504*
ネイピア卿
Lord NAPIER AND ETTRICK　*194*

ノ

ノーラン，J.
John NOLAN　*136*
ノリス，フランク
Frank NORRIS　*510*
ノリス，マーゴット
Margot NORRIS　*437*

ハ

ハイド，ダグラス
Douglas HYDE　*62, 71, 73, 137, 321, 346, 347, 349, 357, 370, 373, 377, 400, 403, 412*
ハイネ
Heinrich HEINE　*483*
バイロン
George Gordon BYRON　*485*
ハインズ，E.
Eugene HYNES　*121*
パウエル，F. Y.
Frederick York POWELL　*319*
パウンド，エズラ
Ezra POUND　*414*
ハクスリー，トマス
Thomas HUXLEY　*242, 243, 248*
バジェン，フランク
Frank BUDGEN　*424*

バターズビィ，W. J.
William J. BATTERSBY 127
ハチスン兄弟
David and Alexander HUTCHESON 198
ハーディマン，ジェイムズ
James HARDIMAN 312
ハート，クライヴ
Clive HART 430
バトラー，J.
James BUTLER 134
バートン，J. W.
John William BURTON 142
パーネル，C. S.
Charles Stewart PARNELL 42, 45, 47, 51, 54, 56, 57, 59, 222, 316, 364, 370, 375, 402, 411
バリ，J.M.
James Matthew BARRIE 483
ハリス，ハウェル
Howel HARRIS 162
ハリントン，ティモシー
Timothy Charles HARRINGTON 53, 55, 56
バルフォア・A. J.
Arthur James BALFOUR 42, 52, 55
バルフォア，G.
Gerald BALFOUR 42, 52, 55
ハール，ヘンリー
Henry HURLE 32
バーレル，A.
Augustine BIRRELL 56
ハワード，ブランチ・ウィリス
Blanche Willis HOWARD 484
バーンズ，ロバート
Robert BURNS 309
ハント，ヒュー
Hugh HUNT 386

ヒ

ピアス，パトリック
Patrick PEARSE 59, 73, 74, 83, 84, 357
ピウス九世
PIUS IX 101, 105, 106, 107, 125, 132, 138
ピウス十世
PIUS X 140
ピウス七世
PIUS VII 92
ヒギンス，ウイリアム
William HIGGINS 95
ヒッキィ，D. J.
D. J. HICKEY 42, 56, 57
ビーティー，ジェイムズ
James BEATTIE 481
ピトック，マリー・G. H.
Murray G. H. PITTOCK 479, 480, 496, 500, 504
ピネロ，A. W.
Arthur Wing PINERO 319
ビュウ，ポール
Paul BEW 44, 56
ヒューム，ジョン
John HOME 308
ヒューム，デイヴィッド
David HUME 479
ビュレ，ジャン・バティスト
Jean-Baptiste BULLET 16, 18

フ

ファー，フローレンス
Florence FARR 319, 358, 374, 404
ファーガスン，ウィリアム
William FERGUSON 479, 480, 501
ファーガスン，サミュエル
Samuel FERGUSON 312, 313, 314, 316, 321, 322, 378
ファークァー，ジョージ
George FARQUHAR 380
ファレル，ジェイムズ
James FARRELL 512, 513, 522
フィチーノ，マルシリオ
Marsilio FICINO 513
フィッツサイモン，クリストファ
Christopher FITZSIMON 387
フィッツジェラルド，F. S.
F. Scott FITZGERALD 508, 511, 512, 513, 517, 519, 520, 521, 522, 523
フィッツモーリス，ジョージ
George FITZMAURICE 416
フェイ，ウィリアム・ジョージ
William George FAY 373, 401, 410
フェイ，フランク
Frank FAY 373
フェイ兄弟

the FAYS　*373*
フェイ神父
Father Sigourney Webster FAY　*520*
フェノロサ，アーネスト
Ernest FENOLLOSA　*414*
フォスター，J. W.
J. W. FOSTER　*452, 453, 454*
フォリエル，クロード
Claude FAURIEL　*25*
フォール，ポール
Paul FORT　*388*
ブーシコー，ダイオン
Dion BOUCICAULT　*382*
ブラウン，ジョージ・ダグラス
George Douglas BROWN　*483*
ブラウン，テレンス
Terence BROWN　*392, 471*
ブラッキー，ジョン・スチュアート
John Stuart BLACKIE　*226*
ブラドレー，A.
Anthory Bradley　*402*
フラナガン，トマス
Thomas FLANAGAN　*452*
ブラーム，オットー
Otto BRAHM　*385*
フランクリン，B.
Benjamin FRANKLIN　*521*
フリーマン，エドワード・A
Edward A. FREEMAN　*239, 265*
ブル，P.
Philip BULL　*57*
ブルック，シャーロット
Charlotte BROOKE　*309*
フルニエ，E.
E. FOURNIER　*71, 72, 74, 75, 77, 79, 82, 84*
ブレア，ヒュー
Hugh BLAIR　*308, 481*
ブレイ，T.
Thomas BRAY　*113*
ブレイク，W.
William BLAKE　*319, 321, 352*
フレイザー，ウィリアム
Captain William FRASER (of Kilmuir)　*219, 220, 223*
フレイザー，J. G.
James George FRAZER　*432*
フレイザー＝マッキントッシュ，チャールズ
Charles FRASER-MACiNTOSH　*226*
プロティノス
PLOTINUS　*362*

ヘ

ペイター，ウォルター
Walter PATER　*483*
ヘイリー，アレックス
Alex HALEY　*508*
ベケット，サミュエル
Samuel BECKETT　*387, 435, 470*
ヘーゲル，G. W. F.
Georg Wilhelm Friedrich HEGEL　*467*
ペズロン，ポール
Paul PEZRON　*12, 13, 14, 15, 17*
ベドー，ジョン
John BEDDOE　*246, 247, 248*
ペトリー，ジョージ
George PETRIE　*310, 311, 316, 356*
ベネディクトゥス十四世
BENEDICTUS XIV　*91, 138*
ペルーティエ，シモン
Simon PELLOUTIER　*15*
ベルトゥー，イヴ
Yves BERTHOU　*33, 34*
ベレスフォード，J. G.
John George BERESFORD　*142*
ベンストック，B.
Bernard BENSTOCK　*430*
ベンスラマ，フェディ
Fethi BENSLAMA　*468, 469, 470*
ペンブルック伯
Earl of PEMBROKE　*423*
ヘンリー二世
HENRY II　*423*

ホ

ポー，E. A.
Edgar Allan POE　*515, 518*
ポー，リュネ（リュニェ）
Aurélien LUGNÉ, dit LUGNÉ-POE　*388*
ボイス，D. J.
D. J. BOYCE　*378*
ホイットマン，W.
Walt WHITMAN　*518*
ボイド，アーネスト

Ernest Boyd 451, 452, 454
ボイル，ウィリアム
William Boyle 413, 416
ボイル，ロバート
Robert Boyle 440
ホエイトリィー・R.
Richard Whately 133
ボーエン，エリザベス
Elizabeth Bowen 364
ボクスホルニウス，マルクス・ズエリウス
Marcus Zuerius Boxhornius 11, 13
ボズウェル，ジェイムズ
James Boswell 308
ポステル，ギヨーム
Guillaume Postel 9, 12
ボーゼ，ニコラ
Nicolas Beauzée, 16
ボードレール，シャルル・ピエール
Charles Pierre Baudelaire 518
ボトレル，テオドール
Théodore Botrel 36, 37
ホーニマン，アニー
Annie E. Horniman 373, 416
ホールパー，N.
Nathan Halper 436

マ

マイヤー，クノ
Kuno Meyer 317, 322, 358
マカントゥール，ドナハグ
Donnchadh Ban Mac-an-t-saoir (Duncan Ban Macintyre) 206
マクヴァイスティル・アラステル，アラステル
Alasdair Mac Mhaighstir Alasdair (Alexander Macdonald) 206
マクゴウイン，イアン
Ian Mac A' Ghobhainn (John Smith) 215
マクダーミッド，ヒュー
Hugh MacDiarmid 473, 499
マクドナルド，アレグザンダ
Alexander Macdonald 220, 224
マクドナルド，シャロン
Sharon Macdonald 480, 501
マクドナルド，ドナルド
Donald Macdonald 227
マクドナルド，ロデリック
Roderick Macdonald 226
マクドナルド卿
Lord Macdonald 219, 223
マクニール，オーン
Eoin MacNeill 137, 357, 377
マクニール，マルコム
Malcolm MacNeill 231
マクヒュー（マキュー），ローランド
Roland McHugh 422
マクファースン，ジェイムズ
James Macpherson vi, 202, 308, 309, 315, 486, 487
マクフェイル，カラム・キャンベル
Calum Caimbeul MacPhàil 203
マクブレイン，デイヴィド
David MacBrayne 198
マクベイン，アレグザンダ
Alexander Macbain 216
マクラウド，ニール
Neil MacLeod 210
マクラウド，フィオナ
Fiona Macleod 260, 365, 374, 391, 473, 474, 484, 485, 489, 492, 494, 495, 502, 503
マクラレン，イアン
Ian Maclaren 475, 478, 479, 481, 482, 487, 500
マクリーン，アレグザンダ
Alexander Maclean 230
マクリーン，ソーリー
Sorley MacLean 202
マクレー，A. D. F.
Alasdair D. F. Macrae 398, 417
マクレイン，ジョン
John Maclean 504
マクレイン，マグナス
Magnus Maclean 481, 482, 501, 502
マシスン，アレグザンダ
Alexander Matheson 198
マシスン，マルコム
Malcolm Matheson 230
マシューズ，C. エルキン
Charles Elkin Mathews 319, 358
マッカイ，ジョン
John Mackay 223
マッカートニー，D.
D. McCartney 47, 57

マックスウェル，D. E. S.
D.E.S. MAXWELL　*412*
マックヘール，ジョン
John McHALE　*95, 104, 131, 135*
マッケイブ，コリン
Colin MACCAVE　*445*
マッケンジー，アレグザンダ
Alexander MACKENZIE　*226, 228*
マーティン，エドワード
Edward MARTYN　*345, 346, 348, 349, 351, 352, 371-374, 389, 390, 393-396, 399, 400, 403, 455, 456*
マハー，ジェームズ
James MAHER　*96, 97*
マーフィー，ジェームズ
James MURPHY　*94*
マラルメ，S.
Stéphane MALLARMÉ　*388*
マルシャル，M.
Morvan MARCHAL　*36*
マルタン，ジャック
Jacques MARTIN　*15, 17*
マルドッホ，ジョン
John MURDOCH　*226*
丸谷才一
445
マレー，T. C.
Thomas Cornelius MURRAY　*369, 413, 416*
マレイ，D.
Daniel MURRAY　*125, 131, 133*
マローン，A. E.
A. E. MALONE　*382*
マンガン，ジェイムズ・クラレンス
James Clarence MANGAN　*311, 312, 313, 378*
マングーリ
Michel-Ange-Bernard de MANGOURIT　*21*

ミ

ミーク，ドナルド
Donald MEEK　*203, 215, 216*
ミッチェル，J.
John MITCHEL　*378*
ミラー，D.
David MILLER　*120, 121, 122*
ミリガン，アリス
Alice MILLIGAN　*373*
ミルトン，J.
John MILTON　*321*

ム

ムア，ジョージ
George MOORE　*345, 346, 349, 351, 352, 358, 371, 372, 373, 374, 387, 389, 390, 393-396, 399, 400, 403, 452, 453, 454, 455, 456, 457, 458, 459, 460, 461, 464, 465, 466, 469*
ムア，トマス
Thomas MOORE　*309*

メ

メイソン，W. S.
William Shaw MASON　*113*
メイラー，ノーマン
Norman MAILER　*510*
メイン，ラザフォード
Rutherford MAYNE　*416*
メレディス，ジョージ
George MEREDITH　*252, 383, 483, 485, 504*
メンケン，H. L.
H. L. MENCKEN　*508*

モ

モイラン，F.
Francis MOYLAN　*125*
モーガン，レイディ
Lady MORGAN　*309, 310*
モース，J. M.
J. Mitchell MORSE　*425*
モノワール，ジュリアン
Julien MAUNOIR　*11, 16*
モラン，D. P.
D. P. MORAN　*77, 78, 79, 80, 84*
モラン，パトリック・F.
Patrick F. MORAN　*107*
モリス，W.
William MORRIS　*313, 319, 321, 360*
モリス＝ジョーンズ，J.
John MORRIS-JONES　*166*
モリスン，ジョン
John MORRISON　*230*

モルガヌウグ，イオロ
Iolo MORGANWG　*32, 33, 165*

ヤ

山本健吉
444
ヤング，ジョン
John YOUNG　*94*

ユ

ユナ，エリス・ファーマー
UNA Ellis-Fermor　*399*

ラ

ライス，エドモンド
Edmond RICE　*129*
ラヴィルマルケ
Théodore Hersart de La VILLEMARQUÉ
25, 26, 27, 33
ラーキン，E
Emmet LARKIN　*88, 111, 112, 120, 121, 122, 141*
ラザフォード，アーネスト
Ernest RUTHERFORD　*442*
ラシュディ，サルマン
Salman RUSHDIE　*468, 469*
ラッセル，ジョージ
George RUSSELL　*66, 347, 351, 352, 397, 398, 400, 465, 491, 492, 493, 503*
ラッセル，T. R.
T. R. RUSSELL　*53*
ラッセル，マシュー
Matthew RUSSELL　*320*
ラルボー，ヴァレリー
Valery LARBAUD　*427*
ラング，アンドルー
Andrew LANG　*260, 485, 486, 488, 502*
ランプソン，G. L.
G. Locker LAMPSON　*98*

リ

リー，ジョセフ
Joseph LEE　*43, 56*
リヴィングストン，ウィリアム
William LIVINGSTON　*207*
リース，アーネスト
Ernest Percival RHYS　*360, 486, 496, 504, 505*
リース，ジョン
John RHYS　*166*
リッツ，A. W.
A. Walter LITZ　*424*
リュゼール，F. M.
François-Marie LUZEL　*27, 28, 29*
リンダー，イーディス・ウィンゲイト
Edith Wingate RINDER　*484, 502*
リンチ，マイケル
Michael LYNCH　*202, 218*

ル

ルイド（シュイド），エドワード
Edward LLUYD　*13, 14, 19*
ルカーチ，ジョルジ
György LUKÁCS　*467, 469*
ルゴニデック，J. F. M.
Jean François Marie Le GONIDEC　*24, 25*
ルソー，ジャン＝ジャック
Jean-Jacques ROUSSEAU　*218, 518*
ルナン，エルネスト
Ernest RENAN　*28, 29, 379, 486, 502*
ルフュステック，ジャン
Jean Le FUSTEC　*33, 34*
ルブリガン，ジャック
Jacques Le BRIGANT　*17, 18*
ルペルティエ，ルイ
Louis Le PELLETIER　*15, 24*
ルモアル，Y.
Yves Le MOAL　*35*
ルルウ，L.-N.
Louis-Napoléon Le ROUX　*35*

レ

レイン，ジョン
John LANE　*319*
レオ十三世
LEO XIII　*107*
レストゥルベイヨン卿
Régis de L'Estourbeillon de la GARNACHE
35
レズリー，シェイン
Shane LESLIE　*520*

ロ

ロイド，ジョージ・D.
David LLOYD GEORGE *175, 176, 177, 178, 180*
ロイド，J. E.
John Edward LLOYD *166, 174*
ロウランド，ダニエル
Daniel ROWLAND *162*
ロス，ウィリアム
Uilleam ROS *207*
ロス，マーティン
Martin ROSS *364*
ロセッティ，ダンテ・ゲイブリエル
Dante Gabriel ROSSETTI *483, 518*
ロダン，オーギュスト
Auguste RODIN *515, 516, 517*
ロック，J.
John LOCKE *466*
ロート，ジョゼフ
Joseph LOTH *29*
ロバーツ，T. F.
Thomas Francis ROBERTS *174*
ロバートスン，ウィリアム
William ROBERTSON *479*
ロビンソン，レノックス
Lennox ROBINSON *364, 396, 410, 413, 416*
ロラン，ドナシアン
Donatien LAURENT *27*
ロールストン，T. W.
Thomas William ROLLESTON *321*

ワ

ワイルド，オスカー
Oscar WILDE *319, 380, 387, 518*
ワーズワス，W.
William WORDSWORTH *321*
ワット，イアン
Ian WATT *466, 467, 469*
ワトスン，ジョン
John WATSON *475*

事項索引

ア

アイステズヴォッド eisteddfod *26, 32, 33, 34, 165, 166, 240, 246, 258*

『アイリッシュ・アメリカン』 *The Irish American* *272, 274, 275, 277, 278, 281, 283, 284, 286, 288, 290, 291, 292, 294, 295*

アイリッシュ・カレッジ Irish College *89, 94, 110, 135*

アイリッシュ・テキスト・ソサエティ Irish Texts Society *317*

『アイリッシュ・マンスリー』 *The Irish Monthly* *320*

『アイリッシュ・メッセンジャー』 *Irish Messenger* *126*

『アイリッシュ・メロディー』 *Irish Melodies* *309, 353*

『アイリッシュ・ワールド』 *The Irish World* *272, 274, 275, 277, 280, 282, 285, 286, 289, 290, 291, 292, 294, 295, 296*

アイルランド Ireland *i, vi, 221, 229, 259, 261, 309, 310, 311, 312, 313, 314, 315, 319, 320, 321, 322, 324, 346, 347, 348, 352, 356, 363, 366, 369, 370, 372, 373, 375, 378, 380, 381, 382, 383, 384, 393, 404, 405, 407-412, 417, 473, 479, 480, 485, 487, 490, 491, 492, 493, 496, 497, 499, 500, 505* ～演劇運動 *386, 370, 372, 374, 377, 378, 387, 388, 392, 394, 397, 398, 399, 400, 401* ～海外宣教 Irish missionary abroad *110* ～・カトリシズム Irish Catholicism *87, 88, 112, 120, 124, 125, 126, 128, 140, 141, 142* ～・カトリック（教会）復興 Irish Catholic Revival *87, 88, 89* ～義勇軍 Irish Volunteers *274, 283, 284, 285, 286, 287, 288* ～系アメリカ人 Irish Americans *271-299* ～系アメリカ大祭 the Great Irish-American Fair *290* ～自治運動 Irish Home Rule *316* ～自由国 Irish Free State *48, 54, 434* ～人 *240, 241, 242, 259, 261* ～聖公会 Church of Ireland *88, 108, 130, 142* ～土地問題 *51* ～土地委員会 Irish Land Commission *54* ～土地戦争 Irish Land War *41* ～土地法 Irish Land Act *222* ～土地同盟 Irish Land League *222* ～文芸劇場 Irish Literary Theatre *346, 348, 349, 351, 352, 365, 372, 373, 376, 380, 389, 390, 392, 393, 394, 395, 396, 398, 400, 402, 403, 405* ～文学協会 Irish Literary Society *67, 346, 374* ～文芸協会 Irish Literary Society →アイルランド文学協会 ～文芸復興 Irish Literary Revival/Renaissance *v, 307, 308, 312, 316, 318, 319, 320, 345, 346, 358, 369* ～令 Ireland Act *137*

『アイルランド教会誌』 *Irish Ecclesiastical Record* *107*

『アイルランド近代小説，その批評』 *Modern Irish Fiction—A Critique* *452*

『アイルランド吟遊詩』 *Irish Minstrelsy, or Bardic Remains of Ireland* *312*

アイルランド語 Irish Language (Gaelic) *135, 136, 277, 281, 373, 374, 403, 404, 411, 412* ～復興運動 Revival movement of the Irish language *136*

アイルランド語保護協会 Society for the Preservation of the Irish Language *136, 377*

アイルランド語保存協会 →アイルランド語保護協会

アイルランド考古学協会 Irish Archeological Society *311*

アイルランド国民劇場協会 Irish National Theatre Society *373, 400*

アイルランド国民演劇団体 Irish National Dramatic Company *400*

アイルランド国教会法 Church of Ireland Act *43*

『アイルランド詩の遺産』 *Reliques of Irish Poetry* *309*

『アイルランド侵入の書』 *Lebor Gabâla Éireann* *362*

アイルランド人種会議 Irish Race Convention *273, 281*

アイルランド青年党 Young Ireland →青年アイルランド協会

「アイルランド，聖者と賢人の島」 Ireland,

Island of Saints and Sages　*438*
『アイルランドに関する議会報告書』 *Parliamentary gazetteer of Ireland* *120*
『アイルランド農民の気質と物語』 *Traits and Stories of the Irish Peasantry* *113, 310, 364*
『アイルランド農民の妖精譚と民話』 *Faery and Folk Tales of the Irish Peasantry* *320*
『アイルランドの小説』 *The Irish Novel* *452*
『アイルランドの小説家 1800-1850』 *The Irish Novelists*, 1800-1850　*452*
『アイルランドの文芸復興』 *Ireland's Literary Renaissance*　*451*
『アイルランドの歴史』 *History of Ireland* *316, 317, 412*
『アイルランドの歴史・古物研究入門』 *An Introduction to the Study of the History and Antiquities of Ireland*　*309*
『アイルランド文学史』 *A Literary History of Ireland*　*378*
『アイルランド文芸復興期の散文』 *Fictions of the Irish Literary Revivals*　*452, 454*
『悪魔の詩』 *The Satanic Verse*　*468*
『ア・ゲニネン』 *Y Geninen*　*165*
アサイ　Athy　*149*
アーサー王　King Arthur　*7, 313, 503*
『葦間の風』 *The Wind among the Reeds: Poems*　*358*
アシュリング　Aisling　*312, 354*
アシーン　Oisin　*309, 316, 322, 323, 361, 363, 380*
『アシーンの放浪，その他の詩』 *The Wanderings of Oisin and Other Poems* *318, 319, 320, 321, 322, 348, 360, 362*
アスローン　Athlone　*109*
アセンダンシー　Ascendancy　→アングロ・アイリッシュ・アセンダンシー
アーダー　Ardagh, Co. Longford　*95, 104, 109, 123*
アハダ　Aghada　*99*
アビー座　Abbey Theatre　*67, 352, 369, 371, 372, 373, 383, 395, 400, 401, 406, 409, 410, 413, 415, 416, 417, 518*
『アビー座のフェイ兄弟』 *The Fays of the Abbey Theatre : An Autobiographical Record*　*401*
アーマー　Armagh　*88, 89, 106, 122, 125, 133, 141*　～大司教区　Province of Armagh　*91*
アメリカ　*271-299, 496, 497*　～・ゲーリック連盟　American Gaelic League　*276, 278*　～保護協会　American Protective Association　*288*
アラン諸島　the Aran Islands　*316, 346, 364, 411*
『アラン諸島』 *The Aran Islands*　*358*
『アーリングフォードのストライキ』 *The Strike at Arlingford*　*385*
アルスター　Ulster　*91, 122, 315, 507*　～慣行　Ulster Custom　*50, 51*
『ある町の物語』 *The Tale of a Town* *393, 399*
アングロ・アイリッシュ　Anglo-Irish　*66, 67, 68, 69, 73, 81, 347, 371, 389*　～・アセンダンシー　Anglo-Irish Ascendancy *315, 363, 397*
アングロ-サクソン　Anglo-Saxon　*292-297, 494, 499*
アングロ・サクソン主義　Anglo-Saxonism *293*

イ

『W. B. イェイツと荒廃した現実の演劇』 *W. B. Yeats and the Theatre of Desolate Reality*　*390*
イエズス会　Society of Jesus　*92, 109, 126, 134*
「イオナより」 From Iona　*489, 495, 504*
『鋳掛け屋と妖精』 *An Tincéar agus an tSidheog*　*403*
『鋳掛け屋の婚礼』 *The Tinker's Wedding* *406*
『異教評論』 *The Pagan Review*　*483, 495*
イギリス産業革命　The Industrial Revolution　*163, 164, 169, 176, 180*
イースター蜂起　Easter Rising　*56, 59, 61, 73, 364, 375*
遺贈　bequest　*96, 98, 100*
『偉大なるギャッツビー』 *The Great Gatsby*

517, 521, 522
「暇乞い」 A Leave Taking　*518*
イニシュフリー　Innisfree　*326*
「イニシュフリーの湖島」 The Lake Isle of Innisfree　*326*
イニシュモア　Inishmore　*346*
移民　emigrants　*110, 111, 112, 142, 201, 277, 280*
『イーリッシュ・テクスト』 *Irische Texte* *316*
インヴァネスゲール協会　the Gaelic Society of Inverness　*200*
『インヴァーのビッグ・ハウス』 *The Big House of Inver*　*364*
イングランド　England　*196, 201, 307, 312, 315, 346, 478, 479, 481, 483, 487, 490, 491, 494, 496, 497, 498, 499*　～語（英語） English　*199*
イングリス　Inglis　*481*

ウ

ヴァティカン公会議（第一）　Council of Vatican　*105, 106, 111*
ヴァルトス　Valtos　*206, 221*
『ウィリアム・シャープ（フィオナ・マクラウド）回想録』 *William Sharp (Fiona Macleod) : A Memoir*　*483, 484, 485, 494, 502*
ウィリンダン博物室　Willingdone Museyroom　*434*
ヴィンセンシオ会　Congregation of Vincentians　*109, 110*
ウインダム法　Wyndham Act　*43, 53, 55, 56, 57, 364*
『ウェイク』 →『フィネガンズ・ウェイク』
『ウェイク古典語辞書』 *A Classical Lexicon for Finnegans Wake*　*440*
『ヴェジタリアン』 *The Vegetarian*　*320*
ウエックスフォード　Wexford　*92, 110*
ウェールズ　Wales　*10, 11, 12, 13, 26, 28, 31, 32, 33, 34, 37, 79, 315, 356, 381, 485, 487, 490, 496, 499, 505*　～国立図書館　National Library of Wales　*170*　～国立博物館　National Museum of Wales　*170*　～語　Welsh　*240, 258, 259*　～語使用促進協会　The Society for the Utilization of the Welsh Language *164*　～復興　The Welsh Revival　*159, 160, 161, 164, 166, 168, 169, 170, 171, 174, 179*　～併合　The Union of England and Wales　*170*　～法　The Welsh Laws　*161, 169*
『ウェールズ』 *Wales*　*167*
ウェールズ大学　University College of Wales　*170, 173*　～アベラストウィス校　University College of Wales, Aberystwyth　*168, 169, 170, 174*　～カーディフ校　～, Cardiff　*169, 170*　～バンゴール校　～, Bangor　*170*　北～ University College of North Wales　*169*
ウェル・メイド・プレイ　Well-made play *383, 385*
ウォーターステイン　Waterstein　*227*
ウオータフォード　Waterford　*110, 147, 155*
ウォータールー　Waterloo　*434*
ヴォルタ　Volta Cinema　*430*
ウシュウナハ　Uisneach　*314*
『美しき野ばらのやぶのそば』 *Beside the Bonnie Brier Bush*　*475, 500*
『海に騎り行く者たち』 *Riders to the Sea* *358, 518*
『噂のひろまり』 *Spreading the News* *395*

エ

『英国の人種』 *The Races of Britain*　*246*
『エヴァーグリーン』 *The Evergreen*　*474, 494, 503*
エヴァン・マハ　Emain Macha　*315*
「エグザイル」 Exile　*457*
エグルウィスウィル　eglwyswyr　*165*
『エスター・ウォーターズ』 *Esther Waters* *394*
『枝のたわみ』*The Bending of the Bough* *393, 399*
エディンバラ　Edinburgh　*231, 232, 357, 475, 481*
エドワード征服　Edwardian Conquest *161, 166*
『エネアデス』 *Enneads*　*362*
『エマーの唯一の嫉妬』 *The Only Jealousy of Emer*　*414*
「エリンの娘たち」 Inghinidhe na hÉireann

403

オ

『王宮の門』 *The King's Threshold* *402*
「王国の貧者たち」 Bochdan na Rìoghachd *207-209*
王立アイルランド学士院 Royal Irish Academy *309, 311, 313, 315, 316*
オカルティズム occultism *392*
オシアン Ossian *202, 310, 355*
『オシアン』 *Ossian* ［=*Fingal, An Ancient Epic Poem, in Six Books*］ *vi, 308, 309, 315, 485, 486, 487, 489*
オシアン協会 Ossianic Society *310, 311, 324, 353, 357*
オーストラリア Australia *483, 497*
オデュッセウス Odysseus *446*
おどけ buffoonery *373, 384*
オーバン Oban *498*
『オーバン・タイムズ』 *The Oban Times* *207*
『オール・アイルランド・レヴュー』 *The All-Ireland Review* *316*
オール・ハロウズ・カレッジ All Hallows College *110*

カ

改宗運動 Proselytism *102, 109, 129, 130, 132, 138, 140*
『影の海』 *The Shadowy Waters* *390*
仮設礼拝場（ステーション） Station, Statio *102*
カーディフ Cardiff *170*
カテキズム catechisms *102, 128, 134*
カトリシズム Catholicism *87, 88, 106*
カトリック Catholic *315, 370, 397, 398, 399, 406, 407, 409* ～解放運動 Campaign for Catholic Emancipation *41* ～解放令 Catholic Emancipation Bill *87, 90, 92, 99, 114, 122, 142* ～救済法 Catholic Relief Acts *87, 89, 93* ～大学 Catholic University *134* ～図書協会 Catholic Book Society *126, 127*
『カトリック・ガーディアン』 *Catholic Guardian* *127*
『カトリック大学新聞』 *Catholic University Gazette* *127*
『カトリック年鑑』 *Catholic Directory* *127*
『カトリック・ペニィ・マガジン』 *Catholic Penny Magazine* *127*
カーナヴォン Caernarfon *357*
カナダ Canada *273, 274, 497*
カペルウィル capelwyr *165*
『神々と戦士たち』 *Gods and Fighting Men* *396*
『カムリ』 *Cymru* *167*
カムリ・ヴィズ Cymru Fydd *174, 175, 176, 177, 178, 179, 180, 181, 182, 183, 184*
『カムリ・ル・プラント』 *Cymru'r Plant* *167*
カムロドリオン協会 The Honourable Society of Cymmrodorion *162, 165, 169*
カラン Callan, Co. Cork *114*
『ガーリック詞華集』 *Carmina Gadelica* *356*
『カリブの月』 *The Moon of the Caribbees* *513*
『カルヴァリ』 *Calvary* *414*
「カレドニア的反正合とゲールの理念」 The Caledonian Antisyzygy and the Gaelic Idea *499, 505*
『枯骨の夢』 *The Dreaming of the Bones* *414*
カーロウ Carlow, Co. Carlow *96, 97, 110, 149*
『考える人』 *Le Penseur* *515, 516, 517*

キ

「奇跡劇」 miracle play *408*
『北ブリテン日報』 *North British Daily Mail* *220*
キムリック Cymric *485, 490*
キャシェル Cashel *89, 118, 119, 134* ～大司教区 Ecclesiastical Province of Cashel *91* ～教区会議 Provincial Synod of Cashel *91*
『キャスリーン・ニー・フーリハン』 *Cathleen Ní Houlihan* *312, 352, 370, 399, 409*
『キャスリーン伯爵夫人』 *The Countess Cathleen* *348, 349, 351, 352, 365, 372,*

374, 393, 405, 406, 407, 408
『キャスリーン伯爵夫人，伝説と詩』 *The Countess Kathleen and Various Legends and Lyrics* *348*
教会分裂 The Disruption (1843) *201*
教皇首位権 Primacy of Papacy *101, 105, 106*
教皇特使 Papal Legate, Legatus a Iatere *88, 98, 100, 105, 106, 141*
教皇の不謬性 Infallibility of the Papacy *105, 106*
郷土 dùthaich *209, 214, 215, 217, 219*
共有牧草地 common pasture *228*
キルケニー Kilkenny *97, 110*
ギル湖 Lough Gill *320, 326*
キルタータン方言 Kiltartan dialect *395*
キルデア Kildare *130, 149* 〜教区 *Diocese of Kildare* *119*
キルムール Kilmuir *206, 219, 221, 222*
キルメイナム Kilmainham *51, 224*
〜「条約」 Kilmainham "Treaty" *51*
『金枝篇』 *The Golden Bough* *432*

ク

『クアンタ・クーラ』 *Quanta Cura* *105*
クイーンズ・カレッジ Queen's College *95, 101, 102, 134*
クイーンズ座 Queen's Theatre *382*
クイーンズタウン Queen's Town *99*
クーフリン Cuchulain *309, 312, 315, 316, 361, 417*
『クーフリンの死』 *The Death of Cuchulain* *415*
グラースゴウ Glasgow *194, 200, 226, 232, 481, 483*
クラン社会 clan society *196, 203*
クランチーフ clan chief *203, 207, 218, 233*
クラン・ナ・ゲール Clan na Gael *274, 287*
クリアランス the Clearances *196, 201, 202, 203, 232*
「クリアランスの詩」 The Poetry of the Clearances *202*
『クリスチャン・ファミリー・ライブラリー』 *Christian Family Library* *127*
クリスチャン・ブラザーズ Christian Brothers *96, 129, 131, 132*
クリミア戦争 The Crimean War *431*
「クール荘園，1929年」 Coole Park, 1929 *364*
クール・パーク Coole Park *345, 346, 357, 364*
『クレイヴ・ソリッシュ』 *An Claidheamh Soluis* *64, 68, 73, 74, 76, 77*
グレイト・ブラスケット島 Great Blasket Island *355*
グレンデイル Glendale *210, 227-231*
グレンデイルの義士 The Glendale Martyrs *231*
クローイン Cloyne *99*
「黒髪のロザリーン」 Dark Rosaleen *312*
クロハー Clogher *94*
クロフター crofter *193, 194, 195, 196, 197, 206, 207, 210, 214, 215, 218-233*
クロフター保有地法 Crofters' Holdings (Scotland) Act, 1886 *232*

ケ

ゲイアティ座 Gaiety Theatre *382, 385*
計画的運動 Plan of Campaign *42, 45, 55, 56*
「軽騎兵の突撃」 Charge of the Light Brigade *437*
『ケイト・カーネギーと牧師たち』 *Kate Carnegie and Those Ministers* *475, 500*
刑罰諸法 Penal Laws *87, 88, 93, 102, 110, 113, 114, 119, 124, 125, 130, 138, 139, 142*
啓蒙期 Enlightenment *201, 479, 481, 500, 502*
ケイリー ceilidh *210*
『毛猿』 *The Hairy Ape* *514*
『結婚』 *An Posadh* *403*
結婚制度 marriage system *137*
ゲッシュ geis *350, 366*
ケリー Co. Kerry *123*
『蹴り損の棘もうけ』 *More Pricks than Kicks* *470*
ゲーリック競技協会 Gaelic Athletic Association *375*
『ゲーリック・ジャーナル』 *Gaelic Journal* *63, 77*

ゲーリック・ユニオン　Gaelic Union　*137*
ゲーリック・リヴァイヴァル　Gaelic Revival　*59, 61, 66, 71, 77, 81, 226, 275, 277, 278, 279, 289, 295, 297, 298*
ゲーリック・リーグ　Gaelic League　*59, 60, 61, 62, 63, 65, 66, 67, 69, 70, 71, 72, 73, 77, 79, 80, 82, 137, 276, 278, 281, 296, 346, 350, 357, 370, 375, 376, 377, 403, 404*
ゲール　Gael　*197, 482, 485, 490, 493, 498, 501, 503*　～協会　The Gaelic Society　*275, 276, 277, 284*　～人　*194, 197, 210, 488*　～の土地　*193*　～の民衆　*196*　～復興運動　Gaelic Revival　→ゲーリック・リヴァイヴァル　～文化　*370, 378*
ゲール語　Gaelic (Gaidhlig)　*194, 199, 229, 275-280, 282, 296, 298, 328, 370, 377, 378, 393, 397, 402, 476, 477, 478, 480, 481, 486, 487, 502, 505*　～学校　*Philo-Celtic Irish School*　*276, 278, 280*　～講座　*226*　～国勢調査　*Gaelic census*　*199, 226*　～詩歌　*202*　～人口　*200*　～復興　→ゲーリック・リヴァイヴァル　～連合　*Gaelic Union*　*377*
『ゲール語の詩人』　*Bards of the Gael and Gall*　*378*
『ゲール詞華集』　*Silva Gadelica*　*317, 378*
『ケルズの書』　*Book of Kells*　*439*
ゲールダム　Gaeldom (Gaidhealtachd)　*193, 203*
『ケルティア』　*Celtia*　*75, 84, 85, 357*
『ケルティック・スコットランド』　*Celtic Scotland*　*480, 501*
ケルティック・フリンジ　Celtic Fringe　*v, 71, 482, 483*
『ケルティック・マガジン』　*Celtic Magazine*　*226*
ケルティック・ルネッサンス　Celtic Renascence　*277, 485, 489, 495, 498, 502*
『ケルティック・ルネッサンス』　*Celtic Renascence*　*494*
『ケルティック・レヴュー』　*The Celtic Review*　*356*
ケルト　Celt　*ii, vi, v, 237, 238, 251, 262, 265, 308, 309, 314, 320, 322, 347, 348, 356, 360, 365, 371, 374, 379, 417, 473, 474, 475, 476, 480, 481, 482, 484, 485, 486, 487, 488, 489, 490, 492, 493, 494, 495, 496, 498, 502, 503, 504*　～人　*239, 477, 478*　～とサクソン　Celts and Saxons　*241, 242, 255, 265, 477*　～の周縁　the Celtic fringe　→ケルティック・フリンジ　～の薄明　Celtic Twilight　*393, 473*　～復興　Celtic Revival　*i-vii, 159, 160, 171, 184, 193, 202, 260, 261, 375, 377, 397, 473, 474, 486, 492, 500*　～文学　Celtic Literature　*287, 486, 496, 504*　～神話　Celtic mythology/myths　*317, 370, 380, 396*　黒い～　black Celts　*243, 244, 245, 246, 248, 250*
ケルト・アカデミー　Académie celtique　*19, 22, 24, 26*
ケルト協会　The Celtic Society　*356*
ケルト協会連合　The Federation of the Celtic Societies　*223, 226*
ケルト・サークル　Cercle Celtique　*37*
『ケルトの竪琴』　*Lyra Celtica*　*473, 474, 485, 486, 493, 494, 500, 504*
『ケルトの薄明』　*The Celtic Twilight*　*390*
「ケルト文学の研究」　On the Study of Celtic Literature　*241*
『ケルト文学の研究』　*On the Study of Celtic Literature*　*240, 241, 252, 256, 257, 258, 259, 260, 261, 265, 312, 360, 379, 486, 496, 497, 502*
ケルトマニア　Celtomania　*4, 8, 9, 10, 12, 15, 17, 20, 22, 23, 24*
『ケルト民族の詩』　*The Poetry of the Celtic Races*　*379, 486, 487, 491, 502*
『ケルト民族の文学』　*The Literature of the Celts*　*482, 502*
「賢者の礼拝」　The Adoration of Magi　*352*
『賢者の礼拝』　*The Adoration of the Magi*　*352, 358*
「検邪聖省」　The Holy Office　*441*
建設的ユニオニズム　Constructive Unionism　*47, 48, 60, 65*
「喧騒の時代」　The Day of the Rabblement　*351*

『幻想録』 *A Vision* *365*

コ

ゴウガネ・バルラ Gougane Barra *116*
考古協会 Society of Antiquaries *20, 21*
『交戦海域』 *In the Zone* *513*
『皇帝ジョーンズ』 *The Emperor Jones* *514*
コーク Cork *92, 93, 97, 99, 101, 125, 129, 154*
告解 penance, confession *123, 126*
国民学校（ナショナル・スクール） National School *95, 96, 102, 111, 130, 131, 136*
〜制度 National School System *108, 130, 131, 132, 133, 134, 135*
『国民の客』 *Guests of the Nation* *470*
国民文学協会 National Literary Society *62, 67, 73, 346, 374, 377*
古詩人 Old Makars *481*
古代アイルランド人結社 Ancient Order of Hibernians, A. O. H. *273, 276, 286, 289, 291*
『古代詩断片』 *Fragments of Ancient Poetry* *308*
国教会 The Anglican Church *163, 168, 170, 172, 175*
国教会制廃止 Disestablishment of the Church of Ireland *87, 139, 142* 〜令 Disestablishment of the Church of Ireland (Irish Church Act) *99, 108*
コッター cottar *195, 202, 233*
コナハト Connacht *91, 96, 104, 122, 131, 132, 135*
『コナハトの恋愛詩』 *Love Songs of Connacht* *412*
コネマラ Connemara *346*
誤謬表（シラブス・エロールム *Syllabus Errorum*） *105, 132*
コブ Cobh, Co. Cork *99*
ゴールウェイ Galway *92, 93, 101, 104, 345, 364, 372, 389, 423*
「ゴル王の狂気」 The Madness of King Goll *355*
ゴルセズ gorsedd *32, 33, 34, 35, 36, 71, 79*
婚姻法改正令 Marriage Law Amendment Act *139*
コーンウォール Cornwall *3, 37, 485*
『コンガル』 *Congal* *313*
混宗婚 mixed marriage *137, 138, 139*
コンストラクティヴ・ユニオニズム Constructive Unionism →建設的ユニオニズム

サ

菜園派 Kailyard School *475, 499, 500*
『サヴォイ』 *The Savoy* *345*
『サウン』 *Samhain* *365, 404*
「サーカスの動物たちの脱走」 The Circus Animals' Desertion *362*
酒類許認可法 Perrin's Act *116*
里子制度 Fosterage *366*
差配人 factor *221, 223, 225, 228*
「さらわれた子」 The Stolen Child *329*
サールス教会会議 National Synod of Thurles *90, 100, 101, 102, 103, 106, 107, 110, 119, 123, 132, 134, 138, 139*
『サロメ』 *Salomé* *387*
三R *48, 50, 51*
産業革命 →イギリス産業革命

シ

シェム Shem *428*
自作農創設 Creation of Peasant proprietorship *43, 47, 48, 51*
「詩人への伝言」 Fios chun a' Bhãird *207*
慈善目的の遺産贈与法 Charitable Bequests Act *98*
自治運動 *163, 320*
『室内楽』 *Chamber Music* *358, 443*
『自伝』 *Autobiographies* *372*
シトー修道会 Cistercian Order *92, 101*
地主 landlord (proprietor) *44-53, 202, 219, 220, 221, 225, 229*
「姉妹」 The Sisters *424*
『社会の柱』 *Samfundets Stotter＝Pillars of Society* *385*
ジャガイモ飢饉 the Potato Famine (Blight) →大飢饉
『借地農民と地主』 *Tuath is Tighearna* *203*
ジャコバイト蜂起 Jacobite uprisings *196, 199, 501, 503*

自由劇場　Théâtre-Libre　*347, 385*
自由党　Liberal Party　*164, 173, 175, 176, 177, 178, 179, 180, 181, 222*
宗派混合　mixed denomination　*130, 132, 140*
宗派別学校　denominational school　*129, 130, 131, 132, 133, 140*
自由舞台　Freie Bühne　*385*
十分の一税法　Tithe Act　*99*
「呪法」 Magic　*366*
『十戒石碑』 *The Tables of the Law*　*358*
巡回学校　circulating school　*162*
商業劇場　commercial theatre　*371*
小教区宣教　Parish Missions　*92, 108*
『小説の勃興』 *The Rise of the Novel*　*466*
『初期ゲール文学の話』 *The Story of Early Gaelic Literature*　*378*
助任司祭　Curates　*91, 92, 94, 103, 107*
ショーン　Shaun　*428*
『心願の国』 *The Land of Heart's Desire*　*358, 374, 385, 390, 404, 492*
「進行中の作品」 Work in Progress　*422*
「信心革命」 Devotional Revolution　*88, 111, 112, 120, 122, 141*
信心業　devotion　*124, 125, 129*
シンフェイン党　Sinn Féin　*85, 375*

ス

『スウィーニーの狂気』 *Buile Suibne*　*355*
スカイ島　Isle of Skye　*193, 198, 206, 210, 211, 214, 215, 219-231*
「スカイ島のクロフターたち」 Na Croitearan Sgiathanach　*211-215*
スカンディナヴィア　Scandinavia　*386*
『鋤と星』 *The Plough and the Stars*　*406*
スコッツ　Scots　*480, 498*　〜語　Scots (Language)　*481, 504*
スコットランド　Scotland　*6, 14, 20, 27, 37, 193, 197, 201, 223, 307, 308, 309, 315, 347, 356, 381, 473-481, 483, 488, 490, 491, 493, 495-501, 503, 504, 505*
〜啓蒙思想　Scottish Enlightenment　*201*
スコットランド救貧法　Scottish Poor Law　*208*
『スコットランド国民のアイデンティティ―歴史的探求』 *The Identity of the Scottish Nation : An Historic Quest*　*479, 501*
「スコットランドの理念に向けて」 Towards a Scottish Idea　*498, 505*
『スコットランド文学史』 *A Literary History of Scotland*　*504*
『スコティッシュ・チャップブック』 *Scottish Chapbook*　*473, 499, 500*
スコティッシュ・ルネサンス　Scottish Renaissance　*473, 494, 499, 503*
スター・システム　Star system　*383, 385*
スティーヴン・ディーダラス　Stephen Dedalus　*427*
ステージ・アイリッシュマン　Stage Irishman　*383*
ステーション　Station　*112, 120, 121, 123, 124, 129*
『砂時計』 *The Hour Glass*　*395*
『スペクテイター』 *The Spectator*　*324*
スミング　souming　*221, 223*
スライゴー　Sligo　*320, 326, 350, 389*

セ

聖コールマン司教座聖堂　St. Coleman Cathedral　*99, 100*
『聖者の泉』 *The Well of the Saints*　*406*
『青春の国のアシーン』 *Laoidh Oisín ar Thír na nÓg*　*311, 323*
聖書教育運動　evangelical movement　*162*
聖体の宣教会　Missionaries of Blessed Sacrament　*109*
『聖なる島』 *Insula Sacra*　*309*
青年アイルランド協会　Young Ireland Society　*164, 173, 311, 321*
聖パトリック祭　St. Patrick's Day　*274, 276, 285*
セヴァストポリ　Sevastopol　*436*
世界霊　Spiritus Mundi　*366*
選挙法改正　*163*
『セント・スティーヴンズ』 *St. Stephen's*　*351*
セント・デイヴィズ大学　St. David's College　*168, 170*

タ

大英帝国　the British Empire　*197, 291*

大記憶　Great Memory　*366, 367*
大飢饉　Great Famine　*45, 46, 47, 48, 50, 88, 91, 95, 98, 106, 110, 111, 120, 121, 136, 141, 198, 201, 280, 377*
「大衆」 The People　*415*
ダヴィズ・アプ・グウィリム協会 Cymdeithas Dafydd ap Gwilym　*166, 173, 174*
タウンシップ　township　*195, 220, 221, 223, 225, 227, 228*
『鷹の井戸』 *At The Hawk's Well*　*414, 416*
托鉢修道会　Friars　*91*
「立ち退き状諷刺歌」 Aoir na Bâirlinn　*204-205*
タックスマン　tacksman　*218*
『ダッフィーのアイリッシュ・カトリック・マガジン』 *Duffy's Irish Catholic Magazine*　*127*
『谷間の蔭』 *The Shadow of the Glen*　*358, 406, 409, 412*
タフ　Taff　*426*
ダブリン　Dublin　*88, 89, 92, 93, 95, 102, 108, 110, 118, 119, 123, 125, 129, 131, 133, 134, 137, 138, 141, 273, 311, 346, 349, 351, 358, 455, 458*　～教区会議 Provincial Synod of Dublin　*91*　～城 Dublin Castle　*373*　～大司教区 Ecclesiastical Province of Dublin　*91*
『ダブリンの人びと』 *Dubliners*　*423, 470*
『ダブリン・ユニバーシティ・マガジン』 *The Dublin University Magazine*　*311, 312, 313*
『ダブリン・ユニバーシティ・レヴュー』 *Dublin University Review*　*314, 321*
『魂の売買』 *Souls for Gold*　*348*
タームデイ　termdays　*223*
「誰がファーガスと行くのか」 Who Goes with Fergus?　*352*
ダンヴェガン城　Dunvegan Castle　*227*
『ダンナンゲーの宴』 *Fleadh Duin na nGedh*　*313*

チ

地代スト　*228*
チャペリゾッド　Chapelizod　*429*
中等教育令　Intermediate Education Act　*24*　*134*
稠密地域委員会　Congested District Board　*52, 54*
チュウム　Tuam　*89, 95, 102, 104, 122, 131, 132*　～大司教区　Ecclesiastical Province of Tuam　*91*
チュートン　Teuton　*479, 480, 481*
「彫像」 The Statues　*345*
「彫像の島」 The Island of Statues　*345*

ツ

『罪食い人』 *The Sin-Eater and Other Tales*　*484*
通夜　wake　*112, 117, 118, 119*

テ

『出会いと別れ』 *Hail and Farewell*　*358, 455*
デアドラ　Deirdre　*309, 314, 349, 352*
『デアドラ』 *Deirdre*　*352, 397*
『ディアミッドとグラーニャ』 *Diarmuid and Grania*　*350, 351, 373, 394, 399, 400, 403*
『ディアミッドとグラーニャの追亡』 *Tōraigheacht Dhiarmada agus Ghrâinne*　*349*
「デイヴィド・マクブレイン」 The David MacBrayne　*198*
抵当地法廷　Encumbered Estates Court　*49, 98*
抵当不動産裁判所　Encumbered Estate Court　→抵当地法廷
ティール・ナ・ノーグ　Tír na nÓg　*322, 323, 324, 346, 363, 390*
ディングル　Dingle, Co. Clare　*109*
デュラス　Duras　*372, 373*
『テンペスト』 *The Tempest*　*509*
典礼　liturgy　*91, 107, 112, 123, 125, 126*

ト

島嶼領主権　the Lordship of the Isles　*196*
独立教会　Free Church　*201*
独立劇場　Independent Theatre　*374, 385*
常若の国　→ティール・ナ・ノーグ

土地関係諸法　Land Acts　*41, 42, 47, 49*
土地戦争　Land War　→土地闘争
土地騒動　land agitations　→土地闘争
「土地騒動にゆさぶられた邸」 Upon a House Shaken by the Land Agitation　*364*
土地闘争　land war　*41, 42, 43, 44, 45, 46, 47, 48, 54, 193, 203*
土地同盟　Land League　*42, 44, 47, 54, 357*
土地不動産裁判所　Landed Estate Court　*50*
土地問題　land question　*43, 44, 47*
ドミニコ会　Dominican Order　*91, 92*
『ドーヤ』 *Dhoya*　*323*
『トランジション』 *Transition*　*422*
『トランスアトランティック・レヴュー』 *Transatlantic Review*　*444*
トリエント公会議　Council of Trent　*89, 91, 102, 105, 107*
『トリエント公会議法令集』 *Tametsi*　*137, 138*
トリエント教会改革　Tridentine Reform　*89, 106, 113, 124, 134*
トリニティ・カレッジ・ダブリン　Trinity College Dublin　*57, 68, 69, 135, 311, 320, 349, 353, 357*
ドルイド　druid　*32, 33, 36, 382*
ドルイド僧バークリー　The Archdruid Balkelly　*424*
ドロヘダ　Drogheda　*133*
『ドン・キホーテ』 *Don Quixote de la Mancha*　*444*

ナ

「なぐさめられしクーフリン」 Cuchulain Comforted　*361*
ナショナリズム　nationalism　*370*
『縄ない』 *Casadh an tSugâin＝The Twisting of the Rope*　*349, 351, 365, 373, 400, 403*
「難事の魅力」 The Fascination of What's Difficult　*415*

ニ

ニーアヴ　Niamh　*323*
『西の国の伊達男』 →『西の国の人気者』
『西の国の人気者』 *The Playboy of the Western World*　*406, 409, 410, 432*
二重所有制　Dual Ownership　*43, 48, 51*
『二十五』 *Twenty-Five*　*395*
日曜学校　Sunday School　*162*
『ニュー・アイルランド・レビュー』 *The New Ireland Review*　*458*
ニューヨーク　New York　*271-290*
『人形の家』 *Et Dukkehjem＝A Doll's House*　*385*

ネ

ネイション　nation　*370*
『ネイション』 *The Nation*　*311, 312*
ネイピア調査団　the Napier Commission　*194, 231*
ネオ・ドルイディズム　Neo-Druidism　*14, 29, 32, 33, 34, 35, 36*
『ネ・テメーレ』 *Ne temere*　*140*

ノ

農民劇　Peasant Play　*404*
『ノーザン・ナンバーズ』 *Northern Numbers*　*473*
ノック　Knock, Co. Mayo　*125*
ノルウェー　Norway　*386*

ハ

『ハイバーニアン・ナイト』 *Hibernian Nights' Entertainments*　*314*
『ハイバーニアン・マガジン』 *Hibernian Magazine*　*127*
『ハイランダー』 *The Highlander*　*220*
ハイランド　Highlands　*193, 308, 309, 475, 476, 479, 480, 481, 482, 485, 488, 490, 492, 496, 498, 502*　～協会 Highland Society　*200*　～・クリアランス　Highland Clearances　→クリアランス　～・ゲーム　Highland Games　*199*　～人 *478, 501*　～の文学　*The Literature of the Highlands*　*481, 501*　～・ライン Highland Line　*194, 477, 478, 480*
ハイランド土地法改革協会　Highland Land Law Reform Association　*224, 232*
「薄明の中へ」 Into the Twilight　*329*
パターン　patterns　*112, 113, 114, 115, 116, 119, 124*
『パック』 *Puck*　*510*

『バッグパイプ奏者』 *The Piper* 406
バックリー Buckley 426
バット Butt 426
『ハーパーズ・ウイークリー』 *Harper's Weekly* 511
パブ pub 113, 115, 116
パブリック・ハウス public house →パブ
バラ島 Isle of Barra 230, 475
パリ Paris 386, 496
『バーリャの浜辺で』 *On Baile's Strand* 395
バルモラリズム Balmoralism 199
ハーレム・ルネッサンス Harlem Renaissance 518
バーレル法 Birrell Act 43, 57
パン・ケルティック・コングレス The Pan Celtic Congress 356, 357
パン・ケルティック・ムーヴメント Pan Celtic Movement 66, 70, 73, 74, 75, 76, 79, 80, 357
バンゴール Bangor 170
反宗教改革 Counter Reformation 105
「万霊節の夜」 All Souls' Night 358

ヒ

『美学講義』 *Vorlesungen über die Ästhetik* 467
ピクト人 Picts 479
非国教会（非国教会派，非国教会各派） Nonconformity 162, 163, 165, 168, 170, 172, 175
非国教徒 →非国教会
ビザンチウム Byzantium 363
「ビザンチウムへの船出」 Sailing to Byzantium 363
『ヒースの原野』 *The Heather Field* 348, 349, 372, 393
秘跡 sacrament 91, 107, 123, 126
『ピーターキンの笑い』 *The Laughter of Peterkin* 484
ビッグ・ハウス Big House 357, 363, 364
『ビッグ・ハウス』 *The Big House* 364
「一つの伝説」 A Legend 320, 359

フ

『ファイアサイド・マガジン』 *Fireside Magazine* 127
『ファーネ・アン・レイ』 *Fainne an Lae* 64
ファーマナー Fermanagh 511
ファーンズ Ferns 109, 122
フィアナ Fianna 315
フィニアン Fenian 375
『フィネガンズ・ウェイク』 *Finnegans Wake* 421-446
「フィネガンの通夜」 Finnegan's Wake 425
フィン Finn 309, 316, 350, 356
フェニックス・クラブ Phoenix Club 375
福音主義 Evangelicalism 109
フランシスコ会 Franciscans 91, 92
フランス演劇 French drama 387
フランス王立考古協会 Société royale des Antiquaires de France 22
『ブランの航海』 *Imram Brain* 322
ブリタニー →ブルターニュ
ブリティシュネス Britishness 163
ブリテン Britain 481, 491, 497, 504 ～人 Britons 197
ブルターニュ Bretagne (Brittany) 3-5, 11-13, 17, 18, 24-37, 356, 487, 491 ～協会 Association bretonne 26, 30, 31 ～地域主義連合 Union regionaliste de Bretagne 31, 33, 34, 35
ブルトン Bretons 485, 490
ブルー・ナ・ボーニャ Brug na Bốinne 350
ブレイマー Braemar 199
ブレーズ Braes (the Braes) 223 ～の闘い Battle of the Braes 214, 222
プロテスタント Protestant 6, 10, 14, 15, 16, 26, 32, 93, 97, 138, 140, 149, 370, 397, 398, 399 ～・アセンダンシー Protestant Ascendancy →アングロ・アイリッシュ・アセンダンシー ～改宗運動 →改宗運動 ～地主 Protestant Landowner 93, 97
「文学におけるケルト的要素」 The Celtic Element in Literature 379

ヘ

ペイズリー　Paisley　*483*
米西戦争　Spanish-American War　*291*
『ベーオウルフ』　*Beowulf*　*356*
『ペガナの神々』　*The Gods of Pegana*　*358*
『ヘザー・フィールド』　*The Heather Field*　*348, 349*
ヘッジ・スクール　hedge schools　*154*
ベッドフォード・パーク　Bedford Park　*318, 319, 358, 359*
ペネロペイア　Penelope　*446*
ベルギー　Belgium　*497*
「ベルギー・ルネッサンス」　A Note on the Belgian Renascence　*497, 505*
『ベルテーン』　*Beltane*　*387*
ベルネラ　Bernera　*220*
ベルファースト　Belfast　*101*
ベン・ブルベン　Ben Bulben　*350*
ベン・リー　Ben Lee　*223*

ホ

ボーア戦争　Boer War　*74, 79, 291*
ボインの戦い　Battle of the Boyne　*422*
『ボーエン・コートと七冬』　*Bowen's Court and Seven Winters*　*364*
ポートリー　Portree　*223*
「ホームシックネス」　Home-Sickness　*457, 459, 460, 461*
ボロデイル　Borrodale　*229*
「ホワイト・ニグロ」　White Negro　*511*
『奔放なアイルランド娘』　*The Wild Irish Girl*　*309, 310*

マ

マウント・メルレイ　Mount Melleray　*92*
マクドナルド一族　the MacDonalds　*196*
マクラウド一族のくに　Dùthaich MhicLeòid　*227*
魔術　magic　*392*
『マビノーギ』　*313, 315*
ママルージョ　Mamalujo　*444*
マーリン　Merlin　*503*
『マールドゥーンの航海』　*Imram Curaig Maíl Dúin*　*313, 354*
マンスター　Munster　*91, 122*
マン島　Isle of Man　*356*

ミ

『未耕地』　*The Untilled Field*　*457, 459, 460, 461*
ミサ　Mass　*91, 121, 123, 126, 135*
ミーズ　Meath　*138*
『湖』　*The Lake*　*461, 464*
南ウェールズ・モンマスシャー大学　University College of South Wales and Monmouthshire　→ウェールズ大学（カーディフ校）
民間伝承学会　Société des traditions populaires　*28*
「民衆詩とは何か」　What is 'Popular Poetry'?　*360*

ム

無原罪のマリアのオブレート会　Oblates of Mary Immaculate　*109*

メ

『メイヴ』　*Maeve*　*349, 393*
メイオー　Mayo　*117, 389*
メヌース教会会議　National Synod of Maynooth　*103, 106, 124, 134*
メヌース神学校　Maynooth College　*90, 91, 97, 98, 108, 126, 135, 145*
『メルズヴナのクーフリン』　*Cuchlaine of Muirthmne*　*317, 396*

モ

『モイラの戦い』　*Cath Muighe Rath*　*313*
『モーヴァン』　*Morvern Caller*　*498*
『木曜日の男』　*The Man Who Was Thursday*　*359*
モスクワ芸術座　Moscow Art Theatre　*372*
モリー・ブルーム　Molly Bloom　*423*
『モルグ街の殺人』　*The Murders in the Rue Morgue*　*515*
『モンテ・クリスト伯』　*Le Comte de Monte-Cristo*　*517*

ヤ

『山の恋人たち』　*The Mountain Lovers*

484
『ヤング・ウェールズ』 *Young Wales* *159, 178, 179, 180, 181, 182, 183*

ユ

「遊猟家共に与える歌」 Oran Luchd an Spòrs *215-216*
『幽霊』 *Gengangere* *386, 391*
ユナイテッド・アイリッシュメン United Irishmen *87, 274*
ユニオン Union of England and Scotland (1707) *199*
『ユリシーズ』 *Ulysses* *422, 520*

ヨ

『四つの舞踊劇』 *Four Plays for Dancers* *414*
『夜への長い旅路』 *Long Day's Journey Into Night* *517*

ラ

『ライク』 *Like* *498*
ライマーズ・クラブ Rhymers' Club *319, 321, 345*
ラエルテス Laertes *446*
『楽園』 *Pharais* *475, 483*
『楽園のこちら側』 *This Side of Paradise* *519*

リ

リアリ王 Irish King Leary *424*
リスバーン Lisburn *149*
『リーダー』 *Leader* *77, 78, 79, 84, 85*
リムリック Limerick *93, 94, 122* ～条約 Treaty of Limerick *88*
『猟人日記』 *A Sportsman's Sketch* *457*

ル

ルイス島 Isle of Lewis *220, 232*
『ルーツ』 *Roots* *508*

レ

『レディー・レティー号のモラン』 *Moran of the Lady Letty* *510*
レデンプトール会 Redemptorists *109*
レフリーン Leighlin *119, 130*
連合王国 the United Kingdom (of Great Britain and Northern Ireland) *197, 475, 481*
レンスター Leinster *91, 122, 272*

ロ

ロイアル座 Royal Theatre *382*
ロウランド Lowlands *196, 207, 477, 478, 479, 480, 481, 482, 496, 498, 502, 504*
ロシア *372*
『ロセッティ伝』 *Dante Gabriel Rossetti : A Record and a Study* *483*
ロック・ガー Lough Gur *122*
ロック・ダーグ Lough Derg *115, 124, 125*
ロックレア Loughrea *125*
ローマ Rome *483* ～・アイリッシュ・カレッジ Irish College, Rome *94, 96, 98, 99, 106, 147* ～の布教聖省 Congregatio de Propaganda Fide, Roma *99, 102, 103, 104, 106, 123*
ロマンティシズム Romanticism *308*
ロンドン London *307, 318, 346, 374, 386, 482, 483* ～ゲール協会 the Gaelic Society of London *226*

ワ

『若い芸術家の肖像』 *A Portrait of the Artist as a Young Man* *408, 424*
「わが祖国よ，再び」 A Nation Once Again *311*
『われらのアイルランドの劇場』 *Our Irish Theatre* *372, 401*

執筆者紹介（執筆順）

原《はら》　聖《きよし》　女子美術大学教授
上《うえ》野《の》　格《いたる》　成城大学経済学部教授
小《お》田《だ》　順《じゅん》子《こ》　立教大学大学院文学研究科博士課程史学専攻
盛《もり》　節《せつ》子《こ》　文京女子短期大学兼任講師
永《なが》井《い》　一《いち》郎《ろう》　國學院大学経済学部教授
小《こ》菅《すげ》　奎《けい》申《しん》　中央大学法学部教授
三《み》好《よし》　みゆき　中央大学法学部助教授
松《まつ》本《もと》　悠《ゆう》子《こ》　中央大学文学部教授
松《まつ》村《むら》　賢《けん》一《いち》　中央大学商学部教授
木《き》村《むら》　正《まさ》俊《とし》　神奈川県立外語短期大学教授
大《おお》澤《さわ》　正《まさ》佳《よし》　中央大学名誉教授
北《きた》　文《ふ》美《み》子《こ》　Univ. of Ulster 大学院博士課程 Anglo-Irish 文学専攻
松《まつ》井《い》　優《ゆう》子《こ》　駿河台大学現代文化学部助教授
武《む》藤《とう》　脩《しゅう》二《じ》　中央大学文学部教授

ケルト復興　研究叢書25

2001年３月20日　第１刷印刷
2001年３月31日　第１刷発行

編　者　中央大学人文科学研究所
発行者　中央大学出版部
代表者　辰川弘敬

192-0393　東京都八王子市東中野 742-1
発行所　中央大学出版部
電話 0426（74）2351　FAX 0426（74）2354
http://www2.chuo-u.ac.jp/up/

十一房印刷工業・東京製本

ISBN4-8057-5318-8

中央大学人文科学研究所研究叢書

22　ウィーン　その知られざる諸相　　A５判 424頁
—もうひとつのオーストリア—　　本体 4,800円

二十世紀全般に亙るウィーン文化に，文学，哲学，民俗音楽，映画，歴史など多彩な面から新たな光を照射し，世紀末ウィーンと全く異質の文化世界を開示する．

23　アジア史における法と国家　　A５判 444頁
本体 5,100円

中国・朝鮮・チベット・インド・イスラム等アジア各地域における古代から近代に至る政治・法律・軍事などの諸制度を多角的に分析し，「国家」システムを検証解明した共同研究の成果．

24　イデオロギーとアメリカン・テクスト　　A５判 320頁
本体 3,700円

アメリカ・イデオロギーないしその方法を剔抉，検証，批判することによって，多様なアメリカン・テクストに新しい読みを与える試み．

25　ケルト復興　　A５判 576頁
本体 6,600円

19世紀後半から20世紀前半にかけての「ケルト復興」に社会史的観点と文学史的観点の双方からメスを入れ，その複雑多様な実相と歴史的な意味を考察する．

26　近代劇の変貌　　A５判 424頁
—「モダン」から「ポストモダン」へ—　　本体 4,700円

ポストモダンの演劇とは？　その関心と表現法は？　英米，ドイツ，ロシア，中国の近代劇の成立を論じた論者たちが，再度，近代劇以降の演劇状況を鋭く論じる．

27　喪失と覚醒　　A５判 480頁
—19世紀後半から20世紀への英文学—　　本体 5,300円

伝統的価値の喪失を真摯に受けとめ，新たな価値の創造に目覚めた，文学活動の軌跡を探る．

15　現代ヨーロッパ文学の動向　中心と周縁　Ａ５判 396頁 本体 4,000円
際立って変貌しようとする20世紀末ヨーロッパ文学は，中心と周縁という視座を据えることで，特色が鮮明に浮かび上がってくる．

16　ケルト　生と死の変容　Ａ５判 368頁 本体 3,700円
ケルトの死生観を，アイルランド古代／中世の航海・冒険譚や修道院文化，またウェールズの『マビノーギ』などから浮び上がらせる．

17　ヴィジョンと現実　十九世紀英国の詩と批評　Ａ５判 688頁 本体 6,800円
ロマン派詩人たちによって創出された生のヴィジョンはヴィクトリア時代の文化の中で多様な変貌を遂げる．英国19世紀文学精神の全体像に迫る試み．

18　英国ルネサンスの演劇と文化　Ａ５判 466頁 本体 5,000円
演劇を中心とする英国ルネサンスの豊饒な文化を，当時の思想・宗教・政治・市民生活その他の諸相において多角的に捉えた論文集．

19　ツェラーン研究の現在　Ａ５判 448頁 本体 4,700円
20世紀ヨーロッパを代表する詩人の一人パウル・ツェラーンの詩の，最新の研究成果に基づいた注釈の試み．研究史，研究・書簡紹介，年譜を含む．

20　近代ヨーロッパ芸術思潮　Ａ５判 320頁 本体 3,800円
価値転換の荒波にさらされた近代ヨーロッパの社会現象を文化・芸術面から読み解き，その内的構造を様々なカテゴリーへのアプローチを通して，多面的に解明．

21　民国前期中国と東アジアの変動　Ａ５判 600頁 本体 6,600円
近代国家形成への様々な模索が展開された中華民国前期(1912〜28)を，日・中・台・韓の専門家が，未発掘の資料を駆使し検討した国際共同研究の成果．

8　ケルト　伝統と民俗の想像力

A５判 496頁
本体 4,000円

古代のドルイドから現代のシングにいたるまで，ケルト文化とその稟質を，文学・宗教・芸術などのさまざまな視野から説き語る.

9　近代日本の形成と宗教問題　〔改訂版〕

A５判 330頁
本体 3,000円

外圧の中で，国家の統一と独立を目指して西欧化をはかる近代日本と，宗教とのかかわりを，多方面から模索し，問題を提示する.

10　日中戦争　日本・中国・アメリカ

A５判 488頁
本体 4,200円
（重版出来）

日中戦争の真実を上海事変・三光作戦・毒ガス・七三一細菌部隊・占領地経済・国民党訓政・パナイ号撃沈事件などについて検討する.

11　陽気な黙示録　オーストリア文化研究

A５判 596頁
本体 5,700円

世紀転換期の華麗なるウィーン文化を中心に20世紀末までのオーストリア文化の根底に新たな光を照射し，その特質を探る．巻末に詳細な文化史年表を付す.

12　批評理論とアメリカ文学　検証と読解

A５判 288頁
本体 2,900円

1970年代以降の批評理論の隆盛を踏まえた方法・問題意識によって，アメリカ文学のテキストと批評理論を，多彩に読み解き，かつ犀利に検証する.

13　風習喜劇の変容
王政復古期からジェイン・オースティンまで

A５判 268頁
本体 2,700円

王政復古期のイギリス風習喜劇の発生から，18世紀感傷喜劇との相克を経て，ジェイン・オースティンの小説に一つの集約を見る，もう一つのイギリス文学史.

14　演劇の「近代」　近代劇の成立と展開

A５判 536頁
本体 5,400円

イプセンから始まる近代劇は世界各国でどのように受容展開されていったか，イプセン，チェーホフの近代性を論じ，仏，独，英米，中国，日本の近代劇を検討する.

中央大学人文科学研究所研究叢書

1　五・四運動史像の再検討　　A 5 判 564頁（品切）

2　希望と幻滅の軌跡　　A 5 判 434頁　本体 3,500円
—反ファシズム文化運動—
様ざまな軌跡を描き，歴史の襞に刻み込まれた抵抗運動の中から新たな抵抗と創造の可能性を探る.

3　英国十八世紀の詩人と文化　　A 5 判 368頁　本体 3,010円
自然への敬虔な畏敬のなかに，現代が喪失している〈人間有在〉の，現代に生きる者に示唆を与える慎ましやかな文化が輝く.

4　イギリス・ルネサンスの諸相　　A 5 判 514頁　本体 4,078円
—演劇・文化・思想の展開—
〈混沌〉から〈再生〉をめざしたイギリス・ルネサンスの比類ない創造の営みを論ずる.

5　民衆文化の構成と展開　　A 5 判 434頁　本体 3,495円
—遠野物語から民衆的イベントへ—
全国にわたって民衆社会のイベントを分析し，その源流を辿って遠野に至る. 巻末に子息が語る柳田國男像を紹介.

6　二〇世紀後半のヨーロッパ文学　　A 5 判 478頁　本体 3,800円
第二次大戦直後から80年代に至る現代ヨーロッパ文学の個別作家と作品を論考しつつ，その全体像を探り今後の動向をも展望する.

7　近代日本文学論　—大正から昭和へ—　　A 5 判 360頁　本体 2,800円
時代の潮流の中でわが国の文学はいかに変容したか，詩歌論・作品論・作家論の視点から近代文学の実相に迫る.